JN440940

루이 15세 시대
개요

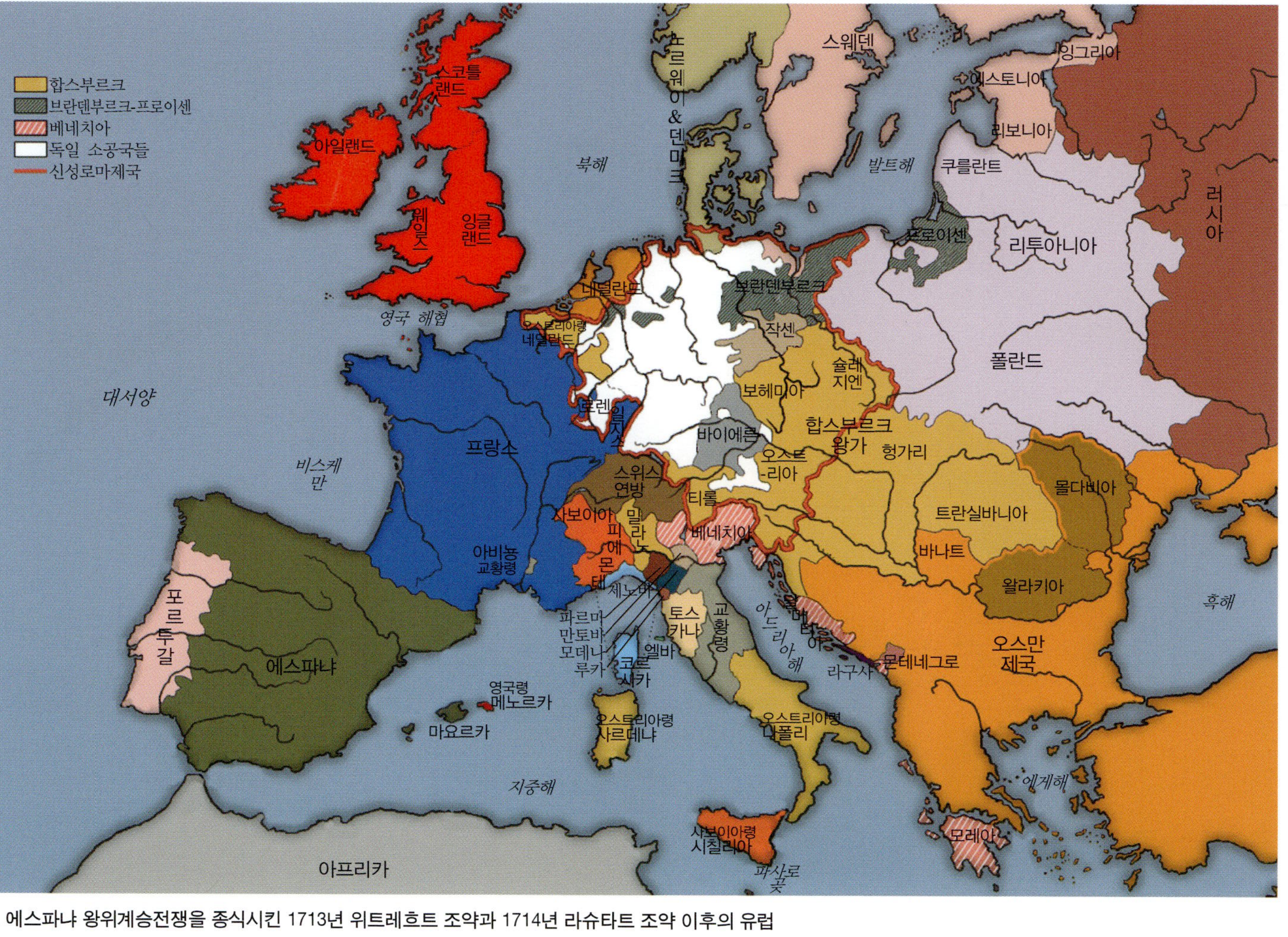

▲ 에스파냐 왕위계승전쟁을 종식시킨 1713년 위트레흐트 조약과 1714년 라슈타트 조약 이후의 유럽

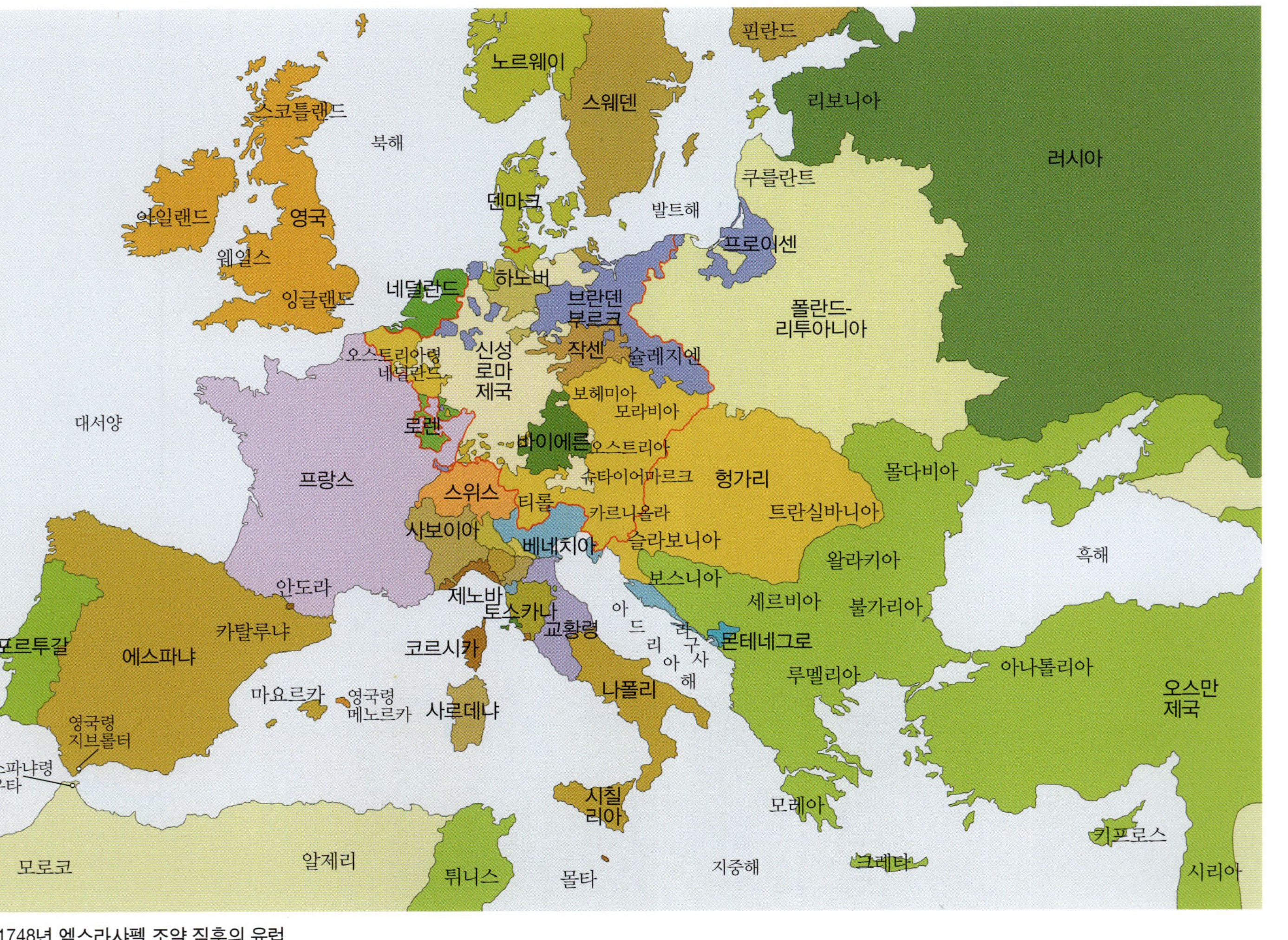

▲ 1748년 엑스라샤펠 조약 직후의 유럽

▲ 1700년대 북부 이탈리아

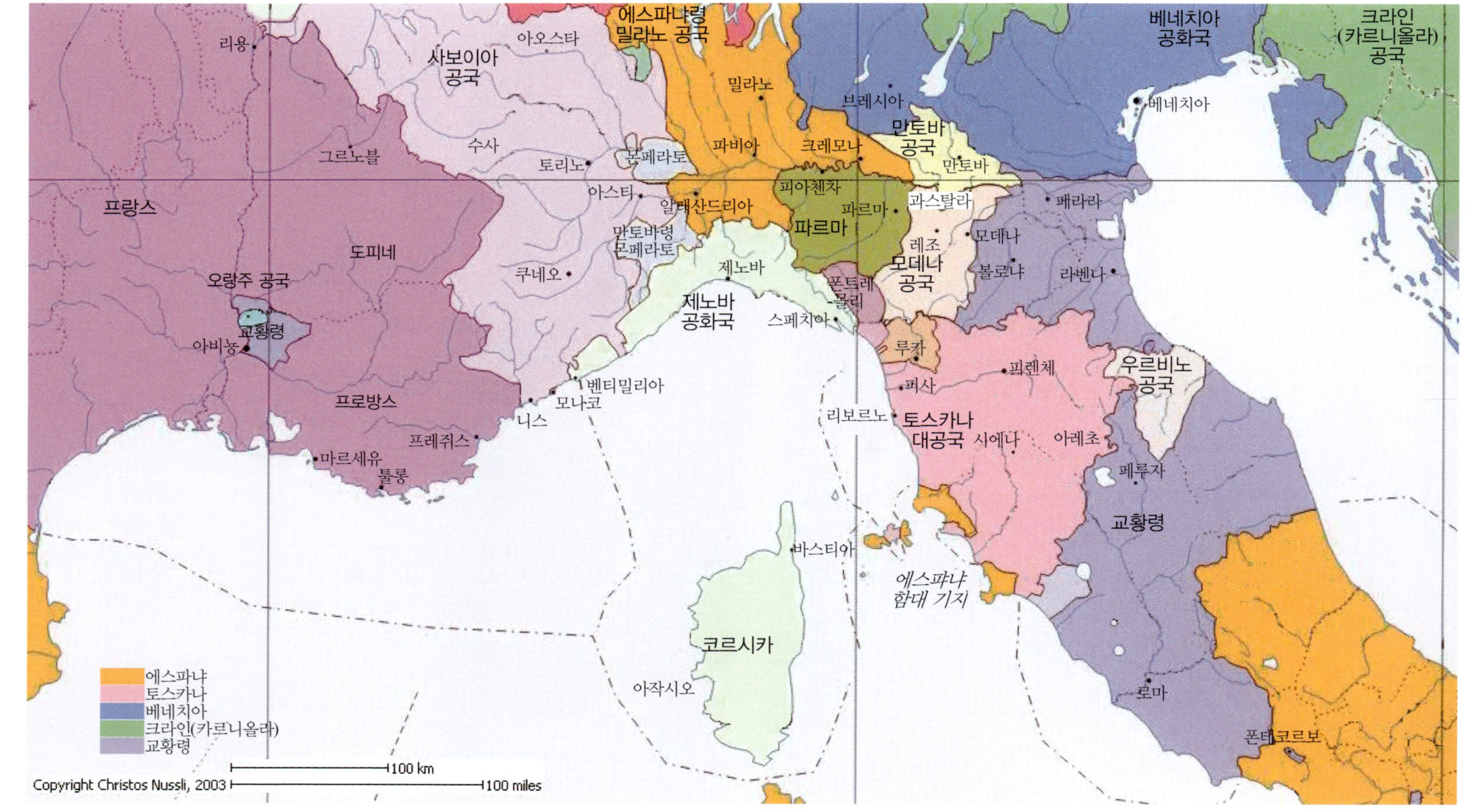

▲ 18세기 전반기의 북부 이탈리아

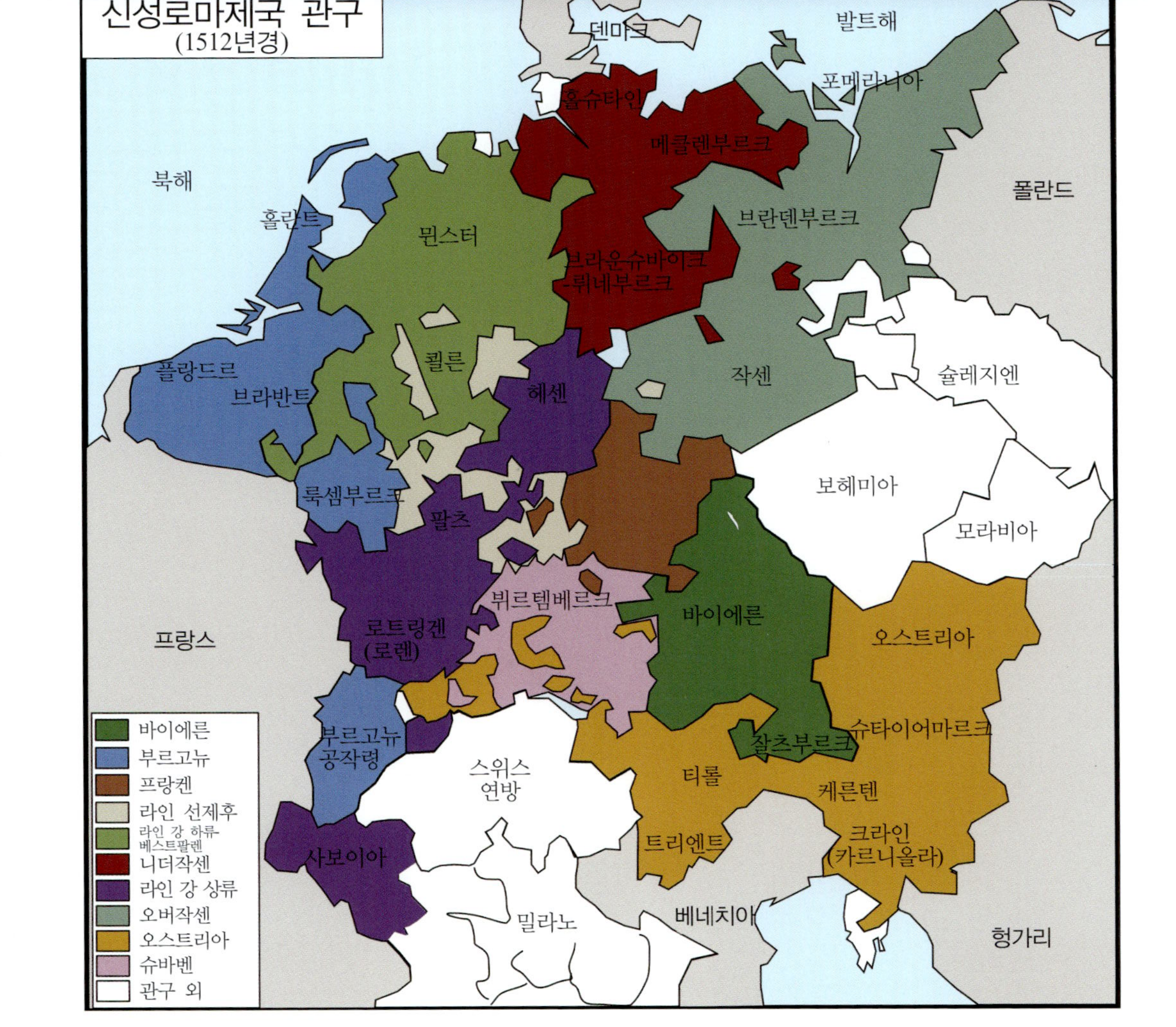
신성로마제국 관구
(1512년경)
덴마크
발트해
홀슈타인
포메라니아
메클렌부르크
북해
폴란드
홀란트
뮌스터
브라운슈바이크
-뤼네부르크
브란덴부르크
쾰른
플랑드르
브라반트
헤센
작센
슐레지엔
룩셈부르크
팔츠
보헤미아
모라비아
뷔르템베르크
바이에른
프랑스
로트링겐
(로렌)
오스트리아
슈타이어마르크
잘츠부르크
부르고뉴
공작령
스위스
연방
티롤
케른텐
트리엔트
크라인
(카르니올라)
사보이아
밀라노
베네치아
헝가리
바이에른
부르고뉴
프랑켄
라인 선제후
라인 강 하류-
베스트팔렌
니더작센
라인 강 상류
오버작센
오스트리아
슈바벤
관구 외

서양편 · 766

루이 15세 시대 개요

볼테르(Voltaire) 지음
송기형 옮김

한국문화사

한국연구재단 학술명저번역총서 서양편 · 766
루이 15세 시대 개요

1판 1쇄 발행 2017년 12월 30일
원 제 Précis du siècle de Louis XV
지 은 이 볼테르(Voltaire)
옮 긴 이 송기형
교 정 이지은
펴 낸 이 김진수
펴 낸 곳 **한국문화사**
등 록 1991년 11월 9일 제2-1276호
주 소 서울특별시 성동구 광나루로 130 서울숲IT캐슬 1310호
전 화 02-464-7708
전 송 02-499-0846
이 메 일 hkm7708@hanmail.net
홈페이지 www.hankookmunhwasa.co.kr

책값은 뒤표지에 있습니다.
잘못된 책은 구매처에서 바꾸어 드립니다.

ISBN 978-89-6817-580-0 93920

이 도서의 국립중앙도서관 출판예정도서목록(CIP)은 서지정보유통지원시스템 홈페이지(http://seoji.nl.go.kr)와
국가자료공동목록시스템(http://www.nl.go.kr/kolisnet)에서 이용하실 수 있습니다.(CIP제어번호: CIP2017033670)

'한국연구재단 학술명저번역총서'는 우리 시대 기초학문의 부흥을 위해
한국연구재단과 한국문화사가 공동으로 펼치는 서양고전 번역간행사업입니다.

이 저서는 2014년 정부(교육부)의 재원으로
한국연구재단의 지원을 받아 수행된 연구임(NRF-2014S1A5A7035082).

| 차례 |

• 일러두기 •

1. 원저자 주는 각주로 표기했고 옮긴이 주는 번호를 달아 미주로 표기했다. 원저자 주에 따로 옮긴이 주를 달았을 때는 (옮긴이 주)로 표기했다.
2. 인명과 지명은 가능한 한 현지 발음대로 표기했고 이것이 불가능한 경우에는 영어 발음대로 표기했다.

1

루이 14세 사후의 유럽

우리는 루이 14세 시대를 폭넓게 다룬 바 있다.[1] 그 시대는 위인들, 미술, 예절의 시대였다. 물론 그 시대는 다른 모든 시대와 마찬가지로 인간의 본성과 뗄레야 뗄 수 없는, 공적이고 사적인 재난으로 점철되었다. 하지만 연약하고 소멸할 수밖에 없는 인간의 비참한 조건을 완화해 줄 수 있는 모든 것이 그 시대에는 아낌없이 제공되었던 것 같다. 루이 14세 시대의 초기는 폭풍에 시달렸다가 그 다음 50년은 가장 찬란한 광채로 빛났다. 이 화려한 기간 후에는 커다란 역경과 다소간의 행복을 겪었다. 말기는 파당들의 소란으로 시작되어 암울한 슬픔 속에서 끝났다. 이제 루이 14세 시대 이후를 살펴보아야 한다.

루이 15세는 아주 어린 나이에 부모를 잃었다.[2] 섭정을 정하려고 삼부회를 소집하는 일은 시간이 너무 걸리고 너무나 어렵고 너무나 위험했다. 두 명의 왕비[3]를 섭정으로 택한 바 있는 파리 고등법원은 이번에는 오를레앙 공작[4]을 선택했다. 고등법원은 루이 13세의 유언을 따르지 않았던 것과 마찬가지로,[5] 루이 14세의 유언도 따르지 않았다.[6] 대공[7]의 아들인 오를레앙 공작 필리프는 파리 고등법원에 의해 절대적인 지도자로 선포되었지만, 곧 파리 고등법원을 추방하게 된다.

세상사가 얼마나 맹목적인 숙명의 지배를 받는가를 더 잘 알려면, 기나긴 1701년 전쟁[8] 기간에 독일 제국[9]을 공격할 수 있었던 오스만 제국이 평화조약[10]이 체결되고 나서야 기독교도들을 상대로 전쟁을 벌였다는 사실을 기억해야 한다. 그 덕에 튀르크인들은 1715년 펠로폰네소스 반도를 손쉽게 차지했다.[11] 펠로폰네소스는 '펠로폰네소스인'이라는 칭호를 얻은 저 유명한 모로시니[12]가 17세기 말에 튀르크인들에게서 빼앗았고 카를로비츠 평화조약[13]에 의해 베네치아인들의 소유가 되었다. 이 평화조약의 보증인 독일 황제[14]는 튀르크인들에게 선전포고를 하지 않을 수 없었다. 1697년 튀르크인들을 젠타에서 격파한 경험이 있는 외젠 공[15]은 1716년 8월 다뉴브 강을 건너, 페트로바라딘 근처에서 오스만 제국의 술탄 아흐메트 3세[16]의 총신인 총리대신 알리[17]와 교전하여 혁혁한 승리를 거두었다.[18]

페트로바라딘 전투를 상세히 기술할 필요는 없지만, 여기서 독특한 모험으로 유명한 프랑스인의 활약을 이야기하지 않을 수 없다. 그 사람은 본느발 백작[19]이다. 그는 육군성에 대한 불만 때문에 프랑스군을 떠나서 외젠 공 휘하의 참모장이 되었다. 본느발 백작은 페트로바라딘 전투에서 오스만의 근위보병 부대에 포위되었다. 수많은 적에 둘러싸인 그에게는 자기 연대의 병사 200명밖에 없었다. 그가 1시간 이상을 버티다가 창에 찔려 쓰러지자 남은 병사 10명이 그를 승리를 거둔 외젠 공의 군대로 데려왔다. 프랑스에서 추방되었던 본느발 백작은 나중에 파리로 돌아와서 공개적으로 결혼을 했고, 몇 년 후에는 콘스탄티노플로 가서 회교도가 된 다음에 파샤[20]로 죽었다.

페트로바라딘 전투에서 치명상을 입은 총리대신 알리는 숨을 거두기 전에, 포로가 된 신성로마제국의 장군 한 명을 처형하도록 지시했다. 이처럼 튀르크의 관습은 여전히 야만적이다.

그 다음 해(1717년)에 외젠 공은 베오그라드를 포위했지만, 그곳의 튀르크 주둔군은 1만5천에 달했다. 외젠 공은 수많은 튀르크군에 포위당하게 되었다. 튀르크군은 외젠 공의 진영을 참호들로 둘러싸 버린 다음 진격해 들어왔다. 그의 상황은 알레지아를 포위한 카이사르의 상황[21]과 똑같았다. 외젠 공 역시 카이사르와 마찬가지로 포위에서 벗어나 적군을 격파하고 베오그라드를 점령했다.[22] 그의 군대는 전멸할 위기에 직면했지만 엄정한 군기 덕에 적군의 힘과 수를 이겨낸 것이다.

외젠 공의 영광은 베오그라드와 티미쇼아라[23]를 황제[24]에게 넘겨준 1718년 7월의 파사로비츠 평화조약[25]에서 절정에 달하게 되었다. 오스트리아는 베네치아인들을 지원하기 위해 이 전쟁을 시작했지만 승전 후에는 그들을 버렸고 그래서 베네치아인들은 그리스를 영원히 잃게 된다.

기독교도 군주들 사이의 관계도 표변하기는 마찬가지였다. 그토록 많은 국가가 두려워하고 경계하던 프랑스와 에스파냐의 공조와 연합은 루이 14세가 눈을 감자마자 깨졌다. 프랑스 섭정 오를레앙 공작은 피후견인 루이 15세 보호라는 측면에서는 나무랄 데가 없었지만, 루이 15세가 자신의 뒤를 이어야 하는 것처럼 처신했다. 오를레앙 공작은 프랑스의 숙적인 영국과 긴밀한 관계를 맺고 마드리드의 부르봉 왕가[26]와 공개적으로 결별했다. 1714년의 라슈타트 조약에 의해 프랑스의 왕위 계승권을 포기했던 에스파냐 왕 펠리페 5세는 프랑스 내의 반란을 사주하기 시작했다. 자신은 프랑스 왕이 될 수는 없지만 반란이 계속되면 섭정이 될 수도 있었기 때문이다. 이처럼 루이 14세 사후에 부르봉 왕가와 모든 군주가 입장, 협상, 정책을 바꾸어 버린다.

유럽을 뒤엎어버리겠다는 마음을 먹은 에스파냐 수석대신 알베로니 추기경[27]은 거의 목적을 달성할 뻔했다. 몇 년 만에 에스파냐 왕국의 재

손자 앙주 공작을 에스파냐 왕으로 선포하는 루이 14세(1701년)

정과 국력을 회복시킨 그는 당시 황제 소유인 사르데냐, 그리고 사보이아 공작[28]이 1713년의 위트레흐트 조약 이후 차지한 시칠리아를 합병하겠다는 계획을 세웠다. 그는 영국이 자신의 계획에 반대하지 못하도록 영국의 왕조를 바꾸어버리려고 했다.[29] 또 같은 목적에서 프랑스의 내란을 사주할 준비를 갖추었다. 알베로니는 오스만 궁정, 러시아 차르 표트르 대제,[30] 스웨덴의 칼 12세[31]와 동시에 협상을 벌였다. 그는 튀르크인들에게 황제와의 전쟁을 다시 시작하도록 권유했다. 또 칼 12세가 차르와 연대하여 왕위 요구자[32]를 직접 영국으로 인도하여 그 조상들의 왕좌에 다시 앉힐 계획을 세웠다.

동시에 추기경은 브르타뉴가 프랑스에 대항하는 봉기를 일으키도록 사주했다.[33] 이미 그는 프랑스 왕국에 소금 밀수꾼들로 가장한 부대를 은밀히 잠입시켰다. 콜린크리(Colincri)라고 불리는 사람이 지휘하는 이 부대는 브르타뉴 반란군과 합류하기로 되어 있었다. 게다가 멘 공작부인[34]과 폴리냐 추기경[35]을 비롯한 많은 사람이 가담한 음모가 무르익고 있었다. 그들의 계획은 가능하다면 오를레앙 공작을 납치하여 섭정직을 박탈하고 에스파냐 왕 펠리페 5세를 섭정으로 추대하는 것이었다. 이 거사가 성공하면, 이탈리아 파르마 근처 마을의 신부 출신인 알베로니 추기경이 에스파냐와 프랑스의 수석대신을 겸하게 되어 유럽의 판을 완전히 새롭게 짤 판이었다.

하지만 우연이 이 모든 원대한 계획을 물거품으로 만들어 버렸다. 그 음모는 파리에서 한 매춘부에 의해 발각됨으로써 무용지물이 되었다. 이 사건은 가장 사소한 원인이 가장 중대한 운명을 좌우하는 것을 잘 보여주기 때문에 자세히 설명할 필요가 있다.

파리 주재 에스파냐 대사 첼라마레 공이 음모 전체를 주도했다. 첼라마레 공 밑에는 젊은 포르토카레로(Porto-Carrero) 신부가 있었다. 신부는 파리에서 정치와 난봉질을 견습하는 중이었다. 전에 최하층 매춘부였다가 고급 뚜쟁이가 된 피용(Fillon)이라는 이름의 매춘부가 이 젊은이에게 여자를 대주었다. 피용은 당시 외무 담당 국무비서인 뒤부아 신부[36]를 예전에 오랫동안 손님으로 모셨었다. 뒤부아 신부는 나중에 추기경과 수석대신이 된다. 그는 피용을 외무성[37]에 고용했다. 피용은 아주 능란한 매춘부를 시켜 포르토카레로 신부의 주머니에서 중요한 서류를 훔치게 했다. 그 매춘부는 서류와 함께 지폐 몇 장도 슬쩍 했다. 지폐는 그녀가 챙기고, 편지들은 오를레앙 공작에게 전달되었다. 그 편지들은 음모를 밝히기에는 충분했으나, 계획의 전모를 알려주기에는 부족했다.

서류가 사라지고 매춘부가 모습을 드러내지 않자 포르토카레로는 즉시 에스파냐를 향해 달아났지만, 푸아티에 근처에서 체포되었다. 그의 가방 안에서 발견된 첼라마레 공의 편지들에 의해 음모의 전모가 드러났다. 왕국 내부에서 반란을 사주하여 내전을 일으킨다는 계획이었다. 여기서 주목할 만한 점은, 첼라마레 공이 화약에 불을 붙이고 폭발을 시켜야 한다는 이야기를 계속하면서 '신의 자비'를 들먹거렸다는 사실이다. 그는 이런 이야기를 알베로니 추기경에게 했다. 알베로니 추기경은 그 적수인 뒤부아 추기경만큼이나 신이 자비를 많이 베풀어준 사람이다.

알베로니는 프랑스를 전복시키려는 계획과 동시에, 제임스 2세의 아들(늙은 왕위 요구자)을 스웨덴 왕 칼 12세의 손으로 영국 왕좌에 앉히려고 시도했다. 칼 12세는 노르웨이에서 전사했지만, 알베로니는 조금도 낙담하지 않았다. 그의 계획 가운데 일부가 실현되기 시작했기 때문이다. 그만큼 그의 준비가 철저했던 것이다. 그가 파견한 함대가 1717년 사르데냐로 쳐들어가서 불과 며칠 만에 에스파냐에 종속시켰고, 1718년에는 시칠리아를 거의 전부 장악했다.

그러나 알베로니는 튀르크인들과 황제 카를 6세의 평화조약[38]을 저지하지도 못했고, 프랑스와 영국에서 내전이 일어나게 만들지도 못했다. 오히려 카를 6세, 프랑스 섭정, 영국의 조지 1세[39]가 추기경에 맞서 연합하게 되었다.

프랑스 섭정은 영국과 한 편이 되어 에스파냐와 전쟁을 벌이게 되었다. 이처럼 루이 15세의 첫 번째 전쟁은, 증조부 루이 14세가 그렇게 많은 피를 흘려서 에스파냐 왕으로 만든 펠리페 5세, 즉 자신의 삼촌[40]을 상대로 벌인 것이므로 내전이었던 셈이다.

에스파냐 왕은 자기 군대의 모든 깃발에 백합 세 송이[41]를 반드시 그리라고 지시했다. 프랑스군 사령관은, 많은 승전을 거두어 펠리페 5세의 왕권을 강화하는 데 기여한 베릭 원수[42]였다. 베릭 원수의 아들 리리아 공작[43]은 에스파냐군 장군이었다. 아버지는 적군인 아들에게 비장한 편지를 보내 의무를 다하라고 훈계했다. 알베로니만큼이나 벼락출세하여 나중에 추기경이 되고 또 그처럼 성격이 괴팍한 뒤부아 신부가 동맹군[44]의 작전을 지휘했다. 당시 그는 국무비서[45]였다. 동맹군의 선언문을 작성한 것은 우다르[46]였지만 아무도 거기에 서명하지 않았다.

영국 함대가 시칠리아 메시나 근처에서 에스파냐 함대를 격파함으로써, 알베로니 추기경의 모든 계획은 물거품이 되었다. 6개월 전만 하더라도 역사상 최고의 정치가라는 평가를 받던 알베로니는 무모한 멍청이로 전락하고 말았다. 오를레앙 공작은 펠리페 5세에게 알베로니를 추방해야만 화평할 수 있다고 통보했다. 펠리페 5세는 알베로니를 프랑스군에 넘겨주었고, 프랑스군은 그를 이탈리아 국경으로 이송했다. 나중에 교황의 볼로냐 특사가 된 알베로니는 왕국들을 전복시킬 수가 없게 되자, 산마리노 공화국[47]을 파괴하려는 시도에 여가를 바쳤다. 하지만 알베로니의 원대한 계획의 결과로 시칠리아는 카를 6세에게, 사르데냐는 사보이아 공작에게 넘기는 데 모두가 동의하게 되었다.[48] 이때부터 사보이아 공작은 사르데냐를 소유하게 되어 사르데냐 왕(비토리오 아메데오 2세)[49]이라는 칭호를 얻었다. 하지만 오스트리아의 합스부르크 왕가는 나중에 시칠리아를 빼앗긴다.[50]

이 공적인 사건들은 잘 알려져 있지만 그렇지 않은 일이 하나 있다. 프랑스 섭정이 화평의 조건으로 내건 결혼사, 섭정의 딸 대공녀 몽팡시에[51]와 에스파냐 왕세자 루이스[52]의 결혼 그리고 에스파냐 공주[53]와 프랑스 왕 루이 15세의 약혼이 성사된 것은, 섭정이 펠리페 5세의 고해 신부인 예수회원(jésuite) 도방통[54]의 마음을 얻는 데 성공한 덕이었다. 도방통은 에스파냐 왕을 설득하여 이 결혼사를 받아들이게 만들었다. 그 대신 예수회에 적대적인 오를레앙 공작이 그들의 보호자가 되고 이 점을 고등법원에 등기하게 만드는 조건을 제시했다. 공작은 약속을 하고 약속을 지켰다. 이처럼 국가와 교회에 커다란 변화를 초래한 사건들에 내밀한 동기가 있는 경우가 드물지 않다. 1720년 6월 캉브레[55] 대주교로 임명된 뒤부아 신부 혼자서 이 일을 처리했고 그는 그 덕에 1721년 7월 추기경이 되었다. 뒤부아는 교황의 칙서를 대참사회[56]가 무조건으로 등기하게 만들었다. 좀 더 정확하게 말하자면, 대참사회의 반대에도 불구하고 그렇게 만든 것이다. 방계왕족[57]들, 공작-중신[58]들, 육군원수[59]들, 국무참사[60]들과 청원심사관[61]들 그리고 특히 대상서[62] 다게소[63]가 모두 서명을 했다. 다게소는 아주 오랫동안 예수회 승인에 반대했었다. 뒤부아는 노아유 추기경[64]까지 반대를 철회하게 만들었다. 이 일에서 프랑스 섭정은 예수회원 도방통과 잠시 뜻을 같이했던 것이다.

펠리페 5세는 우울증에 시달리기 시작했고 신앙심까지 깊어져서, 골치 아픈 왕좌를 포기하고 장남인 돈 루이스[65]에게 양위할 생각을 하게 되었다. 실제로 그는 이 계획을 1724년 실행에 옮겼다. 에스파냐 왕은 1723년 이 비밀을 도방통에게 털어놓았다. 예수회원은 펠리페 5세가 왕

5세의 나이로 증조부 루이 14세(1638~1715)를 뒤이어 즉위한 루이 15세(1710~1774)

위를 포기하면, 자신의 모든 영향력을 상실하고 왕을 따라 은둔에 들어가야 할 것이 두려웠다. 그는 섭정 오를레앙 공작에게 펠리페 5세의 고해를 편지로 알려주었다. 섭정이 모든 힘을 발휘하여 에스파냐 왕의 양위를 막을 것이라고 확신했기 때문이다. 섭정의 생각은 달랐다. 자신의 사위가 왕이 되는 것[66]에 반대할 이유는 없었다. 또 예수회 등기 사건에서 자신의 의지에 반하는 일을 하게 만든 예수회원이 자신에게 계속 조건을 부과하는 것을 바랄 리는 없었다. 섭정은 도방통의 편지를 에스파냐 왕에게 보내주었다. 왕은 냉랭하게 그 편지를 고해신부에게 내밀었다. 도방통은 기절했고 얼마 후 죽었다.▪

▪ 이 사실은 벨란도(Bellando)가 쓴 에스파냐의 민간역사에 기록되어 있다. 이 저서는 다름 아닌 에스파냐 왕 펠리페 5세의 윤허를 얻어 출판되었다. 이 저서는 파리 코르들리에(Cordelier) 도서관에 소장되어 있는 것이 분명하다. 필자는 그 사본을 보유하고 있다. 도방통의 배신은 우리에게 알려진 것보다 더 일상적이었고, 그것을 증언한 에스파냐 왕 이외에도 여러 사람이 알고 있었다.

2

유럽 풍경 속편 1.
오를레앙 공작의 섭정기.
로 또는 라스의 시스템

유럽의 모든 궁정을 깜짝 놀라게 만든 일은, 1724~1725년 펠리페 5세와 카를 6세가 긴밀한 관계를 맺은 것이다. 얼마 전까지만 해도 그토록 격렬하게 대립하던 두 군주의 연합으로 마드리드 내각이 1년 내내 빈 궁정을 다스리게 될 정도로 자연스럽지 않은 일들이 벌어졌다. 에스파냐의 부르봉 왕가가 이탈리아에 접근하는 것을 극력 저지해온 빈 궁정은 표변하여, 펠리페 5세와 그의 두 번째 부인 이사벨 데 파르네시오[67]의 아들 돈 카를로스[68]를 이탈리아에 받아들였다. 그때까지 황제는 프랑스와 에스파냐 왕실 사람은 이탈리아에 얼씬도 하지 못하게 했었다. 황제는 자기 경쟁자의 아들에게 파르마와 피아첸차 그리고 토스카나 공국의 통치권을 부여했다. 이러한 승계가 이루어지기도 전에, 돈 카를로스는 6천 명의 에스파냐인과 함께 그 지역으로 입성했다. 그 대가로 에스파냐는 빈에 겨우 20만 피스톨[69]을 지급했을 뿐이다.

황제참사회의 이런 실수는 행운이 따르는 실수와는 거리가 멀었다. 이 실수는 나중에 큰 대가를 치르게 된다. 이 조약[70]은 모든 것이 이상했다. 앙숙이던 두 가문이 서로에 대한 신뢰 없이 손을 잡았다. 이 조약을 중재한 것은, 펠리페 5세를 폐위시키려고 물불을 가리지 않았을 뿐만 아니라 그에게서 메노르카[71]와 지브롤터를 빼앗은 영국인들이다. 네덜란드인으로 에스파냐 공작이 되어 막강한 권력을 휘두르던 리페르다[72]가 이 조약에 서명을 했다. 리페르다는 서명 후에 왕의 총애를 잃고 모로코로 건너가서 새로운 종교를 세우려고 시도하다가 죽었다.

프랑스에서는 오를레앙 공작의 섭정기가 더할 나위 없는 평온과 행운을 구가하고 있었다. 공작의 은밀한 적들과 재정적 대혼란 때문에 매우 어지러운 섭정기로 전락하기 전이다. 프랑스인들이 루이 14세 치하에서 복종하는 습관을 얻은 덕에, 사회는 평안하고 섭정은 자신만만했다. 에스파냐에서 알베로니 추기경이 사주한 음모는 프랑스에서 제대로 추진되지 못했기 때문에 곧 무산되었다. 루이 14세의 미성년 시절에 청원심사관 자리 12개를 위해 내란을 일으켰고 루이 13세와 루이 14세의 유언을 개인의 유언보다 더 절차를 지키지 않고 파기한 고등법원은, 섭정이 경화(硬貨)의 가치를 정상 가격의 세 배로 올렸을 때에도 고작 간주권을 행사했을 뿐이다. 법원청사[73]에서 루브르까지 행진한 법관들은 서민들의 야유밖에 얻어내지 못했다. 왕국의 모든 주민이 집에 은화 500프랑[74] 이상을 보유해서는 안 된다고 명령한, 역사상 가장 부당한 칙령에도 불구하고 아무런 동요도 일어나지 않았다. 일반 대중에게는 경화가 완전히 씨가 말라버렸다. 모든 사람이 프랑스에 넘쳐흘러서 가치가 폭락한 지폐를, 먹고 사는 데 필수적인 동전 몇 닢과 교환하기 위해 관공서로 몰려들었다. 이 군중 가운데 시민 여러 명이 압사했고 사람들이 그 시신을 팔레루아얄[75]까지 운구했지만 폭동은 기미조차 보이지 않았다. 섭정기와 국가를 파멸시킬 운명의 그 터무니없는 로[76]의 시스템이 아직은 섭정기와 국가를 지탱하고 있었고 아무도 그 결과를 예견하지 못했다.

섭정 오를레앙 공작 필리프(1674~1723)

1716년 주조된 에퀴 은화

로의 시스템은 최하층민에서 법관, 주교, 귀족에 이르는 모든 계층의 사람들에게 탐욕을 불러일으킨 나머지, 공익 그리고 정치적이고 대승적인 주장에는 아무도 관심이 없게 되었다. 돈을 날릴지도 모른다는 두려움과 돈을 벌겠다는 욕심에 모두들 눈이 멀었다. 그것은 모든 시민이 서로에 대해 내기를 거는 새롭고 경이로운 도박이었다. 도박꾼들은 노름에 정신이 팔려서 정부에 시비를 걸 틈이 없었다. 최고로 경험이 많고 날카로운 눈만이 알아차릴 수 있는 수법을 사용하는 마술 같은 것이었다. 완전히 공상적인 시스템이 실제 거래를 활성화하고, 저 유명한 콜베르에 의해 설립되었다가 전쟁 때문에 파산한 동인도회사를 다시 태어나게 만들었다. 많은 개인들의 재산이 파괴되었지만 나라는 무역이 번창하고 더 부유하게 되었다. 이 시스템은 내전이 용기를 자극하는 것처럼 정신을 일깨웠다.

프랑스, 네덜란드, 영국에 퍼진 이 전염병은 나라를 뒤흔든 몇몇 왕족의 정치적 이익과는 전혀 다른 것이기 때문에 후세의 주목을 받을 만하다. 사람들은 자발적으로 이 광풍 속으로 뛰어들어, 극소수는 치부하고 대다수는 거지로 전락했다. 수많은 다른 광증이 선행하고 뒤따른 이 광란의 기원은 다음과 같다.

우리 프랑스인들이 '장 라스(Jean Lass)'라고 부르는 '존 로'라는 이름의 스코틀랜드인은 도박과 계산 외에는 하는 일이 없는 자였다. 살인을 저질러서 영국을 떠나지 않을 수 없게 된 그는 오래전부터, 국가의 채무를 지폐로 갚아주고 그 대금을 이윤을 내서 회수하는 회사의 설립안을 작성해 두었다. 매우 복잡한 이 방식은 한도를 정확하게 지킨다면 아주 유용할 수가 있었다. 그것은 영국 은행과 동인도회사를 모방한 것이다. 로는 이런 기구를, 사보이아 공작이었다가 사르데냐의 첫 번째 왕이 된 비토리오 아메데오 2세에게 제안했다. 사르데냐 왕은 자기는 파산할 정도로 강력하지 않다고 답했다. 로는 프랑스 재무총감 데마레[77]를 찾아가서 제안을 했다. 하지만 당시는 모든 신용이 사라진 불행한 전쟁의 시대였고, 그 시스템의 토대는 신용이었다.

마침내 로는 오를레앙 공작의 섭정기가 절호의 기회라는 것을 간파했다. 프랑스는 20억 프랑의 빚을 갚아야 하고 평화 덕택에 정부는 할 일이 별로 없고 섭정과 백성은 새로운 것을 사랑했다.

우선 로는 1716년 자기 이름으로 은행을 설립했다. 이 은행은 곧 프랑스 왕국의 수납을 총괄하는 관공서가 되었다. 로는 큰 이득을 얻을 수 있다고 선전하면서 미시시피 회사를 만들어 은행과 합병시켰다. 이득의 유혹에 넘어간 대중은 합병된 회사와 은행의 주식을 열광적으로 사들였다. 불신 때문에 막혀있던 돈줄이 아낌없이 풀렸고 지폐 덕에 재산이 두 배, 네 배로 증가했다. 프랑스는 신용 거래에 의해 아주 부자가 되었다. 모든 직업이 호사를 누렸다. 또 이 거래에 참여한 프랑스의 이웃 나라들도 치부했다.

로의 은행은 1718년 왕립은행으로 승격되고 세네갈 무역을 담당했다. 이 은행은 저 유명한 콜베르에 의해 설립되었다가 몰락하여 생말로[78]의 상인들에게 무역을 넘겨준 옛 동인도회사[79]의 특권을 사들였다. 급기야 이 은행은 왕국의 징세청부권[80] 매각을 담당하게 되었다. 이제 스코틀랜드인 로가 모든 것을 장악하고, 무역회사가 왕국의 모든 재정을 좌우하게 되었다.

이 회사는 매우 거대한 토대 위에 확립된 것 같이 보여서 그 주식은 최초 가격의 20배까지 올랐다. 오를레앙 공작이 대중을 통제하지 않은 것은 분명 커다란 과오였다. 정부는 이 광란에 쉽게 제동을 걸 수 있었다.

하지만 고관들의 탐욕은 끝이 없었고 이 혼란을 이용해 치부할 수 있다는 기대 때문에 광란을 중단시키지 못했다. 주식 가격의 빈번한 변동은 무명인들에게 엄청난 재산을 벌게 해주었다. 몇몇 사람이 왕족보다 더 부자가 되는 데에는 6개월도 걸리지 않았다. 자신의 시스템에 홀리고 대중의 도취에 취한 로가 마구 지폐를 찍어낸 결과, 1719년에는 주식의 가치가 왕국 전체에서 유통되는 돈의 80배에 이르렀다. 정부는 국가의 모든 금리생활자[81]에게 지폐로 지급했다.

그처럼 거대하고 복잡할 뿐만 아니라 급작스럽게 왕국 전체를 소용돌이 속으로 몰아넣은 그 장치를 섭정은 더 이상 통제할 수가 없었다. 이전의 재정가들과 대은행가들이 연합하여 왕립은행에서 거액을 인출함으로써 왕립은행은 고갈되었다. 모두 자기 지폐를 경화로 바꾸려고 시도했지만 그 불균형이 너무나 컸다. 일순간에 신용이 무너졌다. 섭정은 신용을 되살리기 위한 명령들을 내렸지만 신용은 완전히 없어져 버렸다. 지폐만 남게 되었고, 실질적인 곤궁이 그토록 엄청났던 허구의 부를 대신하기 시작했다. 바로 이때 로를 재무총감으로 임명했는데, 그가 그 직무를 수행하기가 불가능한 시점이었다. 이 1720년은 개인들과 왕국 재정의 모든 재산이 파괴된 시기였다. 존 로는 눈 깜짝할 순간에 스코틀랜드인에서 귀화해 프랑스인이 되고 개신교도에서 가톨릭 신도가 되고 협잡꾼에서 최고 영지의 영주가 되고 은행가에서 대신[82]이 되었다. 나는 로가 공작-중신들, 육군원수들, 주교들을 거느리고 팔레루아얄로 들어서는 것을 보았다. 혼란은 절정에 달했다. 파리 고등법원은 전력을 다해 이 개혁에 맞섰다가 퐁투아즈[83]로 유배되었다. 결국 공적인 증오의 표적이 된 로는, 부유하게 만들려고 했다가 망쳐버린 나라에서 도주하지 않을 수 없게 되었다. 그는 부르봉콩데 공작[84]이 빌려준 이륜마차[85]를 타고 떠났다. 그의 수중에는 일시적인 부에서 남은 2천 루이 금화밖에 없었다.

Wie redeneeren wil is mis Men vind de Lapis by de gis.

존 로의 시스템에 대한 풍자화(1720년)
로가 말한다. “바람은 나의 보물, 쿠션, 토대이다. 나는 바람의 주인이다. 내가 독점하는 바람은 곧 맹목적 숭배의 대상이 된다.”

당시의 비방문들은 섭정이 자신의 야심을 위해 왕국의 모든 돈을 가로챘다고 비난했다. 섭정이 1723년 사망 시에, 지불기일이 된 7백만 프랑의 빚을 지고 있었다는 것은 확실하다. 로는 프랑스의 경화를 떼어먹기 위해 이웃 나라들로 옮겨놓았다는 비난을 받았다. 그는 런던에서 얼마동안 라세 후작[86]에게 얹혀서 살았고 거의 알거지가 되어 베네치아에서 죽었다. 나는 그의 미망인을 브뤼셀에서 본 적이 있다. 파리에서 그토록 거만하고 의기양양했던 그녀는 초라하기 짝이 없는 몰골이었다. 이런 인생유전은 역사에서 다룰만한 가치가 있다.

그 동안 프로방스는 에스파냐와의 전쟁으로 황폐해졌고, 브르타뉴는 봉기를 일으킬 태세였다. 섭정에 대한 음모가 꾸며졌다. 하지만 섭정은 국내외에서 원하는 모든 일을 거의 어려움 없이 처리했다. 왕국은 극도로 혼란스러워서 항상 무슨 일이 터질 것 같았지만, 쾌락과 호사의 시대였다.

로의 시스템이 붕괴한 이후에 국가를 개혁할 필요가 있었다. 시민들의 모든 재산에 대한 조사를 단행했는데, 이는 로의 시스템 못지않게 특별한 과업이었다. 이 조사는 그 어떤 나라에서 시도했던 것보다 더 거창하고 더 어려운 재정적 그리고 사법적 과업이었다. 이것은 1721년 말경에 시작되었다. 이 과업을 구상하고 계획을 짜고 이끌어간 네 명의 형제[87]는 그때까지 공적인 업무에 주도적으로 참여해본 적이 없었지만, 이들의 재능과 업적은 국가의 재산을 맡길 만했다. 그들은 청원심사관과 다른 법관들의 사무실을 충분히 개설했다. 그들은 혼란을 해결할 수 있을 정도로 충분하고 단호한 질서를 확립했다. 대부분이 가장인 시민 511,009명이 지폐 재산을 이 재판소에 제출했다. 이 어마어마한 부채를 은화 16억 3100만 프랑을 주고 청산하고 그 금액을 국가가 떠안았다. 미지의 외국인이 나라 전체를 끌어들인 그 엄청난 도박판은 이렇게 끝이 났다.■

너무나 대담하게 설계된 로의 건물은 무너지면서 그 건축가를 파멸시켰다. 그 잔해에서 남은 동인도회사는 얼마동안 런던과 암스테르담의 동인도회사와 경쟁했다.

프랑스인들을 사로잡은 주식 거래의 광기는 네덜란드인들과 영국인들에게도 전파되었다. 프랑스에서 수많은 개인들이 경신(輕信)과 공공의 재난에 의지하여 그토록 엄청난 재산을 그토록 빨리 모은 수법을 관찰한 사람들은 암스테르담, 로테르담, 런던에 똑같은 장치와 똑같은 광기를 도입했다. 이 광란의 시기와 정치적 재앙에 대한 이야기는 여전히 우리를 경악하게 만든다. 하지만 유럽을 그토록 오랫동안 피로 물들인 내전과 종교전쟁 그리고 수많은 지역을 폐허로 만든 민족 간, 아니 군주 간의 전쟁에 비하면 별것 아니라고 볼 수도 있다. 런던과 로테르담에는 봉을 등치는 사기꾼들이 있었다. 그들은 회사와 가상의 무역을 만들어냈다. 암스테르담은 곧 망상에서 깨어났고 로테르담은 얼마동안 파산했고 런던은 1720년에 뒤집어졌다. 이 정신착란의 결과로 프랑스와 영국에서는 이루 헤아릴 수 없이 많은 도산, 부정, 공적이고 사적인 절도가 일어나고 풍속이 크게 타락했다. 이 모든 것은 과도한 탐욕의 산물이다.

■ 섭정기와 오를레앙 공작의 역사가들은 이 커다란 사건을 다른 사건들과 마찬가지로 너무나 무지하게 다루었다. 그들은 재무총감 르플티에 드 라우세(Félix Le Peletier de La Houssaye, 1663~1723)가 오를레앙 공작의 시종장이라고 말했다. 또 그들은 무명작가 라종셰르를 전쟁출납관 라종셰르(Gérard Michel de La Jonchère, 1675~1750)로 착각했다. 이런 책들은 네덜란드에서 출판되었다. 오를레앙 공작의 후임 수석대신인 부르봉콩데 공작이 로의 주식으로 번 돈으로 샹티 성(château de Chantilly)을 지었고, 로가 영국 은행에 2천만 프랑을 갖고 있었다는 이야기 등도 모두 거짓말이다.

3

유럽 풍경 속편 2.
뒤부아 추기경과 플뢰리 추기경.
비토리오 아메데오 2세의 양위

뒤부아 추기경의 내각 이야기를 반드시 해야 한다. 뒤부아 추기경은 리무쟁 산간벽지 브리브라가야르드(Brive-la-Gaillarde) 약사의 아들이다.[88] 뒤부아는 오를레앙 공작의 가정교사로 출발했으며 제자의 오입질을 도와준 덕에 신임을 얻었다. 재치가 있고 방탕한 그는 자기 주인의 기벽 덕에 경이로운 성공을 거두게 된다. 추기경 그리고 수석대신의 자리까지 오른 그가 정말 중요한 사람이었다면 그의 성공에 대해 다들 분개했을 것이다. 하지만 그 성공은 조롱의 대상이었을 뿐이다. 오를레앙 공작은 수석대신을 갖고 놀았고 이런 점에서 추기경을 애완용 원숭이로 만든 그 교황과 닮았다. 오를레앙 공작의 섭정기에는 모든 것을 유쾌하게 받아들이고 농담의 대상으로 삼았다. 프롱드난[89] 시절에도, 내전을 빼고는, 똑같은 분위기였다. 섭정이 루이 14세 치세 말기의 엄격하고 우울한 기간 후에 되살아나게 만든 것이 바로 이 진정한 국민정신이다.

캉브레(Cambrai) 대주교인 뒤부아 추기경▪은 난봉질 후유증으로 요도에 궤양이 생겨 죽었다. 그는 임종 순간에 종교의식에 시달리지 않을 핑계를 생각해냈다. 그가 그런 의식을 중요하게 여기지 않는다는 점은 잘 알려져 있었다. 그는 추기경을 위한 특별한 의식이 있으며 추기경은 다른 사람들하고 달리 종부성사(終傅聖事)를 받거나 노자성체(路資聖體)[90]를 모시지 않는다고 주장했다. 베르사유 신부가 그 말이 사실인지 알아보러 간 사이에 뒤부아는 숨을 거두었다(1723년 8월 10일). 그의 내각과 마찬가지로 그의 죽음도 우리 모두에게 농담의 대상이었다. 바로 이것이 프랑스의 국민성이다.

그러자 오를레앙 공작이 수석대신이 되었다. 왕이 성년이 되어 섭정기가 끝났기 때문이다. 하지만 공작은 곧 뒤부아를 따라갔다(1723년 12월 2일). 공작은 쾌락과 새것을 너무 좋아했다는 점 이외에는 비난을 할 수 없는 군주였다.

앙리 4세의 후손 가운데 앙리 4세를 가장 많이 닮은 사람이 바로 섭정 오를레앙 공작이다. 섭정은 앙리 4세처럼 능력이 있고 선량하며 관대하고 쾌활하며 소탈하고 솔직했다. 그리고 더 명석했다. 외모는 비교가 되지 않을 정도로 더 우아했지만 앙리 4세의 외모였다. 오를레앙 공작은 이따금 얼굴에 점을 붙이길 즐겼는데 그러면 영락없이 잘 꾸민 앙리 4세였다.

▪ 섭정은 1722년 뒤부아 추기경을 수석대신으로 임명했다. 맹트농 부인 『회고록(Mémoires)』의 편찬자가 무슨 근거에서 다음과 같은 이야기를 했는지 모르겠다. 그에 따르면, 루이 14세가 1692년 당시에는 무명이던 뒤부아 신부에게 작은 성직록을 하사하면서 뒤부아는 좋아하는 여자들에게 집착하지 않고 술을 마셔도 취하지 않으며 도박을 하면 절대로 잃지 않는다고 말했다는 것이다. 이런 이유들 때문에 성직록을 하사했다면 정말 야릇한 일이다. 루이 14세가 이런 말을 했다고 쓸 수 있는 것인가? 또 루이 14세 같은 군주가 뒤부아 신부를 안중에 두었을까? 하기야 뒤부아 신부는 도박을 하지도 술을 마시지도 않았다.
(옮긴이 주) 성직록(bénéfice ecclésiastique): 성직에 부여된 종교적 의무를 수행하는 성직자에게 교회가 부여하는 물질적인 대가를 가리키는데, 프랑스에서는 10세기부터 국왕이 지명하는 성직자들에게 지급되었다.

오를레앙 공작이 사망하자 바로 부르봉콩데 공작이 수석대신이 되었다. 부르봉콩데 공작의 유일한 계략은 지체 없이 임명장을 작성하게 만들어, 왕에게 오를레앙 공작의 사망을 보고하면서 서명을 시킨 것이었다. 그러나 언제나 신부들에게 패배하는 것이 콩데 가[91]의 숙명이었다. 앙리 드 콩데[92]는 리슐리외 추기경에게 핍박을 받았고 '대 콩데'[93]는 마자랭에 의해 투옥되었고 부르봉콩데 공작은 플뢰리 추기경[94]에 의해 유배당한다.

이 어지러운 세상에서 행복한 사람이 있다면 플뢰리 추기경이 바로 그 사람일 것이다. 그는 73세에도 정말 친절하고 매력적인 사람 중의 하나라고 인정을 받았다. 대부분의 노인이 은퇴를 하는 나이에 그는 정부를 책임지게 되었고 매우 현명하다는 평가를 받았다. 1726년에서 1742년까지 그는 모든 일이 잘 풀렸고, 거의 90세까지 온전하며 업무를 볼 수 있는 판단력을 보유했다. 그의 동시대인 천 명 가운데 그 나이까지 사는 사람은 아주 드물다는 사실을 고려한다면, 플뢰리 추기경이 놀라운 운명의 소유자라는 점을 인정하지 않을 수 없다. 그렇게 늦은 나이에 시작된 그의 권세가 그렇게 오랫동안 아무런 문제 없이 지속되었다는 것은 정말 놀라운 일이다. 그러면서도 그가 절제를 지키고 검소하게 살았다는 점 역시 놀랍기 짝이 없다. 교황이 되려고 했던 앙부아즈 추기경[95]의 재산과 호사가 어느 정도였는지 우리는 알고 있다. 히메네스[96]는 자기 돈으로 군대를 일으키고, 에스파냐의 실력자들은 수도승 복장을 한 자신의 끄나풀에 불과하다고 단언할 정도로 거만했다. 리슐리외가 왕이 부럽지 않은 영화를 누렸고 마자랭이 엄청난 축재를 했다는 것은 잘 알려져 있다. 플뢰리 추기경은 검소하다는 점에서 다른 거물들과 구별되었다. 그는 소박하고 모든 것을 절약했으며 결코 자신의 원칙을 어기지 않았다. 그는 출세를 지향하지 않았다. 그 대신 온화함, 일관성, 질

루이 15세의 수석대신 플뢰리 추기경(1653~1743)

서와 평화에 대한 사랑이라는 덕목이 있었다. 그는 온순하고 타협적인 정신이 다른 사람들을 통치하는 데 적합하다는 점을 입증했다.

그는 절약함으로써 프레쥐스[97] 교구를 빚더미에서 해방시키고 타협의 정신에 의해 많은 치적을 쌓은 다음에 최대한 빨리 주교직에서 사임했다. 이러한 사실에서 그의 성격이 확실하게 드러난다. 그가 교구인들에게 제시한 사임의 이유는, 건강이 나빠져서 신도들을 돌볼 수 없게 되었다는 것이었다. 하지만 다행스럽게도 그는 한 번도 아픈 적이 없었다.

프레쥐스 교구는 궁정에서 멀고 척박한 지역이라서 그는 이곳을 좋아하지 않았다. 그는 자기 부인을 처음 보자마자 결혼을 후회하게 된 남자 같다고 말하곤 했다. 그래서 그는 키리니 추기경[98]에게 보낸 농담조의 편지에서 '신이 분개할, 프레쥐스 주교 플뢰리'라고 서명하기도 했다.

그는 1715년 초 주교직을 사임했다. 빌루아 원수[99]는 루이 14세에게 여러 번 간청한 후에, 프레쥐스 주교를 유언보충서[100]에 의해 시강학사[101]로 임명하도록 만들었다. 하지만 신임 시강학사는 키리니 추기경에게 보낸 편지에서 다음과 같이 설명했다.

"프레쥐스의 고독한 생활을 이따금 그리워했습니다. 전하의 임종이 임박했고 전하께서 영광스럽게도 소인을 증손자의 시강학사로 임명하셨다는 것을 알게 되었습니다. 전하께 제 말씀을 올릴 수 있었다면, 저를 전전긍긍하게 만드는 이 직무를 면해주시라고 애원했을 것입니다. 그러나 전하의 붕어 후에는 다들 소인의 말을 들으려고 하지 않았습니다. 소인은 병이 날 정도로 부담스럽고, 자유를 잃은 것이 너무나 슬픕니다."

그는 루이 15세에게 조금씩 업무, 비밀, 성실성 교육을 하면서 자신의 아픔을 달랬다. 그는 루이 15세의 미성년 기간에 궁정이 요동치는데도 불구하고 섭정의 호의를 잃지 않았고 모든 사람에게서 존경을 받았다. 그는 자신을 내세우려고 하지 않았고 누구도 원망하지 않았고 남에게 거절을 당해본 적이 없었고 어떤 음모에도 가담하지 않았다. 하지만 그는 비밀리에 왕국의 내정과 외교정책에 참여하게 되었다. 프랑스는 처신이 용의주도하고 매력적인 지성의 소유자인 그에게 국사를 통솔하는 자리를 맡기길 원했다. 그래서 시강학사가 프랑스를 통치하게 되었다. 그는 수석대신이란 직함을 사용하지 않았지만 단호하게 업무를 처리했다. 그의 행정부는 리슐리외와 마자랭 행정부의 전성기보다 더 좋은 평가를 받았다. 그는 지위가 높아졌지만 품행은 조금도 변하지 않았다. 수석대신이 고관 중에서 가장 친절하고 사심이 없다는 것에 모두 놀랐다. 그가 절제를 지킨 덕에 국가는 오랫동안 평온했다. 그가 사랑하는 평화가 프랑스에 필요했고, 모든 외국 대신은 그가 살아있는 동안에는 평화가 절대로 깨지지 않을 것이라고 믿었다.

플뢰리 추기경은 평화를 유지하여 프랑스가 손실을 만회하고 엄청난 규모의 무역으로 부유해지게 만들었다. 그는 국가는 건강한 육체와 마찬가지로 스스로 회복한다고 믿었기에 어떠한 개혁도 시도하지 않았다.■

정치가 조금씩 제자리로 돌아왔다. 유럽을 위해 다행스럽게도 영국 총리 로버트 월폴[102] 역시 온화한 성격이었다. 플뢰리 추기경과 월폴은 유럽의 평화를 유지하는 데 성공함으로써, 유럽은 위트레흐트 조약에서부터 1733년까지, 1718년의 일시적인 전쟁[103]이 딱 한 번 방해한 경우를 제외하고는, 평화를 구가하게 된다. 이 행복한 시기에 모든 국가는 앞다투어 무역과 기술을 발달시킨 결과 지나간 모든 재난을 잊을 수 있었다.

이 시기에 이전에는 이야기되지 않았던 강대국 2개가 유럽에서 형성되었다. 첫 번째 나라는 표트르 대제가 야만에서 구해낸 러시아이다. 표

■ 몇몇 외국 서적은 플뢰리 추기경과 플뢰리 신부(Claude Fleury, 1640~1723)를 혼동했다. 플뢰리 신부는 루이 15세의 고해신부였지만 궁정에서 조용히 살았다. 그는 진정으로 겸손했다. 플뢰리 추기경의 경우는 능란한 야심가의 겸손이었다.

트르 대제 이전의 러시아는 거대한 사막과 다름없었고 그 백성은 타타르 인들이 항상 그랬듯이 법도 규율도 지식도 없었다. 러시아는 프랑스에는 너무나 낯설고 너무나 알려지지 않았기 때문에, 1668년 루이 14세가 모스크바 사절을 접견했을 때 이 사건을 시암[104] 사절의 경우와 마찬가지로 메달로 기념했을 정도였다.

이 신생 제국이 스웨덴을 격파한 다음에 북유럽을 지배하고 유럽의 모든 일에 개입하게 되었다.[105] 두 번째 강대국은 러시아보다는 좁은 토대 위에 기술의 힘으로 건립된 프로이센이다. 이 나라는 힘을 축적하면서 아직 과시하지는 않았다.

오스트리아는 1713년의 위트레흐트 조약에 의해 정해진 상태 거의 그대로였다. 영국은 제해권을 보존하고 있었고 네덜란드는 조금씩 제해권을 잃어 가고 있었다. 다른 국가들의 산업에 의지해 부강해진 이 작은 나라는, 이 나라가 지배하던 무역을 이웃 나라들이 직접 하게 되었기 때문에 쇠퇴하기 시작했다. 스웨덴은 기울고 있었다. 에스파냐와 포르투갈은 아메리카 덕에 버티고 있었다. 여전히 취약한 이탈리아는, 오스트리아의 소유가 된 만토바를 제외하고는, 세기 초와 마찬가지로 많은 나라로 나누어져 있었다.

당시에는 사보이아 공국이 세상의 구경거리였고 군주들에게 커다란 교훈을 주었다. 사르데냐 왕이며 사보이아 공작인 비토리오 아메데오 2세는 프랑스와 오스트리아의 편과 적이 되길 반복한 인물인데 이런 변신은 정치적이라는 평가를 받았다. 가문에서 최초로 왕위에 오른 그는 업무와 자기 자신에 지치자 변덕이 들어 1730년 64세의 나이에 양위해 버렸다. 하지만 1년 후에 다시 변덕이 들어 왕위를 되찾으려고 시도했다. 부인이 된 정부의 정성, 신앙심, 휴식이 50년 동안 유럽의 정치에 몰두했던 영혼을 만족시킬 수는 없었다. 그는 인간이 얼마나 연약한 존재인지,

왕좌에 있건 왕좌를 떠나서건 자족하기가 얼마나 어려운지를 잘 보여주었다. 이 시대에는 크리스티나 여왕,[106] 얀 2세(카지미에시 바사),[107] 펠리페 5세, 비토리오 아메데오 이 4명의 군주가 왕좌를 포기했다. 펠리페 5세는 마지못해 다시 정부를 맡았고, 얀 2세는 다시는 생각하지도 않았다. 크리스티나 여왕은 로마 생활이 너무나 혐오스러웠기 때문에 잠시 유혹을 받기도 했다. 아메데오만이 무력을 사용하여, 불안감 때문에 포기한 왕좌에 다시 오르려고 시도했다. 그 결과는 잘 알려져 있다. 그의 아들 카를로 에마누엘레 3세[108]는, 부친 혼자서 왕관을 다시 원했더라면 또 그런 일이 가능한 정황이었더라면, 부친이 물려준 왕관을 되돌려줌으로써 왕위 이상의 명예를 얻었을지도 모른다. 하지만 야욕으로 가득 찬 부친의 정부가 군림하려고 했던 것이다. 그래서 모두들 불길한 결과를 예방하고 전왕을 체포하라고 조언했다. 아메데오는 나중에 감옥에서 죽었다. 이 시대의 회고록은 프랑스 궁정이 아들과 싸우는 아버지를 지키기 위해 2만 군사를 파병하려고 했다고 이야기하는데 이는 전혀 근거가 없다. 이 왕의 양위, 다시 왕좌에 오르려는 시도, 그의 투옥과 죽음 이 어떤 것에 대해서도 이웃 나라들은 아무런 관심이 없었다. 그것은 엄청난 사건이었지만 아무런 결과도 없었다.

러시아에서 에스파냐에 이르는 유럽 전체가, 작센 선제후이며 폴란드 왕인 아우구스트 2세[109]가 사망하기(1733년 2월 1일) 전까지는 평화를 구가했는데 이는 대단히 예외적인 일이었다. 폴란드 왕의 죽음으로 유럽은 다시 분열과 불행의 구렁텅이 속으로 떨어진다.

4

두 번 폴란드 왕이 되었다 두 번 폐위당한 스타니수아프 레슈친스키, 1734년 전쟁, 프랑스에 합병된 로렌

루이 15세의 장인 스타니수아프[110] 왕은 이미 1704년 폴란드 왕으로 임명되었고,[111] 1733년 9월 가장 합법적이고 가장 공식적인 방식으로 왕으로 선출되었다. 하지만 황제 카를 6세는 자신과 러시아의 군사력에 의지하여 선거를 다시 치르게 했다. 작센 선제후이며 카를 6세의 조카딸[112]과 결혼한 폴란드 전왕(아우구스트 2세)의 아들[113]이 경쟁자인 스타니수아프 왕을 물리쳤다. 이렇게 해서 에스파냐와 서인도를 차지할 힘이 없었고 결국 오스텐더에 무역회사를 설립하지도 못한[114] 오스트리아 왕실이 루이 15세의 장인에게서 폴란드의 왕관을 빼앗은 것이다. 프랑스는 콩티 공[115]이 당한 일이 다시 일어나게 만들었다. 1697년 콩티 공은 공식적으로 폴란드 왕으로 선출되었지만, 돈도 군대도 없었고 추천만 받고 지원을 받지 못한 탓에 왕국을 빼앗기고 말았었다.

스타니수아프 왕은 자신의 선출이 정당하다는 것을 주장하기 위해 단치히[116]로 갔다. 하지만 그를 선택한 다수가 그에게 반대하는 소수에게 굴복하고 말았다. 폴란드는 백성이 노예나 다름없고 귀족들은 선거권을 팔아먹고 국고에는 군대를 유지할 돈이 바닥났고 법은 유명무실하고 자유는 분열만을 조장하는 나라였다. 이 나라는 귀족 10만으로 구성된 기마 부대의 전투력을 자랑했지만 헛일이었다. 1만 명의 러시아 군대가 스타니수아프 왕을 지지하기 위해 집결한 모든 세력을 패주시켰다. 한 세기 전만 하더라도 러시아인들을 업신여겼던 폴란드 민족은 겁을 먹고 그들에게 조종당하게 되었다. 표트르 대제에 의해 성립된 러시아 제국은 이제 공포의 대상이 되었다. 훈련을 받은 1만의 러시아 노예들이 폴란드 귀족 전체를 궤주시켰고, 단치히 시 안에 갇힌 스타니수아프 왕은 곧 러시아 군대에 포위되었다.

러시아와 연합한 독일 황제는 성공을 확신했다. 균형을 유지하기 위해서는 프랑스가 바다를 통해 수많은 군대를 파견해야 했다. 그러나 영국이 이처럼 대대적인 전쟁 준비를 수수방관하지는 않을 것이다. 영국을 배려해야 한다는 입장인 플뢰리 추기경은 스타니수아프 왕을 완전히 내버렸다는 수치를 당하고 싶지도 않았고 그를 구하기 위해 대규모 군대를 파견하는 위험을 감수하고 싶지도 않았다. 추기경은 준장[117]이 지휘하는 1500명이 탄 소함대[118]를 발진시켰다. 이 장교는 자기 임무가 중요하다고 생각하지 않았다. 그는 단치히에 접근했을 때 헛되이 병사들만 희생시키게 될 것이라고 판단했다. 그래서 그는 덴마크에 기항해 버렸다. 덴마크 왕에게 파견된 프랑스 대사인 플레오 백작[119]은 이 퇴각이 모욕적이라고 보고 분개했다. 백작은 문학과 철학을 공부했을 뿐만 아니라 영웅의 기백을 겸비하여 앞날이 기대되는 젊은이였다. 그는 이 소규모 군대를 이끌고 가서 러시아의 대군과 싸워 단치히를 구하겠다고 결심했다. 실패하면 거기서 죽을 각오였다. 그는 승선 전에 한 국무비서에게 편지를 썼다. 그 편지는 "저는 살아서 돌아오지 못할 것입니다. 제 처와 아이들을 부탁드립니다"라는 말로 끝났다. 그는 단치히에 정박하고 하선하여 러시아 군대를 공격했다. 그는 자신이 예견한 대로 총탄 세례를 받고 죽었다. 그의 편지는 사망 소식과 함께 도착했다. 단치히는 함락되었고 폴란드 주재 프랑스 대사는 신분상의 특권에도 불구하고 전쟁포로가 되었다. 스타니수아프 왕은 단치히 시에서 러시아 장군인 뮈니히 백작[120]에 의해 목에 현상금이 걸리는 신세가 되었다. 자유국이며 그의 고향이고 모든 법규에 따라 그를 왕으로 선출한 나라 한복판에서 말이다. 왕은 어쩔 수 없이 선원으로 변장해서 온갖 위험을 겪은 후에야 단치히에서 빠져나올 수 있었다. 여기서 뮈니히 백작 이야기를 잠깐 하자. 스타니수아프 왕을 그토록 잔인하게 추적한 백작은 얼마 후에 시베리아로 유배되어 극도의 곤궁 속에서 20년을 지내다가 화려하게 부활했다. 거물들은 이런 부침을 겪게 마련이다.

러시아군을 상대하라고 경솔하게 파병된 프랑스군 1500명은 명예롭게 항복했다. 하지만 이 시기에 러시아 선박이 프랑스 왕의 선박에 의해 나포되었기 때문에, 그 1500명은 페테르부르크 부근으로 이송되어 억류되었다. 그들은 세기 초만 하더라도 야만국이라고 간주하던 나라에서 비인간적인 대우를 받을 것을 각오하지 않을 수 없었다. 당시에는 안나 여제[121]가 통치하고 있었다. 여제는 장교들을 대사처럼 대접하고 병사들에게 다과와 옷을 제공하도록 명령했다. 이 전대미문의 관대한 조치는 표트르 대제가 러시아 궁정을 놀랍게 변화시킨 결과인 동시에, 러시아 궁정이 다른 국가들의 오래된 편견에서 비롯된 불리한 고정관념을 타파하기 위해 선택한 고귀한 복수였던 셈이다.

프랑스 내각이 폴란드에서의 수모를 보복하지 않았다면 국위를 유지하는 데 필요한 평판이 완전히 땅에 떨어졌을 것이다. 하지만 그 보복은 유익하지 않으면 할 필요가 없는 것이었다. 모스크바를 상대하기에는 너무 거리가 멀었고, 황제를 응징하는 것이 국제정치적으로 타당했다.[122]

황제에 대한 응징은 독일과 이탈리아에서 효과적으로 이루어졌다. 프랑스는 에스파냐, 사르데냐와 연합했다. 이 세 강대국은 이해관계가 달랐지만, 오스트리아를 약화시켜야 한다는 공동의 목표가 있었다. 사보이아 공작들은 오래전부터 때로는 황제들을 지원하고 때로는 그들의 반대편을 들면서 조금씩 나라를 넓혀 왔다. 사보이아의 카를로 에마누엘레 3세는 밀라노를 원했고, 베르사유와 마드리드의 대신들은 주겠다고 약속했다. 에스파냐 왕 펠리페 5세, 좀 더 정확하게는 왕비 이사벨 데 파르네시오는 자기 자식들을 위해 파르마와 피아첸차[123]보다 더 큰 식민지를 원했다. 프랑스 왕은 자신의 명예, 적들의 약화, 동맹국들의 성공 외에는 어떤 대가도 바라지 않았다.

당시에는 로렌[124]이 이 전쟁의 산물이 될 것이라고는 아무도 예상하지 못했다. 거의 언제나 인간은 사건들에 끌려다니고, 인간이 사건들을 이끌어 나가는 경우는 드물다. 프랑스, 에스파냐, 사르데냐의 군주 3인의 동맹협상은 아주 신속하게 이루어졌다. 오래전부터 프랑스에 반대하고 오스트리아 편을 들어오던 영국과 네덜란드가 이번에는 중립을 지켰다. 이는 프랑스 궁정이 공평하고 온건하다는 평판을 얻은 덕이었다. 프랑스가 전쟁을 벌이는 목적이 평화적이고 욕심이 없었기에 그 숙적들인 영국과 네덜란드가 참전할 수가 없었던 것이다. 이 강대국들에 프랑스가 유럽의 자유를 위협하지 않고 황제와 전쟁을 할 수 있다는 점을 이해시키는 데 성공한 것은, 프랑스 내각에는 더할 나위 없는 명예가 되었다. 그래서 모든 강대국이 프랑스의 신속한 승전을 조용히 지켜보기만 했다. 프랑스군은 라인 강 전투에서 승리했고 프랑스, 에스파냐, 사르데냐 연합군은 이탈리아에서 연전연승했다. 프랑스, 에스파냐, 피에몬테[125] 연합군의 총사령관이 된 빌라르 원수[126]는 밀라노를 점령한 후 82세의 나이에 영광스러운 경력을 끝냈다. 그의 후임 쿠아니 원수[127]는 두 번의 전투에서 이겼고, 에스파냐 장군인 몬테마르 공작[128]은 나폴리 왕국의 비톤토[129]에서 승리를 거두고 그 지명을 별명으로 갖게 되었다. 이것은 에스파냐 궁정이 고대 로마인들의 본보기를 따라서 이따금 내리는 보상이다. 토스카나의 왕위 계승자라고 인정되었던 돈 카를로스는 곧 나폴리와 시칠리아의 왕이 되었다. 이처럼 카를 6세는 폴란드에 왕을 옹립한 대가로, 이탈리아 거의 전체를 잃게 되었다. 에스파냐 왕의 아들은 두 번의 전투 만에 두 개의 시칠리아[130]를 얻었다. 두 개의 시칠리아는 오스트리아 왕실이 200년 넘게 지속적으로 관심을 기울여왔고 그 동안 점령과 탈환이 반복된 곳이다.

이번 이탈리아 전쟁은 샤를마뉴 대제 이래 프랑스인들의 견고한 승리로 끝난 유일한 전쟁이었다. 이 승전의 이유는 다음과 같다. 알프스 지역의 최강 군주가 된 사보이아 공작이 프랑스인들 편을 들었고, 에스파냐의 최고 부대들이 프랑스인들을 지원했고 프랑스 군사의 수가 항상 많았기 때문이다.

따라서 황제는 승자 프랑스가 제시한 화평 조건을 기쁜 마음으로 받아들였다. 현명하게도 영국과 네덜란드가 이 전쟁에 참여하지 못하도록 막은 프랑스의 대신 플뢰리 추기경은 두 나라의 개입 없이 이 전쟁을 유리하게 끝내는 지혜를 발휘했다.

평화 협정으로 돈 카를로스는 나폴리와 시칠리아의 왕으로 공인되었다. 유럽은 이미 국가들을 주고 바꾸는 것을 보는 데 익숙해 있었다. 황제 카를 6세의 사위인 로트링겐(로렌) 공작 프란츠[131]에게, 전에 돈 카를로스에게 인정했던 메디치가의 유산[132]을 넘겨주었다. 토스카나의 마지막 대공[133]은 말년이 다가오자 자신에게 세 번째 후계자가 생기지 않는다면, 황제와 프랑스가 그에게 어떤 자식을 줄 것이냐고 질문했다. 이는 토스카나 대공국이 스스로를 황제의 봉토로 인정했기 때문이 아니다.

하지만 황제는 그렇게 간주했고 이는 파르마와 피아첸차도 마찬가지였다. 파르마와 피아첸차는 마지막 파르마 공작[134]이 교황에게 헌정했기 때문에 바티칸이 계속 권리를 주장하고 있었다. 이처럼 권리는 시간이 지나면 바뀌게 마련이다. 이 평화조약[135]에 의해, 펠리페 5세와 파르마 공녀[136]의 아들인 돈 카를로스가 상속재산으로 물려받은 파르마와 피아첸차 공국이 황제 카를 6세의 재산이 되었다.

사보이아 공작인 사르데냐 왕은 그 왕가가 서서히 강력해지면서 오래전부터 밀라노에 대한 권리를 주장해 왔지만 노바라,[137] 토르토나,[138] 랑게[139]의 봉토들과 같은 작은 부분밖에 얻지 못했다. 그는 밀라노에 대한 권리를 조상인 에스파냐 왕 펠리페 2세[140]의 딸[141]에게서 물려받았다. 프랑스는 이 공국의 본래 상속자인 루이 12세[142]를 통해서 오래된 권리를 보유하고 있었다. 펠리페 5세는 그의 선임자인 4명의 에스파냐 왕에게 밀라노가 계속 종속되어 있었기 때문에 권리가 있었다. 하지만 이 모든 권리는 적합성과 공익이라는 기준에 따르게 되었고 황제가 밀라노를 차지하게 되었다. 밀라노는 황제가 하사해야 하는 봉토가 아니다. 밀라노는 원래 신성로마제국에 합병된 롬바르디아 왕국이었는데 나중에 비스콘티 가문과 스포르차 가문 치하에서 봉토가 되었고 오늘날엔 황제에게 속하는 국가이다.[143] 실제로 밀라노는 분할된 국가이지만 황실은 이 영토를 토스카나 그리고 만토바와 함께 보유함으로써 이탈리아에서 매우 강력한 영향력을 행사하고 있었다.

이 조약에 의해 스타니수아프 왕은 두 번씩이나 소유했고 또 지킬 수 있었던 왕국을 빼앗기고 폴란드 왕이라는 칭호만 간직하게 되었다. 따라서 그에게 보상을 해주어야 했는데, 이 보상은 그보다는 프랑스에 더 필요한 것이었다. 처음에 플뢰리 추기경은 로트링겐 공작 프란츠가 스타니수아프 왕에게 바르 공작령[144]을 넘겨주는 것으로 만족했다. 스타니수아프 사후에는 프랑스 왕에게 귀속된다는 조건이었다. 그리고 로트링겐(로렌)은 프란츠가 토스카나를 완전히 소유한 이후에 양도하기로 했다. 그러나 이런 방식은 로렌 양도를 많은 우연에 좌우되게 만드는 것이었다. 또 최고의 승리와 최선의 정세를 거의 이용하지 못하는 것이었다. 국새상서[145] 쇼블랭[146]이 플뢰리 추기경에게 이점을 이용하라고 권유했다. 플뢰리 추기경은 바르와 같은 조건으로 로렌을 요구하여 얻어냈다. 약간의 현금밖에 들지 않았고 프란츠 공작이 토스카나를 차지할 때까지 350만 리브르를 지급하기로 했다.

이렇게 해서 로렌은 결정적으로 프랑스 왕국에 병합되었다. 그토록 여러 번 시도되었지만 실패했던 합병이 성사된 것이다. 그래서 폴란드 왕이 로렌으로 이주한 것이다. 스타니수아프 왕은 로렌에 거주한 마지막 군주가 되었고 로렌을 행복하게 만들었다. 로트링겐의 군주는 토스카나의 군주가 되었다. 에스파냐 왕의 아들 돈 카를로스는 나폴리로 이주했다. 트라야누스[147]의 메달을 다시 주조해도 되었을 정도로 많은 왕관을 주고받은 것이다. 이제 기독교 군주들 사이에서는 모든 것이 평화롭게 되었다. 다만 아메리카 무역을 둘러싸고 에스파냐와 영국의 다툼이 시작되었다. 프랑스 궁정은 계속 유럽의 중재자라고 인정되었다.

황제 카를 6세는 제국과 의논하지도 않고 튀르크인들에 대한 전쟁을 벌였다.[148] 이 전쟁은 결과가 나빴다. 루이 15세는 중재를 통해 황제를 이 궁지에서 구해주었다. 루이 15세의 오스만 주재 대사 빌뇌브(Villeneuve)가 1739년 헝가리로 가서, 황제가 원하던 평화조약[149]을 오스만의 총리대신과 체결했다.

거의 동시에 루이 15세는 내란의 위협에 직면한 제노바 공국의 평화를 회복시켰다. 그는 제노바의 지배에 반발한 코르시카인들을 진압하고 한동안 진정시켰다. 제노바에 대한 관리를 강화하여 싹트던 내란을 진정시킨 것이다.

특히 루이 15세의 내각은 해상에서 전쟁을 시작한 에스파냐와 영국 사이를 조정하여 그들이 서로 다투던 권리보다 더 값비싼 전쟁을 피하도록 했다. 또 프랑스 정부는 1735년에는 에스파냐와 포르투갈 사이를 중재했다. 그래서 프랑스에 대해 불평하는 이웃 나라가 하나도 없었다. 모든 국가가 프랑스를 중재자인 동시에 공동의 어머니라고 생각했다. 하지만 이 영광과 행복은 오래가지 못한다.

5

황제 카를 6세의 사망. 4대 강국의 오스트리아 왕위계승전쟁. 헝가리 여왕이 자기 부친의 모든 국가에서 인정됨. 프로이센 왕의 슐레지엔 합병

황제 카를 6세는 1740년 10월 55세로 사망했다. 폴란드 왕 아우구스트 2세의 사망은 많은 변화를 일으켰고, 오스트리아 왕가의 마지막 황제[150] 카를 6세의 사망은 많은 격변을 일으키게 된다. 오랫동안 왕을 선출했다가 오스트리아 군주들이 세습으로 만든 헝가리 왕국과 보헤미아 왕국, 이전의 오스트리아라고 불린 오스트리아 슈바벤, 13세기에 정복한 오버외스터라이히와 니더외스터라이히, 슈타이어마르크 공국, 케른텐 공국, 크라인(카르니올라) 공국, 플랑드르, 부르가우, 4개의 슈바르츠발트 도시, 브라이스가우, 프리울리, 티롤, 밀라노, 만토바, 파르마 공국으로 잡다하게 구성된 오스트리아 왕가의 유산은 산산조각이 날 것 같아 보였다. 나폴리와 시칠리아 이 두 왕국은 에스파냐 펠리페 5세의 아들 돈 카를로스가 장악하고 있었다.

카를 6세의 장녀 마리아 테레지아[151]는 부친의 유산에 대한 자연권, 이 권리를 확인한 1713년의 국본조칙만이 아니라 거의 모든 강대국의

마리아 테레지아(1717~1780)

보장에 의지하고 있었다. 하지만 바이에른 선제후 카를 알브레히트[152]는 카를 5세의 동생인 페르디난트 1세[153]의 유언을 내세우며 상속권을 요구했다.

작센 선제후 폴란드 왕 아우구스트 3세[154]는 더 가까운 시대의 권리, 카를 6세의 장형 황제 요제프 1세[155]의 장녀인 자기 부인의 권리를 내세웠다.

에스파냐 왕은 펠리페 2세의 부인, 오스트리아의 아나[156]가 황제 막시밀리안 2세의 딸이라는 점에 근거하여 오스트리아 왕가의 모든 지위에 대해 권리를 요구했다. 펠리페 5세의 할머니 마리테레즈[157]는 오스트리아의 아나의 증손녀이다. 루이 15세 역시 계승권을 주장할 수 있었고 그 누구 못지않게 자격이 있었다. 왜냐하면 루이 13세의 왕비 안 도트리슈[158]는 펠리페 3세의 장녀였기 때문이다. 루이 14세는 안 도트리슈의 아들이고 루이 15세는 루이 14세의 증손자이다. 따라서 루이 15세는 오스트리아 왕가 장자계통의 직계였다. 하지만 루이 15세로서는 경쟁자보다는 심판과 보호자가 되는 편이 더 나았다. 그럼으로써 유럽의 절반과 협력하여 이 승계와 제국을 좌우할 수 있었기 때문이다. 만약 루이 15세가 계승권을 요구했더라면 유럽 전체와 싸워야 했을 것이다. 이렇게 많은 왕들의 관심사가 된 이 왕위 계승에 대해 기독교 세계 전체에서 공적인 논의가 진행되어 설이 분분했다. 모든 군주, 모든 사람이 관심을 가졌고 세계대전이 일어날 것이라고 예상했다. 하지만 폭풍은 아무도 생각하지 못한 곳에서 시작되기 때문에 인간의 정치는 무위로 끝나곤 한다.

이 세기 초에 새로운 왕국이 부상했다. 레오폴트 1세는 신성로마제국 황제의 전통적인 왕위 임명권을 사용하여, 1701년 공작령 프로이센을 왕국으로 승격시키고 브란덴부르크 선제후 프리드리히 빌헬름[159]을 왕으로 임명했다. 당시의 프로이센은 광활한 황무지에 불과했다. 하지만 프로이센 2대 왕 프리드리히 빌헬름 1세[160]는 당시 군주들과 판이한 정책을 추진했다. 그는 2500만 프랑에 달하는 거금을 투자하여 그 척박한 땅을 개간하고 마을을 만들어 주민을 이주시켰다. 그 지역에 슈바벤과 프랑켄 사람들을 보냈고, 잘츠부르크 출신의 이민자 1만6천여 명을 끌어들여 모두에게 정착하고 일할 수 있는 기반을 제공해주었다. 이런 방식으로 새로운 국가를 건설한 왕은 독특한 경제에 의해 다른 종류의 강대국을 탄생시켰다. 그는 매달 4만 독일 에퀴 정도의 자금을 비축하여 재위 28년 동안 거대한 부를 축적했다. 금고에 넣지 않는 돈으로는 약 7만의 군대를 선발하여 자신이 직접 새로운 방식으로 조련시켰다. 프리드리히 빌헬름 1세는 이 정예군을 써먹지 못했으나, 그 아들 프리드리히 2세[161]는 부친이 준비해 놓은 모든 것을 사용하게 된다. 국제적인 분규를 예상한 프리드리히 2세는 일각도 지체하지 않고 이 기회를 이용했다. 그는 슐레지엔 공작령 4개[162]에 대한 권리를 요구했다. 그의 조상들은 힘이 없었기 때문에 반복된 협상에서 모든 권리를 포기했다. 하지만 힘이 있는 프리드리히 2세는 그 권리를 요구한 것이다.

이미 프랑스, 에스파냐, 바이에른, 작센이 황제를 옹립하기 위해 움직이고 있었다. 바이에른은 오스트리아 왕가 상속에서 한몫 차지하게 해달라고 프랑스를 압박했다. 바이에른 선제후는 그 모든 상속재산에 대한 권리를 문서로 요구했으나, 자기 대신들을 시켜 요구하지는 못했다. 토스카나 대공 프란츠의 부인이 된 마리아 테레지아는 선친이 남긴 모든 소유지를 장악하기 시작했다. 마리아 테레지아는 1740년 11월 7일 빈에서 오스트리아 국가들의 충성 서약을 받았다. 이탈리아 지방들과 보헤미아는 대표를 보내 서약을 했다. 마리아 테레지아는 언드라시 2세[163]의 1222년 서약에 동의함으로써 헝가리인들의 마음을 사로잡았다. "만약 나 또는 내 상속자들이 언제이건 여러분의 특권을 인정하지 않으려 한다면, 여러분과 여러분의 후손들이 역도로 취급되지 않고 여러분의 권리를 지킬 수 있다는 것을 이 서약에 의해 보장합니다."

여대공 겸 여왕의 선조들이 이런 약속을 지키는 데 관심이 없었기 때문에, 헝가리인들은 신중하게 처신하는 그녀를 극도로 소중하게 여기게 되었다. 오스트리아 왕실의 속박에서 벗어나려고 줄기차게 노력했던 헝가리 민족이 마리아 테레지아의 속박은 받아들인 것이다. 그들은 200년간의 반란, 증오, 내전에도 불구하고 일거에 마리아 테레지아를 숭배하게 되었다. 마리아 테레지아는 몇 달 후인 1741년 6월 24일에야 포조니[164]에서 대관식을 거쳐 헝가리 여왕으로 즉위했다. 하지만 여왕은 거의 모든 선조와는 달리 상냥하고 대중적이어서 모두들 진심으로 군주로 받들었다. 여왕은 왕위를 추하게 만들 수도 있는 예법과 교만한 자세를 버렸고 그래서 더욱 존경을 받았다. 여왕의 고모이며 네덜란드 총독인 여대공 오스트리아의 마리아 엘리자베트[165]는 누구와도 겸상을 하지 않았다. 마리아 테레지아는 식탁에 모든 귀부인과 고위 장교를 초대했고 속국의 대표들은 여왕과 자유롭게 대화를 나누었다. 여왕은 알현을 거절하는 법이 없었으며 알현 후에 만족하지 않는 사람은 하나도 없었다.

여왕의 첫 번째 관심사는 자신의 모든 지위를 남편 토스카나 대공이 '공동 섭정'이라는 명칭으로 공유하게 만드는 것이었다. 그러면서도 자신의 통치권에 조금도 손상이 가지 않게 하고 국본조칙도 위반하지 않았다. 초기에 여왕은 토스카나 대공에게 부여된 왕위들이 그가 황제로 즉위할 수 있는 길을 열어줄 것이라는 기대를 했다. 하지만 여왕은 돈이 없고 군대는 매우 축소되었을 뿐만 아니라 광대한 제국의 여러 나라에 분산되어 있었다.

프로이센 왕은 여왕에게 다음과 같이 제안했다. 여왕이 저지대 슐레지엔을 넘기면 프로이센 왕의 영향력, 지원, 군대만이 아니라 5백만 리브르를 제공하여 나머지 모든 영토를 보장하고 토스카나 대공에게 제국을 바치겠다는 것이다. 능란한 대신들은 헝가리 여왕이 이런 제안을 거절하면 독일이 일대 혼란에 빠질 것이라고 예상했다. 하지만 여왕의 몸에는 수많은 황제의 피가 흐르고 있었기에 유산을 분할한다는 생각은 어림도 없었다. 여왕은 무력하지만 굴하지 않았다. 이 강대국이 이제는 이름뿐이고 유럽의 정황 덕에 자기편이 생기리라는 점을 확신한 프로이센 왕은 1740년 12월 중순 슐레지엔으로 진격했다.

신하들은 프로이센 깃발에 pro deo et patria[166]라는 명구를 넣으려고 했다. 왕은 인간의 다툼에 신의 이름을 끌어들여서는 안 되고, 종교가 아니라 한 지역에 관한 전쟁이라고 말하면서 pro deo를 빼도록 했다. 그는 근위연대 앞의 황금색 깃대 위에 날개를 펼친 로마 독수리가 돋보이도록 만들었다. 프로이센 왕은 모든 면에서 옛날 로마 장군들과 흡사하게 군대에 일장 연설을 했다. 슐레지엔에 진입한 그는 거절을 당한 일부

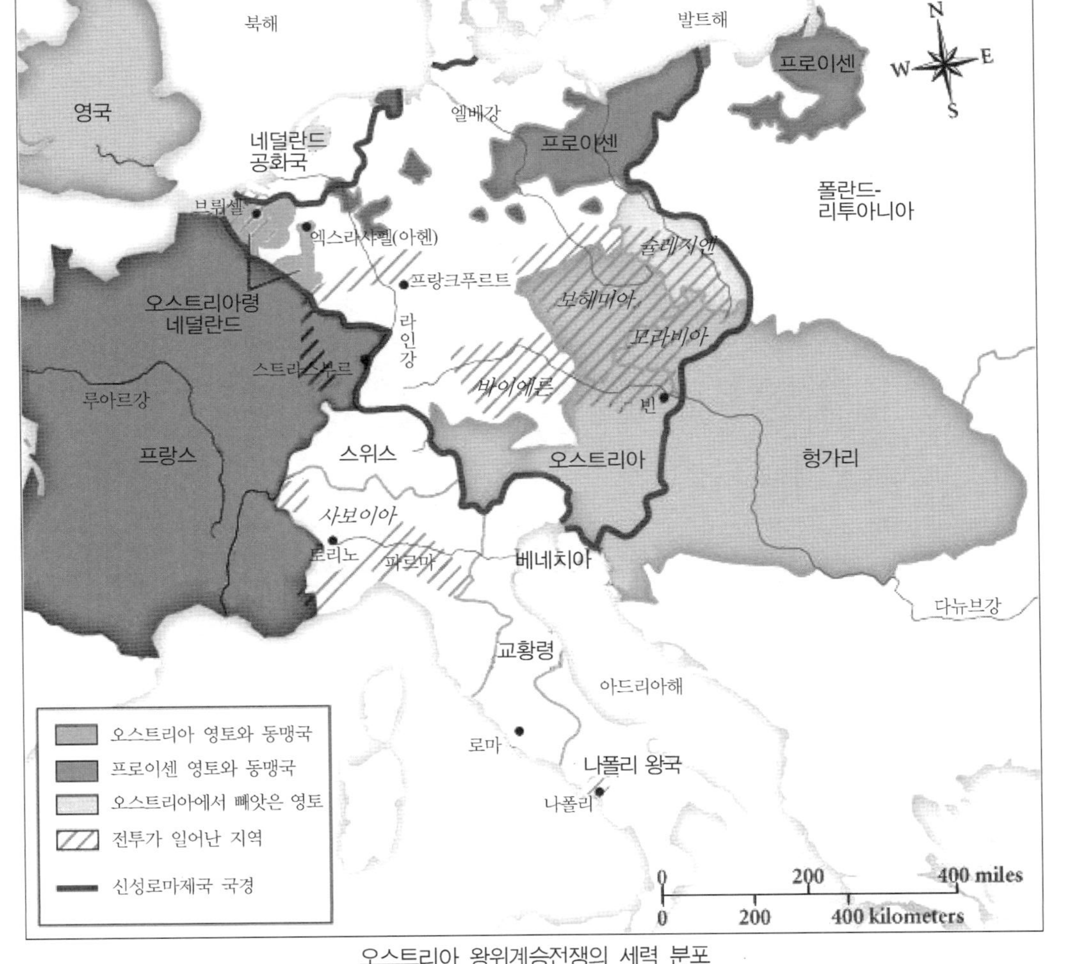

오스트리아 왕위계승전쟁의 세력 분포

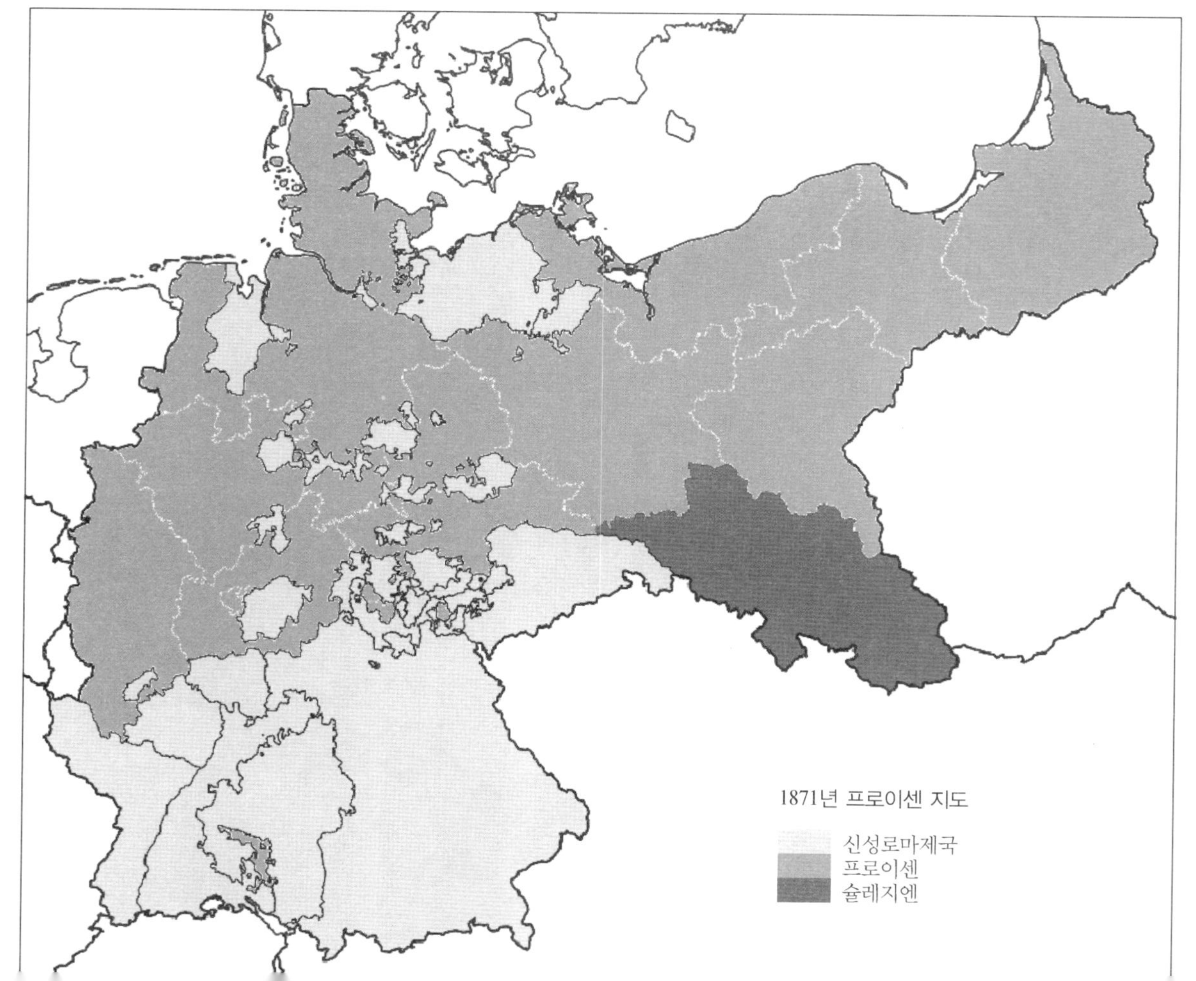
1871년 프로이센 지도
신성로마제국
프로이센
슐레지엔

분만이 아니라 지역 거의 전체를 장악했다. 하지만 아직은 전쟁이 끝난 것이 아니었다. 나이페르크 장군[167]이 슐레지엔을 구하기 위해 약 2만4천의 오스트리아군을 이끌고 당도했다. 프로이센 왕은 나이세 강[168] 근처의 몰비츠[169]에서 장군과의 전투를 피할 수 없게 되었다. 여기서 프로이센 보병의 가치가 여지없이 드러났다. 오스트리아 기병에 비해 절반에 불과한 프리드리히 2세의 기병은 완전히 격파되었고 보병의 제1열이 측면에서 공격을 받았다. 전투는 끝난 것 같았고 왕의 모든 소지품이 약탈을 당했다. 왕의 측근들이 포로가 되기 직전의 왕을 가까스로 전장 밖으로 데려갔다. 그러나 보병의 제2열이 프로이센 병사 특유의 강철 같은 규율에 의해 전세를 역전시켰다. 그들은 1분에 최소한 5발을 쏘고 순식간에 꽂을대로 총을 장전하는 연속사격을 실시했다. 이 전투는 프로이센의 승리로 끝났고[170] 이 사건은 전면전의 발단이 된다.

6

프랑스 왕은 프로이센 왕, 폴란드 왕과 연대하여 바이에른 선제후 카를 알브레히트를 황제로 선출시킨다. 카를 알브레히트는 프랑스 왕의 국왕총대관이라고 선포되었다. 그의 성공과 급속한 파멸

프로이센 왕이 슐레지엔을 장악했을 때 유럽은 그가 이미 프랑스의 동의를 얻었다고 믿었다. 하지만 착각이었고, 이런 일은 사실임 직한 것에 지나지 않은 것을 따라 추론할 때 거의 언제나 생기게 마련이다. 프로이센 왕은 스스로 고백했듯이 무모한 일을 많이 벌였다. 하지만 그는 프랑스가 이 절호의 기회를 놓치지 않고 자신을 지원하리라는 것을 예견했다. 프랑스로서는 오스트리아에 맞서, 옛 동맹인 바이에른 선제후를 지원하는 것이 이로울 것 같았다. 카를 알브레히트의 부친[171]은 예전에 프랑스 편을 들었다가 회흐슈테트 전투[172]에서 모든 것을 잃은 막시밀리안 에마누엘이다. 또 바이에른 선제후 카를 알브레히트 자신이 당시 오스트리아인들의 포로가 되어 어린 시절을 보낸 바 있었다.[173] 그들은 그의 이름 '바이에른의 카를 알브레히트'에서 바이에른을 지워버리기까지 했다. 프랑스는 카를 알브레히트의 복수를 해줌으로써 이득을 취할 수 있다고 여겼다. 그에게 오스트리아 왕실 상속재산의 일부와 제국을 넘겨주는 것은 손쉬울 것 같았다. 그렇게 되면 이 새로운 오스트리아-로트링겐 왕가[174]는 유럽의 모든 실력자에 대해 확보한 우위를 상실하게 될 것이다. 부르봉 가문과 오스트리아 가문 사이의 오래 묵은 경쟁 관계가 청산됨으로써, 앙리 4세와 리슐리외 추기경이 기대하지도 못한 일을 이루어낼 수 있을 것 같았다.

프리드리히 2세는 슐레지엔으로 향하면서 최초로 이 혁명을 어렴풋이 예감했다. 물론 그 혁명의 토대라고 할 것이 아직은 전무했다. 프로이센 왕이 플뢰리 추기경과 함께 어떤 대책도 세우지 않았기 때문에, 프랑스 왕이 새로운 군주를 치하하기 위해 베를린에 파견한 보보 후작(marquis de Beauvau)[175]은 프로이센군의 이동이 시작되는 것을 보았을 때, 그 군대가 프랑스를 치러 가는 것인지 아니면 오스트리아를 치러 가는 것인지 전혀 알지 못했다. 프리드리히 2세는 떠나면서 보보 후작에게 말했다. "나는 당신들의 게임을 하러 가오. 내가 에이스를 잡으면 나눠 가집시다."▪

이것은 아직은 먼 훗날의 일인 협상의 시초에 불과했다. 프랑스 정부는 오래 망설였다. 85세의 플뢰리 추기경은 새로운 전쟁으로 자신의 명성과 노년 그리고 프랑스를 위태롭게 만들고 싶지 않았다. 1713년 국본조칙이 서명되고 확실하게 보장을 받았기 때문에 나서기가 어려웠던 것이다.

나중에 원수, 공작이 되는 벨릴 백작[176]과 그 동생[177]은 저 유명한 푸케[178]의 손자들이다. 국사에 어떤 영향력도 없고 아직은 왕을 알현한 적도 없고 플뢰리 추기경의 판단을 좌우할 힘이 없던 이 두 사람이 문제를

▪ 당시 필자는 프로이센 왕 옆에 있었다. 따라서 필자는 플뢰리 추기경이 프리드리히 2세가 어떤 사람인지 전혀 몰랐다고 단언할 수 있다.
(옮긴이 주) 1740년 9월 11일 볼테르는 프리드리히 2세를 라인 강 인근의 클레베(Kleve)에서 처음으로 만났다. 볼테르는 11월 베를린으로 가서 프리드리히 2세의 궁정에서 머물렀다.

해결하게 만들었다. 벨릴 백작은 큰일을 한 적은 없지만 평판이 매우 좋았다. 그는 대신도 장군도 아니었지만 국가와 군대를 지휘할 적임자라고 통했다. 다만 아주 안 좋은 건강 때문에 그 많은 재능이 결실을 거두지 못하고 있었다. 항상 활동적이고 언제나 계획을 쏟아내는 그는 정신의 지나친 노력이 몸을 망가뜨리는 경우였다. 친절한 궁정인의 예의와 군인의 확연한 솔직성을 겸비한 그는 모두의 사랑을 받았다. 그는 언제나 확신에 차 있는 것처럼 보였기에 달변이 아니면서도 설득력이 뛰어났다. 그의 동생 벨릴 기사는 형과 똑같은 야심, 견해를 가졌지만 건강이 좋아서 더 피곤한 일을 할 수 있었으므로 훨씬 더 철두철미했다. 동생은 분위기가 더 어두운 편이라서 덜 매력적이었지만 형보다 남을 사로잡는 힘이 강했다. 동생은 용감한 만큼이나 설득력이 강했다. 그의 냉정하고 골몰한 표정 뒤에는 격렬한 무엇이 있었다. 그는 모든 것을 생각해내고 모든 것을 조정하고 모든 것을 할 능력이 있었다. 혈연보다는 일치된 견해에 의해 긴밀하게 맺어진 두 사람은 유럽의 면모를 뒤바꿀 원대한 구상을 제시했고, 이 과정에서 탁월한 지성을 소유한 귀부인의 지원을 받았다. 플뢰리 추기경은 반대했고 형제의 구상에 반대한다는 의견을 서면으로 왕에게 제출하기까지 했다. 반대 의견이 거부되자 모두들 추기경이 은퇴할 것이라고 믿었다. 그랬다면 그의 경력 전체가 영광스럽게 끝났을 것이었다. 하지만 그는 대신직을 포기하고 조용히 죽음을 기다릴 용기가 없었다. 벨릴 백작 형제가 모든 일을 계획하고 늙은 추기경은 자신이 반대하는 일을 주재하게 되었다.

처음에는 모든 일이 잘 풀리는 것 같았다. 벨릴 원수[179]는 프로이센 왕의 진지인 프랑크푸르트 그리고 드레스덴으로 파견되어 그 원대한 계획을 협의했다. 수많은 군주가 협력하고 있었기에 실패할 수가 없을 것 같았다. 벨릴 원수는 프로이센 왕, 작센 선제후인 폴란드 왕과 모든 것에 합의를 보았다. 그는 독일 전역에서 협상을 했다. 그는 독자적으로는 거의 아무 일도 할 수 없는 군주, 카를 알브레히트에게 제국과 세습 왕위들을 넘겨주기로 결정한 집단의 핵심이었다. 프랑스는 바이에른 선제후에게 돈, 동맹국들, 표, 군대를 모두 제공했다. (1741년 7월 31일) 루이 15세는 카를 알브레히트에게 약속한 군대를 보내면서 특허장[180]에 의해 그를 국왕총대관(代官)[181]으로 임명했다. 프랑스 왕의 총대관이 독일 제국의 황제가 될 참이었다.

마리아 테레지아 여왕이 프로이센 왕의 공세에 간신히 버티는 동안에, 막강한 지원을 등에 업은 바이에른 선제후는 손쉽게 오스트리아에 진입했다. 선제후는 우선 제국의 도시 파사우를 장악했다. 파사우[182]는 주교령으로 오버외스터라이히(Oberösterreich)와 바이에른의 경계에 있다. 선제후는 오버외스터라이히의 중심도시 린츠[183]에 도착했다. (8월 15일) 선발 부대는 빈에서 30리외[184] 떨어진 곳까지 진출했다. 빈에서는 긴급경보를 발하고 서둘러 포위 공격에 대비했다. 성문 밖의 지역 하나를 거의 모두 파괴하고 성벽에 인접한 궁전도 없애버렸다. 도나우 강에는 안전지대로 대피시키는 귀중품들을 실은 배들밖에 안 보였다. 바이에른 선제후는 빈 총독인 케벤휠러 백작[185]에게 최후통첩을 보내기도 했다.

당시 영국과 네덜란드는 자기들 손안에 있다고 오랫동안 주장하던 세력균형의 추를 갖고 있지 못했다. 네덜란드 전국신분의회[186]는 베스트팔렌에 주둔한 마유부아 원수[187]의 군대 때문에 아무 소리를 못 하고 있었다. 이 군대는 영국 왕도 압박했다. 당시 하노버에 머무르던 영국 왕[188]은 이 지역을 빼앗길까 두려워했다. 영국 왕은 마리아 테레지아를 돕기 위해 2만5천의 군대를 일으켰다. 하지만 곧 이 군대를 마리아 테레지아에게 넘기고 중립 협정을 체결했다.

국본조칙은 수많은 국가가 보장했지만, 당시 제국의 안팎에서 이것을 지지하는 강대국은 하나도 없었다. 빈은 제대로 요새화되지 못한 쪽을 공략당하고 있어서 간신히 버티기에 급급했다. 독일과 공사에 정통한 사람들은 빈이 함락되면, 헝가리군은 접근을 못 하고 동맹군에는 탄탄대로가 열려 모든 요구사항이 해결되고 제국과 유럽에 평화가 돌아올 것이라고 믿었다.

(1741년 9월 11일) 마리아 테레지아는 몰락이 불가피하게 여겨지자 더욱 용기를 냈다. 여왕은 빈에서 빠져나와, 자기 선친과 선조들이 그토록 가혹하게 다루었던 헝가리인들에게 몸을 의탁했다. 여왕은 포조니에서 4신분을 소집한 다음, 거의 갓난아기나 다름없는 장남을 안고 등장했다. 여왕은 능숙한 라틴어로 대략 다음과 같이 말했다. "친구들에게 버림받고 적들에게 박해받고 가장 가까운 친척들에게 공격을 당한 나는 여러분의 충성과 용기만을 믿고 의연하게 버틸 것입니다. 여러분에게 왕의 딸과 아들을 맡길 테니 그들을 구해주기 바랍니다." 감동하고 흥분한 귀족들은 칼을 뽑고 외쳤다. "우리 왕 마리아 테레지아를 위해 죽읍시다!"

그들은 여왕을 왕이라고 칭했지만, 마리아 테레지아보다 그런 칭호를 받을만한 자격이 더 있는 여왕은 없었다. 모든 귀족이 여왕을 지킨다는 맹세를 하면서 눈물을 흘렸고 오로지 그녀만이 울지 않았다. 하지만 시녀들과 함께 자리를 뜬 여왕은 의연하게 참았던 눈물을 펑펑 쏟았다. 당시 임신 중이던 여왕은 얼마 전에 시어머니 로트링겐 공작부인[189]에게 편지를 썼다. "제가 출산을 할 수 있는 도시가 남아 있을지 모르겠습니다."

이런 곤궁에 처한 여왕은 헝가리인들의 열정을 불러일으키고 영국과 네덜란드를 자기편으로 만들었다. 두 나라는 그녀에게 자금을 지원했다. 여왕은 제국 안에서도 움직여서 사르데냐 왕과 협상을 하여 군대를 제공받았다.

영국인 전체가 그녀를 위해 나섰다. 영국인들은 지도자의 의견을 기다렸다가 행동하는 사람들이 아니다. 개인들이 솔선하여 여왕에게 기증을 제안했다. 카를 6세를 위해 싸운 말버러 공작의 미망인[190]은 런던의 주요 귀부인들을 소집했다. 귀부인들은 10만 파운드를 제공하기로 약속했고 공작부인은 그중에서 4만을 내놓았다. 헝가리 여왕은 이렇게 쾌척한 돈을 받지 않을 정도로 고결한 영혼의 소유자였다. 여왕은 의회를 통한 영국인들의 기부만 받기로 했다.

다들 프랑스와 바이에른의 군대가 빈을 포위할 것이라고 믿었다. 적이 두려워하는 것을 해야 이기는 법이다. 빈 포위는 행운이 단 한 번 주고 다시 얻지 못하는 절호의 기회이고 결정적인 타격이었다. 바이에른 선제후는 빈을 점령한다는 희망을 품기도 했지만 이 포위 공격에는 전혀 준비가 되어 있지 않았다. 대포도 탄약도 없었다. 플뢰리 추기경은 선제후에게 빈을 넘겨주는 것은 지나치다고 보았다. 추기경은 어중간한 해결책을 선호했다. 그는 전리품을 분할한 다음에 나누어 가질 생각이었다. 자신이 옹립하는 황제가 모든 것을 상속받는 것은 원하지 않았다.

바이에른 선제후의 지휘를 받는 프랑스군은 1741년 11월 프라하를 향해 진군했다. 2만5천의 작센군이 프랑스군을 지원했다. 폴란드 왕 아우구스트 3세의 이복형제인 모리스 드 삭스 백작[191]이 프라하를 공격했다. 강건왕이라고 불린 부친의 건장한 육체를 물려받은 백작은 외유내강의 성격이라서 위대한 장군의 자질을 갖추고 있었다. 그는 이런 평판 덕에 쿠를란트[192] 공작으로 선출되었다. 하지만 북유럽의 맹주인 러시아는 투표로 선출된 그를 쿠를란트에서 몰아냈다. 파리로 피신한 백작은 자신을 잘 알지 못하는 프랑스에 봉사하고 그 사교계의 매력을 즐기면서 마음을 달랬다.

며칠 만에 프라하를 점령하든지 아니면 공격을 포기해야 했다. 식량이 부족하고 겨울이 다가오고 있었기 때문이다. 이 대도시는 방어설비가 부족했지만 몇 번 공격에 무너질 정도는 아니었다. 아일랜드 출신의 오글비[193] 장군이 요새 안에서 수비대 3천을 거느리고 있었다. 프란츠 대공은 3만의 원군을 끌고 프라하를 도우러 달려가 11월 25일에 프라하에서 5리외 떨어진 곳에 도달했다. 하지만 바로 그 날 밤 프랑스와 작센 군대는 공격을 개시했다.

그들이 대포를 요란하게 쏘면서 두 번 공격을 하자 수비대는 그쪽에만 집중했다. 그 사이에 삭스 백작은 공격 지점에서 아주 먼 곳에 위치한 신도시 성벽에 단 한 개의 사닥다리를 준비시켰다. 보스 연대[194]의 중령 슈베르[195]가 제일 먼저 사닥다리를 올라갔고, 브로이 원수[196]의 장남[197]이 뒤따랐다. 성벽 위에는 보초가 한 명밖에 없었다. 무리를 지어 올라간 프랑스군은 도시를 장악했다.[198] 수비대 전체가 무기를 버렸고 오글비는 3천 명과 함께 전쟁포로가 되었다. 삭스 백작은 도시를 약탈에서 지켰다. 특이한 점은 정복군과 피정복인들이 3일 동안 함께 지냈다는 사실이다. 프랑스인, 작센인, 바이에른인, 보헤미아인들이 서로 구분되지 않은 채 뒤섞였고 피 한 방울 흐르지 않았다.

진지에 도착한 바이에른 선제후는 장군이 총사령관에게 편지를 쓰듯이 프랑스 왕에게 승전을 보고했다. 선제후는 도시가 함락된 바로 그 날 보헤미아의 수도로 입성하여 12월 왕위에 올랐다. 프라하를 구하는데 실패한 프란츠 대공은 부근에 머물 수 없게 되자 남동 지역으로 후퇴하고 동생인 카를 알렉산더[199]에게 지휘를 넘겼다.

이때 프로이센 왕은 보헤미아와 슐레지엔 사이에 위치한 지방 모라비아를 장악했다. 그러므로 마리아 테레지아는 사방에서 궁지에 몰린 것처럼 보였다. 이미 그녀의 경쟁자는 린츠에서 오스트리아 대공이 되었고 이제는 프라하에서 보헤미아 왕위에 올랐으며 장차 프랑크푸르트[200]에

카를 7세(1697~1745)의 대관식을 기념하는 알레고리화

서 카를 7세라는 칭호로 황제에 즉위할 예정이었다.

프라하에서 프랑크푸르트까지 카를 7세를 수행한 벨릴 원수는 프랑스 대사라기보다는 선제후 같았다. 그는 모든 의견을 경청하고 모든 협상을 주도했다. 그는 황제를 옹립할 정도로 막강한 프랑스 왕의 대리인에 합당한 대접을 받았다. 선거를 주재하는 마인츠 선제후[201]는 자신의 궁에서 프랑스 대사를 영접했다. 프랑스 대사는 선제후들만 만나주었고 다른 모든 군주보다 우위에 있었다. 대사의 전권은 프랑스어로 명시되었다. 그때까지 독일 상서청은 이런 문서를 반드시 라틴어로 작성하도록 요구해 왔다. 라틴어는 신성로마제국이라는 명칭을 사용하는 정부의 언어이기 때문이다. 카를 알브레히트는 1742년 1월 24일 대단히 평온하고 아주 장엄한 방식으로 황제로 선출되었다. 다들 카를 7세가 영광과 행복의 절정에 올라섰다고 믿었다. 하지만 운명이 뒤바뀐다. 카를 7세는 바로 이 즉위 때문에 세상에서 가장 불행한 군주의 한 사람이 된다.

7

바이에른의 카를 알브레히트 황제의 성공과 급속한 몰락

기병을 충분히 보유하지 않은 것이 중대한 잘못이었다는 점을 인지하기 시작했다. 벨릴 원수는 프랑크푸르트에서 아픈 몸을 이끌고 협상을 진행하는 동시에 멀리서 군대를 지휘하려고 했다. 동맹국 사이에 알력이 생겼다. 작센인들은 프로이센인들에 대해 불만이 많았고 프로이센인들은 프랑스인들에게 불만이었고 프랑스인들 역시 프로이센인들을 비난했다. 마리아 테레지아는 강철 같은 의지, 영국과 네덜란드와 베네치아가 지원한 자금, 플랑드르에서 꾼 돈으로 버텼다. 또 사방에서 모여든 부대들의 필사적인 열의가 크나큰 도움이 되었다. 신망이 없는 지휘관들 휘하의 프랑스군은 피로, 질병, 탈영으로 흔들렸고 신병 충원은 어려웠다. 독일에서 출전했을 때에는 1만도 안 되었지만 전진하는 지역마다 충원을 거듭하여 3만에 달하는 군대를 거느리게 된 구스타프 아돌프[202]의 경우와는 전혀 달랐다. 승리를 거둔 프랑스군은 날이 갈수록 약해졌고 오스트리아군은 강해졌다. 프란츠 대공의 동생인 카를 알렉산더는 3만5천 명을 이끌고 보헤미아 중부에 있었다. 모든 주민이 그의 편을 들었다. 그는 적군을 끊임없이 불안하게 만들고 적의 수송을 차단함으로써 방어전을 성공적으로 이끌기 시작했다. 그는 후사르, 크로아트, 판두르,[203] 톨파슈[204]를 동원하여 적군을 사방에서 쉴 틈 없이 괴롭혔다. 판두르는 드라바와 사바[205] 강가에 사는 슬라보니아인이다. 그들은 긴 옷을 입고 허리에 권총을 여러 개 차고 칼과 단도를 지녔다. 톨파슈는 헝가리 보병으로 소총 1개, 권총 2개, 칼 1자루로 무장한다. 프랑스에서는 크라바트(크로아티아의 기병)라고 불리는 크로아트는 크로아티아 민병이다. 헝가리 기병인 후사르[206]는 가볍고 지칠 줄 모르는 작은 말을 타고 다닌다. 후사르는, 지나치게 분산되어 있고 기병이 부족한 부대를 공격하는 데 적격이다. 프랑스와 바이에른의 부대들이 바로 이런 경우였다. 카를 7세는 광활한 영토를 소수 인원으로 지키려고 했다. 하지만 헝가리 여왕은 되찾을 수 없을 것 같던 그 영토를 모두 되찾았고 전선은 도나우 강에서 라인 강으로 이동했다.

플뢰리 추기경은 그토록 많은 기대가 무산되고 초기의 연전연승이 무수한 패전으로 이어지자 편지를 써서 벨릴 원수를 시켜 케벤휠러 장군에게 전달했다. 그 편지에서 추기경은 이번 전쟁에 대해 사과했다. 자신의 능력을 벗어나는 일에 끌려들어 갔다고 실토했다. (1742년 7월 11일) "우리가 취한 결정에 제가 얼마나 반대했으며 또 어쩔 수 없이 동의했다는 것을 많은 사람이 알고 있습니다. 여왕께서는 모든 일을 꿰뚫어 보시므로 프랑스 왕으로 하여금 동맹을 결성하게 만든 장본인이 누구인지 너무나 잘 아실 것입니다. 이 동맹은 제 취향과 원칙에 너무 맞지 않습니다."

헝가리 여왕은 답신을 보내는 대신 플뢰리 추기경의 편지를 인쇄하도록 했다. 이 편지가 얼마나 나쁜 결과를 초래할지는 자명했다.

첫째, 그 편지는 전쟁의 모든 책임을 케벤휠러 백작과의 협상을 담당한 장군에게 전가했는데 이렇게 책임자를 가증스러운 인물로 만드는 것은 협상에 전혀 도움이 되지 않는다. 둘째, 그 편지는 프랑스 정부의 약점을 인정했는데 이런 약점을 상대방이 이용하지 않으리라고 보는 것은 인간의 본성을 정말 모르는 소치이다. 프랑스의 동맹들은 사기가 떨어지고 적들은 더욱 힘을 낼 것이 분명했다. 편지가 인쇄되자 추기경은 오스트리아 장군에게 두 번째 편지를 써서 첫 번째 편지를 인쇄한 것에 대해 유감을 표하고 "앞으로는 자기 생각을 알려주지 않을 것"이라고 말했다. 추기경에게 이 두 번째 편지는 첫 번째 편지보다 타격이 훨씬 더 컸다. 그는 몇몇 신문에 그 2통의 편지 모두를 부인하는 기사를 내게 시켰다. 하지만 그런 기사에 속을 사람은 없었고, 불운한 성공에 지친 이 87세[207] 노인의 잘못된 처신에 대해서는 매우 관대한 사람들조차도 비난을 퍼부었다. 결국 바이에른의 황제는 런던에 화평을 제안하도록 지시했고, 특히 하노버를 위해 주교령들을 세속화하겠다고 약속했다. 영국 정부는 황제 없이도 평화를 얻을 수 있다고 믿었으므로, 그의 제안을 공표해버렸다. 모욕을 당한 황제는 플뢰리 추기경이 전쟁을 부인한 것과 마찬가지로 화평 제안을 부인했다.

그러자 전선은 더욱더 확대되었다. 양측에서 명목상으로는 조연이지만 실질적으로는 주연인 프랑스와 영국은 무장을 한 채로 균형을 유지하려고 노력했다. 부르봉 왕가는 두 번째로 거의 모든 유럽을 상대로 전쟁을 벌이게 되었다. 이처럼 무거운 짐을 감당하기에는 너무 늙은 플뢰리 추기경은 자신의 반대에도 불구하고 시작된 이 전쟁에 프랑스의 재산을 어쩔 수 없이 탕진하게 되었다. 그렇지만 판단 착오로 인하여 재앙이 잇따랐다. 추기경은 해군 없이도 전쟁을 할 수 있다고 생각했다. 그런데 프랑스에 남은 해군마저 영국군에 의해 괴멸되는 바람에 프랑스 영토까지 위험에 빠졌다. 프랑스가 옹립한 황제는 자기 땅에서 세 번이나 쫓겨났다.

프랑스군은 바이에른과 보헤미아에서 제대로 전투도 한 번 못 해보고 참패를 당했다. 절실했지만 불가능할 것 같던 퇴각이 이루어져 안도할 정도였다. (1742년 12월) 벨릴 원수는 프라하에서 포위를 당한 프랑스군을 구해내서[208] 약 1만3천 명을 프라하에서 헤프[209]로 후퇴시켰다. 적군의 추격을 당하면서 38리외에 달하는 빙판길을 통과했다. 이제 전선은 오스트리아 내지에서 라인 강으로 옮겨졌다. 플뢰리 추기경은 이 모든 재앙의 와중에서 이시[210]에서 사망했다. 프랑스의 전쟁, 해군, 재정, 정치는 중대한 위기에 빠졌고 그의 정부가 쌓은 명예는 실추되었지만 그는 평온하게 잠들었다. 이때부터 루이 15세는 자신이 직접 통치하고 군대를 지휘하기로 결심했다. 그는 이번 전쟁과 마찬가지로 계승전쟁이라고 불린 전쟁[211]에서 증조부 루이 14세가 처한 것과 똑같은 상황에 직면했다. 그는 동일한 적들, 다시 말해서 오스트리아, 영국, 네덜란드, 사보이아에 맞서 프랑스와 에스파냐를 지켜야 했다. 루이 15세의 곤경 그리고 그가 보유한 수단을 정확히 이해하기 위해서는, 영국이 유럽의 이 모든 변동을 어떻게 주도해 나갔는지를 살펴보아야 한다.

8

영국, 에스파냐, 사르데냐 왕, 이탈리아 국가들의 행동. 툴롱 전투

위트레흐트 조약에 따라 에스파냐 메노르카 섬과 지브롤터를 확보한 영국인들이 마드리드 궁정에서 다른 특권들까지 얻어냈다는 것은 잘 알려져 있다. 에스파냐 편을 든 프랑스인들은 얻지 못한 그 특권은, 영국 상인들에게 아프리카에서 사들인 흑인을 신세계 노예용으로 에스파냐 식민지에 팔도록 허용하는 것이다. 에스파냐 정부에 한 명당 33피아스터[212] 내고 팔아넘기는 사람 장사는 막대한 이윤을 남겼다. 영국 남해회사[213]는 4800명의 흑인은 세금을 내고 팔고 800명은 세금 없이 팔 수 있었기 때문이다. 하지만 영국인들이 얻어낸 가장 큰 특권은 1716년부터 시작된, 동인도회사 선박 한 척의 포르토벨로[214] 입항 허가였다. 이것은 다른 나라 배들은 배제한 독점권이다. 원래 이 선박은 500톤으로 한정되어 있었으나 1717년 협정에 따라 800톤이 되었고 실제로는 1000톤까지 눈감아 주게 되어 상품을 2백만 톤이나 실을 수 있었다. 그런데 영국 남해회사는 배보다 배꼽으로 더 큰 돈을 벌어들였다. 이 1000톤짜리 배에 식량을 공급한다는 핑계로 항상 따라다니는 잡역선 한 척이 계속 항

구를 드나들었다. 이 잡역선이 영국 식민지에서 실은 물건을 그 배에 전달하는 방식이었으므로 1000톤짜리 배는 무한정으로 상품을 실을 수 있게 되어 완전한 선단이나 다름없었다. 또 다른 배들이 허가를 받은 배에 물건을 공급하는 경우도 자주 있어서, 그 잡역선들이 아메리카 해안에서 필요로 하는 상품을 제공하게 된 것이다. 이런 상황은 에스파냐 정부만이 아니라 멕시코 만 에스파냐 항구들과의 무역에 관계하는 다른 모든 나라에 엄청난 손해를 끼쳤다.

에스파냐 총독들은 영국 상인들을 엄격하게 다루었고 때로 불상사가 벌어졌다. 젱킨스[215]라는 선장이 1739년 영국 하원에 출두했다. 그는 솔직하고 단순한 사람이었고 불법 무역은 한 적이 없었다. 하지만 그의 배가, 에스파냐인들이 영국 선박을 용납하지 않는 아메리카 해역에서 에스파냐 해안경비정과 마주치게 되었다. 에스파냐 선장은 젱킨스의 배를 나포하고 선원들을 투옥하고 젱킨스의 코뼈를 부러뜨리고 귀를 잘라버렸다. 젱킨스는 이런 몰골로 의회에 출두한 것이다. 그는 뱃사람 특유의 순박한 태도로 자신이 당한 일을 이야기했다. "나리들, 그놈들은 저를 이 꼴로 만들면서 죽여버리겠다고 위협했습니다. 저는 죽음을 각오했고 영혼은 신에게, 복수는 조국에 맡겼습니다." 이처럼 생생한 이야기에 의회당은 동정과 분노의 고함으로 가득 찼다. 런던 사람들은 의회당 앞에서 "자유로운 항해 아니면 전쟁"이라고 외쳤다.

영국 의회에서 이 주제에 대해 이보다 더 웅변적으로 토의를 한 적은 없었을 것이다. 윈드햄 나이트, 카터레 경,[216] 로버트 월폴 장관, 체스터필드 백작,[217] 나중에 배스 백작이 된 풀트니[218]의 즉흥 연설은 거의 비슷한 상황의 아테네와 로마에서 행해진 준비된 연설들만큼 훌륭했다. 영국 정부와 정신의 자연스러운 결과인 이 연설들은 외국인들을 놀라게 만든다. 자기 나라에서는 헐값이지만 다른 곳에서는 금값이 되는 산물들처럼

말이다. 하지만 이 모든 연설은 당파심에 의해 좌우되기 때문에 신중하게 해석해야 한다. 이런 연설들이 나라의 진정한 상태를 밝히는 경우는 거의 없다. 여당은 정부가 잘하고 있다고 주장하고, 야당은 모든 것이 쇠퇴하고 있다고 반박한다. 양쪽 모두 과장이 판을 친다. 한 의원이 "육군성 장관이 유럽에서는 영국의 허락 없이는 대포 한 발도 쏠 수 없다고 장담하던 시대는 어디로 갔습니까"라고 소리쳤다.

결국 의회와 왕은 국민의 외침을 따르지 않을 수 없었다. 영국은 1739년 10월 23일 에스파냐에 대해 정식으로 선전포고를 했다.[219]

제일 먼저 전쟁의 무대가 된 곳은 바다였다. 국왕 특허장을 받은 양국의 사략선들은 유럽과 아메리카에서 눈에 띄는 모든 상선을 공격했고, 서로 간에 무역을 위해 싸우면서도 무역을 망치고 있었다. 오래지 않아 더욱 규모가 큰 전투가 벌어지게 되었다.

(1740년 3월) 버넌 제독[220]은 멕시코 만에 침투하여 그곳을 공략했고, 신세계의 보물 창고라 할 포르토벨로 시를 장악한 다음 그 도시를 황폐화해 누구나 이용할 수 있는 통로로 만들었다. 예전에는 암거래만 가능했고 그것이 약탈의 이유가 되었는데, 이제 영국인들은 그곳을 통해 무장을 하고 교역을 할 수 있게 되었다. 영국인들은 이 원정을 국가에 바쳐진 가장 커다란 봉사 가운데 하나로 간주했다.

버넌 제독은 상하 양원에서 감사를 받았다. 양원은 블렌하임 전투 후에 말버러 공작에게 그랬던 것처럼 버넌 제독에게 편지를 보냈다. 이때부터 국가의 막대한 지출에도 불구하고 남해회사의 주가는 상승했다. 영국인들은 에스파냐가 차지한 아메리카를 정복하고 싶었다. 그들은 누구도 버넌 제독을 막지 못할 것이라 믿었다. 얼마 후 버넌 제독이 카르타헤나[221]를 공략하러 갔을 때 그들은 마치 그곳을 점령하기라도 한 듯이 미리 축하했다. 그들은 버넌 제독이 카르타헤나 점령에 실패하고 포위를

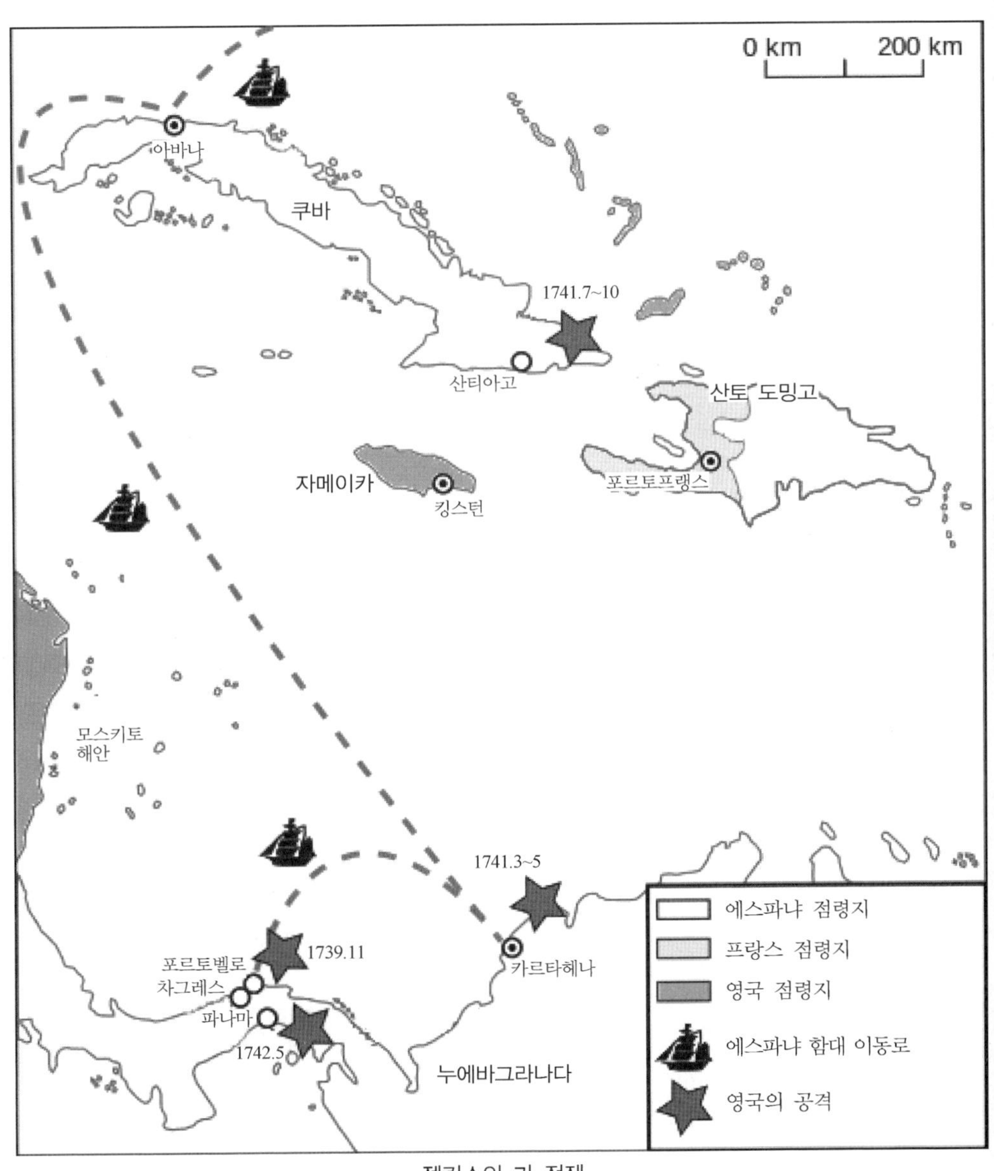
0 km
200 km
아바나
쿠바
1741.7~10
산티아고
산토 도밍고
자메이카
킹스턴
포르토프랭스
모스키토
해안
1741.3~5
1739.11
포르토벨로
차그레스
카르타헤나
파나마
1742.5
누에바그라나다
에스파냐 점령지
프랑스 점령지
영국 점령지
에스파냐 함대 이동로
영국의 공격

젱킨스의 귀 전쟁

버넌 제독의 카르타헤나 점령을 기념하는 메달. "버넌 제독이 스페인의 오만한 콧대를 꺾었다"는 문장이 새겨져 있다. 그러나 버넌은 카르타헤나 점령에는 실패했다.

푸는 것과 동시에 메달을 주조했다. 카르타헤나 항구와 주변 풍경을 새기고 다음과 같은 명문을 넣은 메달이었다. "버넌 제독이 카르타헤나를 점령했다." 메달 뒷면에는 버넌 제독의 초상과 더불어 "조국의 복수를 해준 분"이라는 말을 새겨 넣었다. 이처럼 성급한 메달과 같은 예는 많이 찾아볼 수 있다. 더 신뢰할 만하고 더 정확한 역사책이 나와서 그러한 오류를 미연에 방지하지 않으면 우리 후손들은 그러한 메달에 속아 넘어가고 말 것이다. 해군력이 미약한 프랑스로서는 공개적인 선전포고는 하지 못했다. 하지만 프랑스 내각은 능력이 닿는 한에서 에스파냐인들을 지원했다.

이처럼 에스파냐와 영국이 교전을 벌이고 있을 때, 황제 카를 6세의 사망으로 유럽에서는 대혼란이 야기되었다. 오스트리아와 바이에른의 분쟁으로 독일에서 벌어진 일에 대해서는 앞에서 이야기했다. 오스트리아 왕위계승을 둘러싼 분쟁 때문에 이탈리아 역시 즉각적인 피해를 입었다. 에스파냐 왕가는 밀라노 공국을 원했다. 파르마와 피아첸차는 파르마 공국의 공녀로 태어난 에스파냐 왕비[222]의 아들이 당연히 권리가 있었다. 펠리페 5세가 밀라노 공국까지 소유하는 것은 이탈리아로서는 받아들이기가 어려웠다. 파르마와 피아첸차 공국이 이미 나폴리와 시칠리아 왕국을 소유한 돈 카를로스(미래의 카를로스 3세)에게 넘어가는 것 역시 군주 한 명에게 너무 많은 국가가 귀속되어 받아들이기 어려웠다. 그래서 에스파냐 왕가에서는 밀라노 공국과 파르마 공국을 돈 카를로스의 동생 돈 펠리페에게 주려고 했다. 밀라노 공국의 주인인 헝가리 여왕은 밀라노를 지키려고 노력했다. 사보이아 공작이기도 한 사르데냐 왕 역시 밀라노에 대한 권리를 주장했다. 사르데냐 왕은 이 지역이 오스트리아 왕가와 결합한 로트링겐 가문의 수중에 들어갈까 두려워했다. 밀라노 공국과 토스카나 공국을 소유하고 있는 오스트리아 왕실이 자신이 1737년과 1738년의 조약[223]으로 양도받은 지역을 빼앗아갈지 모르기 때문이었다. 하지만 사르데냐 왕이 더욱 두려워한 것은, 프랑스의 부르봉 왕가(루이 15세) 그리고 나폴리와 시칠리아의 에스파냐 부르봉 왕가(루이 15세의 4촌인 돈 카를로스) 양쪽에서의 공격이다.

사르데냐 왕은 1742년 초부터 헝가리 여왕과 연합하기로 결심했지만 여왕과 의견을 완전히 같이하는 것은 아니었다. 그들의 연합은 단지 당면한 위험에 대비하기 위한 것이었다. 사르데냐 왕과 헝가리 여왕은 다른 면에서는 서로 도와줄 생각이 없었다. 사르데냐 왕은 필요한 경우에는 다른 조치를 취할 속셈까지 있었다. 그들의 조약은 제삼자에게서 자신들을 보호하는 것만을 목적으로 하는 두 적대자의 조약이다. 에스파냐 궁정은 돈 펠리페를 보내 사르데냐 왕을 공격했다. 사르데냐 왕은 돈 펠리페를 친구로도 이웃으로도 받아들일 생각이 없었다. 플뢰리 추기경은 돈 펠리페의 군대가 프랑스를 통과하는 것은 묵인했지만 병력을 지원하려고는 하지 않았다.

플뢰리 추기경의 이런 처신은, 사르데냐 왕을 프랑스 편으로 끌어들일 수 있다는 희망을 여전히 품고 있었기 때문이다. 하기야 그는 영국인들과 직접 전쟁을 벌이고 싶지는 않았다. 당시 독일에서 시작된 영토 분쟁에 집중해야 했기에, 해양강국들과의 전쟁은 어떻게든 피해야 했다. 영국인들은 유럽의 균형을 유지한다는 핑계를 내세워 돈 펠리페의 이탈리아 진출을 공개적으로 반대했다.

영국인들은 유럽의 균형 유지에 강하게 집착하고 있었다. 하지만 런던 내각의 목표는 따로 있었다. 그들은 에스파냐가 신대륙 무역을 자신들과 공유하지 않을 수 없게 만들고 싶었다. 그렇게만 된다면 그들은 돈 펠리페의 이탈리아 진출을 도와주었을 것이다. 1731년 돈 카를로스의 파르마 공국 장악을 용인했던 것처럼 말이다. 그러나 에스파냐 궁정은 손해를 보면서 적국을 부유하게 만들어주고 싶지는 않았다. 또 돈 펠리페를 이탈리아에 정착시킬 생각이었다.

1741년 11월과 12월 에스파냐 궁정은 바다를 통해 여러 부대를 이탈리아로 파병했다. 그 지휘관은 비톤토 승전과 뒤이은 실총으로 유명한 몬테마르 공작이었다. 에스파냐 부대는 토스카나 해안과 시칠리아 왕국의 항구들에 차례차례 상륙했다. 그들은 토스카나 공국의 영토를 지나가야만 했다.[224] 헝가리 여왕의 남편인 프란츠 대공은 그들의 통행을 허가하고 자기 나라는 중립이라고 선언하지 않을 수 없었다. 고인이 된 프랑스 섭정 오를레앙 공작의 딸과 결혼한 모데나 공작[225] 역시 중립을 선언했다. 에스파냐 군대는 오스트리아 군대와 마찬가지로 교황 베네딕토 14세의 영토를 지나가야 했는데, 교황은 모든 군주와 신민의 아버지로서 누구보다 적극적으로 중립을 선택했다.

에스파냐의 새로운 부대는 제노바를 통해 들어왔다. 제노바 공화국 역시 중립을 선언하고 통행을 허락했다. 이 무렵 나폴리 왕[226]도 중립을 표방했다. 자기 아버지와 동생 일인데도 말이다. 하지만 겉으로 중립을 선언한 이 군주들 가운데 그 누구도 정말 중립은 아니었다. 나폴리 왕의 중립은 다음과 같은 결과를 낳았다.

나폴리인들은 8월 18일 60문의 대포를 실은 전함[227] 6척, 프리깃함[228] 6척, 구포를 탑재한 투폭함(投爆艦)[229] 2척으로 구성된 영국 소함대가 나폴리 항구에 나타나는 것을 목격하고 기겁했다. 후에 제독이 된 마틴

GALIOTTE A BOMBE Figure A

Ces Bâtiments, ont les fonds plats, et sont d'une solidité, à resister à l'effort du mortier, ils en ont ordinairement deux, et quelques Canons, pour se defendre des petits Bâtiments, qui chercheroient a les inquieter pendant qu'elles bombardent; elles n'ont point de Mat de Misaine, parceque c'est par l'avant du Vaiseau que l'on tire la bombe; on les tient sur leurs ancres (i) pour bombarder; il y en à d'autres B, qui tirent la bombe par le coté, et dessous voile, c'est a dire en march.t Ces dernier.es ont un mât de misaine, et sont un peu plus grandes que les premieres.

La plateforme des mortiers, s'établit en avant du grand mât, sur un lit de Cordages, afin d'amortir la secousse que la bombe occasionne en partant.

Les grandes Bõbardes (k) c'est a dire, celles qui tirent dessous Voiles, ont deux Batteries de mortiers la grande est au milieu du Batiment comme aux premiers, et la petite entre le mât d'artimon, et le grand mat.

On voit à l'article du Bombardement, l'avantage de ces derniers Bâtiments sur les premiers.

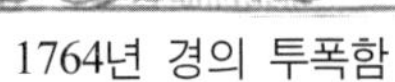

1764년 경의 투폭함

함장은 장교 한 명을 상륙시켜 수석대신에게 편지를 보냈다. 나폴리 왕이 에스파냐군에 파견한 자기 군사들을 소환해야 하며, 그렇지 않으면 즉각 도시에 포격을 가할 것이라는 내용이었다. 몇 차례 협의를 한 후, 영국 함장은 시계를 상갑판에 놓으면서 한 시간 안에 결정하라고 통보했다. 나폴리 항에는 포가 제대로 갖춰져 있지 않았다. 나폴리 왕국은 뜻밖의 모욕에 대한 대비책을 전혀 세우지 않았었다. "바다의 주인이 육지의 주인"이라는 옛날 격언이 대체로 맞다는 것이 확인되었다. 나폴리는 영국 함장이 요구하는 것을 모두 약속하지 않을 수 없었고, 항구와 왕국 방어에 필요한 것을 갖출 때까지 그 약속을 지켜야만 했다. 예전에 영국 왕이 독일에서 그랬던 것처럼, 나폴리 왕이 이탈리아에서 억지 중립을 지키지 못하리라는 것을 영국인들은 잘 알고 있었던 것이다.

(1743년 12월) 몬테마르 공작이 지휘하는 에스파냐군은 롬바르디아를 점령하러 왔다가 오스트리아군에 쫓겨 나폴리 왕국 국경 근처로 후퇴하고 있었다. 그래서 사르데냐 왕은 피에몬테와 사보이아 공국으로 돌아왔다. 전세 변화로 그가 있을 필요가 있었다. 돈 펠리페는 새로운 부대를 이끌고 제노바에 상륙하려고 시도했지만 허사였다. 영국 소함대들이 가로막고 있었던 것이다. 하지만 그는 육로를 통해 사보이아 공국에 침투하여 그곳을 점령했다. 그 지역은 도피네[230] 쪽으로는 거의 무방비 상태였다. 사보이아는 메마르고 가난한 지역이다. 그곳 군주들이 얻는 소득은 겨우 150만 리브르에 불과했다. 사르데냐 왕이자 사보이아 공작인 카를로 에마누엘레 3세는 사보이아 지역을 포기하고 더 중요한 지역인 피에몬테를 지키러 갔다.

이러한 설명을 통해, 슐레지엔 분쟁의 여파로 이탈리아의 모든 지역이 불안에 떨고 역경을 겪고 있음을 알 수 있다. 당시 오스트리아는 바이에른을 상대로 전쟁을 하고 있었지만 이탈리아가 피해를 당했다. 밀라노,

만토바, 파르마, 모데나, 과스탈라 주민들은 이러한 침략과 혼란을 무기력하고 슬픈 눈으로 바라보고 있었다. 그들은 오래전부터 승자의 전리품이 되는 데 익숙해 있었고 자신들의 거부와 동의를 감히 표시할 용기가 없었다.

에스파냐 궁정은 이탈리아에 새로운 부대를 보내기 위해 스위스의 영토 통행을 요청했지만 거부당했다. 스위스는 모든 군주에게 용병을 팔지만, 그 군주들에 대항하여 자국을 수호한다. 스위스 정부는 평화를 애호하지만 그 국민은 호전적인 것이다. 그러한 중립은 존중되었다. 베네치아 역시 중립을 지키기 위해 2만 명을 징집했다.

툴롱에는 16척의 전함으로 구성된 에스파냐 함대가 정박 중이었다. 그 함대의 원래 목적은 돈 펠리페를 이탈리아로 수송하는 것이었지만, 알다시피 그는 육로를 통해 이동했다. 에스파냐 함대는 그의 군대에 식량을 보급하려고 했지만 임무를 수행할 수 없었다. 지중해를 지배하면서 이탈리아와 프로방스의 모든 해안을 유린하는 영국 함대 때문에 계속 항구에 묶여 있었던 것이다. 에스파냐 함포병들은 포 기술에 숙련되어 있지 않았다. 그들은 4개월간 툴롱 항에서 공포탄을 쏘면서 훈련받았다. 그들에게 상을 주면서 경쟁심을 자극하고 숙련되게 만들었다.

(1744년 2월 22일) 함포병들의 기량이 갖추어지자 돈 호세 나바로가 지휘하는 에스파냐 함대[231]는 툴롱에서 출항했다. 전함은 12척에 불과했다. 에스파냐는 수병과 함포병이 충분하지 않아서 16척을 모두 출전시킬 수 없었다. 즉각 프랑스의 전함 14척, 프리깃함 4척, 화공선(火攻船) 3척이 가세했다. 프랑스 함대 사령관은 쿠르 제독[232]이었다. 그는 80세임에도 함대 사령관에게 요구되는 육체적이고 정신적인 강인함을 갖추고 있었다. 그는 40년 전 기함(旗艦) 함장으로서 말라가 해전[233]에 참전했다. 그 이후로 그는 1718년의 메시나 해전[234]을 제외하고는 어떤 지역의 해전에

도 참전하지 않았다.

영국 제독 매튜스[235]가 프랑스와 에스파냐의 연합 함대 앞에 모습을 드러냈다. 매튜스의 함대는 전함 45척, 프리깃함 5척, 화공선 4척으로 구성되어 있었다. 그는 이러한 수적 우세와 함께 풍향의 이점도 이용할 줄 알았다. 육상 전투의 승리가 유리한 거점에 의해 좌우되는 것과 마찬가지로 해상 전투에서의 승리는 종종 풍향에 의해 결정된다. 최초로 오늘날과 같은 전투 대형으로 해군을 배치한 것은 영국인들이었다. 그들을 본떠 다른 나라들도 함대를 전위, 후위, 본단으로 나누는 관습이 생겼다.

툴롱 해전[236]은 이러한 대형으로 전개되었다. 양측 함대는 똑같이 피해를 입고 흩어졌다. 이날 툴롱 해전의 승패는 (라오그 해전[237]의 경우를 제외한) 다른 대부분의 해전과 마찬가지로 모호했다. 해전은 거대한 장비와 기나긴 전투로 쌍방 모두 사람들이 죽고 선박들이 파괴되는 법이다. 에스파냐군과 프랑스군은 서로 불평을 쏟아내었다. 에스파냐군은 지원이 충분치 않았다고 생각했다. 프랑스군은 에스파냐군이 고마워할 줄 모른다고 비난했다. 에스파냐와 프랑스 양국은 연합군임에도 전혀 단결이 되지 않았다. 왕들 사이는 좋았지만 국민들 사이에서는 때때로 구원(舊怨)이 되살아나곤 했던 것이다.

프랑스와 에스파냐가 이 해전에서 얻어낸 것은 다음과 같은 것이다. 적어도 당분간은 지중해 통행이 자유로웠고, 돈 펠리페가 필요로 하는 식량이 프로방스 해안에서 그에게 전달될 수 있었다. 하지만 매튜스 제독이 이 해안으로 다시 돌아왔을 때는 프랑스 함대도 에스파냐 함대도 그에게 대적할 수가 없었다. 계속해서 대규모 지상군을 유지해야 하는 두 나라에는, 영국 국력의 원천인 해군이라는 이 무진장한 기반이 없기 때문이다.

9

콩티 공이 알프스 산맥의 통로를 확보하다. 이탈리아의 정치 상황

(1744년 3월 15일) 이러한 상황에서 루이 15세는 조지 2세 그리고 (4월 26일) 헝가리 여왕에게 선전포고를 했고, 그들 역시 루이 15세에게 정식으로 선전포고를 했다. 그것은 양쪽 모두에게 그저 요식행위에 불과했다. 에스파냐와 나폴리는 선전포고를 하지는 않았지만 전쟁을 했다.

라스 미나스 후작[238]을 장군으로 내세워 에스파냐군 2만을 지휘하는 돈 펠리페 그리고 프랑스군 2만을 거느린 콩티 공[239]은 각자의 군대에 피에몬테로 진입하는 데 필요한 자신감과 용기를 고취시켰다. 피에몬테는 1개 대대가 군대 전체를 저지할 수 있는 곳이고, 매 순간 바위와 절벽과 격류 사이에서 전투를 해야 한다. 또 수송의 어려움이 중대한 장애가 되는 곳이다. 불운했던 바이에른 전투에서 중장으로 복무한 콩티 공에게는 청년 시절에 얻은 경험이 있었다.

1744년 4월 1일 돈 펠리페와 콩티 공은, 알프스에서 발원하여 니스 남쪽의 제노바 앞바다로 흘러드는 바르 강[240]을 건넜다. 니스 백작령[241]은 투항했지만 앞으로 나아가기 위해서는 빌라프랑카 고갯길 인근의 고지(高地)들을 공략해야 했다. 이 고지들 다음에는 몬탈바노 요새의 진지들이 버티고 있다. 그곳을 둘러싼 바위들은 거의 접근을 허락하지 않는 긴 성벽과 같다. 좁디좁은 협곡들과 적군의 포병대가 내려다보고 있는 구릉지를 통해서만 행군이 가능했으며, 포화를 뚫고 바위 사이를 기어 올라가야 했다. 더구나 영국군이 알프스 산속에도 있었다. 매튜스 제독이 선박 수리를 끝내고 바다를 다시 장악하기 위해 출전했다. 그는 몸소 빌라프랑카 항구[242]에 상륙했다. 그의 병사들이 피에몬테군과 합류했고 포병은 피에몬테 포병대에 가세했다. 이러한 위험에도 불구하고 콩티 공은 피에몬테의 성벽 구실을 하는 빌라프랑카 고갯길에 모습을 드러냈다. 빌라프랑카 고갯길은 높이가 거의 200 투아즈[243]에 달해서 사르데냐 왕이 안전하다고 생각한 곳인데 프랑스군과 에스파냐군이 들이닥친 것이다. 매튜스 제독과 그의 병사들은 포로가 되기 일보직전이었다.

(1744년 7월 18일) 콩티 공은 계속 전진하여 마침내 카스텔델피노[244] 계곡까지 쳐들어갔다. 에스파냐군을 이끄는 캄포산토 백작[245]은 다른 협곡을 통해 콩티 공을 뒤따랐다. 캄포산토 백작의 이름과 작위는 그가 혁혁한 전공을 세웠던 캄포산토 전투[246] 후에 그에게 주어진 보상이었다. 비톤토(Bitonto) 전투[247] 이후 몬테마르 공작에게 비톤토라는 이름이 붙여진 것과 마찬가지였다. 승리를 거둔 전투의 이름을 딴 칭호보다 더 영광스러운 것은 거의 없다.

지브리 바이이[248]는 대낮에 2000명의 피에몬테 군이 방패로 삼고 있는 암벽을 기어 올라갔다. 이 암벽에 가장 먼저 올라간 사람 중에는 프라하 성벽에 가장 먼저 오른 용맹한 슈베르[249]도 있었다. 하지만 프라하 때보다도 이번 작전이 더 위험했다. 대포가 하나도 없었기 때문이다. 피에몬테군은 프랑스군에 포격을 가했다. 사르데냐 왕은 직접 진지 뒤에 자리를 잡고 군사들을 독려했다. 지브리 바이이는 전투가 개시되자마자 부상

피에몬테-사보이아
1700년
제네바 호
스위스
제네바
안시
사보이아 공국
아오스타 공국
발세시아
밀라노 공국
샹베리
비제바노
피에몬테 공국
로멜리나
포 강
그르노블
수사
토리노
카살레
엑그질
프라겔라토
키에리
피네롤로
알레산드리아
아스티
브리앙송
포 강
카르미뇰라
몬페라토
도피네
제노바 공화국
앙브룅
제노바
타나로 강
쿠네오
바르셀로네타
피날레
니스 백작령
오네글리아
프랑스
니스
빌라프랑카
리구리아해
프로방스
툴롱
1703년 협약 후 합스부르크와의 분쟁지역
1713년 위트레흐트 조약으로 획득한 영토
1713년 위트레흐트 조약으로 잃어버린 영토

사보이아 공작령

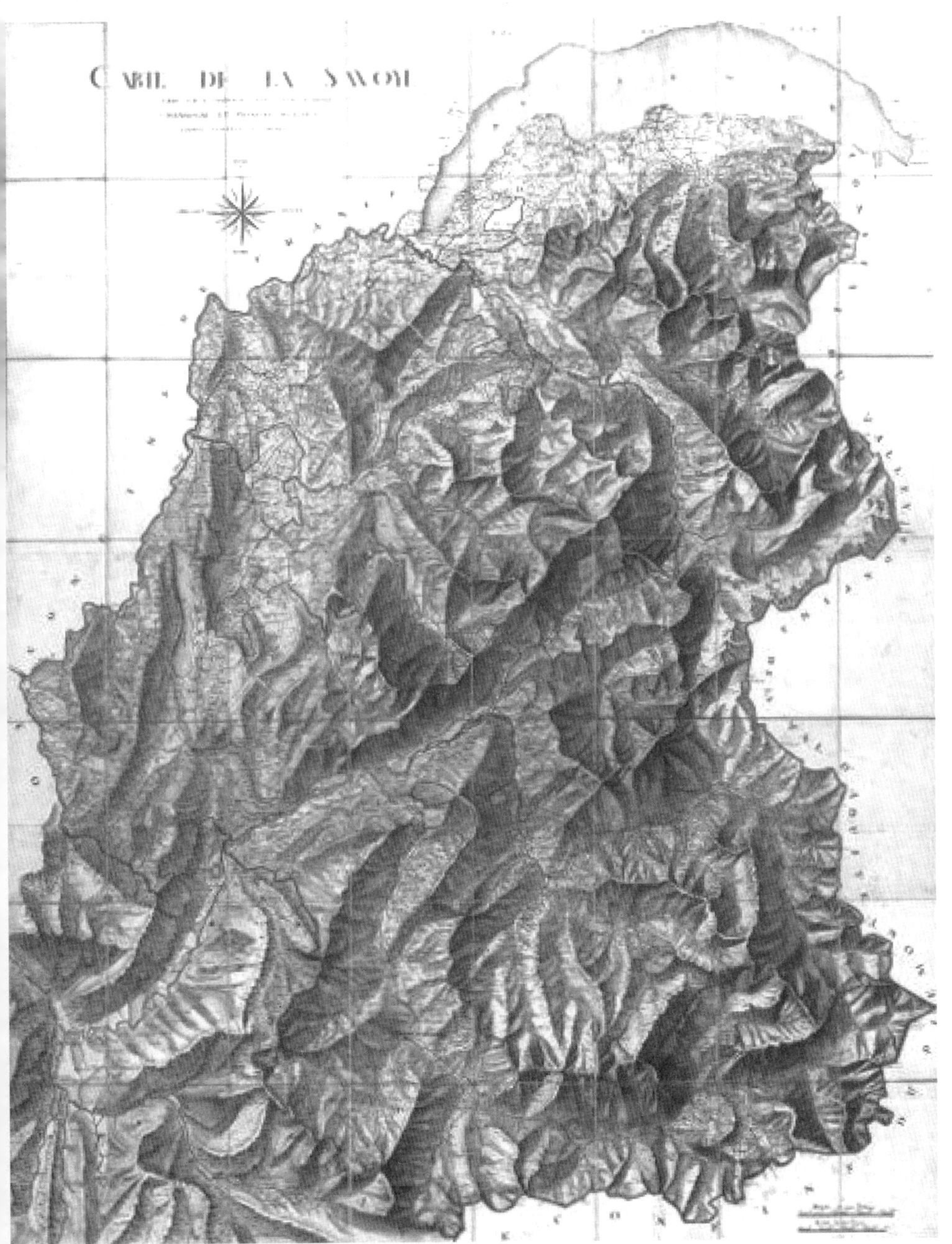

사보이아의 험준한 지형(알프스 산맥)을 보여주는 지도

을 당했다. 다행스럽게도 프랑스군이 매우 중요한 통로 하나를 확보했다는 보고를 받은 빌뮈르 후작(marquis de Villemur)은 후퇴 명령을 내리도록 건의했다. 지브리 중장은 북을 쳐서 퇴각을 알리게 했다. 하지만 장교와 병사들이 너무 흥분한 나머지 그 소리를 듣지 못했다. 푸아투 연대[250]의 중령이 적의 진지 속으로 뛰어들었고 척탄병들이 차례차례 돌진했다. 그들은 적군의 대포가 발포한 후 포신이 뒤로 물러나는 순간을 이용하여 적군의 포안(砲眼)을 통과했는데, 이는 거의 믿을 수 없는 일이었다. 여기서 프랑스군은 거의 2000명의 군사를 잃었다. 그렇지만 피에몬테군은 단 한 명도 살아나가지 못했다. 절망에 빠진 사르데냐 왕이 공격하는 프랑스군 속으로 뛰어들려고 하는 바람에 부하들은 그를 말리느라 몹시 애를 먹었다. 지브리 바이이, 살리스 중령,[251] 라카르트 후작[252]이 전사했고 아제누아 공작[253]을 비롯한 많은 사람이 부상을 당했다. 그렇지만 그러한 지형에서 예상했던 것보다는 훨씬 피해가 적었다. 격렬한 전투가 벌어진 이 좁고 가파른 협곡에 도달하지 못한 캄포산토 백작은 돈 펠리페 휘하 에스파냐군의 사령관인 라스 미나스 후작에게 편지를 썼다. "우리에게도 프랑스군 못지않게 공을 세울 기회가 올 것입니다. 그들보다 더 잘 싸운다는 것은 불가능하니까요." 필자는 장군들의 편지에서 특별히 흥미로운 것들이 발견될 때면 항상 그 편지들을 인용한다. 그래서 이날의 전투[254]에 대해 콩티 공이 루이 15세에게 보낸 편지를 인용하려고 한다. "유사 이래로 가장 혁혁하고 격렬한 전투 중 하나였습니다. 우리 군사들은 초인적인 용기를 보여주었습니다. 아제누아 공작이 지휘한 푸아투 여단은 영광을 쟁취했습니다. 슈베르 장군의 용기와 침착성 덕에 우세를 확보할 수 있었습니다. 전하께 솔레미(Solémy) 장군과 모덴 기사(chevalier de Modène)를 천거합니다. 라카르트 후작은 전사했습니다. 우정의 가치를 알고 계시는 전하께서는 그로 인해 제가 얼마나 마음 아파 하는

지 짐작하실 겁니다." 콩티 공이 왕에게 보낸 편지의 글귀는 사람들에게 미덕의 귀감이 되었다. 역사는 이런 귀감을 기억해야 할 것이다.

카스텔델피노를 공략하는 동안 바리케이드라고 불리는 곳을 탈취해야 했다. 그곳은 구름 위로 치솟은 두 개의 봉우리 사이로 난 3투아즈 너비의 통로였다. 사르데냐 왕은 계곡의 스투라 강물[255]을 이 낭떠러지 안으로 흘려보내게 했다. 세 개의 진지와 강물로 보호된 길 하나가 바리케이드라 불리는 그 거점을 지켜주고 있었다. 그 다음에는 스투라 계곡 한가운데 외따로 서 있는 바위산 정상에 막대한 비용을 들여 건립한 데몬테(Demonte) 성(城)을 차지해야 했다. 이윽고 알프스를 장악하게 된 프랑스군의 눈앞에 피에몬테 평원이 보였다. 카스텔델피노 공략 전날 프랑스군과 에스파냐군은 이 바리케이드 지역을 교묘하게 우회했다. 그들은 그 지역을 지키는 수비군을 협공하여 아무런 저항 없이 그곳을 탈취했다. 이 승리는 뛰어난 전술이 이루어낸 쾌거 중 하나였다. 그것은 정해진 목표를 완수하면서도 유혈극을 일으키지 않은 영광스러운 승리였기 때문이다.

10

신성로마제국 황제 카를 7세의 새로운 불행. 데팅겐 전투

혁혁한 전과를 거둔 수많은 전투가 주요 목표에는 아무런 도움이 되지 않았다. 거의 모든 전쟁에서 흔히 일어나는 일이다. 헝가리 여왕의 위세는 여전히 당당했다. 실제로는 프랑스 왕에 의해 임명된 카를 7세는 상속받은 국가들로부터 축출되었고 독일 땅을 떠돌고 있었다. 프랑스군은 라인 강과 마인 강에서 격퇴되었다. 관계가 없는 일에 끼어들어 하지 않아도 될 전쟁을 시작한 프랑스는 결국 기력이 쇠진했다. 오로지 벨릴 원수의 야망 때문에 벌어진 이 전쟁은 얻을 것은 별로 없고 잃을 것은 많았다.

황제 카를 7세가 처음에 피신한 곳은 황제의 도시이자 자유도시이며 공화제로 통치되는 아우크스부르크[256]였다. 그 도시는 아우구스투스[257]라는 이름으로 유명하고, 변형된 상태이긴 하지만 게르마니아와 갈리아 국경 지대의 수많은 도시에 공통적인 아우구스투스라는 이름의 흔적을 간직하고 있는 유일한 도시였다. 카를 7세는 그곳에 오래 머물지 않았다. 1743년 6월 아우크스부르크를 떠나면서 황제는 멘첼(Mentzel)이라는 이름의 헝가리 기병 대령이 입성하는 것을 보고 마음이 아팠다. 잔학성과 강도짓으로 유명한 멘첼은 길에서 마주친 황제에게 욕설을 퍼부었다.

카를 7세의 불행은 프랑크푸르트에서도 계속되었다. 프랑크푸르트는 아우크스부르크보다 특권이 훨씬 더 많이 남아있고 그 자신이 황제로 선출된 도시였지만, 그의 불행은 더욱 커져만 갔다. 황제의 새로운 피난처에서 4마일 떨어진 곳에서 그의 운명을 결정지을 전투가 벌어졌다.

스코틀랜드 출신으로 말버러 공작의 제자이고 프랑스 주재 대사를 지낸 스테어 백작[258]이 영국인, 하노버인, 오스트리아인으로 구성된 5만 명이 넘는 군대를 이끌고 프랑크푸르트를 향해 진군했다. 영국 왕은 셋째 아들 컴벌랜드 공작[259]을 대동하고 참전했다. 카를 7세를 여전히 군주로 인정하면서도 폐위시키기 위해 전쟁을 시작한 조지 2세는 황제가 프랑크푸르트에서 묵었던 바로 그 거처를 들렀다 온 것이다.

영국 왕에 맞서는 프랑스군 사령관 노아유 원수-공작[260]은 15세 때에 군문에 들어선 인물이다. 그는 1701년 전쟁[261] 당시 카탈루냐 사령관을 지냈고 그 이후로 정부 내의 모든 직책을 섭렵했다. 섭정 초기에 재무총감을 역임했고 군사령관, 국무대신[262]이기도 한 그는 이러한 직무를 수행하는 중에도 끊임없이 문학에 관심을 쏟았다. 예전의 그리스와 로마에서는 흔히 있던 일이지만 오늘날 유럽에서는 이러한 예를 보기 힘들다. 노아유 원수는 무엇보다도 특출한 작전 능력을 갖춘 야전 사령관이었다. 그는 영국 왕의 군대를 따라 움직였다. 영국군은 마인 강[263]을 끼고 프랑스군과 대치하고 있었는데, 공작은 영국군 주둔지의 상류와 하류를 모두 장악함으로써 영국군의 식량 보급을 끊었다.

영국 왕은 마인츠 선제후[264]의 영토인 마인 강 위의 도시 아샤펜부르크(Aschaffenbourg)에 자리를 잡았다. 그는 스테어 백작의 반대에도 불구하고 이러한 조치를 취했으며 곧 후회하기 시작했다. 그의 군대가 노아유 원수에 의해 봉쇄된 채 굶주리기 시작했기 때문이다. 병사들의 하루 식사배급량은 반으로 줄었다. 말먹이가 부족해서 말들의 다리를 잘라버리자는 제안이 나올 정도였고, 그러한 상황이 이틀만 더 지속되었더라면 실제로 그렇게 했을 것이다. 마침내 영국 왕은 식량을 찾기 위해 프랑크푸르트로 가는 길목에 있는 하나우(Hanau)로 퇴각하지 않을 수 없었다. 퇴각하던 그의 군대는 마인 강변에 자리 잡고 있는 프랑스군의 포병대에 노출되었다. 병사들이 식량 부족으로 인해 쇠진한 상태인 데다가 후위부대가 프랑스군의 공격을 받을 수도 있기에 행군을 서둘러야 했다. 노아유 원수가 하나우로 가는 길목의 데팅겐(Dettingen)[265]과 아샤펜부르크 사이에 다리들을 건설하는 대비를 해놓았기 때문이다. 영국군은 위치를 잘못 선정했을 뿐만 아니라 프랑스군이 다리를 건설하게 내버려두는 잘못까지 저질렀다. 6월 26일 한밤중에 영국 왕은 극도로 조용하게 진지를 철수시키고, 어쩔 수 없이 급박하고 위험한 행군을 감행했다. 노아유 원수는 영국군이 산과 강 사이로 난 협로로 파멸을 향해 전진하는 것을 지켜보았다. 원수는 영국군이 지나가게 되어 있는 데팅겐 마을 쪽으로 근위기병,[266] 용기병,[267] 경기병으로 구성된 모든 기병대를 먼저 보내는 것을 잊지 않았다. 그는 두 개의 다리 위로 4개의 보병 여단과 근위보병연대[268]를 전진시켰다. 이 부대들은 데팅겐 마을의 협곡 깊숙한 쪽에 자리를 잡고 있으라는 명령을 받았다. 영국군은 이 부대들을 발견하지 못했고 노아유 원수는 영국군이 하는 일을 모두 보고 있었다. 포병 중장 발리에르[269]는 아주 오랫동안 포병으로 복무해온 군인이었다. 그는 협로의 적들을 강기슭에서 굽어보고 있는 두 개의 포병대 사이에 붙잡아두고 있었다. 영국군은 데팅겐과 작은 하천 사이로 난 협로를 통과해야 했다. 지형상의 확실한 우위에 의해 꼼짝 못 할 함정을 파놓은 다음에 공격하기만 되었다. 영국 왕을 사로잡을 수도 있는 기회였다. 요컨대 전쟁에 종지부를 찍을 수 있는 결정적인 순간이었던 것이다.

노아유 원수는 중장이자 근위보병연대장인 조카 그라몽 공작[270]에게 이러한 포진을 유지하며 적군이 덫에 빠지길 기다리라고 권고했다. 불행하게도 그라몽 공작은 기병대를 더 전진시키기 위해 직접 정찰을 나갔다. 대부분의 장교는 공작이 부대를 잘 지휘하기 위해서는 공작 자신이 부대의 선두에 남아 있어야 했다고 말했다. 그라몽 공작은 아샤펜부르크의 거점을 점령하려고 5개 여단을 보냈다. 영국군을 사방에서 포위하려는 것이었다. 한순간을 참지 못하여 이 모든 조치가 어긋났다.

(6월 27일) 그라몽 공작은 적군의 선두 부대가 이미 지나갔고 후위 부대만 공격하면 된다고 믿었다. 그러면 적군은 저항하지 못할 것이라고 생각했다. 그는 부대원들을 협곡으로 지나가게 했다. 지키고 있어야 할 유리한 지형에서 이탈한 그라몽 공작은 근위보병연대와 노아유 원수의 보병연대를 이끌고 닭장이라고 불리는 작은 평야 지대로 나아갔다. 전투 대형으로 행진하던 영국군은 재빨리 대열을 정비했다. 그로 인해 적군을 함정으로 끌어들였던 프랑스군이 거꾸로 함정에 빠졌다. 수적으로 상대가 되지 않게 우세한 영국군은 혼란에 빠진 적군을 밀어붙였다. 발리에르가 마인 강을 따라 설치해 놓은 대포, 적군의 측면과 특히 하노버군에 타격을 가한 대포가 아무런 쓸모가 없게 되었다. 프랑스군을 향해 발포되기 때문이었다. 바로 이러한 잘못이 저질러진 직후에 노아유 원수가 되돌아왔다.

근위기병대와 총기병[271] 부대가 용맹스럽게 적군의 보병대 2개 열을 돌파했지만 영국 보병은 순식간에 전열을 정비하고 프랑스군을 포위했다. 근위보병연대 장교들은 허약한 보병부대를 이끌고 과감하게 돌진했지만, 장교 21명이 그 자리에서 전사했고 같은 수의 장교들이 중상을 입었다. 근위보병연대는 완전히 궤멸되었다.

훗날 오를레앙 공작이 되는 샤르트르 공작,[272] 클레르몽 백작,[273] 외 백작,[274] 새파랗게 젊은 팡티에브르 공작[275]이 혼란을 수습하기 위해 노

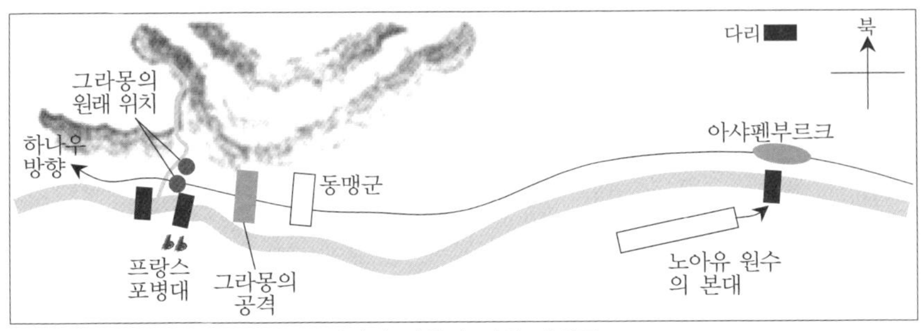

데팅겐 전투의 전력 배치도

력했다. 노아유 원수가 탄 말 두 마리가 죽었고 그 아들 아이앵 공작[276]은 낙마하기도 했다.

퓌제귀르 원수[277]의 아들인 퓌제귀르 후작[278]이 자기 연대의 병사들을 독려하며 그들을 쫓아다녔고 가능한 한 병사들을 집결시켰다. 그는 뒤따르려 하지 않고 재주껏 도망치라고 외치는 몇몇 병사를 자기 손으로 직접 죽였다. 비롱 공작,[279] 뤽상부르 공작,[280] 리슐리외 공작,[281] 페키니슈브뢰즈 공작[282]이 선봉에 서서 적의 방어선을 돌파했다.

한편 근위기병대와 총기병 부대는 전혀 물러서지 않았다. 기마경찰 1개 중대와 근위보병연대의 1개 중대, 100명의 총사[283]들이 동에 번쩍 서에 번쩍했으며, 기병대대들은 근위경기병들과 함께 전진했다. 다른 군사들은 총기병과 기마척탄병들을 뒤따르며 손에 칼을 들고 질서가 있기보다는 용맹하게 영국군들에게 돌진했다. 얼마 지나지 않아 용기백배한 약 50명의 총사가 스테어 경의 기병연대 속으로 뚫고 들어갔다. 근위기병대 장교 27명이 이 혼전의 와중에 목숨을 잃었고, 66명은 중상을 입었다. 외 백작, 아르쿠르 백작,[284] 뵈브롱 백작, 부플레르 공작[285]이 부상을 당했다. 왕비의 명예기사 라모트우당쿠르 백작[286]의 말이 죽었고, 그는 한참 동안 말발굽 아래 짓밟혀 죽기 일보직전이었다. 공토 후작은 팔이 부러졌다. 수석 침전시랑[287] 로슈슈아르 공작[288]은 두 차례나 부상을 당하고도 여전히 싸우다가 현장에서 즉사했다. 사브랑 후작, 플뢰리 후작, 에스트라드 백작, 로스탱 백작도 목숨을 잃었다. 이 비극적인 날에 일어난 특이한 일 중에서 빠뜨려서는 안 될 것은, 르미앙쿠르(Remiencourt) 가문 부플레르 백작[289]의 죽음이다. 그는 열 살 6개월밖에 안 된 아이였다. 그는 포탄에 맞아 다리가 부러졌다. 그는 다리가 절단되었지만 끝까지 침착하게 죽음을 맞았다. 백작의 창창한 젊음과 담대한 용기는 그의 불행을 지켜본 사람들 모두를 감동시켰다.

영국군 장교들의 피해 역시 상당했다. 영국 왕은 맨몸으로 또 말을 탄 채로 기병의 선두에 서기도 하고 보병의 선두에 서기도 하면서 싸웠다. 컴벌랜드 공작은 양 옆구리에 부상을 입었다. 오스트리아군을 지휘하던 아렌베르크 공작[290]은 가슴 위쪽에 총탄을 맞았다. 영국군은 여러 명의 장성을 잃었다. 데팅겐 전투는 3시간 동안 계속되었지만 너무나 일방적이었다. 용기만으로 능력, 수효, 규율과 맞서 싸워야 했다. 마침내 노아유 원수는 퇴각을 명했다.

영국 왕은 전장에서 저녁식사를 하고 나서 부상자를 전부 데려갈 시간조차 없이 후퇴했다. 그가 남겨둔 약 600명의 부상자를 스테어 경은 노아유 원수의 아량에 맡겼다. 프랑스군은 부상자들을 동포처럼 대우해 주었다. 영국군과 프랑스군은 상호 존중하는 국민으로서 서로를 대했던 것이다.[291]

노아유 원수와 스테어 백작이 주고받은 편지들은 전쟁의 참화 속에서도 예절과 인도주의가 어느 정도였는지를 잘 보여준다. 이처럼 고결한 영혼은 스테어 백작과 노아유 공작에게만 있던 것은 아니었다. 특히 컴벌랜드 공작이 베푼 관대한 행위는 후세에 전해져야 마땅하다. 중상을 입은 지라르도라는 이름의 총사가 공작의 막사 근처로 이송되었다. 의사들은 너무나 바빠서 지라르도를 돌볼 틈이 없었다. 의사가 다리에 관통상을 입은 공작을 치료하러 가자 공작이 말했다. "저 프랑스 장교를 먼저 도와주게. 나보다 상처가 더 심한데 응급조치를 받지 못할 거야. 나는 곧 응급조치를 받게 될 테니까."

양쪽 군대는 거의 비슷한 피해를 입었다. 동맹군은 사상자가 2231명이었다.[292] 이것은 영국인들이 계산한 결과인데, 그들은 자신들의 피해를 줄이는 법이 거의 없고 마찬가지로 적의 피해를 부풀리는 법도 없다.

프랑스군은 최고의 작전을 펼치고도 결실을 거두지 못하고 막대한 손실을 입었다. 성급한 열정, 그리고 과거에 푸아티에 전투, 크레시 전투, 아쟁쿠르 전투[293]에서 패배를 안겨주었던 바로 그 군기문란으로 인해 참패를 당한 것이다. 이 이야기를 쓰고 있는 필자는 데팅겐 전투 6주 후에 헤이그에서 스테어 백작을 만났다. 필자는 실례를 무릅쓰고 이번 전투에 대해 어떻게 생각하는지를 그에게 물었다. 백작은 필자에게 이렇게 답했다. "프랑스군이 커다란 실책을 저질렀다고 봅니다. 우리는 두 가지 실수를 범했고요. 당신네 측의 잘못은 기다릴 줄 몰랐다는 것입니다. 우리 측 실수는 우선 패배가 분명한 전투에 뛰어들었다는 것이고, 다음으로 승리를 활용할 줄 몰랐다는 것입니다."

이 전투가 끝난 후 많은 프랑스와 영국 장교들이 여전히 중립을 지키는 도시 프랑크푸르트를 방문했다. 카를 7세는 스테어 백작과 노아유 원수를 차례로 만났는데, 자신의 역경 때문에 인내심 이외에 다른 감정을 그들에게 표시할 수 없었다. 노아유 원수는 카를 7세가 영토도 희망도 없이 가족을 먹여 살릴 수단도 없이 이 황제의 도시에서 고통에 시달리고 있다는 것을 알았다. 프랑크푸르트에는 황제를 조금이라도 도와주려 하는 사람이 아무도 없었다. 노아유 원수는 자신의 군주인 프랑스 왕에게 질책을 받지 않을 것이라 확신하고 황제에게 4만 에퀴짜리 신용장을 주었다. 신성로마제국 황제 폐하의 처지가 이 지경이었다.

11

루이 15세의 첫 번째 플랑드르 원정과 승전. 루이 15세는 플랑드르를 떠나 위협에 직면한 알자스를 구하러 간다. 그 사이 콩티 공은 계속해서 알프스의 통로를 열어 간다. 새로운 동맹들. 프로이센 왕은 다시 출전한다.

바로 이처럼 위험한 상황에서, 여러 국가의 충돌 속에서, 전쟁과 정치의 혼합과 혼란 속에서 루이 15세는 첫 번째 원정에 착수했다. 독일 쪽의 국경은 간신히 유지되고 있었다. 헝가리 여왕 마리아 테레지아는 바이에른과 오버팔츠[294] 주민들에게서 충성서약을 받았다. 여왕은 카를 7세가 은거하고 있는 프랑크푸르트에서 이 황제의 선출이 완전 무효라는 각서를 제출하게 했다. 모든 것을 빼앗긴 황제는 마침내 이 전쟁에서 중립을 선포하지 않을 수 없었다. 스스로 황제의 자리에서 물러나 제국을 토스카나 대공이자 마리아 테레지아의 남편인 로트링겐의 프란츠에게 넘기라는 제안이 들어왔다.

토스카나 대공의 동생인 로트링겐 공 카를은 브라이자흐 암 라인[295] 근처에 있는 라인 강의 한 섬에 자리를 잡기 시작했다. 헝가리 분견대는 자르 강[296]을 넘어서까지 침입해서 로렌의 국경을 돌파하곤 했다. 악명 높은 멘첼은 알자스, 트루아제베쉐,[297] 프랑슈콩테 주민들에게 오스트리아 왕가에 다시 복종할 것을 권하는 헝가리 여왕 명의의 성명서를 뿌리게 했다. 그는 주민들에게 저항하면 코와 귀를 벤 다음 교수형에 처하겠다고 협박했다. 아틸라[298]의 병사에게나 어울리는 이 오만방자한 태도는 경멸을 받아 마땅한 것이었다. 하지만 그러한 태도는 동맹군이 승리하고 있다는 증거였다. 오스트리아군은 나폴리 왕국을 위협하고 있었고 프랑스군과 에스파냐군은 여전히 알프스에 잡혀 있었다. 바다를 지배하는 영국군은 육상에서도 승리를 거두었다. 네덜란드인들은 플랑드르에서 오스트리아군과 영국군에 합류하겠다고 약속하면서 선전포고를 준비 중이었다. 모든 것이 불리했다. 슐레지엔을 점령한 데 만족한 프로이센 왕은 헝가리 여왕과 개별적으로 화해해버렸다.

루이 15세는 이 큰 짐을 모두 떠안았다. 그는 군단을 동원해 라인 강과 모젤 강변의 국경을 방어했을 뿐만 아니라 영국 상륙전까지 준비했다. 그는 불운한 왕 제임스 2세의 손자이자 왕위 요구자의 장남인 젊은 찰스 에드워드 왕자[299]를 로마에서 불러들였다(1744년 1월 9일). 2만 4천 명의 상륙부대원을 태운 21척의 전함으로 이루어진 함대가 그를 영국 해협으로 인도했다. 찰스 에드워드는 난생처음으로 조국의 바닷가를 보았다. 하지만 풍랑과 특히 영국 전함 때문에 그의 상륙은 이루어지지 못했다.

바로 이때 루이 15세는 플랑드르를 향해 출발했다. 그에게는 육군 담당 국무비서 아르장송 백작[300]이 야전(野戰)과 공성전(攻城戰)에 도움이 될 수 있는 모든 것을 갖추어준 승승장구하는 군대가 있었다.

루이 15세는 플랑드르에 도착했다.[301] 그가 다가오자 헝가리 여왕의 군대와 영국군에 합류하겠다고 약속했던 네덜란드인들은 겁을 먹기 시작했다. 그들은 감히 약속을 지키지 못했다. 그들은 프랑스 왕에게 대적할 부대 대신에 대표자들을 보냈다. 루이 15세는 네덜란드 대표자들이 보는 앞에서 코르트레이크[302](1744년 5월 18일)와 메넌[303](6월 7일)을 점령했다.

루이 15세는 메넌 점령 바로 다음 날, 이퍼르[304]를 포위했다. 이퍼르 포위전에서 주요 공격을 지휘한 사람은 생제르맹데프레 수도원장인 클레르몽 공[305]이었다. 프랑스에선 라발레트 추기경[306]과 수르디 대주교[307] 이후로 군직과 성직을 동시에 수행한 사람이 없었다. 클레르몽 공은 1733년 교황 클레멘스 12세[308]에게서 윤허를 받았다. 교황은 대 콩데의 증손자[309]에게는 군직이 성직보다 우선한다고 판단했던 것이다. 클레르몽 공은 시기상조이고 무모해 보이긴 했지만 이퍼르 성 정면 해자의 바깥 제방길 공격을 감행했다. 부르보네 연대[310]와 루아얄콩투아 연대[311]의 척탄병들을 이끌고 전진하던 소장 보보 후작은 치명적인 부상을 입고 극심한 통증을 겪었다. 그는 단말마의 고통 속에서 죽음을 맞았다. 장교와 사병들은 미래의 사령관감인 그를 아쉬워했고, 파리의 사교계는 성실하고 재기 넘치는 인물인 그를 아쉬워했다. 그는 자신을 이송하는 병사들에게 말했다. "제군들, 나를 죽게 내버려두고 가서 싸우게."

이퍼르는 곧 항복했다(6월 29일). 단 한 순간도 허비되지 않았다. 프랑스군이 이퍼르로 입성하는 사이에 부플레르 공작[312]은 크노케 요새[313]를 점령했다. 루이 15세가 국경 지대 요새들을 방문하러 다니는 동안 클레르몽 공은 퓌르너[314]를 포위했다. 퓌르너 시는 5일간의 참호전 끝에 백기를 들었다. 브뤼셀 근처에서 지휘하던 영국과 오스트리아 장군들은 프랑스군의 전진을 바라만 볼 뿐 저지할 수가 없었다. 루이 15세가 그들과 대적하도록 내세운 삭스 원수 휘하의 부대는 위치 선정이 훌륭하고 아군의 공성전을 너무나 잘 엄호해주었기에 승리는 확실했다. 동맹군은 정해진 확고한 계획이 없었다. 프랑스군의 작전은 미리 준비된 것이었다. 코르트레이크에 자리를 잡은 삭스 원수는 적들의 모든 노력을 차단함으로써 프랑스군의 모든 작전을 용이하게 만들었다. 두에[315]에서 쉽게 발포할 수 있는 수많은 포, 공성전 수행 능력을 갖춘 많은 장교와 대부분이 탁월한 능력을 보유한 병사들로 이루어진 거의 5천 명의 포병연대 그리고 공병대는, 몇 년간의 전쟁을 함께 치르기 위해 급조된 동맹군으로서는 어림도 없는 유리한 조건들이었다. 이러한 것들은 시간이 오래 걸리고 강력한 군주정의 지속적인 관심이 있어야만 얻을 수 있는 결실이었다. 공성전은 필연적으로 프랑스에 유리할 수밖에 없었다.

이러한 전황에서 오스트리아군이 프랑스군과 바이에른군의 눈앞에서 슈파이어[316] 쪽으로 라인 강을 건넜다는 소식이 전해졌다. 알자스가 유린당하고 로렌 국경이 위험해졌다는 것이다(1744년 6월 29~30일). 처음엔 믿어지지 않았지만 틀림없는 사실이었다. 로트링겐 공 카를은 집요하게 동시다발적인 공격을 감행한 덕에, 세켄도르프 백작[317] 휘하의 부대가 담당하는 전선을 돌파하는 데 성공했다. 그 부대는 프랑스가 동맹을 맺고 비용을 대는 바이에른군, 팔츠[318]군, 헤센[319]군으로 구성되어 있었다.

약 6만 명의 오스트리아군은 아무런 저항을 받지 않고 알자스에 입성했다. 카를 공은 한 시간 만에 로테르부르[320]를 점령했다. 로테르부르는 거의 요새화되지 않았지만 가장 중요한 거점이었다. 카를 공은 나다스티(Nadasti) 장군을 비무장 도시인 비상부르[321]까지 진군시켰다. 비상부르 수비대는 어쩔 수 없이 전쟁포로가 되었다. 카를 공은 비상부르 시내와 주변 전선에 1만 명의 군사를 투입했다. 이 지역 프랑스군 사령관 쿠아니 원수는 용감하며 지혜롭고 겸손한 장군으로 1733년 전쟁[322]에서 이탈리아에서 거둔 두 차례의 승리로 유명하다. 그는 프랑스와의 통로가 끊겼으며, 오스트리아군과 헝가리군이 메스[323] 지방과 로렌을 공격하려고 한다는 것을 알았다. 알자스로 돌아가서 이 지역을 지키려면 적군을 정면 돌파하는 수밖에 없었다. 적군이 비상부르를 점령하자 그는 즉각 본대를 이끌고 진군했다. 그는 도심과 방어선에서 적군을 공격했다. 오스트리아군은 용감하게 맞서 싸웠다. 광장과 거리에서 전투가 벌어졌고 시신으로 뒤덮였다. 저항은 꼬박 6시간 동안 계속되었다. 라인 강을 제대로 지키지 못했던 바이에른군은 자신들의 태만을 용맹으로 되갚았다. 특히 바이에른군은 당시 신성로마제국 중장으로 옷에 10발의 총탄을 맞은 모르타뉴(Mortagne) 백작을 보고 용기를 얻었다. 몽탈 후작[324]이 프랑스군을 이끌었다. 마침내 비상부르와 방어선을 탈환했다.[325] 하지만 오스트리아 전군(全軍)이 도착하자 아그노[326] 쪽으로 퇴각하지 않을 수 없었고 이마저도 포기하지 않을 수 없었다. 자르 강을 넘어 몇 리외를 전진한 적군은 뤼네빌[327]에까지 극심한 공포를 야기했고, 그로 인해 스타니수아프 레슈친스키는 신하들과 함께 뤼네빌에서 빠져나오지 않을 수 없었다.

이러한 패전 소식을 덩케르크[328]에서 들은 루이 15세는 주저하지 않고 결단을 내렸다. 왕은 순조롭게 진행되고 있는 플랑드르 정복을 중단했다. 왕은 삭스 원수에게 약 4만의 군사로 점령 지역을 지키게 한 후 몸소 알자스를 도우러 달려가기로 결정했다.

왕은 노아유 원수를 선두에 서게 했다. 아르쿠르 공작[329]에게는 몇 개의 부대를 딸려 보내 팔스부르[330] 협곡을 지키게 했다. 왕은 보병 26개 대대와 기병 33개 대대를 진두지휘하며 행군할 준비를 했다. 루이 15세가 첫 번째 원정에서 내린 결정은 프랑스인들을 열광시켰다. 또 적군의 라인 강 도하로 인해 그리고 최근 독일에서의 패전으로 인해 불안에 싸인 지역 주민들을 안심시켰다.

왕은 생캉탱,[331] 라페르(la Fère), 랑(Laon), 랭스(Reims)로 이어지는 길로 부대를 진군시켰다. 집결 장소는 메스로 정했다. 왕은 행군 중에 병사의 급료를 올리고 식량을 늘렸다. 이러한 배려 덕에 왕에 대한 신하들의 애정은 더욱 커졌다. 왕은 1744년 8월 5일 메스에 도착했고, 7일 전세를 완전히 바꾸게 될 사건이 알려졌다. 그 사건으로 인해 카를 공은 알자스에서 떠나야 했고 황제는 복귀했으며 헝가리 여왕은 최대의 위험에 처하게 되었다.

헝가리 여왕은 브로츠와프 평화조약[332] 그리고 이 조약과 같은 해에 프로이센 왕이 영국 왕과 체결한 방위동맹 이후로는 프로이센 왕을 두려워할 필요가 조금도 없는 것 같았다. 하기야 프로이센 왕으로서는 걱정되는 일이 한두 가지가 아니었다. 헝가리 여왕, 영국, 사르데냐 왕국, 작센, 네덜란드는 보름스(Worms) 조약[333]에 의해 신성로마제국 황제에 대항해서 동맹을 맺었다. 북쪽의 강국들 특히 러시아는 크게 들썩이고 있었다. 헝가리 여왕은 독일에서 세를 넓혀가고 있었다. 이 모든 것이 언젠가는 프로이센 왕에게 불리하게 작용할 것이 분명했다. 결국 프로이센 왕은 프랑스와 다시 조약을 맺기로 결정했다. 조약은 1744년 4월 5일 비밀리에 조인되었고, 그 이후 프랑크푸르트에서 프랑스 왕, 신성로마제국 황제, 프로이센 왕, 팔츠 선제후,[334] 헤센 영주의 자격을 지닌 스웨덴 왕 사이에 긴밀한 동맹이 맺어졌다. 이처럼 프랑크푸르트 동맹이 보름스 동맹을 견제하게 되었다. 유럽이 반으로 나뉘어 서로 대립했고, 양 진영은 정치와 전쟁의 모든 수단을 동원했다.

프로이센 왕이 파견한 슈메타우 원수[335]는 프랑스 왕에게, 새로운 동맹국 프로이센의 8만 군대가 프라하로 진군하고 2만 2천은 모라비아로 진격한다는 것을 알렸다. 독일 내에서의 이처럼 강력한 교란 작전 그리고 프랑스 왕의 플랑드르 정복과 알자스 진군 덕에 모든 불안이 사라졌지만, 다른 종류의 걱정거리가 생겼다. 그것은 프랑스 전체를 불안에 떨고 신음하게 만들었다.

12

프랑스 왕은 사경을 헤맨다.
그는 회복되자마자 독일로 진군한다.
왕은 프라이부르크를 포위 공격하러 간다.
한편 이미 알자스를 침략한 오스트리아군은
보헤미아를 구하러 가고,
콩티 공은 이탈리아 전투에서 승리를 거둔다.

메스에서 카스텔델피노 점령에 대한 감사 미사가 거행되던 날, 루이 15세는 몸에 열이 나는 것을 느꼈다. 1744년 8월 8일이었다. 병이 악화되어 열병의 특성이 보였는데, 사람들은 악성 열병이니 부패성 열병이니 했다. 14일 밤부터 왕은 빈사지경에 빠졌다. 그는 강인하고 운동으로 다져진 튼튼한 체질이었다. 하지만 훌륭한 체질 덕에 초기 발병을 견뎌내고 여러 날 버틸 수 있다고 하더라도, 대개의 경우 그러한 병에는 이기지 못하는 법이다. 이 사건으로 두려움과 슬픔이 이 도시에서 저 도시로 퍼져나갔다. 메스 주변의 모든 지역에서 주민들이 달려왔다. 사람들이 신분과 나이에 관계없이 길로 쏟아져 나와 각기 다른 내용의 이야기를 주고받는 가운데 불안은 커져만 갔다.

왕이 위중하다는 소식이 한밤중에 파리에 퍼졌다. 모두 일어나서 왁자

지껄하게 어디로 가는지도 모르고 달려갔다. 야심한 시각에 교회들이 문을 열었다. 시간, 잠, 식사 따위는 안중에도 없었다. 파리는 제정신이 아니었다. 유력인사의 집은 모두 끊임없이 몰려드는 인파로 둘러싸였다. 거리마다 사람들이 몰려들어 외쳤다. "전하께서 돌아가신다면 우리를 구하려 행군을 하신 탓이다". 교회에서는 모두들 서로 알지 못하면서도 서로에게 다가가 질문을 했다. 국왕 전하의 건강을 위해 기도하던 신부가 눈물을 터뜨려 찬송을 중단시켰고, 인민(peuple)은 흐느낌과 울부짖음으로 호응했다. 8월 19일 왕의 회복 소식을 파리로 가져온 전령은 사람들이 너도나도 껴안는 바람에 거의 숨이 막힐 지경이었다. 사람들은 그의 말(馬)에 입을 맞추었고, 그를 헹가래 쳤다. 모든 거리에 환희의 외침이 울려 퍼졌다. "국왕 전하가 회복되셨대." 인민이 비탄에 싸였다가 이어서 비할 데 없는 기쁨의 도가니를 이루었다는 소식을 전해 들은 루이 15세는 감동을 받아 눈물을 흘리기까지 했다. 넘쳐나는 인정 덕에 원기를 회복한 루이 15세는 외쳤다. "아! 사랑을 받는다는 것이 이렇게 감미로운 일이란 말인가! 내가 사랑을 받을 만한 자격을 갖추기 위해 한 일이 무엇이란 말인가?"

프랑스 인민은 그런 인민이다. 열광에 이를 정도로 다정다감하고, 불평할 때처럼 애정을 표할 때도 극단에 이를 수 있는 인민인 것이다.

이 무렵 카를 공의 아내인 대공녀[336]가 브뤼셀에서 고통스럽게 사망했다. 대공녀는 브라반트인[337]들에게 사랑을 받았고, 사랑을 받을 만했다. 하지만 이곳 사람들은 프랑스인들 같은 뜨거운 정이 없었다.

궁정의 신하들은 인민과는 달랐다. 루이 15세가 위독했을 때, 신하들 사이에서는 과거 루이 14세가 칼레에서 사망할 뻔했을 때[338]보다 더 많은 술책과 음모가 횡행했다. 루이 14세의 증손자인 루이 15세는 메스에서 그것을 뼈저리게 실감했다. 루이 15세가 숨을 거둘 듯할 때마다 신하들은 그 틈을 타서 매우 분별없는 처신으로 왕의 권위를 추락시켰다. 그러한 경거망동이 종교적인 동기에서 비롯된 것이라고 둘러댔지만, 이성을 가진 사람들은 비난했고 인성이 어진 사람들은 단죄했다. 루이 15세는 죽음과 이러한 덫에서 벗어났다.

루이 15세는 의식을 되찾자마자 자신이 위험한 가운데서도 카를 공의 라인 강 도하로 프랑스가 직면하게 된 위험을 먼저 걱정했다. 그가 진군한 것은 오로지 카를 공을 격퇴하려는 생각에서였다. 왕은 노아유 원수를 대신 보내고 난 후에 아르장송 백작에게 말했다. "내 이름으로 노아유 원수에게 편지를 쓰시오. 루이 13세를 묘지로 모시는 동안에도 콩데 공은 전쟁에서 승리를 거두었다고 말이오." 하지만 카를 공의 군대가 질서정연하게 퇴각하는 바람에 노아유 원수는 후위 부대에만 약간의 타격을 입힐 수 있었다. 카를 공의 군대는 수적으로 우세한 프랑스군이 지키고 있는데도 거의 아무런 손실을 입지 않고 라인 강을 다시 건너가 버렸다. 프로이센 왕은 적군을 그런 식으로 빠져나가게 내버려둔 것에 대해 매우 불만스러워 했다. 그 적군이 자기 군대를 향해 진군해 왔기 때문이다. 절호의 기회를 한 번 더 놓친 것이다. 프랑스 왕의 와병, 프랑스군의 지체된 행군, 카를 공의 군대를 추적하기 위해 통과해야 하는 늪지, 카를 공의 신중한 대비, 그의 군대가 확보한 교량들, 이 모든 것이 카를 공의 퇴각에 도움이 되었다. 카를 공의 군대는 탄창 하나도 잃지 않았다.

5만의 군사를 이끌고 라인 강을 다시 건너간 카를 공은 믿을 수 없을 만큼 신속하게 도나우 강과 엘베 강을 향해 나아갔다. 스트라스부르를 통해 프랑스로 침입했던 그는 보헤미아를 한 번 더 해방시키려고 했다. 하지만 프로이센 왕이 프라하를 향해 진군하고 있었다. 프로이센 왕은 9월 4일 프라하를 포위했다. 이상한 일은 1만 5천의 군사로 프라하를 지키고 있던 오글비 장군이 열흘 후 자기 부대와 함께 포로가 되었다는 것이다. 그는 1741년 11월 프랑스군이 공격해 왔을 때도 금방 도시를 내어주었던 바로 그 사령관이다.

포로가 된 1만 5천 군사, 보헤미아 수도 프라하 점령, 단 며칠 후 항복한 왕국의 나머지 지역, 동시에 침략당한 모라비아, 마침내 독일에 재입성한 프랑스군, 이탈리아에서의 승전, 이러한 것들이 마침내 유럽의 커다란 분쟁이 황제 카를 7세에게 유리하게 결말이 날 것이라는 기대를 부풀렸다. 루이 15세는 몸이 간신히 회복기에 접어든 상태였지만 9월 프라이부르크[339] 공략을 결심하고 진군했다. 이번엔 그가 라인 강을 건너게 된 것이다. 스트라스부르에 도착해서 콩티 공의 승전 소식을 듣고 그의 기대는 더욱 확고해졌다.

13

쿠네오 전투. 프랑스 왕의 지휘. 로마 부근에서 습격당한 나폴리 왕

밀라노를 치기 위해서는 쿠네오[340] 시를 점령해야 했다. 돈 펠리페와 콩티 공은 쿠네오 시를 포위했다. 사르데냐 왕은 수적으로 우세한 군대로 맞섰다. 사르데냐 왕의 계산만큼 완벽한 것은 없었다. 왕은 이번에는 싸워야 할 때라고 판단했다. 그가 승리한다면 프랑스군은 별 수 없이 퇴각해야 하는데 그 퇴각이 몹시 어려울 것이었다. 설사 그가 패한다 해도 쿠네오는 이처럼 늦은 계절에는 저항을 계속할 수 있고 그에게는 안전한 피신처들이 있었다. 그의 대비는 최고로 현명한 것 가운데 하나라고 인정되었다. 하지만 그는 패했다.[341] 프랑스군과 에스파냐군은 한편으로는 서로를 돕는 동맹군으로서, 다른 한편으로는 각기 상대보다 자신이 더 낫다는 것을 보여주려고 하는 경쟁자로서 전투를 치렀다. 사르데냐 왕은 거의 5천에 달하는 군사와 전장을 잃었다. 에스파냐군의 손실은 900명에 불과했고 프랑스군은 1200명의 사상자가 발생했다. 장수이자 병사이기도 했던 콩티 공은 두 발의 총탄을 맞아 갑옷이 뚫렸고, 타고 있던 말 두 마리가 죽었다. 그는 왕에게 보내는 편지에서 자신의 부상

이야기는 한 마디도 하지 않았다. 하지만 라포르스(la Force), 센테르,[342] 쇼블랭[343] 장군의 부상과 쿠르탕[344] 소위, 슈아죌,[345] 실라,[346] 보프로[347] 장군의 뛰어난 무공 그리고 자신을 도와준 모든 사람에 대해서는 자세히 쓰면서 그들에게 상을 내려달라고 간청했다. 모든 미행(美行)을 언급할 수 있겠지만 그러면 이 이야기는 지루하게 계속될 것이다. 또 그러한 미행들이 단순하고 흔해빠진 것이 되어 빛을 잃고 파묻혀 버리리라.

하지만 이번 승리 역시, 승자에게 실질적인 이득 없이 손실만 야기한 승리가 되고 말았다. 1600년 이래 유럽에서는 120번이 넘는 전투가 벌어졌다. 이 전투 중에서 결정적인 것은 10개가 되지 못한다. 매일 변화하는 이해관계 때문에 헛되이 피만 뿌린 것이다. 쿠네오 전투의 승리는 처음에는 커다란 자신감을 주었지만 그것은 이내 슬픔으로 바뀌었다. 쿠네오 전투의 승리로 돈 펠리페와 콩티 공이 얻은 것보다도 혹독한 추위, 해빙, 스투라 강의 범람과 격류로 사르데냐 왕이 얻은 것이 더 많았다. 돈 펠리페와 콩티 공은 쿠네오 시 포위를 풀고[348] 지친 병사들을 이끌고 다시 산을 넘어가지 않을 수 없었다. 알프스 부근의 전투에서 피에몬테의 주인을 자기편으로 끌어들이지 못한 사람들은 비록 승리를 거두더라도 군대를 잃는 것이 거의 숙명이었다.

프랑스 왕이 프라이부르크 앞까지 진출했을 때 우기(雨期)가 시작되었다. 프랑스군은 드라이잠(Dreisam) 강의 물길을 돌리고 2600투아즈에 달하는 수로를 파야만 했다. 하지만 이 작업이 끝나자마자 제방이 무너져서 다시 작업이 시작되었다. 프라이부르크 성들의 포화 속에서 작업이 진행되었다. 강의 지류 두 개를 동시에 파야만 했다. 새로운 수로에 설치한 다리들이 물살에 의해 뒤틀렸다. 밤새 다리들을 수리했다. 다음날 프랑스군은 끊임없는 포탄과 총탄 세례를 받으며 성벽과 해자 사이의 지뢰밭으로 전진했다. 5백 명의 척탄병이 죽거나 부상을 입고 쓰러졌다. 지뢰

밭 때문에 두 개 중대 전체가 목숨을 잃었다. 프랑스군은 적군이 포탄, 투석기, 유탄(榴彈)을 지속적으로 또 끔찍할 정도로 사용했는데도 그 다음날 적군을 물리치는 데 성공했다. 이 두 차례의 공격에 16명의 공병 장교가 동원되었데, 16명 모두 부상을 입었다. 수비즈 공[349]은 돌에 맞아 팔이 부러졌다. 왕은 소식을 듣자마자 그를 만나러 갔다. 왕은 여러 차례 다시 와서 그의 부상 부위에 깁스를 하는 것을 지켜보았다. 이처럼 따듯한 인정 덕에 전군의 사기가 올라갔다. 방계왕족으로 나중에 오를레앙 공작이 된 샤르트르 공작이 공격의 선봉에 서자 병사들의 사기는 더욱 고조되었다.

프라이부르크 총독 담니츠 장군[350]은 두 달간의 참호전 끝에 1744년 11월 6일이 되어서야 비로소 백기를 들었다. 성들은 7일 만에 모두 함락되었다. 프랑스 왕이 브라이스가우[351]의 주인이 되어 슈바벤(Schwaben)의 주도권을 장악했다. 클레르몽 공도 콘스탄츠(Konstanz)까지 전진했다. 카를 7세는 뮌헨으로 되돌아갈 수 있게 되었다.

이탈리아에서의 전세도 비록 속도가 느리긴 했지만 유리한 양상을 띠어 가고 있었다. 나폴리 왕[352]은 롭코비츠 공[353]이 이끄는 오스트리아군을 뒤쫓아 로마의 영토로 들어섰다. 보헤미아에서는 프로이센 왕의 교란작전에 모든 것을 기대해야 했다. 하지만 이번 전쟁에서 아주 빈번한 역전으로 인해 로트링겐의 카를 공이, 1742년과 1743년에 프랑스군을 물리쳤던 것처럼 프로이센군을 보헤미아에서 몰아냈다. 프로이센군은 자신들이 프랑스군에 대해 비난했던 것과 똑같은 잘못을 저질렀고 똑같이 퇴각했다. (1744년 11월 19일) 그들은 프라하를 지키는 모든 방어거점을 차례차례 포기했다. 마침내 프로이센군은 프라하를 떠나지 않을 수 없었다(11월 27일).

프랑스군의 눈앞에서 라인 강을 건넜던 카를 공은 같은 해 프로이센 왕이 보는 앞에서 엘베 강을 건넜다. 그는 슐레지엔까지 프로이센 왕을 추적했고 그의 분견대는 브로츠와프 성문까지 진출했다. 1744년 6월에 패배한 것처럼 보였던 마리아 테레지아 여왕이 12월에는 슐레지엔까지 되차지할 것 같이 보였다. 황폐한 수도로 되돌아간 황제는 또다시 떠나야 할 것처럼 보였다.

독일은 모든 것이 혼란스러운 총체적 난국이고 음모의 장이었다. 프랑스 왕과 영국 왕은 번갈아가며 제국 내의 지지자들을 매수했다. 작센 선제후이자 폴란드 왕인 아우구스트 3세는 연 15만 기니[354]를 받기로 하고 영국 편에 섰다. 폴란드 왕이 이만한 금액을 받았다는 것이 놀랍다면, 영국이 그해 헝가리 여왕에게 50만 기니를 주고 사르데냐 왕에게 20만 기니를 주고 마인츠 선제후[355]에게는 보조금을 지급하면서도 폴란드 왕에게까지 돈을 줄 수 있다는 사실에는 더욱더 놀랄 것이다. 영국은 황제 카를 7세의 친동생인 쾰른 선제후[356]까지 매수했다. 쾰른 선제후는 런던 궁정에서 2만 2천 기니를 받았다. 친형의 적들이 자신이 통치하는 쾰른, 뮌스터, 오스나브뤼크(Osnabrück), 힐데스하임(Hildesheim), 파더보른(Paderborn) 그리고 수도원들이 있는 주교구에서 황제에게 대적할 군대를 일으키는 것을 허용하는 대가였다. 그는 교회의 규칙이 아니라 독일 관습에 따라 이 모든 교회 재산을 착복했던 것이다. 영국군에 매수되는 것은 영광스러운 일이 아니었다. 하지만 프랑스에 의해 옹립된 황제는 독일에서 유지되지 못할 것이라 확신한 쾰른 선제후는 형을 내팽개치고 자신의 사욕을 채웠다.

마리아 테레지아는 독일인, 영국인, 그리고 오랫동안 주저하다가 선전포고를 한 네덜란드인들로 구성된 엄청난 수의 동맹군을 플랑드르에 보유하고 있었다. 프랑스령 플랑드르[357]는 삭스 원수가 동맹군보다 2만 명이 적은 인원으로 방어하고 있었다. 삭스 장군은 행운이나 병사의 용기가 아니라 철저하게 전술에 의지했다. 그는 진을 쳤다가 적절한 때에 철수하고, 지역 주민을 보호하고, 적군의 식량으로 자기 부대를 먹이고 적군이 진격해오면 달려나가 퇴각시키고, 교묘하게 적군의 힘을 무력화했다. 이렇게 삭스 원수가 1744년 8월 초부터 11월까지 행한 것은 전술의 최고봉의 하나로 간주된다.

오스트리아 왕위계승전쟁은 날이 갈수록 더 격렬해졌다. 황제의 운명은 더욱 불확실해졌고 이해관계는 더 복잡해졌으며 성패는 끊임없이 요동쳤다.

단 하나 분명한 사실은, 이 전쟁이 독일을 황폐화하면서도 슬그머니 부유하게 만들었다는 것이다. 프랑스와 영국이 아낌없이 쏟아부은 돈이 독일인들 수중으로 들어갔다. 결과적으로 이 광활한 국가는 더욱 부유해졌고, 언젠가 한 명의 지도자 아래 규합될 수 있다면 더욱 강력해질 것이다.

이탈리아의 사정은 달랐다. 이탈리아가 독일처럼 강력한 집단이 되려면 아주 긴 시간이 걸릴 것이다. 프랑스가 알프스로 보낸 것은 겨우 42개 보병대대와 33개 기병대대였으므로, 통상적으로 부대의 인원이 다 차지 않는 것을 고려할 때 병력은 2만 6천 명을 넘지 못했다. 돈 펠리페의 군대도 원정 초기에 대충 이 정도 규모였다. 프랑스군과 에스파냐군은 이탈리아를 부유하게 만들기는커녕, 거의 모든 식량을 프랑스 지방에서 공급받고 있었다. 마리아 테레지아 군대의 장군인 롭코비츠 공이 3만 병력을 거느리고 있던 교황령의 경우 부유해졌다기보다는 황폐해졌다. 도나우 강에서 테베레 강에 이르는 이 드넓은 전쟁터에서, 교황령이 위치한 이탈리아 지역은 유혈극의 무대가 되었다.

1744년 3월, 4월, 5월경 마리아 테레지아의 군대는 나폴리 왕국을 정복할 기세였다. 7월부터 나폴리군과 오스트리아군은 로마 영토 안에서 전투를 벌였다. 나폴리 왕과 모데나 공작은 벨레트리[358]에 있었다. 이 도시는 과거 볼스키족[359]의 수도였으며 오늘날엔 추기경단의 원로들이 머무는 곳이다. 양시칠리아(나폴리와 시칠리아) 왕의 거처는 지네티(Ginetti) 궁이었다. 그 궁은 웅장하고 세련미를 갖춘 건물로 인정받는다. 롭코비츠 공은 1702년 사보이아 공 외젠이 크레모나[360]를 공격했던 것과 똑같은 방식으로 벨레트리를 공격했다.[361] 정말이지 역사란 일련의 동일한 사건들이 되풀이되고 변주되는 것에 불과할 따름이다. (1744년 8월 10일) 한밤중에 6천 명의 오스트리아군이 벨레트리에 입성했다. 이 도시의 전초병들은 목이 잘렸다. 오스트리아군은 저항하는 사람은 모두 살해했다. 저항하지 않는 사람은 포로로 삼았다. 사방이 공포와 비탄으로 가득 찼다. 나폴리 왕과 모데나 공작이 곧 사로잡힐 처지였다. 왕을 수행했던 나폴리 주재 프랑스 대사 로피탈 후작(marquis de L'Hôpital)은 소란스러움에 잠에서 깨어나서 한달음에 달려가 왕을 구출했다. 로피탈 후작이 왕에게 달려가기 위해 집에서 나오자마자 적들이 들이닥쳐 집을 약탈하고 뒤죽박죽으로 만들었다. 모데나 공작과 프랑스 대사를 대동한 나폴리 왕은 도시 밖에 있는 자기 군대를 진두지휘하려고 갔다. 오스트리아군은 가옥들 안으로 흩어졌다. 노바티(Novati) 장군은 모데나 공작의 집 안으로 들어갔다.

오스트리아군이 가옥들을 약탈하며 확신에 차서 승리를 만끽하는 사이에 크레모나에서 벌어졌던 것과 똑같은 일이 일어났다. 왈로니 근위대,[362] 아일랜드 연대, 스위스 용병들이 오스트리아군을 몰아내고 거리를 시체로 뒤덮으며 벨레트리를 탈환했다. 며칠 지나지 않아 롭코비츠 공은 로마 쪽으로 퇴각하지 않을 수 없었다. 나폴리 왕은 그를 추격했다. 롭코비츠 공이 벨레트리 시의 한쪽 성문에 있을 때 나폴리 왕은 반대쪽 문에 있었다. 두 사람 모두 테베레 강을 건넜다. 로마 시민들은 성벽 위에서 양쪽 군대를 지켜보았다. 나폴리 왕은 포추올리(Pozzuoli) 백작이라는 이름으로 로마의 환영을 받았다. 왕의 근위병들이 손에서 칼을 놓지 않고 있는 동안, 왕은 교황의 발에 입을 맞추었다. 양쪽 군대는 로마의 영토 안에서 전쟁을 계속했지만 로마는 들판만 피해를 입게 된 것을 하늘에 감사했다.

알다시피 이탈리아는 에스파냐 궁정이 눈독을 들이고 있었고, 독일은 프랑스 궁정의 아주 은밀한 목표였다. 아직 양쪽 모두 승리는 매우 불확실했다.

14

벨릴 원수 체포. 황제 카를 7세의 사망. 하지만 전쟁은 그로 인해 더욱 격렬해질 뿐

프랑스 왕은 프라이부르크 점령 직후 파리로 되돌아와, 조국의 원수를 갚은 사람처럼 그리고 하마터면 잃어버릴 뻔했던 아버지처럼 환영을 받았다. 그는 파리에 3일간 머무르며, 자신들의 열광적인 환호에 대한 보상으로 오로지 왕을 알현하기만을 원한 파리 시민들에게 모습을 보여주었다.

여전히 카를 7세의 황제위를 유지시킬 생각인 루이 15세는 뮌헨, 카셀,[363] 슐레지엔에 벨릴 원수를 보내면서 자신과 황제의 전권을 위임했다. 벨릴 원수는 황제의 거주지인 뮌헨에서 동생인 백작과 함께 출발했다. 카셀로 향한 그들 형제는 프로이센 왕이 곳곳에 역참을 갖고 있는 지역들을 거쳐서 갔다. 그 역참들은 독일 영방군주[364]들 사이의 협약에 의해 항상 중립이고 불가침한 곳으로 인정되었기에, 그들은 아무런 경계도 하지 않았다. 원수와 백작은 하노버 선제후[365] 소유인 엘빈게로데(Elbingerode)라는 이름의 마을에 있는 역참에서 말을 빌려 타고 가다가 하노버의 바이이(bailli)에게 체포되어[366] 학대를 받았고 곧바로 영국으로 이송되었다. 벨릴 공작은 제국의 영방군주였다. 이러한 신분으로 인해 그의 체포는 영방군주의 특권에 대한 침해로 간주될 수 있었다. 예전 같았으면 이러한 침해 행위에 대해 황제의 복수가 있었을 것이다. 그렇지만 카를 7세 시대에는 황제에 대항해서 무슨 짓을 하더라도 황제로서는 그저 한탄할 수밖에 없었다. 프랑스 내각은 대사의 특권과 전시국제법[367]을 동시에 내세웠다. 벨릴 원수가 제국의 영방군주이자 프랑스 왕의 대신 자격으로 황제의 궁정과 프로이센의 궁정으로 가는 길이었다고 본다면, 이 두 궁정이 하노버와 전쟁 중이 아니기 때문에 그에게 불가침의 특전이 있는 것은 분명했다. 그를 프랑스 원수이자 사령관으로 간주한다면, 1743년 6월 18일 프랑크푸르트에서 프랑스와 영국 사이에 체결된 포로교환협정에 따라 프랑스 왕은 원수와 백작의 몸값을 치르겠다고 제안했다. 프랑스 육군원수의 몸값은 5만 리브르였고, 중장[368]의 몸값은 1만5천 리브르였다. 조지 2세의 대신은 전대미문의 구실을 들어 이처럼 간절한 탄원을 교묘히 회피했다. 그는 벨릴 형제를 국사범[369]으로 본다고 선언했다. 그들 형제는 대부분의 유럽 궁정에서 통용되는 규범에 따라 최상의 대접을 받았다. 그 규범은 정치의 부당한 측면과 전쟁의 잔인한 측면을 인도주의의 매력적인 측면을 통해 완화해 준다.

제국 내에서 존경받지 못하고 당시 카를 공에게 쫓기고 있던 프로이센 왕 말고는 후원자도 없는 황제 카를 7세는 헝가리 여왕이 다시 자신을 제국의 수도인 뮌헨에서 내쫓지나 않을까 두려워하고 있었다. 자나깨나 운명의 노리개가 된 것을 슬퍼하다가 더욱 심해진 병세를 감당하지 못한 황제는 마침내 쓰러졌고 47세를 조금 넘긴 나이에 뮌헨에서 죽음을 맞았다.[370] 그는 인간의 최고 권세가 최악의 불행으로 이어질 수 있다는 교훈을 세상에 남겨놓았다. 그는 황제가 된 이후부터 불행해지기 시작했다. 운명보다는 성격이 더욱더 그에게 해를 끼쳤다. 고통스러운 병들의 합병증은 육체의 고통을 통해 정신의 고통을 더욱 격렬하게 만들었고, 결국 그를 죽음으로 인도했다. 그의 지병은 통풍과 요로결석이었다. 허파, 간, 위에는 궤양이 생겼고 신장에는 결석, 심장에는 용종(茸腫)이 있었다. 그가 오래전부터 한순간도 고통 없이 지낼 수 없었다는 것을 알 수 있을 것이다. 그보다 더 자질이 뛰어난 군주는 거의 없었다. 하지만 그 뛰어난 자질이 그저 불행만 가중시킬 뿐이었다. 그 불행은 자신이 감당할 수 없는 중책을 맡은 데서 비롯되었다.

이 불운한 군주의 시신은 고풍스러운 에스파냐식 복장을 하고 전시되었다. 그것은 카를 5세에 의해 확립된 예전(禮典)이었다. 카를 5세 이후로는 어떤 황제도 에스파냐인이 아니었고[371] 카를 7세 역시 에스파냐와는 아무런 관련이 없었지만 말이다. 카를 7세는 제국의 의식에 따라, 그리고 허영과 인간의 나약함을 보여주는 모습으로 매장되었다. 짧은 재위 기간에 하잘것없는 지방 하나도 소유하지 못한 그의 시신 앞에 지구의(地球儀)가 놓였다. 몇 개의 칙서에 의해 그에게 무적(無敵)의 황제라는 칭호가 주어지기까지 했다. 그것은 관습적으로 황제에게 붙는 칭호였으며, 제위에 올랐던 사람의 불행을 더 잘 느끼게 해줄 따름이었다.

전쟁의 원인이 더 이상 존속하지 않으니까 유럽에 평온이 찾아올 수 있을 것이라 생각들을 했다. 17세에 불과한 카를 7세의 아들(막시밀리안 요제프)[372]에게 제국을 물려줄 수는 없었다. 독일에서는 헝가리 여왕이 결국 자신의 부군인 토스카나 대공을 황제 자리에 앉히기 위한 확실한 방법으로 평화를 추구할 것이라는 기대가 퍼졌다. 하지만 헝가리 여왕은 황제 자리와 전쟁을 동시에 원했다. 자금을 대기 때문에 동맹국들을 지배하고 있고 헝가리 여왕, 폴란드 왕, 사르데냐 왕의 돈줄이던 영국 내각은 프랑스와는 조약에 의해 잃을 것이 많은 반면 전쟁을 통해서는 얻을 것이 많다고 생각했다.

전면전은 계속되었다. 이미 시작된 것이기 때문이었다. 전면전의 대상과 원칙이 모두 바뀌었다. 시간이 지나면 성격이 변하는 병처럼 말이다. 1744년 이전에는 열외였던 플랑드르가 전쟁의 주요 무대가 되었고, 독일은 프랑스가 보기에 군사 작전의 대상이라기보다는 오히려 정치의 대상이었다. 여전히 황제를 옹립하려고 했던 프랑스 내각은, 영국인들에게 매수되어 있는 폴란드 왕이자 작센 선제후인 아우구스트 3세를 점찍었다. 하지만 프랑스는 그러한 제안을 할 처지가 못 되었다. 황제 자리는 오스트리아와 헝가리를 소유하지 않은 사람에게는 위험한 자리일 뿐이었다. 프랑스 궁정의 제안은 거부당했다. 작센 선제후는 이처럼 영광스러운 제안을 수용하려 하지 않았고, 영국과 멀어지려 하지 않았으며, 여왕의 기분을 상하게 하려고 하지도 않았다. 그는 황제 자리를 거부한 두 번째 작센 선제후였다.

프랑스로서는 전쟁의 결과로 나오게 될 결정을 기다리는 수밖에 없었다. 전쟁이 결판이 나야만, 너무나 많이 바뀌었고 바뀔 때마다 유럽 전체를 불안에 몰아넣은 수많은 다양한 이해관계가 결정될 것이었다.

바이에른의 신임 선제후 막시밀리안 요제프는 대를 이어 3대 선제후가 되었다. 프랑스는 그를 지지했다. 프랑스는 그의 조부에게 바이에른을 되찾아주었고 그의 부친을 황제로 옹립한 바 있다. 프랑스 왕은 다시 젊은 공자를 지원하기로 했다. 고용된 6000명의 헤센인, 3000명의 팔츠인, 그리고 오래전부터 프랑스군에 소속되어 있는 독일인 13개 대대가 바이에른군에 합류했다. 바에에른군은 여전히 프랑스 왕에 고용되어 있었다.

그 많은 지원이 효과를 얻기 위해서는 바이에른군이 스스로를 지켜야 했지만, 그들은 오스트리아군에 굴복할 운명이었다. 그들이 너무나도 허술하게 국경을 방어했기에 1745년 4월 초가 되자마자 신임 바이에른 선제후는 자신의 부친이 여러 차례 떠나야 했던 수도 뮌헨을 버리지 않을 수 없었다. 그의 가문이 겪은 불행 때문에 결국 바이에른 선제후는 마리아 테레지아에게 도움을 청하고, 프랑스와의 동맹을 포기하며, 다른 나라들과 마찬가지로 영국인들에게서 돈을 받을 수밖에 없었다.

믿고 전쟁을 시작했던 사람들에게서 버림받은 프랑스 왕은 전쟁을 계속할 수밖에 없었지만, 전쟁을 중단시키는 것 이외에 다른 목표를 가질 수 없었다. 인민을 위험에 처하게 하고도 아무런 손해배상을 약속하지 못하는 한심한 상황이었다.

프랑스 왕이 택한 결정은 이탈리아와 독일에서는 수비에 치중하고 플랑드르에서는 공세를 계속하는 것이었다. 예전에 전쟁의 무대였던 플랑드르[373]에는 피에 젖지 않은 들판이 한 곳도 없었다. 마인 강 근처의 프랑스군이 오스트리아군이 프랑스의 동맹 프로이센 왕을 치러 가는 것을 저지했다. 오스트리아군은 프로이센군에 비해 수적으로 상대가 되지 않는 대규모였다. 마유부아 원수는 독일을 떠나 이탈리아로 향했다. 콩티 공은 마인 강 부근의 전쟁을 담당했는데, 그것은 콩티 공의 알프스 전쟁과는 완전히 상반된 전쟁이 된다.

프랑스 왕은 지난해에 중단했던 정복을 완수하러 직접 플랑드르로 가고자 했다. 1745년 2월 왕세자[374]를 에스파냐 왕가의 둘째 딸과 결혼시킨 직후였다. 만 16세가 채 되지 않은 젊은 왕세자[375]는 5월 초에 부친과 함께 출전할 준비를 했다.

15

투르네 공성전. 퐁트누아 전투

삭스 원수는 이미 플랑드르에 군대를 이끌고 와 있었다. 그 군대는 106개 보병대대와 172개 기병대대[376]로 구성되어 있었다. 프랑스 통치 시절[377]의 수도였던 투르네[378]는 포위당했다. 그곳은 가장 견고한 요새였다. 그 도시와 성채 역시 보방 원수[379]의 걸작 가운데 하나였다. 플랑드르에는 루이 14세가 요새를 건설시키지 않은 곳이 거의 없었던 것이다.

네덜란드 공화국[380] 전국신분의회는 투르네가 위험에 처해 있다는 소식을 듣자마자 그 도시를 구하기 위해서는 전쟁의 위험을 감수해야 한다고 결정했다. 이들 공화파는 대단히 신중한 사람들이었음에도 당시 가장 먼저 과감한 결정을 내렸다. 1745년 5월 5일 동맹군은 투르네에서 7리외 떨어진 캉브롱으로 진격했다. 루이 15세는 왕세자와 함께 5월 6일 파리를 출발했다. 국왕 부관(aide de camp)들과 왕세자 시종들이 수행했다.

영국군 20개 보병대대와 26개 기병대대로 구성된 동맹군의 주력부대는 젊은 컴벌랜드 공작이 지휘했다. 공작은 부친 조지 2세와 함께 데팅겐 전투에서 승리를 거둔 적이 있다. 하노버군 5개 보병대대와 16개 기병대대가 영국군에 합류했다. 컴벌랜드 공작과 거의 비슷한 연배에, 이름을 떨치고 싶어 몸이 단 발데크 공[381]이 네덜란드 기병대대 40개와 26개 보병대대를 지휘했다. 동맹군에 오스트리아군은 8개 기병대대밖에 없었다. 오랫동안 영국과 네덜란드의 군대와 자금에 의해 보호를 받아온 플랑드르에서 오스트리아를 위해 전쟁을 하고 있는데도 말이다. 하지만 얼마 되지 않는 이들 오스트리아군 사령관은 노장군 쾨니세크[382]였다. 그는 헝가리에서는 튀르크군에 맞서서 그리고 이탈리아와 독일에서는 프랑스군에 맞서서 군을 지휘한 경험이 있다. 그의 조언이 컴벌랜드 공작과 발데크 공의 열정에 도움이 될 것이 틀림없었다. 동맹군은 5만 5천이 넘었다. 루이 15세는 투르네 전방에 약 1만 8천을 남겨두고 그들을 전쟁터까지 사다리 모양으로 배치해 놓았다. 6000명은 에스코 강[383]의 다리들과 도로를 지키게 했다.

프랑스군은 가장 큰 신뢰를 받는 장군의 지휘를 받고 있었다. 삭스 백작[384]은 독일에서의 현명한 퇴각과 1744년의 네덜란드 원정을 통해 그러한 명성을 쌓았다. 그는 심오한 이론과 실제를 겸비하고 있었다. 주의력, 과묵함, 적절한 때에 작전을 늦출 줄 아는 기술, 신속하게 작전을 실행하는 기술, 통찰력, 수완, 예측력이 그의 재능이라는 것이 모든 장교의 이구동성이었다. 하지만 당시 삭스 백작은 쇠약증으로 기력이 다해서 거의 빈사상태였다. 그는 몸이 몹시 좋지 않은 상태에서 파리를 출발했다. 이 이야기를 쓰고 있는 필자는 그를 출발에 앞서 만났고, 그렇게 쇠약해진 몸으로 어떻게 할 것인지를 묻지 않을 수 없었다. 삭스 원수는 대답했다. "중요한 것은 사는 것이 아니라 출전하는 것이오."

루이 15세는 5월 6일 두에에 도착해서 다음날 에스코 강 부근의 퐁타생(Pontachin)으로 갔다. 투르네의 참호와 지척인 곳이었다. 거기서 그는 전쟁터가 될 곳의 지형을 정찰하러 갔다. 전군이 왕과 왕세자를 보고 환호했다. 동맹군은 마지막 준비를 하면서 10일과 11일 밤을 보냈다. 루이 15세는 교전 전날 그 어느 때보다도 더 쾌활한 모습을 보였다. 프랑스 왕이 직접 참전한 전투들이 화제에 올랐다. 루이 15세는 푸아티에 전투[385] 이래로 아들과 함께 전투에 나선 프랑스 왕이 없었고, 영국군과 싸워 압도적인 승리를 거둔 왕도 없다고 이야기했다. 그래서 자신이 최초로 그런 왕이 되고 싶다고 말했다. 전투 당일[386] 왕은 가장 먼저 기상했다. 그는 새벽 4시에 육군대신 아르장송 백작을 직접 깨웠다. 백작은 즉시 삭스 원수에게 최후의 명령을 물으러 사람을 보냈다. 삭스 원수는 버들가지로 엮은 마차를 타고 있었다. 원수는 그 마차를 침대로 쓰고, 힘이 다해서 말에 오를 수 없을 때에는 자신을 그 마차에 태워 끌고 다니게 했다. 왕과 왕세자는 칼론(Calonne)에서 에스코 강의 다리를 건너갔다. 그들은 노트르담오부아(Notre-dame aux bois) 마을의 재판소 너머에 자리를 잡았다. 다리에서 1000투아즈 떨어진 곳이었고 바로 전쟁터 입구였다.

많은 인원으로 하나의 부대를 이룬 왕과 왕세자의 시종들 뒤로는 온갖 종류의 수많은 인파가 따라왔다. 이날의 결전을 구경하러 온 사람들이었다. 몇몇은 전투 광경을 보기 위해 나무 위까지 올라가기도 했다.

아주 일반적인 지도를 펴놓고 보기만 해도 한눈에 양쪽 군의 배치를 알 수 있었다. 프랑스군 우측으로 에스코 강 가까이에는 앙투앙[387]이 있었다. 왕과 왕세자가 건넌 칼론의 다리에서 900투아즈 떨어진 곳이었다. 앙투앙 너머 거의 동일선상에 퐁트누아(Fontenoy) 마을이 있고, 퐁트누아와 바리 숲이라 불리는 작은 숲 사이에는 폭 450투아즈의 좁은 공간이 있었다. 참호로 둘러싸인 진지처럼 이 숲과 두 마을에는 대포가 배치되어 있었다. 삭스 원수는 앙투앙과 퐁트누아 사이에 보루들을 설치했다. 바리 숲이 끝나는 곳에도 보루들을 설치하여 그 안쪽은 요새가 되었다. 왕이 있는 퐁트누아 마을 인근에서 바리 숲에 이르는 전쟁터의 길이는 500투아즈를 넘지 않았고, 폭은 900투아즈가 채 안 되었다. 그러니까 데팅겐에서처럼 울타리가 쳐진 결투장 같은 곳에서 전투를 벌이려 하고 있었던 것이다. 하지만 데팅겐보다 더 기념할 만한 날이 되었다.

프랑스군 사령관 삭스 원수는 승리와 패배에 모두 대비를 해 놓았다. 대포가 설치된 칼론 다리는 참호들로 보강되었으며 몇 개의 대대가 지키고 있었다. 불행한 일이 일어날 경우 왕과 왕세자의 퇴로로 쓰일 예정이었다. 나머지 군사들은 에스코 강 하류에 놓인 다리들을 통해 투르네 쪽으로 퇴각할 예정이었다.

서로 도움을 주면서 서로 방해가 되지 않는 모든 조치가 취해졌다. 프랑스군에 접근하는 것은 불가능한 것처럼 보였다. 왜냐하면 바리 숲의 보루들과 퐁트누아 마을의 십자포화가 모든 접근을 차단하기 때문이었다. 이러한 대비 이외에도 에스코 강 이쪽으로는 16파운드 포탄을 쓰는 대포 6문도 배치되어 있었다. 앙투앙 마을을 공격하는 적군을 제압하기 위한 것이었다.

아침 6시 쌍방에서 포격이 시작되었다. 퐁트누아 근처에 있던 노아유 원수는, 퐁트누아와 앙투앙 사이의 보루 3개 가운데 첫 번째 보루와 퐁트누아 마을을 연결하기 위해 야간에 설치한 보루에 대해 삭스 원수에게 보고하고 있었다. 노아유 원수는 국익을 위해 사령관직에 대한 욕심을 버리고, 외국인인 데다가 후배인 삭스 원수의 수석 부관을 맡은 것이다.[388] 삭스 원수는 이처럼 넓은 도량의 가치를 잘 알고 있었다. 두 사람처럼 그처럼 견고하게 단결하는 사람들은 결코 본 적이 없었다. 인간의 일반적인 약점으로는 그들 둘을 갈라놓을 수가 없었다.

노아유 원수는 조카인 그라몽 공작과 포옹하고 헤어졌다. 노아유 원수는 왕 곁으로 돌아가고 그라몽 공작은 자기 위치로 가기 위해서였다. 그때 포탄이 날아와 그라몽 공작을 강타했고 공작은 전사했다. 그는 이날 전투의 첫 번째 희생자였다.

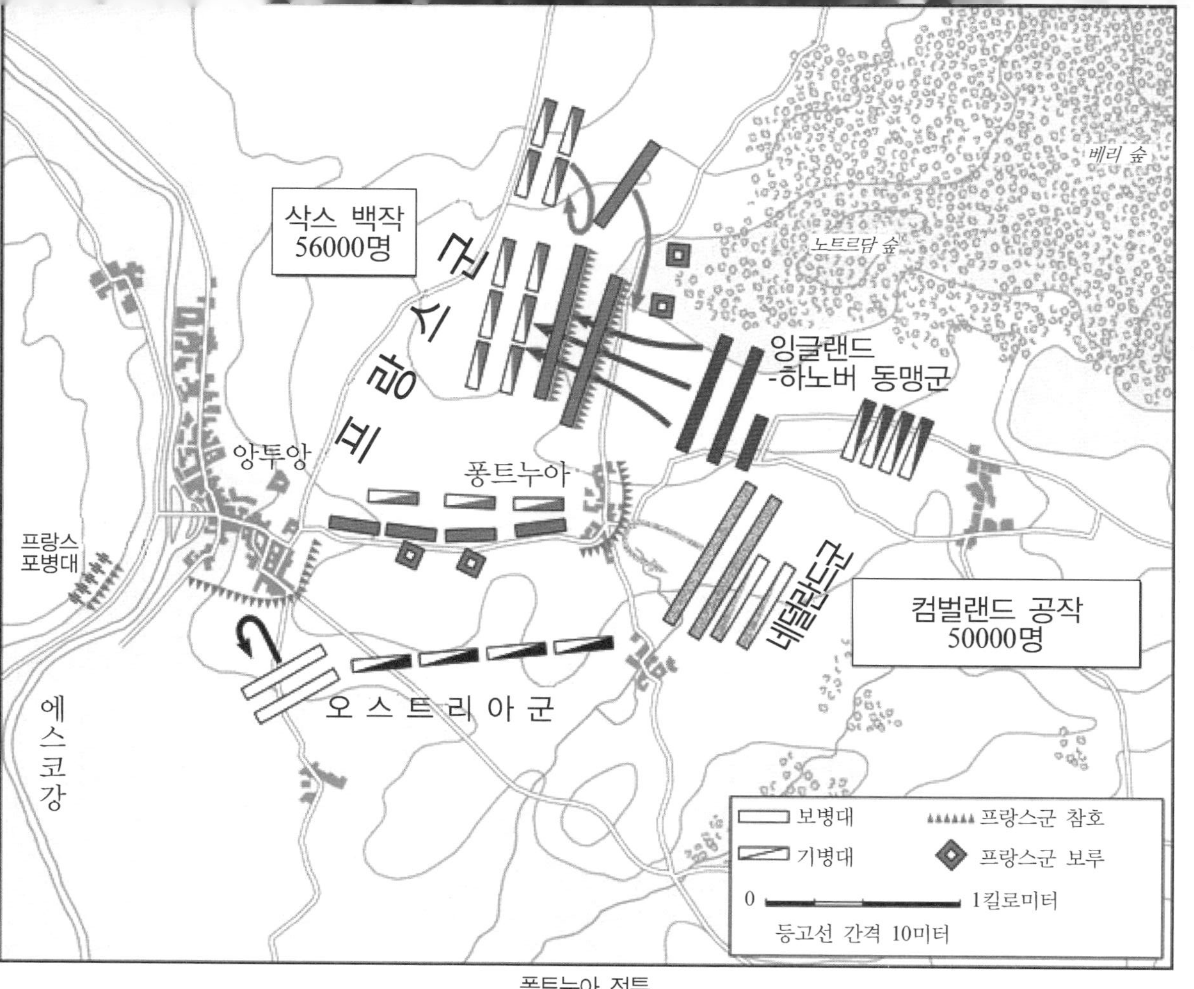
삭스 백작
56000명
프랑스군
베리 숲
노트르담 숲
잉글랜드
-하노버 동맹군
앙투앙
퐁트누아
프랑스
포병대
네덜란드군
컴벌랜드 공작
50000명
오스트리아군
에스코강
보병대
기병대
프랑스군 참호
프랑스군 보루
0
1킬로미터
등고선 간격 10미터

퐁트누아 전투

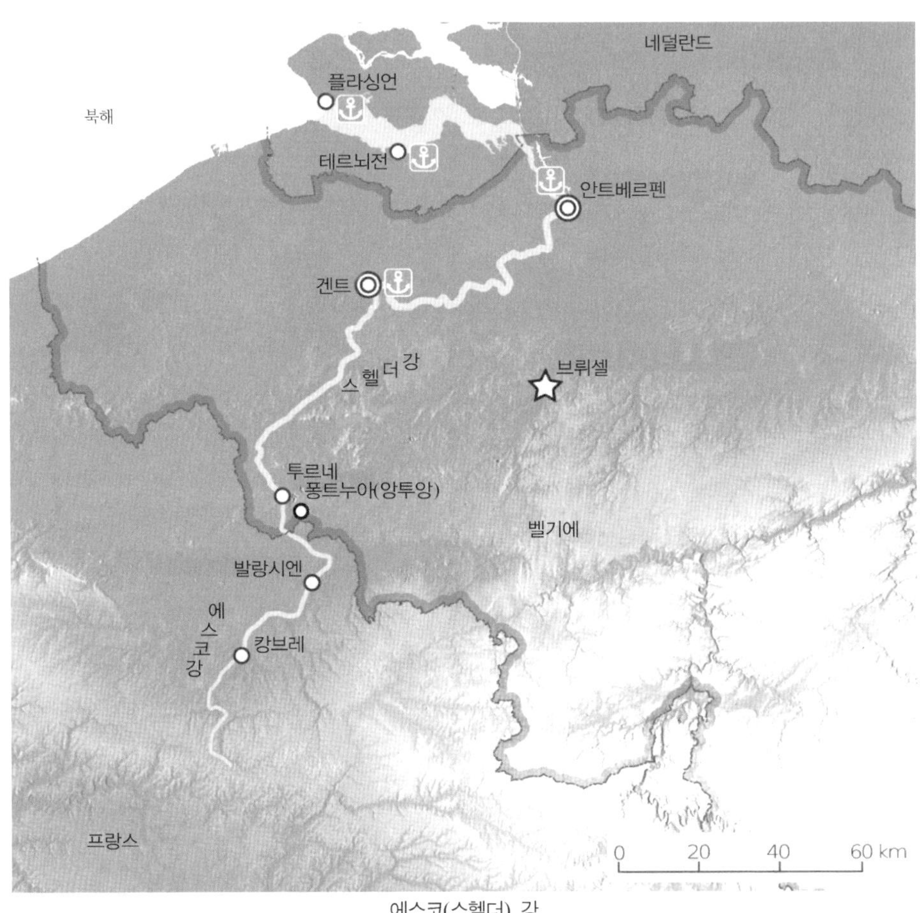

에스코(스헬더) 강

영국군은 퐁트누아를 세 차례 공격했고, 네덜란드군은 앙투앙을 두 차례 공격했다. 네덜란드군의 두 번째 공격에서, 앙투앙의 대포에 의해 네덜란드 1개 기병대대 거의 전체가 목숨을 잃었다. 살아남은 사람은 겨우 15명밖에 되지 않았다. 이때부터 네덜란드군은 더 이상 모습을 드러내지 않았다.

그러자 컴벌랜드 공작은 이날 전투의 승리를 확보해줄 수도 있는 결정을 내렸다. 그는 인골스비(Ingolsby) 소장에게 바리 숲으로 들어가서 퐁트누아와 마주하고 있는 그 숲의 보루까지 침투하여 그것을 탈취하라는 명령을 내렸다. 인골스비는 명령을 수행하기 위해 최정예 부대를 이끌고 진격했다. 그는 바리 숲속에서 프랑스군 1개 대대를 발견했는데, 그것은 그 연대를 창설한 사람의 이름을 따서 '그라생군'[389]이라 불리는 부대였다. '그라생군'은 땅바닥에 누운 채 보루를 넘어 숲속으로 전진하고 있었다. 인골스비는 그 부대가 규모가 크다고 생각했다. 그는 컴벌랜드 공작에게 돌아가서 대포를 요청했다. 시간이 허비된 것이다. 컴벌랜드 공작은 모든 계획을 망쳐버린 이 명령 불복종에 대해 크게 낙담했다. 공작은 나중에 런던에서 군법회의라고 불리는 군사재판을 통해 그 명령 불복종을 처벌하게 만든다.

즉각 컴벌랜드 공작은 이 보루와 퐁트누아 사이를 통과하기로 결정을 내렸다. 가파른 지형에 깊은 계곡을 지나야 했고 퐁트누아와 보루에서의 집중포화를 각오해야 했다. 매우 위험한 시도였다. 하지만 당시에 그로서는 공격을 포기하거나 아니면 그 통행을 감행할 수밖에 없었다.

영국군과 하노버군은 컴벌랜드 공작과 함께 숲속의 좁은 길을 통해 대포를 손으로 끌면서 거의 대열을 흩트리지 않고 전진했다. 공작은 아주 촘촘하게 3개의 전열을 만들었다. 각 전열 당 4열 횡대를 이루어 너비 400투아즈 정도의 지형에 위치한 그들에게 프랑스 포병대가 포격을 퍼부었지만 그들은 포화를 뚫고 계속 전진했다. 좌우측 열의 군사 전부가 죽임을 당했다. 그런 열은 즉시 다른 병사들로 채워졌다. 그들은 퐁트누아를 향해 보루들 앞으로 끌고 가던 대포로 프랑스 포병대에 응사했다. 이러한 상황에서 그들은 6문의 대포를 앞세우고 다른 6문의 대포는 대열 한복판에 둔 채 용감하게 진격했다.

그들과 대적한 것은 프랑스 근위보병 4개 대대였다. 근위보병대 왼쪽에는 스위스 근위보병 2개 대대, 오른쪽에는 쿠르탕 연대[390]가 있었다. 그 뒤에는 오브테르 연대,[391] 더 뒤에는 움푹한 길을 따라 퐁트누아를 둘러싼 국왕연대[392]가 있었다.

프랑스 근위보병대가 위치한 곳에서 영국군이 대열을 이루고 있는 곳까지는 지형이 높았다. 프랑스 근위보병대 장교들은 영국군의 대포를 탈취하러 가야 한다고 서로 말했다. 그들은 척탄병들을 이끌고 영국군이 있는 곳으로 올라갔다가 눈앞의 부대를 발견하고 몹시 놀랐다. 대포와 머스킷의 일제 사격으로 프랑스군 60명이 쓰러졌고, 나머지는 대열로 돌아오지 않을 수 없었다.

그러는 동안 영국군이 접근해왔다. 프랑스 근위보병대, 스위스 근위보병대, 쿠르탕 연대로 구성된 보병대열이 적군에게 다가갔다. 그 오른쪽에는 오브테르 연대 그리고 국왕연대의 1개 대대가 있었다. 양군 사이의 거리는 50보였다. 영국군 선봉은 영국 근위보병 1개 연대, 캠벨 연대, 로열 스코틀랜드 연대였다. 캠벨 장군[393]은 중장, 앨버마를 백작[394]은 소장, 위대한 말버러 공작의 서손(庶孫) 처칠 장군[395]이 준장이었다. 영국군 장교들은 모자를 벗으며 프랑스군에게 인사를 건넸다. 프랑스군의 선두에 나와 있던 샤반 백작(comte de Chabanne)과 비롱 공작 그리고 모든 프랑스 근위보병대 장교가 영국군 장교들의 인사에 답례했다. 영국 근위보병대 대위 찰스 헤이 경[396]이 외쳤다. "프랑스 근위보병대 신사들이여, 먼저 쏘시오."

당시 척탄병 중위였고 나중에 중대장이 된 앙테로슈 백작[397]이 큰소리로 영국군에게 답했다. "신사들이여, 우리는 결코 먼저 쏘지 않을 거요. 당신들이 먼저 쏘시오." 영국군이 연속사격을 했다. 다시 말해서 그들은 대열별로 나누어서 사격을 했다. 4열 횡대의 첫 번째 대열이 사격하고 나면 다음 대열이 사격하고 그 다음 세 번째 대열이 사격할 때 먼저 발포한 대열들은 재장전하는 식이었다. 프랑스 보병은 그런 식으로 사격하지 않았다. 프랑스 보병은 4열 횡대 가운데 한 대열만 사격을 했으며 대열들이 서로 상당히 떨어져 있었고 다른 보병 부대의 지원도 전혀 받지 않았다. 이 단 한 차례의 격돌에서 프랑스 근위보병대 장교 19명이 부상을 입었다. 장교 클리송(Clisson), 랑제(Langey), 라페르(la Peyre)가 목숨을 잃었고 병사 95명이 전사했고 285명이 부상을 당했다. 스위스 근위보병대는 장교 11명과 병사 209명이 부상하고 이 가운데 64명은 사망했다. 쿠르탕 연대에서는 연대장, 부연대장, 장교 4명, 병사 75명이 사망했고 장교 14명, 병사 200명이 중상을 입었다. 첫 번째 대열이 그런 식으로 무너지자 나머지 3개 대열은 뒤를 돌아보았다. 300투아즈 이상 떨어진 곳에 기병대 하나밖에 보이지 않자 병사들이 흩어졌다. 병사들을 버티게 만들어줄 수도 있었을 근위보병연대장이자 수석 중장인 그라몽 공작은 이미 사망했다. 병사들의 패주가 시작된 후에야 차석 중장 뤼토[398]가 도착했다. 영국군은 마치 훈련을 하듯이 느린 걸음으로 전진했다. 대대장들이 지휘봉을 병사들의 총 위에 대고 누르는 모습이 보였다. 병사들이 아래쪽으로 똑바로 사격하게 만들기 위한 것이었다. 영국군이 퐁트누아와 보루 옆으로 우회했다. 3개 전열로 나뉘어 있던 부대가 지형 때문에 압축되어 길게 밀집된 1열 종대가 되었다. 이 종대는 그 거대한 규모만이 아니라 충천한 사기 때문에 더더욱 타격을 입히기가 거의 불가능했다. 이 대열이 오브테르 연대를 향해 나아갔다. 수석 중장이 된 뤼토는 이 위급한 소식을 듣고 퐁트누아에서 서둘러 달려왔다. 퐁트누아에서 중상을 당한 그에게 부관이 응급조치부터 하자고 간청했지만 뤼토는 답했다. “국왕 전하에게 봉사하는 일이 내 목숨보다 더 소중하다네.” 그는 오브테르[399]라는 이름의 연대장이 이끄는 오브테르 연대의 선두에 비롱 공작과 함께 서서 전진했다. 곧 뤼토는 두 발의 총탄을 맞고 치명상을 입었다.

비롱 공작이 타고 있던 말이 죽었다. 오브테르 연대는 많은 병사와 장교를 잃었다. 그러자 비롱 공작은 자신이 지휘하는 국왕연대를 이끌고 영국군 종대의 좌측을 공격하여 그 전진을 멈추게 했다. 영국 근위보병 1개 대대가 대열에서 빠져나와 비롱 공작을 향해 몇 걸음 다가와서 일제 사격을 가해 많은 프랑스군을 살상한 후, 총총걸음으로 돌아가 다시 종대의 선두에 섰다. 영국군 대열은 결코 흐트러지지 않고 계속 천천히 전진하면서, 차례차례 그 앞을 막아서는 프랑스 연대를 모두 격퇴했다.

영국군은 계속 우위를 확보했으며 그 대열은 여전히 촘촘하고 흔들림이 없었다. 상황이 얼마나 위급한지를 침착하게 지켜보던 삭스 원수는 뫼즈 후작(marquis de Meuse)을 왕에게 보내, 왕이 왕세자와 함께 다리를 다시 건너갈 것을 간청한다고 그리고 자신은 혼란을 수습하기 위해 최선을 다할 것이라고 말하게 했다. 왕은 답했다. "오! 물론 짐은 그가 최선을 다하리라는 것을 확신하고 있소. 하지만 짐은 이곳에 머무르겠소."

프랑스 근위보병대와 스위스 근위보병대가 패주한 순간부터 프랑스군은 경악과 혼란에 휩싸였다. 삭스 원수는 기병대에 영국군 대열을 공격하라고 지시했다. 에스트레 백작[400]이 기병대를 이끌고 달려나갔다. 하지만 너무나 단합되어 있고 군기가 탄탄하며 용감한 영국군 보병에 맞선 이 기병대의 노력은 보잘것없었다. 영국군의 줄기찬 연속사격 앞에서 기병대의 분산된 소규모 공격은 아무런 쓸모가 없었다. 하기야 기병대 단독으로는 밀집된 보병부대를 돌파할 수 없다는 점은 누구나 알고 있다. 삭스 원수는 이러한 총격전의 한복판에 있었다. 병 때문에 그에게는 갑옷을 입고 몸을 지탱할 힘이 남아 있지 않았다. 그래서 그는 여러 겹의 태피터 피케[401]로 만든 일종의 방패를 안장 위에 세워서 들고 있었다. 그는 방패를 집어던지고 달려가 두 번째 기병대의 돌격을 지시했다.

참모들도 전원 이 돌격에 가담했다. 참모장(major-général)인 보드뢰유[402]

는 동에 번쩍 서에 번쩍했다. 기병대 부사관(aide maréchal des logis)들인 퓌제귀르(Puiségur), 생 소뵈르(Saint Sauveur), 생 조르주(Saint Georges), 메지에르(Mézière)는 모두 부상을 입었다. 참모장 부관(aide-major-général) 롱고네 백작(comte de Longaunai)은 사망했다. 중장 아셰 기사(chevalier d'Aché)의 발도 이 돌격전에서 부러졌다. 아셰 기사는 곧이어 왕에게 달려가서 자신의 고통을 전혀 내색하지 않은 채 오랫동안 보고한 후 기절했다.

영국군 종대는 전진할수록 그 대열이 더욱 두터워져서 반복되는 수많은 공격으로 입은 지속적인 손실을 바로바로 메울 수 있었다. 영국군은 양쪽 군대의 사상자들 사이로 여전히 촘촘한 대열을 이룬 채 진군했다. 약 1만 4천의 병사들이 마치 한 몸을 이루고 있는 것 같았다.

대단히 많은 수의 기병이 왕이 왕세자와 함께 있는 곳까지 무질서하게 밀려났다. 왕과 왕세자는 그들 사이로 달려드는 도망병 무리 때문에 서로 떨어졌다. 이렇게 혼란스러운 가운데 예비 병력인 근위기병 여단들이 적군을 향해 돌진했다. 쉬지 기사(chevalier de Suzy)와 소므리 기사(chevalier de Saumery)는 치명상을 입었다. 거의 이때쯤 두에에서 기마경찰 4개 대대가 도착했다. 그들은 7리외 행군으로 인한 피로에도 불구하고 적군을 향해 달려들었다.

이 모든 부대는 다른 부대들과 마찬가지로 용맹스러운 영국군의 연속사격을 당했다. 근위기병대 기수인 젊은 슈브리에 백작(comte de Chevrier)이 사망했다. 바로 이날 부대에 배치되었는데 말이다. 발랑티누아 공작(duc de Valentinois)의 아들 모나코 기사(chevalier de Monaco)는 다리에 관통상을 입었다. 뒤게클랭(Du Guesclin)은 중상을 입었다. 총기병들이 돌격했다. 장교 5명이 죽고 21명이 부상을 당했다.

삭스 원수는 극도로 기진맥진한 가운데서도 여전히 말을 타고 평보로 포화 속을 누비고 다녔다. 그는 영국군 대열의 정면 아래를 지나갔다.

바리 숲 근처의 좌측 전선을 자기 눈으로 보기 위해서였다. 그쪽에서도 우측에서와 똑같은 작전이 전개되고 있었다. 프랑스군은 영국군 대열을 흔들어놓으려고 애썼지만 효과가 없었다. 프랑스 연대들이 차례차례로 공격하면 영국군은 사방에서 적을 맞아 싸웠다. 그들은 대포를 적절한 장소에 배치하고 계속 열별로 사격을 했다. 공격을 받으면 연속사격으로 맞섰고 공격이 끝나면 움직이지 않고 더 이상 사격하지 않았다. 몇몇 보병연대가 지휘관의 독자적인 명령에 따라 영국군 대열에 맞섰다. 삭스 원수는 그중 한 연대가 대열이 완전히 무너졌는데도 흐트러지지 않는 것을 보았다. 게르시[403]가 지휘하는 베소 연대[404]라고 했다. 삭스 원수는 외쳤다. "저런 부대가 어떻게 승리하지 못할 수 있단 말인가?"

애노 연대[405]의 피해도 적지 않았다. 연대장은 토스카나 총독인 크라옹 공[406]의 아들[407]이었다. 부친은 토스카나 대공을 섬겼고, 아들들은 프랑스 왕을 섬겼다.[408] 앞날이 촉망되는 이 젊은이는 부대의 선봉에서 죽음을 맞이했다. 부연대장은 그 옆에서 치명상을 입었다. 노르망디 연대[409]가 돌격했다. 그 연대는 애노 연대만큼 많은 장교와 병사가 희생되었다. 노르망디 연대는 부연대장 솔랑시(Solency)가 지휘했다. 왕은 전쟁터에서 그의 용기를 칭찬한 다음 그를 준장에 임명함으로써 보상을 해주었다. 아일랜드 대대[410]들이 영국군 대열의 측면으로 돌진했다. 연대장 딜론[411]이 전사했다. 이처럼 어떤 부대도, 어떤 공격으로도 영국군의 대열을 돌파할 수 없었다. 모든 공격이 일치 협력하여 동시다발적으로 이루어지지 않았기 때문이다.

영국군 대열은 보루 외(Eu)와 퐁트누아를 지나 300보 이상을 전진해왔고, 삭스 원수는 그 대열 정면을 다시 지나쳐 갔다. 그는 퐁트누아가 아직 버티고 있는지를 보러 간 것이다. 퐁트누아의 프랑스 포병대는 남은 포탄이 없어서 영국군의 포탄에 화약으로 대응할 뿐이었다.

포병대 중장 뒤브로카르(Dubrocard)와 여러 명의 장교가 전사했다. 삭스 원수는 우연히 마주친 아르쿠르 공작에게 왕에게 가서 피신하라고 간청하라고 부탁했다. 원수는 앙투앙을 지키고 있는 라마르크 백작[412]에게 피에몬테 연대[413]를 이끌고 그곳에서 나오라는 명령을 보냈다. 어찌할 도리 없이 패배한 것 같았다. 프랑스군은 사방에서 야포들을 거둬들였다. 퐁트누아 마을의 대포도 포탄이 도착했지만 막 보내려는 참이었다. 삭스 원수의 의도는 영국군 대열에 대해 가능한 한 일관되고 집중된 마지막 공격을 하려는 것이었다. 영국군 보병 대열은 여전히 난공불락이었지만 손상을 입었다. 영국군은 자신들이 기병이 없는 채로 프랑스군 한가운데 위치해 있다는 사실에 놀랐다. 그 대열은 움직이지 않았고, 더 이상 명령을 받는 것 같지 않았다. 하지만 그들은 당당했고 전쟁터를 지배하는 것처럼 보였다. 만약 네덜란드군이 퐁트누아와 앙투앙 근처에 있는 보루들 사이를 통과해서 영국군을 지원하러 왔더라면, 프랑스군은 물론이고 왕과 왕세자로서도 어찌할 도리가 없었고 퇴각도 불가능했을 것이다. 최후의 공격이 성공할지는 불확실했다. 승리냐 완패냐가 이 마지막 공격에 달려 있다고 본 삭스 원수는 안전한 퇴각을 준비했다. 그는 라마르크 백작에게 두 번째 명령을 보내 앙투앙에서 철수하여 칼론 다리 쪽으로 오게 했다. 최후의 불행이 닥칠 경우 퇴각을 용이하게 만들기 위해서였다. 그는 훗날 공작이 된 로르주 백작[414]에게 세 번째 명령을 전해서 그를 퇴각작전 책임자로 임명했다. 로르주 백작은 마지못해 복종했다. 그때 프랑스군은 그날 전투의 승리를 단념했다.[■]

■ 행복하고 한가롭게 옛날 역사를 읽는, 즉 아르벨 전투, 자마 전투, 칸 전투, 파르살 전투를 읽는 도시인들은 오늘날의 전투를 거의 이해할 수 없다. 예전에는 근접전을 벌였다. 화살은 전주곡일 뿐이었다. 상대편 대열 속으로 뚫고 들어가는 것이 핵심이었다. 부대의 세력, 지략, 민첩성이 모든 것을 좌우했다. 사람들은 뒤섞여 싸웠다. 하나의 전투는 수많은 개개인의 싸움이었다. 지금보다 덜 시끄러웠고 살육은 더

왕을 둘러싸고 상당히 격렬한 회의가 열렸다. 원수의 지시를 받은 장군들은 프랑스의 이름으로 왕에게 더 이상 위험을 무릅쓰지 말라고 압력을 가했다.

이때 중장이자 국왕 부관으로 복무하고 있는 리슐리외 공작이 도착했다. 그는 퐁트누아 근처의 영국군 대열을 방금 정찰하고 온 터였다. 그는 부상을 입지는 않았으나 전력을 다해 달려왔기에 숨을 헐떡거렸다. 온통 먼지를 뒤집어쓰고 칼을 든 채였다. 노아유 원수가 물었다. "무슨 소식을 갖고 오셨소? 그대는 어떻게 생각하오?" 리슐리외 공작이 대답했다. "제가 가져온 소식은 우리가 원한다면 전투를 이길 수 있다는 것입니다. 제 생각은 적군의 정면을 향해 즉시 4문의 대포를 전진시켜야 한다는 것입니다. 포병대가 적군을 뒤흔드는 동안 궁내부 부대와 다른 부대들이 포위하는 것입니다. 기병대들을 산개시켜 공격해야 합니다." 왕이 제일 먼저 이 의견을 받아들였다.

20명의 인원이 파견되었다. 대포 4문의 조준을 맡은 사람은 훗날 숀느 공작[415]이라 불리게 될 피키니 공작(duc de Picquigny)이었다. 프랑스군은 영국군 정면에 대포 4문을 배치했다. 리슐리외 공작은 왕의 이름으로 궁내부 부대를 진군시키기 위해 전속력으로 달려갔다. 그는 궁내부 부대를 지휘하는 몽테송[416]에게 이 소식을 알렸다. 수비즈 공은 자신이 지휘하는 근위기마경찰대를 집결시켰고, 숀느 공작은 자신이 지휘하는 근위경기병들을 집결시켰다. 모든 배치가 이루어지자 진군이 시작되었다. 근위기마경찰대 4개 대대가 궁내부 부대 우측에서 행군했다. 기마척탄병들은 중대장 그리유[417]의 지휘하에 선봉에 섰다. 쥐밀락[418]이 지휘하는 총

많았다. 오늘날은 도시를 요새화하고 공격하는 방식이 옛날과 다른 만큼이나 전투 방식도 다르다.

사들이 걸음을 재촉했다.

이 중요한 순간에 우측에 있던 외 백작과 비롱 공작은 앙투앙의 부대들이 삭스 원수의 현실적인 명령에 따라 거점을 떠나는 것을 안타깝게 바라보았다. 비롱 공작이 부대원들에게 말했다. "내가 명령 불복종의 책임을 지겠다. 국왕 전하께서도 윤허해주실 것이라 확신한다. 잠시 후면 모든 국면이 바뀌게 될 테니까 말이다. 삭스 원수 각하도 잘했다고 하실 것이라는 점을 내가 보장한다." 이곳에 도착한 원수는 왕의 결심과 부대의 각오를 듣고 금방 수긍했다. 원수는 의견을 바꿔야 할 때는 바꾸는 사람이었다. 그는 피에몬테 연대를 앙투앙으로 돌려보냈다. 그는 온몸이 아픈데도 우측에서 좌측의 아일랜드 여단 쪽으로 달려가면서, 만나는 부대마다 더 이상 무리한 공격을 하지 말고 협력해 행동하라고 당부했다.

중장들인 비롱 공작, 에스트레 백작, 크루아시 후작,[419] 로벤달 백작[420]이 새로운 공격을 지휘했다. 팡티에브르의 5개 기병대대가 크루아시 후작과 그의 아들들을 뒤따랐다. 샤브리앙,[421] 브랑카,[422] 브리온,[423] 오브테르, 쿠르탕 연대는 자신들의 연대장을 따라 돌진했다. 노르망디 연대[424]와 총기병들이 영국군의 첫 번째 열 속으로 뛰어들어 첫 번째 공격에서 전사한 동료들의 원수를 갚았다. 아일랜드 부대가 그들을 도왔다. 영국군 대열은 정면과 좌우 양쪽에서 동시에 공격을 받았다.

7~8분 만에 막강한 영국군 대열의 모든 곳이 뚫렸다. 폰손비 장군,[425] 앨버마를 백작의 동생, 연대장 5명, 근위대 중대장 5명, 대단히 많은 수의 장교가 쓰러져 죽었다. 영국군은 재집결했지만 결국 굴복했다. 그들은 동요 없이 질서 정연하게 전쟁터를 떠났다. 그들은 패했지만 명예는 잃지 않았다.

루이 15세는 모든 연대를 방문했다. 승리의 함성, 국왕 만세 소리, 하늘로 던져 올린 모자, 총탄에 구멍이 뚫린 기병대와 보병부대 깃발, 서로 껴안으며 주고받는 장교들의 축하 인사가 장관을 이루었고 모두가 미친 듯이 기뻐하며 그 모습을 즐겼다. 왕은 침착한 모습이었지만 모든 장군과 모든 부대 지휘관에 대한 만족감과 감사를 표시했다. 왕은 부상자들을 돌봐주고 적군을 자신의 신하처럼 다루라는 명령을 내렸다.

승리의 기쁨을 누리는 가운데 삭스 원수는 왕을 향해 나아가 남아 있는 힘을 모두 짜내어 왕의 무릎을 얼싸안으며 하고 싶은 말을 했다. "전하, 신은 충분히 오래 살았습니다. 신은 오로지 전하의 승리를 보기 위해서 오늘까지 살아있는 것입니다." 그는 덧붙였다. "전투가 무엇에 좌우되는지 전하도 아셨을 겁니다." 왕은 그를 일으켜 세우고 다정스럽게 포옹했다.

왕이 리슐리외 공작에게 말했다. "그대가 내게 준 도움은 결코 잊지 않겠소." 왕은 비롱 공작에게도 똑같은 말을 했다. 삭스 원수는 왕에게 말했다. "전하, 소신의 실수를 고백해야 합니다. 신은 바리 숲과 퐁트누아 숲 사이에 보루를 하나 더 설치했어야 했습니다. 신으로서는 이곳을 감히 통과하려고 할 정도로 용감한 장군들이 있으리라 생각하지 못했던 것입니다."

동맹군은 9000명의 병사를 잃었는데 그 가운데 약 2500명은 포로가 되었다. 동맹군은 프랑스군 포로는 거의 잡지 못했다.

프랑스 보병부대 참모장에게 정확하게 보고된 바에 따르면, 현장에서 전사한 보병 병사와 하사관은 1681명에 불과했다. 부상자는 3282명이었다. 장교는 53명만이 전사했다. 323명은 부상으로 생명이 위독했다. 기병대는 약 1800명을 잃었다.

이 전쟁이 시작된 이후 이 재앙에서 비롯된 고통을 줄이려는 노력을 이번보다 더 공들여 한 적이 없었다. 인접한 모든 도시, 특히 릴(Lille)에는 여러 개의 구호소가 마련되었다. 교회들까지도 그 이름에 어울리게 이러한 용도로 사용되었다. 프랑스인에게도 또 부상당한 포로들에게도 도움뿐만 아니라 편의시설도 부족함이 없었다. 시민들의 열성은 지나칠 정도였다. 각지에서 환자들에게 맛있는 음식들을 끊임없이 가져다주었다. 구호소 의사들이 위험스럽기까지 한 이 과도한 호의에 제동을 걸지 않을 수 없을 정도였다. 구호소들이 너무나 극진하게 돌봐주자 거의 모든 장교는 개인 집보다 그곳에서 치료받고 싶어 했는데, 그러한 일은 이전에는 볼 수 없었던 것이다.

필자는 이 퐁트누아 전투에 대해서 아주 상세하게 기술했다. 그 전투의 중요성 그리고 왕과 왕세자가 겪은 위험에 비추어 그러지 않을 수 없었다. 이 전투는 전쟁의 향방을 결정지었고, 네덜란드 정복을 예고했으며, 불행한 모든 사건을 상쇄시키는 역할을 했다. 또한 이 전투를 영원히 기억할 만한 것으로 만든 것은, 쇠진해서 거의 숨이 넘어가던 장군이 더 이상 움직일 수 없게 되었을 때 승리가 쟁취되었다는 점이다. 삭스 원수가 배치를 잘 했기에 프랑스군 장교들이 승리를 거둔 것이다.▪

▪ 이 전쟁에 대해 상세하긴 하지만 매우 부정확한 역사책이 런던에서 4권으로 출판되었는데, 이 책에서는 프랑스군이 부상당한 포로들에게 아무런 조치도 취하지 않았다고 주장한다는 것을 알리지 않을 수 없다. 또 그 책은 컴벌랜드 공작이 영국군의 상처에서 찾아낸 톱니 모양의 총탄과 유리 조각이 가득 든 궤를 프랑스 왕에게 보냈다고 이야기한다.
이 유치한 이야기를 지어낸 사람은 톱니 모양의 총탄이 독이나 다름없다고 생각하는 모양이다. 하지만 그것은 백색 화약에 대한 것과 마찬가지로 근거가 없는 해묵은 편견이다. 이 역사책은 퐁트누아 전투에서 프랑스군이 1만 9천 명을 잃었고, 프랑스 왕이 현장에 없었고, 프랑스 왕이 칼론 다리를 건너지 않았고, 프랑스 왕이 계속해서 에스코 강 건너편에 머물러 있었다고 주장한다. 마지막으로 파리 고등법원이 이날의 전투에 관한 책을 출판하는 사람들을 투옥하고 추방하며 채찍형에 처하는 판결을 내렸다고 말한다. 너무나 황당무계한 거짓말들이라 논박할 만한 가치도 없다고 본다. 하지만 그처럼 터무니없는 이야기를 지어내어 역사책을 가득 채울 정도로 지식도 양식도 없는 사람이 영국에 있기 때문에, 언젠가는 그런 이야기를 믿는 독자들이 생길 수 있다. 그들이 쉽게 믿지 않도록 알려줄 필요가 있다.

16

퐁트누아 전투 속편

이번 승리만큼이나 주목할 것은, 무엇보다도 왕이 곧바로 헤이그 주재 대사인 라빌 신부(abbé de la Ville)에게 편지를 보내도록 시켰다는 점이다. 정복에 대한 보상으로 자신이 원하는 것은 유럽의 평화밖에 없으며, 강대국 회의에 전권사절을 파견할 용의가 있다는 내용이었다. 편지를 받고 놀란 네덜란드 전국신분의회는 그 제안이 진지하다고 생각하지 않았다. 더 놀라운 것은 헝가리 여왕과 영국인들이 이 제안을 회피했다는 것이다. 슐레지엔에서 프로이센 왕과, 이탈리아에서는 프랑스, 에스파냐, 나폴리 왕국과, 마인 강 부근에서 프랑스군과 동시다발적으로 전쟁을 벌이고 있는 헝가리 여왕으로서는 평화가 필요했기에 먼저 평화조약을 요청해야 할 것 같았다. 하지만 모든 것을 좌지우지하는 영국 궁정은 평화조약을 원하지 않았다. 개개인들과 마찬가지로 궁정을 지배하는 것은 복수심과 편견이었다.

루이 15세는 아주 명석한 장교로 라투르(La Tour)라는 이름을 가진 부행정관[426]을 프로이센 왕에게 보내 승전보를 전하게 했다. 라투르는 저지대 슐레지엔의 오지(奧地), 바티보르(Batibor) 쪽의 협곡에서 프로이센 왕을 만났다. 프리트베르크(Friedberg)라는 마을 근처였다. (1745년 6월 4일) 바로 그곳에서 라투르는 프로이센 왕이 오스트리아군을 맞아 혁혁한 승리를 거두는 모습을 보았다. 프로이센 왕은 동맹인 프랑스 왕에게 통지를 보냈다. "퐁트누아에서 당신에게 진 빚을 프리트베르크에서 갚았소."

프랑스 왕은 퐁트누아의 승리 덕에 많은 이득을 보았다. 투르네 시와 성채는 퐁트누아 전투가 끝난 지 며칠이 되지 않아 항복했다. 삭스 원수는 왕과 함께 겐트(Gent) 정복을 은밀하게 협의했다. 오스트리아령 네덜란드[427]의 수도인 이 도시는 크기에 비해 인구는 적지만 옛 영화의 잔재 덕에 부유하고 번창했다.

1689년 전쟁[428]에서 루부아 후작에게 최고의 명예를 안겨준 군사작전의 하나가 겐트 공성전이었다. 후작이 겐트 공성전을 결심했던 것은 그곳이 적들의 곳간이었기 때문이다. 루이 15세도 똑같은 이유에서 겐트를 장악하려고 했다. 루이 15세는 관행에 따라 부대 이동을 하는 척했다. 브뤼셀 부근으로 철수한 적군을 속이기 위해서였다. 한쪽에서는 실라 자작이, 다른 쪽에서는 로벤달 백작이 동시에 겐트 앞에 도착할 수 있도록 모든 조치를 취한 것이다. 겐트 수비군은 600명밖에 되지 않았다. 주민들은 비록 오스트리아의 지배에 항상 불만을 품어왔지만 프랑스는 적으로 간주했다. 그들은 1689년과는 전혀 달리 직접 군대를 조직했다. 프랑스군 2개 부대의 은밀한 이동은 삭스 원수의 명령에 따라 이루어졌는데, 이 계획은 전쟁에서 흔히 일어나는 사건 하나 때문에 실패할 뻔했다.

영국군은 퐁트누아에서 패하긴 했지만 흩어지지도 않았고 사기가 저하되지도 않았다. 그들은 주둔하고 있던 브뤼셀 근교에서 겐트가 명백한 위험에 처해 있다는 것을 알게 되었다. 영국군은 겐트 시를 방어하기 위해 6천 명의 부대를 진군시켰다. 이 부대는 알스트[429] 제방을 따라 겐트로 나아갔다. 바로 그때 실라는 기병 3개 여단과 노르망디, 크리용,[430]

삭스 원수(1696~1750)

라발[431] 연대로 구성된 보병 2개 여단 그리고 대포 20문과 여러 개의 부교를 이끌고 알스트 제방을 따라 행군 중이었다. 영국군과 프랑스군 사이의 거리는 약 1리외에 불과했다. 포병대는 병사 50명의 호위를 받으며 이미 앞서 나가 있었다. 포병대 전방에는 그라생이 자신이 동원한 경무장 부대원(그라생군) 일부를 거느리고 있었다. 때는 한밤중이었고 사방이 고요했다. 그때 6000명의 영국군이 들이닥쳐 그라생군을 습격했다. 그라생군에는 멜러[432] 수도원 근처의 농가로 피신할 시간밖에 없었다. 이날의 전투는 그 마을의 이름을 딴 것이다.[433] 영국군은 프랑스군은 제방에 있고 포병대는 앞으로 나갔는데 겨우 50명의 병사가 지키고 있다는 것을 알아차렸다. 그들은 그곳으로 달려가서 대포를 탈취했다. 다 틀린 일이었다. 300보 떨어진 곳에 도착한 크리용 후작[434]은 영국군이 대포를 장악하고 자신을 향해 돌려세운 후 점화하려고 하는 것을 보았다. 후작은 동요하지 않고 즉시 결정을 내렸다. 한순간도 지체하지 않고 그는 자기 연대를 이끌고 적군의 측면을 향해 돌진했고, 젊은 라발 후작[435]은 다른 대대를 이끌고 돌진했다. 그들은 대포를 되찾았다. 그들은 적의 공격을 견뎌냈다. 크리용과 라발 두 후작이 영국군을 저지하는 동안, 수도원 근처에 있던 노르망디 연대는 겨우 1개 중대로 영국군에 맞섰다.

노르망디 연대 2개 대대가 서둘러 달려왔다. 젊은 페리고르 백작[436]이 연대장이었다. 그는 한때 군주였던 가문 출신으로 투르네 앞에서 불행하게 전사한 탈레랑 후작[437]의 아들이다. 그는 아버지가 이끌던 노르망디 연대를 17세의 나이에 물려받았다. 페리고르 백작은 척탄병 중대의 선봉에서 제일 먼저 돌격했다. 그의 공격을 받은 영국군 대대는 무기를 버리고 투항했다.

실라와 수브레[438]가 곧 기병대를 이끌고 제방에 나타났다. 영국군은 사방에서 공격을 당했지만 여전히 맞서 싸웠다. 그라빌 백작[439]이 부상을 당했다. 결국 영국군은 완패하고 도주했다. 노르망디 연대 중대장 아쟁쿠르(Azincourt)는 겨우 40명의 병사로 리치 연대 부연대장을 포로로 잡았다. 중대장 8명과 병사 280명이 무기를 던지고 아쟁쿠르에게 항복했다. 영국군은 자신들이 40명의 프랑스군에 항복했다는 것을 알았을 때 이루 말할 수 없이 놀랐다. 아쟁쿠르는 칼끝을 영국군 부연대장의 가슴에 겨누고서 만일 조금이라도 부하들이 저항하면 그를 죽이겠다고 위협하며 포로들을 그라빌에게 데리고 갔다.

노르망디 연대의 다른 중대장 몽탈랑베르(Montalambert)는 병사 50명으로 영국군 150명을 사로잡았다. 전투가 끝나갈 무렵, 국왕기병연대[440] 중대장 생소뵈르(Saint-Sauveur)는 비슷한 수의 병사를 이끌고 적군 3개 기병대대를 패주시켰다. 이 전투의 승리는 프랑스군의 명예를 한껏 드높였고 적들을 극도로 경악하게 만들었다. 이날 전투의 특징은 퐁트누아 전투의 승리와 마찬가지로, 프랑스 장교들의 능력과 용기에 의해 모든 것이 이루어졌다는 것이다.

프랑스군은 삭스 원수가 지정한 시각에 맞춰 겐트 앞에 도착했다(7월 11일). 그들은 무기를 들고 입성했지만 약탈은 하지 않았다. 프랑스군은 성채 수비대를 포로로 잡았다(7월 15일).

겐트 함락으로 얻은 커다란 이득은 동맹군이 겐트에 보관해둔 막대한 양의 군수품과 식료품, 말먹이, 무기, 피복을 확보한 것이었다. 왕이 보기엔 영광스러운 전쟁이지만 다른 면에서 보면 그처럼 불행한 전쟁에 들인 비용에 대한 배상치고는 미약했다.

겐트 성채를 점령하는 동안, 다른 프랑스 부대는 아우데나르더(Oudenaarde)를 공격했다. 로벤달이 아우데나르더 앞의 참호를 격파하던 그 날 수브레 후작은 브뤼허(Brugge)를 점령했다. 아우데나르더는 3일간의 참호전 끝에 항복했다(7월 29일).

프랑스 왕은 아우데나르더를 장악하자마자 동시에 두 개의 도시를 공격하게 했다. 아르쿠르 공작은 수문 조작 때문에 홍수가 났는데도 이틀간의 참호전 끝에 덴데르몬더(Dendermonde)를 점령했다. 로벤달 백작은 오스텐더(Oostende)를 포위했다.

역사적으로 오스텐더는 공략하기가 가장 어렵다는 평가를 받는 도시이다. 이 도시의 요새 지도를 지난 세기 초의 지도와 비교해보았다. 오스텐더는 그 당시의 요새로 3년 3개월을 버티다가 스피놀라[441]에 의해 점령되었다. 사실 스피놀라는 그 정도의 요새는 보름 만에 정복했어야 했다. 그 이후 요새는 크게 보강되었으므로 이제는 로벤달이 3년 걸릴 것 같았다. 오스트리아군 중장 샹클로(Chanclos)가 4천 명의 수비대로 지키고 있었다. 그 절반은 영국군이었다. 하지만 두려움과 사기 저하가 확산되자 샹클로 총독은 항복했다(9월 3일). 최고 기술자라 할 만하고 훌륭한 장교이자 꼭 필요한 시민인 에루빌 후작[442]이 모래언덕 쪽의 차폐통로(chemin couvert)를 장악한 직후였다.

(8월 25일) 오스텐더를 지원하러 와서 포위군을 포격하던 영국 함대는 오스텐더가 점령당하는 것을 지켜볼 수밖에 없었다. 오스텐더가 함락되자 영국 정부와 네덜란드 정부는 아연실색했다. 프랑스군이 니우포르트(Nieuwpoort)만 점령하면 플랑드르 백작령[443] 전체를 장악하게 된다. 루이 15세는 니우포르트를 포위하라고 명령했다.

이러한 정세 속에서 런던 내각은 영국에 있는 프랑스인 포로보다 프랑스에 있는 영국인 포로가 더 많다는 것을 생각했다. 벨릴 원수와 그 동생의 체포 이후 모든 포로교환협정이 중단된 상태였다. 국제법을 무시하고 두 장군을 붙잡아두고 있던 영국은 몸값을 받지 않고 그들을 돌려보냈다. 사실 그들이 국사범이라고 공포한 마당에 몸값을 요구할 방법이 없었고, 영국의 관심사는 포로교환협정을 재개하는 것이기 때문이었다.

그 사이에 루이 15세는 파리를 향해 출발해서 1745년 9월 7일 도착했다. 지난해 그가 받은 환영은 대단했다. 이번에도 마찬가지였다. 퐁트누아의 승리, 멜러의 승리, 그리고 플랑드르 백작령 정복을 축하해야 했다.

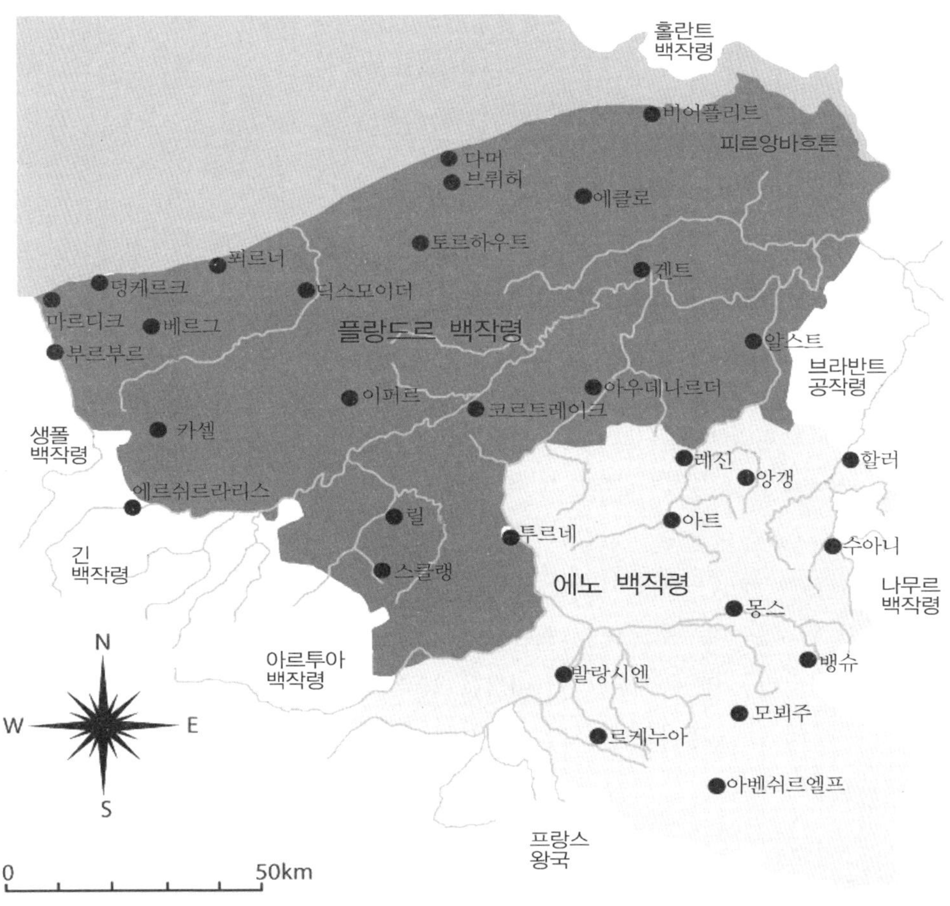

플랑드르 백작령과 에노 백작령

17

독일의 상황. 신성로마제국 황제로 선출된 토스카나 대공 로트링겐의 프란츠. 프로이센 왕 프리드리히 2세에게 패한 오스트리아와 작센 연합군. 드레스덴 점령

네덜란드에서는 루이 15세의 승승장구가 계속되었다. 군대의 우위, 온갖 종류의 편리한 교통, 동맹군의 궤주와 사기 저하, 동맹군의 협력 부족, 그리고 무엇보다 삭스 원수의 능력이 크게 기여했다. 삭스 원수는 건강을 회복한 후 그 어느 때보다도 더 정력적으로 움직였다. 이 모든 것이 루이 15세의 정복이라는 일련의 중단 없는 성공을 만들어냈다. 그것은 유례가 없는 일이었다. 이탈리아에서는 모든 것이 돈 펠리페에게 유리하게 전개되었다. 뒤에서 이야기하겠지만, 영국에서 일어난 뜻밖의 반란은 조지 2세의 왕좌를 위협하고 있었다. 하지만 헝가리 여왕은 또 하나의 영광과 만족을 얻었다. 피 한 방울도 흘리지 않고 최우선적이고 가장 소중한 목적을 달성한 것이다. 여왕은 카를 7세가 살아 있을 때에도, 자기 부군을 황제 자리에 앉히려는 희망을 버린 적이 없었다. 카를 7세가 사망한 후에는, 프로이센 왕과의 전쟁에도 불구하고, 또 프랑크푸르트에서 멀지 않은 곳에 위치한 프랑스군이 황제 선거를 방해할 수 있는데도 불구하고, 그 희망이 이루어진 것이나 다름없다고 생각했다. 프랑스군은 처음에 마유부아 원수가 지휘하다가 1745년 5월 초 콩티 공 휘하로 넘어갔다. 하지만 2만 명의 병사가 퐁트누아 전투를 위해 차출되는 바람에 콩티 공은, 독일의 이 지역에서 헝가리 여왕이 보유하는 부대들의 결집을 막을 수가 없었다. 여왕의 부대들이 프랑크푸르트를 지키고 황제 선출은 평화 시와 마찬가지로 이루어졌다.

그렇게 프랑스는 오스트리아 왕가에서 제위(帝位)를 빼앗는다는 전쟁의 핵심 목표를 상실했다. 1745년 9월 13일 선거가 실시되었다. 프로이센 왕[444]은 사절들을 통해 선거가 무효라고 주장하게 만들었다. 오스트리아군에 의해 영토가 유린당한 팔츠 선제후 역시 이의를 제기했다. 프로이센 왕과 팔츠 선제후의 선거 사절들은 프랑크푸르트에서 철수했다. 그럼에도 선거는 정상적으로 이루어졌다. 금인칙서[445]에 이렇게 쓰여 있기 때문이다. "만일 선제후나 선제후의 사절이 로마인의 왕, 미래의 황제가 선출되기 전에 선거 장소에서 철수한다면, 그들은 권리를 포기한 것으로 간주되어 투표권을 상실하게 된다."

황후가 된 헝가리 여왕은 자신의 승리와 부군의 대관식을 즐기러 프랑크푸르트에 왔다. 그녀는 발코니에서 황제[446]의 입장식을 보았다. 그녀가 먼저 '만세'를 외치자 모두가 기쁨과 애정을 담은 환호로 화답했다. (10월 4일) 이날은 그녀 생애에서 가장 아름다운 날이었다. 이어서 그녀는 하이델베르크 근처에 전투 대형으로 정렬한 6만에 달하는 군대를 사열하러 갔다. 그녀의 부군인 황제가 무장을 한 채로 군대의 선두에서 그녀를 맞이했다. 여왕은 대열 사이를 지나면서 모든 병사에게 인사했고 천막에서 식사를 했으며 병사 한 사람에게 금화 1플로린[447]씩을 나눠주게 했다.

행복한 일들이 도처의 불행에 의해 흔들리게 되는 것이 이 여왕의 운명이었고 그래서 그녀의 통치는 계속 방해를 받았다. 카를 7세는 황제로 즉위하는 동안에 바이에른을 상실했고, 헝가리 여왕은 부군 프란츠 1세의 대관식을 준비하는 동안 전투에서 패했다. (10월 1일) 프로이센 왕은 소르(Sore)의 엘베 강 발원지 부근에서 다시 한 번 승리를 거두었다.

한 국민이 지속적으로 우위를 견지하는 시대가 있는 법이다. 칼 12세 치하의 스웨덴 국민이 그러했다. 영국 국민은 말버러 공작 시절에 그러했다. 프랑스 국민은 루이 15세와 삭스 원수가 정복한 플랑드르에서 그러했다. 프로이센 국민의 경우엔 프리드리히 2세 치하에서 그러했다. 부친의 황제 자리에 남편을 즉위시키는 동안 황후는 플랑드르를 잃었고 독일에서는 프로이센 왕 때문에 전전긍긍하게 되었다.

네덜란드와 이탈리아에서 승리를 거둔 프랑스 왕이 계속해서 평화 조약을 제안하던 바로 이때, 역시 승리를 구가하던 프로이센 왕도 러시아 여제 옐리자베타[448]에게 중재를 요청했다. 승자들이 먼저 화평을 제안하는 것은 전례가 없었기에 놀라운 일일 수도 있다. 하지만 오늘날 지나치게 자신만만한 것은 위험한 일이다. 강대국 하나가 선동을 하게 되면 유럽의 모든 강대국이 조만간 전쟁을 벌이게 된다. 수많은 군대가 지원하는 동맹과 반동맹이 생겨나는 것이다. 쟁취한 지역을 시운(時運) 덕에 보존할 수 있는 것은 대단한 일이다.

이런 와중에 예기치 못했고 전례가 없던 중재안이 나왔다. 오스만튀르크 술탄[449]의 제안이었다. 술탄의 총리대신은 전쟁 중이던 모든 기독교 국가 궁정에 편지를 보내 유혈분쟁 중단을 권고하고 술탄의 중재를 제안했다. 그 제안이 받아들여지지는 않았다. 하지만 그 제안은 이해관계에 따라 전쟁을 시작했다가 고집스럽게 전쟁을 지속하고 오직 필요에 의해서만 전쟁을 끝내는 많은 기독교 강대국으로 하여금 반성하게 만드는 데는 기여했다. 오스만튀르크 술탄의 이 중재는 1739년 프랑스 왕이 주

신성로마제국 황제 프란츠 1세(1708~1765)

선한 독일 황제 카를 6세와 오스만튀르크 궁정 사이의 평화조약[450]에 대한 보답이었다.

프로이센 왕은 평화조약을 맺고 슐레지엔을 지키기 위해 다른 방식에 의존했다. 그의 군대는 드레스덴 성문에서 오스트리아군과 작센군을 완파했다. 그 결정적인 승리를 거둔 것은 늙은 안할트 공[451]이었다. 50년간 전쟁을 치러온 그는 1706년 토리노 공성전[452]에서 제일 먼저 프랑스군 참호 안으로 돌진한 것으로 유명하다. 그는 보병을 지휘한 유럽 최초의 장교로 간주되었다. 그날 하루[453]는 군인으로서의 그의 영광에 정점을 찍은 마지막 날이었다. 오로지 전투만을 생각한 그는 군사적인 영광 외에는 관심이 없었다.

여러 방면에서 능란한 프로이센 왕은 작센 선제후국의 수도 드레스덴 시를 사방에서 포위했다. 그는 보병 10개 대대와 10개 기병대대를 이끌고 드레스덴에 입성했다. 그는 3개 민병 연대로 구성된 수비대를 무장해제하고 궁전으로 가서 그곳에 머물고 있는, 폴란드 왕 아우구스트 3세[454]의 자녀인 왕자 2명과 공주 3명을 만났다. 프로이센 왕은 그들을 포옹했고, 그 시대에 가장 예의 바른 사람에게서나 기대할 수 있을 것 같은 친절을 베풀었다. 그는 문을 닫은 상점을 전부 열게 했고, 모든 외국 대사에게 저녁을 대접했으며, 이탈리아 오페라를 공연하게 했다. 드레스덴이 정복자의 지배하에 있다는 사실을 깨닫지 못할 정도였다. 드레스덴 점령은 그가 그곳에서 베푼 축제들로 공지되었다.

가장 이해할 수 없는 점은, 12월 18일 드레스덴에 입성한 그가 25일 오스트리아 및 작센과 평화조약[455]을 체결한 다음에 모든 짐을 프랑스 왕에게 떠넘겼다는 것이다.

마리아 테레지아는 이 두 번째 평화조약에 의해 어쩔 수 없이 슐레지엔을 또다시 포기했다.[456] 프리드리히 2세는 황제 프란츠 1세를 인정하는 것 외에 여왕에게 어떤 이득도 주지 않았다. 평화조약의 당사자인 팔츠 선제후도 황제를 인정했다. 작센 선제후인 폴란드 왕은 비용이 100만 독일 에퀴[457]밖에 들지 않았다. 그 금액을 지불기일까지 이자와 함께 정복자에게 주어야 했다.

(1745년 12월 28일) 프로이센 왕은 베를린으로 귀환해서 평화롭게 승

프로이센 왕 프리드리히 2세(1712~1786)

리의 결실을 맛보았다. 그는 개선문 아래를 지나며 환영을 받았다. 시민들은 그가 가는 길에 전나무 가지들을 던지면서 '프리드리히 대왕 만세'를 외쳤다. 전쟁과 조약에서 운이 따른 이 군주는 자신의 나라에서 법과 예술을 꽃피우게 하는 데에 전념했다. 그는 소란스러운 전쟁에서 일거에 철학적인 은둔 생활로 돌아섰다. 이것이 그의 본바탕이었다. 이런 면에서 그는 스웨덴의 칼 12세보다 훨씬 더 독특한 인물이었다. 프리드리히 2세는 칼 12세를 위대한 인물로 보지 않았다. 그저 영웅에 불과하다고 여겼다. 필자는 프로이센 왕의 승전을 상술하지 않았다. 그가 직접 기술했기 때문이다. 카이사르가 자신의 정복기를 직접 썼듯이 말이다.

프랑스 왕은 프로이센 왕의 긴요한 지원을 또다시 받지 못하게 되었지만 그럼에도 정복전을 계속했다. 프랑스 왕가로서는 전쟁의 목표가 헝가리 여왕이 플랑드르에서의 패배 때문에 이탈리아 전투를 포기하게 만들고, 네덜란드 전국신분의회가 예전처럼 저항을 포기하게 만드는 것이었다.

헝가리 여왕의 목표는 프로이센 왕이 자신에게서 빼앗아간 것에 대한 보상을 프랑스에서 받는 것이었다. 영국 궁정은 이 목표가 불가능하다고 판단했지만 헝가리 여왕은 이것에 집착했다. 모든 사람이 눈이 멀 때가 있는 법이다. 프란츠 1세가 신성로마제국 황제로 즉위하자 제국 전체가 프랑스에 맞서 무기를 들기로 결정할 것이라는 희망이 생겨났던 것이다. 빈 궁정은 제국을 전쟁에 끌어들이기 위해 모든 수단을 동원했다. 신성로마제국은 이 전란이 시작될 때 이탈리아 전체가 중립을 지켰던 것처럼 계속해서 중립을 지켰다. 하지만 독일인들의 마음은 모두 마리아 테레지아를 지지했다.

18

오스트리아령 네덜란드[458] 정복 속편. 리에주 또는 로쿠(Rocoux) 전투

오스텐더 점령 후 파리로 출발한 프랑스 왕은 도중에, 니우포르트가 항복하고 그 수비대가 전쟁포로가 되었다는 소식을 들었다(1745년 9월 5일). 곧이어 클레르몽 갈랑드 백작[459]이 아트(Ath) 시를 점령했다(10월 8일). 삭스 원수는 겨울이 시작되자 브뤼셀을 포위했다(1746년 1월 29일). 알다시피 브뤼셀은 브라반트의 수도이며 오스트리아령 네덜란드 총독의 거주지이다. 당시 브뤼셀에는 수석대신이고, 총독 카를 공[460]을 대신하여 사령관이 된 카우니츠 백작[461]이 있었다. 중장 라누아 백작[462]은 부총독이고, 네덜란드군은 판데르두인(Vanderduin) 장군이 18개 대대와 7개 기병대대를 지휘하고 있었다. 오스트리아 군대는 용기병 150명과 그만큼의 경기병밖에 없었다. 마리아 테레지아 황후는 국방을 네덜란드군과 영국군에 의지하고 있었으며, 이들이 플랑드르에서의 전쟁을 전담하고 있었다. 포위당한 브뤼셀 안에는 육군원수 로스리오스,[463] 보병 장군과 기병 장군인 두 명의 리뉴 공,[464] 오스텐더를 내어주었던 샹클로 장군, 5명의 오스트리아 중장이 수많은 귀족과 함께 있었다. 브뤼셀의 헝가리 여왕군에는 병사보다 장교가 훨씬 더 많았던 것이다.

적군의 패잔병들은 발데크 공 지휘하에 메헬렌(Mechelen) 근처에 있어서 브뤼셀 공성전에 도움을 줄 수 없었다. 삭스 원수는 갑자기 프랑스군을 4열 종대로 만들어 4개의 다른 길로 행군하게 지시했다. 프랑스군이 이 공성전에서 잃은 고위 인사는 베소 연대[465] 연대장 오브테르 기사[466] 밖에 없었다. 적군의 장군들 전원을 포함한 수비대가 포로가 되었다(2월 21일). 프랑스군은 수석대신을 사로잡을 수도 있었다. 하노버군이 벨릴 원수를 체포할 권리가 있었던 것 이상의 권리가 프랑스군에는 있었다. 프랑스군은 또한 전국신분의회 의장을 사로잡을 수도 있었다. 하지만 그들은 카우니츠 백작과 네덜란드 대신을 놓아주었을 뿐만 아니라 그들의 재산과 수행원들을 특별히 신경 써서 돌보아주었다. 그들에게는 호송대가 지원되었다. 프랑스군은 카를 공에게 브뤼셀에서 거느리던 시종과 마차 전부를 보내주었다. 프랑스군은 포로들이 교환될 때 그들이 쓰던 무기를 돌려받을 수 있도록 모든 무기를 창고에 보관하게 했다.

네덜란드에 비해 훨씬 더 우세했고, 네덜란드군 3만 명 이상을 전쟁포로로 잡고 있는 프랑스 왕은 계속해서 이 공화국을 우대해 주었다. 네덜란드 전국신분의회는 몹시 난감한 상태였다. 그들에게 폭풍우가 다가오고 있었지만 무력함만 절감했다. 행정부는 평화조약을 원했다. 하지만 네덜란드에 영국인 총독을 보내려고 안간힘을 쓰고 네덜란드인들의 지지를 받고 있던 친 영국파는 전쟁을 해야 한다고 계속 목소리를 높였다. 그렇게 분열된 전국신분의회는 아무런 원칙 없이 움직였고 이는 그들의 혼란상을 잘 반영하고 있었다.

프랑스 왕이 120개 대대와 190개 기병대대를 거느리고 몸소 안트베르펜으로 원정을 나섰다는 것을 알게 된 네덜란드 공화국에서는 혼란과 분열이 극심해졌다. 과거 네덜란드 공화국이 무력으로 수립되었을 때,

공화국은 유럽 최고의 상업도시 안트베르펜의 위용을 철저히 파괴했다. 공화국은 안트베르펜의 스헬더 강 통행을 금지했고 그 이후로도 계속해서 안트베르펜의 몰락을 심화시켰다. 전국신분의회가 오스트리아 왕실과 동맹을 맺은 후에는 특히 더 그랬다. 황제 레오폴트 1세도 카를 6세도 카를 6세의 딸 마리아 테레지아 황후도 안트베르펜 출입세를 징수하는 감시선 외에 다른 배들을 스헬더 강에 띄우지 않았다. 그러나 전국신분의회가 그 정도로 안트베르펜을 억압하고 이 도시 상인들이 그로 인해 고통을 겪었지만, 네덜란드 공화국은 안트베르펜을 국가의 방벽으로 여겼다. (1746년 3월 15일) 프랑스군은 순식간에 이 방벽을 탈취했다.[467]

콩티 공은 휘하에 별도 군단이 있었다. (7월 10일) 그는 그 군단을 거느리고 오스트리아령 에노[468]의 수도인 몽스(Mons)를 포위했다. 몽스를 지키던 12개 대대는 전쟁포로 수만 늘려주었다. 그 수비대의 절반은 네덜란드군이었다. 오스트리아는 그처럼 많은 지역을 잃은 적이 없었고, 네덜란드는 그처럼 많은 병사를 잃은 적이 없었다. 생길랭(Saint-Guillain)도 똑같은 운명을 겪었다(7월 24일). 샤를루아(Charleroi)도 거의 비슷했다. (8월 2일) 콩티 공의 군대는 단 이틀간의 참호전 끝에 이 저지대 도시 안으로 돌진했다. 훗날 원수가 된 라파르 후작[469]은 저항한 모든 도시를 점령할 때와 똑같은 조건으로, 다시 말해 수비대를 포로로 삼는다는 조건으로 샤를루아에 입성했다. 프랑스군의 원대한 목표는 네덜란드 공화국을 편안하게 지배할 수 있도록 마스트리흐트(Maastricht)로 가는 것이었다. 하지만 후방에 후환을 남기지 않기 위해서는 나무르(Namur)라는 중요한 도시를 공략해야 했다. 당시 오스트리아군을 지휘하던 카를 공은 이 공격을 막기 위해 최선을 다했으나 수포로 돌아갔다. 나무르는 상브르 강(la Sambre)과 뫼즈 강(la Meuse)의 합류지점에 위치하고 그 성채는 깎아지른 암벽 위로 솟아 있을 뿐만 아니라, 인근 바위산 꼭대기에 요새 12개가 추가로 건설되어 있어서 공격이 거의 불가능한 것처럼 보인다. 자연 장벽으로 이루어진 철옹성인 것이다. 황후를 대리하는 총독은 가브르 공[470]이었다. 하지만 나무르를 수비하는 네덜란드군은 그에게 복종하지도 않았고 그를 존경하지도 않았다. 나무르 인근은 뤽상부르 원수,[471] 부플레르 원수,[472] 윌리엄 3세[473]의 야영과 행군으로 유명했지만 이제 그에 못지않게 삭스 원수의 작전으로도 유명하게 된다. 삭스 원수는 카를 공이 떠나지 않을 수 없게 만든 다음 편안하게 나무르 공성전을 시작했다.

(9월 5일) 클레르몽 공이 나무르 공성전[474]의 책임을 맡았다. 관건은 12개의 요새를 탈취하는 것이었다. 클레르몽 공은 여러 개의 요새를 동시에 공격해 모두 빼앗아 버렸다. 참모장 부관 브륄라르(Brulart)는 탈취한 요새에 척탄병 다음으로 공병을 배치하면서 그들이 작업을 앞당기면 급여를 두 배로 지급하겠다고 약속했다. 공병은 요구받은 것보다 더 빨리 작업을 끝냈지만 두 배의 급여는 사양했다.

이 공성전을 포함한 모든 공성전에서 진행된 독특한 작전들을 나는 상세히 기술할 수 없다. 전쟁에서 장교와 사병들이 목격자들을 경탄하게 만드는 무훈을 세우지만 곧이어 영원히 망각에 파묻히는 경우가 대부분이다. 장군, 공, 군주가 그런 무훈을 세웠더라면 후대가 영원히 기억할 것이다. 어쨌든 이러한 군사적 위업이 많으면 그 자체로 피해를 끼친다. 중심 사건들만 사람들의 기억에 남기 때문이다.

하지만 부행정관 로네(Launai), 샹파뉴 연대[475] 대위 아메르(Amère), 포병 장교 포트라 기사[476] 그리고 단신으로 참호에 뛰어들어 수비대 전체의 무기를 내려놓게 만든 샹파뉴 연대의 젊은 포르투갈 장교 클라무즈(Clamouze)의 무훈에 대해서는 어떻게 침묵할 수 있겠는가? 겨우 4명의 장교가 대낮에 발라르(Ballard) 요새를 탈취한 것이다.

(1746년 9월 19일) 나무르 앞에 참호를 판 것이 9월 10일이었고, 이

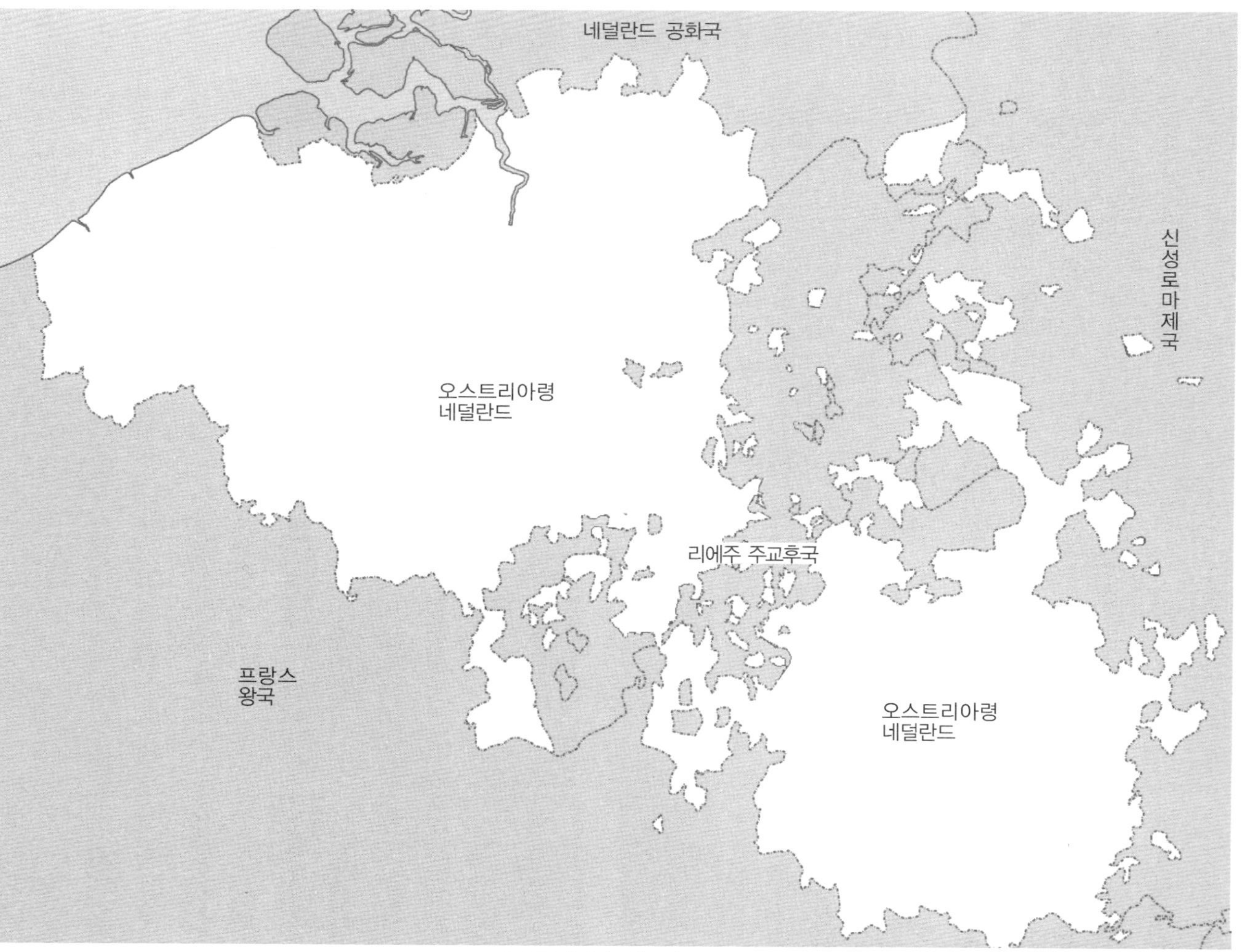
네덜란드 공화국
신성로마제국
오스트리아령
네덜란드
리에주 주교후국
프랑스
왕국
오스트리아령
네덜란드

도시는 19일 항복했다. 수비대는 성채와 몇몇 성 안으로 퇴각하지 않을 수 없었다. 11일 후인 9월 30일 수비대는 완전히 항복하고 전원이 전쟁 포로가 되었다. 12개 대대로 이루어진 수비대의 10개 대대가 네덜란드군이었다.

나무르 점령 이후 남은 일은 동맹군을 패주시키거나 쳐부수는 것밖에 없었다. 동맹군은 마스트리흐트를 우측에, 리에주(Liège)를 좌측에 두고 뫼즈 강 이쪽에서 야영하고 있었다. 양측은 서로를 탐색하며 며칠 동안 소규모 교전을 했다. 양쪽 군대 사이에는 모래톱이 경계를 이루고 있었다. 삭스 원수는 전투를 개시할 생각이었다. 그는 10월 11일 새벽 동이 틀 때 10열 종대로 적군을 향해 진군을 시켰다. 리에주 외곽에서는 원형경기장에서 보는 것처럼 양쪽 군대가 보였다. 프랑스군은 12만, 동맹군은 8만이었다. 적군은 리에주에서 비제(Visé)까지 뫼즈 강을 따라 5개의 진지를 구축한 5개 마을 뒤쪽에 포진하고 있었다. 이날 프랑스군은 요새를 공격하듯 대포로 동맹군을 공격했다.[477] 동맹군은 이곳에서 패배하고 나면 강을 건너지 못하게 된다는 점을 두려워하지 않을 수 없었다. 그들은 괴멸될 위험이 있었고 이는 삭스 원수가 바라는 바였다.

이날 전투[478]에서 프랑스가 잃은 유일한 장군은 페늘롱 후작[479]이었다. 그는 불멸의 캉브레(Cambrai) 대주교인 프랑수아 페늘롱[480]의 조카였다. 그는 대주교에게 교육받으며 자랐고 성격은 전혀 달랐지만 삼촌의 미덕을 모두 지니고 있었다. 20년간 네덜란드 대사관에서 근무하면서도 열정과 용맹을 조금도 잃지 않았고 그로 인해 목숨을 잃었다. 그는 40년 전에 발에 부상을 입어 간신히 걸을 수 있는 상태였지만 말을 타고 적군의 진지로 돌진했다. 그는 죽음을 찾았던 것이고 결국 원하는 바를 이루었다. 최후의 헌신이라는 생각이 그의 용기를 더욱 높여주었다. 그는 신을 가장 기쁘게 하는 행위는 자신의 왕을 위해 죽는 것이라고 생각했다.

이런 식으로 생각하는 사람들로 이루어진 군대라면 무적이라고 하지 않을 수 없다. 프랑스군에서 계급이 높은 사람 가운데 이날 전투에서 부상당한 사람은 얼마 되지 않았다. 세귀르 백작[481]의 아들[482]이 가슴에 관통상을 입었지만 척추를 통해 탄환을 빼냈고, 그래서 상처 자체보다 더 위험한 수술을 피할 수 있었다. 뤼자크 후작[483]은 총격을 받아 턱이 부서지고 혀를 다치고 양쪽 뺨에 구멍이 났다. 멜러에서 두각을 나타낸 라발 후작 그리고 모나코 공,[484] 보브쿠르(Vaubecourt) 후작, 발루아 백작[485]이 중상을 입었다.

이날 전투는 아무런 보람 없이 피를 흘린 데 불과했고 양쪽 모두에게 재앙이었다. 어느 쪽이 이기지도 지지도 않았고 각자 자기 진지로 돌아갔다. 패전군은 통에런(Tongeren)으로 나아갔다. 승전군은 루뱅(Louvian)에서 자신들의 정복지까지 세력을 넓혔고, 계절상 이 지역에서 어쩔 수 없이 취해야 하는 휴식을 즐기게 되었다. 봄이 되면 겨울 동안 중단된 잔혹 행위와 재난이 다시 시작될 터였다.

19

돈 펠리페와 마유부아 원수의 승리, 그 뒤를 이은 최악의 패전들

이탈리아와 알프스 부근의 전황은 플랑드르와는 달랐다. 정말 예외적인 일이었다. 최악의 패전이 신속한 승전의 뒤를 이은 것이다. 프랑스 왕가는 플랑드르에서 얻은 것보다 더 많은 것을 이탈리아에서 잃었고, 이 패배는 플랑드르에서의 승리가 유익해 보였던 것보다 더 돌이킬 수 없는 것처럼 보였다. 왜냐하면 당시에 전쟁의 진짜 목표는 돈 펠리페의 옹립이었기 때문이다. 이탈리아에서 패하게 되면 그를 옹립할 방도가 없어지므로 플랑드르에서 승리해봐야 헛일이었다. 조만간 플랑드르의 점령지들은 되돌려주어야 하고 그 점령지들이 그저 하나의 담보, 즉 다른 곳에서의 패배를 보상해줄 일시적인 저당에 지나지 않는다는 점을 잘 알고 있었다. 독일의 제국관구[486]들은 아무 편도 들지 않았다. 라인강 주변은 평온했다. 이제 에스파냐가 전쟁의 주요 당사국이 되었다. 육지와 바다에서 일어나는 전투는 거의 모두 에스파냐 때문이었다. 에스파냐 궁정은 파르마, 피아첸차, 밀라노를 끊임없이 노려왔다. 에스파냐가 오스트리아 왕가의 상속녀와 다툼을 벌인 그 많은 나라 가운데 권리를 주장할 수 있는 곳으로 남은 것은 이 이탈리아 지역들밖에 없었다.

군주제가 확립된 이래 이 전쟁은 프랑스가 단순히 조력자 역할을 한 유일한 전쟁이다. 프랑스는 황제 카를 7세가 죽을 때까지 그를 위해, 또 돈 펠리페가 평화조약을 맺을 때까지 그를 위해 조력자 역할을 했다.

1745년의 이탈리아 원정 초기에는, 1741년 오스트리아에서 그랬던 것만큼이나 전세가 프랑스 왕가에 유리했다. 제노바를 통해서 에스파냐군과 프랑스군에 길이 열렸기 때문이었다. 헝가리 여왕과 사르데냐 왕 때문에 어쩔 수 없이 프랑스와 에스파냐에 대해 선전포고를 했던 이 공화국은 마침내 에스파냐와 최종 협약을 맺었다. 제노바는 약 1만 8천 명의 병사를 제공하기로 했다. 에스파냐는 매달 3만 피아스터를, 그리고 제노바가 제공하는 포병 수송대[487]에 대해 10만 피아스터를 제노바에 지급했다. 너무나 길고 너무나 변수가 많은 이 전쟁에서, 군사력이 강하고 부유한 나라들은 항상 다른 나라들을 매수했다. 프랑스군과 함께 알프스를 내려와서 제노바군과 합쳐진 돈 펠리페의 군대는 8만 정도 된다고 간주되었다. 독일군을 쫓아 로마 인근까지 진출한 가주 백작[488]의 군대는 나폴리군을 포함해서 약 3만 명이 전진하고 있었다. 바로 이때 작센에서는 프로이센 왕, 라인 강에서는 콩티 공이 오스트리아군의 이탈리아 지원을 막고 있었다. (1745년 6월 28일) 제노바까지도 자신감에 가득 차서 정식으로 사르데냐 왕에게 선전포고를 했다. 에스파냐군과 나폴리군이 밀라노로 와서 프랑스와 에스파냐 연합군과 합류한다는 계획이었다.

1745년 3월 모데나 공작과 가주 백작은 에스파냐군과 나폴리군을 이끌고 로마 부근에서부터 리미니(Rimini)까지, 리미니에서 체세나(Cesena), 이몰라(Imola), 포를리(Forli), 볼로냐까지, 마지막에는 모데나까지 오스트리아군을 추격했다.

유명한 빌라르 원수의 제자이자 돈 펠리페 군대의 사령관으로 선포된 마유부아 원수가 에스파냐와 프랑스 연합군을 이끌고 얼마 지나지 않아 프랑스와 이탈리아 국경 지대인 벤티밀리아(Ventimiglia)와 오넬리아(Oneglia)를 통해 도착하여 6월 말에는 피에몬테 지방의 몬페라토(Monferrato) 쪽으로 내려왔다.

그 부대는 소규모의 오넬리아 공국에서 제노바 공국 영토의 끝에 위치한 피날레 후작령(Marchesato di Finale)으로 내려왔고, 거기서 몬페라토-만토바(Monferrato-Mantova)로 들어갔다. 몬페라토-만토바는 알프스와 이어진 바위산들이 비죽비죽 솟아 있는 지역이다. 이러한 바위산 사이의 계곡들을 지나고 나면 알레산드리아(Alessandria)의 비옥한 토지가 나타난다. 곧바로 밀라노로 가려면 알레산드리아에서 토르토나(Tortona)로 가면 된다. 거기서 몇 마일 떨어진 곳에서 포 강을 건너게 된다. 이어서 티치노 강(Ticino)가의 파비아(Pavia)가 나타난다. 파비아에서 대도시 밀라노까지는 하루 거리에 불과하다. 밀라노는 요새화되어 있지 않고, 티치노 강을 건너온 사람이면 누구에게나 열려 있지만, 매우 견고하며 오랫동안 저항할 수 있는 성채가 있다.

이 지역을 탈취하기 위해서는 많은 병력을 동원해 진격하는 수밖에 없다. 방어를 위해서는 광대한 평원을 좌우로 감시하고, 카살레 몬페라토(Casale Monferrato)에서 크레모나(Cremona)까지 포 강의 본류를 장악하고, 알프스의 티롤(Tirol)에서 흘러내리는 오일료 강(Oglio)을 지키거나, 아니면 적어도 로디(Lodi), 크레마(Crema), 피치게토네(Pizzighettone)를 차지하여, 이 쪽을 통해 트렌토[489]에서 넘어올 수 있는 독일군이 접근하지 못하게 해야 한다. 마지막으로 무엇보다도 후방을 통해 제노바 강과의 통로를 확보해야 한다. 다시 말해 불행히도 패배할 경우 퇴각하기 위해서는 앙티브(Antibes)에서 시작해 모나코와 벤티밀리아에 이르는 바다를 따라 난 협로 쪽으로의 통로를 확보해야 한다. 이 지역의 모든 거점은 플랑드르

지역만큼이나 많은 전투로 유명하고 영향을 받은 곳들이다.

프랑스군과 에스파냐군은 1745년 말에는 몬페라토, 알레산드리아, 토르토나, 제노바의 후방지역을 점령했다. 그 후방지역은 황제의 봉토로서 로멜리나(Lomellina), 파비아, 로세다노, 밀라노, 밀라노 공국, 파르마, 피아첸차라 불리는 곳들이다. 이 모든 승리가 빠른 속도로 이어졌다. 네덜란드에서 프랑스 왕의 승리 그리고 스코틀랜드에서 에드워드 왕자[490]의 승리와 마찬가지였다. 한편 프로이센 왕은 독일 내지에서 오스트리아 부대를 격파했다. 하지만 이탈리아에서는 이 전쟁 초기에 보헤미아에서 본 것과 아주 똑같은 일이 일어났다. 최선의 징후가 최악의 재난을 가리고 있었던 것이다.

프로이센 왕의 운명은, 전쟁을 하면 오스트리아 왕가에 많은 해를 끼치게 되고 화평을 하면 프랑스 왕가에 많은 해를 끼치게 되는 것이었다. 그의 브로츠와프 평화조약[491]은 보헤미아를 빼앗기게 만들었고 드레스덴 평화조약[492]은 이탈리아를 빼앗기게 만들었다.

황후는 두 번째 평화조약[493]에 의해 프로이센 왕의 위협에서 벗어나자마자 1746년 겨울 티롤과 트렌토를 통해 이탈리아로 새 부대를 투입했다. 돈 펠리페는 밀라노를 점령했지만 성을 손에 넣지는 못했다. 에스파냐 왕비는 아들에게 성을 공격하라는 엄명을 내렸다. 마유부아 원수는 1745년 12월 편지에 썼다. "밀라노 공국에 머물기를 고집한다면 완전히 망할 것이라 예상한다." 에스파냐 참사회는 고집을 부렸고 결국 모든 것을 잃었다.

한쪽에서는 황후의 부대가, 다른 쪽에서는 피에몬테군이 승승장구했다. 요새를 뺏기고 패배가 거듭되면서 프랑스와 에스파냐 군의 수가 줄어들었다. 마침내 피아첸차 공국에서 운명의 날, 프랑스와 에스파냐 군은 비참한 상태로 이탈리아에서 간신히 빠져나올 수밖에 없었다.[494]

황후의 군대를 지휘한 사람은 리히텐슈타인 공[495]이었다. 그는 아직 한창나이였다. 그는 더 젊었을 때 황후의 선친, 즉 카를 6세의 대사로 프랑스 궁정에서 근무했다. 그는 모두에게 존경을 받았다. 피아첸차 전투 당일(1746년 6월 16일) 그의 지휘와 용기는 훨씬 더 존경을 받을 만했다. 퐁트누아 전투의 삭스 원수처럼 병과 쇠약증에 시달리던 그는 삭스 원수와 마찬가지로 엄청난 고통을 극복하고 출전하여 똑같이 완벽한 승리를 거두었다. 이날의 전투는 이 전쟁 전체를 통틀어 제일 길고 또 가장 유혈이 낭자한 전투 가운데 하나였다. 마유부아 원수는 적군을 공격해서는 안 된다는 의견이었다. 그러나 가주 백작이 마드리드 궁정의 엄명을 원수에게 보여주었다.[496] 마유부아 원수는 동이 트기 3시간 전에 공격을 시작하여 자신이 지휘하는 우익에서 오랫동안 우위를 지켰다. 하지만 좌익은 수적으로 우세한 오스트리아군에 포위되었다가 아렘부레(Harembure) 장군이 부상을 입고 사로잡혔기 때문에 완전히 무너졌다. 마유부아 원수는 장군을 제때 지원할 수가 없었다. 연합군은 9시간의 공방전 끝에 피아첸차 안으로 퇴각하지 않을 수 없었다.

예전처럼 근접전이 벌어졌다면 대대와 대대, 기병대대와 기병대대, 병사 대 병사가 맞붙은 9시간의 백병전으로 군대 전체가 결단이 났을 것이다. 그렇게 되었다면 유럽은 우리 시대의 그 수많은 전투로 인해 인구가 크게 감소했을 것이다. 하지만 내가 앞에서 지적한 것처럼, 요즘의 전투는 거의 백병전을 벌이지 않는다. 총과 대포는 예전의 창과 칼보다 살상률이 낮다. 서로 아주 오랫동안 사격을 하지 않기도 한다. 더구나 이탈리아의 차단된 지형에서는 장애물들 사이에 몸을 숨기고 사격한다. 작은 요새를 탈취하고 대포를 조준하고 대열을 편성하고 재편성하는 데 시간을 소모한다. 그러므로 9시간 동안 전투를 한다고 해서 9시간 동안 파괴가 이루어지는 것은 아니다.

그럼에도 에스파냐군과 프랑스군, 그리고 몇 개의 나폴리군 연대는 8천 명 이상의 사상자가 발생했고 4000명이 포로가 되었다. 사르데냐 왕의 군대가 도착하자 전세는 더욱 악화되어 프랑스, 에스파냐, 나폴리 왕국의 군대 전체가 포로가 될 위험에 처했다.

(1746년 7월 12일) 이처럼 비참한 상황에서 돈 펠리페는 불운의 극치가 될 것이 분명한 소식을 받았다. 부친 에스파냐 왕 펠리페 5세의 사망[497] 소식이었다. 펠리페 5세는 많은 패전을 겪어 두 차례나 수도를 포기하지 않을 수 없게 된 이후로 에스파냐를 평화롭게 다스려왔다. 그는 에스파냐에 펠리페 2세 시대의 영광을 되찾아주지는 못했지만, 적어도 펠리페 4세와 카를로스 2세 시대보다는 더 번영하게 만들었다. 물론 영국인들이 장악하고 있는 지브롤터와 메노르카 섬 그리고 에스파냐령 아메리카의 무역을 탈환하지 못한 것은 매우 유감스러운 일이었다. 이 문제가 계속해서 펠리페 5세 정부의 성공을 가로막았다. 하지만 1732년 무어인들을 누르고 얻은 오랑 정복,[498] 오스트리아에서 빼앗아 아들 돈 카를로스에게 넘긴 나폴리와 시칠리아의 왕위는 펠리페 5세의 주요 치적이었다. 그는 사망하기 얼마 전 밀라노 공국, 파르마와 피아첸차 공국이 돈 펠리페에게 굴복하는 것을 보고 몹시 자랑스러워했다. 돈 카를로스와 돈 펠리페는 펠리페 5세가 파르마 공녀[499]와의 두 번째 결혼에서 얻은 아들들이다.

그 역시 다른 군주들과 마찬가지로 거의 유럽 전역을 뒤흔드는 이 중대한 변란 속에 말려들었지만, 권세의 허망함 그리고 매일 바뀌는 이해관계를 위해 무수히 많은 병사를 희생시켜야 하는 고통스러운 불가피성을 누구보다도 더 절감했다. 왕위에 염증을 느낀 그는 장남 돈 루이스[500]에게 양위했다가 아들이 죽고 난 후에 복위했다. 그는 언제나 왕위를 내던질 마음의 준비를 하고 있었으며 우울증으로 인해, 절대 권력을 행사할 때조차도 인간 조건에 따르는 쓰라린 감정만을 느꼈다.

돈 펠리페의 패배 이후 펠리페 5세의 사망 소식이 군에 전해지자, 병사들의 동요가 더 심해졌다. 펠리페 5세가 장남에게 왕위를 넘긴 것처럼, 펠리페 5세의 후계자인 페르난도 6세[501]가 이복동생[502]을 후계자로 삼을지 어떨지는 아직 알 수 없었다. 프랑스, 에스파냐, 나폴리 세 왕국 군대의 남은 병사들은 꼼짝없이 갇힐 위험에 처했지만 속수무책이었다. 세 왕국의 군대[503]는 포 강, 람브로 강(Lambro), 티도네 강(Tidone), 트레비아 강(Trebbia)[504] 사이에 있었다. 수적으로 우세한 적군에 맞서서 싸우게 되면 평원에서든 진지에서든 패배가 다반사이다. 패배해서 포위를 당한 부대를 구출하는 것은 매우 드문 일이다. 그것은 훌륭한 전술을 통해서만 가능한 법이다.

마유부아 원수의 아들 마유부아 백작[505]이 적과 싸우면서 퇴각하자는 제안을 내놓았다. 그가 작전을 떠맡았고 부친의 눈앞에서 지휘하여 목표를 달성했다. 세 왕국의 군대 전체가 짐을 실은 4000마리의 노새와 식량을 실은 1000대의 마차를 끌고, 단 하루 낮과 하루 밤 만에 다리 3개를 건넌 다음 티도네 강을 따라 포진했다. 작전이 너무나 적절하게 실시되었기에 사르데냐 왕과 오스트리아군이 공격을 시작했을 때에는 이미 수비 대형을 갖춘 다음이었다. 프랑스군과 에스파냐군은 기나길고 끈질긴 전투를 견뎌냈고 돌파당하지 않았다.

일반인들이 훌륭한 전투라 생각하는 것 이상으로 전술 전문가들이 높이 평가하는 이 날 전투[506]의 결과는 만족스러운 것이었다. 제시된 목표가 달성되었기 때문이었다. 하지만 그 목표는 초라하기 짝이 없었다. 토르토나를 통해 후퇴하고 피아첸차와 그 지역 전체를 적군에 넘겨주는 것이 목표였다. 이 기이한 전투가 벌어진 다음 날, 피아첸차는 항복했고, 3천 명이 넘는 환자들이 전쟁포로가 되었다.

이탈리아 정복을 위해 출정한 이 대규모 군대에서 마지막에 남은 것은 토르토나에 도착한 1만 6천의 실전 병력뿐이었다. 루이 14세 시대에 토리노 전투[507] 후에도 똑같은 일이 있었다. 프랑수아 1세, 루이 12세, 샤를 8세가 똑같은 불명예를 겪었다.[508] 중요하지만 언제나 무용지물이 되는 교훈인 것이다.

(1746년 8월 17일) 곧 제노바 공국의 국경 지대인 가비(Gavi)로 퇴각했다. 돈 펠리페와 모데나 공작은 제노바로 입성했다. 하지만 그들은 그 도시를 안심시키기는커녕 불안만 가중시켰다. 영국 함대가 제노바를 봉쇄하고 있었다. 남아 있는 얼마 안 되는 기병대를 먹여 살릴 것도 없었다. 4만의 오스트리아군과 2만의 피에몬테 군이 다가오고 있었다. 제노바에 남는다면 도시를 방어할 수는 있었다. 그 대신 니스 백작령, 사보이아, 프로방스를 포기해야 한다. 에스파냐의 신임 사령관 라스 미나스 후작이 패잔병들을 구하러 파견되었다. 제노바인들은 후작에게 잔류를 간청했지만 허사였다.

제노바는 밀라노처럼 군대를 이끌고 다가오는 사람이면 누구에게나 열쇠를 내어주는 도시가 아니다. 제노바에는 본 성곽 이외에 2리외가 넘는 제2의 성곽이 있다. 이것은 줄줄이 이어진 바위산들 위에 건립되어 있었다. 이중 성곽 너머로는 아펜니노 산맥(Appennini)이 사방팔방에서 요새 역할을 하고 있다. 적군의 전진 통로에 위치한 보케타 고갯길[509]은 난공불락인 거점으로 유명했다. 하지만 그 수비대가 저항 한 번 하지 않고, 벤티밀리아를 통해 후퇴하는 프랑스와 에스파냐군 패잔병들을 따라가 버렸다. 제노바인들은 망연자실해서 방어할 시도조차 하지 않았다. 그들에게는 대규모 포병대가 있었고, 적에게는 공성포(攻城砲)가 하나도 없었다. 하지만 그들은 적군의 대포가 도착하기를 기다리지도 않았다. 공포로 인해 그들은 극단적인 선택을 해버렸다. 원로원은 황급히 4명의 의원을 오스트리아군이 야영을 하고 있는 산악지대 협로로 파견했다. 브라운 장군[510] 그리고 황후의 중장인 밀라노인 보타아도르노 후작[511]은 그들에게 요구사항을 전달했다.[512] 제노바인들은 도시를 24시간 후(9월 7일)에 넘겨주고 제노바군, 프랑스인들, 에스파냐인들을 포로로 삼고 프랑스, 에스파냐, 나폴리 신민의 모든 재산을 양도하기로 했다. 원로원 의원 4명을 인질로 밀라노로 보내고, 정복자가 배상금을 부과하기 전까지 프랑스 화폐로 약 40만 리브르에 해당하는 5만 제노바 금화[513]를 당장 지급하기로 하는 내용이 명문화되었다.

오스트리아인들은 예전에 루이 14세가 제노바 도제[514]에게 원로원 의원 4명을 대동하고 베르사유에 와서 용서를 빌 것[515]을 요구했던 것을 기억해냈다. 황후에게는 6명을 보내기로 했다. 하지만 황후는 루이 14세가 요구했던 것을 사양함으로써 자신의 성가를 높였다. 황후는 약자에게 모욕을 주는 것은 명예롭지 못하다고 생각했다. 그녀는 제노바라는 약소 공화국의 도제[516]와 6명의 제노바인이 함께 황제의 발밑에 무릎 꿇는 것을 보는 실속 없는 명예에는 관심이 없었다. 그녀에게 절실한 막대한 배상금을 제노바에서 받아낼 생각뿐이었다.

제노바에는 2400만 리브르의 배상금이 부과되었다. 제노바를 완전히 파산시킬 금액이었다. 오스트리아 왕가의 승계를 위한 전쟁이 시작되었을 때, 제노바 공화국은 그 희생자가 되리라고는 예상하지 않았다. 하지만 유럽이 전쟁을 시작하면 약소국치고 떨지 않는 국가가 없었다.

플랑드르에서는 패배했지만 알프스에서는 승승장구한 오스트리아로서는 이탈리아에서 어떤 영토를 정복할 것인지 선택하는 문제만 남은 셈이었다. 나폴리든 프로방스든 똑같이 입성이 쉬워 보였다. 나폴리를 차지하는 것이 더욱 쉬울 것 같았다. 오스트리아 참사회는 툴롱과 마르세유를 점령한 후에는 양시칠리아 왕국을 쉽게 정복하고, 프랑스군은 더 이상 알프스를 다시 넘어올 수 없을 것이라고 믿었다.

(1746년) 10월 28일 마유부아 원수는 프랑스와 피에몬테의 경계를 이루는 바르(Var) 강가에 있었다. 그의 병력은 1만 1천이 못되었다. 라스미나스 후작에게는 9000명도 남지 않았다. 에스파냐 장군은 프랑스군과 갈라져서 도피네를 거쳐 사보이아 쪽으로 진군했다. 에스파냐는 여전히 사보이아 공국을 지배하고 있었고, 다른 곳은 포기하더라도 사보이아는 지키려고 했기 때문이다.

4만에 가까운 승군(勝軍)이 바르 강을 건넜다. 프랑스군 패잔병들은 프로방스로 후퇴했다. 모든 물자가 부족했고 장교들의 반은 걸어서 이동했다. 보급품도 없었고 다리를 끊을 장비도 없었으며 식량도 거의 없었다. 성직자, 유지, 주민들이 오스트리아 분견대를 마중하러 달려왔다. 그들에게 배상금을 제공하고 약탈에서 보호받기 위해서였다.

이상이 이탈리아 전투의 결과였다. 그 사이에 프랑스군은 네덜란드를 정복했고, 찰스 에드워드 왕자는 스코틀랜드를 차지했다가 잃었다. 찰스 에드워드 왕자 이야기는 뒤에서 하려고 한다.

20

오스트리아군과 피에몬테군이 프로방스를,
영국군은 브르타뉴를 침략하다

도나우 강 인근과 빈에서 시작되어 처음에는 그저 몇 달 지속될 것처럼 보였던 불길이 6년 후에는 프랑스 해안까지 도달했다. 프로방스 거의 전체가 오스트리아군에 유린되었다. 오스트리아군 일부는 도피네 지역을 유린했고 다른 일부는 뒤랑스 강(Durance) 너머로 진출했다. 방스(Vence)와 그라스(Grasse)는 약탈을 당했다. 영국군은 브르타뉴에 여러 차례 상륙했고 그 소함대들은 동맹군의 툴롱과 마르세유 공격을 지원하러 왔다. 다른 영국 소함대들은 아시아와 아메리카의 프랑스 속령들을 공격했다.

프로방스를 구출해야 했다. 벨릴 원수가 파견되긴 했지만 자금도 군대도 없었다. 그 혼자서 일으킨 이 광범위한 전쟁의 폐해를 치유하는 것은 그의 몫이었다. 그의 눈에 비친 것은 황폐함, 겁에 질린 민병대원, 건초와 밀짚을 서로 빼앗으려고 하는 규율 없는 패잔병들뿐이었다. 식량을 나르는 노새들이 먹을 것이 없어 죽어갔다. 적들이 바르 강에서 아르장 강(Argens)과 뒤랑스 강에 이르기까지 모든 것을 강탈하고 모든 것을 먹어 치웠기 때문이다. 돈 펠리페와 모데나 공작은 엑상프로방스(Aix-en-

Provence) 시에 있었다. 그들은 프랑스와 에스파냐가 이 곤경에서 벗어나기 위해 취하게 될 노력을 기다리고 있었다.

동원할 수 있는 수단들은 멀리 있었고 위험과 결핍은 화급했다. 벨릴 원수는 화급한 필수품 비용을 대기 위해 자기 이름으로 5만 에퀴를 빌리느라 크게 고생했다. 그는 지사[517]와 군수관의 직무를 동시에 수행해야 했다. 이윽고 정부가 몇 개 대대와 몇 개 기병대대를 보내오자, 그는 오스트리아군과 피에몬테군을 저지할 거점들을 확보해 나갔다. 또 그는 적들이 정복하려 하는 카스텔란(Castellane), 드라기냥(Draguignan), 브리뇰(Brignoles)을 방어했다.

마침내 1747년 1월 초 벨릴 원수는 60개 대대와 22개 기병대대를 확보하고 4~5천 명의 에스파냐군을 제공한 라스 미나스 후작의 지원을 받아, 주요 거점들을 기반으로 적군을 프로방스 밖으로 몰아낼 수 있었다. 적군은 벨릴 원수보다 훨씬 더 어려움이 많았다. 식량이 부족했기 때문이다. 이것이 대부분의 침략을 실패하게 만드는 핵심 요인이다. 오스트리아군은 처음에 모든 물자를 제노바에서 조달했었다. 하지만 당시 제노바에서 일어난 전대미문의 봉기 때문에 그들은 필요한 지원을 받지 못했고, 그로 인해 이탈리아로 되돌아가지 않을 수 없었다.

21

제노바의 봉기

제노바에서는 전혀 예상 밖의 중대한 변화가 일어났다. (1746년 11월 30일) 오스트리아군은 가혹하게 승자의 권리를 행사하고 있었다. 자금이 동이 난 제노바인들은 산조르지오 은행[518]의 돈을 모두 동원하여 1600만 리브르를 갚은 다음, 나머지 800만 리브르에 대해서는 탕감을 요청했다. 하지만 황후 측에서는 나머지 돈을 지급해야 할 뿐만 아니라 산피에르다레나(San Pier d'Arena)와 비자뇨(Bisagno) 성밖 그리고 주변 마을들에 흩어져 있는 9개 연대의 유지비로 그만큼의 돈을 더 내야 한다고 통고했다. 이 명령이 공표되자 주민들은 모두 절망에 빠졌다. 그들의 무역은 쇠퇴했고 신용은 무너졌고 은행은 고갈되었고 제노바의 외관을 아름답게 장식하던 화려한 별장들은 약탈당했고 주민들은 군인들에게 노예 취급을 당했다. 그들에게 잃을 것이라곤 이제 목숨밖에 없었다. 제노바인들은 모두가 그렇게 모욕적이고 그토록 가혹한 취급을 더 이상 감수하느니 차라리 목숨을 버리기로 결심한 듯이 보였다.

노예 상태에 처한 제노바는 코르시카 왕국[519]의 상실을 특히 수치스럽게 생각했다. 오랫동안 제노바에 저항한 코르시카의 불평분자들이 정복자인 오스트리아의 후원을 영원히 받을 것 같았다.

제노바가 오스트리아군의 박해에 대해 불만인 것처럼, 제노바의 압제에 불만을 품어온 코르시카는 이 대혼란 속에서 자신들을 지배해 온 자들의 불운을 즐겼다. 가중된 불행에서 제외된 것은 제노바 원로원뿐이었다. 코르시카를 상실하면서 원로원이 잃은 것은 허울뿐인 권력밖에 없었다. 그렇지만 나머지 제노바인들은 빈곤에 의해 초래된 현실적인 불행으로 고통을 겪었다. 주민들이 이판사판식의 결단을 내릴 것 같은 조짐이 보이자, 몇몇 원로원 의원은 은밀하고도 교묘하게 조장했다. 의원들은 아주 신중해야 할 필요가 있었다. 무모하고 제대로 지원을 받지 못하는 봉기는 원로원과 도시의 파괴로 귀결될 가능성이 컸기 때문이다. 원로원 의원의 첩자들은 대중이 가장 신임하는 사람들에게 이렇게 말하는 것으로 그쳤다. "오스트리아군이 아내와 아이들 앞에서 여러분을 목 졸라 죽이러 오기만을 기다릴 겁니까? 여러분에게 남아 있는 얼마 안 되는 식량을 빼앗기 위해서 말이죠. 그들은 성벽 바깥에 배치되어 있습니다. 도시 안에는 여러분 집의 문을 감시하는 군인들밖에 없습니다. 여러분은 3만이 넘고 서로 도와줄 수 있습니다. 조국의 파멸을 지켜보는 구경꾼이 되기보다는 용감하게 죽는 것이 더 낫지 않겠습니까?" 이러한 말로 주민들을 자극했지만 아무도 움직이려 하지 않았고 누구도 자유의 깃발을 들려고 하지 않았다.

오스트리아군은 프로방스 원정을 위해 제노바 병기창에서 대포와 구포를 끌어내는 일에 주민들을 동원했다. 주민들은 불평했지만 복종했다. (1746년 12월 5일) 그러나 열심히 일하지 않는 한 주민을 오스트리아군 대위가 심하게 때리자, 이 순간이 신호가 되어 주민들이 결집하여 봉기했다. 순식간에 그들은 돌, 몽둥이, 칼, 총, 온갖 종류의 도구로 닥치는 대로 무장을 했다. 적군이 멀리서 다가오고 있을 때는 자기 도시를 지키

1483년 제노바

겠다는 생각조차 하지 못한 이들이 적군이 도시를 장악하자 봉기를 일으킨 것이다.

산피에르다레나에 있던 보타아도르노 후작은 이 봉기가 저절로 잠잠해질 것이고, 이 일시적인 분노를 대신해서 곧 두려움이 되살아날 것이라고 생각했다. 그 다음날 후작은 성문 수비대를 강화하고 거리에 몇몇 분견대를 보내는 것으로 그쳤다. 전날보다 더 많아진 제노바인들은 도제궁으로 달려가서 그 궁전 안에 있는 무기들을 요구했다. 도제는 아무 대답도 하지 않았다. 하인들이 다른 창고를 가르쳐주었다. 제노바인들은 그곳으로 달려가서 창고를 부수고 무장을 했다. 광장에는 100여 명의 제노바군 장교들이 배치되었다. 제노바인들은 거리에 바리케이드를 쳤다. 그들은 갑작스럽고 분노에 찬 혼란 속에서 가능한 한 질서를 잡으려 노력하면서도 여전히 격정적이었다.

제노바인들은 아주 오랫동안 망연자실해서 어찌할 바를 몰랐었는데, 이날 이후 며칠 사이에는 독일인들이 그렇게 된 것 같았다. 마치 전염병 같았다. 그들은 정규군으로 제노바인들과 싸우려고 하지 않았다. 그들은 제노바인들이 산토마소(San Tommaso) 성문과 산미켈레(San Michele) 성문을 장악하게 내버려두었다. 제노바인들이 일단 시작한 봉기를 계속해나갈지 어떨지 알 수 없던 원로원은 산피에르다레나에 있는 오스트리아 장군에게 대표단을 보냈다. 보타아도르노 후작은 싸워야만 할 시점에 협상을 했다. 그는 원로원 의원들에게 시내에 무장이 해제된 채로 남아있는 제노바군을 무장시켜서 오스트리아군에 합류시킨 후, 자신의 신호에 따라 반도들을 기습하라고 지시했다. 하지만 후작은 제노바 원로원이 조국의 압제자들에게 가세하여 수호자들을 공격하리라고 기대해서는 안 되었다. 그것은 원로원의 파멸을 자초하는 일이기 때문이다.

(1746년 12월 9일) 독일인들은 도시 내부의 공모자들을 믿고서 성밖에서 비자뇨 성문 쪽으로 진격했다. 하지만 그곳에서 그들은 대포와 머스킷의 집중포화를 받았다. 제노바인들은 군대를 조직했다. 그들은 시내에서 주민의 이름으로 북을 쳐서 알렸다. 모든 시민에게 무장을 하고 집에서 나와 각 구역의 깃발 아래 정렬하라고 명령을 내렸다. 따르지 않는 자들은 사형에 처하겠다고 선언했다. 독일인들은 비자뇨 성밖과 산피에르다레나에서 동시에 공격을 받았다. 계곡 지역의 모든 마을에서 동시에 종을 쳐서 2만의 농민을 모았다. 도리아(Doria) 공이 봉기군을 이끌고 산피에르다레나의 보타아도르노 후작을 공격했다. 장군과 9개 연대가 무질서하게 후퇴했다. 그들은 4000명의 포로, 약 1000명의 전사자, 모든 창고, 말과 마차 전부를 남겨두고 달아났다. 그들은 한낱 농민들에

게 쉴 새 없이 추격을 당하며 보케타 고갯길의 기지로 갔지만 결국 그 기지를 버리고 가비까지 도주하지 않을 수 없었다.

이렇게 오스트리아군은 제노바를 잃었다. 인민을 너무 무시하고 억압한 탓이었고, 원로원이 자기들과 함께 인민을 공격할 것이라고 순진하게 믿은 탓이었다. 인민의 지원을 받는 원로원이 말이다. 무기라고는 잡아 본 적이 없고 연약한 인민, 바위로 된 성채도 프랑스, 에스파냐, 나폴리 왕국의 왕들도 오스트리아군의 속박에서 구해줄 수 없었던 인민이 아무런 지원도 없이 그 속박을 깨뜨리고 정복자들을 쫓아낸 것을 유럽은 놀란 눈으로 바라보았다.

이러한 소요 속에서 많은 약탈 행위가 일어났다. 제노바인들은 오스트리아군을 돕는 것으로 의심되는 원로원 의원들 소유의 집 여러 채를 약탈했다. 그렇지만 이 봉기에서 가장 놀라운 점은, 4000명의 오스트리아군을 감옥에 가둔 그들이 포로들을 학대하지 않았다는 것이다. 제노바인들에게 지도자들이 있었지만, 이들은 원로원이 지명한 사람들이었다. 그들 중에는 오랫동안 권력을 차지할 정도로 능력 있는 인물들이 없었다. 제노바 인민은 스스로 통치하기 위해 36명의 시민을 선발하고 4명의 원로원 의원을 추가했다. 그리말디(Grimaldi), 스카글리아(Scaglia), 로멜리니(Lomelini), 포르나리(Fornari)가 그들이었다. 이 4명의 귀족이 원로원에 비밀리에 보고를 했다. 원로원은 겉으로는 더 이상 통치에 관여하지 않는 것처럼 보였지만 실제로는 통치를 한 것이다. 제노바의 봉기를 선동한 원로원은 오스트리아 빈에는 자신들이 무관하다고 믿게 만들었다. 원로원은 오스트리아의 무자비한 복수를 두려워했다. 오스트리아 궁정의 대신은 제노바 귀족들이, 반란이라고 불리는 이번 변란에 전혀 관여하지 않았다고 선언했다. 빈 참사회는 여전히 지배자인 것처럼 행동했고 곧 제노바를 되찾을 수 있으리라 생각했다. 오스트리아는 제노바 원로원에 부과받은 배상금의 잔액 800만 리브르를 즉각 지급하고, 오스트리아군에 끼친 손해에 대해 3000만 리브르를 내고, 모든 포로를 석방하고, 폭도들을 처벌해야 한다고 통보했다. 짜증이 난 지배자가 반항적이고 무기력한 신민들에게나 내릴 수 있을 것 같은 이러한 명령은 제노바인들의 의지를 더욱 결연하게 만들었을 뿐이다. 수도에서 축출한 오스트리아인들을 국토 전역에서 몰아내고 조국을 수호할 수 있다는 그들의 희망은 더욱 강렬해졌다. 제노바 감옥의 오스트리아군 4000명은 그들의 불안을 달래주는 인질이었다.

그 동안에 프로방스를 떠난 오스트리아군은 피에몬테군의 지원을 받아 제노바 성벽을 위협하기 시작했다. 한 오스트리아 장군은 암벽 전투에 숙달된 알바니아 병사들로 부대를 강화했다. 알바니아 병사들은 조상인 고대의 에페이로스[520]인들만큼이나 훌륭한 전사로 통한다. 그 장군은 자신의 숙부인 저 유명한 슐렌부르크[521]를 통해 이들을 얻었다. 슐렌부르크는 스웨덴 왕 칼 12세와 대적했고, 오스만 제국에 대항해서 코르푸섬을 지켜낸 인물이다.

오스트리아군은 보케타 고갯길을 다시 넘어와 아주 가까이서 제노바를 압박했다. 제노바 좌우의 평원은 비정규군의 광란, 약탈, 유린에 신음했다. 제노바는 겁을 먹었고 적군과 내통하는 자들이 생겨났다. 엎친 데 덮친 격으로 원로원과 인민 사이에 중대한 내분이 일었다. 제노바에 식량은 있었지만 돈이 다 떨어졌다. 평원에서 전투를 하거나 도시를 지키는 용병들을 유지하기 위해서는 하루에 1만8천 플로린이 필요했다. 제노바 공화국에는 전투에 익숙한 정규군도 경험이 풍부한 장교도 없었다. 바다를 통하지 않고는 어떠한 지원도 받을 수 없었다. 더구나 메들리 제독[522]의 지휘를 받으며 해안을 지배하고 있는 영국 함대에 공격당할 위험이 있었다.

프랑스 왕은 작은 선박 한 척으로 영국 해군을 피해 제노바 원로원에 우선 100만 리브르를 전달하게 했다. 툴롱과 마르세유에서 갤리선들이 약 6000명의 병사를 싣고 출발했다. 그들은 폭풍우 때문에 그리고 특히 영국 함대 때문에 코르시카와 모나코에 기항했다. 영국 함대는 약 1000명의 병사를 실은 선박 6척을 나포했다. 하지만 약 4500명의 남은 프랑스군이 제노바에 입성하여 다시 희망을 싹트게 했다.

이윽고 부플레르 공작이 도착해서[523] 제노바 수비군을 지휘하게 되었고 군사 수가 나날이 늘어갔다. 부플레르 장군은 작은 보트로 메들리 제독의 함대를 따돌리고 온 것이다.

부플레르 공작은 봉쇄당하고 조만간 포위 공격을 받게 될 도시에서 8000명의 정규군을 이끌고 있었다. 규율과 물자도 거의 없었고 화약은 전혀 없었다. 인민의 지도자들은 원로원 말을 거의 듣지 않았다. 오스트리아군에는 여전히 몇 명의 내통자가 있었다. 부플레르 공작은 적군을 상대하기 전에, 자기가 지켜주려는 사람들과의 문제를 먼저 해결해야 했다. 그는 모든 것을 정비했다. 온갖 종류의 물자들이 영국 전함 함장들에게 은밀히 건네는 뇌물 덕분에 안전하게 도착했다. 그처럼 사적인 이익은 공적인 불행을 가중시키거나 완화하는 데 이용되는 법이다. 오스트리아군 편을 드는 수사가 몇 명 있었다. 그들에 대항하여 더욱 강한 종교적 무기를 동원했다. 고해신부들에게 조국과 적 사이에서 갈피를 못 잡는 자들에게는 사죄(赦罪)[524]를 거부하라고 촉구했다. 은자 한 사람이 민병대원을 이끌었다. 그는 열정적인 설교와 전투에서의 솔선수범으로 민병대원들의 용기를 북돋워 주었다. 그는 매일 벌어지는 소규모 전투 중에 죽었다. 그는 죽어가면서 제노바인들에게 조국을 지키라고 촉구했다. 제노바 부인들은 필요한 공사비에 보태기 위해 보석을 유대인들에게 저당 잡혔다.

그러나 이러한 지원 중에서 가장 강력한 것은 프랑스 부대의 용기였다. 부플레르 공작은 제노바의 이중 성벽 너머의 거점에 있는 적들을 공격하는 데 종종 프랑스 부대를 이용했다. 그들은 거의 모든 소규모 전투에서 승리를 거두었다. 그 전투들은 당시에는 상세하게 전해졌지만 곧 수없이 많은 사건 속에 파묻혀 잊혔다.

빈 궁정은 마침내 봉쇄를 해제하라는 명령을 내렸다. 부플레르 공작은 이러한 행운과 영광을 누리지 못했다. 그는 적군이 퇴각한 바로 그 날 천연두로 사망했다(1747년 7월 2일). 그는 루이 14세 치하에서 명망이 높던 부플레르 원수의 아들이고 인격자이자 훌륭한 시민이었다. 공작은 부친의 뛰어난 자질을 그대로 물려받았다.

제노바는 맹렬한 공격을 당하지는 않았지만, 주변 지역을 장악한 피에몬테군은 매우 위협적이었다. 항구를 봉쇄한 영국 함대도, 제노바를 공격하기 위해 알프스에서 내려오고 있는 오스트리아군도 커다란 위협이었다. 벨릴 원수가 이탈리아로 내려가야 했지만 그것은 극히 어려운 일이었다.

제노바가 함락되면 나폴리 왕국이 위험에 처하게 된다. 그렇게 되면 돈 펠리페는 이탈리아에 정착하려는 희망을 완전히 잃게 된다. 모데나 공작으로서도 어찌할 방도가 없는 것 같았다. 그러나 루이 15세는 물러서지 않았다.

(1747년 9월 27일) 루이 15세는 리슐리외 공작과 새로운 부대 그리고 돈을 제노바로 보냈다. 리슐리외 공작은 영국 함대의 감시에도 불구하고 작은 배를 타고 왔다. 그의 부대들도 같은 작전에 힘입어 건너왔다. 마드리드 궁정은 리슐리외를 지원했다. 마드리드 궁정은 약 3000명의 병사를 제노바에 투입했다. 마드리드 궁정이 제노바에 매달 25만 리브르를 주겠다고 약속했지만, 그 돈을 준 것은 프랑스 왕이었다. 리슐리외 공작은

여러 차례의 전투에서 적들을 격퇴하고 모든 거점을 요새화했으며 해안을 안전하게 만들었다. 프랑스 궁정이 제노바를 지키느라 힘이 다 빠진 것처럼, 영국 궁정은 제노바를 굴복시키느라 진이 빠졌다. 영국 내각은 황후에게 15만 파운드를, 사르데냐 왕에게도 그만큼을 주고 제노바를 포위 공격하게 했다. 하지만 영국은 돈만 날리게 되었다. 벨릴 원수는 니스 백작령을 점령하고 나서 오스트리아군과 피에몬테군을 위협했다. 그들이 제노바를 공격하면 벨릴 원수는 그들을 공격할 셈이었다. 그렇게 원수는 오스트리아군과 피에몬테군에 의해 저지당하고 있으면서 동시에 그들을 저지하고 있었던 것이다.

22

프랑스군이 참패한 에그질 전투[525]

오스트리아군과 피에몬테군이 지키고 있는데도 이탈리아로 침투하려면 어떤 길을 택해야 할까? 에스파냐 장군 라스 미나스는 겨우 한 사람씩만 지나갈 수 있는 포넨테 해안(Riviera di Ponente)[526] 길의 피날레 리구레(Finale Ligure)를 통과하길 원했다. 하지만 그에겐 대포도 식량도 없었다. 모든 것을 노새 등에 싣고 옮겨야 하는 꼬불꼬불하고 가파른 길에서 프랑스군 포병대를 이끌고 거의 40개에 달하는 부대 사이의 연락망을 유지하면서 전진해야 한다. 더구나 영국 전함들의 함포 사격에 끊임없이 노출되면서 말이다. 그러한 난관은 극복할 수 없는 것처럼 보였다. 데몬테와 쿠네오를 통하는 길이 추천되었다. 하지만 쿠네오 포위 공격이 얼마나 위험한지는 너무나 잘 알고 있었다. 니스에서 약 25리외 떨어진 에그질 고갯길을 택하고 그 요새를 탈취하기로 결정되었다.

이 방법 역시 무모한 것은 마찬가지였다. 하지만 여러 개의 위험 가운데서 하나를 선택할 수밖에 없었다. 벨릴 백작은 자기 이름을 알릴 수 있는 이 기회를 얼른 잡았다. 그는 계획을 추진하는 솜씨만큼이나 계획을 실행에 옮기는 대담성도 갖고 있었다. 그는 사무실에서나 야전에서나 일에는 지칠 줄 모르는 사람이었다. 그는 출발해서 나아가다가 도피네 쪽으로 방향을 바꾸었고 이어서 에그질로 가는 길목의 아시에타 고개 쪽으로 접어들었다. 바로 그곳에서는 피에몬테군 21개 대대가 18피트 높이에 13피트 깊이의 돌과 나무로 만든 진지 뒤에서 포대를 갖춘 채 그를 기다리고 있었다.

진지를 공격하는 벨릴 백작은 28개 대대와 7문의 야포가 있었지만 그 포들을 유리하게 배치하기란 거의 불가능했다. 백작은 몽탈방과 카스텔델피노 전투를 회상하며 공격을 감행했다. 그 두 전투는 대담성 덕에 승리했으니까 말이다. 하지만 완전히 비슷한 전투란 절대 없는 법이다. 더구나 계속되는 내리사격의 포화 속에서 맨손으로 방책을 뽑아내며 감행하는 공격은, 바위산을 기어오르면서 벌이는 공격보다 훨씬 더 어렵고 더 많은 사망자가 발생한다. 결정적으로 중요한 점은, 피에몬테군이 매우 전투 경험이 풍부하고 사르데냐 왕이 지휘하는 부대를 경시해서는 안 된다는 것이었다. (1747년 7월 19일) 전투는 두 시간 동안 지속되었다. 다시 말해서 피에몬테군은 두 시간 동안 계속해서 자신들이 선택한 모든 프랑스군을 식은 죽 먹듯이 도살했다. 사단을 지휘하던 소장 아르노(Arnaud)는 참모장 그리유(Grille)와 더불어 가장 먼저 치명상을 입었다.

이번 전쟁의 모든 참전국이 치른 무수한 혈전 중에서, 이 전투는 꽃다운 나이에 헛되이 희생된 젊은이들의 때 이른 죽음을 가장 슬퍼해야 할 전투 가운데 하나였다. 부르보네 연대 연대장 고아 백작[527]이 사망했다. 수아소네 연대[528] 연대장 동주 백작[529]은 부상을 입고 6일 후 사망했다. 아르투아 연대[530] 연대장 브리엔 후작[531]은 한쪽 팔을 잃고 나서 방책으로 돌아오며 "내게는 전하를 위해 바칠 팔이 하나 더 있다"라고 말했지만 곧 직격탄을 맞아 사망했다. 사망자 3695명, 부상자 1606명이었다. 언제나 부상자가 더 많은 다른 모든 전투와는 딴판이었다. 대단히 많은 수의 장교가 사망했다. 부르보네 연대 장교는 모두 부상당하거나 사망했는데, 피에몬테군 사망자는 100명도 되지 않았다.

절망에 빠진 벨릴 원수는 방책들을 뽑아냈다. 양 손에 부상을 당한 그는 이빨로 나무들을 뽑아내다가 마침내 치명상을 입었다. 그는 장군은 패배한 후에는 살아남아서는 안 된다고 말하곤 했었다. 이것이 그의 소신이었다는 점을 너무나 잘 증명한 것이다. 부상자들은 브리앙송(Briançon)으로 이송되었다. 그곳 사람들은 이날의 참패를 예상하지 못했다. 국왕대관[532] 오디프레(Audiffret)는 환자들을 돕기 위해 은식기를 팔았다. 해산이 임박한 그의 아내는 직접 구호소들을 돌아다니며 손으로 부상자의 상처에 붕대를 감아주는 경건한 직무를 수행하다가 죽음을 맞았다. 슬프고도 고귀한, 그래서 역사에 영원히 기록될 만한 가치가 있는 솔선수범이었다.

23

플랑드르의 정복자이자 승리자인 프랑스 왕은 평화조약을 제안하지만 결실을 거두지 못한다. 네덜란드령 브라반트 정복. 상황에 의해 탄생한 네덜란드 총독

불리하기도 하고 유리하기도 했던 이 소란스러운 사건들 속에서 플랑드르의 승리자 루이 15세는 평화를 원하는 유일한 군주였다. 네덜란드인들의 영토를 공격할 권리가 있고 여전히 그 영토를 위협하고 있는 루이 15세는 총체적인 평화 회복이라는 원대한 구상에 네덜란드인을 끌어들일 생각으로 네덜란드 도시에서 회의를 열 것을 제안했다. 브레다[533]가 선택되었다. 퓌지외 후작[534]이 전권대사로서 제일 먼저 그곳에 갔다. 네덜란드인들은 아무런 정해진 계획 없이 파세나르(Vassenaar)를 브레다로 파견했다. 영국 궁정은 평화조약에 마음이 끌리지 않았지만 공개적으로 그것을 거절하는 것처럼 보일 수는 없었다. 유명한 윌모트,[535] 즉 로체스터 백작의 외손자인 샌드위치 백작[536]이 영국 전권대사였다. 황후를 지원하는 강대국들이 쓸모없는 이 회의에 사절을 보낸 반면, 정작 황후 자신은 아무도 보내지 않았다.[537]

네덜란드 공화국(1581~1795)의 7개 주
헬데를란트, 홀란트, 제일란트, 위트레흐트, 오버레이설, 프리슬란트, 흐로닝언

네덜란드인들은 그 어떤 다른 강대국보다도 이 평화의 징후에서 만족스러운 결과를 이끌어내야 했다. 이제는 전쟁을 포기하고 장사에 전념하는 민족, 뛰어난 장군도 우수한 병사도 없고 3만 5천이 넘는 최우수 부대는 프랑스에 포로로 잡혀 있는 이 민족은, 플랑드르를 휩쓴 재앙을 자기들 땅으로 끌어들이지 않는 것 이외에는 다른 관심이 없는 것 같았다. 네덜란드는 더 이상 해양강국도 아니었다. 해군은 바다에 20척의 전함도 띄울 능력이 없었다. 만일 전쟁이 그들의 고장을 유린하게 되면 총독(stadhouder)을, 따라서 지배자를 선출할 수밖에 없다는 것을 관리들 모두 절감하고 있었다. 위트레흐트, 도르드레흐트(Dordrecht), 라브리유(La Brille)의 시정관(市政官, magistrat)들은 항상 중립을 주장해 왔다. 공화국의 몇몇 주도 이런 의견을 공표했다. 한마디로, 네덜란드 전국신분의회가 유럽을 평화롭게 만들겠다고 확고하게 결심했다면, 그들은 분명히 그렇게 할 수도 있었다. 이러한 명예가 예전에 아주 작은 나라를 강력하고도 자유로운 나라로 만들었다는 명예에 추가되었을 것이다. 또 네덜란드인들은 오랫동안 이 명예를 누렸을 것이다. 하지만 친 영국파와 일반적인 편견이 승리했다. 네덜란드 국민(nation)만큼 예전에 받은 인상에서 벗어나지 못하는 인민은 없는 것 같다. 루이 14세의 침략과 1672년[538]은 아직도 그들의 마음속에 남아 있었다. 루이 14세의 오만한 야심에 타격을 받았던 그들의 정신으로는 루이 15세의 온건함을 납득할 수 없었다고 감히 필자는 단언한다. 그들은 루이 15세의 온건한 태도를 진심이라고 전혀 믿지 않았다. 그들은 평화를 지향하는 루이 15세의 정책과 배려를 때로는 무력함의 증거로 때로는 함정으로 여겼다.

그들을 설득할 수 없었던 루이 15세는 소득 없는 회의가 지속되는 동안에 그 나라의 일부를 정복하지 않을 수 없었다. 그는 네덜란드령 플랑드르에 군대를 투입했다. 그것은 네덜란드인들이 지원하는 오스트리아 영토의 분할을 의미했다. 그 분할은 겐트 1리외 아래서 시작하여 좌우로 확장되어 나갔다. 오른쪽으로는 바다 위의 미델뷔르흐(Middelburg)까지였고, 왼쪽으로는 스헬더 강의 안트베르펜 아래까지였다. 이 지역은 접근하기 어렵고 자체 방어가 가능한 작은 요새들을 갖추고 있다. 루이 15세는 이 지역을 점령하기 전에 다시 한 번 적국을 배려해 주었다. 자신은 이 요새들을 단순히 위탁받은 것으로 간주하고, 네덜란드인들이 전쟁을 부추기기를 중지하면 그 즉시 통행을 보장하며 인적이고 금전적인 지원을 제공하고 반환을 약속한다고 전국신분의회에 선언하기까지 한 것이다.

네덜란드인들은 이러한 관용을 인지하지 못하고 침략을 당했다고만 생각했다. 프랑스 군대의 진군은 총독을 탄생시켰다. 라빌(Laville) 신부가 네덜란드에 파견되었을 때, 타협을 완강하게 거부하고 정부 형태를 바꾸려고 했던 여러 영주에게 한 이야기가 그대로 현실이 된 것이다. "당신들이 아니라 우리가 당신들에게 지배자를 주게 될 것이다."

침략 소식을 듣자 인민 전체가 오라녜 공[539]을 총독으로 요구했다. 그가 영주로 있는 테르베르(Terver) 시가 제일 먼저 그를 총독으로 지명했다(1747년 4월 25일). 제일란트 주의 모든 도시가 뒤를 이었고 로테르담, 델프트 시가 그를 총독으로 선포했다. 관리들로서는 대중의 의견에 반대하는 것이 어려웠을 뿐만 아니라, 모든 주가 똑같은 의견이었다. 7개 주 가운데 가장 강력하며 혼자서 국가 전체 부담금의 반을 부담하고 그 재상은 공화국에서 가장 중요한 인물로 간주되는 홀란트와 서(西)프리슬란트 주 대표자들이 모인 궁전을 헤이그 주민들이 에워쌌다. 주민들을 달래기 위해 즉시 오랑주 공국[540]의 깃발을 궁정과 시청에 게양해야 했다. 오라녜 공이 총독으로 선출되고 이틀 후의 공문서에는 "우리가 처해 있는 유감스러운 상황을 고려해서 우리는 나사우 디스트(Nassau Diest) 가문의 오라녜 공, 빌럼 카렐 헨드릭 프리소(Willem Karel Hendrik Friso)를 총독, 대장(Kapitein-generaal), 제독(Admiraal-generaal)으로 임명했다"고 기재되었다. 곧 그는 모든 도시의 승인을 받았고, 전국신분의회 회의에 총독 자격으로 초대되었다. 홀란트 주가 그를 총독으로 임명하면서 사용한 표현은 시정 관들이 본의 아니게 그를 임명했다는 것을 너무 잘 보여준다. 군주라면 누구나 절대군주가 되길 원하고 모든 공화제가 성과가 신통치 않다는 것을 우리는 알고 있다. 나사우 가문 덕에 약소국에서 강대국으로 올라섰던 네덜란드 공화국으로서는, 자신들을 해방시켜 준 가문에 진 빚과 자신들이 추구하는 자유 사이에서 중용을 지키기가 거의 불가능했다.

1672년에는 루이 14세가 그리고 1747년에는 루이 15세가 불러일으킨 공포에 의해 두 명의 네덜란드 총독이 임명되고, 네덜란드 인민은 관리들이 폐지하려고 했던 총독제를 두 차례 복원시킨 것이다.

관리들은 가능한 한 오라녜 공을 국정에서 배제해 왔었다. 1722년에 헬데를란트 주가 그를 총독으로 선택했을 때, 이것이 명예직에 불과하고 총독은 아무런 일도 할 수 없으며 수비대를 바꾸거나 명령을 내리지 못하는데도, 네덜란드 전국신분의회는 헬데를란트 신분의회에 강력한 편지를 보내 그 '치명적인' 결정을 철회하게 만든 적도 있었다. 거의 50년 동안 전국신분의회가 누려온 권력이 한순간에 박탈당한 것이다.

새로운 총독은 하층민들이 징세관들의 집을 약탈하고 파괴하도록 내버려두었다. 징세관들은 모두 시장(市長, bourgmestre)의 친척이며 비호를 받고 있었다. 이렇게 민중을 동원해 관리들을 공격하고 난 다음 총독은 병력을 동원해 민중을 제압했다.

이러한 동요 속에서도 침착한 오라녜 공은 빌럼 3세[541]가 누린 것과 같은 권위를 부여받았다. 또 그는 총독 직을 자신의 가족에게 확보해주었다. 이는 빌럼 3세도 못한 일이었다. 총독 직은 오라녜 공 아들만이 아니라 딸과 그 후손의 상속물이 되었다. 남자 후손이 없는 경우 딸이 총독 겸 대장이 되어 남편에게 그 직무를 수행할 수 있게 하는 법이 얼마 후 통과되었다. 미성년자의 경우에는 총독의 미망인이 여총독의 직함으로, 총독 직을 수행하는 군주를 지명하게 되었다.

이러한 변혁으로 네덜란드 공화국은 많은 면에서 영국, 스웨덴, 폴란드의 군주제보다 제약이 적은 일종의 절충적 군주국이 되었다. 이처럼 이번 전쟁을 통틀어 사람들이 처음에 생각했던 일들은 아무것도 일어나지 않았다. 그리고는 모든 국가가 기대했던 것과는 정반대의 일이 일어났다. 찰스 에드워드 왕자의 잉글랜드 공격, 승리, 불행은 유럽을 놀라게 한 이 사건들 중에서 가장 특이한 사건일 것이다.

24

찰스 에드워드 스튜어트 왕자의 공격, 승리, 패배, 안타까운 불운

찰스 에드워드 왕자는 왕위 요구자 혹은 성 조지의 기사(Chevalier de Saint-George)라고 불리는 제임스 프랜시스 에드워드 스튜어트의 아들이다. 그의 조부[542]는 영국인들에게 왕위를 박탈당했고, 증조부[543]는 자신의 신하들에게 교수형을 당했으며, 현(玄)조모[544]도 영국 의회에 의해 같은 형벌에 처해졌다는 것은 잘 알려져 있는 사실이다. 이 불운한 왕족(스튜어트 왕가)의 마지막 후예는 로마에 은거한 아버지 곁에서 젊은 시절을 보냈다. 그는 선조들의 권좌에 다시 오르기 위해 목숨을 걸겠다는 각오를 자주 표명했다. 1742년[545] 프랑스는 그를 불러들였고, 그를 영국에 상륙시키려고 시도했지만 성공하지 못했다. 그는 파리에서 적절한 기회를 노리고 있었지만 그러는 동안 프랑스는 독일, 프랑스, 이탈리아에서 병력과 자금이 고갈되었다. 이 변화무쌍한 세계전쟁 때문에 그에게 신경을 쓸 여유가 없어졌다. 그는 공적인 불행에 밀려 잊힌 것이다.

그 부친과의 협약 덕에 추기경으로 임명된 탕생 추기경[546]이 어느 날 찰스 왕자와 대화를 나누다가 말했다. "저하(邸下)께서는 왜 배로 스코틀랜드 북부로 가시려 하지 않습니까? 저하가 모습만 보여도 지지자와 군대가 형성될 것입니다. 그렇게 되면 프랑스는 저하를 지원하게 될 것입니다."

찰스 에드워드는 자기 마음과 일치하는 이 대담한 충고를 듣고 결정을 내렸다. 그는 자신의 계획을 7명의 장교에게만 은밀히 알렸다. 자신의 운명을 걸기로 한 그 장교 중 일부는 아일랜드인이었고 나머지는 스코틀랜드인이었다. 그들 가운데 한 장교가 스튜어트 가문에 충성하는 아일랜드인의 아들로 월슈[547](Walsh)라는 이름의 낭트 상인에게 도움을 청했다. 이 상인은 18문의 대포가 탑재된 프리깃함 한 척[548]을 갖고 있었다. 1745년 6월 12일 왕자는 그레이트브리튼[549]의 왕좌가 걸린 원정에 겨우 장교 7명을 데리고 약 1800자루의 칼, 1200정의 총, 4만8천 프랑을 싣고 그 배에 몸을 실었다. 64문의 대포를 갖춘 국왕선박(vaisseau de roi) 엘리자베스 호가 프리깃함을 호위했다. 엘리자베스 호는 덩케르크의 한 선주가 사략선으로 무장시킨 선박이었다. 해군대신이 일정액을 왕에게 내는 선주와 상인들에게 전함을 빌려주는 것이 당시 관행이었다. 선주와 상인들은 사략선을 운항하면서 자기 돈을 들여 장비를 갖추었다. 해군대신과 프랑스 왕은 이러한 선박이 어떤 용도에 사용되는지 몰랐다.

6월 20일 함께 항해하던 엘리자베스 호와 프리깃함은 3척의 영국 전함과 맞닥뜨렸다. 영국 전함들은 상선들을 호위 중이었다. 70문의 대포를 장착한 가장 화력이 강한 전함이 엘리자베스 호를 공격하기 위해 호송대열에서 이탈했다. 그러나 에드워드 왕자의 성공을 예고하는 듯한 행운에 의해 프리깃함은 전혀 공격 받지 않았다. 엘리자베스 호와 영국 전함은 치열한 전투를 벌였다.▪ 전투는 오래 계속되었지만 소득은 없었

▪ 이 전투에 참전한 장군이 필자에게 단언한 내용이다.

찰스 에드워드 스튜어트 왕자(1720~1788)

다. 제임스 2세의 손자를 태운 프리깃함은 그 자리를 벗어나서 스코틀랜드를 향해 돛을 높이 펼쳤다.

왕자는 아일랜드를 넘어서 북위 58도 부근의 거의 아무도 살지 않는 작은 섬에 접근했다. 그는 스코틀랜드 본토로 항로를 잡았다. 그는 모이다트(Moidart)라는 이름의 작은 마을에 상륙했다. 그가 몇몇 주민에게 자신의 정체를 밝히자 그들은 무릎을 꿇었다. 하지만 그들은 말했다. "우리가 무엇을 할 수 있겠습니까? 우리는 무기도 없고 가난해서 귀리로 만든 빵만 먹고 척박한 땅을 경작하고 있습니다." 왕자는 대답했다. "내가 그대들과 함께 이 땅을 일구겠다. 나도 귀리 빵을 먹고 그대들과 가난을 함께 하고 그대들에게 무기를 가져다주겠다."

이처럼 감상적인 대화가 주민들을 크게 감동시켰음은 물론이다. 스코틀랜드의 몇몇 부족장이 왕자 편에 가담했다. 맥도날(Machdonall), 로힐(Lohill)이라는 이름의 부족과 캐머런(Cameron) 부족, 프레이저(Fraser) 부족이 그를 찾아 왔다.

스코틀랜드어로 '씨족'(clan)이라고 불리는 이 부족들은 산과 숲이 많고 길이가 200마일이 넘는 지역에 산다. 오크니(Orkney) 제도의 33개 섬과 셰틀랜드(Shetland) 제도의 30개 섬에는 같은 체제 아래 살고 있는 씨족들이 거주한다. 퐁트누아 전투에 참전한 스코틀랜드 산악 연대에 대해 말한 것처럼,[550] 오직 그들만이 고대 로마의 군복을 보존하고 있다. 짐작컨대 가혹한 기후와 극빈(極貧)으로 인해 그들은 가장 극심한 피로에도 견딜 수 있게 단련된 것 같다. 그들은 맨땅에서 자고, 식량과 물 부족을 견뎌내고, 눈과 빙판 속에서도 오래 행군한다. 각 씨족은 지주(地主, laird), 다시 말해 영주에게 종속되어 있다. 지주는 그들에 대해 재판권을 갖고 있다. 그 권한은 잉글랜드에서는 어떤 영주에게도 없다. 또한 그들은 대개 이 지주가 선택한 편을 든다.

우리가 봉건제라 부르는 옛날의 무정부 상태가 메마르고 가난하며 홀로 버려진 영국의 그 지역에는 존속하고 있었다.

안락한 생활을 보장해줄 일거리가 아무것도 없는 우직한 주민들은 전리품을 얻을 수 있다는 희망을 품게 하는 모험에는 언제든지 뛰어들 준비가 되어 있었다. 더 비옥하고 런던 궁정의 관리를 더 많이 받으며 토지 경작과 수공업이 장려되어 온 지역인 아일랜드는 사정이 전혀 달랐다. 아일랜드인들은 스튜어트 왕가의 일보다는 자신들의 휴식과 재산에 애착을 갖기 시작했다. 그렇기 때문에 아일랜드는 잠잠했고 스코틀랜드는 들썩였던 것이다.

앤 여왕[551] 치하에서 스코틀랜드 왕국이 영국 왕국에 통합된 이래로, 런던 의회 의원으로 지명 받지 못하고 연금에 의해 궁정에 매여 있지 않은 여러 스코틀랜드인은 은밀히 스튜어트 왕가에 충성을 바치고 있었다. 통합되었다기보다는 굴복당한 북쪽 지역의 주민들은 합병을 노예상태로 간주하며 못마땅해 하는 것이 일반적이었다.

아질(Argile) 공작, 애쏠(Atholl) 공작, 퀸즈베리(Queensberry) 공작 및 여타 공작들처럼 궁정과 연결된 영주의 씨족은 정부에 충성했다. 하지만 동포들에 대한 열정으로 충만한 다수의 씨족은 정부에 충성하지 않았다. 바로 이들이 동향인 데다가 감탄과 열정을 불러일으키는 왕자 편으로 넘어가게 되었다.

왕자가 데리고 간 7명의 인물은 애쏠 공작의 동생인 튈리바딘 후작,[552] 은행가 맥도날드(Aeneas Macdonald), 토마스 셰리단(Thomas Sheridan), 아직 조직되지도 않은 군대의 하사관으로 임명된 설리반(John William O'Sullivan), 아일랜드 신부 켈리(George Kelly), 영국인 스트릭랜드(Francis Strickland), 맥도날드(John Macdonald)였다.

왕자가 설리반이 가져온 태피터 헝겊 조각으로 왕의 깃발을 만들었을 때는 아직 300명도 모이지 않았지만, 끊임없이 부대의 인원이 늘어갔다. 왕자는 페닝(Fenning)을 통과하기 전에 벌써 자신이 마련한 총과 칼로 무장시킨 1500명의 병사를 거느리고 있었다.

왕자는 타고 온 프리깃함을 프랑스로 돌려보내고 프랑스 왕과 에스파냐 왕에게 자신의 상륙을 알렸다. 두 군주는 왕자에게 편지를 보내면서 그를 '형제'라 불렀다. 그들이 그를 공식적으로 영국 왕좌의 상속자로 인정했기 때문이 아니었다. 하지만 그들은 그의 가문과 용기에 그러한 칭호를 붙이지 않을 수 없었던 것이다. 그들은 여러 차례에 걸쳐 왕자에게 돈과 탄약과 무기를 지원해주었다.

이 지원물자를 실은 배들은 스코틀랜드의 동서 해안을 순찰하는 영국 전함들을 피해야 했다. 몇몇은 나포되었고 몇몇은 도착해서 나날이 강해지는 왕자의 부대에 용기를 북돋아주었다. 반란을 일으킬 최적의 시점인 것 같았다. 조지 2세는 당시 왕국 밖에 있었다. 영국 내 정규군은 6000명이 되지 않았다. 싱클레어(Sinclair) 연대 소속의 몇 개 중대가 왕자의 소규모 부대에 대적하기 위해 에든버러 부근으로 진군했다. 영국군은 완패하고 말았다. 30명의 산악부대원들이 장교를 포함해서 80명의 영국군을 포로로 잡고 장비를 탈취했다.

이 첫 번째 승리로 용기와 희망이 커졌고, 사방에서 신병들이 몰려왔다. 왕자의 부대는 쉬지 않고 행군했다. 왕자는 항상 산악부대원들의 선두에서 걸었다. 그들과 같은 복장에 같은 음식을 먹었다. 왕자는 배드나치(Badenoch) 지방, 애쏠 지방, 퍼스 샤이어(Perth Shire) 지방을 통과해서 스코틀랜드의 주요 도시 퍼스(Perth)를 점령했다(1745년 9월 15일). 아버지 제임스 3세를 대신해서 그가 공식적으로 영국, 프랑스, 스코틀랜드, 아일랜드의 섭정으로 선포된 곳이 바로 퍼스였다. 겨우 스코틀랜드의 작은 도시 하나를 정복했고 프랑스 왕의 지원이 없이는 버틸 수 없는 왕자가 감히 내세운 이 프랑스 섭정이라는 칭호는, 영국 왕이 프랑스 왕이라는 칭호를 사용해야 한다는 관습에서 비롯된 것이다. 이 놀라운 관습은 영국에서 널리 통용되고 있었다. 그것은 철폐되어야 마땅하지만 그렇지 못한 관습이었다. 인간은 악습이 커져서 위험하게 될 때에야 비로소 그것을 개혁할 생각을 하기 때문이다.

퍼스 공작[553]과 조지 머리 경[554]이 퍼스에 도착하여 왕자에게 서약을 했다. 그들은 신규 병력을 데려왔다. 영국 궁정에 봉사하는 스코틀랜드 연대의 1개 중대 전체가 탈영해서 왕자의 깃발 아래 정렬했다. 왕자는 던디(Dunde), 드루먼드(Drummond), 뉴버그(Neubourg)를 점령했다. 작전회의가 열렸다. 진군에 대해 의견이 갈렸다. 왕자는 곧장 스코틀랜드 수도 에든버러로 진격해야 한다고 말했다. 하지만 얼마 되지 않는 인원으로 대포도 없이 어떻게 에든버러를 장악하기를 바랄 것인가? 에든버러에는 그의 지지들이 있었다. 그러나 모든 시민이 왕자를 지지하는 것은 아니었다. 왕자는 말했다. "시민들 모두 나를 지지하게 만들려면 내가 모습을 보여주어야 해." 왕자는 지체 없이 스코틀랜드 수도를 향해 진격하여 성문을 탈취했다. 시내는 공포에 휩싸였다. 왕자를 옛 왕들의 상속자로 인정하려는 사람들도 있었고, 현 정부를 지지하는 사람들도 있었다. 시민들은 약탈을 두려워했다. 부유층은 재산을 성 안으로 옮겼고, 게스트(Guest) 총독은 수비대 400명을 이끌고 성 안으로 철수했다. 시정관들은 찰스 에드워드가 장악한 성문으로 갔다. 왕자와의 내통 의심을 받는 에든버러 시장 스튜어드(Stuard)가 왕자 앞으로 가서 무슨 일을 해야 할지를 열정적인 태도로 물었다. 주민 하나가 답했다. 왕자 앞에 무릎을 꿇고 왕자를 인정해야 한다고. 그 즉시 스코틀랜드 수도에서는 찰스 에드워드를 왕자로 선포했다.

그렇지만 런던에서는 그의 목에 현상금을 내걸었다. 조지 2세의 부재

기간 동안 섭정을 맡은 영주들은 찰스 에드워드 왕자의 목을 넘기는 사람에게 3만 파운드를 준다고 공포했다. 이러한 사형 선고는 조지 2세 통치 17년째에 의회가 만든 법 그리고 이 의회가 만든 다른 법들의 산물이었다. 과거에 앤 여왕 자신도 이복동생에게 사형 선고를 내리지 않을 수 없었다.[555] 앤 여왕 본인의 감정에만 따랐다면 말년에 왕위를 동생에게 물려주려고 했을 것이다. 여왕은 동생의 목에 4천 파운드의 현상금을, 의회는 8만 파운드의 현상금을 걸었었다.

이러한 사형 선고가 영국의 국가정책이라면, 그것은 유럽의 모든 궁정이 자랑하는 절제의 원칙과는 양립하기가 몹시 어려운 것이다. 찰스 에드워드 왕자도 비슷한 선언을 할 수 있었다. 하지만 그는 그처럼 피를 부르는 선언 대신에, 자신의 지지자들에게 현 왕[556]과 하노버 왕가의 어떤 왕족에게도 위해를 가해서는 안 된다는 성명서를 몇 달 후에 발표함으로써 자신의 대의명분을 강화하고 더욱 존중할 만한 것으로 만들 수 있다고 생각했다.

그는 지지자들의 최초의 열정이 식지 않고 달아오르게 만드는 일에만 전념했다. 에든버러 시를 점령하자마자 그는 일전을 벌일 수 있다는 것을 알고 서둘러 전투를 시작했다. 그는 코프(Cope) 장군[557]이 정규군을 이끌고 다가오고 있다는 것을 알았다. 런던은 민병대를 소집하고 잉글랜드에서 여러 연대를 편성하고 플랑드르에 파병된 연대들을 귀환시키고 있었다. 그러므로 한순간도 허비해서는 안 되었다. 왕자는 단 한 사람의 병사도 남겨두지 않고 에든버러에서 나와 약 3000명의 산악부대원과 함께 4000명이 넘는 영국군을 향해 진격했다. 영국군에는 용기병 2개 연대가 있었다. 왕자의 기병대는 짐 나르는 말 몇 마리뿐이었다. 그는 야포들을 불러올 시간도 없었고 그런 수고도 하지 않았다. 적군에게 6문의 포가 있다는 것을 알고 있었지만, 어떠한 것도 그를 막지 못했다. 그는 에

17세기 에든버러

든버러에서 7마일 떨어진 프레스턴팬스(Prestonpans)에서 적군을 만났다.[558] 도착 즉시 왕자는 자신의 소규모 군대를 전투대형으로 정렬시켰다. 퍼스 공작과 조지 머리 경이 각각 좌익과 우익을 지휘했다. 다시 말해서, 각각 약 700 내지 800명을 지휘했다. 승리를 확신한 찰스 에드워드는 공격하기 전에, 적군이 퇴각할 수 있는 협로를 눈여겨보고 500명의 산악부대원들로 하여금 그 길을 점령하게 했다. 따라서 그는 대략 2500명만을 거느리고 전투를 개시했던 것이다. 제2선의 병력도 예비 병력도 갖출 수 없었다. 그는 칼을 빼어들고 칼집을 멀리 던져버리면서 외쳤다. "제군들, 나는 제군들이 자유롭고 행복해질 때까지 이 칼을 결코 칼집에 넣지 않을 것이다." 그는 적군과 거의 동시에 전장에 도착했다. 그는 적군이 포를 쏠 여유를 주지 않았다. 그의 부대는 나팔 대신에 백파이프를 불며 대열을 무시한 채 신속하게 영국군을 향해 돌격했다. 그들은 20보 거리에서 총을 쏘았다. 그들은 즉시 총을 던져버리고, 한 손으로 방패를 머리 위로 치켜들고서 말과 사람들 사이로 뛰어들어 단도로 말을 죽이고 손에 든 칼로 적군을 공격했다. 새롭고 예기치 않은 것은 언제나 강한 충격을 주게 마련이다. 이 새로운 전투 방식은 영국군을 겁에 질리게 했다. 오늘날 다른 전투에서는 전혀 유리한 조건이 아닌 체력이 이 전투에서는 중요했다. 영국군은 저항을 못 하고 사방에서 무너졌다. 영국군 800명을 죽였다. 나머지는 왕자가 눈여겨보아 두었던 곳으로 도망갔다. 그곳에서 1400명이 포로로 잡혔다. 승자가 모든 것을 차지했다. 승자는 적군의 용기병이 타던 말들로 기병대를 만들었다. 코프 장군은 도주하지 않을 수 없었다. 국민들은 그에 대해 불평했다. 그는 충분한 조치를 취하지 않았다는 이유로 군사법원에 기소되었지만 무죄 판결을 받았다. 전투의 승패를 결정지은 진짜 원인은, 자기편에게 불굴의 신뢰를 고취시킨 왕자의 존재 그리고 특히 영국군을 동요시킨 새로운 공격 방식이었다는 것이 확실했다. 그러한 방식은 초기에 거의 항상 성공을 거두지만, 군 지휘관들은 그것을 자기 것으로 만들 생각을 하지 않는 것 같다.

이날 왕자가 잃은 군사는 60명이 되지 않았다. 왕자는 승전에도 불구하고 포로들 때문에 난감했다. 포로 수가 승리자 수와 거의 같았기 때문이다. 그에게는 요새가 없었다. 포로들을 수용할 수 없었기에 왕자는 일년 동안은 자신에 대항해서 무기를 들지 않겠다고 맹세하게 한 후 그들을 돌려보냈다. 다만 부상자들은 치료를 위해 돌려보내지 않았다. 이러한 아량 덕에 그에게 새로운 지지자들이 생겨날 것이다.

이러한 승리를 거둔 지 며칠 만에 다행히도 프랑스 선박 한 척과 에스파냐 선박 한 척이 해안에 닿았고 자금과 더불어 새로운 희망을 가져다주었다. 이 배들에는 아일랜드 장교들이 타고 있었다. 그들은 프랑스와 에스파냐에서 복무한 경험이 있어서 왕자의 군대를 훈련시킬 수 있었다. 10월 11일 프랑스 배를 타고 몬트로즈(Montrose) 항에 온 사람 중에는 프랑스 왕의 비밀 사절▪이 있었고, 그는 돈과 무기를 내려놓았다. 에든버러로 돌아간 왕자는 곧바로 자신의 군대가 거의 6000명까지 늘어나는 것을 보았다. 그의 부대와 업무는 질서가 잡히기 시작했다. 그에게 궁정, 장교, 국무비서들이 생겼다.

30마일 이상 떨어진 여러 곳에서도 그에게 자금을 제공해왔다. 적은 하나도 보이지 않았다. 하지만 그에게는 에든버러 성이 필요했다. 에든

▪ 아르장 후작의 동생인 그는 후에 엑스 고등법원 재판장이 되었다.
(옮긴이 주) 아르장 후작(Marquis d'Argens, Jean-Baptiste de Boyer, 1703~1771), 18세기 프랑스의 유명 문인으로 회의주의 철학의 영향을 받았다.
(옮긴이 주) Alexandre Jean-Baptiste de Boyer(1708~1783): 아르장 후작의 동생으로 엑상프로방스 고등법원 판사를 지내다가 1747~1763년 재판장을 역임했다.
(옮긴이 주) 프랑스 구체제의 고등법원은 왕이 임명하는 법원장(premier président), 재판을 주재하는 재판장(président, 우리나라의 부장판사에 해당)들 그리고 배석하는 판사(conseiller)들로 구성되어 있었다.

버러 성은 유일한 진짜 요새이며, 필요에 따라 창고로도 은신처로도 사용할 수 있고, 런던이 얕잡아 볼 수 없는 곳이었다. 에든버러 성은 가파른 바위산 위에 세워져 있다. 그 성은 바위산을 깎아 만든 넓은 해자 그리고 두께가 12피에[559]에 달하는 성벽이 있다. 요새를 함락하기 위해서는 정식 공성전이 필요했고 특히 대형 포가 필요했다. 왕자에게는 대포가 없었다. 그는 에든버러 시가 성을 지키는 게스트 사령관과 협정을 맺는 것을 허락하지 않을 수 없었다. 시는 성에 식량을 공급하고 성은 시에 총격을 가하지 않기로 했다.

이 뜻밖의 사태로 왕자의 일이 방해를 받은 것 같지는 않았다. 런던 궁정은 왕자를 크게 두려워했다. 그들은 국민들의 머릿속에 왕자가 가증스러운 인물이라는 인상을 심으려고 애썼다. 그들은 왕자가 태어날 때부터 로마 가톨릭 신자였고 영국의 종교와 법률을 전복시키러 온 것이라고 비난했다. 왕자는 종교와 법률을 존중할 것이며, 자신이 가톨릭 신도로 태어났지만 영국 국교 신도들과 장로파가, 루터교 신도로 태어난 조지 2세보다 자신을 더 두려워할 이유가 없다고 반박했다. 그의 궁정에는 신부가 한 명도 없었다. 그는 교회기도 중에 자기 이름을 부르도록 요구하지도 않았다. 그는 특별히 개인을 지칭하지 않고 일반적으로 왕과 왕가를 위해 기도하면 된다고 강조했다.

반란이 확대되는 것을 막기 위해 9월 11일 영국 왕 조지 2세가 서둘러 귀환했다. 프레스턴팬스 패전에 놀란 그는 잉글랜드 민병대들로는 충분하지 않다고 생각했다. 여러 영주가 영국 왕을 위해 사비를 들여 민병연대를 모집했다. 잉글랜드를 지배하고 있는 휘그당은 자신들이 설립한 정부 그리고 자기들이 왕위에 앉힌 가문의 보존에 집착했다. 그런데 만일 에드워드 왕자가 신규 지원군을 받고 다시 승리를 거두게 된다면, 잉글랜드 민병대들까지도 조지 2세에게 등을 돌릴 가능성이 있었다. 조지 2세는 런던 시 민병대원들에게 새로운 서약을 요구했다. 그 충성 서약은 다음과 같은 내용이었다. "나는 교황에 의해 파문당한 군주들을 그들의 신하 또는 다른 누군가가 폐위하거나 살해할 수 있다는 이 가증스러운 교리를 반대하고 증오하며 불경스러운 의견으로서 배척한다." 그렇지만 이번 사건의 핵심은 파문도 교황도 아니었다. 살해의 경우도, 3만 파운드를 걸고 공식적으로 제안한 것 이외에는 거의 두려워할 것이 없었다. 윌리엄 3세[560] 이후로 혼란기에 시행된 관습에 따라, (9월 14일) 모든 가톨릭 신부에게 런던과 그 영지에서 떠나라는 명령이 내려졌다. 하지만 위험한 것은 가톨릭 신부들이 아니었다. 가톨릭 신부는 영국 국민의 100분의 1도 되지 않았다. 두려워해야 할 것은 바로 에드워드 왕자의 용기였다. 그리고 예상치 않은 승리로 고무된 군대의 용맹이었다. 조지 2세는 플랑드르 부대에서 6000명의 병사를 귀환시키고 네덜란드 공화국과의 조약에 따라 네덜란드에 6000명의 병사를 더 요구해야 한다고 생각했다.

네덜란드 전국신분의회는 투르네와 덴더르몬드(Dendermonde)의 항복 때문에 18개월 동안 참전할 수가 없는 바로 그 6000명의 병사를 조지 2세에게 보냈다. 그들은 국경에서 가장 멀리 떨어진 지역에서도 절대 참전하지 않을 것을 약속했었다. 전국신분의회는 영국은 국경 지역이 아니라고 주장하면서 이 위반을 정당화했다. 그들은 프랑스군에 항복했어야 했다. 전국신분의회는 그들이 프랑스군을 상대로 싸우는 것은 아니라고 강변했다. 그들은 어떤 외국에서도 참전하지 않기로 했었다. 전국신분의회는 그들이 외국에서 참전하는 것이 아니라고 반박했다. 그들은 전국신분의회의 명령에 따르고 전국신분의회에서 급여를 받기 때문이라는 것이었다.

이런 식의 논리를 통해 전국신분의회는 가장 명확한 것 같은 항복 조약을 교묘히 피했다. 그 조약에는 누구도 예상하지 못한 경우가 명시되어 있지 않았던 것이다.

당시에 다른 커다란 사건들이 일어났지만, 필자는 영국 반란 사건의 추이를 살펴보려고 한다. 그리고 연대순보다는 사건의 순서를 더 중시할 것이다. 과도한 대비는 그만큼 불안하다는 것을 입증한다. 필자는 런던에서 찰스 에드워드를 추악한 인물로 만들기 위해 사용한 간계를 이야기하지 않을 수가 없다. 조지 2세의 치하에서 신문에 실린 사건들 그리고 한 가톨릭 군주의 지배 하에서 일어날 것이라 추정되는 사건들을 비교한 가상 신문이 런던에서 인쇄되었다.

> "현재 신문들은 프랑스와 에스파냐 선박에서 빼앗은 보물들을 은행에 안치했고 우리가 포르토벨로를 파괴했고 우리가 루이스버그[561]를 점령하여 무역을 지배하고 있다는 것을 알려주고 있다. 왕위 요구자가 지배하게 되면 신문에는 다음과 같은 기사들이 실릴 것이다. 오늘 런던 시장에서 산악부대원들과 수사들에 의해 그의 즉위가 선포되었다. 몇 채의 집이 불에 탔고, 시민 몇 명이 살해되었다.
>
> 4일. 남해회사와 동인도회사가 수도원으로 바뀌었다.
>
> 20일. 의원 6명이 투옥되었다.
>
> 26일. 영국 항구 3개가 프랑스인에게 매각되었다.
>
> 28일. 인신보호법[562]이 폐기되었고, 이단자들을 화형에 처하기 위한 새로운 법이 통과되었다.
>
> 29일. 이탈리아 예수회원 포이냐르디(Poignardi)가 왕새상서(王璽尙書)[563]로 임명되었다."

실제로 1745년 10월 28일 인신보호법은 효력이 정지되었다. 그것은 영국에서 기본으로 간주되는 법이며 국민의 자유를 향해 나아가는 대로(大路)로 간주되는 법이다. 이 법에 따르면, 왕은 어떤 시민도 24시간 이

내에 심문 없이 투옥시킬 수 없고, 보석금을 내면 재판을 할 때까지 석방해야 한다. 시민이 부당하게 체포되었다면 국무비서는 시간 단위로 고액의 배상금을 지급해야 한다.

왕은 의회의 동의 없이는 어떠한 이유로도 의원을 체포하게 할 권리가 없다. 반란이 일어났을 때 의회는 특별법에 의거해 이런 법들을 일시적으로 정지시키고, 오로지 이 기간 동안만 혐의자들의 신병을 확보할 수 있는 권한을 왕에게 부여한다. 상원과 하원 의원 중에서 그러한 뜻밖의 선물을 왕에게 준 의원은 아무도 없었다.

몇몇 의원은 여론에 의해 재커바이트라는 의심을 받고 있었다. 그리고 런던에는 은밀하게 이 재커바이트에 소속된 시민들이 있었다. 하지만 누구도 불확실한 희망에 자신의 재산과 생명을 걸려고 하지 않았다. 모두가 의심과 불안에 사로잡혀 있어서 서로 말하기를 두려워했다. 이 나라에서는 왕위를 노리는 추방된 왕자를 위해 건배하는 것은 범죄행위이다. 예전에 로마의 황제 치하에서 자기 집에 황제 경쟁자의 상(像)을 모시는 것이 범죄였던 것처럼 말이다. 런던 사람들은 왕과 왕자를 위해 건배를 했는데, 그것은 조지 2세와 그의 맏아들 웨일스 공[564]을 위한 것일 수도 있고 제임스 왕과 찰스 에드워드 왕자를 위한 것일 수도 있었다. 몰래 반란을 지지하는 자들은 아주 신중한 글을 인쇄하는 것으로 그쳐서 그 일파는 쉽게 알아차릴 수 있었지만, 정부는 그들을 처벌할 수 없었다. 이러한 종류의 글이 많이 유포되었다. 예를 들자면, 큰돈을 벌 수 있는 장래가 유망한 젊은이가 있는데 그가 아주 짧은 기간에 2만 파운드 이상의 수입을 벌어들였고 런던에 정착하기 위해 친구들이 필요하다는 것이다. 출판의 자유는 영국인들이 가장 소중히 여기는 특권의 하나이다. 대중을 끌어 모아 연설하는 것은 법적으로 허용되지 않는다. 그러나 글로 모든 국민에게 말하는 것은 허용된다. 정부는 모든 인쇄소를 조사했지만, 명백한 범법행위 없이는 인쇄소 문을 닫게 할 권리가 없기 때문에 모두 그대로 놔두었다.

에드워드 왕자가 칼라일[565]까지 진출하여 그 도시를 점령했고(1745년 11월 26일), 그의 병력이 늘어나고, 마침내 그가 잉글랜드 안까지 진입하여 런던에서 30리외 떨어진 더비(Derby)에 있다(12월 4일)는 것이 알려지자 런던의 동요가 표면화되기 시작했다. 왕자는 처음으로 부대에 잉글랜드인들을 받아들였다. 랭커스터(Lancaster) 백작의 부하 3백 명이 맨체스터 연대에 가담했다. 모든 것을 과장하는 소문이 왕자의 군대가 3만이나 된다고 떠들어댔다. 랭커스터 백작령 전체가 왕자 편에 섰다는 이야기가 돌았다. 런던의 상점과 은행들이 하루 문을 닫았다.[566]

25

찰스 에드워드 왕자의 모험 속편. 그의 패배와 불운, 그리고 지지자들의 불운

에드워드 왕자가 스코틀랜드에 상륙한 날부터 계속해서 지지자들은 프랑스의 지원을 요청했다. 에드워드 왕자의 득세와 함께 지원 요청은 더욱 거세졌다. 프랑스군에서 복무하는 몇몇 아일랜드인은 플리머스(Plymouth) 부근이라면 영국 상륙이 가능할 것이라고 생각했다. 칼레(Calais)나 불로뉴(Boulogne)에서 영국 해안까지의 횡단 거리는 짧다. 그들은 전함으로 구성된 함대를 원하지 않았다. 장비를 갖추는 데에 시간이 너무 많이 걸리고, 영국 함대가 전함의 외양만 보고도 상륙을 저지하려 나설 것이기 때문이다. 그들은 야간에 8000 내지 1만의 병사와 대포를 상륙시킬 수 있을 것이라고 주장했다. 상선들과 몇 척의 사략선만 있으면 이러한 시도가 가능하다는 것이었다. 상륙하면 곧바로 잉글랜드의 일부 지역이 프랑스군에 가담하여, 프랑스군은 런던 부근에서 왕자의 부대와 합류할 수 있을 것이라고 단언했다. 요컨대 그들은 신속하고도 전폭적인 반란이 가능하다고 주장했다. 그들은 이 작전의 책임자로 리슐리외 공작을 원했다. 공작은 퐁트누아 전투에서의 공로와 유럽에서의 명성 덕에 이 대담하고 어려운 일을 그 누구보다도 더 잘 추진할 수 있는 인물이었다. 그들의 압력이 너무나 거셌기에 마침내 그들의 요청이 받아들여졌다. 나중에 중장을 지내고 너무나 비극적인 죽음을 맞은 랄리[567]가 이 계획의 중심인물이었다. 필자는 오랫동안 그와 함께 일했는데, 그보다 더 열정적인 사람은 결코 본 적이 없다고 단언할 수 있다. 문제는 이 계획이 정말 가능하냐는 것이었다. 영국 함대에 맞서서 바다로 나간다는 것은 불가능했고, 런던에서는 이러한 시도를 터무니없는 것으로 간주했다.

프랑스는 독일 쪽 바다와 스코틀랜드 동쪽 바다를 통해 얼마 안 되는 병력과 자금을 간신히 왕자에게 전달할 수 있었다. 다행스럽게도 퍼스 공작의 동생으로 프랑스군에서 장교로 복무 중인 드러먼드 경[568]이 약간의 기동대와 스코틀랜드 국왕 연대[569] 소속 3개 중대를 이끌고 도착했다. 드러먼드는 몬트로즈에 상륙하자마자, 프랑스 왕의 명령에 의해 동맹국 스코틀랜드의 섭정 웨일스 공을 도와 하노버 선제후인 영국 왕과 전쟁을 하러 왔다는 것을 공표하게 했다. 그러자 항복 협정에 따라 프랑스 왕에게 맞서 싸울 수 없는 네덜란드군은 이 전쟁 규범에 순응하지 않을 수 없었다. 그렇게 오랫동안 교묘하게 피하더니 말이다. 런던 궁정은 그들을 네덜란드로 되돌려 보내는 대신에 6000명의 헤센(Hessen)군을 불러들였다. 이처럼 외국군이 필요하다는 것은 위기에 직면해 있다는 고백이었다. 왕자는 국민에게 합류를 권고하는 새로운 성명서들을 잉글랜드 북부와 서부에 뿌리게 했다. 그는 전쟁포로를 자기편처럼 대우할 것이라고 선언하고, 지지자들에게 현재 왕과 왕자들에 대한 위해를 금지한다고 강조했다. 목에 현상금이 걸려 있는 왕자의 것으로는 너무나 관대해 보이는 이 성명서들에 대한 반응은 오로지 국가이성에 의해서만 정당화될 수 있는 것이었다. 사형집행인이 성명서들을 불태워버렸다.

성명서들을 불태우는 것보다 왕자의 전진을 막는 것이 더 중요하고 더 필요했다. 잉글랜드 민병대들이 에든버러를 탈환했다. 랭커스터 백작령에 분산되어 있는 이 민병대들이 왕자의 식량 보급로를 끊었기 때문에 그는 왔던 길을 되돌아가야 했다. 그의 군대는 때로는 강했다가 때로는 약했다. 급료를 정확하게 지급하여 지속적으로 부대에 군사들을 붙잡아 둘 무언가가 그에게 없기 때문이었다. 그렇지만 왕자에게는 아직도 약 8000명의 병사가 남아 있었다. 적군이 6마일 떨어진 폴커크(Falkirk) 늪지대 근처에 있다는 정보를 듣자마자, 왕자는 적군이 거의 두 배나 많은데도 돌격을 감행했다. 왕자는 프레스턴팬스 전투 때와 같은 방식으로 또 마찬가지로 용맹하게 싸웠다. (1746년 1월 28일)[570] 스코틀랜드군은 잉글랜드군의 얼굴을 강타하는 폭풍우의 도움을 한 번 더 받은 덕에 잉글랜드군을 혼란에 빠뜨렸다. 하지만 얼마 못가서 스코틀랜드군은 과도한 혈기로 인해 기진맥진했다. 프랑스군의 6개 기동대가 그들을 엄호하며 전투를 지원했고 그들에게 재집결할 시간을 벌어주었다. 에드워드 왕자는 정규군 3천 명만 있으면 잉글랜드 전역을 장악했을 것이라고 언제나 말하곤 했다.

잉글랜드 용기병들이 도주하기 시작하고 잉글랜드군 전체가 뒤따랐지만, 장군과 장교들은 병사들을 저지할 수 없었다. 그들은 밤이 되어서야 야영지로 돌아왔다. 야영지는 진지가 구축되어 있었고 거의 늪으로 둘러싸여 있었다.

1차 전투에서 승리한 왕자는 더욱 세차게 쏟아지는 폭우에도 불구하고 즉시 적군의 야영지를 공격할 결심을 했다. 산악부대원들은 관습대로 전투 중에 던져버린 총을 어둠속에서 찾느라 약간의 시간을 허비했다. 왕자는 그들과 함께 2차 전투를 개시하기 위한 진군을 시작했다. 그는 칼을 든 채 적군의 야영지까지 침투했다. 야영지에는 공포가 확산되었고, 비록 손실은 그리 크지 않았지만 하루 사이에 두 차례나 패배한 영국군은 에든버러로 도주했다. 이날 전투에서 사망한 영국군은 600명이 되지 않았다. 하지만 그들은 텐트와 장비들을 왕자에게 넘겨주었다. 이 두 차례의 승리가 왕자의 명성에는 큰 도움을 주었지만 이득은 거의 없었다. 스코틀랜드로 진군해온 컴벌랜드 공작이 2월 10일 에든버러에 도착했다. 에드워드 왕자는 스털링(Sterling) 성의 포위를 풀지 않을 수 없었다. 겨울 추위는 혹독했고 식량은 부족했다. 왕자가 가장 크게 기댈 수 있는 것은 몇 개의 분견대였다. 그들은 프랑스에서 위험을 무릅쓰고 넘어오는 얼마 안 되는 병사들과 자금을 인수하기 위해, 때로는 인버네스(Inverness) 쪽으로 때로는 애버딘(Aberdeen) 쪽으로 돌아 다녔다. 대부분의 프랑스 선박들은 영국군에 감시당하고 나포되었다. 운 좋게도 피츠제임스 연대[571]의 3개 중대가 상륙했다. 작은 배 하나가 해안에 도착할 때마다, 환호성과 함께 여자들이 달려 나와 마중했다. 여자들은 장교들이 탄 말의 고삐를 잡고 인도했다. 그들은 아주 사소한 도움도 막대한 지원이나 되듯이 떠벌렸다.[572] 그렇지만 에드워드 왕자의 군대에 대한 컴벌랜드 공작의 압박은 계속되었다. 왕자의 군대는 인버네스로 퇴각했다. 이 지역 전체가 그의 편이 아니었다. 컴벌랜드 공작은 스피어 강을 건너 인버네스로 진격해왔다(1746년 4월 23일).[573] 결전을 치러야 했다.

왕자에게는 폴커크 전투 때와 거의 같은 수의 군대가 있었다. 컴벌랜드 공작에게는 15개 보병 대대와 9개 기병 대대 그리고 1개 산악부대가 있었다. 당연히 영국군이 수적으로 우세했다. 그들은 기병대와 잘 훈련된 포병대가 있어서 크게 우세했다. 더구나 그들은 산악부대들의 전투 방식에 익숙해져서 더 이상 당황하지 않았다. 그들은 컴벌랜드 공작이 보는 앞에서 지난번 패배의 수치를 씻어야 했다. 1746년 4월 27일[574] 오후 2시, 양쪽 군대는 컬로든(Culloden)이라는 곳에서 대치했다. 산악부대들은 평상시처럼 몹시 가공스러운 공격을 감행하지 못했다. 완패였다. 경상을 입은 왕자는 황급하기 짝이 없는 도주 대열에 끼었다. 전투에서 중요한 것은 장소와 시간이다. 이번 전쟁 중에 독일, 이탈리아, 플랑드르에서 거의 10만에 달하는 병사들 간의 전투들이 있었지만 이 전투들은 중요한 결과를 이끌어내지 못했다. 하지만 1만 1천의 군대와 7000~8000의 군대가 맞붙은 컬로든 전투는 세 왕국의 운명을 결정지었다. 이 전투에서 반군은 전사자가 900명이 되지 않았다. 그들은 이 패전 때문에 스코틀랜드에서도 반군이라 불리게 되었다. 포로는 320명에 불과했다. 나머지는 모두 인버네스 쪽으로 도주했고 승리자들이 추적했다. 100여 명의 장교를 대동한 왕자는 인버네스에서 3마일 떨어진 네스(Ness) 강에 뛰어들어 헤엄쳐서 건너지 않을 수 없었다. 강 건너편에 도착한 그는 멀리서 불길이 치솟는 것을 보았다. 불길 속에서 500~600명의 산악부대원들이 죽어가고 있었다. 승자가 헛간에 불을 지른 것이다. 왕자는 패자들의 비명을 들었다.

왕자의 군대에는 여러 명의 여성이 있었다. 그 한 여성이 시포드(Seford) 부인이었다. 그녀는 자신이 데려온 산악부대원들의 선두에 나서서 싸웠다. 그녀는 추적을 피했지만 다른 4명의 여성은 붙잡혔다. 프랑스군의 모든 장교는 전쟁포로가 되었다. 에드워드 왕자 곁에서 프랑스 대신의 역할을 담당한 장교는 인버네스에서 포로가 되었다. 이 결정적인 전투에서 잉글랜드군 전사자는 50명에 불과했고 부상자는 259명이었다.[575]

컴벌랜드 공작은 5000파운드(프랑스 돈으로 약 11만 5천 리브르)를 병사들에게 나누어주게 했다. 런던 시장에게서 받은 돈이었다. 그 돈은 몇몇 시민이 승전 시에만 나누어주라는 조건으로 기부한 것이다. 이 특이한 사실은, 돈이 많은 편이 이기게 마련이라는 점을 한 번 더 입증했다. 승자들은 패자들에게 잠시도 쉴 틈을 주지 않고 사방에서 추적했다. 졸병들은 산악지대나 오지로 쉽게 피신했다. 장교들은 달아나기가 더 힘들었다. 장교들은 배신을 당하고 넘겨지거나 사면을 바라고 스스로 항복하기도 했다. 에드워드 왕자, 설리번, 셰리단 그리고 몇 명의 지지자는 폐허가 된 오거스터스 요새(Fort Augustus)로 몸을 피했지만 이내 그곳에서 빠져나와야 했다. 왕자는 갈수록 추종자들이 줄어드는 것을 알아차렸다. 그들 사이에 분열이 일어나서 패전을 서로의 탓이라고 비난했다. 앞으로의 거취에 대한 논쟁도 격렬해졌다. 여럿이 빠져나갔고 이제는 셰리단과 설리번만 남았다. 그들은 왕자가 프랑스를 출발할 때부터 따라다닌 사람들이다.

왕자는 그들과 함께 5일 밤낮을 걸으며 거의 한순간도 휴식을 취하지 못했다. 식량도 부족했다. 적들은 왕자의 종적을 따라오고 있었다. 주변이 온통 그를 찾는 병사들로 가득 차 있고, 그의 목에 걸린 현상금 때문에 병사들은 더욱더 열심이었다. 그가 겪은 참담한 운명은 모든 면에서, 큰할아버지 찰스 2세[576]가 컬로든 전투만큼이나 치명적인 워스터(Worcester) 전투 이후 겪을 수밖에 없었던 운명과 닮았다. 그의 가문 전체를 휩쓴 일련의 참화만큼 기이하고 끔찍한 참화는 지상에서는 그 유례를 찾을 수가 없다. 그는 유배지에서 태어났고 그곳을 벗어나긴 했지만 그 결과는 참담하기 짝이 없었다. 몇 번의 승리 후에 지지자들은 교수대로 끌려갔고 자기 자신은 산 속으로 달아난 것이다. 합법적인 왕위 계승자로 인정되었으나 요람에서 왕궁과 조국으로부터 추방당한 그의 아버지 역시 그처럼 여러 가지 시도를 했지만 지지자들만 처형되었을 뿐이었다. 이 기나길고 유례없는 공통의 불운이 끊임없이 왕자의 가슴에 사무쳤지만, 왕자는 희망을 잃지 않았다. 그는 상처에 깁스도 하지 못한 채 아무런 도움도 받지 못하고 적진을 뚫고 걸어서 나아갔다. 마침내 그는 스코틀랜드 북서부에 있는 애러식(Arisaig)이라는 이름의 작은 항구에 도착했다.[577]

행운이 그를 위로해주려는 듯했다. 프랑스 낭트의 두 선주가 왕자에게 자금, 병력, 식량을 가져다주려고 출항했다. 하지만 그들이 해안에 닿기 전에, 왕자는 안전을 담보할 수 있는 유일한 장소에서 떠나지 않을 수 없었다. 그를 찾아내려는 부단한 수색 작업 때문이었다. 애러식에서 몇 마일 떨어진 곳에 이르렀을 때 그는 두 척의 배가 도착했다가 다시 돌아가 버렸다는 소식을 들었다. 이 뜻밖의 사태로 그의 불운은 더욱 가중되었다. 계속 달아나서 몸을 숨겨야 했다. 그를 지지하는 아일랜드인 가운데 한 사람인 오넬(Onel)은 에스파냐를 위해 일하고 있었다. 잔인한 곤경에 처한 왕자와 합류한 오넬은 스토너웨이(Stornoway)라는 이름의 가까운 작은 섬에서 안전한 은신처를 찾을 수 있다고 말했다. 그 섬은 스코틀랜드 북서부에 있는 마지막 섬이었다. 그들은 어선에 몸을 싣고 이 은신처에 도착했다. 하지만 해안에 내리자마자 그들은 컴벌랜드 공작 군대의 분견대가 섬에 있다는 것을 알게 되었다. 왕자와 지지자들은 끈질긴 추적을 피하기 위해 늪지대에서 밤을 보내야 했다. 새벽에 그들은 타고 온 작은 배로 되돌아가, 식량도 없이 어느 항로로 가야 할지도 모르는 상태로 다시 항해를 감행했다. 2마일 정도를 나아갔을 때 그들은 적선들에 둘러싸였다.

거의 접안이 불가능한 작은 무인도 해변의 바위들 사이로 피하는 것 외에는 다른 살 길이 없었다. 다른 때 같았으면 가장 잔인한 불운으로 간주되었을 일이 그들에게는 유일한 살길이었다. 그들은 바위 뒤로 배를 숨기고, 이 오지에서 영국 선박들이 멀어지기를 아니면 죽음이 이 재앙을 끝내러 와주기를 기다렸다. 왕자와 지지자들 그리고 선원들에게 남은 것이라고는 불행한 목숨을 유지하는 데 필요한 약간의 브랜디뿐이었다.

우연히 마른 생선 몇 마리가 발견되었다. 폭풍우에 몰린 어부들이 해안에 남겨놓은 것들이었다. 그들은 적군의 배가 더 이상 보이지 않자

노를 저어 이 섬 저 섬을 찾아다녔다. 왕자는 프랑스에서 왔을 때 상륙했던 바로 그 위스트(Wist) 섬에 배를 대었다. 그곳에서 그는 약간의 지원과 휴식을 얻었다. 하지만 이 하찮은 위안도 지속되지 못했다. 3일 후 컴벌랜드 공작의 민병대가 이 새로운 은신처에 도착한 것이다. 죽거나 포로가 되는 것을 피할 수 없을 것 같았다. 왕자와 두 명의 동료는 3일 밤낮을 동굴에 숨어 있었다. 다시 배를 타고 다른 무인도로 피한 것은 정말 행운이었다. 그곳에서 그는 브랜디, 보리 빵, 소금에 절인 생선을 먹으며 일주일을 머물렀다. 이 오지에서 벗어나 스코틀랜드로 돌아가려면, 해안을 순시하는 영국군에게 잡힐 위험을 감수하지 않을 수가 없었다. 굶주려 죽거나 아니면 위험을 감수해야 했다.

그들은 다시 바다로 나아갔고 밤중에 해안에 도착했다. 그들은 해변을 헤매고 다녔다. 옷이라곤 너덜너덜해져 누더기가 된 산악부대원의 옷밖에 없었다. 새벽녘에 그들은 말을 타고 젊은 하인을 거느린 아가씨 한 명을 만났다. 그들은 위험을 무릅쓰고 그녀에게 말을 걸었다. 그 아가씨는 스튜어트 왕가에 충실한 맥도널드 가문의 여자[578]였다. 승리를 거두던 시절에 그녀를 본 적이 있는 왕자가 그녀를 알아보았고 자신의 신분을 알렸다. 그녀는 왕자의 발아래 무릎을 꿇었다. 왕자와 동료들 그리고 그녀는 울음을 터뜨렸다. 너무나 기막히고 너무나 애처로운 이 만남에서 맥도널드 양은 당면한 왕자의 위험 때문에 더욱더 눈물을 쏟았다. 그들은 체포당할 위험을 감수하지 않고서는 한 걸음도 움직일 수 없었다. 맥도널드 양은 자신이 알고 있는 신뢰할 만한 산골 주민의 오두막 근처에 있는 산기슭의 동굴을 알려주며 그곳에 숨어 있을 것을 왕자에게 권했다. 그녀는 이 은신처로 그를 데리러 오거나, 아니면 그를 안내해 주는 일을 맡을 믿을만한 사람을 보내주겠다고 약속했다.

왕자는 충성스러운 동료들과 함께 동굴 속에 다시 틀어박혔다. 산골

농부는 그들에게 약간의 보릿가루를 물에 타서 제공했다. 이 형편없는 장소에서 이틀을 보냈는데도 아무도 도우러 오지 않자 그들의 걱정과 비탄은 극에 달했다. 주변지역은 모두 민병대원들로 가득 차 있었다. 이 도망자들에게는 더 이상 식량이 남아 있지 않았다. 왕자는 고통스러운 병으로 쇠약해져 갔다. 그의 몸은 궤양성 종양으로 뒤덮였다. 이러한 상태, 그가 겪은 고통, 두려워해야 할 모든 것이 인간의 본성이 경험할 수 있는 가장 끔찍하고 엄청난 재앙의 정점을 이루었다. 하지만 왕자는 무너지지 않았다.

마침내 맥도널드 양이 동굴로 특사를 보냈다. 특사는 본토에서의 은신은 불가능하다는 것을 알려주었다. 다시 벤베큘러(Benbecula)라는 작은 섬으로 도주해서, 그들이 정해주는 가난한 귀족의 집에 피신해 있어야 한다는 것이다. 맥도널드 양이 그곳에 있을 것이고, 그들의 안전을 위해 어떤 조치를 취해야 할지 알게 될 것이라고 했다. 그들은 본토로 타고 온 바로 그 배로 벤베큘러 섬으로 갔다. 그들은 그 귀족의 집을 향해 걸었다. 맥도널드 양은 그들을 만나러 가려고 몇 마일 떨어진 곳에서 배에 올랐다. 하지만 섬에 도착하자마자 그들은 은신하려고 계획한 집의 귀족이 모든 가족과 함께 밤사이에 납치되었다는 것을 알았다. 왕자와 동료들은 다시 늪지대에 몸을 숨겼다. 오넬이 정찰을 나갔다. 그는 한 초가집에서 맥도널드 양을 만났다. 맥도널드 양은 자신이 가져온 하녀의 옷을 왕자에게 입혀서 왕자를 구할 수 있다고 말했다. 하지만 그녀가 구할 수 있는 사람은 왕자뿐이고, 한 사람이라도 더 있으면 의심을 받을 것이라고 했다. 동료 두 사람은 자신들의 안위보다 왕자의 구출을 망설이지 않고 선택했다. 그들은 눈물을 흘리며 헤어졌다. 찰스 에드워드 왕자는 하녀의 옷을 입고서 베티(Betty)라는 이름으로 맥도널드 양을 뒤따랐다. 이렇게 변장을 했어도 위험은 끊이지 않았다. 맥도널드 양과 변장한 왕자는 우선 스코틀랜드 서쪽의 스카이(Skye) 섬으로 피신했다.

그들은 한 귀족의 집에 머물렀는데, 갑자기 적군의 민병대가 집을 포위했다. 왕자가 직접 병사들에게 문을 열어주었다. 다행히도 그의 신분이 발각되지 않았다. 하지만 왕자가 이 성 안에 있다는 것이 곧 섬 전체에 알려졌다. 왕자는 맥도널드 양과 헤어져서 홀로 자신의 운명에 몸을 맡겨야 했다. 그는 뱃사공 한 사람만 대동하고 꼬박 10리외를 걸었다. 기아에 허덕여서 쓰러지기 직전에 왕자는, 주인이 자신의 지지자가 아니라는 것을 잘 아는 집으로 위험을 무릅쓰고 들어갔다. 왕자가 집주인에게 말했다. "왕의 아들이 당신에게 빵과 옷을 구하러 왔소. 당신이 적이라는 것을 알지만, 나의 신뢰와 불행을 악용하지 않을 정도의 덕성을 갖고 있다고 믿소. 내 몸을 덮고 있는 이 초라한 옷가지들을 받아서 간직하시오. 언젠가는 영국 왕궁에 있는 나한테 이것들을 가져다 줄 수 있을 것이오." 그의 말을 들은 귀족은 의당 그래야 하는 것처럼 감동을 받았다. 그는 이 가난한 지역의 사정이 허용하는 한에서 왕자를 서둘러 도왔고 비밀을 지켜주었다.

이 섬에서 왕자는 다시 스코틀랜드로 되돌아왔고, 그에게 헌신적인 모어럴(Morar) 부족 거주지로 갔다. 이어서 왕자는 로카버(Lochaber)와 배드나치(Badenoch) 지역을 떠돌아다녔다. 바로 그곳에서 왕자는 은인인 맥도널드 양과 자신을 도와준 거의 모든 사람이 체포되었다는 것을 알게 되었다. 그는 궐석재판으로 유죄판결을 받은 지지자들의 명단을 보았다. 그것은 영국의 '사권박탈법'[579]에 의한 처벌이었다. 그는 여전히 위험에 처해 있었다. 처형을 당하게 될 지지자들이 투옥되었다는 소식만 들려왔다.

당시 프랑스에는 왕자가 적들에게 잡혔다는 소문이 퍼졌다. 베르사유에서 왕자의 일을 맡아 보던 대리인들은 경악했고, 그의 선처를 호소하는 편지라도 쓰게 해달라고 루이 15세에게 간청했다. 프랑스에는 여러 명의 영국 전쟁포로들이 있었다. 왕자의 지지자들은 이러한 점을 고려할 때, 영국 궁정의 복수를 제지하고 교수대에 흘러넘치게 될 유혈을 방지할 수 있을 것이라 생각했다. 당시 육군 담당 국무비서의 형이고 외무 담당 국무비서인 아르장송 후작[580]은 네덜란드 공화국 대사 판 호이(Van Hoey)에게 중재를 부탁했다. 이들 두 대신은 한 가지 점에서 서로 닮았는데, 이것이 그들을 거의 모든 정치가와 다르게 만들었다. 그것은 다른 사람들이 정략만을 일삼는 곳에 항상 정직함과 인정을 쏟아 넣는다는 점이었다.

판 호이 대사는 영국 국무비서 뉴캐슬 공작[581]에게 장문의 편지를 썼다. 대사는 공작에게 말했다. "인간의 상호 파멸을 부추기기 위해 반목이 낳은 이 위험한 조치를 포기해주시기 바랍니다. 왕들의 영광과 신민의 구원이라는 신성한 계율을 복수, 증오, 불신, 탐욕으로 대체하는 파렴치한 정책 말입니다."

이러한 권고는 내용과 표현이 우리 시대가 아닌 다른 시대에 속한 것처럼 보였다. 그 권고는 '훈계'로 규정되었고, 영국 왕의 마음을 누그러뜨리기는커녕 감정을 상하게 했다. 영국 왕은 네덜란드 대사가 반란을 일으킨 신하들에게 자신이 취해야 할 행위에 관련된 적국 왕의 훈계를 감히 자기에게 보냈다는 사실을 지적하며 네덜란드 전국신분의회에 불만을 전하게 했다. 뉴캐슬 공작은 그것이 터무니없는 소행이라고 썼다.

네덜란드 전국신분의회는 대사를 강하게 질책하고, 뉴캐슬 공작에게 사과하고 잘못을 시정하라고 명령했다. 자신에게 아무 잘못이 없다고 생각하면서도 판 호이 대사는 명령에 따라, 자신이 실수했다면 인간이기에 어쩔 수 없는 불행이었다고 편지를 썼다. 그는 정치의 법칙을 위반했을 수 있지만 인간의 법칙을 위반하지는 않았다는 것이다. 뉴캐슬 공작과 네덜란드 전국신분회의는 프랑스 왕이 스코틀랜드인들을 위해 개입

할 권리가 충분히 있다는 것을 알았어야 했다. 그들은 영국 왕 찰스 1세[582] 해군의 도움을 받은 라로셸(La Rochelle)이 지원의 보람도 없이 루이 13세[583]에 의해 점령되었을 때,[584] 찰스 1세가 프랑스 왕에게 기사 몬테규[585]를 보내 반란을 일으킨 라로셸 주민들에게 용서를 베풀어 달라고 부탁했고 루이 13세가 그 간청을 받아들였다는 사실을 알았어야 했다. 영국 대신에게는 그와 같은 관용이 없었다.

그는 찰스 에드워드 왕자를 비열한 인간으로 만드는 작업에 착수했다. 왕자가 그만큼 공포의 대상이었기 때문이다. 그들은 컬로든 전투에서 탈취한 깃발들을 에든버러로 공개리에 옮기게 했다. 왕자의 깃발은 사형집행인이 들고 다른 깃발들은 굴뚝소제부들에게 맡겼다. 사형집행인은 그 깃발들을 광장에서 모두 불태워버렸다. 이러한 장난이 전주곡이었고 유혈 비극이 뒤를 이었다.

1746년 8월 10일 먼저 장교 17명의 사형이 집행되었다. 가장 중요한 인물은 맨체스터 연대 연대장 타운리(Townley)였다. 그는 8명의 장교와 함께 사립짝에 실려 런던 부근 케닝턴(Kennington) 평야의 처형장으로 끌려왔다. 영국인들은 그들을 교수형에 처한 다음 심장을 꺼내 그것으로 그들의 얼굴을 때리고 그들의 팔다리를 가리가리 찢었다. 이러한 형벌은 고대 야만의 잔재이다. 옛날에는 죄인이 살아서 숨을 쉬고 있을 때 그 심장을 꺼내곤 했다. 오늘날엔 죄인을 교수형에 처한 다음에야 비로소 이 참혹한 형벌을 가한다. 죄인들의 죽음은 덜 잔인해졌지만, 사용되는 피비린내 나는 도구가 대중을 오싹하게 만드는 역할을 한다. 그들은 죽기 전에 하나같이 자신은 대의를 위해 죽는다고 항변하며, 바로 그 대의를 위해 싸우라고 백성들을 부추겼다. 이틀 후에는 3명의 스코틀랜드 귀족이 참수형에 처해졌다.

알다시피 영국에서는 법률로 영주(lord)들만, 다시 말해 공작 등[586]만 귀족(peer)으로 간주한다. 그들은 대역죄에 대해서 일반 국민들과는 다른 방식으로 재판을 받는다. 그들의 재판을 주재하는 귀족이 선정되는데, 그에게는 '왕실 집사장'[587]이라는 직위가 주어진다. 이 직위는 '그랑 세네샬(grand sénéchal)'[588]과 거의 비슷하다. 영국 귀족들은 그의 명령을 받는다. 그는 자신의 인장으로 봉인한 라틴어 편지에 의해, 웨스트민스터의 큰 홀로 귀족들을 소환한다. 그가 판결을 내리기 위해서는 최소한 귀족 12명이 동의해야 한다. 회의는 최고로 성대하게 진행된다. 그는 닫집 아래 좌정한다. 왕의 서기가 위임장을 문장(紋章)사령관[589]에게 건네면, 문장사령관은 무릎을 꿇고 왕실 집사장에게 바친다. 6명의 왕홀 봉송인이 항상 왕실 집사장을 수행하며, 그가 홀에 갈 때와 나올 때 그의 사륜마차 문을 지킨다. 심리가 진행되는 동안 그는 하루에 100기니를 받는다. 기소당한 귀족이 그와 판결을 맡은 귀족들 앞에 불려오면, 근위병이 고대 프랑스어로 "귀를 기울이세요(Oyez)"라고 크게 세 번을 외친다. 집행관이 피고인 앞에 도끼를 가져와 그 날이 왕실 집사장 쪽을 향하게 놓는다. 사형 판결이 내려지면 도끼날을 피고인 쪽으로 돌려놓는다.

(1746년 8월 12일) 이렇게 음산한 의식과 더불어 웨스트민스터 탑에서 세 명의 스코틀랜드 귀족 발메리노,[590] 킬마르노크,[591] 크로마티[592]를 데려왔다. 대상서[593] 하드위크 백작이 왕실 집사장 직무를 수행했다. 그들 셋은 찰스 에드워드 왕자를 위해 무기를 들었다는 것이 입증되었고 법에 따라 교수형과 능지처참형을 언도받았다. 왕실 집사장은 그들에게 판결을 선고하면서 왕께서 왕의 특권으로 형벌을 참수형으로 바꾼다는 것을 알렸다. 아이가 8명인 데다가 9번째 아이를 가진 크로마티 경의 아내는 가족을 이끌고 왕의 발밑에 엎드려 남편의 사면을 받아냈다.

(8월 29일)[594] 다른 두 명은 사형이 집행되었다. 교수대에 올라선 킬마르노크는 뉘우치는 것 같았다. 발메리노는 교수대에서도 불굴의 용기를

보였다. 그는 자신이 입고 싸웠던 바로 그 군복을 입고 죽기를 원했다. 웨스트민스터 탑 사령관이 관습에 따라 “조지 전하 만세”라고 외치자 발메리노는 큰소리로 맞받았다. “제임스 전하, 세자 저하 만세”. 그는 재판관들에게 용감히 맞선 것처럼 죽음에도 용감하게 맞섰다.

거의 매일 사형 집행이 이루어졌고, 감옥은 죄인들로 가득 찼다. 에드워드 왕자의 비서 머리[595]는 영국 왕이 어떤 위험에 처했었는지를 알려주는 비밀을 정부에 털어놓음으로써 목숨을 구했다. 그는 실제로 런던과 지방에 숨겨진 일당이 있으며 그 일당이 막대한 금액을 제공했다는 것을 알려주었다. 그러나 이러한 고백이 충분히 자세하지 않았든지 아니면 정부가 불쾌한 수색작업으로 국민의 감정을 자극할까 두려워했든지 간에, 반란에 명백히 가담한 사람들을 기소하는 것으로 그쳤다. 요크에서 10명, 칼라일에서 10명, 런던에서 47명이 처형되었다. 11월에는 병사와 하급 장교들에게 제비를 뽑게 해서 그중 스무 번째는 죽이고, 나머지는 식민지로 이송시켰다. 같은 달에 펜리스(Penrith), 브럼튼(Brampton), 요크에서 70명, 칼라일에서 10명, 런던에서 9명이 목숨을 빼앗겼다. 에드워드 왕자가 칼라일을 점령하고 있을 때 경솔하게도 주교직을 부탁한 성공회 신부는 주교복을 입은 채로 교수대로 끌려갔다. 그는 제임스 왕가를 위해 대중에게 열렬히 설교했고, 자신처럼 이번 분쟁에서 목숨을 잃는 모든 사람을 위해 신에게 기도를 올렸다.

가장 동정할 만한 운명의 소유자는 디런트워터 경[596]이었다. 그의 형[597]은 1716년에 런던에서 참수형을 당했다. 스튜어트 왕가를 위해 싸운 탓이었다. 그의 형은 아직 어린아이인 아들을 교수대에 오르게 해서 이렇게 말했다. “나의 피를 뒤집어쓰고 네가 섬기는 왕들을 위해 죽는 법을 배워라.” 당시 형과 같이 사형 선고를 받았다가 탈옥하여 프랑스군에 들어간 디런트워터 경은 자신이 에드워드 왕자에게 도움이 될 수 있다는 것을 알게 되자마자 영국으로 되돌아왔다. 하지만 그가 아들과 여러 명의 장교를 대동하고 무기와 자금을 실은 선박이 영국군에 나포되었다. 그도 형과 마찬가지로 당당하게 죽음을 맞이했다. 그는 프랑스 왕이 자기 아들을 돌봐줄 것이라고 말했다. 영국 왕의 신하로 태어나지 않은 이 젊은 귀족은 풀려나서 프랑스로 되돌아왔고, 프랑스 왕은 정말로 그와 그의 누이에게 연금을 하사함으로써 그의 아버지가 기대한 바를 실행에 옮겼다.

사형집행인의 손에 죽은 마지막 귀족은 80세의 로바트 경[598]이었다. 이 시도의 최초 주동자가 바로 그였다. 그는 1740년부터 토대를 구축해 왔다. 불만 세력의 중심이 은밀히 그의 집에서 모였다. 1743년 찰스 에드워드 왕자가 배에 몸을 실었을 때 그는 스코틀랜드 씨족들을 봉기시키기로 했다. 그는 가능한 한 목숨을 연명하기 위해 법률이라는 대책을 이용했지만, 결국 교수대에서 삶을 마감했다. 그렇지만 그는 세련되고 능란하게 살아온 영혼의 위대함을 보이며 죽었다. 그는 목이 잘리기 직전에 큰 소리로 호라티우스[599]의 시구를 읊었다. "조국을 위해 죽는 것은 행복하고도 영광스럽도다(Dulce et decorum est pro patria mori)."

정말 기이하고 영국에서만 벌어질 수 있는 일은, 젊은 옥스퍼드 대학생 페인터(Painter)가 그 늙은 죄인을 대신해서 죽기를 자청했다는 것이다. 재커바이트 당에 헌신적인 페인터는 열렬한 상상력의 소유자들에게 너무나 많은 놀라운 일을 일으킨 이 광신에 도취되어 있었다. 페인터는 간절한 탄원을 올렸지만 아무도 들으려 하지 않았다. 그 젊은이는 로바트를 만난 적이 없었지만, 로바트가 모반의 우두머리라는 것을 알고 있었고, 그를 존경할 만하며 꼭 필요한 인물이라 생각했다.

영국 정부는 과거에 대한 복수를 하는 동시에 미래를 위한 조치를 취했다. 정부는 스코틀랜드 국경 부근에 계속 머무는 민병대를 조직했다.

모든 스코틀랜드 영주는 자신과 자신의 씨족을 묶어주는 사법권을 박탈당했다. 정부에 계속 충성한 지도자들은 연금과 다른 특혜를 보상으로 받았다.

프랑스 국내에 에드워드 왕자의 운명에 대해 불안감이 널리 퍼져 있는 가운데 6월 두 척의 소형 프리깃함을 출발시켰다. 그 배들은 다행히 스코틀랜드 서쪽 해안에 도착했다. 그곳은 왕자가 이 불행한 모험을 시작했을 때 배에서 내린 곳이었다. 그 지역과 로카버 해안 근처의 여러 섬을 돌며 왕자를 찾으려 했지만 헛일이었다. 마침내 9월 29일, 왕자는 수많은 새로운 위험을 뚫고 먼 길을 돌아서 그를 기다리는 사람들이 있는 곳에 도착했다. 신기한 점은, 그 두 척의 배가 상륙하여 정박해 있다가 출발한 것을 아무도 영국군에 알리지 않았다는 것이다. 그 정도로 모두가 왕자를 지지하고 있었다는 것을 알 수 있다. 왕자를 태운 배는 프랑스 브레스트(Brest)가 보이는 곳까지 왔지만 항구 바로 앞에 영국 소함대가 있었다. 왕자 일행은 먼바다로 다시 나갔다가 브르타뉴 해안 근처 모를레(Morlaix) 쪽으로 되돌아왔다. 그곳에도 영국 소함대가 있었다. 왕자 일행은 위험을 무릅쓰고 적군의 배들 사이를 통과했다. 마침내 왕자는 헤아릴 수 없이 많은 불운과 위험을 겪고 나서 1746년 10월 10일 브르타뉴 생폴드레옹(Saint-Pol-de-Léon) 항에 도착했다. 그와 마찬가지로 적군의 추적을 피한 지지자 몇 명과 함께였다. 이렇게 해서 모험은 끝났다. 그것은 기사도의 시대였다면 성공했을지도 모르지만 군기(軍紀), 대포, 그리고 무엇보다도 돈이 모든 것을 좌우하는 시대에는 성공을 거둘 수 없는 모험이었다.

에드워드 왕자가 스코틀랜드의 산악지대와 섬들을 헤매고 다니는 동안, 그의 지지자들이 사방에서 처형당하는 동안, 그에게 승리를 거둔 컴벌랜드 공작은 런던에 개선하여 열렬한 환영을 받았다. 의회는 이미 그

재커바이트 반란을 평정한 컴벌랜드 공작, 윌리엄 왕자(1721~1765)

가 받고 있는 연금 외에 2만 5천 파운드의 연금을 더 수여했는데, 그것은 프랑스 돈으로는 거의 55만 리브르에 해당하는 거금이다. 영국 국민을 대리하는 의회가 다른 나라들의 군주가 하는 일을 한 것이다.

에드워드 왕자에게 닥친 재앙은 아직도 끝나지 않았다. 프랑스로 도피했지만, 평화조약[600]을 통해 그의 추방을 요구하는 영국인들을 만족시키기 위해 프랑스를 떠나라는 통보를 받았기 때문이다. 수없이 많은 고난에 의해 단련된 그의 용기는 어찌할 수 없는 상황에 굴복하려고 하지 않았다. 그는 자신에게 쏟아지는 충고, 간청, 명령들에 맞서며 자신을 버리지 않겠다는 약속을 지켜야 한다고 주장했다. 그의 신병을 확보하는 수밖에 없다고 판단했다. 왕자는 체포되어 포박되었고 투옥되었다가 프랑스 밖으로 축출되었다.[601] 이는 300년[602] 동안 스튜어트 왕조를 괴롭힌 운명의 마지막 일격이었다.

이때부터 찰스 에드워드 왕자는 세상과 단절하고 은둔해 살았다. 사소한 불운에 대해 불평하는 사람들이 있다면, 이 왕자와 그 선조들의 운명을 기억하기 바란다.▪

▪ (볼테르가 1763년에 붙인 원주) 이 모든 사건의 전말은 왕자를 오랫동안 수행하며 행운과 불운을 함께 한 인물의 구술에 의거하여 1748년에 쓴 것이다. 왕자의 이야기는 '1741년 전쟁의 기록' 속에 포함되었다. 그 원고의 일부를 훔치고 왜곡하여 팔아먹은 자들은 이 이야기의 존재는 전혀 알지 못했다.

26

프랑스 왕은 평화조약을 제안했으나 그 체결에 실패하고 라우펠트 전투에서 승리를 거둔다. 베르헌옵좀을 공격하다. 마침내 러시아군이 동맹군 지원을 위해 진군한다.

이러한 운명적 사건이 영국에서 파국을 향해 나아가고 있을 때, 루이 15세는 정복을 마무리하고 있었다. 그가 함께 하지 않은 모든 곳은 불행한 결과를 얻었고, 그가 삭스 원수와 함께 한 모든 곳은 승리를 거두었다. 루이 15세는 더 이상 서로 파괴할 구실이 없는 모든 진영에 꼭 필요한 평화조약을 계속해서 제안했다. 신임 네덜란드 총독은 권력을 강화해야 할 집권 초기에 전쟁을 계속하는 것이 이롭지 않은 것 같았다. 더구나 아직 후원금을 조금도 받지 못하고 있었다. 하지만 프랑스 궁정에 대한 반감이 너무나 크고 오래전부터의 불신이 너무나 뿌리 깊어서, 한 전국신분의회 의원이 취임식 날 총독을 소개하면서 이렇게 말할 정도였다. "야심에 가득 차 있고 배신을 밥 먹듯 하며 조약준수 서약을 무시하는 이웃 나라에 대항할 지도자를 우리 공화국은 필요로 하고 있습니다." 평화 교섭이 진행되고 있는 과정에서 나온 말로는 부적절한 것이었다. 루이 15세는 그 말에 대하여 자신의 승리를 남용하지 않는 것으로 대응했을 뿐이다. 훨씬 더 놀랍게 여겨야 할 것은 바로 이 점이었다.

조약준수 서약에도 불구하고 프랑스인들이 마리아 테레지아가 선조들에게서 상속받은 유산을 박탈하려고 했다는 것에 대해 여전히 분노하고 있던 빈 궁정은 모든 사람의 마음속에 이처럼 지독한 앙심을 심어놓았다. 프랑스는 뉘우치고 있었다. 하지만 동맹국들은 뉘우침으로는 만족할 수 없었다. 런던 궁정은 브레다 회의가 열리는 동안 유럽을 선동했다. 루이 15세에게 새로운 적을 만들어주기 위해서였다.

마침내 조지 2세의 내각은 머나먼 북쪽에서 어마어마한 지원군을 보내게 했다. 표트르 1세의 딸인 러시아 여제 옐리자베타 페트로브나는 5만의 병력을 리보니아[603]로 진군시켰고, 50척의 갤리 선을 지원할 것을 약속했다. 그 병력과 갤리 선들은 10만 파운드만 내면 영국 왕이 원하는 곳은 어디든지 가도록 되어 있었다. 영국군에서 복무하는 하노버군 1만 8천 명의 비용은 그것의 4배였다. 오래전에 시작된 이 협상은 1747년 6월에야 비로소 결실을 거둘 수 있었다.

그토록 멀리서 그 정도의 대규모 지원군이 오는 것은 유례가 없는 일이었다. 표트르 대제가 광대한 러시아의 모든 것을 바꿈으로써 유럽의 대대적인 변화를 준비해 왔다는 사실을 이보다 더 잘 증명해주는 것은 없었다. 하지만 지구의 끝이 들썩거리는 동안에도 프랑스 왕은 정복을 진척시켰다. 네덜란드령 플랑드르도 다른 요새들만큼 빠른 속도로 점령했다. 삭스 원수의 원대한 목표는 마스트리히트를 점령하는 것이었다. 마스트리히트는 이탈리아의 거의 모든 도시처럼 전투에서 승리했다고 해서 쉽게 점령할 수 있는 요새가 아니었다. 마스트리히트를 점령한 후에는 네이메헌(Nijmegen) 차례이다. 그렇게 된다면 러시아군이 지원하러 오기 전에 네덜란드인들이 평화조약을 요구할 가능성이 높았다. 그렇지만 대규모 전투를 벌여 완승을 거두지 않고서는 마스트리히트를 포위할 수 없었다.

루이 15세는 군의 선봉에 섰다. 동맹군은 루이 15세와 마스트리흐트 사이에서 야영 중이었다. 컴벌랜드 공작이 여전히 동맹군을 통솔하고 있었다. 바티아니 원수[604]는 오스트리아군을, 발데크 공은 네덜란드군을 지휘하고 있었다.

(1747년 7월 2일) 루이 15세는 전투를 원했고, 삭스 원수는 전투 준비를 했다. 결과는 리에주 전투 때와 같았다. 프랑스군이 승리를 거두었지만,[605] 마스트리흐트 포위라는 주요 목표를 달성할 수 있을 정도로 동맹군을 완파한 것은 아니었다. 동맹군은 패배 후에 도시 안으로 퇴각했고, 루이 15세는 두 번째 승리의 영광과 더불어 네덜란드령 브라반트에서 마음대로 작전을 펼칠 수 있게 되었다. 영국군은 이 전투에서도 가장 용감하게 저항했다. 삭스 원수는 직접 몇 개 여단을 이끌고 돌격을 감행했다. 프랑스군은 황제 카를 7세의 이복동생인 바이에른 백작,[606] 소장이며 전도유망한 젊은이 프룰레 후작(Froulai), 아일랜드 부대에서 명성이 자자했던 딜런(Dillon) 연대장, 뛰어난 장교인 준장 에를라크(Erlach), 오티샹(Autichamp) 후작, 브뤼셀 공성전에서 전사한 오브테르의 형 오브테르 백작을 잃었다. 전사자는 상당히 많았다. 대사로서 큰 명성을 얻은 인물[607]의 아들인 보나크 후작[608]은 다리 한쪽을 잃었다. 젊은 세귀르 후작은 한쪽 팔을 잃었다. 세귀르 후작은 전에 입었던 부상[609]으로 오랫동안 병상에서 죽음과 싸웠다. 그런데 부상에서 회복되자마자 이렇게 다시 부상을 당해 또다시 죽음의 위험에 처한 것이다. 루이 15세는 그의 부친인 세귀르 백작에게 말했다. "당신 아들은 불사신이라 할 만하오." 양측의 손실이 거의 비슷했다. 이편이나 저편이나 500명 내지 600명이 죽거나 부상을 입었다는 것이 이날 전투의 특징이었다. 루이 15세는 포로로 잡혀온 리고니에 장군[610]에게 한 이야기로 이날의 전투를 유명하게 만들었

다. 왕은 리고니에 장군에게 이렇게 말했다. “이렇게 용감한 사람들을 죽게 하는 것보다 진지하게 평화조약을 생각해보는 것이 더 낫지 않겠소?”

영국군 장성 리고니에는 원래 프랑스 왕의 신하로 태어났다. 루이 15세는 그를 자신의 식탁에서 식사하게 했다. 프랑스군에서 복무한 스코틀랜드 장교들은 찰스 에드워드 왕자의 불운한 모험 시에 영국에서 처형되었는데 말이다.

승리를 거두고 정복을 이룰 때마다 루이 15세는 평화조약을 제안했지만 헛수고였다. 그의 말에 귀를 기울이는 사람은 아무도 없었다. 동맹군은 러시아군의 지원, 이탈리아에서의 승전, 네덜란드의 정부 교체와 군대 제공, 제국의 관구들, 아메리카와 아시아의 프랑스 속령들을 위협하는 영국 함대의 우위를 믿고 있었다.

루이 15세에게는 승리의 결실이 필요했다. 그는 베르헌옵좀(Bergen op Zoom)을 포위했다. 베르헌옵좀은 난공불락의 요새로 평판이 나 있었다. 유명한 쿠호른[611]이 그 요새에 자신의 기술을 다 쏟아부었기 때문이라기보다는, 뒤로 내포를 이루고 있는 스헬더 강을 통한 동맹군 해군의 지원이 가능한 천연의 요새였기 때문이다. 이러한 방어시설들과 수많은 수비병력 말고도 요새 근처에는 방어선이 있었고, 이 방어선 안에는 언제든지 도시를 지원할 수 있는 부대가 있었다.

이제까지의 모든 공성전 중에서 이번이 아마도 가장 까다로운 공성전일 것이다. 그 임무는 이미 네덜란드령 브라반트의 일부를 점령한 로벤달 백작에게 맡겼다. 덴마크[612] 태생의 로벤달 장군은 러시아 제국 군대에서 복무한 경험이 있다. 그는 흑해 연안의 오차키프(Ochakiv) 공격에서 이름을 알렸는데, 이때 러시아군은 이 도시의 예니체리[613]를 제압했다. 로벤달 장군은 유럽의 거의 모든 언어를 할 줄 알고 모든 궁정 사람과 그들의 특성, 민족들의 특성, 그들의 전투 방식을 알고 있었다. 마침내 그는 프랑스를 선호하게 되었고 삭스 원수와의 우정[614] 덕에 프랑스군 중장으로 영입되었던 것이다.

포위당한 동맹군은 물론이고 포위하고 있는 프랑스군까지도 모두가 공격이 실패로 끝날 것이라 생각했다. 로벤달은 승리를 믿은 거의 유일한 사람이었다. 강화된 수비대, 스헬더 강을 통한 모든 종류의 군수품 지원, 잘 훈련된 포병대, 포위당한 군대의 탈출, 요새 부근의 방어선을 지키는 강력한 부대의 습격, 여러 곳에서 효력을 발휘하는 지뢰 등 동맹군은 모든 수단을 사용했다. 비위생적인 지형에서 야영하는 포위군 사이에 퍼진 병 역시 베르헌옵좀의 저항에 도움이 되었다. 전염병으로 인해 2만 명 이상의 병사들이 복무할 수 없는 상태가 되었기 때문이었다. 하지만 그들은 금방 다른 병사들로 대체되었다. (1747년 9월 17일) 마침내 3주간에 걸친 참호전[615] 끝에 로벤달 백작은 일반적인 전술을 뛰어 넘어야 하는 상황들이 있다는 것을 보여주었다. 아직 파열구[616]가 충분하지 않았다. 약간 파손된 보루가 3개 있었는데, 에뎀(Edem) 반월보(半月堡) 그리고 동정녀와 쿠호른이라는 이름을 가진 보루 2개였다. 로벤달 장군은 이 세 곳을 동시에 공격해서 도시를 탈취하기로 결정했다.

프랑스군에는 정규전에서는 로벤달에 필적하는 장군들이 있었고 병법의 대가들도 있었다. 그러나 이런 습격, 즉 용맹성과 민첩성과 열정에 의해 순식간에 난관을 극복하는 신속한 공격에서는 로벤달 같은 인물이 없었다. 로벤달은 부대를 침묵 속에서 지휘했고 모든 것을 한밤중에 준비시켰다. 동맹군은 자신들이 안전하다고 생각했다. 9월 18일 이른 아침 프랑스군은 해자로 내려가서 3개의 파열구를 향해 달려갔다. 12명의 척탄병만으로 에뎀 반월보를 점령하고 저항하는 적군을 모두 죽이자 겁에 질린 나머지는 무기를 내려놓았다. 동정녀와 쿠호른 보루도 마찬가지로

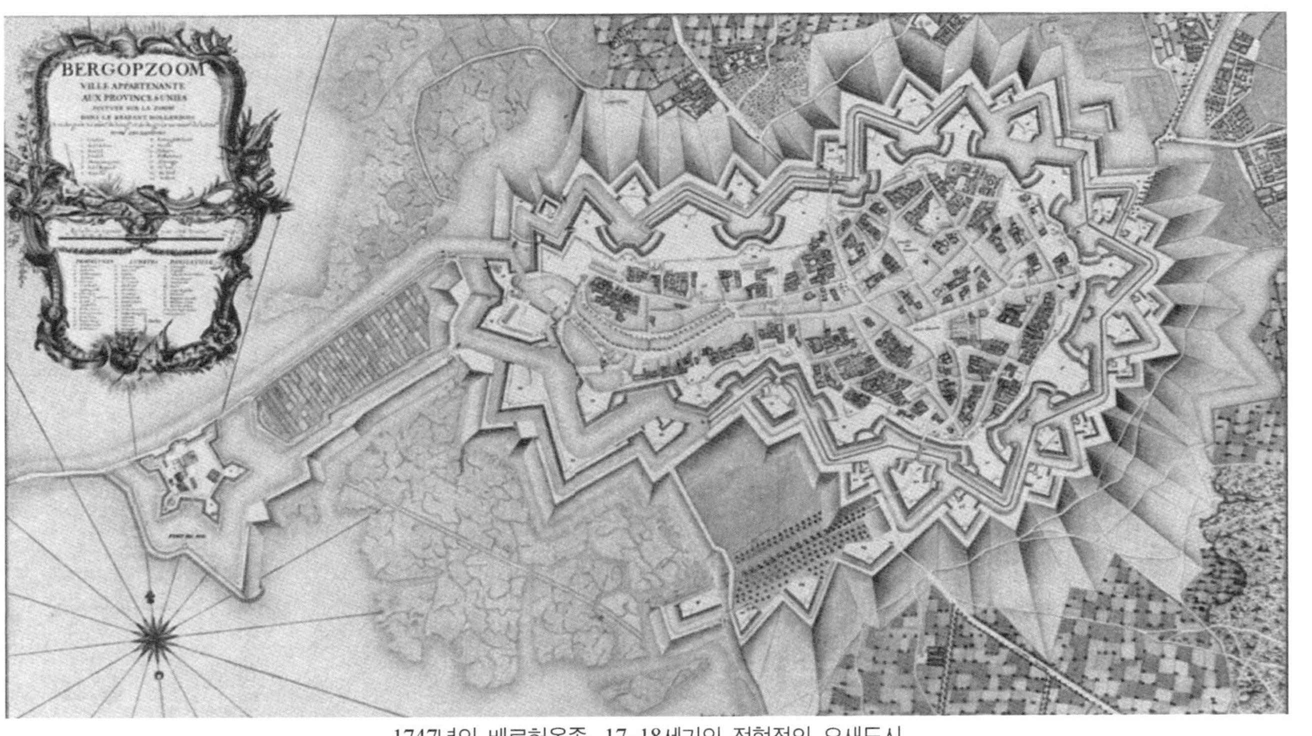

1747년의 베르헌옵좀, 17~18세기의 전형적인 요새도시

로벤달 원수(1700~1755)

신속하게 포위하고 탈취했다. 프랑스군은 보루로 몰려가서 모든 것을 탈취한 다음 성벽 앞에서 대오를 정비하고 총구에 칼을 꽂은 채 도시로 진입했다. 뤼자크 후작은 항구로 통하는 성문을 점거했다. 이 항구의 요새 사령관은 그에게 무조건 항복했다. 다른 요새들도 마찬가지로 항복했다. 시내에서 지휘하던 늙은 크론스트롬 남작[617]은 방어선 쪽으로 도주했다. 헤센필립슈탈 공[618]은 스코틀랜드군 1개 연대와 스위스군 1개 연대를 거느리고 시가전으로 저항하려 했지만 이 부대들은 섬멸되고 말았다. 나머지 수비대는 자신들을 보호해 줄 방어선 쪽으로 도주했지만 오히려 그곳에 공포를 확산시켰다. 모두가 무기, 식량, 짐들을 그대로 두고 도주했다. 도시는 승리를 거둔 병사들에 의해 약탈되었다. 프랑스군은 네덜란드의 여러 도시가 보내준 온갖 종류의 탄약과 다과를 가득 실은 17척의 대형 선박을 항구에서 왕의 이름으로 압수했다. 궤짝들 위에는 큰 글씨로 "무적의 베르헌옵좀 수비대에"라고 적혀 있었다. 이 소식을 들은 루이 15세는 즉각 로벤달 백작을 육군원수로 임명했다. 런던은 이루 말할 수 없이 놀랐고, 네덜란드 공화국은 극도로 경악했다. 동맹군은 사기가 저하되었다.

이렇게 많은 승리를 거두었지만 마스트리흐트를 점령하기는 매우 어려웠다. 프랑스는 공격을 다음 해인 1748년으로 미루었다. 삭스 원수는 "마스트리흐트를 얻으면 평화를 얻는다"라고 말하곤 했다. 작전은 이 중차대한 공성전을 위한 준비 작업으로 시작되었다. 나무르를 공격했을 때와 거의 비슷한 일을 해야만 했다. 모든 길을 내고 확보해야 했다. 적군 전체를 퇴각시켜서 꼼짝하지 못하게 만들어야 했다. 그것은 이번 전쟁에서 가장 난해한 작전이었다. 프랑스는 적군을 속이지 않고서는 이 작전을 성공리에 끝낼 수 없었다. 적군을 속이는 것과 동시에 아군에도 비밀이 새나가지 않게 해야 했다. 행군 계획은 너무나 잘 짜여서 매번 적군을 속일 수 있었고, 마침내 모든 행군이 적절히 성공을 거두었다. 이 작전은 삭스 원수가 생각해내고 크레미유(Crémille)가 기획한 것이었다.

(1748년 4월 5일) 프랑스군은 먼저 적군에 자신들이 브레다를 노리고 있다고 생각하게 만들었다. 삭스 원수 자신이 2만 5천 명의 선두에 서서 베르헌옵좀으로 향하는 대규모 수송대를 지휘함으로써 마스트리흐트에는 등을 돌린 것 같이 보였다. 그와 동시에 1개 사단은 리에주로 가는

마스트리흐트 모형도

길목의 티넌(Tienen)으로, 1개 사단은 통에런(Tongeren)으로 진군하고 1개 사단은 룩셈부르크를 위협하며 행군했다. 마침내 이 모든 사단이 뫼즈 강 좌우에서 마스트리흐트를 향해 진격했다.

몇 개의 부대로 나뉜 동맹군은 뒤늦게 삭스 원수의 의도를 알아차렸지만 이미 대적하기에는 늦은 때였다. (4월 13일) 마스트리흐트는 강 양쪽에서 포위되었다. 어떤 지원도 도시 안으로 들어갈 수 없었다. 거의 8만 명에 달하는 적군이 모세이크(Masseik)와 루르몬트(Roermond)에 있었다. 그러나 컴벌랜드 공작은 마스트리흐트가 점령당하는 것을 지켜볼 수밖에 없었다.[619]

프랑스군의 지속적인 우세를 저지하기 위해 오스트리아군, 영국군, 네덜란드군은 3만 5천 명의 러시아군을 기다렸다. 애초에 기대했던 5만은 아니었다. 무척이나 머나먼 곳에서 출발한 이 지원군이 마침내 도착했다. 러시아군은 이미 프랑켄[620]에 와 있었다. 그들은 군기가 철저하고 지칠 줄 모르는 병사들이었다. 그들은 겨우 외투 하나만을 걸친 채 들판에서, 때로는 눈 위에서도 잠을 잤다. 그들은 아주 열악한 식량으로도 충분했다. 러시아군 1개 연대에는 환자가 4명이 되지 않았다. 이들 러시아 지원군을 더욱 괄목하게 만드는 것은 이들이 결코 탈영하는 법이 없다는 것이다. 모든 라틴계 종파와는 다른 그들의 종교, 다른 언어들과 아무런 연관이 없는 그들의 언어, 외국인에 대한 그들의 혐오로 인해, 다른 곳에서는 너무나 자주 발생하는 탈영을 그들에게서는 찾아볼 수 없는 것이다. 마지막으로, 그들은 튀르크군과 스웨덴군을 격파한 바로 그 군대였다. 하지만 러시아군은 병사는 매우 우수했으나 장교가 부족했다. 국민은 복종할 줄 알았지만 그 장수들은 지휘할 줄을 몰랐던 것이다. 러시아군에는 뮈니히(Munich), 라시(Lascy), 키스(Keith), 로벤달 같은 지휘관이 없었다.

1748년 4~5월의 마스트리흐트 공성전

삭스 원수가 마스트리흐트를 포위하는 동안에 동맹군은 전 유럽을 혼란으로 몰아넣었다. 그들은 이탈리아에서 신속하게 전쟁을 재개하려 했고, 아메리카와 아시아에서는 영국군이 프랑스 속령을 공격하고 있었다. 당시에 그들이 얼마 되지 않는 병력으로 구세계와 신세계에서 일으킨 커다란 사건들을 살펴보아야 한다.

27

앤슨 제독[621]의 세계 일주

프랑스와 에스파냐가 영국을 상대로 벌이는 전쟁은, 유럽에 가해진 충격이 세계 방방곡곡에서 감지되는 식으로 전개되었다. 현대 유럽 국가들의 산업과 용기가 세계의 다른 지역이나 고대에 비해 우월한 이유는 바로 해양 원정 덕분이다. 단 1척만으로도 고대 그리스와 로마의 모든 선박을 파괴할 수 있을 함대가 과거 고대문명 국가들에는 알려지지 않았던 몇몇 작은 지역 항구에서 출항하는 것은 아무리 놀랍다 해도 지나치지 않을 것이다. 한편으로 이 함대들은 아직 자신들에까지 전달되지 않은 기술과 광기를 말없이 구경만 하고 있는 최강 제국들[622]의 눈앞에서 전투를 벌이려 갠지스 강을 넘어 나아가고 있다. 다른 한편으로 이 함대들은 신세계의 노예를 쟁취하기 위해 아메리카를 넘어 나아가고 있다.

이러한 시도가 성공에 이르는 경우는 드물다. 모든 장애물을 예측할 수 없기 때문이기도 하고 또한 충분히 많은 수단을 동원하는 경우가 거의 없기 때문이다.

앤슨 제독의 원정은 부족한 준비와 거대한 위험에도 불구하고, 현명하고 신념이 확고한 인물이 어떤 일을 할 수 있는지 보여주는 증거이다.

영국이 1739년 10월 에스파냐에 선전포고를 했을 때, 런던 내각은 버넌 제독을 멕시코로 보냈고 버넌 제독이 포르토벨로를 파괴하고 카르타헤나는 점령하지 못했다는 것을 기억할 것이다. 동시에 런던 내각은 조지 앤슨으로 하여금 남해[623]를 통해 페루에 침입하게 할 예정이었다. 에스파냐가 이곳에 건설한 광대한 제국을 가능하다면 파괴하고, 그러지 못하면 최소한 제국의 양 끝을 약화시키기 위해서였다. 런던 내각은 앤슨을 해군 준장[624]으로, 다시 말해 소함대 사령관으로 임명했다. 그에게는 전함 5척, 8문의 대포가 장착되고 승선 인원이 약 100명인 일종의 소형 프리깃함 1척, 그리고 식량과 상품을 실은 배 2척을 주었다. 이 2척의 배는 이 작전을 이용하여 교역을 하기 위한 것이었다. 거래와 전쟁을 겸하는 것이 영국인들의 특징이다. 앤슨의 소함대에는 1400명의 승무원이 있었는데, 그들 중에는 나이 든 상이군인들과 200명의 어린 신병도 있었다. 병력이 지나치게 적은 데다가 그들은 너무 늦게 출항했다. 소함대는 1740년 9월 말[625]에야 난바다로 들어섰다. 소함대는 포르투갈령 마데이라(Madeira) 제도를 통과하는 항로를 잡았다. 카보베르데(Cabo Verde) 군도까지 나아가서 브라질 해안을 따라 내려갔다. 그들은 남위 27도에 위치하고 사시사철 초목과 과일로 덮여 있는 산타 카테리나(Santa Caterina)라는 작은 섬에서 휴식을 취했다. 앤슨 준장은 수많은 전설이 전해지는 파타고니아(Patagonia)라는 불모의 추운 지역을 따라 항해한 끝에 1741년 2월 말 무렵 마젤란 해협으로 들어섰다. 그는 5개월도 안 걸려서 100도 이상의 위도를 지나온 것이다. Trial(시련)이라고 명명되고 8문의 대포가 장착된 소형 프리깃함은 이러한 종류의 배로는 최초로 혼 곶[626]을 돌아 항해했다. 그 배는 남해에서 600톤 급의 에스파냐 선박을 탈취했다. 에스파냐 선박의 선원들은 자신들이 어떻게 태평양에서 영국 배에 의해 나포되었는지를 이해할 수 없었다.

하지만 마젤란 해협을 통과한 후 혼 곶을 돌면서 앤슨의 소함대는 격심한 풍랑을 만나 흩어졌다. 무시무시한 괴혈병이 돌아 선원의 반이 죽었다. 앤슨 사령관이 탄 배 1척만이 남회귀선 쪽으로 올라오다가 남해에서 후안 페르난데스(Juan Fernández)라는 무인도에 도착했다.

어마어마한 노력에도 불구하고 결과적으로 불행해진 선원들의 모습을 어느 정도 조마조마한 마음으로 지켜본 이성적인 독자라면, 조지 앤슨이 이 무인도에서 가장 온화한 기후와 가장 비옥한 토지를 발견하고, 가져온 채소와 과일 종자를 심어서 그것들이 곧 섬 전체를 뒤덮은 것을 알고서 아마 만족할 것이다.[627] 몇 년 후에 그곳에 기항했다가 영국군의 포로가 된 에스파냐인들은 전쟁으로 인한 불행을 그처럼 관대하고 친절하게 완화해 준 사람은 앤슨밖에 없다고 보고 그를 은인으로 받들었다.

바닷가에는 바다사자들이 많이 있었는데, 수컷들은 암컷들을 두고 서로 다투었다. 앤슨 일행은 평야지대에서 귀가 잘린 염소들을 보고 놀랐다. 그것들은 셀커크[628]라는 영국인의 모험이 사실이었음을 입증했다. 셀커크는 이 섬에 버려진 뒤 홀로 여러 해를 살았던 사람이다. 그저 살육과 재난의 이야기에 불과한 역사의 슬픔이 이러한 자질구레한 일들에 의해 완화될 수 있기를 바란다. 보다 더 흥미로운 것은 나침반의 편차 현상이었는데, 그것이 핼리[629]의 학설에 부합한다는 것을 일행은 발견했다. 자침은 정확하게 이 위대한 천문학자가 묘사한 길을 따랐다. 핼리는 뉴턴이 자연계의 모든 것에 법칙을 부여한 것처럼 지자기(地磁氣)에 관해서 법칙을 만들었다. 앤슨의 작은 함대는 그저 약탈의 희망만을 품고 미지의 바다를 건너 왔지만 자신도 모르게 자연과학에 기여했던 것이다.

60문의 포를 장착한 전함에 타고 있던 앤슨은 다른 전함 1척과 '시련'이라는 이름의 작은 배가 합류하고 난 후, 페르난데스 섬 부근을 항해하며 여러 차례에 걸쳐 상당한 노획을 했다. 하지만 적도 근처까지 나아간 다음에는 남아메리카 해안의 파이타(Paita) 시를 대담하게 공격했다. 이 과감한 공격에서 앤슨은 전함도 남아 있는 병사들도 동원하지 않았다. 50명의 병사를 노 젓는 배에 태우고 기습에 나선 것이다. 그들은 밤중에 상륙했다. 이 갑작스러운 기습, 어둠으로 인해 가중된 동요와 혼란이 훨씬 더 큰 위험이 닥친 것처럼 믿게 만들었다. 총독과 수비대, 주민들은 사방팔방으로 도주했다. 총독은 내륙으로 들어가 기병대 300명과 주변의 민병대를 집결시켰다. 그러는 동안 50명의 영국 병사들은 세관과 민가들에서 찾아낸 보물들을 3일간에 걸쳐 평온하게 운반시켰다. 도망가지 않은 흑인 노예들은 일종의 짐승처럼 먼저 잡는 사람이 임자였다. 그들이 옛 주인들의 재산 약탈을 도왔다. 앤슨의 전함들이 해변에 도착했다. 총독은 시내로 다시 내려와 맞서 싸울 용기도 없었고, 도시와 아직 남아 있는 재산에 대한 배상금을 치르기 위해 정복자들과 협상하는 용의주도함도 없었다. (1741년 11월) 앤슨은 파이타를 잿더미로 만들어 버렸고, 에스파냐인들이 예전에 아메리카인들을 약탈했던 것만큼이나 힘들이지 않고 에스파냐인들을 약탈하고 떠나갔다. 에스파냐 측의 손실은 150만 피아스터 이상이었다. 영국인들은 대략 18만 피아스터의 이득을 보았다. 이 약탈은 이전의 약탈들에 더해져서 소함대를 부유하게 만들었다. 괴혈병으로 많은 선원이 사망했기 때문에 살아남은 사람들의 몫은 더욱 커졌다. 계속해서 이 작은 함대는 진주를 캐는 해안을 따라 파나마를 향해 올라가서 멕시코 아카풀코[630]로 나아갔다. 당시에 마드리드 정부는 신세계의 상당한 부분을 잃게 될지도 모르는 위험을 알지 못하고 있었다.

반대쪽 바다의 카르타헤나를 포위한 버넌 제독이 성공했었더라면 앤슨 사령관에게 도움을 줄 수도 있었다. 영국인들이 파나마 지협의 좌우를 탈취했더라면 에스파냐는 지배의 중심지를 상실해버리고 말았을 것이다. 마드리드 내각은 오래전부터 영국 해군에 대한 대비를 해왔지만, 거의 전례가 없는 불운으로 실패하고 말았다. 마드리드 내각은 전함이 더 많고 더 강력한 부대와 대포를 갖춘 함대를 돈 호세 피사로[631] 지휘하에 앤슨 소함대보다 먼저 파견했다. 하지만 앤슨 소함대를 덮쳤던 바로 그 폭풍우 때문에 에스파냐 함대는 마젤란 해협에 도착하기도 전에 뿔뿔이 흩어졌다. 영국군의 반을 죽음으로 몰아넣은 괴혈병이 마찬가지로 맹렬하게 에스파냐군을 공격했을 뿐 아니라, 부에노스아이레스에서 오기로 되어 있던 식량이 도착하지 않아서 기아까지 맹위를 떨쳤다. 거의 죽어가는 사람들만을 실은 에스파냐 선박 2척은 해안에서 산산조각이 났다. 다른 2척의 배는 좌초했다. 사령관 피사로는 기함을 부에노스아이레스에 남겨놓지 않을 수 없었다. 이 배를 조종할 선원이 충분하지 않았고, 배 수리에 3년이나 걸릴 것이었기 때문이다. 그래서 함대 사령관 피사로는 출발 시에 승선한 2700명 중에서 남은 100명 미만의 인원을 데리고 1746년 에스파냐로 되돌아가고 말았다. 해상 전투가 육상 전투보다 훨씬 위험하다는 것을 보여주는 치명적인 사건이었다. 전투를 하지 않더라도 바다에서는 거의 언제나 가장 무서운 위험과 곤경을 겪게 마련이기 때문이다.

피사로의 불운 덕에 앤슨은 남해에서 마음먹은 대로 움직일 수 있었다. 하지만 앤슨 쪽에서도 그동안 당한 피해 때문에 대규모 지상 공격을 감행할 수가 없었다. 앤슨은 포로들을 통해 카르타헤나 공성전이 실패하고 멕시코가 안정되었다는 소식을 들은 후 지상 공격을 완전히 포기했다.

앤슨은 작전과 원대한 희망을 축소시켜, 멕시코가 매년 중국해의 마닐라 섬에 보내는 거대한 갤리언 선[632]을 탈취하는 것으로 만족하기로 했다.[633] 마닐라는 펠리페 2세 치하에서 발견되었기 때문에 필리핀이라고 불리는 나라[634]의 수도였다.

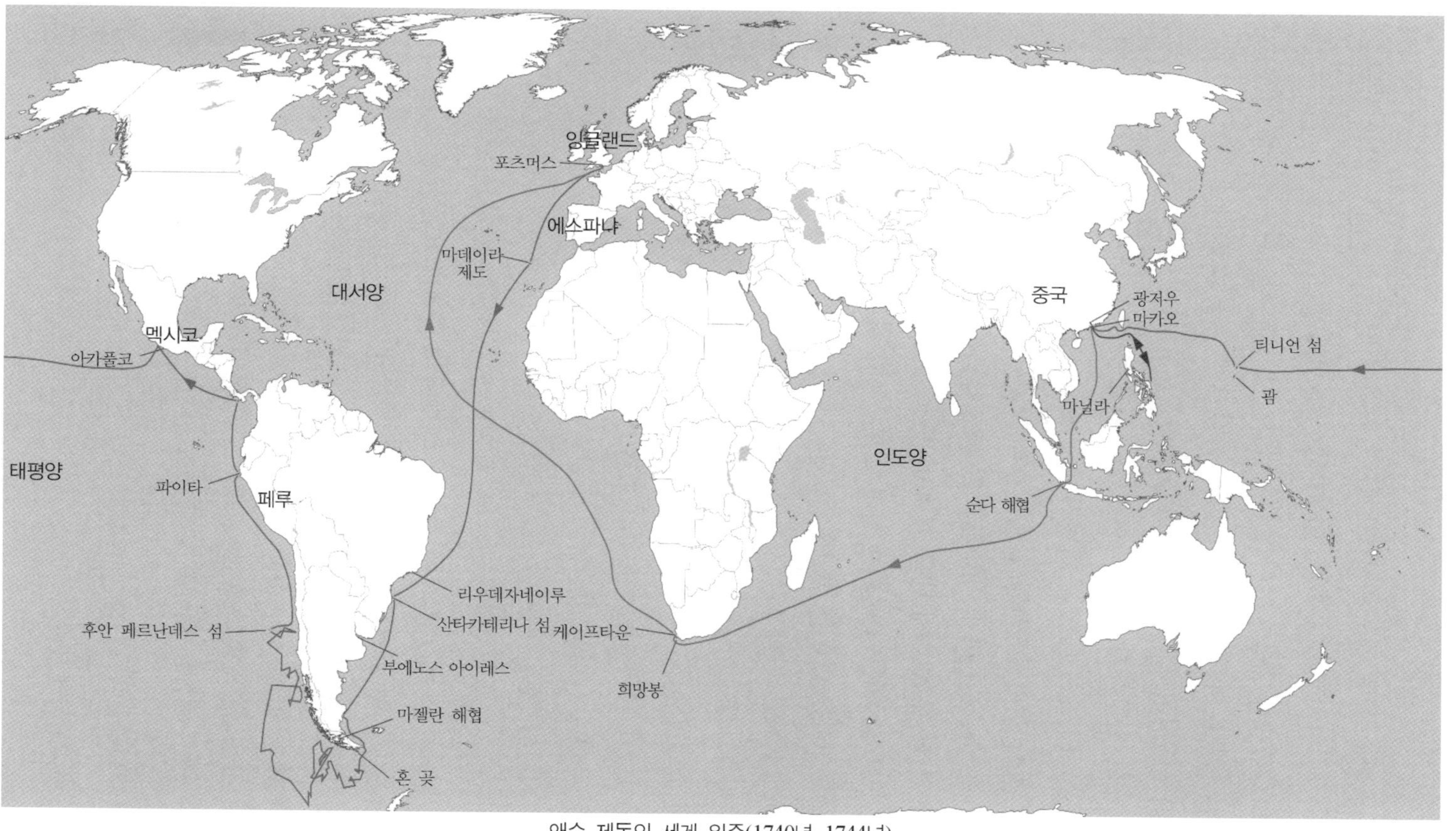

앤슨 제독의 세계 일주(1740년~1744년)

은화를 가득 실은 이 갤리언 선은 해안에 영국 배가 있는 것을 보았다면 출항하지 않고, 영국군이 떠난 한참 뒤에야 비로소 돛을 올릴 것이 틀림없었다. 그래서 앤슨은 북회귀선에서 적도 사이의 태평양을 횡단하기로 했다. 아프리카와는 상반된 온갖 기후들을 뚫고 나아가기로 한 것이다. 피로와 위험 때문에 절약을 철칙으로 삼은 앤슨은 전함 2척으로 지구를 일주하게 되었다. 이번에도 괴혈병은 승무원들을 괴롭혔고, 한 척은 사방에서 물이 들어왔기 때문에 그 배를 버리지 않을 수 없었다. 그 배는 바다 한가운데서 불에 태워버렸다. 잔해가 에스파냐인들의 섬으로 흘러가 유용하게 사용되지 않을까 걱정했기 때문이다. 그 배의 선원과 병사들은 앤슨의 배로 건너왔다. 앤슨 사령관의 소함대에서 남은 것은 단 1척, 60문의 대포가 실려 있고 2척의 대형 보트를 거느린 '센추리온'[635]이라는 이름의 전함뿐이었다. 수많은 위험에서 홀로 살아남았지만 많은 피해를 당하고 환자들만 가득 태운 센추리온 호는 다행스럽게도 마리아나 제도[636]의 섬 하나에 기항하게 되었다. 티니언(Tinian)이라는 이 섬은 얼마 전까지 3만 명의 주민이 살았지만, 전염병 때문에 대부분이 사망했고 남은 사람들은 에스파냐인들이 다른 섬으로 이주시켜서 완전한 무인도나 다름없었다.

티니언 섬에 머물면서 승무원들이 살아났다. 페르난데스 섬보다 더 비옥한 이 섬은 사방에서 목재, 깨끗한 물, 가축, 과일, 채소, 요컨대 먹고 생활하는 데 필요한 모든 것 그리고 선박 수리에 필요한 모든 것을 제공해주었다. 이 섬에서 발견된 가장 특이한 것은 최고급 빵 맛이 나는 과일나무였다. 진짜 보물이었다. 우리 땅에 옮겨 심을 수 있다면, 그것은 세상 끝에서 무수한 위험을 겪으며 강탈해오는 관습적인 보물들보다 훨씬 더 나을 것이었다. 이 섬으로부터 그들은 포르모사 섬[637]을 따라 항해했다. 앤슨 제독은 중국을 향해 가며 광저우 강의 입구인 마카오로 항로를

잡았다. 그에게 남아 있는 유일한 전함을 수리하기 위해서였다.[638]

마카오는 150년 전부터 포르투갈 소유였다. 중국 황제는 바위뿐인 이 작은 섬에 포르투갈인들이 도시를 건설하도록 허락했다.[639] 포르투갈인들에겐 무역을 위해 그 섬이 필요했다. 그때부터 중국인들은 포르투갈인들에게 부여한 특권을 침해한 적이 없었다. 이러한 신뢰가 앤슨 제독의 원정 이야기를 대중에게 해준 그 영국 작가의 판단을 수정해주었어야 했다는 생각이 든다. 판단이 정확하고 교육적이며 훌륭한 시민인 그 역사가는, 중국인들이 경멸을 받아 마땅하고 신의가 없으며 게으른 민족에 불과하다고 이야기한다. 중국인들의 근면은 우리의 것과는 성격이 전혀 다르다. 그들의 풍습에 대해서 말하자면, 어떤 강대국을 판단할 때는 지도층에 있는 사람들을 보고 판단해야지 변방에 사는 하층민들을 보고 판단해서는 안 된다고 생각한다. 내가 보기에 중국 정부가 1세기 반 동안이나 조약을 준수했다는 사실은, 그 거대한 제국의 변방에 사는 비천한 민중의 탐욕이나 속임수로 인해 받는 불명예보다 더 많은 명예를 중국인에게 부여하는 것 같다. 몇몇 가난한 사람이 좀도둑질과 부당한 이득을 통해 영국인들에게서 무언가를 훔쳐냈다고 해서, 세계에서 가장 유서 깊고 가장 문명화된 국가를 모욕해도 되는 것일까? 중국인들이 훔친 것은 영국인들이 중국해에서 에스파냐인들에게 무력으로 빼앗게 될 것에 비하면 새 발의 피에 불과한데도 말이다. 여행자들이 유럽의 여러 나라에서 훨씬 더 큰 모욕을 경험한 것은 그리 오래된 일이 아니다. 영국 해안에서 난파를 당한 중국인이, 배에 실린 재물을 탐욕스레 탈취하려고 떼거리로 달려오는 영국인들의 모습을 보았다면 뭐라고 말했겠는가?

마카오에서 중국인들의 도움을 얻어 전함을 말끔하게 수리하고, 몇 명의 인도인 선원 그리고 하인으로 보이는 몇 명의 네덜란드인을 받아들인 다음 앤슨 제독은 다시 돛을 올리고 출항했다. 그는 바타비아[640]로

가는 척하며 승무원들에게도 그렇게 말했지만, 사실은 필리핀 쪽으로 되돌아가려는 생각뿐이었다. 필리핀 해역에 있으리라고 추정되는 갤리언 선을 뒤쫓기 위해서였다. 난바다에 들어서자마자 앤슨은 계획을 모든 사람에게 알렸다. 엄청난 약탈에 대한 생각으로 그들은 기쁨과 희망에 가득 찼고 용기백배했다.

마침내 1743년 6월 9일, 그들은 그렇게 원하던 갤리언 선을 발견했다. 그 배는 마닐라를 향하고 있었다. 그 배에는 64문의 대포가 있었지만 그중 28문은 4파운드짜리 고무포탄만을 사용했다. 전투 인력은 550명이었다. 그 배에 실려 있는 보물은 코치닐[641]과 은화 약 150만 피아스터에 불과했다. 왜냐하면 보물 전체를 둘로 나누어 절반은 다른 갤리언 선으로 운반했기 때문이다.

앤슨의 기함 센추리온 호에는 240명밖에 없었다. 적을 발견한 갤리언 선의 선장은 영국인 앞에서 도주해서 명예를 잃느니 차라리 보물을 걸고 적과 싸우기 위해 대담하게 돛을 높이 폈다.

왕을 위해 보물을 지켜야 하는 의무보다 보물을 강탈하려는 열정이 더 우세했다. 영국군은 경험과 앤슨의 현명한 작전에 힘입어 승리를 거두었다. 전사자는 2명에 불과했다. 갤리언 선은 갑판에서 67명이 죽고 84명이 부상을 당했다. 갤리언 선의 남은 병력은 여전히 앤슨의 병력보다 많았다. 하지만 갤리언 선은 항복했다. 승리를 거둔 앤슨은 풍부한 노획물과 더불어 광저우로 돌아왔다. 여기서 앤슨은 모든 외국 배가 중국 황제에게 내게끔 되어 있는 세금을 내지 않겠다고 거부함으로써 국가의 명예를 지켰다. 전함은 세금을 내지 않아도 된다고 그는 주장했다. 그의 태도는 당당했다. 광저우 총독이 그를 접견했다. 앤슨은 두 줄로 늘어선 1만 명의 병사를 통과해 그 자리로 안내되었다. 그 후 앤슨은 소순다 열도[642]와 희망봉을 지나 귀국했다.[643] 이처럼 승리를 거두며 세계를 일주한 앤슨은 1744년 6월 15일 영국에 도착했다. 3년하고도 6개월간의 여행이었다.

노획물을 32대의 마차에 실은 앤슨은 북소리와 나팔소리 속에서 군중의 박수갈채를 받으며 런던으로 개선했다. 노획물은 금과 은으로 프랑스 돈 1000만 리브르에 달했다. 그것은 사령관, 장교들, 선원들, 병사들의 상금이었다. 왕은 그들의 노고와 용기의 결실의 배분에 참여하지 않았다. 이 재물들이 곧 국내에서 유통되면서 왕은 막대한 전쟁 비용을 감당할 수 있게 되었다.

사략선에 불과한 배들이 훨씬 더 막대한 노획물을 거둬들였다. 탈버트(Talbot) 선장은 배 한 척으로 프랑스 선박 두 척을 나포했다. 그는 그 배들이 마르티니크[644] 섬에서 오는 것으로 생각했고 일반 상품만 싣고 있으리라 여겼다. 하지만 이 두 척의 생말로(Saint-Malo) 선적 배는 프랑스와 영국 사이에 전쟁이 선포되기 이전에 에스파냐인들이 임대한 배였다. 에스파냐인들은 안전하게 돌아갈 것이라고 믿었었다. 페루의 총독을 역임한 에스파냐인이 타고 있었을 뿐만 아니라 두 척의 배는 금, 은, 다이아몬드, 그리고 값비싼 상품들을 가지고 돌아오는 중이었다. 그 노획물의 가치는 2600만 리브르로 추정되었다. 사략선 승무원들은 눈앞의 보물에 너무나 놀라서 에스파냐 승객 각자가 몸에 지니고 있는 보석들은 빼앗을 생각조차 하지 못했다. 황금으로 된 칼을 차지 않고 손가락에 다이아몬드 반지를 끼지 않은 사람이 거의 없었다. 에스파냐인들이 몸에 지니고 있는 것은 모두 그대로 내버려두었다. 노획물을 아일랜드 킨세일(Kinsale) 항으로 운반한 후 탈버트는 모든 선원과 에스파냐 하인들에게 선물로 20기니씩을 주었다. 노획물은 두 척의 사략선이 나누어가졌다. 탈버트의 친구인 다른 사략선 선장은 세 척의 배 가운데 가장 부유한 '희망'이라는 이름의 배를 추적했지만 놓치고 말았다. 두 사략선의 선원은 각각 850기니를 몫으로 받았다. 두 선장의 몫은 각각 3500기니였다. 그 나머지는 43대의 마차에 싣고 브리스틀(Bristol)에서 런던으로 의기양양하게 운반하여 출자자들이 나누어 가졌다. 이 돈의 가장 큰 몫은 왕에게 빌려주었고, 왕은 그것을 지주들에게 금리로 주었다. 이 한 번의 노획물이 플랑드르 전체의 일 년 수입보다 많았다. 이러한 무용담이 영국인들로 하여금 약탈행위에 나서도록 부추기고, 공공의 재난 속에서 엄청난 이득을 얻으려 하는 영국민 일부의 희망을 부풀린 것은 아닌지 판단해보라.

28

루이부르(루이스버그) 공성전과 해전: 영국군이 획득한 막대한 전리품

앤슨 제독의 모험 이후에 감행된 공격은 장사에 능하면서 동시에 호전적인 국민이 무엇을 할 수 있는가를 잘 보여준다. 루이부르 공성전 이야기다. 그것은 런던 내각의 작전이 아니라 뉴잉글랜드 상인들의 대담성이 낳은 결실이었다. 캐나다 뉴잉글랜드는 융성하는 영국 식민지 가운데 하나로 루이부르[645] 또는 케이프브레턴 섬에서 약 80리외 정도 떨어져 있다. 세인트로렌스 강 하구 근처에 위치하는 그곳은 당시 프랑스인들에게 중요한 섬이었고, 북아메리카 내 프랑스 속령의 관문이었다. 그 지역은 위트레흐트 조약에 의해 프랑스의 땅으로 확정되었다. 그 해역에서 이루어지는 대구 잡이는 매년 대서양 연안의 프랑스 항구들인 바욘(Bayonne), 생장드뤼즈(Saint-Jean-de-Luz) 그리고 아메리카의 해버 디 그레이스(Havre de Grace)와 기타 도시들에서 온 500척 이상의 소형 선박이 참여했고 대구는 매우 유익한 상품이었다. 온갖 종류의 제조에 필수적인 최소 3000톤의 기름을 그곳에서 가져오곤 했다. 뱃사람들의 학습장인 그곳에서 이루어지는 대구 거래와 다른 거래는 1만 명에게 일자리를 주고 1000

만 리브르를 유통시켰다.

보간(Vaugan)이라는 상인이 루이부르를 공략하기 위한 군대를 모집하자고 뉴잉글랜드 시민들에게 제안했다. 시민들은 환호했다. 그들은 제비뽑기를 해서 4000명의 소규모 부대를 만들었다. 시민들은 부대를 무장시키고 필수품을 공급하고 수송선을 제공했다. 모든 비용은 시민들이 부담했다. 그들은 장군도 임명했다. 하지만 런던 궁정의 승인이 필요했다. 특히 전함이 필수적이었다. 그들의 요청은 지체 없이 받아들여졌다. 런던 궁정은 뉴잉글랜드 전 주민의 계획을 후원하기 위해 워렌[646] 제독에게 4척의 전함을 딸려 보냈다.

루이부르는 탄약만 충분하다면 방어할 수 있고 모든 공격을 수포로 돌릴 수 있는 요새였다. 하지만 멀리 떨어져 있는 시설들 대부분의 운명이 그렇듯이, 필요한 것들이 때맞춰 공급되지 않았다. 식민지에 대한 공격준비 소식을 듣자마자 프랑스 해군대신[647]은 루이부르에 부족한 것들을 실은 64문의 대포가 장착된 전함을 보냈다. 전함은 도착하자마자 항구 입구에서 영국군에 나포되었다. 요새 사령관은 50일간의 격렬한 저항을 끝으로 항복하지 않을 수 없었다.[648] 영국군은 그에게 조건을 제시했다. 그것은 수비대와 2000명에 달하는 주민 모두를 데리고 프랑스로 돌아가라는 것이었다. 몇 달 후 대서양 연안의 프랑스 항구 브레스트 주민들은, 영국군 전함들이 해변에 내려놓고 간 식민지 프랑스인들을 보고 놀라지 않을 수 없었다.

루이부르 상실은 프랑스 동인도회사에도 치명적이었다. 프랑스 동인도회사는 캐나다의 모피 무역을 도급하여, 그 선박들이 인도에서 돌아오는 길에 루이부르에 정박하곤 했다. 루이부르가 점령당한 직후에 동인도회사의 대형 선박 두 척이 그곳에 도착했다가 스스로 투항했다. 그것이 전부가 아니었다. 케이프브레턴의 새로운 점령자들은 다른 사람들의 기구한 운명 덕에 벼락부자가 되었다. 약탈선들을 따돌린 에스파냐의 대형 선박 희망 호는 프랑스 동인도회사 선박들과 마찬가지로 루이부르 항구로 피신했다가 마찬가지로 파멸을 맞았다. 머나먼 아시아와 아메리카에서 제 발로 찾아와 항복한 이 3척의 선박에 실린 화물은 2500만 리브르에 달했다. 오래전부터 전쟁을 도박이라고 일컬어 오긴 했지만, 영국인들은 1년 만에 이 도박에서 약 300만 파운드를 벌어들였다. 승리자들은 루이부르를 영원히 차지하려고 했을 뿐만 아니라 누벨프랑스[649] 전역을 탈취하기 위한 준비를 했다.

영국군은 규모가 더 큰 해전을 시도할 수도 있었다. 당시 그들의 전함 6척에는 100문의 대포가 장착되어 있었다. 90밀리 포 13문, 80밀리 15문, 70밀리 26문, 60밀리 33문이었다. 50밀리에서 54밀리 포는 37문이었다. 그보다 작은 전함으로는 40문의 포가 장착된 프리깃함들부터 더 작은 배들까지 무려 115척이 있었다. 그들에겐 또한 14척의 투폭함과 10척의 화선(火船)이 있었다. 모두 다 합하면 사략선과 수송선을 제외하고 전함만 269척이었다. 이 해군의 토대는 4000명의 선원이었다. 어떤 국가도 그만한 전력을 갖춘 적이 없었다. 물론 그 모든 선박이 동시에 무장할 수 있는 것은 아니었다. 병사의 수가 너무 불균형했다. 그러나 마침내 1746년과 1747년 영국군은 스코틀랜드와 아일랜드 해역, 스핏헤드,[650] 동인도, 자메이카 근처, 서인도제도 앤티가 섬[651]에 각각 함대를 보유하게 되었고 필요한 경우 새로운 함대들을 무장시켰다.

이처럼 어마어마한 위력을 가진 함대에 대항해, 전부 합해 약 35척의 전함밖에 없는 프랑스로서는 전쟁이 지속되는 동안 버티는 수밖에 없었다. 식민지를 지원하는 것이 날이 갈수록 더 어려워졌다. 대규모 수송대를 보내지 않으면 프랑스의 식민지들은 어쩔 수 없이 영국 함대의 먹잇감이 될 것이었다. 수송대가 프랑스 또는 섬들에서 출발한다 해도, 호송대와 함께 나포될 위험을 무릅써야 했다. 실제로 프랑스는 때로 끔찍한 피해를 당하곤 했다. 전함 4척의 호위를 받으며 마르티니크에서 프랑스로 오던 40척의 상선 선단이 영국 함대와 마주쳤기 때문이었다(1745년 10월). 30척이 나포되거나 완전 침몰 혹은 좌초했고, 호송선 2척은 적군의 수중에 떨어졌다. 한 척은 80문의 대포가 있었는데도 말이다.

프랑스군은 케이프브레턴을 탈환하기 위해서 또 뉴스코틀랜드의 영국 식민지 아나폴리스(Annapolis)를 파괴하기 위해서 북아메리카로 가려고 시도를 했지만 아무 성과도 거두지 못했다. 라로슈푸코 가문의 앙빌 공작[652]이 14척의 전함과 함께 파견되었다(1746년 6월). 그는 고된 해상 복무에서도 프랑스인만이 간직하고 있는 정중함과 온화함을 갖고 있는 대단히 용기 있는 인물이었다. 하지만 그의 체력은 정신력을 받쳐주지 못했다. 그는 격렬한 풍랑에 함대가 흩어지는 일을 당한 후, (9월) 황량한 치북투[653] 해안에서 병으로 사망했다. 여러 척의 전함이 침몰했고, 다른 전함들은 서로 멀리 분산되었다가 영국군의 수중에 들어갔다.

하지만 호송단의 유능한 장교들이 수많은 적군의 함대가 지키는 가운데서도 프랑스 상선 선단을 안전하게 인도하는 경우도 자주 있었다.

그러한 다행스러운 경우의 하나가 뒤부아 드 라모트[654]의 작전이었다. 그는 함장으로 아메리카의 프랑스령 제도(諸島)로 가는 약 80척의 상선 호송을 지휘하다가 영국 함대의 공격을 받았지만, 적군의 포화를 자신에게 집중시킴으로써 상선들이 피할 수 있게 해주었다. 선단과 다시 합류한 그는 생도맹그[655] 요새까지 호송한 다음 다시 전투를 벌여 60척 이상을 프랑스로 귀환시킬 수 있었다. 그렇지만 결국 영국 해군은 프랑스 해군을 궤멸시켰고 프랑스의 무역을 파산시켰다.

영국이 대승을 거둔 해전의 하나가 피니스테레 곶 해전[656]이었다. 이 해전에서 영국군은 프랑스 왕의 대형 전함 6척 그리고 전함으로 무장한 동인도회사의 선박 7척을 나포했다. 동인도회사의 선박 4척은 전투 중에 항복했고 3척은 나중에 항복했다. 이 13척에는 총 4000명의 승무원이 있었다.

런던에는 독일이나 플랑드르에서 무슨 일이 일어나든 그것보다는 바다에서의 승리에 훨씬 더 신경을 쓰는 도매상과 뱃사람들이 우글거렸다. 런던은 세계일주로 유명한 앤슨의 센추리온 호가 다시 템스 강에 도착하자 전례가 없을 정도로 열광했다. 센추리온 호는 앤슨 대장과 워렌 소장[657]이 승리를 거둔 피니스테레 곶 해전 소식을 가져왔다. 프랑스 함대에서 빼앗은 금, 은, 재물들을 가득 싣고 22대의 수레가 도착하는 모습은 장관이었다. 프랑스가 이 재물과 선박들로 입은 손실은 2000만리브르가 넘는 것으로 추정된다. 이렇게 탈취한 은으로 그들은 몇 가지 화폐를 주조하고 명문(銘文)으로 피니스테레를 새겼다. 국민의 자부심을 만족시키고 용기를 북돋아주는 기념물인 동시에, 로마인들이 제국의 위대한 사건들을 메달과 유통 화폐에 새기던 관습을 영광스럽게 모방한 것이다. 피니스테레 곶 승전은 놀라운 사건이라기보다는 행운이 따르고 유익한 사건이었다. 앤슨과 워렌은 17척의 전함으로 프랑스 왕의 전함 6척과 싸웠다. 프랑스의 최고 전함은 장비가 영국 함대에서 가장 형편없는 전함의 수준도 되지 못했다.

정말 놀라운 일은 제1차 피니스테레 곶 해전에서 프랑스 소함대의 사령관 라종키에르 후작[658]이 최대한 전투를 지속시킴으로써 마르티니크에서 데려온 수송단에 도주할 시간을 벌어주었다는 것이다. 윈저 호 함장은 이번 전투에 대해 편지에서 이렇게 말했다. "나는 프랑스 해군 준장의 행동보다 더 훌륭한 것을 이제껏 본 적이 없다. 사실, 프랑스의 모든 장교는 대단한 용기를 보여주었다. 누구도 전투가 완전히 불가능해질 때까지는 항복하지 않았다."

이제 프랑스에는 바다에서 아메리카의 제도 행 선단을 호송할 전함이 레탕뒤에르[659] 후작이 지휘하는 7척밖에 남지 않았다. 그들은 14척의 영국 전함과 마주쳤다. 그들은 제1차 피니스테레 곶 해전에서와 마찬가지로 용감하게 싸웠지만 마찬가지로 패배하고 말았다(1747년 10월 25일). 수적으로 우세한 영국 해군을 당할 수가 없었다. 호크 제독[660]은 7척의 프랑스 전함 중 6척을 템스 강으로 끌고 갔다.

이제 프랑스에는 단 1척의 전함밖에 남지 않았다. 바다를 소홀히 한 플뢰리 추기경의 과오가 프랑스 전역에 알려졌다. 그것은 만회하기 어려운 과오였다. 해군은 기술이다. 그것도 위대한 기술이다. 유능하고 열성적인 장군들이 2~3년 조련해서 훌륭한 육군을 만들어내는 경우는 가끔 있다. 그렇지만 가공할 해군을 보유하려면 기나긴 시간이 필요하다.

29

인도, 마드라스, 퐁디셰리.
라부르도네의 원정. 뒤플렉스의 행동 등

영국이 수많은 해전에서 승리를 구가하고 전 세계가 전쟁의 무대로 변하는 동안, 마침내 영국인들도 식민지 인도 마드라스[661]에서 쓴맛을 보게 되었다. 마에 드 라부르도네[662]라는 상인 겸 군인이 아시아의 저 먼 곳에서 프랑스 국기의 명예를 회복했다.

여기서 인도, 이 거대하고 풍요로운 지역에서의 유럽 무역, 그리고 유럽 여러 나라가 대개 무력에 의해 유지하던 경쟁에 대해 약간 설명할 필요가 있다.

유럽 나라들이 인도에 들이닥쳤다. 그들은 그곳에서 대형 식민지[663]를 설립하고 전쟁을 일으켰다. 여러 나라가 막대한 부를 축적했다. 오늘날엔 우리들 여행의 유일한 목표가 재물이다. 하지만 옛날에는 재물보다 종교, 학문, 법률로 더 유명했던 이 나라의 고대 문명을 알려고 하는 나라는 거의 없다.

30년 동안 벵갈에서 살았으며 브라만의 현대 및 고대 언어들을 알고 있는 한 영국인▪이, 우리의 인도 역사 서적들에 가득 찬 공허한 오류들을 타파하고 교양 있는 소수의 생각을 확인시켜 주었다. 이 나라가 세계에서 가장 오래된 문명국가라는 데는 이론의 여지가 없다. 중국 학자들까지도 이러한 인도의 우월성을 인정한다. 강희제(康熙帝)가 골동품 수집실에 모아놓은 가장 오래된 유물들은 모두 인도에서 온 것들이었다. 1754년 인도의 가장 오래된 성문법, '베다'[664]보다 먼저 나온 샤스타(Shasta)라는 법전을 필사할 정도로 끈기 있고 박식한 영국인[665]은 이 법전이 자신이 필사할 당시 4666년 되었다고 단언했다. 그의 말을 믿자면, 세상에서 가장 오래된 문헌인 베다보다 오래 전에 제작된 이 법전은 전통과 고대 상형문자에 의해 확립되었다.

아무런 검토 없이 서로 베끼는 인도 견문기들은 일반적으로 인도의 모든 민족을 마호메트교도(mahométans)와 우상숭배자로 분류하는 것으로 그치고 만다. 그렇지만 브라만과 바이샤[666]는 우상숭배자이기는커녕, 단 하나의 신을 조물주로 인정하고 그들의 책에서는 그 신을 영원한 자라고 부른다는 사실이 확인되었다. 그들은 자신들의 오랜 종교를 왜곡하는 온갖 미신들 속에서도 여전히 그 신을 인정하고 있다. 우리는 인도인들의 사원에서 대중의 경배를 받는 괴수의 형상들을 보고 그들이 악마를 숭배한다고 믿었다. 그들은 악마 이야기를 들어본 적이 없는데도 말이다. 이 표상들은 덕의 상징들일 뿐이었다. 일반적으로 덕은 아름다운 여성으로 표상되는데, 그 여성은 악덕에 대항하기 위해 팔이 10개이다. 그 여성은 왕관을 쓰고 용(龍)을 타고 있으며, 첫 번째 오른팔에는 끝이 백합

▪ 홀웰 선생(Mr. Holwell). "나는 고대부터 기용 신부에 이르기까지 인도인들에 관해 쓴 모든 것을 연구했다. 거기서 내가 발견한 것은 오류와 거짓말들뿐이었다"라고 그는 썼다(서문 5쪽).
(옮긴이 주) John Zephaniah Holwell(1711~1798): 영국 외과의사로 동인도회사에 취직하여 1732년 인도로 파견되었다. 나중에 행정을 담당하여 1760년 벵갈 임시 총독이 되기도 했다. 고대인도 문명을 연구한 최초의 유럽인 가운데 한 사람이다.

꽃을 닮은 창을 들고 있다. 지금까지 간직되어 온 그들의 모든 고대 의식을 상세히 논할 자리도 아니고, 샤스타바드(Shastabad)와 베다에 관해 토론할 자리도 아니며, 오늘날의 브라만이 선조들에 비해 얼마나 퇴보했는지를 입증할 자리도 아니다. 하지만 타타르족에 대한 그들의 굴종 그리고 그들 해안에 정착한 유럽인들의 소름끼치는 탐욕과 방탕이 인도인 대부분을 음흉한 악한으로 만들어 놓았을지라도, 그들과 함께 오래 생활한 그 영국인 저자는 브라만들이야말로 "지상에서 찾아볼 수 있는 진정한 신앙심의 가장 순수한 모델이다"라고 이야기한다.[■] 유럽 상인들과의 교제나 나와브[667] 궁정의 음모에 의해 변질되지 않은 브라만들 말이다.

인도의 기후가 인간에게 가장 적합하다는 것은 두말할 나위가 없다. 그곳에서는 120세 노인들을 심심치 않게 볼 수 있다. 우리 동인도회사의 빈약한 기록에 따르면, 아나베르디칸(Anaverdikan)이라는 폭군은 107세였다. 또 다른 폭군인 어떤 부왕(副王, vice-roi)과 전투를 벌이면서 세 번이나 병사들을 이끌고 돌격한 이 폭군을, 우리는 그의 수행원 가운데 배신자 한명을 시켜 살해해 버렸다. 아우랑제브 황제[668]는 100년 이상을 살았다. 나디르 샤[669]가 폐위했다가 복위시킨 무하마드 샤[670] 치하에서 제국의 대상서였던 니산엘몰룩(Nisan-Elmoluc)은 만 100세에 죽었다. 이 나라에서는 절제할 줄 아는 사람이면 누구나 건강하게 장수를 누린다.

인도인들은 타타르족과 우리들에게 알려지지 않았더라면 아마도 세

■ 뒤플렉스 총독의 비난에 맞서 기사 라스(Lass)를 의인으로 옹호한 아르카트(Arkât, 영어 Arcot) 지역 셰리냥 섬의 위대한 사제는 청렴한 덕으로써 존경을 받는 100세 노인이었다. 그는 프랑스어를 할 줄 알았고 동인도회사에 많은 도움을 주었다. 필자가 왕립도서관에 수사본을 넘겨준 야주르베다의 번역자가 바로 그 사람이다. (옮긴이 주) Yajur-Veda(야주르베다): 인도 브라만교(바라문교) 경전의 하나이다. 리그베다(Rig-Veda), 사마베다(Sama-Veda), 아타르바베다(Atharva-Veda)와 함께 4베다의 하나로 제사의 법식을 집성한 책이다.

상에서 가장 행복한 사람들이었을 것이다. 새로운 삶을 시작한다는 희망으로 화장대에서 삶을 마감하는 그들 철학자들의 태고적부터의 관습, 다른 모습으로 남편과 함께 환생하기 위해 남편의 시신과 함께 분신(焚身)하는 여인들의 오래된 관습은 터무니없는 미신이지만, 다른 한편으로는 우리가 범접하지 못하는 커다란 용기이기도 하다. 과거에 인도인들은 살인은 매우 두려워했지만, 자살은 두려워하지 않았다. 브라만 계급의 여인들은 여전히 분신을 하지만 예전보다는 훨씬 드물어졌다. 우리 유럽의 독신자(篤信者)들은 육신을 괴롭히지만, 인도의 독신자들은 육신을 파괴한다. 모든 독신자는 본성이 추구하는 바를 거스른다. 육체가 더 행복해지리라고 생각하면서 말이다.

이 고대 민족은 짐승을 죽이는 것에 대한 두려움이 커져 인간을 죽이는 것을 혐오하게 되었다. 그들의 온화한 풍습 때문에 병사들은 언제나 아주 형편이 없었다. 그들에게 불행을 안겨주고 그들을 노예로 만든 것은 바로 그들의 덕(德)이었다. 우리 유럽의 옛날 봉토의 정부와 아주 똑같은 타타르 정부는 태수에 의해 임명된 소수의 불한당에게 이들 인도인 거의 전부를 복속시켰다. 태수들은 황제가 지명했다. 이 폭군들은 모두 대단히 부유하고 민중은 몹시 가난하다. 모두가 타타르족 출신인 고트족, 반달족, 프랑크족, 튀르크족이 유럽, 아시아, 아프리카에 세운 것이 바로 이러한 정부였다. 고대 로마인들의 정부와는 완전히 상반된 정부, 자유를 지켜온 소수의 문명화된 민족들의 정부 다음으로 지상에서 최선의 정부인 중국인들의 정부와는 더욱더 상반된 정부였다.

이 광대한 국가에서 마라타족[671]은 자유를 누리는 거의 유일한 부족이다. 그들은 고아(Goa)와 봄베이[672] 사이에 있는 말라바 해안[673] 뒤편의 산악지대 700마일이 넘는 공간에서 산다. 그들은 말하자면 인도의 스위스인들이다. 스위스인들만큼 호전적이지만 덜 개화되고 훨씬 더 수가 많기 때문에 더욱 두려운 부족이다. 서로 싸우는 일이 잦은 태수들은 그들의 도움을 얻고 그들에게 돈을 주며 그들을 두려워한다. 동아시아인들에 대한 유럽인들의 재능과 군사력의 현저한 우위는, 유럽인들의 동아시아 국가들 정복에 의해 충분히 입증되었다. 유럽인들은 동아시아 국가들을 서로 정복하려고 아직도 매일 다투고 있다. 인도 해안에 처음으로 정착한 포르투갈인들은 아프리카 희망봉에서 말레이 반도의 말라카(Malacca)까지 2천리외가 넘는 지역에 무기와 종교를 가지고 왔다. 그들은 상부상조하는 상관(商館)들과 요새들을 건설했다. 포르투갈의 지배자 펠리페 2세[674]는 페루와 멕시코를 지배하면서 벌어들인 것만큼의 돈을 인도 지배에서도 얻을 수 있었을 것이다. 그리고 네덜란드인과 그 뒤를 이은 영국인의 용기와 근면이 없었다면 교황은 이 광대한 지역에 이탈리아보다 더 많은 주교구를 만들어서, 자기 신민이 된 민족들에게서 거둬들이는 것보다 더 많은 돈을 거둬들였을 것이다.

네덜란드인들이 말레이 제도의 순다 열도(Sunda Islands)부터 인도 말라바 해안까지의 지역에서 가장 넓은 식민지를 차지했다는 것은 주지의 사실이다. 그들 다음으로는 영국인들이다. 영국인들은 인도 반도의 양쪽 해안과 벵골의 강자이다. 마지막으로 온 프랑스인들은 가장 보잘것없는 몫을 차지했다. 그것이 서인도에서와 마찬가지로 동인도에서 프랑스인들의 팔자였다.

루이 14세에 의해 설립되었다가 1712년 없어졌고 1720년 퐁디셰리[675]에서 부활한 프랑스 동인도회사는 이미 말한 바와 같이 매우 번창하는 것처럼 보였다. 그 회사는 많은 선박, 사무원, 임원 그리고 대포와 병사들을 보유했다. 하지만 그 회사는 무역에서 나오는 수익으로는 최소한의 배당금도 주주들에게 줄 수 없었다. 이러한 경우는 유럽의 상사(商社)들 가운데 유일했다. 사실상 그 회사의 주주와 채권자들은 왕에게서 담배세 징세청부권[676]의 일부를 불하 받은 것을 제외하고는 돈을 받은 적이 없었다. 담배세 징세청부권은 동인도회사의 무역과는 전혀 관계가 없었다. 그런데 바로 이것 덕에 프랑스 동인도회사는 퐁디셰리에서 번창했다. 여기서 나온 돈이 회사의 자본을 늘리고 도시에 방어시설을 구축하고 미화하며 인도 내에서 유용한 지지자들을 확보하는 데 쓰였기 때문이다.

영리한 데다가 활동적이고 근면하면서도 사려 깊은 인물인 뒤플렉스[677]는 퐁디셰리에서 1300마일 떨어진 비옥하고 부유한 벵골 지방에서 갠지스 강 유역의 찬다나가르(Chandannagar) 상관을 오랫동안 경영했다. 그는 그곳에 넓은 식민지를 조성하여 도시를 건설하고 15척의 선박을 의장(艤裝)했다. 그것은 다른 그 무엇보다도 바람직한, 재능과 근면으로 이룩한 성과였다. 프랑스 동인도회사는 각자가 자신의 이익을 위해 무역을 하는 것이 좋다고 생각했다. 경영자는 회사에 봉사하면서 막대한 부를 얻음으로써 개개인이 부유해졌다. 뒤플렉스는 브라만들의 옛 학습장인 바라나시(Varanasi)에서 30리외 떨어진 곳까지 갠지스 강을 거슬러 올라가 파트나(Patna)에 또 하나의 식민지를 건설했다.

이렇게 많은 봉사 덕분에 그는 1742년 퐁디셰리의 프랑스 식민지 총독이 되었다. 바로 그때 영국과 프랑스 간의 전쟁이 발발했다. 이 전쟁의 여파가 아시아와 아메리카 곳곳에서 감지된다는 것은 이미 지적한 바 있다.

영국인들은 퐁디셰리에서 90마일 떨어진, 아르카트 주의 마드라스 시를 차지하고 있었다. 영국의 입장에서 이 식민지는 프랑스의 퐁디셰리와 같은 것이었다. 두 도시는 경쟁 관계에 있었다. 하지만 인도와 우리 사이의 교역은 규모가 너무나 크고, 유럽의 산업은 매우 활기찬 데다가 인도인들의 산업에 비해 훨씬 우월하기 때문에, 이 두 식민 도시들은 서로 해를 끼치지 않고도 부유해질 수 있었다.

퐁디셰리 총독이자 인도 내 프랑스 국민의 수장인 뒤플렉스는 영국 회사에 중립을 제안했다. 손에 무기를 든 채 옷감과 후추를 팔 수 없는 상인들에게는 그보다 더 적절한 제안은 없었다. 무역은 국가들을 연결시키는 끈이 되고 인류의 고통을 덜어주기 위해 하는 것이지, 세상을 황폐하게 만들려고 하는 것이 아니다. 이러한 제안은 인도주의와 이성에 의해 제시되어 왔고, 오만과 탐욕에 의해 거부당해 왔다. 영국인들은 다른 바다에서와 마찬가지로 인도의 바다에서도 쉽게 승리를 거둘 수 있고 프랑스 동인도회사를 궤멸시킬 수 있다고 자신하고 있었는데, 그들로서는 그렇게 생각할 법도 했다.

마에 드 라부르도네는 뒤켄 가문,[678] 바르 가문,[679] 뒤게트루앵 가문[680] 사람들처럼 적은 것으로 많은 것을 할 수 있고 항해에 능숙한 만큼이나 무역에서도 현명한 사람이었다. 그는 왕명에 의해 부르봉 섬과 모리스 섬[681] 총독으로 임명되었고 동인도회사 지사장이었다. 그의 관리 아래 이 섬들은 번창하게 되었다.

마침내 그는 전함으로 무장시킨 9척의 선박을 이끌고 부르봉 섬에서 출발했다. 그 배들에는 라부르도네가 직접 훈련시켜 훌륭한 포병으로 양성한 약 2300명의 백인과 800명의 흑인이 타고 있었다. 바넷 제독[682]이 지휘하는 영국 소함대가 이 지역 바다를 순항하며 마드라스를 지키고 퐁디셰리를 위협하면서 많은 선박을 나포하고 있었다. 라부르도네는 이 함대를 공격해서 쫓아버리고 서둘러 마드라스를 공략하러 갔다.

(1746년 7월 6일) 사절들이 라부르도네를 찾아와서 항의했다. 위대한 무굴 제국의 영토를 공격해서는 안 된다는 것이었다. 그들의 말이 옳았다. 그 공격을 묵인하는 것은 아시아의 무기력의 극치였고, 그 공격을 감행하는 것은 유럽의 오만의 극치였다. 저항을 받지 않고 상륙한 프랑스군은 제대로 요새화되어 있지 못한 도시의 성벽 앞으로 대포를 끌고

갔다. 도시를 지키는 수비대는 500명이었다. 영국 식민지는 세인트 조지 요새 안에 있었다. 모든 상점이 그곳에 있었다. 그 식민지의 '백색 도시'라고 불리는 곳에는 유럽인들만 거주하고 있었다. '흑색 도시'라고 불리는 곳에는 인도의 모든 민족 출신의 상인과 노동자, 유대인, 바니아족, 아르메니아인, 이슬람교도, 우상숭배자, 여러 종족의 흑인, 붉은 피부의 인도인, 구릿빛 피부의 인도인이 거주하고 있었다. 이 군중은 5만 명에 이르렀다. 총독은 곧 항복하지 않을 수 없었다.[683] 도시의 대상금(代償金)은 110만 파고드[684]로 계산되었다. 프랑스 화폐로 약 900만 리브르였다.

라부르도네는 프랑스 내각에서 엄명을 받았다. 인도 내에서 획득할 수 있는 점령지들을 하나도 보존하지 말라는 명령이었다. 도저히 파악할 수가 없는 일에 대해 멀리서 내리는 모든 명령이 그렇듯이 경솔한 명령이었다. 라부르도네는 명령을 성실하게 수행했고, 자신이 보존하지 않을 정복지의 대가로 인질과 담보를 받았다. 누구도 그보다 더 잘 복종할 수도 없었고 더 큰 봉사를 할 수도 없었다. 그는 도시에 질서를 확립하고 모두 사원과 탑(塔) 안으로 피신한 여인들의 두려움을 진정시키고 그녀들을 명예롭게 귀가시켰다. 마지막으로 그는 패배자들이 승리를 거둔 프랑스를 존경하고 소중하게 여기게 만드는 공로를 세웠다.

국외에서의 모험은 물론이고 성공들까지도 국가에 치명타가 되는 것이 거의 언제나 프랑스의 운명이었다. 동인도회사 총독인 뒤플렉스가 불행하게도 라부르도네를 시샘하게 되었다. 뒤플렉스는 항복조약을 깨고 라부르도네의 배들을 탈취했으며 라부르도네를 체포하려고까지 했다. 국제법을 믿고 있던 영국인들과 마드라스 주민들은, 조약과 라부르도네의 명예를 건 약속이 파기되었다는 소식에 망연자실했다. 스스로 지배자가 된 뒤플렉스가 '흑색 도시'를 철저히 파괴하자 분노는 극에 달했다. 이처럼 야만적인 행위는 무고한 식민개척자들에게 커다란 해를 끼쳤고 프랑스인들에게도 전혀 도움이 되지 않았다. 받기로 되어 있던 대상금은 날아갔고, 인도에서 프랑스라는 이름은 혐오의 대상이 되었다.

그러한 행동으로 인한 앙심, 비난, 난폭행위의 와중에서 뒤플렉스는 퐁디셰리 시의회와 자기 명령을 따르는 주요 시민들로 하여금 자신의 경쟁자에 대해 극히 모욕적인 진정서에 서명하게 만들었다. 진정서는 라부르도네가 마드라스에 너무나 작은 대상금을 요구했고 자신을 위해서는 분에 넘치는 선물을 받았다고 비난했다.

마침내 가장 탁월한 봉사에 대한 포상으로, 마드라스의 정복자 라부르도네는 파리에 도착한 후에 체포되어 바스티유에 투옥되었다.[685] 그는 그곳에서 3년 반을 지냈다. 그 동안에 그를 고발할 증인들을 찾기 위해 인도에 사람들이 파견되었다. 그에게는 아내와 아이들의 접견조차 허락되지 않았다. 단지 의혹만으로 잔인한 처벌을 받은 그는 감옥에서 치명적인 병에 걸렸다. 그렇지만 이러한 학대로 인해 목숨이 다하기 전에, 그는 재판을 위해 임명된 참사회의 위원회에서 무죄 선고를 받았다.[686] 이러한 상황에서 너무나 뒤늦게 그리고 아무런 보람 없이 무죄가 증명된 것이 위로가 되는 것인지 아니면 고통만 더해주는 것인지 알 수 없는 노릇이다. 궁정에서는 그의 가족들에게 아무런 보상도 해주지 않았다. 대중은 라부르도네를 프랑스의 복수를 해준 사람이자 질투의 희생자라 부르며 듣기 좋은 말로 보상을 해주었다.

그렇지만 국민들은 얼마 안 가서 라부르도네의 적인 뒤플렉스를 용서했다. 그가 지상과 해상을 통해 공격한 영국군에 대항해서 퐁디셰리를 지켜냈기 때문이다. 보스카원 제독[687]은 약 4000명의 영국과 네덜란드 병사들, 같은 수의 인도 병사들만이 아니라 21척의 범선으로 구성된 함대의 선원들까지 이끌고 퐁디셰리를 공략하러 왔다. 뒤플렉스는 사령관인 동시에 병기제작자, 포병, 군수품 보급자였다. 지칠 줄 모르는 그의 활약에 특히 뷔시[688]가 도움을 주었다. 뷔시는 의용병 부대를 이끌고 포위군을 물리치곤 했다. 모든 장교는 조국의 감사를 받을 만한 용기를 보여주었다. 누구도 저항할 수 있을 것이라 생각하지 않았던 프랑스 식민지의 수도 퐁디셰리는 이번엔 곤경을 벗어났다(1748년 10월 17일).[689] 이것을 비롯한 여러 무훈 덕에 뒤플렉스는 생루이 무공훈장[690]을 받았다. 이제까지 군복무 중이 아닌 사람에게는 수여된 적이 없는 명예였다. 그가 어떻게 해서 인도 태수들의 보호자겸 정복자가 되었는지, 그리고 도를 넘은 영광 뒤에 어떤 재앙이 이어졌는지는 뒤에서 이야기할 것이다.

30

엑스라샤펠(아헨) 조약

거의 모든 전쟁이 그렇듯이 승리와 패배가 오고가는 가운데서도 루이 15세는 네덜란드에서는 계속해서 승리를 거두었다. 마스트리흐트는 삭스 원수에게 항복하기 직전이었다. 삭스 원수는 어떤 장군이 펼친 것보다 더 교묘한 행군 끝에 그 도시를 포위 공격 중이었다. 마스트리흐트에서 네이메헌까지는 직통이었다. 네덜란드군은 아연실색했다. 프랑스에는 약 3만5천 명의 네덜란드 병사들이 전쟁포로로 잡혀 있었다. 1672년보다 더 큰 재앙이 네덜란드 공화국을 위협하는 듯했다. 하지만 프랑스는 한편에서 얻는 것을 다른 편에서 잃어버리고 있었다. 프랑스는 식민지들이 위험에 처했고 무역은 붕괴되었으며 전함은 더 이상 남아 있지 않았다. 이전의 전쟁들에서와 마찬가지로 모든 국가가 고통을 겪었고, 모두가 평화를 필요로 했다. 프랑스 상선이든 에스파냐 상선이든, 아니면 영국 상선이든 네덜란드 상선이든 거의 7000척의 선박이 상호적인 파괴의 대상이었다. 이로 인해 5만이 넘는 가구가 큰 손실을 입었다는 결론을 내릴 수 있다. 이러한 재앙에다 수많은 사망자와 신병 충원의 어려움을 더해 보라. 이것이 바로 모든 전쟁의 숙명이다. 독일과 이탈리아의 절반 그리고 네덜란드가 황폐화되었다. 이 엄청난 불행을 가중시키고 연장시킨 것은 영국과 네덜란드의 자금이었다. 그들의 자금이 불러들인 3만5천의 러시아군이 이미 프랑켄에 와 있었다. 튀르크군과 스웨덴군을 격파한 바로 그 러시아 부대들이 프랑스 국경 근처까지 진출했다.

이 전쟁의 유별난 특징은, 루이 15세는 승리를 거둘 때마다 평화조약을 제안했지만 그 제안이 받아들여지지 않았다는 점이다. 하지만 베르헌옵좀에 이어 마스트리흐트의 함락[691]이 임박하여 네덜란드 전체가 위험에 직면하자, 마침내 적들 역시 평화조약을 요구하게 되었다. 모두에게 평화가 필요했던 것이다.

(1748년 10월 16일) 엑스라샤펠 회담에 파견된 프랑스 전권대사 생세브랭(Saint-Séverin) 후작은 자기 군주의 말을 전했다. 루이 15세는 상인으로서가 아니라 왕으로서 화해를 원한다는 것이었다.

루이 15세는 자신을 위해서는 아무것도 바라지 않았다. 하지만 그는 동맹국들을 위해서는 모든 것을 다했다. 그는 이 평화조약을 통해 자신과 같은 혈통의 왕족 돈 카를로스에게 양시칠리아 왕국을 확보해주었다. 그는 파르마, 피아첸차, 과스탈라(Guastalla)에 자신의 사위[692]인 돈 펠리페를 안착시켰다. 루이 15세의 인척이자 섭정 오를레앙 공작의 사위인 모데나 공작은 프랑스 편을 들었다는 이유로 빼앗긴 나라를 돌려받았다. 제노바는 모든 권리를 되찾았다. 프랑스 궁정으로서는 끝없는 시기의 대상이 되었을 플랑드르의 도시 2~3개를 받는 것보다 동맹들의 행복만을 생각하는 것이 더 아름답고 더 유익한 것처럼 보였다.

이 세계 전쟁에서 해상권 외에는 다른 특별한 관심이 없는 영국은 많은 보물을 잃고 많은 피를 흘렸다. 더구나 해상권 문제는 이전과 똑같은 상태였다. 가장 큰 이득을 본 사람은 프로이센 왕이었다. 그의 슐레지엔 정복은 인정되었다. 모든 강대국이 다른 군주의 영토 확장을 용인하지 않는 것을 원칙으로 삼고 있던 시절에 말이다. 사르데냐 왕인 사보이아 공작은 프로이센 왕 다음으로 많은 것을 얻었다. 헝가리 여왕이 동맹의 대가로 밀라노 공국 일부를 떼어주었기 때문이다.

위트레흐트 조약 이후에 그랬듯이, 엑스라샤펠(아헨) 조약[693] 이후 프랑스는 힘을 회복했고 더욱더 번성했다. 당시에 기독교 유럽은 두 개의 커다란 진영으로 나뉘어 있었다. 그 두 진영은 서로의 비위를 건드리지 않도록 신경 썼고, 수많은 전쟁을 야기한 구실인 힘의 균형을 각각 지탱하고 있었다. 이 힘의 균형이 지켜져야 영원한 평화가 보장될 것이었다. 헝가리 여왕이며 황후인 마리아 테레지아의 속국들과 독일의 일부, 러시아, 영국, 네덜란드, 사르데냐 공국이 같은 진영이었다. 다른 진영은 프랑스, 에스파냐, 양시칠리아 왕국, 프로이센, 스웨덴으로 이루어져 있었다. 모든 강대국이 무장 상태였다. 유럽을 양분한 두 진영이 서로 불러일으키는 두려움에 의해 안정이 지속되기를 바랐다.

루이 14세는 수많은 병력을 보유한 최초의 왕이 됨으로써, 다른 나라의 군주들이 똑같은 노력을 하지 않을 수 없게 만들었다. 1748년 체결된 엑스라샤펠 조약 후에 기독교 강대국들은 약 100만에 달하는 병력을 무장시키고 있었다. 이로 인해 기술과 직업들, 특히 농업이 피해를 입었다. 모든 국가가 방어를 위해 무장하고 있었으므로 오랫동안 침략자가 생기지 않으리라는 기대를 품었다. 하지만 기대는 환상으로 끝나고 만다.

31

1756년의 유럽 상황.
파괴된 리스본. 스웨덴에서의 모반과 형벌.
캐나다의 불길한 식민지 전쟁.
리슐리외 원수의 마오 점령

전 유럽을 통틀어 엑스라샤펠 조약이 체결된 1748년부터 1755년경까지 만큼 그렇게 찬란한 행복의 시절은 볼 수 없었다. 러시아 상트페테르부르크에서 에스파냐 카디스[694]까지 무역이 번성했-다. 어디에서나 뛰어난 기술이 높이 평가되었다. 모든 나라 사이에 소통이 이루어졌다. 유럽은 갈등을 겪고 나서 재결합한 대가족 같았다.

그러나 몇몇 지역에서 감지된 지진은 유럽의 새로운 불행을 예고하는 것 같았다. 특히 리스본 지진[695]이 특히 무시무시했다. 리스본의 3분의 1이 무너지며 주민을 덮쳐 거의 3만 명이 사망했다. 이 재앙은 에스파냐로 확산되었다. 세투발(Setúbal)이라는 작은 도시는 거의 완전히 파괴되었고, 다른 도시들도 손상을 입었다. 바닷물이 카디스의 제방을 넘어와 길 위의 모든 것을 삼켜버렸다. 유럽을 뒤흔든 지진은 아프리카에서도 일어났다. 리스본 주민들이 사망한 바로 그 날 모로코 근처에서도 땅이 갈라졌다. 아랍 주민 전체가 깊은 구덩이 속에 파묻혔다. 페스(Fès)와 메크네스(Meknès) 시는 리스본보다 훨씬 더 큰 피해를 입었다.

(1756년 6월 20일) 이 재앙은 인간에게 자기반성을 하게 만들고, 인간이란 죽음의 희생자에 불과하므로 서로를 위로해야 한다는 것을 절감하게 만들려는 것 같았다. 그런데 포르투갈인들은 '화형'이라고 부르는 의식에 의해 유대인과 다른 사람들을 불에 태워 죽임으로써 신의 자비를 얻는다고 믿었다. 그들은 그것을 신앙행위라 했지만 다른 국가들은 만행으로 간주했다. 하지만 바로 그때부터 유럽의 다른 나라들도 우리 발밑에서 꺼져가는 이 땅을 피로 물들이기 위한 여러 가지 방책을 모색하기 시작했다.

첫 번째 불길한 재앙은 스웨덴에서 일어났다. 왕국에서 공화국이 된 스웨덴의 왕[696]은 최고행정관에 불과했다. 그는 상원의 다수파에 순응하지 않을 수 없었고 귀족, 부르주아지, 성직자, 농민들로 구성된 신분제의회는 상원이 만든 법률을 개정할 수 있었다. 하지만 왕은 그럴 수 없었다.

(1756년 6월) 조국의 새로운 법률보다 왕에게 더 충성하는 몇몇 영주가 군주를 위해 상원에 대항해 모반을 꾀했다. 모든 것이 발각되었고 모반에 가담한 자들은 처형되었다. 군주제 국가에서라면 덕행으로 인정되었을 행위가 자유로워진 국가에서는 불명예스러운 반역으로 간주되었다. 이처럼 동일한 행위가 시대와 장소에 따라 범죄가 되기도 하고 미덕이 되기도 하는 법이다.

이 뜻밖의 사건으로 스웨덴은 왕에 대해 반감을 갖게 되었고, 이어서 프로이센 왕 프리드리히 2세에게 선전포고(이에 대해서는 뒤에서 이야기할 것이다)를 하게 되었다. 프로이센 왕의 누이는 스웨덴 왕비였다.

프로이센 왕 프리드리히와 그의 적들이 그때부터 준비한 소요는 재 속의 불꽃이었다. 이 불꽃이 유럽을 불바다로 만들었다. 하지만 최초의 불씨는 아메리카에서 건너 왔다.

아카디(Acadie) 근처의 몇몇 미개간지 때문에 일어난 프랑스와 영국 사이의 사소한 분쟁이 유럽의 모든 군주에게 새로운 정책을 부추겼다. 이 분쟁이 1712년과 1713년 위트레흐트 조약을 가다듬던 모든 대신의 부주의에서 비롯되었음을 지적할 필요가 있다. 프랑스는 이 조약에 의해 캐나다에 이웃한 아카디를 예전의 경계 지역 전부와 더불어 영국에 양도했었다. 그렇지만 그 경계가 어디까지인지를 명확히 한정하지 않고 무시해 버렸다. 개인들 간의 계약에서는 그런 실수를 결코 저지르지 않는다. 이런 누락으로 인해 불가피하게 분란이 발생했다. 철학과 정의가 인간들 사이의 분쟁에 개입한다면, 프랑스인과 영국인들이 아무런 권리도 없는 나라를 두고 서로 다투고 있다는 것을 깨우쳐주었을 것이다. 하지만 이 지고한 원리들은 세상사에 절대 개입하지 않는다. 그러한 분쟁이 일반 상인들 사이에서 발생했다면, 중재자들에 의해 두 시간 내에 진정되었을 것이다. 그렇지만 군주들 사이의 분쟁에서는, 평범한 담당관의 야심이나 기분이 20개 국가를 혼란에 몰아넣을 수 있다. 영국인들은 아메리카의 이 지역에서 프랑스 무역을 완전히 파괴하려고만 한다는 비난을 받았다. 북아메리카에서 영국인들은 많고 풍요한 식민지 덕에 프랑스인들에 비해 크게 우세했다. 또 바다에서는 영국 함대가 훨씬 더 우세했다. 1741년 전쟁에서 프랑스 해군을 궤멸시키고 난 후 그들은 신대륙에서든 바다에서든 자신들에게 저항할 수 있는 것은 아무것도 없다고 자신했다.[697] 그들의 기대는 처음에는 어긋났다.

1755년 그들은 캐나다 부근에서 프랑스인들을 공격하기 시작했다. 선전포고도 하지 않고 밀수선을 압류하듯이 300척 이상의 상선을 나포했다. 그들은 프랑스인들에게 상품을 운반하는 다른 나라들의 선박 몇 척도 탈취했다. 루이 15세는 이러한 상황에서 루이 14세와는 전혀 다른 행동을 취했다. 그는 시정을 요구하는 것으로 만족했다. 그는 백성들이 무장을 하고 항해하는 것조차도 허락하지 않았다. 루이 14세는 오만한 태도로 다른 나라의 궁정에 말하는 경우가 잦았었다. 루이 15세는 영국인들이 원하던 우위를 모든 나라의 궁정에 깨닫게 했다. 사람들은 루이 14세의 야심, 육상에서 세계적인 왕국을 건설하려던 야심을 비난했었다. 루이 15세는 영국인들이 해상에서 확보하고 있는 현실적인 우위를 깨닫게 해주었다.

하지만 루이 15세는 약간의 보복을 했다. 그의 군대는 1755년 캐나다 인근[698]에서 영국군을 격파했다. 그는 항구에 대규모 함대를 준비해 놓았고, 하노버 선제후국에 와 있는 영국 왕 조지 2세를 육상에서 공격할 계획이었다. 이러한 독일 침략은 신대륙에서 시작된 불씨를 유럽 전체로 퍼뜨릴 위험이 있었다. 그러자 유럽의 모든 정책이 바뀌었다. 영국 왕은 자신이 고용한 3만 명의 러시아군을 북쪽의 오지에서 다시 한 번 불러들였다. 러시아 제국은 신성로마제국 황제와 황후 겸 헝가리 여왕의 동맹국이었다. 프로이센 왕은 러시아군, 황제의 군대, 하노버군이 자신을 공격하지나 않을까 두려워하게 되었다. 프로이센 왕에게는 약 14만의 무장 병사들이 있었다. 그는 망설이지 않고 영국 왕과 동맹을 맺었다. 한편으로는 러시아군이 독일에 들어오지 못하게 막고, 다른 한편으로는 프랑스군의 독일 진입을 차단하기 위해서였다. 이렇게 해서 전 유럽이 무장을 하게 되었고, 프랑스는 다시 새로운 재앙에 빠져들게 되었다. 운명을 피할 수 있다면 모면할 수도 있는 재앙이었다.

프랑스 왕은 필요한 돈을 쉽게 그리고 순식간에 구했다. 프랑스처럼 부유한 왕국에서나 가능한 신속한 수단에 의해서였다. 전쟁 초기의 기간을 지탱하기 위해서는 20개의 새로운 징세청부업자[699] 자리와 약간의 차용금으로 충분했다. 편리하지만, 얼마 못가 왕국을 파산시킨 치명적인 수단이었다.

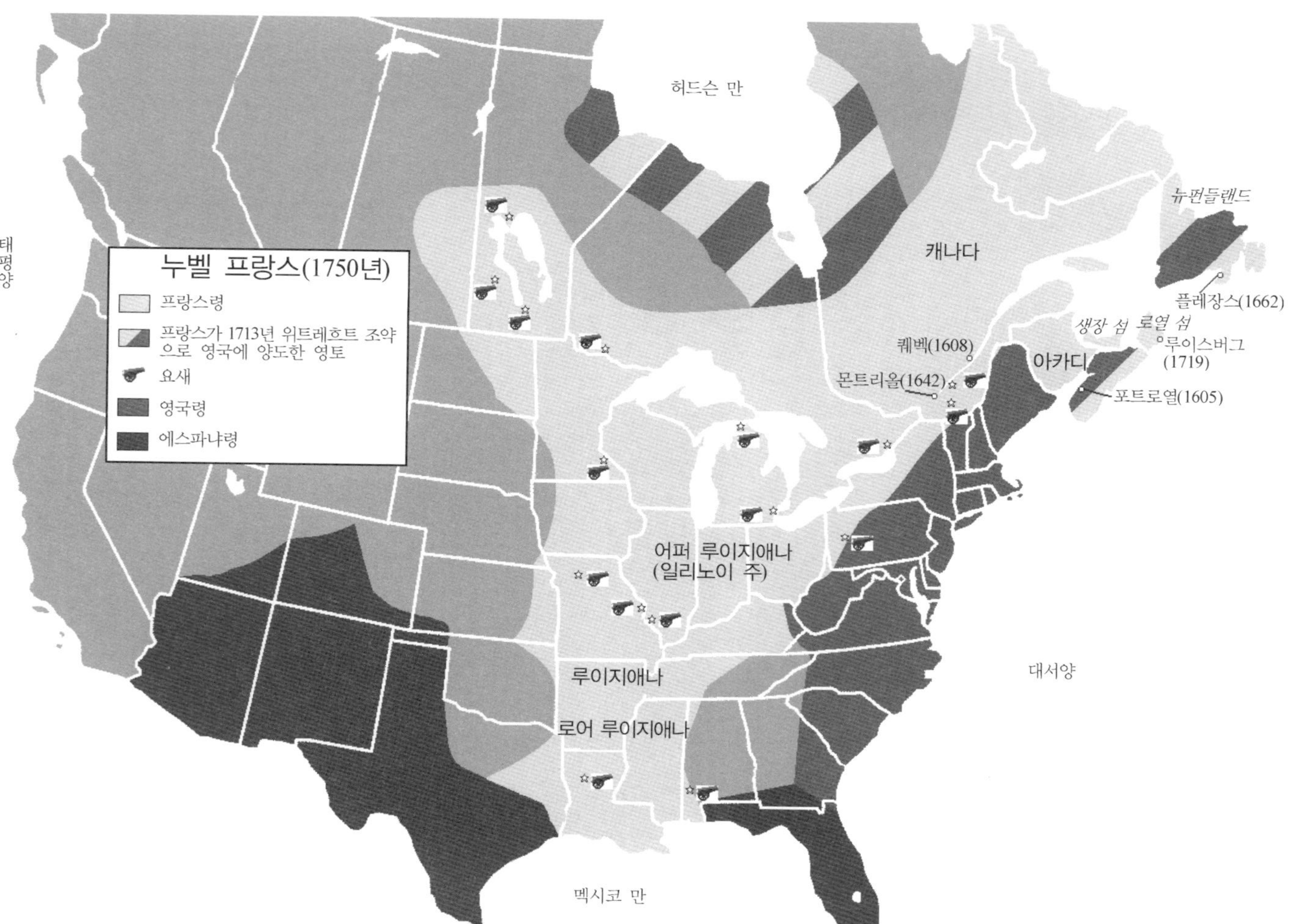
누벨 프랑스(1750년)
프랑스령
프랑스가 1713년 위트레흐트 조약으로 영국에 양도한 영토
요새
영국령
에스파냐령
허드슨 만
태평양
캐나다
뉴펀들랜드
플레장스(1662)
생장 섬
로열 섬
루이스버그(1719)
퀘벡(1608)
아카디
몬트리올(1642)
포트로열(1605)
어퍼 루이지애나(일리노이 주)
루이지애나
로어 루이지애나
대서양
멕시코 만

프랑스는 영국 해안을 위협하는 척했다. 스코틀랜드의 침략을 걱정해야 하고 아일랜드를 거의 제어할 수 없는 상태에서도 엘리자베스 여왕이 잉글랜드인들만의 도움으로, 펠리페 2세의 엄청난 공격을 버텨냈던 시대가 아니었다. 영국 왕 조지 2세는 해안을 지키기 위해 하노버군과 헤센군을 불러들이지 않을 수 없다고 생각했다. 자신들의 공격이 이러한 결과를 가져올 것이라 예측하지 못한 영국은 외국인들이 들끓는 모습을 보고 불평했다. 일부 시민들은 자신감을 잃고 두려워했고, 자유를 잃을까봐 불안에 떨었다. 영국 정부는 프랑스의 계획에 속아 넘어갔다. 침략을 당할까 두려워하던 그들은 메노르카 섬은 생각하지도 않았다. 이 섬은 영국이 예전의 에스파냐 왕위계승전쟁에서 그처럼 많은 지출을 감수하고 얻은 결실이었다.

앞에서 보았듯이 영국인들은 에스파냐에서 메노르카 섬을 빼앗았다. 모든 조약을 동원해 확실하게 소유하게 된 이 정복지는, 항구가 아닌 지브롤터보다 더 중요했다. 그들에게 지중해 제해권을 확보해주기 때문이다. 프랑스 왕은 1756년 4월 말[700]에 이 섬으로 리슐리외 원수를 파견했다. 원수의 20개 대대는 일급 전함 12척과 프리깃함 몇 척의 호위를 받았다. 영국인들은 프랑스가 그처럼 빨리 프리깃함을 마련하리라고는 생각하지 못했다. 프랑스는 모든 것이 제 때 이루어졌지만 영국 쪽은 그렇지 못했다. 영국인들은 1756년 6월에 라갈리소니에르 백작[701]의 프랑스 함대에 대한 공격을 시도 했지만 때가 너무 늦었다. 이 전투에서 그들은 메노르카 섬을 지키지는 못했지만 명예는 구할 수 있었다. 영국군의 공격은 아무런 결실을 거두지 못했다. 라갈리소니에르 백작은 영국 함대를 혼란에 몰아넣고 격퇴했다. 영국 내각은 자신들이 프랑스로 하여금 무서운 해군을 만들게 했다는 것을 깨닫고 한동안 괴로워했다.

영국인들에게는 마오 요새[702]는 방어할 수 있다는 희망이 남아 있었다. 이 요새는 위치와 지형적 특성 그리고 요새화하는 데 쏟은 30년간의 노력에 의해 유럽의 요새 가운데 지브롤터 다음으로 가장 견고한 요새로 알려져 있었다. 마오 요새는 사방이 하나로 이루어진 바위였다. 이 바위 안을 파서 깊이가 20피트 어떤 곳은 30피트에 달하는 해자를 만들었다. 요새 아래로는 80개의 갱도를 만들어 그 앞에 참호를 파는 것은 불가능했다. 모든 것이 대포의 공격에도 뚫리지 않게 되어 있었다. 그 요새는 가파른 바위 안쪽에 조성한 외부의 보루들로 사방이 둘러싸여 있었다.

리슐리외 원수는 베르헌옵좀에서보다 더 과감한 공격을 시도했다. 요새 본체를 방어하는 그 모든 보루를 한꺼번에 공격하는 것이었다. 원수는 이 과감한 공격에서 마유부아 후작의 지원을 받았다. 마유부아 후작은 이 전쟁에서도 탁월한 재능을 보여주었다.

프랑스군은 영국군의 포격에도 불구하고 해자 안으로 내려갔다. 그들은 13피트 높이의 사다리를 세워놓았다. 사다리의 마지막 계단에 도달한 장교와 사병들은 서로 서로의 어깨를 밟고 올라서며 바위 위로 돌진했다. 바로 이처럼 이해하기 힘든 대담성에 의해 그들은 외부의 모든 보루를 점령했던 것이다. 그곳을 방어하기 위해 자연과 인간의 기술이 이룩해 놓은 모든 것의 도움을 받고 있는 3000명에 가까운 영국군을 상대로 하는 만큼 프랑스군은 더욱더 용감하게 돌진했다.

다음날 요새는 항복했다.[703] 침착하기 짝이 없는 사람도 내려가기가 거의 불가능한 이 해자를 프랑스군이 어떻게 기어올라 왔는지를 영국군은 이해할 수 없었다. 이 전투는 리슐리외 장군과 국가에 커다란 명예를 안겨주었다. 하지만 이것은 프랑스가 영국을 상대로 거둔 마지막 승리였다.

런던은 프랑스군을 상대로 해상에서 승리를 거두지 못한 것에 대해 너무나 분노했다. 라갈리소니에르 백작과 대적했던 빙 제독[704]은, 찰스

2세 시대에 만들어진 옛 법률에 의거하여 군사법정에서 총살형을 선고받았다. 높은 곳에서 해전을 전부 지켜본 덕에 판정을 내릴 수 있었던 리슐리외 원수는 필자에게 빙 제독의 무죄를 증명하는 진술서를 보냈지만 소용없었다. 그 진술서는 영국 왕에게 곧 전달되었다. 재판관들도 사면권을 갖고 있는 왕에게 관용을 강력히 청원했지만 소용없었다. 빙 제독은 처형되었다. 그는 1718년 메시나 해전에서 승리를 거둔 제독[705]의 아들이었다. 그는 매우 의연하게 죽음을 맞이했다. 처형당하기 전에 그는 자신의 무죄를 증명하는 진정서를 필자에게 보냈고, 리슐리외 원수에게는 감사의 말을 보냈다.

32

독일 내에서의 전쟁. 오스트리아 왕가, 독일 제국, 러시아 제국, 프랑스에 맞서 싸우는 브란덴부르크 선제후. 기억할 만한 사건들

독일에서 자신에 대항하여 단결한 영국, 이탈리아, 네덜란드에 홀로 맞서 싸운 루이 14세는 찬탄의 대상이었다. 우리는 더욱 놀라운 사건을 목격했다. 브란덴부르크 선제후가 오스트리아 왕가, 프랑스, 러시아, 스웨덴 그리고 신성로마제국 절반의 군대들을 홀로 대적한 것이다.

그것은 그 부대의 기강과 우수한 지도자 덕분이라고 할 수밖에 없는 놀라운 일이었다. 한 번의 승전은 우연에 의해 가능할 수 있다. 하지만 자연적인 요새가 없는 나라에서 약자가 강자에 대항해 7년간을 버티고 큰 불행을 모면한 것은, 우연의 탓으로 돌릴 수 없다. 바로 그러한 점에서 이 전쟁[706]은 이전에 세계를 유린한 모든 전쟁과는 달랐다. 막대한 부를 보유한 유럽의 유일한 군주이고 군대에 진정한 규율을 부여한 유일한 군주인 프로이센 2대 왕[707]이 독일에서 새로운 강대국을 건설했다는 것은 이미 살펴본 바 있다. 이러한 아버지의 준비 덕에 아들[708]이 대담하게 오스트리아의 권력에 홀로 맞서 슐레지엔을 차지했다는 것도 살펴보았다.

황후이자 여왕인 마리아 테레지아는 주변 상황이 호전되어 슐레지엔을 탈환할 수 있는 방법이 생기기를 기대했다. 예전 같았으면, 보헤미아에 합병되어 있는 작은 지역[709]이 오스트리아 왕가에 속하든지 다른 왕가에 속하든지 유럽으로서는 관심을 둘 만한 문제가 아니었을 것이다. 그러나 유럽의 정치가 인간 정신의 다른 모든 대상과 마찬가지로 개선되었다기보다는 세밀해졌기에, 이 사소한 분쟁으로 인해 50만명 이상이 무기를 들게 되었다.[710] 유럽에서 이렇게 많은 군사가 참전한 적은 없었다. 십자군 전쟁에서도, 아시아 정복자들의 침략[711] 시에도 말이다.

이 새로운 전쟁이 시작되는 과정은 다음과 같다.

러시아 여제 옐리자베타와 마리아 테레지아 황후는 밀접한 관계가 되었다. 예전에 맺은 조약들, 오스만 제국에 맞서 그들을 결합시킨 공동의 이해관계, 그리고 서로에 대한 호의 덕이었다. 마리아 테레지아와 화해한 폴란드 왕이자 작센 선제후인 아우구스트 3세는 자신이 폴란드 왕이 되는 데 도움을 준 러시아에 충실한 입장이라서 이 두 여성 군주들과 자연스럽게 연합하게 되었다. 이 세 강대국은 각자 프리드리히 왕에 대해 불만이 있었다. 마리아 테레지아의 가문은 프리드리히 왕에게 슐레지엔을 빼앗겼다. 아우구스트 3세와 그의 참사회는 1741년 전쟁[712]에서 프로이센 왕이 유린한 작센에 대한 손해배상을 원했다. 옐리자베타와 프리드리히 사이에는 개인적인 불만거리들이 있는데, 그런 것들이 생각보다 더 크게 국가의 운명에 영향을 미치는 경우가 종종 있다.

이 세 강대국은 프로이센 왕에 대한 반감이 커져서 그들끼리 긴밀하게 교신했고, 프로이센 왕으로서는 그 여파가 걱정스러웠다. 오스트리아는 군대를 증원했고, 옐리자베타의 군대는 준비를 마친 상태였다. 하지만 아우구스트 3세는 어떠한 일도 시도할 수 있는 입장이 아니었다. 작센 선제후국의 재정이 고갈되었을 뿐만 아니라, 프로이센군의 드레스덴 진격을 막을 수 있는 요새도 없었다. 브란덴부르크가 질서와 경제로써 엄청나게 강해진 반면, 작센은 낭비로 인해 크게 약해졌다. 폴란드 왕의 작센 참사회는 자신들에게 치명적일 수도 있는 조치를 취할 것인가를 두고 많이 망설였다.

프로이센 왕은 주저하지 않았다. 1755년 그는 자신이 무척이나 의심하고 있는 이 세 강대국들에 선수를 치기로 결심했다. 그 누구의 자문도 구하지 않고 혼자 내린 결정이었다. (1756년 1월 16일) 그는 우선 하노버 선제후이기도 한 영국 왕과 동맹을 맺음으로써, 헤센 영주와 브라운슈바이크 가문의 지원을 확보했다. 당연히 프랑스와의 동맹은 포기했다.

카를 5세와 프랑수아 1세 이래 지속된 프랑스 왕가와 오스트리아 왕가 사이의 적대감이 우정으로 바뀐 것은 바로 이때였다. 이 우정은 진정으로 확립된 것처럼 보여서 모든 나라를 깜짝 놀라게 만들었다. 마리아 테레지아와 그렇게 참혹한 전쟁을 벌였던 프랑스 왕은 그녀의 동맹이 되었다. 프랑스의 동맹이던 프로이센 왕은 적이 되었다. 프랑스와 오스트리아는 무려 300년간 피를 부른 반목을 뒤로 하고 연합했다. 수많은 평화조약과 수많은 정략결혼으로도 불가능했던 일이, 프로이센 왕의 농담 때문에 기분이 상한 몇몇 권력 실세[713]의 반감에 의해 순식간에 이루어졌다. 영국 의회는 이것을 기괴한 동맹이라 불렀다. 하지만 이 동맹은 필요한 것이었기에 아주 자연스러운 것이 되었다. 이 강력한 두 왕가가 결합해서 러시아, 스웨덴, 그리고 신성로마제국 여러 나라의 지원까지 받으면 유럽의 나머지 세력을 견제할 수 있을 것이라는 기대도 가능했다.

(1756년 5월) 루이 15세와 마리아 테레지아 사이의 조약은 베르사유에서 조인되었다.[714] 훗날 추기경이 된 베르니 신부[715]가 이 굉장한 조약

의 영예를 독차지했다. 이 조약은 리슐리외 추기경이 확립했던 모든 체계를 무너뜨리고, 더 높고 더 넓은 체계를 세우는 것 같았다. 베르니 신부는 곧 국무대신이 되었지만 얼마 가지 않아 파면 당했다. 공적인 일에서나 사적인 일에서나 급변의 연속이었다.

사방에서 위협을 받던 프로이센 왕은 그래서 더욱 신속하게 공격을 개시했다. 그는 거의 무방비 상태인 작센으로 부대를 진군시켰다. 이 지역을 오스트리아의 공격에 대한 방어물로 삼는 동시에 오스트리아로 가는 통로를 확보하기 위해서였다. 그는 우선 라이프치히를 점령했다.[716] 프로이센군의 일부는 드레스덴 앞까지 진출했다. 폴란드 왕 아우구스트 3세는 스웨덴의 칼 12세 앞에서 후퇴한 자신의 부친[717]과 마찬가지로 피신했다. 그는 드레스덴을 떠나 쾨니히슈타인 근처의 피르나(Pirna) 기지로 이동했다. 보헤미아로 가는 길의 엘베 강변에 위치한 그곳에서 그는 안전하다고 생각했다.

프리드리히는 보호자라는 이름을 내세웠지만 지배자로서 드레스덴[718]에 입성했다. 황제 요제프 1세의 딸인 폴란드 왕비[719]는 달아나지 않았다. 그녀에게 문서고 열쇠를 요구했다. 그녀가 열쇠를 주지 않자 그들은 문을 열 준비를 했다. 왕비는 그 앞을 막아서며 그들이 자신의 신체와 단호한 태도를 존중해주리라고 생각했다. 하지만 그들은 그녀의 신체도 단호한 태도도 존중하지 않았다. 그녀는 국가의 문서고 문이 열리는 것을 보았다. 프로이센 왕으로서는 자신에 대한 작센의 음모의 증거를 찾는 것이 중요했다. 하지만 문서고에는 프로이센 왕이 불러일으키는 두려움의 증거들만 있었다. 드레스덴 궁정으로 하여금 자신을 방어하게 했어야 할 이 두려움은 그 궁정을 이웃 강대국의 희생자로 만드는 데 이용되었을 뿐이다. 여러 해 전부터 작센이 처한 상황에서는 쾌락을 포기하고 전쟁에 모든 것을 쏟아부어야 했다는 것을 드레스덴 궁정은 너무 늦게 깨달았다. 승리하지 못하면 죽는다는 각오로 전쟁을 준비하는 결정밖에 내릴 수 없을 때가 있는 법이다.

(1756년 9월 20일) 프로이센의 침략 소식을 듣고 신성로마제국 황제 궁정의 참사회는 프로이센 왕이 공공의 안녕을 교란한 반역자라고 선언했다. 15만에 가까운 병력을 거느리고 이미 유럽 최고 장군이라는 평가를 받는 군주에 대해 이러한 선언이 효력을 갖게 만드는 것은 어려운 일이었다. 프로이센 왕은 법률에 전투로써 맞대응했다. 프로이센 왕과 오스트리아군 사이의 전투는 보헤미아 입구의 로보지츠[720]에서 벌어졌다.

이 첫 전투는 양측의 사망자 수가 비슷하여 승부가 가려지지 않았다. 하지만 이 전투의 결과들로 인해 승부가 확실히 가려지게 된다. 오스트리아군은 프로이센 왕이 피르나 기지의 작센군을 봉쇄하는 것을 막을 수 없었다. 오스트리아군은 작센군을 조금도 도와줄 수가 없었다. 1만 3천 내지 1만 4천에 불과한 폴란드 왕의 군대는 전투가 시작된 지 일주일 만에 항복하고 전쟁포로가 되었다.

아우구스트 3세와 프로이센 왕 사이의 전투는 이것 하나뿐이었다. 아우구스트 3세는 항복하면서 단 한 가지만 청했다. 자신의 친위대원들을 포로로 잡지 말아 달라는 것이었다. 프리드리히는 그 청을 들어줄 수 없다고 답했다. 그 친위대원들이 틀림없이 자신에게 항전할 것이고, 자신으로서는 그들을 두 번이나 사로잡는 수고를 하고 싶지 않다는 것이었다. 프리드리히의 대답은 모든 군주에게 무시무시한 교훈이었다. 강한 이웃이 있을 때는 자신도 강해져야 한다는 교훈이다.

자신의 선제후국과 군대를 잃은 폴란드 왕은 프리드리히에게 폴란드로 갈수 있도록 통행증을 요청했다. 통행증은 쉽게 나왔다. 그들은 폴란드 왕에게 역마를 제공하는 모욕적인 예의를 베풀었다. 그는 상속받은 선제후국을 떠나[721] 자신을 왕으로 선출한 왕국으로 갔다. 그 왕국에서는 왕을 돕기 위해 무장하자는 제안을 아무도 하지 않았다. 작센 선제후국 전체에 배상금이 부과되었다. 프로이센 왕은 전쟁을 하면서 자신이 침범한 나라에서 전쟁을 계속할 수 있는 비용을 거두어들였다. 폴란드 왕비는 남편을 따라가지 않았다. 드레스덴에 남은 그녀는 슬픔으로 인해 생을 마감했다.[722] 유럽은 이 불행한 가정을 불쌍히 여겼다. 하지만 전쟁이라는 공적인 재앙의 와중에서 100만에 달하는 가정이 그에 못지않은 큰 불행을 겪었다. 잘 알려지지는 않았지만 말이다. 라이프치히 시정관들은 승자가 부과한 배상금에 대해 건의했다. 자기들에겐 지급 능력이 없다는 것이었다. 그들은 감옥에 갇히게 되자 배상금을 냈다.

이 전쟁처럼 많은 전투가 벌어진 전쟁은 일찍이 없었다. 러시아군은 폴란드를 통해 프로이센 영토로 진입했다. 헝가리 여왕의 원군이 된 프랑스군은 슐레지엔을 여왕에게 돌려주게 만들기 위해 싸웠다. 몇 해 전 그들은 프로이센 왕의 동맹군으로 슐레지엔을 여왕에게서 빼앗는 데 기여했었다. 오스트리아 왕가를 가장 열성적으로 지지했던 영국 왕은 이제 가장 위험한 적 가운데 하나가 되었다. 예전에 이 오스트리아 왕가에 그렇게 큰 타격을 주었던 스웨덴은 프로이센 왕에 맞서 오스트리아 왕가를 도왔다. 그 대가로 프랑스 내각은 스웨덴에 90만 프랑을 제공했다. 스웨덴군은 일반인들에게는 거의 피해를 주지 않았다.

독일은 저 악명 높은 30년 전쟁보다 훨씬 더 많은 자국군과 외국군에 의해 유린되었다. 러시아군이 오스트리아를 도우러 폴란드를 통해 독일로 진입하는 동안, 프랑스군은 프로이센군이 떠나간 클레베 공국과 베젤을 통해 들어왔다. 프랑스군은 헤센 전역을 점령했다. 그들은 퐁트누아에서 루이 15세를 공격했던 바로 그 컴벌랜드 공작의 지휘를 받는 영국인, 하노버인, 헤센인의 군대와 대결하기 위해 하노버 선제후국을 향하여 진군했다.

프로이센 왕은 오스트리아군과 싸우려고 보헤미아로 갔다. 그는 상당한 병력을 보내 러시아군에 맞서게 했다. 프로이센이 완전히 장악한 작센에 침투하는 역할은, 살인부대라고 불리는 러시아군에 맡겨졌다. 이처럼 독일은 가공스러운 6개국 군대의 먹잇감이 되어 철저하게 유린당하고 있었다.

프로이센 왕은 먼저 신성로마제국 황제의 동생인 로트링겐 공 카를과 브라운 장군을 공격하러 프라하 근처로 달려갔다. (1757년 5월 6일) 전투는 참혹했다.[723] 프로이센군이 승리를 거두었고, 오스트리아군 보병 일부는 프라하로 피하지 않을 수 없었다. 그곳에서 그들은 2개월 이상을 프로이센군에 포위당했다. 많은 군주가 프라하에 있었고, 식량이 떨어지기 시작했다. 프라하가 얼마 못가 함락되고 오스트리아는 구스타프 2세 아돌프[724]보다 프리드리히에게 더 크게 당할 것이라는 것은 의심의 여지가 없었다.

하지만 프리드리히는 모든 것을 한꺼번에 빼앗으려다가 정복의 결실을 통째로 잃고 말았다. 마리아 테레지아의 수석대신 카우니츠 백작은 프로이센 왕이 전장에서 정력적인 것만큼이나 내각에서 정력적인 인물이었다. 카우니츠 백작은 다운 원수[725]가 지휘하는 군대를 집결시켜 놓았었다. 프로이센 왕은 이 군대가 연전연승하는 프로이센군의 명성에 겁을 먹고 있을 것이라 확신하고 주저 없이 공격했다. 이 군대만 물리치면, 얼마 전부터 폭격을 받고 있던 프라하는 무조건 항복을 할 것이었다. 프로이센 왕은 독일의 절대 지배자가 될 것이었다. 다운 원수는 산등성이에 방어진지를 구축했다. 프로이센군은 마치 총공격을 감행하기라도 하듯이 일곱 차례나 그곳으로 올라갔다. 그렇지만 그들은 일곱 번 모두 격퇴를 당하고 패퇴했다. 프로이센 왕은 약 2만 5천의 병사를 잃었다. 병사들은 죽거나 부상을 입거나 도주하거나 탈영했다.[726] 프라하에 갇혀 있던 로트링겐 공 카를이 빠져나와 프로이센군을 추격했다. 이전에 프로이센 왕의 무훈과 희망이 컸었던 것만큼이나 큰 역전패였다.

프랑스군은 마리아 테레지아를 강력히 지원하고 있었다. 프랑스군 사령관 에스트레 원수[727]는 이미 베저(Weser) 강을 건넜다. 민덴 쪽으로 컴벌랜드 공작을 끈질기게 추적해온 원수는 하스텐베크 근처에서 공작을 따라잡았고 전투를 벌여 완벽한 승리를 거두었다. 콩데 공[728]과 라마르슈콩티 공[729]은 이날의 전투에서 첫 번째 무공을 세웠고, 프랑스 왕의 혈통은 영국 왕의 혈통에 대항해서 조국의 명예를 지켰다. 이 전투에서 프랑스군은 라발몽모랑시 백작(comte de Laval-Montmorency) 그리고 뷔시 가문의 장교[730] 한 사람을 잃었다. 뷔시는 용맹할 뿐만 아니라 탁티쿠스[731]를 번역한 학자이기도 했다. 로렌 가문의 뒤샤틀레 백작[732]은 관통상을 입었다. 오랫동안 치명상으로 여겨졌지만 그는 살아났다. 그는 프랑스 귀부인으로 위대한 뉴턴의 저서를 주해한 뒤샤틀레 후작부인[733]의 아들이다. 이 사실을 아는 사람들 사이에서 그녀의 이름은 결코 잊히지 않을 것이다.

여기서 베르사유 궁정의 음모로 이미 에스트레 원수의 지휘권이 박탈되었다는 것에 주목하자. 그에게 이러한 수모를 안겨주기 위한 명령은 이미 하달되어 있었다. 그가 전투에서 승리를 거두고 있는 동안에 말이다. 궁정에서는 그가 아직도 하노버 선제후국 전체를 정복하지 못했고 마그데부르크(Magdeburg)까지 진군하지 못했다고 불평하는 척했다. 한 번의 군사작전으로 모든 것을 끝내야 한다고 믿었던 것이다. 신성로마제국 황제를 옹립하고 오스트리아 왕가의 속국들을 차지하게 될 것이라고 생각했던 1741년의 프랑스인들이 그렇게 믿었다. 세기 초에 이탈리아와 플랑드르를 장악하고 선제후 두 명의 지원을 받은 루이 14세와 펠리페 5세가 유럽을 지배한다고 생각했을 때도 그렇게 믿었었다.[734] 그런데 그들의 생각은 항상 틀렸다. 에스트레 원수는 독일로 진군하는 것으로는

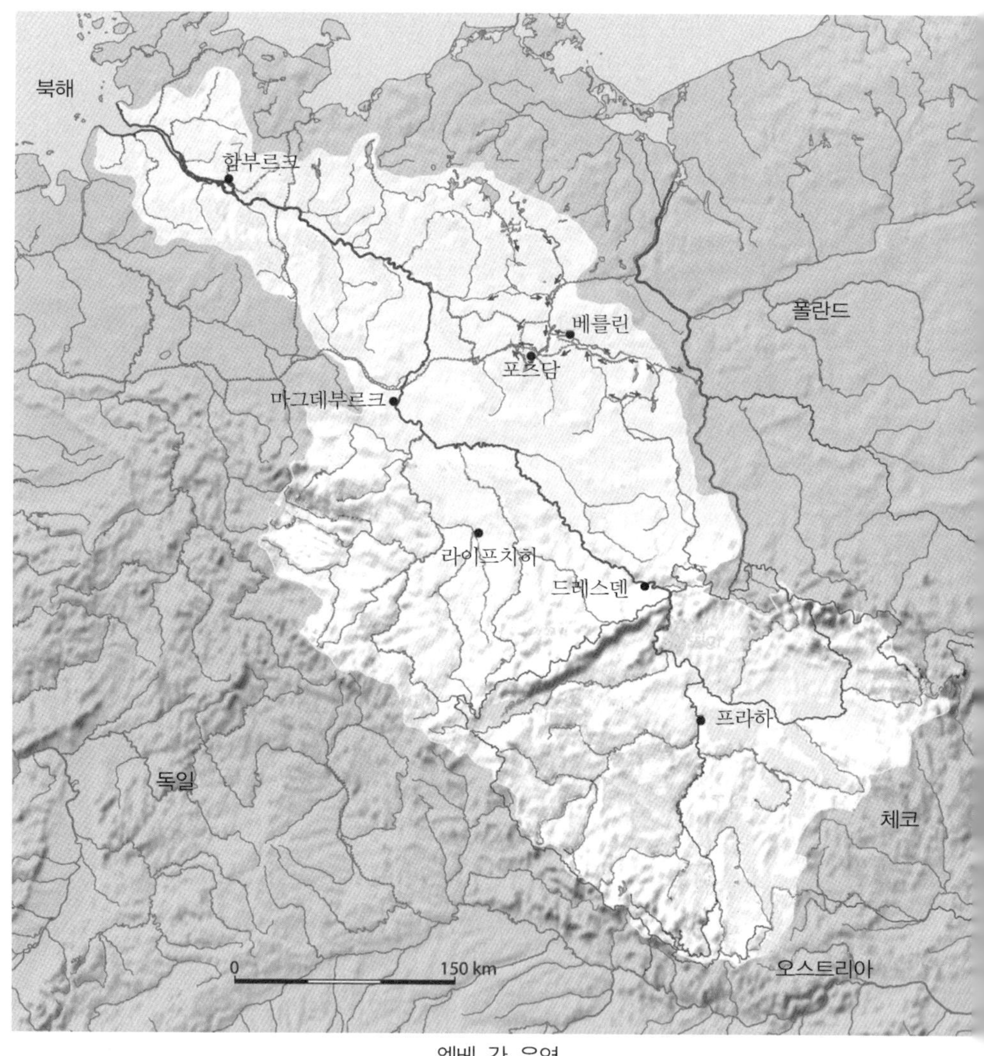

엘베 강 유역

충분하지 못하며, 독일에서 빠져나올 수단을 강구해야 한다고 말하곤 했다. 그의 행동과 용기는, 군대를 파견할 때는 장군에게 간섭하지 말아야 한다는 것을 입증했다. 장군을 선택했다는 것은 그를 신뢰한다는 것이기 때문이다.

33

기억할 만한 사건들 속편. 항복하지 않을 수 없게 된 영국군. 로스바흐 전투. 격변들

프랑스 내각은 리슐리외 원수를 보내 에스트레 원수의 군대를 지휘하게 했다. 에스트레 원수의 중요한 승리가 알려지기 전이었다. 리슐리외 원수는 매력적인 외모와 지성으로 유명하고 제노바 공국 방어와 메노르카 섬 점령으로 더욱 유명해진 인물이었다. 그가 컴벌랜드 공작과 싸우러 출발한 것이다. 리슐리외는 컴벌랜드를 엘베 강 하구까지 밀어냈고, 그곳에서 그가 군대 전체와 더불어 항복하지 않을 수 없게 만들었다(1757년 9월 8일). 승전보다 더 특이한 항복이었지만 그렇다고 해서 명예롭지 않은 것은 아니었다. 컴벌랜드 공작의 군대는 엘베 강 너머로 퇴각하고, 프로이센 왕에 맞선 프랑스군과의 전투를 그만두겠다는 문서를 작성하지 않을 수 없었다. 프로이센 왕은 작센을 유린했지만, 그의 국가 역시 유린을 당했다. 오스트리아 장군 하디크(Haddik)가 베를린을 기습하여, 80만 리브르를 받고 약탈을 면하게 해주었다.

프로이센 왕의 패배는 불가피해 보였다. 프라하 인근에서의 대패, 슐레지엔 입구의 란츠후트(Landshut) 인근에서의 패배, 승패가 결정되지 않았지만 피로 물든 러시아군과의 전투, 이 모든 것이 그를 약화시켰다.

그는 한쪽은 리슐리외 원수의 군대에 의해, 다른 쪽은 신성로마제국군에 의해 포위될 가능성이 있었다. 더구나 오스트리아군과 러시아군이 슐레지엔에 입성했다. (1757년 8월 22일) 그의 패배가 너무나 분명해 보인 나머지 제국 참사회는 주저하지 않고 그를 제국에서 추방하고 영지, 권리, 사면, 특권 등을 모두 박탈한다고 선언했다. 프리드리히 자신도 당시 자신의 운명에 대해 절망한 것 같았고, 오로지 명예로운 죽음만을 생각했다. 그는 일종의 철학적 유언장을 작성했다. 그러한 불행 속에서도 그는 프랑스어로 유언장을 작성할 정도로 정신이 자유로웠다. 특이한 일화이다.

침착하고 단호한 용기, 현명한 지성, 절제 있는 행동을 갖춘 장군인 수비즈 공[735]이 군대를 이끌고 프리드리히와 싸우러 작센으로 진군하고 있었다. 프랑스 내각은 리슐리외 원수의 군대 일부로 수비즈 공의 군대를 보강해주었다. 이 강력한 군대는 힐트부르크하우젠 공[736]이 지휘하는 제국군과 합류했다.

(1757년 11월) 수많은 적에 둘러싸인 프리드리히는 수비즈 공의 군대 속으로 뛰어들어 싸우다 죽기로 결심했다. 하지만 그는 승리를 위한 모든 조치를 취해놓았다. 프랑스군과 제국군을 정찰하러 간 그는 일단 후퇴하여 유리한 위치를 차지했다. 힐트부르크하우젠 공은 무조건 공격을 원했다. 프랑스군은 보조에 불과했으므로 그의 의견을 받아들이는 수밖에 없었다. 그들은 로스바흐(Roßbach)와 메르세부르크(Merseburg) 근처에서 텐트 안에 있는 것 같았던 프로이센군을 향해 진군했다. 갑자기 텐트들이 걷히고 프로이센군이 전투 대형으로 나타났는데 양쪽 언덕에는 포병대가 배치되어 있었다.

이 광경을 보고 프랑스군과 제국군은 깜짝 놀랐다. 몇 년 전에 프랑스군을 프로이센 식으로 훈련시키려고 했었다. 그 다음에는 이 훈련에서 이동 방식을 여러 차례 바꾸었다. 그래서 병사들이 어떻게 해야 할지 모르게 되었다. 예전의 전투 방식은 바뀌었고 새로운 방식은 확실히 익히지 못했기 때문이다. 다른 곳에서는 거의 볼 수 없던 독특한 대형으로 프로이센군이 다가오는 것을 본 프랑스 병사들은 당할 수 없다고 생각했다. 프로이센 왕의 포병 역시 적군의 포병보다 대포를 잘 다루고 훨씬 더 좋은 위치를 차지하고 있었다. 제국군은 거의 싸워보지도 못한 채 도주했다. 카스트리 후작[737]이 지휘하는 프랑스 기병대가 프로이센 기병대를 향해 돌격하여 돌파에 성공했지만 헛된 용맹이었다. 프랑스 기병대는 프로이센의 포격에 순식간에 흩어졌다.

곧 모든 사람에게 공포가 확산되었다. 프랑스 보병은 프로이센군 6개 대대 앞에서 무질서하게 후퇴했다. 그것은 더 이상 전투가 아니었다. 전군이 전투에 나섰다가 그냥 달아나버린 것이다. 역사상 거의 유례가 없는 전투였다.[738] 전장에는 2개 스위스 연대만이 남아 있었다. 수비즈 공은 포화를 뚫고 그들에게 가서 천천히 철수시켰다.

디바슈 연대[739]는 특히 오랫동안 포격과 총격 그리고 기병대의 공격을 받았다. 수비즈 공은 디바슈 연대와 위험을 함께 하면서 이 연대가 무너지지 않도록 했다.▪ 이 기이한 전투가 전쟁의 국면을 완전히 바꿔놓았다. 파리에서는 불평이 난무했다.[740] 그 다음 해 수비즈 공은 하노버군과 헤센군에 대해 승리를 거두었지만 이 승전에 대한 이야기는 거의 없었다. 행복하고 한가로운 대도시의 세태가 그렇다는 것을 이미 지적한 바

▪ 라보멜(la Beaumelle)이라는 사람은 『나의 견해(Mes Pensées)』라는 제목의 풍자문에서 디바슈 연대장, 그리고 2세기 전부터 프랑스 왕들을 위해 아낌없이 피를 흘려온 에를라크(Erlach) 가문, 시네르(Sinner) 가문, 그리고 스위스의 모든 유명한 가문을 마구 헐뜯었다. 이 비열한 인물의 파렴치한 책자는 비난받아야 마땅하다.
(옮긴이 주) 라보멜(Laurent Angliviel de La Beaumelle, 1726~1773): 프랑스 문인.

있다. 그런데도 누구나 이 대도시의 지지를 갈망한다.

프랑스 내각이 축소시킨 리슐리외 원수의 군대가 새로운 재난을 당한 것은 바로 이 때였다. 내각에서는 리슐리외 원수가 컴벌랜드 공작에게 부과한 협약과 규범들을 인준하려고 하지 않았다. 영국군은 약속을 지킬 의무가 없어졌다고 생각했다(그렇게 생각할 만한 이유가 없지 않았다). 베르사유의 인준 소식은 로스바흐 패전 닷새 후에야 도착했다. 영국군은 하노버 선제후국을 재빨리 탈환했다.

로스바흐 전투는 정말 놀라운 것이긴 했지만, 이 뜻밖의 승리 이후에 프로이센 왕이 취한 조치는 훨씬 더 놀라운 것이었다. 그는 슐레지엔으로 쏜살같이 달려갔다. 슐레지엔에서는 오스트리아군이 프로이센군을 격파하고 시비드니차[741]와 브로츠와프를 점령하고 있었다. 그처럼 극도로 신속하지 않았더라면 슐레지엔을 완전히 빼앗겼을 것이다 로스바흐 승전도 무용지물이 되었을 것이다.

(1757년 12월 5일) 한 달 후에 프리드리히는 오스트리아군과 맞서게 되었다. 그는 도착하자마자 오스트리아군에 매서운 공격을 가했다. 5시간에 걸쳐 전투가 벌어졌고 프리드리히는 완승을 거두었다.[742] 그는 시비드니차와 브로츠와프에 재입성했다. 그 이후로는 자주 승패가 뒤바뀌는 전투가 연속될 뿐이었다. 프랑스군만이 거의 언제나 결과가 좋지 않았다. 하지만 프랑스 정부는 결코 낙담하지 않았다. 프랑스는 끊임없이 독일로 군대를 출전시키느라 진이 빠지게 되었다.

프로이센 왕은 전투를 거듭하면서 쇠약해졌다. 프로이센 왕이 작센을 유린하는 사이에 러시아군이 그에게서 프로이센 왕국 전역을 빼앗았고 포메라니아를 황폐화했다. 오스트리아군에 이어 러시아군이 베를린에 입성했다. 프로이센 왕이 선친에게서 물려받은 거의 모든 재물 그리고 그 자신이 직접 축적한 재물이 약탈을 당했다. 이처럼 이 전쟁은 모든 당사자를 파산하게 만들었다. 그는 영국의 지원금에 의존하지 않을 수 없었다. 오스트리아군, 프랑스군, 러시아군은 결코 굴하지 않고 계속해서 프리드리히를 괴롭혔다. 항상 위험에 노출되어 있는 베를린에 머물 수 없었던 그의 가족은 마그데부르크로 피신했다. 프리드리히는 그처럼 많은 승리를 거두고도 1762년 브로츠와프로 몸을 피했다. 마리아 테레지아가 슐레지엔을 탈환할 기회를 잡는 것 같았다. 프리드리히에겐 더 이상 드레스덴도, 보헤미아에 인접한 작센의 일부도 남아 있지 않았다. 폴란드 왕은 자신이 상속받은 나라들로 돌아간다는 희망을 품게 되었다. 그때(1762년 1월 5일)[743] 러시아 여제 옐리자베타의 죽음으로 인해, 너무나 자주 바뀌던 상황이 다시 새로운 국면을 맞이하게 되었다.

러시아의 새로운 황제 표트르 3세[744]는 오래전부터 프로이센 왕의 내밀한 친구였다. 표트르 3세는 황제의 자리에 오르자마자 프로이센 왕과 평화조약을 맺었을 뿐만 아니라, 옐리자베타의 가장 충실한 친구였던 황후-여왕 마리아 테레지아에 맞서 프로이센 왕의 동맹이 되었다. 러시아군과 오스트리아군에 맹공을 당하던 프로이센 왕이 몇 주 전만 해도 자신과 싸운 바로 그 러시아군의 도움을 얻어 단숨에 보헤미아에 입성할 준비를 하게 되었다.

하지만 이 새로운 상황 역시 조성된 것만큼이나 빠른 속도로 역전되었다. 갑작스러운 쿠데타가 러시아의 상황을 바꾸어놓은 것이다.

표트르 3세는 자신의 아내와 이혼하고 싶어 했기에 국민들의 반감을 사고 있었다. 그는 어느 날 술에 취해서, 열병식을 벌이던 프레오브라젠스키 연대[745] 앞에서, 프로이센군 50명만 있으면 자신이 이 연대를 무찌를 것이라고 말했다. 바로 이 연대가 그의 모든 구상을 무산시키고 그를 폐위시켰다. 병사들과 국민들은 모두 그에게 반대했다. (1762년 7월 8일) 그는 쫓기다가 잡혀서 감옥에 갇혔고, 그 안에서 일주일간 계속 펀치만 마시면서 마음을 달래다가 죽고 말았다. 군(軍)과 시민들이 한 목소리로 그의 아내 예카테리나 안할트[746]를 여제로 선포했다. 예카티리나 안할트는 비록 외국인이지만 유럽에서 가장 유서 깊은 가문의 하나인 아스카니아 가문[747] 출신이다. 그녀는 그때부터 이 거대한 제국의 진정한 입법자가 되었다. 이렇게 해서 러시아는 5명의 여인이 차례로 통치하게 되었다. 표트르 대제의 미망인 예카테리나 1세, 표트르 대제의 조카 안나, 불행한 아들 이반 왕자의 단명한 제국의 섭정 브라운슈바이크 대공비, 표트르 대제와 예카테리나 1세의 딸 옐리자베타, 그리고 마지막으로 예카테리나 2세. 예카테리나 2세는 아주 짧은 시간 동안에 위대한 명성을 확립했다. 연속해서 5명의 여인이 제위를 계승한 것은 세계사에서 유례없는 일이다.[748]

프로이센 왕 밑에서 참전하려고 했던 러시아 황제의 지원이 끊겼지만 프로이센 왕은 여전히 오스트리아 왕가에 맞서서, 다시 말해서 신성로마제국의 절반과 프랑스 그리고 스웨덴에 맞서서 전쟁을 계속했다.

사실 스웨덴군이 세운 전공은 구스타프 2세 아돌프가 거두었던 전공에는 크게 못 미쳤다. 스웨덴 왕비인 프리드리히 2세의 누이는 오빠에게 해를 끼치고 싶어 하지 않았다. 프로이센 왕에게 맞서 군대를 무장시킨 것은 스톡홀름 궁정이 아니라 상원이었다. 상원이 그런 것은 오로지 프랑스가 돈을 대주었기 때문이다. 궁정은 상원이 포메라니아로 군대를 파견하는 것을 막을 수 있을 정도로 강력하지 못했지만, 그 군대를 무력화할 정도의 힘은 갖고 있었다. 사실 스웨덴군은 그들이 받은 얼마 되지 않는 돈 때문에 전쟁을 하는 척했을 뿐이다.

주로 독일 땅이 계속해서 피를 흘렸다. 프랑스 국경 지역들은 조금도 피해를 입지 않았다. 독일은 피와 프랑스 돈을 집어삼키는 구렁텅이가 되었다. 개설서에 불과한 이 역사책의 한계 때문에 발트 해 연안에서 라인 강에 이르는 광활한 지역에서 벌어진 그 수많은 전투를 이야기할 수가 없다. 중대한 결과를 낳은 전투는 거의 없었다. 강대국에는 언제나 타개책이 있었기 때문이다. 그러나 아메리카와 인도에서는 사정이 달랐다. 그곳에서 1200명을 잃으면 회복이 불가능했다. 로스바흐 전투도 중대한 변화를 일으키지는 못했다. 1759년 (8월 1일) 민덴의 패전[749] 그리고 다른 곳의 패전들 때문에 프랑스군은 후퇴하지 않을 수 없었지만 여전히 독일 안에 남아 있었다. (1758년 6월 23일) 그들은 클레베와 쾰른 사이에 있는 크레펠트에서 다시 패배한 다음에도 여전히 클레베 공국과 겔데른 시의 지배자로 남아 있었다. 크레펠트 전투[750]에서 가장 주목할 것은, 벨릴 원수의 외아들 지조르 백작[751]의 사망이었다. 총기병의 선두에서 싸우다 부상을 입고 사망한 그는 전투와 전술에 도통하고 넓은 안목과 상세함, 용기와 예의범절을 겸비하고 있어서 궁정과 군대에서 사랑받는 전도유망한 젊은이였다. 그를 포로로 잡은 카를 빌헬름 페르디난트[752]는 마치 형제를 돌보듯 그를 보살폈고, 그가 죽음에 이를 때까지 곁을 떠나지 않았으며, 눈물로 그의 죽음을 애도했다. 카를 빌헬름 페르디난트는 지조르 백작과 동류의식을 느꼈기에 그를 더욱 아꼈다. 그 이후로 프랑스와 유럽의 여러 곳을 여행하던 카를 빌헬름 페르디난트가 자신의 명성과 자신에 대한 애정을 정말 겸손하게 받아들이는 모습을 필자는 지켜보았다. 이 전쟁에서 그는 숙부이자 프로이센 왕의 처남인 브라운슈바이크 공 페르디난트 밑에서 전투를 했다. 브라운슈바이크 공 페르디난트 역시 대단한 명성을 얻었지만 똑같이 겸손했다. 진정한 영광의 동반자인 겸손은 그 가문의 특징이다. 카를 빌헬름 페르디난트는 여러 차례 별동대를 지휘했고, 대담했던 만큼이나 운이 따랐다.

파리를 정말 큰 절망 속에 빠뜨렸던 크레펠트 전투였지만, 그럼에도 브로이 공작[753]은 이 브라운슈바이크 가문의 장군들에게 프랑크푸르트 근처의 베르겐[754]에서 완승을 거두었다(1759년 4월 13일). 브라운슈바이크 가문의 장군들은 다른 곳에서는 승승장구했었다. 브로이 공작은 이 승리로 부친과 조부[755]에 이어서 육군원수의 직위에 올랐다.

그러나 카를 빌헬름 페르디난트는 1760년 바르부르크 전투[756]에서도 승리를 거두었다. 이 전투에서 카스트리 후작, 로앙로슈포르 공, 그의 사촌인 베티지 후작, 라투르뒤팽 백작, 발랑스 후작 그리고 수많은 프랑스 장교가 부상을 입었다. 그들의 불행은 바로 그들의 용맹을 입증하는 것이었다.

카를 빌헬름 페르디난트는 여러 차례 승리를 거두었지만, 거의 비슷한 나이에 명예를 다투는 경쟁자인 콩데 공[757]이 프랑크푸르트에서 6리외 떨어진 베테라우[758] 인근[759]에서 승리하는 것을 막지는 못했다(1762년 8월 30일). 바로 그곳에서 카를 빌헬름 페르디난트는 부상을 입었고, 그의 장교들과 마찬가지로 프랑스 장교 모두가 그의 회복을 기원했다.

이야기만 꺼내도 무공을 세운 사람들을 괴롭게 만드는 그 수많은 전투의 결과는 어떠했던가? 그 많은 노고에서 무엇이 남았는가? 황폐하고 비탄에 잠긴 땅에 헛되이 쏟은 피, 파괴된 마을들, 거지 신세로 전락한 가족들밖에 없다. 그런데도 언제나 하찮은 쾌락이나 시시한 논쟁으로 몹시 바쁜 파리에는 이러한 재난에 대한 어렴풋한 소문조차도 거의 흘러들어가지 않았다.

34

세계 각지에서 불운에 빠진 프랑스군. 뒤플렉스 총독의 패배. 랄리 장군 처형

당시 프랑스는 오스트리아와의 동맹 때문에 사람과 돈이 완전히 고갈되었다. 프랑스가 오스트리아에 대항해서 전쟁을 벌인 200년 동안에도 그렇게 고갈된 적은 없었다. 루이 12세 이래로 에스파냐와의 전쟁에서 든 비용보다, 루이 14세 치하에서 에스파냐를 돕기 위해 사용한 비용이 더 많았던 것처럼 말이다. 이런 상처는 프랑스의 재력으로 봉합이 가능했다. 하지만 아시아, 아프리카, 아메리카에서 입은 상처는 프랑스의 재력으로도 치유할 수 없었다.

처음에 프랑스는 아시아에서 승리를 거두는 것처럼 보였다. 동인도회사의 성공이 오히려 불행의 씨앗이 되었다. 나디르 샤의 침략 이후로 무굴 제국은 완전한 무정부 상태가 되었다. 부왕(副王) 또는 토후국의 왕인 수바다르[760]는 위대한 무굴 제국 황제의 코앞에서 왕국을 사들였고, 그 속주를 나와브(태수)에게 되팔았다. 나와브는 돈을 받고 관할 구역들을 라이아(raïa)에게 양도했다. 무굴 제국 대신들은 왕의 특허장을 발부하고 난 다음에도 더 많은 돈을 내는 사람에게 똑같은 특허장을 발부하는 일이 잦았다. 수바다르, 나와브, 라이아들도 똑같은 수법을 사용했다.

각자 비싸게 사들인 권리는 무력으로 지켰다. 마라타족은 돈을 제일 많이 내는 사람 편이라고 선언하면서 친구이건 적이건 관계없이 약탈을 일삼았다. 인도인들은 전쟁 기술도 없고, 마라타족을 제외하고 나면, 용기도 규율도 없어서 프랑스군이나 영국군 2개 대대만 있으면 제압할 수 있었다. 그래서 가장 약한 무리들도 인도의 지배자가 되기 위해 프랑스와 영국 상인들의 보호를 간청하곤 했다. 프랑스와 영국 상인들이 그들에게 유럽 출신의 병사와 장교들을 제공할 수 있었기 때문이다. 이런 상황의 인도에서는 대위만 되어도 유럽의 어떤 장군보다도 더 많은 재산을 거머쥘 수가 있었다.

인도 반도의 군주들이 서로 싸우는 동안 프랑스 상인과 영국 상인들 역시 서로 싸우곤 했다. 그들의 왕들이 유럽에서 서로 대립하고 있었기 때문이다.

1748년의 엑스라샤펠 평화조약 이후 뒤플렉스 총독은 얼마 안 되는 부대를 유지하고 있었다. '백인'이라 불리는 유럽 출신 병사들만 있는 것이 아니라, 인도에 이주해 온 인도양 섬들 출신의 흑인 병사들 그리고 세포이[761]와 인도 보병들도 있었다.

이 지역의 폭군 중 하나인 찬다세브(Chandasaeb)는 원래 아랍인 모험가였다. 그는 예루살렘 남동쪽의 사막 지역 태생으로 돈을 벌기 위해 인도로 이주했다가 아르카트 지역 나와브의 사위가 된 인물이었다. 찬다세브는 장인 그리고 장인의 형과 조카를 살해했다. 이처럼 엄청난 범죄까지 저질렀는데도 실패한 그는 퐁디셰리가 속해 있는 아르카트의 나와브가 되기 위해 뒤플렉스 총독에게 도움을 청했다. 뒤플렉스는 우선 그에게 금화 1만 루이를 은밀히 빌려주었다. 찬다세브는 자신에게 남아 있는 돈과 빌린 돈을 합쳐 아르카트의 태수직을 사들였다. 찬다세브가 돈과 술책에 의해 아르카트 태수 임명장을 얻어내자마자 뒤플렉스는 그에게

PLAN DE LA VILLE DE PONDICHERI
Chevalier de l'Ordre du Roy, Commandeur
DEDIÉ A LA MÉMOIRE DE Mr DUPLEIX
de l'Ordre Royal et militaire de Saint Louis
LA MER
LA MER
RIVIERE D'ARIANCOUPAN
VILLAGE DE TISSERANS
Blanchisserie de Toiles
Porte du Sud
MARAIS

18세기 퐁디셰리

부대를 빌려주었다. 찬다세브는 이 부대를 자기 부대에 합친 다음 진짜 아르카트 태수를 공격했다. 앞에서 이야기한 그 아나베르디칸이 진짜 아르카트 태수였다. 107세의 아나베르디칸은 군대를 지휘하다 죽음을 맞이했다.

죽은 아나베르디칸의 재물을 소유하게 된 승리자 찬다세브는 20만 프랑에 달하는 보물을 퐁디셰리의 병사들에게 나누어주고, 장교들에게는 선물을 듬뿍 안기고, 프랑스 동인도회사에 35개의 알데(aldée)를 기증했다. 알데는 마을이란 뜻이다. 이 단어는 아랍인들의 에스파냐 침입 이래 에스파냐에서 사용되고 있다. 아랍인들은 에스파냐와 마찬가지로 인도를 지배했고, 그들의 언어는 100개가 넘는 지역에 그 흔적을 남겨놓았다.

이 성공으로 영국인들은 눈을 떴다. 그들은 즉시 패배한 가문 편에 섰다. 나와브는 두 사람이었다. 데칸 지방의 수바다르 또는 왕이 퐁디셰리 총독과 친했으므로, 그와 경쟁 관계에 있던 다른 왕은 영국인들과 동맹을 맺었다. 그리하여 또 하나의 유혈극이 초래되었다. 유럽이 평화를 누리고 있는 동안, 인도 코로만델 해안[762]에서 프랑스의 상관들과 영국의 상관들 사이에 전쟁이 일어난 것이다. 이 전쟁에서 양측은 무역에 써야 할 자본들을 몽땅 탕진했다. 그리고는 인도 군주들의 재물들로 손해를 메우려고 했다.

양측 모두 아주 용감하게 싸웠다. 오퇴유(Auteuil), 뷔시, 라스(Lass)를 비롯한 많은 군인이 두각을 나타냈다. 삭스 원수의 군대였더라면 찬란히 빛이 났을 무공들이었을 것이다. 정말 놀랍지만 의심의 여지가 없는 무공 이야기를 해야 한다. 퐁디셰리를 위협하던 8만 명의 영국군에 포위당한 프랑스군의 라투슈(La Touche)라는 장교가 300명의 병사를 이끌고 밤중에 적진으로 잠입해서 적군 1200명을 살해했다. 아군 전사자는 2명에 불과했다. 그는 8만 대군에 공포를 심어주었고 모조리 쫓아냈다. 테르모

필레 협곡에서 300명의 스파르타 용사들이 벌인 전투를 뛰어넘는 전투였다. 스파르타 용사들은 그곳에서 죽음을 맞았지만 프랑스군은 승리했기 때문이다. 우리는 당연히 찬미해야 할 것을 충분히 찬미할 줄을 모르는 것 같다. 우리가 치른 전투가 셀 수 없이 많아서 그 영광을 일일이 기리지 못하는 것이다.

프랑스군의 보호를 받는 왕의 이름은 무자페르신게(Mouza-Fersingue)였다. 그는 영국군의 보호를 받는 왕의 조카였다. 숙부는 조카를 체포했지만, 왕가의 관습에도 불구하고 죽이지는 않았다. 그는 조카를 쇠사슬로 묶어 군대 뒤에서 끌고 다녔다. 자신의 보물 일부와 함께 말이다. 뒤플렉스 총독은 적군 장교들과 협상을 잘 해서, 무자페르신게에게 승리를 거두었던 왕이 두 번째 전투에서 암살되게 만들었다. 포로였던 무자페르신게는 적의 보물을 차지했다. 적군 진영에는 현금 1700만 프랑이 있었다. 무자페르신게는 그 대부분을 동인도회사에 주기로 약속했다. 소규모의 프랑스군은 120만 프랑을 나눠가졌다. 모든 장교는 유럽의 어떤 강대국에서 받을 수 있는 보상보다도 더 많은 보상을 받았다.

뒤플렉스는 퐁디셰리에서 무자페르신게를 영접했다. 마치 위대한 왕이 이웃 나라 군주에게 궁정의 예식을 갖추는 것 같았다. 뒤플렉스의 도움 덕에 왕위를 차지한 신임 수바다르는 후원자에게 80개의 마을과 24만 리브르의 하사금을, 그리고 뒤플렉스 부인에게도 같은 금액의 하사금을 주었다. 뒤플렉스 부인이 첫 번째 결혼에서 얻은 딸에게는 4만 에퀴를 하사했다. 은인이며 피보호자인 찬다세브는 아르카트 태수로 임명되었다. 뒤플렉스가 누린 호사(豪奢)는 두 군주에 못지않았다. 그는 근위병 500명의 호위를 받으며 가마에 탄 채로 두 군주를 마중 나갔다. 행렬 앞에서는 군가가 연주되고 무장한 코끼리들이 뒤를 따랐다.

뒤플렉스는 자신이 보호해주던 무자페르신게가 군 반란으로 죽고 난

후 다른 왕을 지명하고, 그로부터 동인도회사를 위해 4개의 지역을 기증받았다. 그가 1년 이내에 무굴 제국 황제를 떨게 만들 것이라는 이야기가 사방에서 돌았다. 뒤플렉스는 실질적인 군주였다. 그는 24만 리브르라는 헐값으로 무굴 제국 황제의 상서청에서 카르나테 태수 특허장을 매입했다. 이제 뒤플렉스는 자신이 총애하는 찬다세브와 지위가 같아졌지만 훨씬 더 신뢰를 받게 되었다. 프랑스 후작이며 생루이 무공훈장 수훈자라는 명예는, 인도 내에서의 권위와 권력에 비하면 거의 아무것도 아니었다. 필자는 그의 아내를 왕비라고 부르는 편지들을 본 적이 있다. 이렇게 많은 성공과 영광이 동인도회사, 주주들 그리고 내각의 눈까지 현혹시켰다. 동인도회사의 열정적인 기운은 초기와 비슷했지만, 전망이 훨씬 더 밝았다. 동인도회사에 양도된 토지에서만 대략 연 3900만 리브르의 수익이 났기 때문이다. 프랑스의 로리앙[763] 항구에서는 연 평균 2000만 리브르의 매출을 올렸다. 동인도회사는 모든 비용을 제하고도 연 5000만 리브르의 수익을 기대할 수 있을 것 같았다. 모든 비용을 제하고 그만큼의 수익을 올리는 군주는 유럽에 없다. 아마 전 세계에도 없을 것이다. 이처럼 과도한 수익을 올리는 동인도회사의 성공이 계속될 수 있을지 의심했어야 했다. 이 모든 권세와 번영은 꿈처럼 사라져버렸다. 프랑스는 그러한 부가 그저 몽상에 불과했다는 것을 재차 깨달았다.[764]

뒤플렉스 후작은 아르카트 부근에 있는 마두라이(Madurai)의 수도를 포위 공격하려고 했다. 영국군은 그곳으로 지원군을 보냈다. 장교들은 후작에게 공격이 불가능하다고 지적했지만 그는 말을 듣지 않았다. 그가 동인도회사의 책임자라기보다는 복종 받고자 하는 왕으로서 명령을 내리고 난 후 포위군은 농성군에 패배했다. 뒤플렉스의 부대원 절반이 죽었고, 나머지는 포로가 되었다. 그곳을 정복하기 위해 쏟아부은 막대한 금액은 헛돈이 되었고, 그의 피보호자인 찬다세브는 패주하다가 사로잡혀 참수당하고 말았다(1752년 3월). 승리의 주역은 그 유명한 클라이브 경[765]이다. 여기서 클라이브 경의 영광스러운 경력이 시작되었고, 그 덕에 영국 동인도회사는 벵골의 거의 모든 지역을 차지하게 되었다. 클라이브 경은 뒤플렉스가 예감했던 영화와 부를 획득하고 보전했다. 이날 이후로 프랑스 동인도회사는 비참하기 짝이 없는 몰락의 길로 들어섰다.

1753년 뒤플렉스는 소환되었다. 위대한 왕의 역할을 했던 그의 후임자는 단지 유능한 상인으로만 활동한 인물이었다. 파리에서 뒤플렉스는 동인도회사를 상대로 자신의 초라한 나머지 재산을 다투게 되어 판사들의 응접실에서 접견을 요청하지 않을 수 없는 신세로 전락했다. 뒤플렉스는 얼마 안 가 슬픔으로 인해 사망했다. 그렇지만 퐁디셰리에서는 더욱 큰 불행이 기다리고 있었다.

1756년의 치명적인 전쟁이 유럽에서 발발하자 프랑스 내각은 퐁디셰리와 인도의 모든 식민지에 대해 당연히 걱정을 했고 중장 랄리 백작을 파견했다. 그는 불운한 제임스 2세의 가족과 함께 프랑스로 이주해온 아일랜드인이었다. 퐁트누아 전투에서 영국군 장교 여럿을 직접 사로잡는 등 혁혁한 전과를 올렸기에 왕은 그를 전장에서 바로 준장으로 승진시켰다. 찰스 에드워드 왕자가 영국에서 왕위를 차지하기 위한 전투를 벌이고 있을 때, 영국 땅에 1만 명의 병사를 데리고 상륙한다는 계획을 세운 사람이 바로 그였다. 대담하긴 하지만 실현성이 떨어지는 계획이었다. 영국인들에 대한 증오와 용기 때문에 그는 코로만델 해안에서 영국군과 싸우러 가는 임무에 우선적으로 선택되었다. 하지만 불행하게도 그는 용기는 뛰어났지만 그처럼 까다로운 임무 수행에 필수적인 신중함, 절제, 인내심이 부족했다. 그는 아르카트가 풍요의 땅이고 퐁디셰리는 모든 것을 갖추고 있으니 동인도회사와 군대 그리고 특히 자신이 지휘한 옛 아일랜드 연대의 완벽한 지원을 받을 것이라고 생각했다. 그는 아일

1760년 퐁디셰리의 랄리 장군(1702~1766)

랜드 연대를 이끌고 인도로 갔다. 그의 모든 기대는 어긋나고 말았다. 금고에는 돈이 하나도 없었고, 모든 종류의 군수품이 크게 부족했으며, 부대에는 흑인과 세포이들뿐이었다. 개인들은 부유했지만 식민지는 가난했다. 군대의 기강은 완전히 무너져 있었다. 이러한 것들이 그를 짜증나게 했고, 지휘관에게는 너무나 어울리지 않고 또 일을 망치게 할 뿐인 언짢은 기분을 돋우었다. 그가 신경 써서 자문을 구하고 주요 장교들을 구슬렀다면, 지원금을 얻어내고 단결을 확립하여 퐁디셰리를 안전하게 지킬 수 있었을 것이다.

파리의 동인도회사 경영진은 랄리가 출발할 때, 모든 수입을 탕진하게 만드는 무수한 악습과 과도한 낭비와 난맥상의 개혁을 당부했다. 그는 이러한 부탁을 들먹이며 지나치게 자신을 뽐냈으며, 자신에게 복종해야 하는 모든 사람을 적으로 만들었다.

모든 일을 비관적인 관점에서 바라보는 랄리 백작이지만, 처음에는 다행스럽게 성공이 이어졌다. 그는 퐁디셰리에서 몇 리외 떨어진 세인트 데이비드 요새를 영국군에게 빼앗아 성벽을 헐어버렸다(1758년 4월 28일). 랄리 백작의 재앙은 군인이라면 누구나 그 이유를 알고 싶어 한다. 그 재앙의 근원을 알고자 한다면, 그가 세인트 데이비드 요새 앞의 진지에서 동인도회사의 퐁디셰리 지사장 래리[766]에게 보낸 편지를 읽어보아야 한다.

(1758년 5월 15일) "래리 씨, 당신이 내게 공격을 완수할 자금을 제공한다면 이 편지는 당신과 나만 알고 있는 영원한 비밀이 될 것입니다. 공격에 필요한 비용을 당신이 구할 수 있도록, 내 돈 10만 리브르를 당신에게 남겨 놓았습니다. 내가 도착했을 때 당신의 지갑에서도 당신 이사회의 지갑에서도 100수도 보지 못했습니다. 당신들은 모두 이 공격을 위해 당신들의 신용을 동원하여 자금을 조성하는 것을 거절했습니다.

그렇지만 나보다는 당신들이 동인도회사에 더 많은 신세를 지고 있다고 생각합니다. 나는 불행하게도 1720년에 내 재산의 반을 잃고 난[767] 다음에야 비로소 동인도회사를 알게 되는 영광을 누렸으니까요. 당신들이 계속해서 나를 모든 것이 부족한 상태로 또 전반적인 불만에 직면해야 하는 처지에 내버려둔다면, 나는 왕과 동인도회사에 이곳 직원들의 일에 대한 굉장한 열정을 보고할 것입니다. 뿐만 아니라 내가 가능한 짧게 머물려고 하는 이곳에서 당파심과 개인적 이해관계들에 좌우되지 않기 위해 적절한 조치를 취할 것입니다. 내가 보기엔 동인도회사가 전적인 위험에 빠져 있는데도 모든 직원이 그러한 당파심과 개인적 이해관계에 사로잡혀 있는 것 같습니다."

이러한 편지 때문에 그가 친구들을 사귀지도 못하고 돈을 마련하지도 못한 것이 틀림없었다. 그는 공금을 횡령하지는 않았지만, 치부한 사람들에 맞서서 그러한 욕망을 공공연히 드러냈기 때문에 그에 대한 반감은 커져만 갔다. 이로 인해 모든 작전이 타격을 받았다. 나는 장군 한 사람이 쓴 인도에서의 일기에서 다음과 같은 구절을 읽었다. "그는 사람들의 명예와 나이는 고려하지 않고 그저 형벌과 감옥만 들먹인다. 그는 얼마 전에 모라생 씨를 그런 식으로 다루었다. 랄리 씨는 모든 사람에 대해 투덜대고, 모두들 랄리 씨에 대해 불만을 터뜨린다. 그는 … 백작에게 이렇게 말했다. '모두가 나를 증오하고 멀리 가버리길 바라는 것 같네. 내 명예를 걸고 자네에게 서약하고 이 서약을 문서로도 주겠네. 래리 씨가 내게 50만 프랑을 준다면 자리에서 물러나 프리깃함을 타고 프랑스로 가겠네.'"

일기에는 계속해서 다음과 같이 씌어 있었다. "현재 퐁디셰리는 극도의 혼란에 빠져 있다. 10만 루피[768]도 거둘 수가 없고, 병사들은 집단으로 적군에 투항하겠다고 공공연하게 협박을 가하고 있다."

(1758년 12월) 이처럼 극심한 혼란에도 불구하고 랄리 백작은 용감하게 마드라스를 공격하러 가서 먼저 '흑색 도시' 전체를 탈취했다. 하지만 바로 이로 인해 도시의 높은 지역, 즉 세인트 조지 요새 앞에서 승리가 막혀 버렸다. 1759년 2월 11일 그는 이 요새 앞의 진지에서 이렇게 썼다. "내가 생각하는 것처럼 우리가 마드라스를 점령하지 못한다면, 그 주된 이유는 최소 1500만 리브르를 약탈했기 때문이다. 약탈은 병사들 사이에 널리 퍼져 있는 추잡한 짓이다. 말하기 부끄럽지만 장교들은 내 이름을 사용하는 것조차 두려워하지 않고, 전리품을 퐁디셰리로 옮기기 위해 세포이의 평저선(平底船) 등등을 빼앗았다. 그 막대한 양을 고려하면 당연히 압수시켜야 했을 전리품을 말이다."

필자는 앞에서 인용한 장군의 일기를 갖고 있다. 그 일기를 쓴 사람은 랄리 백작에게 우호적이지 않았다. 아니 우호적인 것과는 아주 거리가 멀었다. 그럼에도 불구하고 랄리를 절망하게 만든 약탈과 탈선에 대한 그의 증언은 경청할 만하다. 특히 다음과 같은 이야기를 주목하자.

"흑색 도시에서 자행한 어마어마한 약탈로 부대원들은 풍요로워졌다. 독주를 저장해둔 창고들로 인해 음주가 횡행했고, 음주로 인한 모든 악행이 난무했다. 미리 예상해야 할 상황이었다. 술에 취한 병사들이 참호 공사와 경계를 담당했다. 로렌 연대[769]만이 이러한 전염병에 사로잡히지 않았다. 하지만 다른 부대들은 모두 두각을 나타냈다. 특히 랄리 연대[770]는 타의 추종을 불허했다. 그곳에서는 명령 체계와 군기가 무너져 가장 부끄럽고 가장 파괴적인 장면들이 속출했다. 장교들이 병사들과 맞붙어 싸우는 모습들 말고도 수많은 추잡한 행동이 눈에 띄었다. 그 자세한 내용을 그대로 정확하게 밝힌다면, 기괴망측한 과장이라고 할 것이다."

(1758년 12월 27일) 랄리 백작은 훨씬 더 큰 절망에 사로잡혀 이 불길한 편지를 썼다. "지옥이 나를 이 썩어빠진 나라에 토해놓았다. 요나처럼

나를 뱃속에 삼킬 고래를 기다리고 있다."

이러한 혼란 속에서는 아무것도 성공할 수 없었다. 프랑스군은 일부 병력을 잃고 난 후에 포위를 풀었다(1759년 2월 18일). 지상과 해상에서 시도된 다른 공격들은 훨씬 더 결과가 나빴다. 부대원들이 반란을 일으켰다가 가까스로 진압되었다. 랄리 장군은 반다바시[771]라는 작은 섬으로 후퇴했다가 부대원들을 이끌고 두 차례나 전투를 벌였다. 그는 두 번째 전투에서 완패했다. 전쟁을 위해서나 협상을 위해서나 인도에서 가장 필요한 인물인 뷔시 준장은 포로가 되었다. 랄리 장군은 모든 부대에게서 버림을 받은 채 한동안 전장에 고립되었다. 이 전투에서 승리를 거둔 것은 마라타족이었다. 이는 인도의 이 공화주의자들이 얼마나 무서운 전사인지를 한 번 더 입증하는 것이다.▪

수많은 패배를 겪은 후 마침내 퐁디셰리로 퇴각해야 했다. 식민지 지원을 위해 파견된 프랑스 소함대는 16척의 선박으로 구성된 영국 소함대와의 전투 후에 퐁디셰리 정박지를 떠나 수리를 위해 부르봉 섬으로 이동하지 않을 수 없었다. 승부가 가려지지 않았지만 말이다.

퐁디셰리에는 6만 명의 흑인과 500~600세대의 유럽 주민들이 있었고 식량은 거의 남아 있지 않았다. 랄리 장군은 퐁디셰리를 기아로 몰아넣는 흑인들을 쫓아낼 것을 제안했다. 하지만 6만 명을 어떻게 몰아낼 것인가? 동인도회사 퐁디셰리 이사회는 감행할 수가 없었다. 끝까지 퐁디셰리를 사수하기로 결심하고 항복 이야기를 꺼내면 사형에 처한다는 포고령을 내린 랄리 장군은 시내의 모든 집에서 식량을 샅샅이 찾아내라는 명령을 내리게 되었다. 이사회의 모든 이사와 주요 장교들의 가택까지 가차 없이 수색이 실시되었다. 이러한 과정은 이미 마음이 너무나 멀리

▪ 그들에게 왕이 있다고 말하는 작가들도 있지만 그들이 선출한 지도자가 한 명 있을 뿐이다.

떠난 모든 사람을 극도로 자극했다. 그가 얼마나 모욕적이고 얼마나 가혹하게 이사들을 다루었는지는 너무나 잘 알려져 있다. 그는 수색을 실시하면서 공개적으로 이렇게 말한 바 있다. "나는 약속된 보급품을 더 이상 기다리지 않겠다. 필요하다면 나는 래리 지사장과 모든 이사에게 보급품 공급을 강요하겠다." 래리 지사장은 오래전에 자신이 받은 편지를 장교들에게 보여주었다. 그 편지에는 다음과 같은 말이 쓰여 있었다. "이 소돔의 도시에 머무느니 차라리 카프라리아의 깜둥이들[772]을 지휘하러 가겠다. 하늘에서의 불의 심판이 없다면 영국군의 포격으로 가까운 시일 내에 이 도시를 파괴하는 것은 불가능하다."

이처럼 랄리 장군은 지긋지긋한 불평과 격노로 퐁디셰리의 장교와 주민들을 모두 적으로 만들었다. 그들은 모독에 대해 모독으로 맞섰다. 랄리 장군의 문에는 그의 편지와 연설보다 더 모욕적인 벽보가 붙었다. 그로 인해 그는 너무나 감정이 상해서 한동안은 머리가 터질 것 같았다. 분노와 불안은 한심한 결과를 낳게 마련이다. 찬다세브 태수의 아들이 퐁디셰리의 어머니 곁으로 피신해 있었다. 프랑스로 되돌아갔다가 함대와 더불어 방금 도착한 장교 한 명이 있었다. 진실하고 공정한 인물인 이 장교의 보고에 따르면, 침대에서 완전히 벌거벗은 프랑스 장군이 미사를 올리고 시편을 낭독하는 모습을 자주 목격한 그 인도인이 자신에게 왕이 미친 사람을 총리대신으로 뽑는 것이 프랑스의 관습이냐고 진지하게 물어보았다고 한다. 장교는 놀라서 말했다. "왜 그렇게 이상한 질문을 하는가?" 인도인은 대답했다. "당신네 총리대신이 인도 사태를 바로 잡기 위해 우리에게 보낸 사람이 미친 사람이기 때문입니다."

이미 영국군은 육지와 해상에서 퐁디셰리를 봉쇄하고 있었다. 랄리 장군으로서는 자신에게 패배를 안긴 마라타족과 교섭을 하는 것 외에 다른 방법이 없었다. 마라타족은 1만 8천의 병사를 지원하겠다고 그에게 약속했다. 하지만 자신들에게 줄 돈이 없다는 것을 알아채고는 마라타족은 아무도 나타나지 않았다. 랄리 장군은 항복할 수밖에 없었다(1761년 1월 14일).[773] 퐁디셰리 이사회는 랄리 백작에게 투항을 독촉했다. 백작은 군사회의를 소집했다. 군사회의 장교들은 기존의 협정들에 의거해 전쟁포로가 되기로 결론을 내렸다. 하지만 쿠트 장군[774]은 퐁디셰리의 무조건 항복을 원했다. 프랑스군은 세인트 데이비드 요새를 파괴했었다. 영국군은 퐁디셰리를 파괴할 권리가 있었다. 랄리 백작이 구두로 또 서면으로 협정을 주장해도 소용없었다. 퐁디셰리는 굶주림으로 죽어가고 있었다. 퐁디셰리는 승리자들에게 넘어갔다. 그들은 곧 요새, 성벽, 창고 그리고 모든 주요 막사를 파괴했다.

영국군이 퐁디셰리로 입성하는 바로 그 순간에도, 패배한 프랑스군은 상호간의 비방과 중상으로 시달리고 있었다. 주민들은 랄리 장군을 죽이고 싶어 했다. 영국군 사령관은 그에게 경비대를 붙여 주지 않을 수 없었다. 환자인 그를 가마에 태워 이송했다. 그는 손에 든 권총 두 자루로 폭도들을 위협했다. 영국군 경비대에 저지당한 폭도들은 한 문관[775]에게 몰려갔다. 그는 생루이 무공훈장 기사장을 받은 전직 장교로 군의 경리관이었다. 그는 칼을 뽑아들었다. 아주 흥분한 폭도가 그에게 달려들었다가 칼에 찔리자 그를 죽였다.

이상이 퐁디셰리의 비참한 운명이었다. 퐁디셰리 주민들은 승리자들로부터 받은 고통보다 더 많은 고통을 서로에게 가했다. 랄리 장군과 2000명이 넘는 포로들이 영국으로 이송되었다. 이 길고 험난한 여행길에서도 그들은 함께 겪은 재난에 대해 서로를 탓했다.

그들은 런던에 도착하자마자 랄리 장군 그리고 장군에게 충실했던 극소수의 사람들을 비난하는 편지를 썼다. 랄리 장군과 그 측근들은 이사회, 장교들, 주민들을 비난하는 편지를 썼다. 랄리 장군은 그들 모두에게

1761년 영국군이 폐허로 만든 퐁디셰리

잘못이 있고 자신만이 옳다고 확신했기에, 영국군의 포로 신분으로 퐁텐블로에 도착한 다음에 스스로 바스티유 감옥에 가겠다고 제안했다. 그의 제안은 즉시 받아들여졌다. 그가 투옥되자마자, 동정심으로 줄어들었을 것 같았던 적들은 오히려 늘어났다. 그는 15개월을 감옥에 있었지만 신문은 받지 않았다.

오랫동안 인도에서 포교를 했던 라보르(Lavaur)라는 이름의 예수회원이 1764년 파리에서 사망했다. 인도에는 종교를 빌미로 세속적인 사업에 몰두하여 영혼의 구제보다도 돈을 벌어들이는 데 혈안이 된 성직자들이 많았다. 이 예수회원은 고향인 페리고르로 가서 구원을 얻고 싶다면서 400리브르의 연금을 내각에 요구했다. 그런데 그의 금고에서 지폐와 금 또는 다이아몬드로 이루어진 약 110만 리브르의 재산이 발견되었다. 얼마 전 이름 높은 예수회원 페페(Peppe)가 나폴리에서 사망했을 때 일어난 것과 같은 사건이었다. 페페는 성인품에 오르기 직전이었다. 라보르를 성인품에 올리지는 않고 그의 재산을 압수했다. 그 금고 안에는 랄리에게 불리한 내용의 길고 자세한 기록이 있었다. 랄리가 공금 횡령과 국왕 모독죄를 범했다는 내용이었다. 당시에 예수회는 프랑스 전역에서 추방되었으므로 그들의 글은 거의 신뢰를 받지 못했다. 하지만 이 기록은 너무나 상세해 보였고 랄리의 적들이 대단히 잘 활용했기 때문에 랄리에게 불리한 증언으로 작용했다.

피고인 랄리는 샤틀레 재판소[776]로 넘겨졌다가 곧 고등법원에서 재판을 받게 되었다. 재판이 2년 동안 계속되었다. 반역죄는 없었다. 그가 영국인들과 내통했고 퐁디셰리를 팔아넘겼다면 영국인들과 함께 남아 있었을 것이기 때문이다. 하기야 영국인들은 바보가 아니었다. 육지와 바다를 지배하고 있기에 그들이 탈취할 것으로 확신하는 굶주린 요새를 돈을 주고 샀다면 그야말로 바보짓이었을 것이다. 공금횡령도 마찬가지로 죄가 없었다. 왕의 돈이건 동인도회사의 돈이건 그가 맡아서 관리한 적이 없었기 때문이다. 하지만 거친 언동, 권력 남용, 학대는 인정되었다. 재판관들은 랄리의 적들이 이구동성으로 제시한 증언들에서 많은 죄상을 찾아냈다.

자신이 단지 엄격했을 뿐이지 죄가 있는 것은 아니라고 확고하게 믿는 랄리는 피고인 진술서에서 장교들을 모욕하는 경솔함까지 저질렀다. 장교들은 전반적으로 좋은 평가를 받고 있었다. 그는 장교들과 퐁디셰리 이사회 전체에 수치를 안겨주고 싶었다. 그들을 희생시켜 자신의 결백을 주장하려는 고집을 부리면 부릴수록 그의 죄는 커져만 갔다. 그들에게는 친구들이 많았지만 그에겐 친구가 하나도 없었다. 때로 여론이 증거가 되거나 아니면 최소한 증거를 보강은 한다. (1766년 5월 3일) 재판관들로서는 진술에 의거하여 판결을 내릴 수밖에 없었다. 그들은 랄리 중장이 '왕과 국가, 그리고 동인도회사의 이익을 저버렸고 직권 남용, 학대, 비리를 저질렀다는 기소를 받아들여 참수형'을 선고했다.

여기서 '왕의 이익을 저버렸다'는 말에 주목할 필요가 있다. 그 말은 영국에서 대역죄라 부르고 우리나라에서 국왕모독죄라 부르는 것을 의미하지 않는다. '이익을 저버렸다'는 우리말은 처신을 잘못 하고 누군가의 이익을 소홀히 하고 그의 이익에 손해를 끼쳤다는 것을 의미할 뿐이지 불충한 반역자라는 뜻은 아니다. 그에게 판결문을 읽어주었을 때 그는 놀라움과 분노가 너무나 컸기에 컴퍼스로 자신의 심장을 찌르려고 했다. 감옥에서 코르만델 해안의 지도를 그리려고 사용한 컴퍼스를 우연히 손에 들고 있었던 것이다. 그렇지만 그는 제지를 당했다. 재판관들에 대한 그의 분노는 적들에 대한 분노보다 훨씬 더 격렬했다. 자신이 벌을 받기보다는 보상을 받아야 마땅하다고 강하게 확신하고 있었다는 것을 알 수 있다. 인간의 마음을 알고 있는 사람들은, 일반적으로 죄인들이 마음속으로는 자신이 옳다고 생각하지만, 재판관들에 대해 분노를 터뜨리지 않으며 침울한 혼란에 잠겨 있다는 것을 알고 있다. 자신의 잘못을 인정하는 죄인이 재판관들에게 욕설을 퍼부어대는 예는 전무하다. 나는 이것이 랄리 장군이 전적으로 결백하다는 증거라고 주장하는 것은 아니다. 다만 랄리 본인이 결백하다고 믿는 증거는 될 것이다. 그의 입에는 재갈이 물려졌고 그것이 입술 위로 삐죽 솟아나왔다. 그런 모습으로 그는 사형수 호송마차에 태워져 그레브 광장[777]으로 호송되었다. 사람들이란 너무나 변덕스러운 존재라서 이 끔찍한 광경을 보며 그의 처형 때보다도 더 연민을 느꼈다.

판결에 의해 그의 재산은 퐁디셰리의 가난한 사람들을 위해 10만 에퀴를 공제하고 전부 몰수되었다. 필자가 받은 편지에 의하면 이 돈은 없어져 버렸다고 한다. 필자가 알지 못하는 이야기를 사실이라고 단언하지는 않겠다.▪ 모든 사건을 세상의 정치사라는 혼란 속으로 끌어들이는 운명이 있다는 것을 확신하게 만드는 것 가운데 하나가 바로 이 아일랜드인의 기구한 인생이다. 그는 왕가와 함께 조국에서 쫓겨났고 알렉산드로스, 징기스칸, 티무르[778]의 군사들에게도 알려지지 않았던 해안에서 벌어진 상인들의 전쟁에서 프랑스 부대를 지휘하다가 벵골 만에서 영국군에 붙잡혔기 때문에 세느 강변에서 처형되었다(1766년 5월 9일).

필자는 이 참사가 모든 정황과 더불어 후대에 전해줄 만한 것으로 보았기 때문에, 프랑스군이 인도와 아메리카에서 당한 모든 불행을 상세히 설명하지 못했다. 다음 장은 그 불행을 엉성하게 요약한 것이다.

▪ 거의 모든 신문이 상세히 보도한 바에 따르면, 파리 고등법원은 죄인에게 사면을 베풀지 말도록 왕에게 청원하기 위해 대표를 파견했다고 한다. 이는 거짓말이다. 고등법원이 정의 및 인도주의와 양립할 수 없을 만큼 그렇게 악착스러웠다면 영원한 치욕을 당할 것이다.

35

프랑스의 패전들

(1757년 3월) 인도에서 프랑스의 첫 번째 패전은 찬다나가르(Chandannagar, 프랑스어 Chandernagor)의 패배였다. 그곳은 프랑스 동인도회사가 갠지스 강 하구 부근에 소유하고 있던 중요한 기지였다. 프랑스 동인도회사가 가장 중요한 상품들을 구하는 곳이 바로 그곳이었다.

영국인들은 찬다나가르 시와 요새를 탈취한 후부터 프랑스인들의 인도 무역을 계속 파괴했다. 무굴 황제의 정부는 너무 허약하고 너무 무능해서 유럽 상인들이 이 나라 안에서 동맹을 맺고 전쟁을 벌이는 것을 막을 수 없었다. 영국인들은 인도에서 가장 아름다운 도시의 하나로 상업이 가장 발달한 황제 직속의 도시인 수라트(Surat)를 공격하러 올 정도로 대담했다. (1758년 5월) 그들은 수라트를 점령하고 약탈했으며 그곳의 프랑스 상관들을 파괴하고 막대한 부를 강탈했다. 하지만 무굴 제국의 화려하면서도 무능한 궁정은 이러한 모욕의 심각성을 느끼지 못하는 것 같았다. 아우랑제브 황제의 치하였더라면 인도의 모든 영국인을 몰살시키게 만들었을 모욕을 말이다.

마침내 이 지역의 프랑스인들에게 남은 것이라고는, 수익을 한 번도

올리지 못한 회사를 유지하기 위해 40년 넘게 막대한 금액을 허비했다는 후회뿐이었다. 프랑스 동인도회사는 주주들과 채권자들에게 무역 수익금을 조금도 지급하지 못했다. 동인도회사는 인도에서의 경영에서 은밀한 강탈에 의해서만 유지되었고, 왕이 하사한 일부 담배세 징세청구권에 의해서만 지탱되었을 뿐이다. 이것은 프랑스 국민이 거대하지만 파멸적인 인도 무역을 거의 이해하지 못했다는 사실을 일깨워주는 사례이다. 이러한 사례는 기억해야 할 것이지만 아마도 도움은 안 될 것이다.

(1757년 5월) 영국 함대와 군대는 프랑스인들을 아시아에서는 파멸시키고 아프리카에서는 몰아냈다. 프랑스인들은 나이저 강(Niger River)의 지류인 세네갈 강을 지배하고 있었다. 그들은 그곳에 여러 개의 요새가 있었고 대규모로 상아, 사금, 아라비아 고무, 용연향 그리고 특히 흑인노예 무역을 하고 있었다. 흑인 족장들은 노예들을 마치 가축처럼 판매하기도 했다. 흑인들은 때로는 자식을 팔기도 했고, 때로는 아메리카에서 유럽인들의 시중을 들기 위해 스스로 팔려가기도 했다. 영국인들은 이 지역에서 프랑스인들이 세운 모든 요새 그리고 300만 투르누아[779]가 넘는 값비싼 상품들을 탈취했다. 프랑스인들이 이 지역에서 보유했던 마지막 식민지는 고레 섬[780]이었는데, 이 섬도 무조건 항복을 해서(1758년 12월 29일) 이제 아프리카에서 프랑스인들에게는 아무것도 남지 않게 되었다.

프랑스인들은 아메리카에서는 훨씬 더 큰 손해를 입었다. 아메리카에서 벌어진 100여 차례의 소규모 전투 그리고 차례로 함락된 모든 요새 이야기를 자세히 할 필요는 없다. 영국인들이 루이부르를 두 번째로 점령(1758년 7월 26일)했다는 이야기로 충분할 것이다. 루이부르는 첫 번째 점령 때와 마찬가지로, 방어시설이 제대로 되어 있지 않았고 보급품도 부족했다. 마침내 영국군은 인더스 강 하구에 있는 수라트에 입성

(1759년 3월 2일)하는 한편으로 북아메리카의 퀘벡과 캐나다 전체를 장악했다. 퀘벡을 구하기 위해 전투를 감행한 부대들은, 이날 전투에서 사망한 몽칼므 장군[781]의 노력에도 불구하고 패배했고 거의 전멸했다. 프랑스에서는 장군의 죽음을 매우 애석해 했다. 그렇게 해서 프랑스는 하루 만에 1500리외에 달하는 지역을 상실했다.

이 1500리외에 달하는 지역의 4분의 3은 얼어붙은 황무지여서 실질적인 손실은 아니었을지도 모른다. 캐나다는 많은 비용이 들어가는 데 반해 수익은 거의 없었다. 캐나다 식민지에 탕진한 금액의 10분의 1만 프랑스 국내의 미개간지를 개발하는 데 사용했다면 상당한 수익을 냈을 것이다. 프랑스는 캐나다를 유지하고 싶어 했지만, 100년에 걸쳐 노력은 물거품이 되고 엄청난 돈만 허비했다.

설상가상으로 이 불행한 식민지에서 왕의 이름으로 고용된 사람들 거의 모두가 최악의 도적질로 기소되었다. 그들은 파리 샤틀레 재판소에서 재판을 받았고, 고등법원은 랄리 장군의 죄상을 조사했다. 수많은 전장에서 100여 차례나 목숨을 걸었던 랄리 장군은 사형집행인의 손에 목숨을 잃은 반면, 캐나다에서 공금을 횡령한 자들은 횡령액 반환과 벌금 처분만을 받았을 뿐이다. 이처럼 동일하게 보이는 사건들 사이에도 커다란 차이가 있는 법이다.

영국군은 아메리카 대륙에서 프랑스군을 공격하는 동시에 섬들 쪽으로도 진출했다. 영국군은 작지만 번창하고 최상품 설탕을 만드는 과들루프 섬[782]을 총 한 방 안 쏘고 장악했다.

마지막으로 그들은 마르티니크 섬을 점령했다. 이곳은 프랑스가 소유한 식민지 중에서 가장 환경이 좋고 가장 부유했다.

이처럼 커다란 재앙을 겪은 프랑스는 재앙을 막기 위해 파견된 전함들까지 모두 잃었다. 프랑스 함대는 바다에 나서자마자 나포되거나 파괴되었다. 서둘러 전함을 건조하고 장비를 갖추었지만 영국 좋으라고 한 일이 되었다. 프랑스 전함들은 곧 영국의 먹잇감이 되었다.

프랑스군은 너무나 큰 손실을 입은 데 대해 복수하기 위해 아일랜드를 급습하려 했지만, 막대한 비용만 날리고 얻은 것은 거의 없었다. 급습하기로 예정된 함대가 브레스트에서 출항하자마자 일부는 영국군에 의해 분산되었고 일부는 나포되고 일부는 빌렌 강[783]의 개펄에 좌초했다. 프랑스 함대는 빌렌 강으로 피하려고 했지만 헛일이었다. 영국군은 프랑스 해안 코앞에 있는 벨릴 섬[784]까지 탈취했지만 프랑스로서는 손을 쓸 수가 없었다.

에귀용 공작만이 프랑스가 해안에서 당한 수많은 수모와 엄청난 손실에 대해 복수를 했다. 영국 함대가 생말로 부근의 생카스트(Saint-Cast)를 다시 습격했다. 이 지역 전체가 위험에 처했다. 그 지역 사령관인 에귀용 공작은 즉시 브르타뉴의 귀족들과 몇 개의 대대, 그리고 길에서 마주친 민병대를 이끌고 진군했다(1758년 9월 1일). 그는 영국군을 배로 돌아가게 만들었다. 영국군의 후위 부대 일부는 살해되고 일부는 전쟁포로가 되었다.[785] 하지만 프랑스군은 다른 곳에서는 어디에서나 패했다.

영국군이 바다에서 그렇게까지 강했던 적은 없었다. 하지만 그들은 프랑스군에 비해서는 언제나 우세했다. 그들은 1741년 전쟁에서 프랑스 해군을 섬멸했고, 에스파냐 왕위계승전쟁에서는 루이 14세의 해군을 전멸시켰다. 그들은 루이 13세와 앙리 4세 시대에 바다의 지배자였고, 가톨릭 동맹[786]의 불행한 시절에는 더욱더 그러했다. 헨리 8세 역시 프랑수아 1세보다 해군이 우세했다.

그보다 이전의 시대로 거슬러 올라가면, 샤를 6세와 필리프 6세의 함대들은 영국 왕 헨리 5세와 에드워드 3세의 함대들을 당하지 못했다.

영국 해군의 지속적인 우위는 무엇 때문일까? 프랑스인들은 반드시 바다를 필요로 하지 않는 데 반해, 영국인들은 본질적으로 바다를 필요로 하고 있기 때문이 아닐까? 앞서 언급했듯이 국가들은 절대적으로 필요한 일에서는 언제나 성공하는 법이다. 또한 영국의 수도가 바다에 접한 항구인데 비해 파리는 센 강의 배들밖에 모르기 때문이 아닐까? 마지막으로 프랑스보다 영국의 기후와 토양이 더 건장한 신체와 더 성실한 정신을 지닌 인간을 배출하기 때문이 아닐까? 더 훌륭한 말과 더 좋은 사냥개를 생산하는 것과 마찬가지로 말이다. 하지만 프랑스에도 바이온[787]에서 피카르디와 플랑드르 해안에 이르기까지 지칠 줄 모르고 일하는 사람들이 있고, 예전에는 노르망디 혼자서 영국을 정복[788]하기도 했다.

육지와 바다에서의 사태가 이처럼 비참한 상황에 처해 있었다. 이때 천성이 적극적이고 대담하지만 현명하고, 벨릴 원수만큼이나 원대한 포부를 갖고 있으면서 지략은 더 뛰어난 한 인물[789]이 프랑스 단독으로는 그처럼 막대한 손실을 만회할 수 없다고 생각했다. 그는 에스파냐를 분쟁에 끌어들이는 데 성공했다. 부르봉 왕가 혈통의 공동 이익을 내세운 것이다.[790] 그리하여 에스파냐와 오스트리아는 같은 이해관계에 의해 프랑스와 연합했다. 포르투갈은 영국의 속주나 다름없었고, 영국은 그곳에서 연간 5000만 리브르의 수입을 얻고 있었다. 포르투갈을 통해 영국을 쳐야 했다. 이복 형 페르난도 6세의 죽음으로 에스파냐 왕이 된 카를로스 3세가 포르투갈로 진격하기로 결정한 것은 바로 그 때문이었다. 이 작전은 현대사가 언급하는 가장 중대한 정치적 행위일 것이다. 하지만 그 작전은 아무런 쓸모가 없었다. 영국군은 에스파냐에 맞서서 포르투갈을 지켜냈다. 과거 펠리페 2세 치하에서는 에스파냐 단독으로도 전 유럽을 떨게 만들었지만, 이제는 프랑스와 연합을 해도 영국군을 당하지 못했다. 베스트팔렌 영주의 한 사람으로 아직 젊은 샤움부르크-리페 백작[791]은 그때까지 어떤 부대도 지휘해본 적이 없었고 군 경력도 많지 않았다. 그는 영국 왕에 의해 포르투갈을 지원하도록 파견되자, 약간의 하노버군과 소수의 영국군을 이끌고 에스파냐군을 국경 너머로 격퇴했다. 그리고 영국 함대는 뒤늦게 프랑스 지지를 선언한 에스파냐에 아메리카에서 비싼 대가를 치르게 했다.

(1762년 8월 13일) 아메리카에서 가장 큰 섬이며 멕시코 만 입구에 위치한 쿠바 섬의 북쪽 해안에 건설된 아바나는 신대륙의 본거지였다. 안전하고 거대한 규모의 아바나 항구는 1000척의 배를 수용할 수 있다. 항구는 3개의 요새가 지켰다. 3개의 요새에서 십자포화를 쏘기 때문에 적의 접근이 불가능했다. 앨버마를 백작[792]과 파콕 제독[793]이 아바나 섬을 공격하러 왔다(1762년 6월 6일). 하지만 그들은 항구에 접근할 생각이 없었다. 그들은 상륙이 불가능하다고 여겨지던 멀리 떨어진 장소에서 하선했다. 그들은 육로를 통해 가장 중요한 요새를 포위했다. 그들은 그 요새를 탈취하고 아바나 시와 요새들 그리고 섬 전체가 항복하게 만들었다(1762년 8월 13일). 항구에는 12척의 전함과 보물을 가득 실은 27척의 상선이 정박해 있었다. 아바나 시에는 프랑스 돈으로 2400만 리브르에 해당하는 현금이 있었다. 승리자들은 모든 것을 나누어 가졌고, 전리품의 16분의 1은 가난한 사람들을 위해 따로 남겨두었다. 전함들은 왕의 몫이었고, 상선들은 제독과 함대 장교 전원의 몫이었다. 이 전리품 전체는 8000만 리브르가 넘었다. 이번 전쟁과 지난번 전쟁[794]에서 에스파냐는 아메리카에서 20년에 걸쳐 얻은 것보다 더 많은 재물을 빼앗긴 것으로 알려졌다.

에스파냐에서 멕시코 해의 아바나와 쿠바 섬을 빼앗은 것에 만족하지 못한 영국군은 쿠바와 거의 대척점에 있는 필리핀 제도를 탈취하기 위해 인도양으로 달려갔다. 필리핀 제도는 잉글랜드, 스코틀랜드, 아일랜드를 합한 크기보다 결코 작지 않다.[795] 또 그 섬들 중 한 곳에 금광이 있고 해안에서 진주가 생산되기 때문에 잘만 관리하면 더욱 부유해질 곳이었다. 300만 피아스터에 달하는 상품을 실은 대형 선박 아카풀코 호가 필리핀의 수도 마닐라에 도착했다. 마닐라는 결코 탈취되지 않을 것이라고 마닐라의 수호성녀 푸덴시아나[796]가 보장했다는 예수회원의 장담에도 불구하고 영국군은 마닐라와 섬들, 그리고 특히 아카풀코 호를 장악했다(1762년 10월 31일). 이렇게 다른 나라들을 빈곤하게 만든 이 전쟁은 영국 국민 일부를 부유하게 만들었지만, 나머지 영국 국민은 이 전쟁에 참전한 모든 국민과 마찬가지로 매우 가혹한 세금에 짓눌려 신음하고 있었다.

당시 프랑스는 가장 불운한 나라였다. 모든 자금은 고갈되었고 거의 모든 시민이 왕의 모범을 따라 식기류를 조폐청(la Monnaie)에 갖다 바쳤다. 주요 도시들과 몇몇 공동체가 전함 건조를 위한 기부금을 냈지만, 이 전함들은 아직 건조되지 않았다. 그런데 전함들이 건조된다고 해도 경험 많은 선원이 부족했다.

플랑드르는 장악했고 마스트리흐트는 탈취하기 직전이었다. 하지만 프랑스 남부 전역에서 빵이 부족했다. 밀을 수송하는 배들을 보호할 수 있는 전함이 한 척도 없기 때문이었다.

과거의 불행들이 새로운 불행을 두려워하게 만들었다. 전쟁의 재앙에 노출된 적이 전혀 없는 수도가 고통에 신음하는 지방들보다 더 비명 소리가 높았다. 이제 외국의 지원도 받을 수 없고 돈은 다 떨어졌고 신용대출도 불가능했다. 재정을 관리하기 위해 선발된 사람들은 몇 달 후에 해고되곤 했다. 다른 사람들은 남에게 피해만 끼치는 이 일자리를 거부했다.

(1763년 2월 10일) 이처럼 국가의 모든 계층이 사기가 저하된 비참한 상황에서도, 외무대신 프라슬랭 공작은 육군대신 슈아죌 공작이 협상을

시작한 평화조약을 마무리 지을 만큼 유능하고 운이 좋았다.

프랑스 왕은 메노르카 섬과 벨릴 섬을 맞바꾸었다. 그는 메노르카를 에스파냐 왕에게 돌려주고 영국은 벨릴을 프랑스 왕에게 돌려주었다. 하지만 루이부르와 함께 캐나다 전역을 빼앗겼는데 아마도 영원히 되찾지 못할 것이다. 알다시피 루이부르는 그렇게 많은 돈과 노력을 들였지만 매번 영국인들의 차지가 되고 말았다. 미시시피 강 서쪽의 모든 지역이 영국인들에게 양도되었다. 에스파냐는 플로리다까지 넘겨줌으로써 영국인들의 정복지를 늘려주었다. 이렇게 위도 25도에서 극지방 아래까지 거의 모든 지역이 영국인들 소유가 되었다. 영국은 아메리카 반구의 절반을 에스파냐와 나누어가졌다. 에스파냐는 실제적이 아닌 관례적인 부를 생산하는 땅을 차지한 반면, 영국인들은 금과 은으로 사야 하는 실제적인 부를 생산하는 땅을 차지했다. 그들은 모든 필수품과 공장에서 쓰이는 모든 것을 소유하게 되었다. 600리외에 달하는 영국령 해안에는 선박 운행이 가능한 강들이 흐르고 있어서, 이 강들을 통해 내륙 40~50리외까지 상품을 운반할 수 있었다. 독일인들은 자기 나라에서 누리지 못한 자유를 찾아 이 지역으로 서둘러 이주했다. 그들은 당연히 영국인들이 되었다. 아메리카의 모든 식민지가 지금은 본국에 통합되어 있지만, 언젠가는 최강대국이 되리라는 것은 의심의 여지가 없다. 전쟁은 두세 채의 보잘것없는 집들 때문에 시작되었는데 영국인들은 2천 리외의 토지를 획득했다.

세인트빈센트, 그레나다 제도, 토바고, 도미니카 같은 작은 섬들 역시 영국이 차지했다. 영국인들은 이 작은 섬들과 자메이카를 이용하여 에스파냐인들과 대규모 무역을 한다. 이 무역은 엄격하게 금지되어 있지만 양국에 유리하기 때문에, 또 필요의 법칙이 언제나 우선하기 때문에 계속해서 이루어지고 있다.

프랑스는 아주 어렵게 뉴펀들랜드 인근의 어업권과 미클롱[797]이라는 불모의 작은 섬 하나를 획득할 수 있었을 뿐이다. 미클롱은 대구를 말리는 것을 제외하고는 최소한의 식민지도 건설할 수 없는 섬이다. 그것도 빈번하게 침해당하는 비참한 권리였다.

인도에서 프랑스는 갠지스 강 유역에 있는 식민지에서 쫓겨났다. 프랑스는 아프리카 세네갈의 영토들을 넘겨주었다. 또 바다 쪽을 향한 덩케르크의 모든 요새[798]를 철거해야 했다.

프랑스는 이 치명적인 전쟁을 치르면서 가장 꽃다운 나이의 젊은이들, 왕국에서 유통되는 현금의 절반 이상, 해군, 무역, 신용을 모두 상실했다. 캐나다의 조그만 분쟁지역에 대해서 영국과 타협을 했다면 이 엄청난 불행을 아주 쉽게 막을 수 있을 것이라고 믿었었다. 하지만 몇몇 야심가의 과시욕과 출세욕이 프랑스를 이 치명적인 전쟁 속으로 몰아넣은 것이다. 1741년 전쟁도 마찬가지였다. 두세 명의 이기심이 유럽을 황폐하게 만들어버린 것이다. 프랑스는 평화조약이 절실했기 때문에 그 조약을 체결한 사람들을 조국의 은인으로 인정했다. 국가를 짓누르는 채무가 루이 14세의 채무보다도 훨씬 더 많았다. 이 엄청난 전쟁에 들어간 비용만 해도 1년에 4억 리브르였다. 이런 수치로 나머지를 판단할 수 있을 것이다. 프랑스가 승리를 거두었다고 해도 프랑스는 많은 것을 잃었을 것이다.

36

프랑스 내정.
1750년에서 1762년까지의 분쟁과 뜻밖의 사건들

이 치명적인 전쟁이 일어나기 오래 전에 그리고 전쟁이 진행되는 동안에 프랑스 국내는 세속 사법권과 교회 규범 사이의 아주 오래되고 끝이 나지 않는 또 하나의 전쟁으로 혼란스러웠다. 그 둘의 경계는 결코 명확한 적이 없었다. 오늘날 영국과 수많은 다른 나라에서 그리고 특히 러시아에서처럼 말이다. 그 결과로 군주의 권리와 여러 국가기관의 권리를 인정하지 않는 한, 위험한 분쟁이 항상 일어나게 마련이다.

1750년경에 상당히 용감한 재무총감[799]이 있었다. 그는 성직자와 수사들에게 재산 목록을 제출하라는 명령을 내렸다. 국왕이 그들의 재산을 보고 국가에 납부해야 할 세금을 정하게 하려는 목적이었다. 이보다 더 정당한 제안은 없었지만 그 결과는 신성모독인 것처럼 비춰졌다. 마르세유의 한 노주교[800]가 재무총감에게 편지를 썼다. "우리로 하여금 신을 거역하거나 아니면 왕을 거역하게 만들지 마시오. 어느 것을 선택할지는 당신도 알 것이오." 고령으로 허약해져 글을 쓸 수 없는 주교가 보낸 이 편지는 르메르(Lemaire)라는 예수회원이 쓴 것이었다. 이 예수회원은 주교와 교구를 좌지우지하던 인물이었다. 그는 확신에 찬 광신자였는데, 위험을 몰고 오는 것은 항상 그러한 종류의 인간들이다.

재무총감은 계획을 포기할 수밖에 없었다. 그것은 관철시킬 수 없으면 시도해서는 안 되는 계획이었다. 그러자 몇몇 성직자는 교란 작전에 의해 정부를 흔들려고 했다. 정부가 세속권(世俗權)을 지키기 위해 교권을 위협한다는 비난을 받게 만들기 위한 작전이었다. 성직자들은 유명한 우니제니투스 칙서[801]를 사람들이 증오하는 것을 알고 있었다. 그들은 죽음을 앞둔 사람에게 고해증명서(billet de confession)를 요구하기로 결정했다. 이 고해증명서에는 우니제니투스 칙서를 지지하는 신부의 서명이 필요했다. 고해증명서가 없으면 종부성사도 노자성체도 없었다. 그들은 상소자들[802] 그리고 이들에게 고해를 하는 사람들에게는 매정하게 이 두 가지 위안을 거절했다. 파리 대주교는 이러한 교란 작전에 가담했는데, 당파심이라기보다는 신학자로서의 열정 때문이었다.

그러자 모든 가정이 불안에 떨었다. 분열이 예고되었다. 여러 얀센주의자는 성사(聖事)를 그렇게 어렵게 만들면, 얼마 안 가서 다른 많은 나라처럼 성사를 필요로 하지 않을 수도 있다고 공공연하게 말하기 시작했다. 파리 사람들은 이처럼 소시민적인 자질구레한 일들을 유럽의 모든 중대사보다 더 중시했다. 그것은 몰리니즘[803]과 얀센주의의 시체에서 나온 벌레들이었다. 그것들이 시내에서 붕붕거리면서 모든 시민을 물어뜯었다. 메스[804]도, 퐁트누아도, 승전도, 패전도, 유럽을 뒤흔든 모든 것도 더 이상 기억되지 못했다. 파리에는 5만 명의 광신자가 있었다. 그들은 도나우 강과 엘베 강이 어떤 나라에서 흘러가는지 알지 못했고, 세상이 고해증명서 때문에 뒤집혔다고 믿었다. 민중은 그런 것이다.

파리의 소교구인 생테티엔 뒤몽의 주임사제가 샤틀레 재판소 법관에게 성사를 거부하자 고등법원은 그 주임사제를 투옥시켰다.

고등법원과 주교들 사이에 일어난 이 작은 내전을 본 왕은 고등법원이 성사에 관련된 일에 개입하지 못하게 했다. 그리고 그에 관한 재판권을 추밀참사회[805]에 일임했다. 고등법원은 왕국의 전반적인 재판권을 그런 식으로 빼앗아 갔다고 불평했고, 성직자들은 왕권이 종교적인 분쟁을 중재하려는 것을 참지 못했다. 고등법원과 성직자 양쪽의 반감은 격해져만 갔다.

여성 수용소[806]의 소장 자리를 둘러싸고 마침내 분쟁에 불이 붙고 말았다.[807] 파리 대주교[808]는 혼자 임명권을 행사하려고 했지만 파리 고등법원이 반대했다. 왕이 대주교에게 유리한 결정을 내리자 고등법원은 직무를 중단하고 재판을 거부했다. 왕은 총사들을 시켜 법관 각각에게 봉인장[809]을 보내야 했다. 봉인장에는 불복할 경우 처벌을 받을 것이니 직무를 다시 시작하라는 명령이 적혀 있었다.

그래서 고등법원은 평소처럼 개정을 했다. 하지만 변론을 해야 하는데 변호사들이 한 명도 나오지 않았다. 이 시기는 어떻게 보면 프롱드난의 시기와 닮았다. 하지만 내전의 공포가 없기에 우스꽝스럽기만 한 프롱드난인 셈이었다.

그러나 이러한 우스꽝스러움은 당혹스러운 것이었다. 왕은 자신의 절제에 의해, 화재를 부를지도 모르는 이 불씨를 끄기로 결정했다. 그는 성직자들에게 고해증명서를 사용하지 말라고 촉구했다. 고등법원은 직무를 재개했다.

(1752년 2월) 하지만 얼마 안 가서 고해증명서가 다시 나타났다. 성사를 거부하는 사례가 속출하자 파리 전체가 분노했다. 생테티엔의 바로 그 주임사제가 다시 성사를 거부한 죄로 고등법원에 소환되었다. 고등법원은 그뿐만 아니라 모든 주임사제에게 그러한 추문을 일으키는 것을 금지했다. 어기면 세속 재판[810]에 회부하겠다는 판결이었다. 이 판결은

대주교에게 직접 이 추문을 중단시키라고 권고했다. 이 '권고'라는 용어는 왕의 절제와 일맥상통하는 것처럼 보였다. 하지만 대주교는 속세의 사법권이 자신에게 권고를 할 권리가 있다고 생각하지 않았다. 대주교는 베르사유로 가서 불만을 제기했다. 대주교는 미르푸아의 전 주교 부아예[811]의 지지를 받았다. 부아예는 성직록(聖職祿)을 받을 성직자들을 왕에게 추천하는 책임자였다. 테아티노회(ordre des Théatins) 수사였다가 주교가 되고 성직록 책임관이 된 부아예는 매우 편협하고 교회의 면책 특권에 열성적인 인물이었다. 그는 우니제니투스 칙서를 금과옥조로 삼았다. 직위 덕에 영향력이 막강한 그는 고등법원이 교회의 일에 개입해서는 안 된다고 설득했다. 고등법원의 판결은 파기되었다. 고등법원은 강력하고 비장한 간주(諫誅)를 왕에게 올렸다.

왕은 고등법원에 이 문제에 관한 모든 고발을 자신에게 보고하는 일만 하라고 명령했다. 파렴치한 열정으로 분열의 씨앗을 뿌릴 수 있는 신부들을 처벌하는 권한은 왕이 직접 행사하기로 했다. 왕은 국무참사회의 결정을 통해 백성들이 종교개혁가, 얀센주의자, 펠라기우스파[812] 같은 명칭을 사용하는 것을 금지했다. 그것은 바보들에게 현명해지라고 명령하는 것과 마찬가지였다.

대주교의 사주를 받은 파리의 주임사제들은 고해증명서를 지지하는 탄원서를 왕에게 올렸다. 고등법원은 즉각 생장앙그레브 성당[813]의 신부를 정직시킨다고 판결했다. 그가 청원서를 작성했기 때문이다. 왕은 다시 한 번 이 판결을 파기했고, 고등법원은 다시 직무를 중단했다. 고등법원은 계속해서 왕에게 간주(諫誅)를 올렸고, 왕은 양쪽에 화해를 계속 촉구했다. 왕의 노력은 아무런 쓸모가 없었다.

고등법원에 고발된 마르세유 주교의 편지가 형리에 의해 불태워졌다. 아미앵 주교의 글은 유죄 판결을 받았다. 5년마다 왕에게 헌납금을 내기 위해 성직자 회의가 소집되기 때문에 그 당시 파리에 모여 있던 성직자들은 주교 복장을 한 채로 왕에게 불만을 전하러 가기로 결정했다. 그렇지만 왕은 이 특별한 의식을 받아들이려 하지 않았다.

(1752년 8월) 한편 고등법원은 종부성사 집전사제 한 명에게 벌금형과 무릎을 꿇고 용서를 구하며 훈계를 받는 형을 선고하고, 보좌신부 한 명에게는 추방형을 내렸다. 왕은 다시 이 판결을 파기했다.

이러한 종류의 사건들이 늘어났다. 왕은 언제나 화합을 권고했지만, 성직자들의 성사 거부를 중단시키지 못했고, 그들에 대한 고등법원의 재판도 그치게 하지 못했다.

마침내 왕은 성사에 관련된 소송이 있을 경우 고등법원이 그에 대해 재판을 할 수 있게 허가해주었다. 하지만 소송을 제기하는 당사자가 참석하지 않을 때 재판을 하려고 하는 것은 금지했다. (11월) 고등법원은 두 번째로 직무를 재개했고, 이 사건들 때문에 소홀히 취급되었던 소송인들은 평상시처럼 재판에 많은 돈을 쓰고 파산할 자유를 얻었다.

(12월) 불씨는 재 속에서 여전히 타고 있었다. 대주교는 성녀 아가타[814] 수녀회의 가련한 노수녀 두 사람에게 성사를 거부하라는 명령을 내렸다. 그 수녀들은 예전에 수녀원장에게서 우니제니투스 칙서는 악마의 작품이라는 이야기를 들었기 때문에 죽을 때 이 칙서를 수용한다면 지옥에 떨어지지나 않을까 두려워했다. 또 그 수녀들은 종부성사를 받지 않음으로써 지옥에 떨어질 것을 두려워했다. 고등법원은 대주교에게 서기(greffier)를 보냈다. 두 수녀에게 통상적인 도움을 거부하지 말도록 대주교에게 간청하기 위해서였다. 평상시대로 대주교가 자신은 오로지 신에게만 해명할 의무가 있다고 대답했기 때문에 고등법원은 그에 대한 세속재판을 열려고 했다. 방계왕족과 중신들은 고등법원에 출석하라는 초청을 받았다.[815]

분쟁이 심각해질 수도 있었고 사람들은 프롱드난과 가톨릭 동맹의 시절이 다시 올까 두려워하기 시작했다. 왕은 이 문제에 관한 재판권을 추밀참사회에 일임했기 때문에, 방계왕족과 귀족들이 파리 고등법원에 출석해서 의견을 진술하는 것을 금지했다. (1753년 1월) 파리 대주교는 성녀 아가타 수녀회의 수녀들이 우니제니투스 칙서에 대해 부정적인 견해를 갖고 있다는 이유로, 이 작은 수녀회를 해산시킨다는 결정을 참사회에서 얻어낼 정도로 영향력이 막강했다.

파리 전체가 술렁거렸다. 이 사소한 말썽거리가 왕국의 여러 도시로 퍼져나갔다. 오를레앙에서 똑같은 말썽, 똑같은 성사 거부가 일어나자, 고등법원은 오를레앙 사건에 대해서 파리와 똑같은 판결을 내렸다. 분열이 일어나려 하고 있었다. 아미앵 교구 로쟁빌레르(Rosainvilliers) 성당의 주임사제가 어느 날 설교에서 얀센주의자들은 교회를 떠나야 하고 자신이 제일 먼저 그들의 피로 손을 적시게 될 것이라고 말해버렸다. 뻔뻔스럽게도 그는 자기 소교구의 몇 사람을 지적하기까지 했다. 우니제니투스 칙서의 열렬한 지지자들은 예배행렬 중에 그들에게 돌을 던졌다. 하지만 돌을 던지는 사람이나 돌에 맞는 사람이나 우니제니투스 칙서가 무엇인지 얀센주의가 무엇인지 전혀 알지 못했다.

이런 폭력은 사형으로 처벌받을 수도 있었다. 아미앵을 관할하는 파리 고등법원은 이 선동적이고 유혈을 좋아하는 사제를 영구 추방하는 것으로 그쳤다. 왕은 이 판결이 순수하게 영적인 죄가 아니라 폭도, 즉 공공의 안녕을 교란한 자의 범죄를 대상으로 내려졌다는 근거에서 승인했다.

이러한 소란 속에서 루이 15세는 서로 싸우는 자식들을 떼어놓으려고 정신이 없는 아버지와 같았다. 그는 주먹질과 욕설을 금지했다. 그는 한쪽은 야단치고 다른 쪽은 훈계했다. 그는 침묵을 명했다. 고등법원이 영적인 문제를 재판하는 것을 금지하고, 주교들에게는 신중할 것을 권고

했다. 그는 우니제니투스 칙서를 교회의 법으로 인정했지만 이 위험한 법에 대해 왈가왈부하는 것을 원하지 않았다. 그러나 이러한 아버지의 노력은 신경이 날카로워지고 불안에 휩싸인 사람들에게는 아무런 소용이 없었다. 고등법원은 '영적인' 분쟁들이 필연적으로 국가의 분쟁을 초래하는 이상 '영적인 것'과 '세속적인 것'은 분리될 수 없다고 주장했다.

(3월) 고등법원은 오를레앙 주교에게 법정 출두를 명했다. 성사 거부 문제 때문이었다. 고등법원은 왕의 명령서들을 제외하고, 자신들의 판결에 대해 이의를 제기한 모든 글을 형리를 시켜 불태우게 했다. 왕의 명령에도 불구하고 고등법원은 법관들을 소르본에 보내 이 판결들을 등기시켰다. 주교의 교서들을 불태우느라 바쁜 형리의 모습이 매일 눈에 띄었다. 법원의 집행관 보좌역들은 총에 검을 꽂은 채 신부들이 환자들에게 성사를 해주도록 만들었다. 고등법원은 오로지 자신의 법률과 권위 유지만 염두에 두었다. 왕은 그 이상을 고려했다. 왕은 종종 법률의 양보를 요구하는 관습들을 고려했다.

고등법원은 세 번째로 시민들에 대한 재판을 중단했다. 프랑스 전역을 혼란에 빠뜨리는 성사 거부 문제에만 몰두하기 위해서였다.

왕 역시 세 번째로 등기명령서[816]를 고등법원에 보냈다. 고등법원의 의무를 다하고, 개인들의 소송은 우니제니투스 칙서와 아무런 관련이 없으니 소송 당사자인 백성들을 이 무관한 분쟁으로 괴롭히지 말라고 명하는 내용이었다.

(1753년 5월) 고등법원은 왕의 특허장을 인정한다면 자신들의 서약을 위반하게 될 것이니 복종할 수 없다고 답했다.

그러자 왕은 심리법정[817] 법관 전부를 일부는 부르주로, 또 일부는 푸아티에로, 몇몇은 오베르뉴로 추방하지 않을 수 없다고 생각했다. 그리고 그중 가장 강경하게 발언한 4명은 감금시켜야 한다고 생각했다.

왕은 대법정은 너그럽게 봐주었다. 하지만 대법정은 추방을 당하는 것이 명예를 지키는 것이라고 믿었다. 대법정은 계속해서 일반 재판을 거부하고 성사 거부 신부들에 대한 소송을 진행시켰다. 왕은 대법정을 파리에서 6리외 떨어진 퐁투아즈로 쫓아냈다. 이미 오를레앙 공작이 섭정 기간에 대법정을 추방했던 곳이다.

프랑스에서 너무나 사소한 일에 대해 그처럼 잡음이 많이 일어나는 것을 보고 유럽은 놀랐다. 프랑스인들은 경박한 국민으로 간주되었다. 프랑스인들에게는 모두가 인정하는 훌륭한 법률이 없기 때문에, 다른 곳에서는 대수롭게 여기지 않을 논쟁을 갖고 난리를 친다는 것이었다. 황제 한 명의 선출 때문에 50만이 참전한 전쟁이 벌어져서 유럽은 물론이고 인도와 아메리카까지 참화를 겪은 바 있다. 그런 다음에 프랑스는 이 사소한 펜의 전쟁에 휩쓸려 들어간 것이다. 벼락이 마구 내리친 후에 가랑비가 내리는 꼴이었다. 하지만 독일, 스웨덴, 네덜란드, 스위스는 과거에 바보짓들로 인해 훨씬 더 격렬한 동요를 겪었으며, 에스파냐의 종교재판은 시민 소요보다 더 고통스러웠고, 모든 나라는 나름대로의 어리석음과 불운이 있다는 것을 기억해야 한다.

(1753년 7월) 노르망디 고등법원은 성사 거부 문제에서 파리 고등법원을 따랐다. 고등법원은 에브뢰[818] 주교를 소환하고 재판을 중단했다. 왕은 근위대 장교를 보내 노르망디 고등법원의 기록들을 말소시켰다. 노르망디 고등법원은 파리 고등법원보다 다루기 쉬웠다.

파리에서 배분적 정의, 즉 재판이 중단된 것은 인간들이 현명하고 공정하다면 정말 잘된 일이 될 수도 있었다. 하지만 인간들은 현명하지도 공정하지도 않기 때문에, 또 소송은 진행시켜야 하기 때문에, 왕은 국무참사회 참사들을 종심(終審)[819]을 담당하는 법관으로 임명했다. (11월) 왕은 이러한 법원 구성을 샤틀레 재판소에 등기시키려고 했다. 하급 법원이 왕의 권위에 정당성을 부여할 필요가 있는 것처럼 말이다. 이러한 등기 관습에는 거의 항상 말썽이 뒤따랐다. 하지만 이러한 절차가 없었다면 아마도 훨씬 더 큰 말썽이 일어났을 것이다. 샤틀레 재판소는 등기를 거부했다. 왕은 등기명령서를 보내 등기를 하게 만들었다. 그래서 국왕 법정이 개정했지만 변호사들이 변론을 거부했다. 파리는 국왕 법정을 조롱했다. 국왕 법정도 자조했다. 전날 자신들을 비탄에 잠기게 했거나 열을 올리게 만든 일을 그 다음날이면 비웃는 국민성에 따라 모든 것이 우스운 일로 변했다. 성직자들도 웃었다. 하지만 승리의 기쁨에서 나온 웃음이었다.

(1754년 7월) 미르푸아의 전 주교이며 자신도 모르는 사이에 이 모든 혼란의 첫 번째 주모자가 된 부아예가 고령과 신체기관의 노화로 인해 노망이 들었기 때문에, 모든 것이 화해를 향해 가는 것처럼 보였다. 대신들은 파리 고등법원과 협상을 했다. 파리 고등법원이 명령을 받고 복귀했다. 파리 전체가 기뻐했고 서민들은 '고등법원 만세'를 외쳤다. (8월) 고등법원의 복귀는 고등법원의 승리였다. 고등법원의 고집만큼이나 성직자들의 고집에 지친 왕은 침묵과 화합을 명하고, 세속 법관들에게 이 침묵이나 화합을 어지럽히는 자들에 대한 재판을 허용했다.

(9월) 파리와 지방에서 이따금씩 분열이 일어났다. 성사 거부를 막기 위해 왕이 취한 조치에도 불구하고 여러 주교가 성사 거부를 주도했다는 공적을 교황청에 보여주려 애썼다. 낭트에서 이러한 엄격성과 추문의 본보기를 보여준 주교는 낭트 하급재판소[820]에 의해 6000프랑의 벌금형을 선고받고 벌금을 냈지만 왕은 그를 악인으로 생각하지 않았다. 그만큼 왕은 이 싸움에 넌더리가 나 있었다.

유사한 장면들이 왕국 전역에서 발생해서 당사자들은 슬픔에 젖게 했지만 할 일 없는 군중은 즐겁게 만들어주었다. 오를레앙에 늙은 교구참사회원(chanoine)이 있었다. 얀센주의자인 그가 죽어가고 있을 때 동료들은 그의 병자 영성체(領聖體)[821]를 거부했다. (10월) 파리 고등법원은 그들에게 1만 2천 프랑의 벌금형을 부과하고 환자에게 영성체를 해줄 것을 명령했다. 결과적으로 형사재판관[822]이 마치 형 집행을 하듯이 이 의례를 위해 모든 것을 준비시켰다. 그러나 교구참사회원들은 자기들의 동료가 성사를 받지 못하고 죽게끔 수를 썼고, 그들이 할 수 있는 한 가장 초라하게 그를 매장했다.

프랑스에서는 고등법원의 판결에 의해 병자 영성체를 하는 것이 아주 흔한 일이 되었다. 명령에 불복했다는 이유로 세속 법관들을 추방했던 왕은 중립을 지키려고 했고, 분열을 고집하는 성직자 법관들 역시 추방하려고 했다. 왕은 우선 파리 대주교부터 추방했다. 파리 대주교는 파리에서 3리외 떨어진 콩플랑의 별장으로 쫓겨났다.[823] 가벼운 유배였고, 처벌이라기보다는 온정이 넘치는 경고 같은 것이었다.

오를레앙과 트루아 주교들도 비슷하게 별장으로 쫓겨났다. 역시 부드러운 처벌이었다. 파리 대주교는 주교좌성당[824]에서와 마찬가지로 콩플랑 별장에서도 굴하지 않았고 그 때문에 더 먼 곳으로 유배되었다.

자유롭게 활동할 수 있게 된 고등법원은 소르본 대학을 비난했다. 예전에는 우니제니투스 칙서를 혐오했던 소르본 대학이 이제는 신앙의 계율로 간주하고 있다는 이유였다. 소르본 대학은 강의를 중단하겠다고 위협했다. 강의보다 더 중요한 재판을 중단했던 고등법원은 교수단에 강의를 계속하라고 명령했다. 고등법원은 프랑스 교회의 자유를 지지했고, 왕은 그런 고등법원에 동의했다. 하지만 고등법원이 너무 멀리까지 나가면 왕이 제지를 할까? 왕은 공익에 부합하는 일부 판결은 승인하고, 지나치게 절도가 없는 것으로 여겨지는 일부 판결은 파기했다. 로마 황제들이 청색당과 녹색당[825] 사이에 끼어 있었던 것처럼, 프랑스 왕은 열성적인 두 개의 커다란 파벌 사이에 끼어 있었다. 왕은 영국이 자신을 상대로 시작한 해전(海戰)에 몰두했고 육전(陸戰)도 불가피해 보였다. 우니제니투스 칙서를 논할 때가 아니었던 것이다.

왕으로서는 대참사회와 고등법원의 분쟁도 진정시켜야 했다. 프랑스에서는 명확한 법률로써 확정된 것이 거의 없고, 각 기구의 한계와 특권이 명확하지 않았다. 성직자들은 언제나 자신들의 재판권을 확대하려고 했고, 회계법원[826]은 많은 특전을 두고 고등법원과 다투었고, 중신들은 파리 고등법원에 맞서 자기들의 권리를 옹호했다. 따라서 대참사회가 파리 고등법원과 다투는 것이 놀라운 일은 아니었다.

대참사회는 본래 국왕의 참사회였고, 왕들이 여행할 때면 언제나 수행했다. 하지만 모든 행정기구가 조금씩 변화했고, 대참사회 역시 변화했다. 샤를 8세 치하에서 대참사회는 하나의 법정에 불과했다. 대참사회는 소송 사건의 이송과 법관들의 관할에 대한 판결 그리고 국왕의 특권을 제외한 왕국의 모든 특권에 관련된 소송의 판결을 내렸다. 대참사회는 소속 관리들을 재판할 권리가 있었다. (1756년 1, 2, 3월) 대참사회 판사 한 명이 채무 때문에 샤틀레 재판소에 소환되었다. 대참사회는 이 소송에 대한 권리를 요구하고 샤틀레 재판소의 판결을 파기했다. 즉각적으로 고등법원이 반발했고 대참사회의 판결을 파기했다. 그리고 왕은 고등법원의 판결을 파기했다. 간주권이 다시 행사되었고 다시 분쟁이 일어났다. 왕국의 모든 고등법원이 대참사회에 반대했고 대중은 분열되었다. 파리 고등법원은 이 기구들의 분쟁을 이유로 중신들을 다시 소환했고, 왕은 중신들에게 고등법원 출석을 금지했다. 결국 이 사건은 다른 많은 사건과 마찬가지로 미결 상태로 남게 되었다.

왕에게는 훨씬 중요한 일들이 있었다. 영국군을 상대로 지상과 해상에서 고비용의 전쟁을 계속해야 했던 것이다. 이때 왕은 치세의 가장 훌륭한 기념물인 군사학교[827]를 설립했다. 기리 남을 이 업적은 마리아 테레지아 황후가 훗날 모방하게 된다. 프랑스는 재정 지원이 절실했다. 고등법원은 두 번째 20분의 1세[828] 징수를 명하는 칙령의 등기에 대해 까다롭게 굴었다. 그 이후에 20분의 1세의 3배를 내지 않을 수 없게 되었다. 전쟁이 일어나면 시민들은 전쟁에 나가거나 아니면 전쟁에 나갈 사람을 사야 하기 때문이다. 그 중간은 없다.

(1756년 8월 2일) 왕은 베르사유에서 친림법정[829]을 열고, 방계왕족과 중신들을 파리 고등법원과 함께 소환했다. 왕은 칙령을 등기시켰다.[830] 그러나 파리로 돌아온 고등법원은 이 등기에 대해 항의했다. 고등법원은 검토에 필요한 자유가 없었을 뿐만 아니라, 그 칙령이 왕의 이익에 해가 되지 않도록, 또 왕의 이익과 동일한 국가의 이익에도 해가 되지 않도록 수정이 요구된다고 주장했다. 고등법원은 국가의 이익을 지킨다는 서약을 했었다. 고등법원은 자신들의 의무는 왕을 기쁘게 하는 것이 아니라 왕에게 봉사하는 것이라고 말했다. 그래서 복종 대신 열정을 택했다는 것이다.

종교적 분열 때문에 곤란한 상황에 조세라는 중차대한 문제까지 터진 것이다. 모[831] 교구에 위치한 시골에서 병에 걸린 고등법원 법관이 종부성사를 요청했다. 주임신부는 마치 교회의 적에게 하듯이 거절했고, 그가 종부성사를 받지 못하고 죽게 내버려두었다. 주임사제는 고발을 당하자 달아났다.

엑스 대주교가 칙서에 관한 새로운 규정집을 만들자, 엑스 고등법원은 빈민들에게 1만 리브르를 내라는 처벌을 그에게 내렸다. 대주교는 벌금을 낼 수밖에 없었고 자신의 규정집과 돈의 대가로 얻은 것은 아무것도 없었다. 트루아 주교가 교구를 혼란에 빠뜨리자 왕은 그를 알자스의 수도원으로 보내 감금시켰다. 콩플랑으로 돌아가도 좋다는 허가를 받은 파리 대주교는 우니제니투스 칙서와 고해증명서에 관한 고등법원의 판결과 간주를 읽는 사람들은 파문한다고 선언했다.

많은 사람의 적의에 당황한 루이 15세는 교황 베네딕토 14세[832]의 견해를 묻는 신중함을 보이기까지 했다. 베네딕토 14세는 루이 15세만큼이나 온건한 인물로서, 온화하고 쾌활한 성격으로 기독교권의 사랑을 받았고, 오늘날에도 점점 더 많은 사람이 아쉬워하고 있는 인물이다. 그는 화평을 권고할 때를 제외하고는 어떤 일에도 개입하지 않았다. 교황 소칙서[833] 담당 비서인 파시오네이 추기경[834]이 모든 일을 맡아서 했다. 당시에 문인으로서는 유일하게 추기경단에 들어 있던 파시오네이 추기경은 무척 고결한 천재로서 우니제니투스 칙서 관련 논쟁을 경멸했다. 그는 칙서를 작성한 예수회원들을 증오했다. 그는 로마 교황청의 잘못된 처사에 대해 침묵하고 있을 수가 없었다. 모든 시대와 모든 국가에 속하고 영원한 진실을 담은 고결한 격언들, 예컨대 "부당한 파문에 대한 두려움 때문에 의무를 이행하지 못해서는 안 된다"는 것과 같은 격언을 우니제니투스 칙서에 의해 단죄한 처사 말이다.

이 격언은 세계 곳곳에서 덕을 수호하고 있다. 고대인과 현대인 모두 의무가 형벌에 대한 두려움까지 물리치고 승리를 거두어야 한다고 말했다.

그러나 여러 가지 관점에서 칙서가 이상하게 보이긴 해도, 파시오네이 추기경도 교황도 교회법으로 간주되는 그 칙서를 철회할 수는 없었다. 베네딕토 14세는 프랑스의 모든 주교를 위한 회람을 왕에게 보냈다. 교황은 회람에서 우니제니투스 칙서를 '영원한 구원을 잃을 위험에 빠지지 않고서는' 반대할 수 없는 보편적인 법칙으로 인정했다. 하지만 교황은 "추문을 피하기 위해 사제는 죽음을 앞둔 사람들이 얀센주의자로 의심될 때면 그들에게 지옥에 떨어지게 될 것이라고 알려야 하며, 모든 책임을 지고 그들에게 종부성사를 해주어야 한다"고 결정을 내렸다.

동시에 교황은 왕에게 보내는 사신(私信)에서는 주교단의 권리를 배려해 달라고 당부했다. 누구든지 간에 교황에게 의견을 물을 때면, 교황이 교황답게 편지를 쓸 것이라 예상해야 한다.

하지만 베네딕토 14세는 교황의 입장을 지키면서도 화평, 예의, 왕의 권위를 위해 할 수 있는 것은 다했다. 주교들에게 보낸 교황 소칙서가 인쇄되었다. (1756년 12월 9일) 고등법원은 과감하게 아니 무모하게도 그 소칙서를 비난하고 판결에 의해 인쇄를 금지했다. 고등법원에 의해 유죄판결을 받은 이 소칙서를 주교들에게 보낸 사람이 바로 자신이었던 만큼 왕은 고등법원의 이러한 처사에 더욱 충격을 받았다. 이 소칙서는 고등법원이 언제나 옹호하고 복원시켜 온 프랑스 교회의 자유와 군주제의 권리들을 조금도 문제 삼지 않았는데도 고등법원은 그런 조치를 취한 것이다. 궁정은 고등법원의 검열이 절제 있는 것이라기보다는 언짢은 기분을 표출한 것이라고 보았다.

국왕참사회는 파리 고등법원의 행동을 비난할 근거가 하나 더 있다고 믿었다. 고등법원이라는 이름을 쓰고 있는 다른 최고법원들[835]은 '왕국의 고등법원 계층(Classes du Parlement)'으로 자처했다. 그것은 대상서 미셸 드 로피탈[836]이 붙여준 명칭이었다. 그것은 법률의 이해와 보존을 위한 고등법원들의 연합을 뜻할 뿐이었다. 그럼에도 불구하고 고등법원들은 자신들이 국가 전체를 대표한다고 주장했다. 국가는 여러 집단(compagnies)으로 나뉘어 있다. 그러나 이 모든 집단들이 단 하나의 전체가 되어 왕국의 영속적인 삼부회를 구성한다는 논리였다. 이런 개념은 중요했을지도 모른다. 하지만 너무나 중요한 개념이었을 것이다. 왕권은 그런 개념을 아주 못마땅하게 여겼다.

이런 반감에 사로잡힌 왕은 고등법원이 조세 등기를 계속 거부하자,

친림법정을 통해 파리 고등법원을 재편하러 파리로 가기로 결정했다.

내각이 비밀로 하려고 했지만 이 소문은 대중 사이에 퍼졌다. 파리는 침울한 정적 속에서 왕을 맞이했다. 인민은 파리 고등법원을 세금의 적으로만 보았고 그 세금이 필요한 것인지 아닌지는 따져보지 않았다. 그들은 세금에 비례해서 자신들의 노고와 상품을 더 비싼 값으로 판다는 것, 그 부담이 부자들에게 지워진다는 것은 생각조차 하지 않았다. 부자들 역시 투덜대며 하층민의 불만을 부추겼다.

이 전쟁에서 영국인들은 프랑스인들보다도 더 많은 세금을 부담했다. 하지만 영국 국민은 스스로 과세액을 정했고, 공채가 무엇으로 상환될지를 알고 있었다. 프랑스도 세금을 거두었지만 프랑스인들은 공채 상환에 예정된 기금이 어디에 쓰이게 될지를 알지 못했다. 영국에서는 조세를 두고 국가와 협상을 벌이고, 국민의 돈으로 치부하는 개인들[837]이 없었다. 프랑스는 그와 정반대였다. 프랑스의 고등법원들은 이러한 악습에 반대하는 간주를 계속 왕들에게 올렸었다. 하지만 세금 자체보다도 이러한 간주와 등기 거부가 더욱 위험할 때가 있는 법이다. 왜냐하면 전쟁은 바로 지금 지원금이 필요하고, 지원금의 남용은 시간이 흘러야만 비로소 시정할 수 있기 때문이다.

왕은 파리 고등법원에 와서 칙령을 공포하게 했다. 그 칙령에 의해 왕은 고등법원의 재판부 2개를 폐지하고 여러 관직을 없앴다.[838] 왕은 우니제니투스 칙서를 존중할 것을 명했고, 세속 법관들이 성사 집행을 명령하는 것을 금지했다. 성사 집행 과정에서 저질러진 권한 남용과 죄에 대한 재판만을 허용했다. 왕은 또한 주교들에게 명하여 주임사제들에게 절제와 신중을 기하게 했고, 지나간 모든 분쟁은 '망각 속에 묻어둘 것'을 원했다(1756년 12월 13일). 왕은 어떤 판사도 25세 이전에는 투표권을 가질 수 없고, 10년간을 근무하지 않고서는 법정에서 의견을 말할 수 없다고 포고했다. 마지막으로 왕은 '어떤 이유이든 간에 일상적인 재판 업무를 중단하지 못하게 하는 단호한 금지령'을 내렸다.

대상서가 절차에 관한 의견을 물었다. 고등법원은 깊은 침묵을 지켰다. 왕은 복종할 것을 명했고 '누구든 자신의 의무를 저버리는 자는 처벌할 것'이라고 선언했다.

다음날 15명의 대법정 판사가 사직서를 제출했다. 곧 180명의 고등법원 판사가 사임했다. 파리 시 전역에 불평 소리가 넘쳤다.

치명적인 전쟁의 와중에서 수많은 소란이 일어나 모든 사람이 불안해했으며, 재정의 난맥상은 전쟁을 더욱 위험하게 만들었고 불평분자들의 반감을 자극했다. 법관과 성직자 사이의 대립이 어디에서나 분열을 조장하고 온갖 소문이 난무하는 곤경에서, 선정을 베푸는 것은 거의 불가능하고 사태가 더 악화되는 것을 막는 수밖에 없었다.

37

국왕 시해 시도

(1757년) 이러한 국민의 동요는 얼마 안 가서 모두의 경악 속에 파묻혀 버렸다. 정말 뜻밖의 끔찍한 사건 때문이었다. 왕은 1월 5일 베르사유 궁정에서 근위병과 대신들에 둘러싸여 있다가 왕세자 면전에서 시해를 당할 뻔했다. 이 기이한 사건의 전말은 다음과 같다.

최하층민 출신의 범죄자 로베르프랑수아 다미앵[839]은 아라스(Arras) 근처의 마을에서 태어나 오랫동안 파리에서 여러 집을 전전하며 하인으로 지냈다. 그는 미치광이와도 같은 침울하고 격한 성격을 지녔다.

광장에서, 대저택의 큰 홀에서, 그리고 다른 곳에서 그가 들은 전반적인 불평의 소리들이 그의 상상력을 자극했다. 그는 마치 정신 나간 사람처럼 베르사유로 갔다. 상상할 수도 없는 계획이 불러일으킨 흥분에 휩싸여 그는 여인숙에서 사혈을 해주기를 요구했다. 인간의 육체는 정신에 강력한 영향을 미친다.[840] 그는 나중에 신문을 받으면서 "만일 자신이 요구했던 것처럼 사혈을 받았다면 시역죄(弑逆罪)를 저지르지 않았을 것"이라고 주장했다.

그의 계획은 그러한 부류의 괴물의 머릿속에 든 것으로는 가장 놀라운 것이었다. 나중에 주장한 것처럼 그는 왕을 시해할 작정은 아니었다고 한다. 불행하게도 왕을 시해할 뻔했지만 말이다. 그는 왕에게 상처를 입히려고 했다는 것이다. 고등법원의 형사재판 과정에서 그는 그렇게 진술했다.

"저는 왕을 시해할 의도가 전혀 없었습니다. 제가 하려고 했다면 시해했을 것입니다. 저는 단지 신께서 왕을 감화해 왕으로 하여금 모든 일을 바로 잡고 국가에 평화를 되돌려 놓게 만드시도록 하기 위해서 이 일을 한 것입니다. 이 모든 혼란의 원인은 파리 대주교 한 사람에게만 있습니다.(1월 18일의 신문(訊問))"

그의 머릿속은 이 생각으로 너무나 꽉 차 있어서 다른 신문 중에 그는 다음과 같이 말했다.

"저는 고등법원 판사들의 이름을 댔습니다. 한 분을 모셨기 때문이고, 거의 모든 판사가 대주교의 행동에 분노하고 있었기 때문입니다.(3월 6일의 신문)" 베르사유에서 신문을 받으면서 아래와 같이 말할 정도로, 광신으로 인해 이 불행한 인간의 정신은 흐려져 있었다.

무슨 동기로 왕의 신상에 위해를 가하려고 했는지 질문하자 그는 '종교 때문'이라고 대답했다.

모든 기독교 국가의 군주 시해 시도에는 이러한 이유가 있었다. 포르투갈 왕의 시해는 오로지 예수회원 3명의 판정에 근거해서 이루어졌다.[841] 프랑스의 앙리 3세와 앙리 4세가 광신도의 손에 의해 죽음을 맞이했다는 것은 잘 알려져 있다. 하지만 앙리 3세와 앙리 4세가 시해된 것은 그들이 교황의 적으로 보였기 때문인 데 반해, 루이 15세는 교황의 비위를 맞추려는 것처럼 보였기 때문에 시해당할 뻔했다는 차이점이 있다.

시해범 다미앵은 잭나이프 한 자루를 구했다. 이 비수는 한쪽은 날이 길고 뾰족하며 다른 쪽은 길이가 4푸스[842] 정도인 깃털 펜 다듬는 작은 칼이었다. 그는 왕이 트리아농[843]으로 가려고 마차에 오르는 순간을 기다렸다. 거의 6시가 다 되어서 날은 어두워졌고 추위가 극심했다. 거의 모든 조신이 '프록코트'라고 잘못 이름 붙여진 망토를 입고 있었다. 똑같은 복장의 다미앵은 근위대 쪽으로 뚫고 들어가다가 왕세자와 부딪쳤고, 근위병들과 스위스 용병 백인부대[844]를 헤치고 나가서 자리를 잡은 다음 왕에게 접근하여 작은 칼로 다섯 번째 갈비뼈를 찌르고 칼을 주머니에 넣은 다음 머리에 모자를 쓴 채 서있었다. 왕은 부상을 당했다는 것을 알고 돌아섰다. 머리에 모자를 쓰고 정신 나간 눈빛을 한 낯선 사람의 모습을 보고 왕은 말했다. "이 자가 날 공격했다. 그를 체포하고 아무도 그를 해치지 말라."

모두 공포와 경악에 사로잡혔다. 왕을 침대로 모셔가고 의사를 찾았다. 치명상인지 아닌지 칼에 독이 발라져 있었는지 아닌지를 아무도 몰랐다. 시해범 다미앵은 여러 번 "왕세자 저하를 보호해라", "왕세자가 낮에 외출하지 못하게 해라"고 외쳤다.

이러한 말에 불안이 더욱 커졌다. 왕가에 대한 음모가 있다는 것을 누구도 의심하지 않았다. 모두가 최악의 위기를, 치밀하게 계획된 최악의 범죄를 상상했다.

다행스럽게도 왕의 상처는 가벼웠다. 하지만 국민의 불안은 컸고 궁정에서는 두려움, 불신, 음모가 난무했다. 왕궁 내에서 일어난 범죄의 재판권을 갖고 있는 궁내부 집사장[845]은 시해범을 체포하고, 앙리 3세 시해 사건 때 생클루[846]에서 진행되었던 절차를 시작했다. 집사청(prévôté)의 근위대 장교가 정신이 이상한 이 악한에게서 약간의 신뢰를 얻었다. 눈가림인지 아니면 진정인지 모르지만 말이다. 장교는 그로 하여금 감옥에서 왕에게 보내는 편지를 구술하게 했다. 다미앵이 왕에게 편지를 쓰다니! 시해범이 시해하려 했던 분에게 편지를 쓰다니!

전하,

제가 불행하게도 전하께 접근한 일에 대해 대단히 죄송하게 생각합니다.[■] 하지만 전하께서 백성의 편을 들어주지 않는다면, 지금부터 몇 해가 지나기 전에 전하와 세자 저하, 그리고 몇몇 사람이 죽게 될 것입니다. 전하처럼 훌륭한 군주가 지나치게 믿고 계신 성직자들 때문에 목숨이 안전하지 않다는 것은 유감스러운 일입니다. 전하께서 빠른 시일 내에 그 점을 시정하려는 친절을 보이지 않는다면, 대단히 불행한 일들이 일어날 것입니다. 전하의 왕국은 안전하지 않습니다. 불행하게도 전하의 신하들은 전하께 사표를 제출했습니다. 문제는 오로지 그들 때문에 발생했습니다. 전하의 친림법정 이후로 성사가 거부되고 있습니다. 샤틀레 재판소는 달아난 신부의 가구들을 팔아 치우게 했습니다. 전하께서 백성들을 위해 임종 시에 성사를 베풀라고 명령하지 않는다면, 다시 반복해서 말씀드리건대, 전하의 생명은 안전하지 않을 겁니다. 이것이 정말 사실이라는 점을 이 편지를 전달하는 장교를 통해 전하께 실례를 무릅쓰고 알려드립니다. 저는 이 장교를 전적으로 신뢰합니다. 이 모든 혼란의 원인은 성사를 거부하게 만든 파리 대주교에게 있습니다. 전하의 성스러운 옥체에 대해 끔찍한 범죄를 저지르고 나서 감히 전하께 진실한 고백을 올리면서 전하의 호의에 찬 관용을 소망하고 있습니다. 서명, 다미앵.

이 편지의 뒷면에는 이렇게 적혀 있다.

1757년 1월 9일 프랑수아 다미앵의 신문에 따라 수결이 되어 있고 고칠 수 없다. 베르사유의 국왕 전하께. 서명, 다미앵.

서기 뒤브리예, 뒤부아뉴 수결.

■ 이 편지는 다미앵 재판기록 69쪽에 있으며, 상급자들의 허락을 받은 고등법원 형사재판 서기에 의해 대중에게 공개되었다.

더 아래쪽에는 이렇게 적혀 있다.

국왕 전하께

다미앵이 쓰고 서명한 글의 내용이 이어진다.

글의 사본.
샤그랑주, 스공드.
베스 드 리스.■
드 라기요미.
클레망.
랑베르.
리외 보냉빌리에[847] 재판장.
마시 재판장과 거의 전원.

왕은 자신의 고등법원을 복권시켜야 하며, 위에 언급된 사람들과 그 동료들에게 아무 짓도 하지 않는다는 약속과 함께 고등법원을 지지해야 한다. 서명, 다미앵.

더 아래쪽에는 다음과 같이 적혀 있다.

1757년 1월 9일 신문에 따라 수결이 되어 있고, 고칠 수 없다. 서명, 다미앵.
서기 뒤브리예, 뒤부아뉴 수결.
앞의 편지와 글은 신문조서 원본에 첨부되어 있다.

■ 이 한심한 인간은 여기 언급된 거의 모든 이름의 철자를 틀리게 썼다.

이 편지는 몰상식한 데다가 그의 신분에 어울리게 야비하다. 하지만 그의 분노가 어디서 비롯되었는지를 밝혀준다. 대주교에 대한 대중의 불평이 이 죄인의 머리를 돌게 만들어서 시해를 시도하도록 부추겼다는 것을 알 수 있다. 편지에 인용된 고등법원 판사들의 이름으로 미루어 보건대, 그가 그들의 동료 한 사람을 모셨기 때문에 그들을 알고 있는 듯 했다. 그렇지만 그들이 그에게 자신들의 심경을 말해주었으리라고 가정하는 것은 터무니없는 일일 것이다. 또 고등법원 판사들이 그의 범죄를 조장하는 말을 했거나 말하게 했다고 가정하는 것은 더욱더 터무니가 없다.

왕은 사직서를 제출하지 않은 파리 고등법원 대법정 판사들에게 그 죄인의 재판을 맡기는 데 조금도 반대하지 않았다. 왕은 방계왕족과 중신들이 고등법원에 출석함으로써, 호기심 많고 과장하는 만큼이나 의심하는 대중의 눈에 재판이 모든 면에서 더 엄숙하고 더 진실 되게 보이게 되기를 원했다. 대중은 이러한 끔찍한 사건들에서는 언제나 진실을 넘어서 상상하는 법이다. 정말이지 진실이 이보다 더 명명백백하게 밝혀진 적은 없었다. 이 정신이상자에게 공범이 없다는 것은 분명했다. 그는 왕을 시해하려고 했던 것이 아니라, 고등법원의 추방 이후로 왕에게 부상을 입힐 계획을 세웠다고 계속 주장했다.

첫 번째 신문에서 다미앵은 "오로지 종교적인 이유로 이 습격을 결심하게 되었다"고 말했다(고등법원 신문조서 132, 135쪽).

그는 자신이 "몰리니스트[848]들과 성사를 거부하는 자들에 대해서만 욕했고, 그들은 명백하게 두 명의 신을 믿고 있다"고 진술했다(145쪽).

그는 고문을 받으며 "나는 하느님을 위해 칭찬 받을 일을 했다고 생각한다. 궁전의 모든 신부들에게 내가 말하려고 한 것이 바로 이것이었다"라고 외쳤다. 그는 자신에게 시해의 죄를 저지르게 만든 것은 바로 파리 대주교, 성사 거부, 고등법원의 추방이었다는 주장을 계속했다. 그는 고

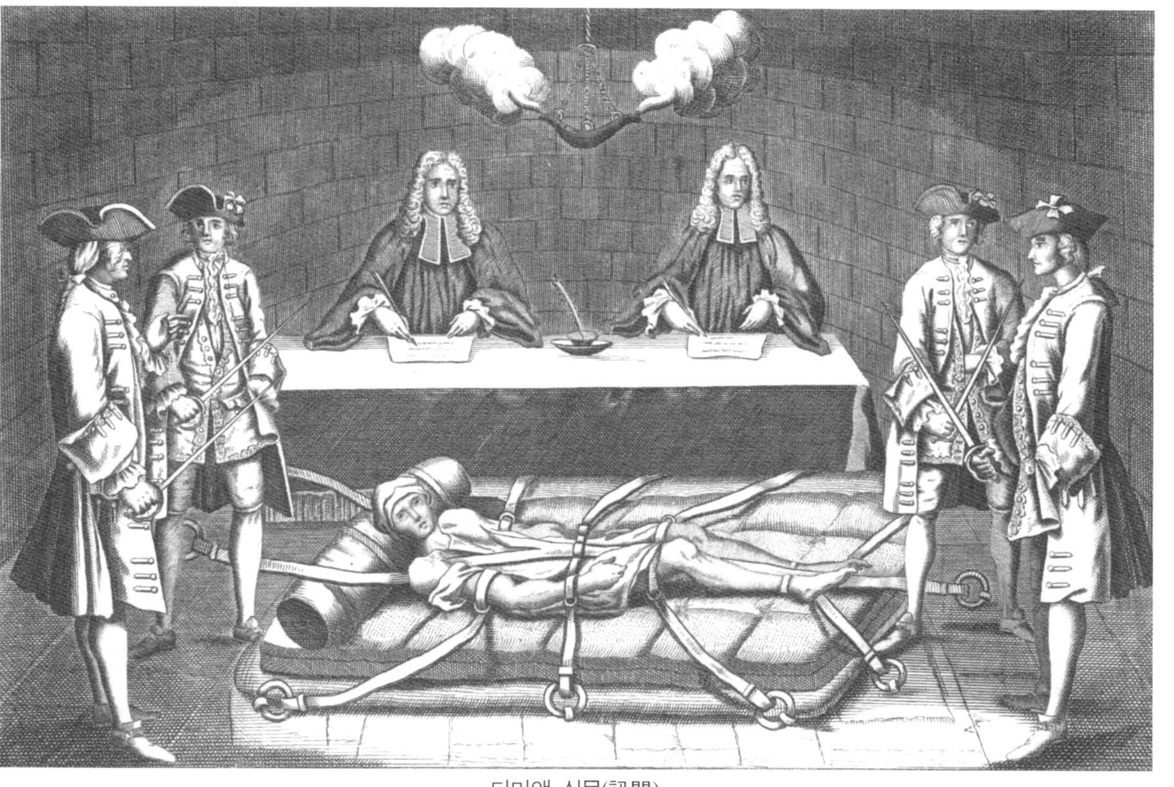

다미앵 신문(訊問)

다미앵의 능지처참형

해신부들에게도 그렇게 말했다. 이 불쌍한 인간은 광신에 빠진 정신이상자일 뿐이었다. 그는 라바야크[849]와 장 샤텔[850]만큼 가증스러운 인간은 아니고 더 미친 사람이었다. 그는 이 두 광신자들과 마찬가지로 공범이 없었다. 일반적으로 이런 괴물들의 유일한 공범은 광신자들이다. 광신자들의 뜨거워진 머리는, 그들도 모르는 사이에, 연약하고 무분별하고 잔혹한 정신을 광분하게 만드는 불꽃에 불을 붙인다. 이러한 광분을 유발하는 데는 아무렇게나 내뱉은 몇 마디 말로 충분하다. 다미앵은 라바야크와 똑같은 환상에 사로잡혀 행동했고, 똑같은 처벌을 받고 죽었다(3월 28일).

광신의 결과는 어떠했고 왕들의 운명은 어떠했는가! 앙리 3세와 앙리 4세는 신부들에게 맞서 자신들의 권리를 주장했기 때문에 암살당했다. 루이 15세는 신부 한 명을 충분히 엄하게 다스리지 않았다는 비난을 받고 암살을 당할 뻔했다. 군주를 사랑하기로 유명한 국가에서 이 세 명의 왕이 시해범들의 표적이 된 이유가 바로 이것이었다.

다미앵의 아버지, 아내, 딸은 아무 죄도 없었지만 왕국에서 추방되었고 귀국이 금지되었다. 어기면 교수형의 처벌을 받게 되어 있었다. 똑같은 판결에 의해 그의 모든 친척은 혐오스러운 성(姓)이 되어 버린 다미앵이라는 성을 버려야만 했다.

이 사건은 교회와 관련된 하찮은 분쟁으로 인해 그처럼 중대한 범죄의 원인을 제공한 사람들에게 잠깐 자기반성을 하게 만들었다. 교조주의적인 정신과 종교적 열정이 어떤 결과를 낳는지 너무나도 분명하게 볼 수 있었다. 칙서 한 장과 고해증명서가 그처럼 끔찍한 결과를 빚어낼 수 있다고 생각한 사람은 아무도 없었다. 하지만 이처럼 인간의 광란과 열정은 밀접하게 연결되어 있는 것이다. 폴트로[851]와 자크 클레망[852] 같은 사람들의 정신은 전부 사라졌다고 믿었지만, 그런 정신은 잔인하고 무지한 사람들의 영혼 속에 여전히 남아 있었던 것이다! 주요 시민들이 이성을 받아들인 것은 사실이지만 문제는 여전히 심각하다. 여전히 민중은 광신에서 헤어나지 못하고 있다. 이러한 전염병은 결국 민중을 계몽하는 것 외에 다른 치유책이 없을 것이다. 이러한 전염병은 미신들 속에서도 유지되고 있고 그 미신들로 인해 어떤 일이 일어나는지를 목격하고 놀라게 된다.

그 동안 사직했던 16명의 판사는 추방을 당했다. 그런데 성직자이며 이후 명예법관이 되고, 애국심과 웅변으로 유명한 한 판사는▪ 자신을 추방한 왕의 목숨을 보호해준 데 대해 신에게 감사드리기 위해 미사 비용을 영원히 대기로 했다.

브장송 고등법원 판사 여러 명은 두 번째 20분의 1세의 등기를 거부하고 그 지역 지사에 대한 체포령을 내렸다는 이유로 여러 도시에 분산되어 감금되었다.

자신에 대한 시해 시도에도 불구하고, 또 막대한 돈이 들어가는 전쟁에도 불구하고, 왕은 여전히 고등법원과 성직자 사이의 분쟁을 무마하려는 노력에 몰두했다. 왕은 양측이 각자의 영역을 지키도록 만들려고 시도했다. 왕은 수녀원 원장의 선출 과정에서 법을 위반했다는 이유로 파리 대주교를 한 번 더 추방했다. 하지만 왕은 파리 대주교를 복귀시킴으로써, 이러한 절제에 의해 단호함을 더욱 존경할 만한 것으로 만들었다. 마침내 파리 고등법원 사건이 해결되었다. 사직했던 고등법원 판사들은 임무와 직무를 다시 시작했다. 국내의 모든 일이 안정되는 듯했다. 그렇지만 얼마 안 가서 가짜 열의와 당파심으로 인해 새로운 혼란이 일어나게 된다.

▪ 쇼블랭 신부(abbé de Chauvelin).

38

포르투갈 왕 시해.
포르투갈에 이어 프랑스에서 추방된 예수회

수도회가 역사의 일부를 이루어서는 안 될 것이다. 고대의 어떤 역사가도 키벨레[853]나 유노[854]를 섬기는 신관들의 기구를 자세히 파고든 사람은 없었다. 수도회 규칙상 무명으로 있어야 할 수사들이 군주들만큼 소란을 일으켰다는 것이 우리 유럽의 정치가 겪은 불행 가운데 하나이다. 수사들은 막대한 부에 의해 또는 수도회 설립 이후 그들이 사주한 혼란에 의해 세상을 어지럽혔다.

알다시피 예수회는 에스파냐 왕을 인정함으로써 파라과이의 실질적인 지배자가 되었다. 에스파냐 궁정은 교환 협정에 따라 파라과이의 몇몇 구역을 브라간자 가문[855]의 포르투갈 왕 주제 1세[856]에게 양도했다. 예수회는 이 양도에 반대했고, 포르투갈의 지배를 받게 된 원주민들의 반란을 부추겼다는 비난을 받았다. 이런 비난이 다른 많은 비난에 추가되는 바람에 예수회는 리스본 궁정에서 추방되었다.

얼마 후 타보라(Távora) 가문의 젊은 귀족부인 테레사 로레나[857]의 형부 아베이로 공작,[858] 테레사 로레나의 시어머니 타보라 후작부인과 그 남편

알보르 백작,[859] 테레사 로레나의 남편 타보라 후작[860]은 주제 1세에게서 씻을 수 없는 모욕을 당했다고 생각하고 복수를 결심했다. 복수심은 미신과 아주 잘 통한다. 엄청난 음모를 계획하는 사람들은 자신들에게 용기를 북돋아줄 결의론자[861]와 고해신부들을 찾으려 애쓴다. 모욕을 당했다고 생각한 가문은 말라그리다[862]를 비롯한 세 명의 예수회원에게 접근했다. 이 결의론자들은 왕 시해는 죄가 아니라, 그들이 말하는 '소죄(小罪)'[863]에 해당한다는 결론을 내렸다.▪

이러한 결론을 이해하기 위해서는, 결의론자들이 지옥으로 떨어지는 죄와 잠시 연옥으로 끌려가는 죄를 구분한다는 것을 알아둘 필요가 있다. 그들은 신부가 기도나 보시(布施)를 조건으로 용서하는 죄와 아무런 조건 없이 용서하는 죄를 구분한다. 앞의 죄는 '대죄(大罪)'[864]이고 뒤의 죄는 '소죄'이다.

다른 나라에서 그랬던 것처럼 포르투갈에서도 고해는 군주 시해를 야기했다. 속죄를 위해 제도화된 고해가 죄를 저지르게 만드는 것이다. 이 책에서 자주 이야기한 것처럼 이것이 바로 가련한 인간조건이다.

(1758년 9월 3일) 내세를 위한 면죄부를 받은 음모자들은, 하인도 거느리지 않고 혼자 밤중에 별장에서 리스본으로 돌아오던 왕[865]을 기다렸다. 그들은 왕이 탄 마차에 총격을 가했고 왕에게 중상을 입혔다.

음모자들은 하인 한 명을 제외하고 모두 체포되었다. 일부는 차형(車刑)[866]을 받고 죽었고, 나머지는 참수되었다.[867] 남편이 처형된 테레사 로레나는 왕의 명령에 따라 수녀원에 들어가서 자신 때문에 일어난 수많은 끔찍한 불행을 한탄했다. 성스러운 만큼 위험하기도 한 수단인 고해를 통해 왕 시해를 조언하고 허가한 예수회원들만이 처형을 모면했다.

▪ 이는 리스본 국왕참사회에서 보고된 내용이다.

예수회 로고
하느님의 더 큰 영광을 위하여
(Ad maiorem Dei gloriam)

당시 포르투갈은 많은 유럽 국가를 밝혀 주던 계몽철학을 아직 받아들이지 않았기 때문에 다른 어떤 국가보다 더 교황에게 순종했다. 그래서 왕이 판사들을 시켜 시해범인 수사에게 사형을 선고할 수가 없고 로마의 동의를 받아야 했다. 다른 나라 국민들은 18세기에 살고 있는데, 포르투갈 국민은 12세기에 살고 있는 것 같았다.

포르투갈 왕이 자신의 백성인 예수회원들을 자기 나라에서 재판할 수 있도록 허가해 달라고 1년 이상을 로마에 청원했지만 그 허가를 받지 못했다는 사실을 후세 사람들은 믿기 어려울 것이다. 리스본 궁정과 로마 교황청은 오랫동안 공개적으로 다투었다. 포르투갈의 동맹국이자 보호국인 영국이 아주 오래전에 탈피한 속박에서 포르투갈이 벗어나길 기대하기까지 했다. 그러나 런던이 감행했던 일을 시도하기에는 포르투갈 내각에 적들이 너무나 많았다. 포르투갈 내각은 매우 단호하면서도 동시에 극도로 관대한 태도를 보였다.

죄가 가장 큰 예수회원들은 리스본에 투옥되어 있었다. 왕은 그들을 감옥에 가두어 둔 채, 자국 내 예수회원 전부를 로마로 보내기로 결정했다. 포르투갈은 예수회원들에게 왕국에서의 영구 추방을 선언한 것이다. 하지만 왕 시해로 기소되어 유죄가 입증된 예수회원 3명을 감히 사형에 처하지는 못했다. 포르투갈 왕은 말라그리다를, 이단의 혐의가 있는 무모한 제안을 과거에 했던 용의자로 종교재판에 회부하는 미봉책을 쓸 수밖에 없었다.

종교재판소 재판관이자 최고 종교재판관의 보좌관인 도미니코 수도회 수사들은 예수회를 결코 좋아하지 않았다. 그들은 로마 교황청보다 훨씬 더 훌륭하게 왕을 섬겼다. 도미니코 수도회 수사들은 『성녀 안나 자신이 말라그리다 신부에게 구술한, '마리아의 어머니 성녀 안나의 영웅적인 생애'』라는 작은 책자를 찾아냈다. 성녀 안나가 말라그리다에게 무염수태가 마리아뿐만 아니라 자신에게도 일어났고, 자신은 어머니 뱃속에서 말하고 눈물을 흘렸으며, 지품천사들의 심금을 울렸다고 말했다는 내용이다. 말라그리다의 모든 글은 온건했다. 게다가 그는 예언을 행했고 기적을 이루었다. 75세의 나이에 감옥에서 몽정을 경험한 그는 보통 사람은 아니었다. 종교재판에서 이 모든 것이 비난의 대상이 되었다. 그리고 그 때문에 그는 화형을 선고받았다. 그는 왕 시해에 관해서는 전혀 신문을 받지 않았다. 왕 시해는 그저 속인에 대한 잘못에 불과하지만, 그 나머지는 신에 대한 범죄였다. 과도한 어리석음과 부조리에 과도한 참화가 더해졌다. 죄인 말라그리다는 예언자라는 죄만으로 재판을 받았고, 그가 화형을 당한 것[868]은 미쳤기 때문이지 시해범이기 때문이 아니었다.

포르투갈에서 예수회가 추방당하는 사건으로 인해, 예수회가 언제나 권력을 장악하고 미움을 받던 프랑스에서는 그들에 대한 증오가 되살아났다. 예수회 서원(誓願) 수사인 라발레트[869]는 과들루프 선교단의 장이고 그 섬에서 제일 세력이 강한 상인이었는데 300만리브르 이상의 부도를 냈다. 관련자들은 파리 고등법원에 기소되었다. 고등법원은 로마에 거주하고 있는 예수회 총장[870]이 예수회 재산을 독단적으로 관리했다는 것을 밝혀냈다고 믿었다. 고등법원은 예수회 총장과 예수회 전체가 연대책임을 지고 라발레트의 부도 금액을 지급하라는 판결을 내렸다.

예수회에 대한 프랑스의 분노를 자극한 이 재판은 이 야릇한 기관을 검토하게 만들었다. 예수회는 이탈리아인 총장이 프랑스 예수회의 인력과 재산을 절대적으로 지배하는 구조였다. 더구나 프랑스의 거의 모든 고등법원이 예수회를 공식적으로 인정한 적이 없다는 놀라운 사실이 알려졌다. 예수회의 정관[871]을 조사한 고등법원들은 그것이 프랑스의 법률과 양립할 수 없다는 것을 밝혀냈다. 고등법원은 과거에 예수회를 상대로 제기되었던 모든 소송 그리고 왕들의 생명을 위협하는 예수회의 신학적 판정이 책자로 50권이 넘는다는 점을 상기시켰다. 예수회가 자기변호를 위해 내세운 논리는 고작 다음과 같은 것이었다. 도미니코회 수사들과 토마스 아퀴나스도 그런 글을 그만큼 썼다는 것이다. 예수회의 이러한 답변은 도미니코회 수사들 역시 자신들처럼 비난 받아 마땅하다는 것 말고는 다른 어떤 것도 입증하지 못했다. 토마스 아퀴나스는 성인품에 올랐다. 하지만 그의 교황지상권주의적인 『신학대전』에는 국가를 혼란에 빠뜨리기 위해 이용할 수 있는 판정들이 분명히 있다. 그런 일이 발생하면 프랑스 고등법원은 해당 판정들을 토마스 아퀴나스의 축일에 불태워 버리려고 할 것이다. 토마스 아퀴나스는 교회에 불충한 군주를 폐위할 권리가 교회에 있다고 여러 곳에서 주장했다는 점에서 왕 시해를 허용하고 있는 것이다. 이러한 준칙을 따르면 천국에 갈 수도 있겠지만 교수형에 처해질 수도 있다.

왕은 예수회 사건에 친히 개입하고 다른 분쟁들과 마찬가지로 이 분쟁도 중재했다. 그는 칙령에 의해 아버지처럼 인자하게 프랑스 예수회를 개혁하려고 했다.[872] 하지만 교황 클레멘스 13세가 예수회가 과거의 모습대로 남아 있든지 아니면 존재하지 말아야 한다고 말했다는 주장이 제기되었다. 교황의 이러한 답변이 예수회에 결정적으로 불리하게 작용했다. 또 예수회는 그들의 비밀회의 때문에 비난을 받았다. 왕은 그들을 프랑스 고등법원에 맡겼고, 고등법원들은 차례차례 그들의 콜레주와 재산을 빼앗았다.[873]

고등법원의 유죄판결은 예수회 정관의 몇몇 규정에 근거하여 내려진 것인데, 프랑스 왕은 이런 규정들을 개정할 수 있었다. 대개는 외국인 예수회원들이 발표한 끔찍한 준칙[874]들도 문제가 되었다. 사실 그런 준칙들은 무시되어 왔고 최근에는 프랑스 예수회가 단호하게 거부한 바 있다.

중요한 사건들에는 항상 제일 앞에 내세우는 핑계가 있고, 눈에 안 띄게 감추는 진짜 이유가 있다. 예수회를 처벌하는 핑계는 아무도 읽지 않는 그들의 유해 서적이 지녔다는 위험성이었다. 진짜 이유는 오랫동안 예수회가 남용해온 자금이었다. 무지와 야만의 시대에 성전기사단원들[875]에게 일어난 일이, 계몽과 온건의 시대에 예수회에 일어난 것이다. 성전기사단원들이나 예수회나 모두 오만 때문에 파멸했다. 하지만 성전기사단원들이 잔인하게 처리된 반면, 예수회는 파멸 속에서도 온건한 대우를 받았다. 마침내 왕은 1764년 11월 엄숙한 칙령에 의해 프랑스에서 이 수도회를 폐지했다. 예수회는 존경할 만한 인물들이 계속 있었지만 말썽꾼들이 더 많았고 또 200년간 불화의 원인이었다.

예수회를 파멸시킨 것은 산체스[876]도, 레시우스[877]도, 에스코바르[878]도, 결의론자들의 비상식적인 행동들도 아니었다. 거의 프랑스 전역에서 그들에게 결정타를 가한 것은 르텔리에[879]와 우니제니투스 칙서였다. 예수회원 르텔리에가 포르루아얄의 폐허를 갈게 했던 쟁기[880]는 60년이 지난 후 결실을 맺었고 오늘날 예수회가 그 대가를 치르고 있는 것이다. 이 난폭하고 교활한 인물이 완고한 사람들[881]에 대해 사주했던 박해 때문에 프랑스에서 예수회는 혐오스러운 인간들이 되었다. 이것은 기억할 만한 본보기이다. 하지만 왕의 고해신부가 궁정의 거의 모든 사람처럼 야심에 차 있고 술수에 능할 때, 그리고 그 고해신부가 교육도 제대로 받지 못하고 늙어서 쇠약해진 왕을 좌지우지할 때는, 그러한 본보기가 있다고 해서 고해신부의 행실이 바뀌지는 않는다.

이어서 예수회는 에스파냐 왕이 다스리는 유럽, 아시아, 아메리카의 모든 국가에서, 양시칠리아 왕국에서, 파르마와 몰타에서 추방되었다. 예수회원들이 사람들이 생각하는 것만큼 그렇게 위대한 정치인들은 아니라는 명백한 증거였다. 예수회가 그토록 막강할 수 있었던 것은 오로지 다른 사람들의 맹목 덕분이었다. 그런데 금세기 들어 사람들이 눈을 뜨기 시작한 것이다. 거의 전 세계에서 예수회가 겪은 이 재앙에서 매우 야릇한 점은, 예수회가 포르투갈에서는 자기들의 정관을 따르지 않았다는 이유로 추방되었는데 프랑스에서는 지나치게 정관에 순응했다는 이유로 추방되었다는 것이다. 포르투갈에서는 교황이 승인한 기관을 감히 조사하지 못했는데, 프랑스에서는 그렇게 했기 때문이다. 결론적으로 말해서, 어떤 수도회가 많은 나라에서 증오를 받게 되면 바로 그 증오 때문에 죄가 있다고 볼 수 있는 것이다.

39

교황 클레멘스 13세의 칙서와 그 결과[882]

파르마 공국의 페르디난도 1세[883]는 자기 가문[884]의 모든 군주들을 본받아서 예수회를 추방했다. 또 그는 자기 국가에서 수도원의 폐습을 응징하는 법규를 여러 개 만들기도 했다. 그의 대신[885]은 유럽에서 높은 평가를 받는 인물답게, 교황청의 요구를 사전에 차단하는 지혜를 발휘했다. 교황청은 파르마, 피아첸차, 과스탈라의 모든 분쟁을 심판하고 모든 성직록을 부여할 권리가 있다고 믿었다. 이런 주장의 첫 번째 근거는, 로마 주교였다고 주장되는 성 베드로이다. 두 번째 근거는, 파르마와 피아첸차를 다른 좋은 영지들과 같이 교황 그레고리오 7세에게 기증한 마틸데 백작부인[886]이다. 그러나 성 베드로가 로마에 갔다는 것은 증명된 적이 없다. 그 대신 성 베드로가 파르마, 피아첸차, 과스탈라에서 성직록을 하사한 적도 재판을 한 적도 없다는 것은 증명이 되었다.

마틸데 백작부인의 기증은 신성로마제국의 모든 법학자들이 무효라고 간주했다. 봉건군주(suzerain)인 황제의 동의가 없이는 제국의 어떤 봉토도 처분할 수 없기 때문이다. 카를 5세 시대에는 교황권이 아무런 효력이 없다는 점을 확신했기에 이 황제가, 바오로 3세에게서 피아첸차를 받은 그의 사생아[887]가 난봉과 패악질을 일삼다가 살해당했을 때 피아첸차를 차지해버린 것이다. 카를 5세는 자신이 사망할 때까지도 피아첸차를 돌려주지 않았다.

신성로마제국 황제들은 그 후로도 계속 파르마와 피아첸차의 지배권을 요구했고, 드디어 캉브레 회의[888]와 수아송 회의[889]에서 정식으로 황제의 지배권이 인정되었다.

교황 클레멘스 13세[890]는 파르마 공작 페르디난도 1세가 다른 군주들처럼 군림하려 한다는 것을 알게 되자 곧바로 추기경단 회의를 소집했다. 추기경단 회의는 파르마 공작과 그 대신들의 현명한 정부를 신성모독이라고 간주했다. 교황은 1768년 1월 30일 산타 마리아 마조레 대성전[891]에서 교서에 서명했다. 교서는 파르마와 피아첸차가 '우리의 공작령'이므로 교황 소유이며, 파르마 공작은 사제가 아니라 속인이기 때문에 그의 참사회가 하는 모든 일은 불법이라고 선언했다. 교황은 파르마 공작의 칙령에 가담한 모든 사람을 예외 없이 파문했다. 그는 그들에게 어떤 경우에라도 죄를 사해주는 것을 금지했다. 이 교황령을 어부 반지[892]로 날인하여 라테라노 대성전,[893] 성 베드로 대성전, 플로라 광장에 게시했다.

이런 교서는 우리가 살고 있는 세기보다는 12세기에 어울리는 것이다. 교황 그리고 교황을 이 함정에 빠트린 추기경들은 유럽의 인간 정신이 얼마나 계몽되었는지를 인식하지 못했다. 로마 교황청은 과거에 의해 현재를 판단함으로써 화를 자초했다. 사제가 편견에 빠진 군주를 폐위시킬 수 있는 시절이 있었다. 약점을 숨기려고 자신만만한 척해야 하는 시절이 있었다. 그러나 교황이 이보다 더 큰 실수를 한 적은 없었다. 교황이 파르마 공작을 모욕함으로써 그 숙부인 에스파냐 왕 카를로스 3세, 외조부이며 부르봉 가문의 수장인 루이 15세, 사촌인 양시칠리아 왕[894]

을 모두 모욕한 것이 되었기 때문이다.

교황이 군주를 파문한 경우는 1641년 이후로는 단 한 번도 없었다.[895] 1641년에 파문을 당한 군주도 다름 아닌 파르마 공작이었다. 그때는 단순히 돈 문제 때문이었다. 교황은 파르마 공작 오도아르도 파르네제 소유의 카스트로(Castro) 공작령과 론칠리오네(Ronciglione) 공작령을 빼앗았다.

1588년에는 현 파르마 공작의 선조인 프랑스 왕 앙리 4세[896]가 식스토 5세[897]에게 파문을 당했다.[898] 마르카 안코니타나[899]의 목동[900] 출신인 식스토 5세는 앙리 대왕을 감히 '부르봉 가문의 가증스러운 서출'이라고 불렀다.

로마 교황청의 맹목적이고 무모한 광증이 너무나 오랫동안 지속된 탓에, 교황청의 한 신부가 앙리 대왕이 성왕 루이의 왕국은 물론이고 땅 1아르팡[901]도 상속받을 권리가 없다고 하느님을 대리하여 선언하기도 했다. 앙리 대왕은 수많은 왕들의 후손인데도 말이다.

이처럼 터무니없고 과도한 오만불손은 당연히 응징을 받았어야 하는데 그렇게 되지 못했다. 당시에 바티칸의 오만불손은 종교전쟁과 펠리페 2세의 야심적인 정책 때문에 가능했었다. 그러나 마지못해 용인하던 것을 마침내 응징하고, 호랑이 흉내를 내던 여우가 혼이 나는 때가 오는 법이다.

클레멘스 13세는 세상 물정을 몰랐던 것에 대해 곧 응징을 받았다. 먼저 파리 고등법원이 교황의 파문 교서를 규탄했다. 국왕참사회는 더 실질적인 무기를 사용했다. 아비뇽과 브나스크 백작령[902] 전역을 점령하라는 명령이 떨어졌다. 예전에 프랑스 왕들이 이 백작령을 교황청에 양도한 것은 그 근거가 불확실했다. 하기야 역사의 많은 부분이 그런 불확실의 산물이기도 하다. 국왕 영지의 양도는 모든 고등법원이 왕국 법에 위배된다고 인정했는데, 프로방스 고등법원의 입장이 특히 강경했다. 이 고등법원의 관할 구역에는 아비뇽과 브나스크 백작령이 포함된다.

루이 14세는 이 지역에 두 번 진입했었다. 첫 번째는 교황 알렉산데르 7세[903] 재위 기간이었고, 두 번째는 루이 14세의 적이라고 자처한 인노첸시오 11세[904]를 모욕하기 위해서였다. 루이 14세는 이 땅을 국왕 영지라는 명목으로 압수했다가 두 번 다 돌려주었지만, 자신이 다시 차지할 권리를 침해할 수 있는 선언은 하지 않았다.

프랑스 왕이 브나스크 백작령을 회수할 때는, 프로방스 고등법원 판결에 의지한다는 점을 알고 있어야 한다. 프랑스 내각은 1688년 아비뇽과 브나스크 백작령을 왕국에 합병한 프로방스 고등법원 판결을 내세워야 한다고 판단했다. 이 판결은 철회된 적이 없으므로 전적으로 유효한 것으로 간주되어 집행되었다.

1768년 6월 11일 로슈슈아르 백작[905]이 왕을 대리하여 몇몇 부대를 이끌고 아비뇽 앞에 나타났다. 백작은 교황을 대신하여 통치하는 부특사[906]에게 곧장 가서, 루이 14세 치하에서 사용된 옛날 의전에 따라 말했다. "왕이 저에게 아비뇽을 되찾아 오라고 명령하셨으니 귀하는 물러가길 바랍니다."

엑스 고등법원 법원장, 재판장, 8명의 판사는 합병 판결을 공포하도록 했다. 동시에 모든 교회 종을 쳤다. 밤에는 합병을 축하하는 불놀이가 열렸다. 바로 이날부터 "신의 가호를 받는 현(現) 군주 루이, 이름은 15세, 프랑스와 나바라 왕, 프로방스 · 아비뇽 시 · 브나스크 백작령 백작"이라는 구절이 모든 공문서에 들어갔다.

나폴리 왕 역시 자기 가문과 모든 가톨릭 군주들의 복수를 했다. 그는 "이 두 도시와 그 영토는 나폴리 왕국에 속하고 영원히 합병된다"고 선언하면서 베네벤토와 폰테코르보를 점령했다.[907]

카스트로와 론칠리오네로도 군대를 보냈지만 위협하는 것으로 그쳤다. 나폴리 궁정은 거의 730년 전부터 교황 소유이던 베네벤토를 점령하는 것과 동시에 교황에게 봉신의 조공을 바쳤다. 7천 에퀴를 암말 목에 걸어서 보냈다. 전통적인 종속 관계에서 감히 벗어나지 못한 것이다. 인간이 할 수 있는 것을 다하는 경우는 거의 없다. 그 종속 관계는 베네벤토에 대한 교황의 권리보다 10년 늦게 시작되었다.

이러한 충성 서약은 단순히 신앙심을 표시하는 의식에 불과하기 때문에 진정한 봉건적 종속 관계의 표현이 아니다. 그것은 편견에 의해 확립되었으므로 이성에 의해 쉽게 폐지될 수 있다. 그러나 그 까다로운 봉건법에 정통한, 나폴리 왕의 대신 타누치 후작[908]은 군주들에게 수치스럽지만 종교에 의해 부과된 이 굴레를 벗어던질 때가 아직은 아니라고 판단한 것이다.

교황들이 가로챈 권리를 빼앗진 않았지만 그 권리의 대부분을 뒷받침하는 건물의 토대를 무너뜨려 버렸다. 그 악명 높은 '주님의 만찬' 칙서[909]를 모든 곳에서 금지한 것이다. 이 칙서는 바오로 3세 이래로 매년 로마에서 공포되고 있었다. 성목요일이라 불리는 날 부제급 추기경[910]이 성 베드로 대성전 문에서 이 칙서를 낭독하면, 교황이 광장 안으로 횃불을 던진다. 하느님이 '주님의 만찬' 칙서에 담긴 법을 위반하는 자는 모두 지옥에서 화형에 처할 것이라고 강조하는 것이다.

이 칙서 제14조에 따르면 대파문[911]은 다음과 같은 사람에게 내린다.

"설령 폭력을 예방하기 위한 명분이라 하더라도 성직자 재판에 개입하거나 교황의 서한 집행을 방해하는 모든 왕과 군주의 대상서, 일반 또는 특별 참사 그리고 상서청, 참사회, 고등법원의 장과 검찰총장".

같은 조항에 의해 오로지 교황만이 "위의 대상서, 참사, 검찰총장 그리고 다른 사람들이 자신의 판결을 공개적으로 철회하고 기록에서 삭제한 다음에야 그 죄를 사해줄 수 있다."

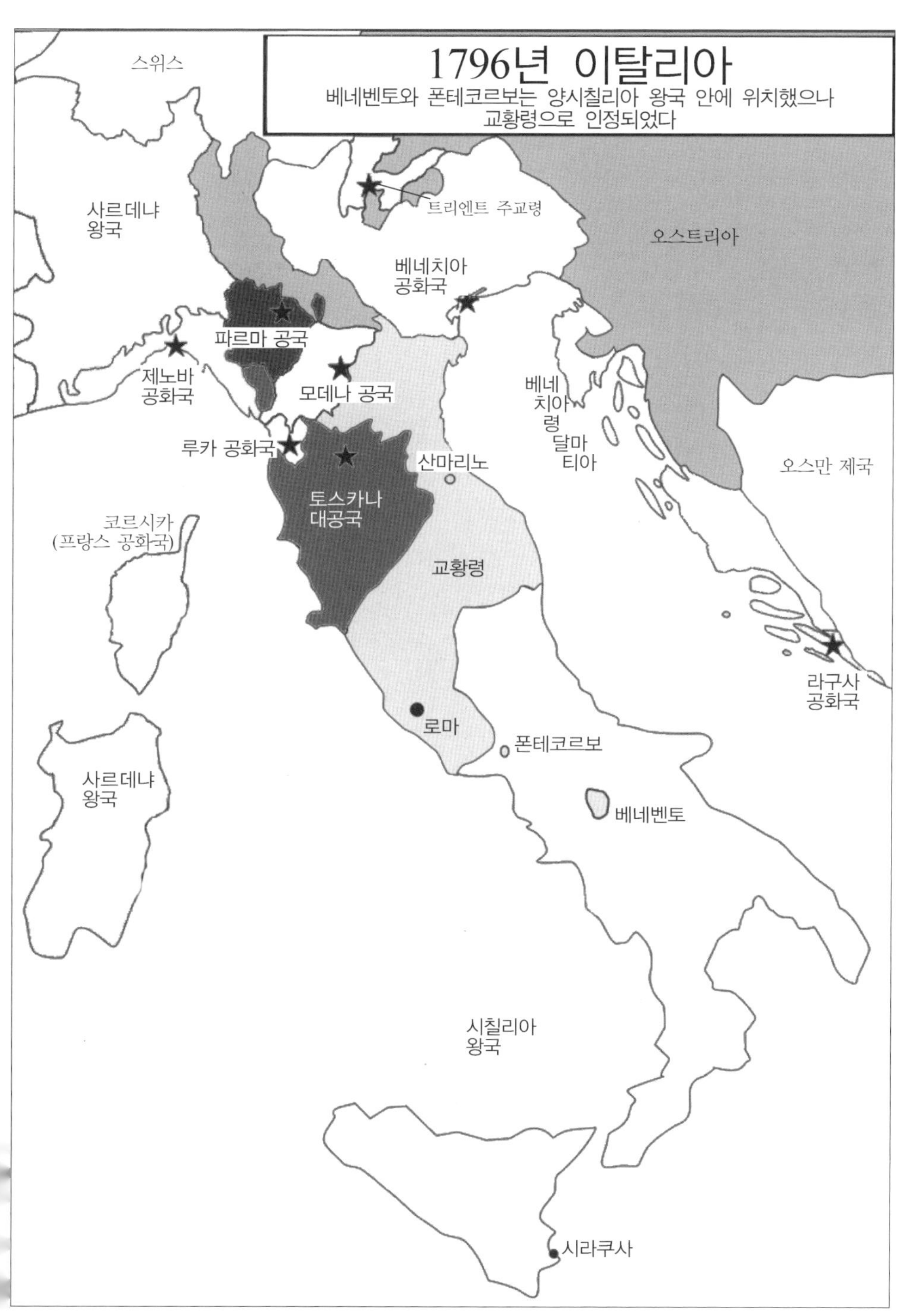
1796년 이탈리아
베네벤토와 폰테코르보는 양시칠리아 왕국 안에 위치했으나
교황령으로 인정되었다
스위스
사르데냐
왕국
트리엔트 주교령
오스트리아
베네치아
공화국
파르마 공국
제노바
공화국
모데나 공국
베네
치아
령
달마
티아
루카 공화국
산마리노
오스만 제국
토스카나
대공국
코르시카
(프랑스 공화국)
교황령
라구사
공화국
로마
폰테코르보
사르데냐
왕국
베네벤토
시칠리아
왕국
시라쿠사

난폭한 율리우스 2세[912]는 이미 이 칙서에 의해 파문을 선고했지만, 매년 이 칙서를 공포하게 하지는 않았다. 그런 관습을 제정하고 이 칙서를 더 심한 추가조항들과 함께 『칙서집』 안에 인쇄하게 만든 교황은 바오로 3세였다. 로마를 약탈하고 교황을 감금한 카를 5세[913]가, 부조리하고 경멸을 받을 뿐만 아니라 제국의 위엄과 모든 왕들에게 모욕적인 그런 의식을 그대로 놔둔 것은 정말 괴이한 일이다.

파르마 공작에 대한 모욕은 200년 이상 잠들어 있던 가톨릭 유럽을 일깨워 주었다. 오스트리아 내각은 파리 고등법원을 본받아, 그 칙서를 규탄하고 소속 국가들 전체에서 폐지했다. 나폴리 내각도 같은 조치를 내렸다. 모든 군주들의 참사회가 눈을 떴다. 많은 국가가 예수회를 추방한 후에, 그 엄청난 수의 수사를 줄이는 것이 얼마나 중요한지 마침내 깨닫게 되었다. 수사들은 모든 가톨릭 사회에서 교황이 인민의 돈으로 고용한 군인들이다. 현명한 베네치아 공화국은 수사의 수를 제한하고 그들의 탐욕을 억제하는 법을 제정함으로써 귀감이 되었다.

레초니코[914] 교황이 잘못된 조언을 들었기 때문에 또 우리가 18세기에 살고 있다는 점을 인식하지 못했기 때문에 로마 교황청에 일어난 일을 지금까지 이야기했다. 식견보다는 덕이 더 많은 이 교황은 곧 죽었다. 그가 상심한 탓에 죽었다고 말들 하지만, 그것이 노환인 경우는 드물다.

루이 14세 치하에서는 외국인 대신이라고 불렀고 오늘날 프랑스에서는 '외무' 대신이라고 부르는 사람[915]이 베르니 추기경의 도움을 받아 로마의 신망을 얻은 덕에, 더 신중할 것이라고 기대되는 추기경을 교황으로 선출시키는 데 성공했다. 베르니 추기경은 이탈리아인들이 자부하는 능란함 외에도 대단한 문학적 지식, 심미안, 천재성을 두루 갖추었다. 이런 자질은 현재의 추기경단에서는 찾아보기 어렵고, 고(故) 파시오네이 추기경에게서만 볼 수 있었다. 교황 클레멘스 14세[916]를 만들고 그의 참사회를 조직한 장본인이 베르니 추기경이다.

이 교황은 프란체스코회 출신으로 본명은 간가넬리(Ganganelli)였다. 그는 아주 현명하고 매우 신중하며 수사들의 편견을 극복했다는 평판을 얻었다. 그는 붕괴할 것 같은 교황직이라는 거상(巨像)을, 자신의 현명함으로 지탱할 능력이 있다는 평가를 받았다. 바로 이 교황이 1773년 칙서에 의해 마침내 예수회를 해산시켰다. 그는 예수회 해산에 의해, 모든 나라에 수도회를 설립하는 것만큼이나 폐지하는 것도 쉽다는 것을 단적으로 보여주었다. 이 교황 덕에 우리는 남들만이 아니라 자기 자신들에게도 쓸데없는 이 수많은 수사들을 유럽에서 언젠가는 줄일 수 있으리라는 희망을 품게 되었다. 일하는 사람들의 등을 쳐서 먹고 살겠다고 맹세하는 그들은, 예전에는 아주 위험했지만 오늘날엔 대부분의 가장들이 보기에 우스꽝스러운 존재일 뿐이다.

간가넬리 교황은 예수회를 해산시키고 '주님의 만찬' 칙서 공포를 중지한다고 약속한 다음 아비뇽, 베네벤토, 폰테코르보를 돌려받았다. 그가 신중한 덕에 그 선임자가 로마 교황청에 끼친 피해가 복구된 것이다.

40

코르시카

로마 교황청과의 이 작은 분쟁에는 잉크와 종이만 필요했다. 그러나 코르시카 섬을 프랑스 왕의 권력에 종속시키기 위해서는 금과 피를 사용하지 않을 수 없었다.

이 섬에 대해 약간의 정보를 제공할 필요가 있다. 이 섬이 척박해서 소유해보았자 별 도움이 되지 않는다고 말들을 하는데 꼭 그렇지는 않다. 이 점은 이웃나라들이 언제나 지배하려고 했다는 것만 보아도 알 수 있다.

카르타고인들이 로마인들과 전쟁을 하기 전에 이 섬을 점령했었다. 코르넬리우스 스키피오[917]가 제1차 포에니 전쟁에서 이 섬을 점령한 이래 로마인들이 오랫동안 지배하고 여러 개의 도시를 세웠다. 반달족[918]이 로마인들에게서 이 섬을 빼앗았고, 나중에 아랍인들이 점령했다.

로마의 몇몇 영주들이 교황 파스칼 2세[919] 재위 기간에 사라센인들을 몰아냈다. 그때부터 교황들은 자기들만이 예수의 보좌신부(vicaire) 자격으로 왕국을 설립할 수 있다고 주장하기 시작했다. 예수 그리스도의 왕국은 이 세상에 있는 것이 아닌데도 말이다. 성스럽고 보편적인 군주정이라는 망상을 최초로 확립한 사람은 그레고리오 7세라고 보는 것이 일반적이다. 교황 스테파노 2세[920]가 프랑크족 왕 힐데리히 3세[921]를 폐하고 그 왕국을 샤를마뉴 대제의 부친 피핀 3세[922]에게 주었다는 이야기를 샤를마뉴의 비서 아인하르트[923]가 했다고 상상하기는 어렵다. 파스칼 2세는 코르시카를 이 섬을 정복한 영주 가운데 하나인 비안코에게 주고 충성 서약을 받았다. 섬에는 옛날 카르타고인들, 아랍인들, 토박이들이 살고 있었다. 곧 피사와 제노바가 코르시카의 소유권을 두고 다투게 되었다. 교황 우르바노 2세[924]가 칙서에 의해 코르시카를 피사인들에게 하사했다. 그 칙서 원본은 지금도 피렌체에 있다고 한다. 제노바인들이 칙서를 무시하고 12세기에 섬의 일부분에 정착했다.

아라곤 왕 알폰소[925]가 일시적으로 제노바인들을 쫓아냈으나, 1354년 이번에는 제노바인들이 알폰소를 몰아냈다. 그러자 코르시카인들은 기꺼이 제노바의 지배를 받아들였다. 그들은 찢어지게 가난한데 제노바는 아주 부유했기 때문이다.

이 모든 격변의 과정에서 옛날 로마인들이 건설한 도시들은 폐허가 되었고 코르시카인들은 야만과 곤궁의 나락 속으로 떨어졌다. 하기야 야만족 침입 이래 거의 모든 기독교 국가들의 모습이 그러했다. 콘스탄티노플 그리고 로마, 베네치아, 피렌체와 같은 이탈리아 도시를 제외하고 말이다. 이밖에는 아주 소수의 도시만 치안과 예술을 보존했고, 다른 모든 곳은 그렇지 못했다.

제노바와 피사가 코르시카인들을 지배하는 것보다는 코르시카인들이 피사와 제노바를 정복하는 것이 더 타당하다. 이 섬 사람들이 정복자들보다 더 건장하고 더 용감하기 때문이다. 그들은 잃어버릴 것이 없었다. 가난하고 사나운 전사들의 공화국이 리구리아[926] 해안의 상인들쯤은 쉽게 물리칠 수 있었다. 무기밖에 없던 훈족, 고트족, 헤룰스족,[927] 반달족이 금을 보유한 민족들을 굴복시킨 것처럼 말이다.

그러나 코르시카인들은 규율이 없고 극악한 사이의 파벌들로 계속 분열되어 있었다. 그들은 자신들의 잘못 때문에 항상 정복을 당한 것이다.

왕국이라는 이름이 붙은 나라의 주민들이, 스스로 자유로운지 아닌지도 알지 못하는 공화국의 지배를 받는다는 것은 참으로 한심한 일이었다. 실제로 신성로마제국은 언제나 제노바를 속국으로 간주했다. 제노바는 프랑스 왕 샤를 6세[928]의 통치를 선택했다가 1409년 프랑스인들을 학살한 다음에 몬페라토 후작[929]의 지배를 받게 되었다. 그 후 제노바는 밀라노 공작[930]의 지배를 받다가 다시 프랑스 왕 샤를 7세[931]와 샤를 8세[932]의 통치를 선택했다. 다시 봉기하여 프랑스의 통치에서 벗어난 제노바는 이탈리아 원정에 나선 루이 12세[933]에게 굴복하고 과거의 반란에 대해 처벌을 받았다. 이처럼 제노바가 이 나라 저 나라의 지배를 받는 동안, 코르시카인들은 속국의 속국으로 제노바인들 못지않게 모욕을 당했다. 그것은 노예의 처지보다는 덜 하지만, 우리가 상상할 수 있는 한에서는 가장 치욕스러운 처지였다.

마침내 1528년 제노바는 진정으로 자유국이 되는데, 이는 프랑수아 1세의 잘못된 처신과 안드레아 도리아[934]의 고귀한 용기 덕분이었다. 안드레아 도리아는 근대 유럽에서 시민이라는 이름을 가장 빛낸 사람이다. 그동안에도 코르시카인들의 노예 상태는 더욱 악화되었다. 그들에 대한 속박이 도저히 참을 수 없는 지경에까지 이르자 이런 불행이 그들의 용기를 일깨웠다. 프랑스로 피신하여 두각을 나타낸 오르나노 가문[935]이 코르시카에서, 도리아 가문 사람들이 제노바에서 한 일, 즉 조국에 자유를 되찾아주는 일을 하려고 했다. 이 오르나노 가문은 그처럼 고귀한 계획에 걸맞은 사람들이었으나 성공하지 못했다. 최고의 용기와 최선의 조치도 행운이 함께 해야 성공하는 법이다. 코르시카인들을 도와준 적[936]

이 있는 앙리 2세[937]가 마상 창시합을 하다가 죽음을 맞이했다.

앙리 2세의 의도는 코르시카를 다시 정복하는 것이었을지도 모른다. 어쨌든 프랑스 궁정의 위험한 지원이 더 이상 불가능해지자, 오르나노 가문은 훨씬 더 위험한 지원을 요청했다. 오스만의 지원을 청한 것이다. 그러나 오스만 제국[938]은 이탈리아 해안의 바위섬을 두고 싸우는 두 작은 민족의 분쟁에 끼어들 생각이 없었다. 코르시카인들은 제노바인들의 노예 상태로 남게 되었다. 코르시카인들이 속박에서 벗어나려고 하면 할수록 제노바인들의 억압은 더욱 가혹해졌다.

코르시카인들은 오랫동안 샤를마뉴의 베스트팔렌 법과 비슷한 법의 통치를 받았다. 제노바에서 섬에 파견한 총독은 이 법에 따라, 비밀 정보에 의거하여 사형 또는 중노동형을 선고했다. 피고인을 신문하지도 않고 판결에 어떠한 절차도 없이 말이다. 판결은 비밀 장부에 이런 식으로 기록되었다. "양심에 맹세코 나는 누구누구가 죄가 있다는 정보를 받았으므로 그를 사형에 처한다". 판결이나 집행이나 절차가 없기는 마찬가지였다. 샤를마뉴가 이런 법을 만들어 베스트팔렌[939]에서 500년 동안 통용시켰기 때문에 코르시카인들이 그것을 받아들였다는 것은 정말 말도 안 되는 소리다. 이 섬사람들은 계속 서로 죽였고, 판사는 살아남은 사람들을 자기 양심의 정보에 의거하여 처형했다. 양쪽 모두 최악의 야만인 것이다. 코르시카인들은 개화시켜야 하는데 오히려 억압의 대상이 되었다. 그들을 유순하게 만들어야 하는데, 거꾸로 훨씬 더 사납게 만들었다. 그들과 그 주인들 사이에는 소름끼치고 치유할 수 없는 증오가 뿌리를 내렸고 이것이 두 번째 본성이 되었다. 코르시카인들은 '자유를 위한 노력', 제노바인들은 '대역죄'라고 부르는 봉기가 12번 일어났다. 1725년부터 폭동, 응징, 봉기, 파괴가 반복되고 코르시카 시민들이 동료 시민들에게 살해되는 일이 지속되었다. 1738년 코르시카 지도자들이 프랑스 왕에게 보낸 청원서에 따르면, 16명의 제노바 총독 치하에서 2만6천 건의 살인이 발생하고 최근 2년 동안 1700명이 살해당했다고 한다. 이것을 믿어야 할까? 그들은 제노바 총독들이 더 많이 몰수하고 벌금을 더 걷기 위해 이런 범죄를 눈감아주었다고 주장했다. 내용이 과장된 고발인 것 같다. 하지만 통치가 잘못되었고 사람들은 훨씬 더 나빴다는 결론을 내릴 수 있다. 제노바 원로원은 코르시카 때문에 그 가치보다 더 많은 돈을 쓰고 더 골치를 앓았다. 루이 11세는 제노바가 자신의 통치를 받기를 원했을 때 "제노바를 악마에게나 주겠다"고 말했는데, 제노바 원로원도 코르시카에 대해 같은 심정이었을 것이다.

1729년부터 두 민족 사이에 전쟁이 벌어졌다. 도저히 양립할 수 없는 경쟁자들 사이의 전쟁 같았다. 제노바는 황제 카를 6세의 지원을 간청했다. 카를 6세는 봉신을 보호할 의무가 있는 봉건군주였기 때문이다. 제노바는 이런 이유만 내세운 것이 아니라 돈도 바쳤다. 황제는 군대를 보냈다. 뷔르템베르크 가문의 한 군주[940]가 코르시카인들의 항복을 받아냈다. 그는 용감한 전사이고 관대한 남자였다. 그의 중재 덕에 1732년 코르시카인들과 제노바인들 사이에 화해가 이루어졌다. 그러나 일시적인 휴전에 불과했고 양측의 적대감 때문에 곧 파기되었다.

코르시카인들 사이에서 아주 지적인 지도자들이 출현하기 시작했다. 그런 지도자들은 내전 중에 언제나 나타나게 마련이다. 그들은 가포리,[941] 지아친토 파올리,[942] 리발로라(Rivalora) 그리고 오르티코네(Orticone)라는 교구참사회원이었다. 얼마 동안은 오르티코네의 영향력이 제일 컸다. 그러나 이 지도자들은, 이 섬을 황폐하게 만드는 혼란한 무정부 상태를 정식 정부로 바꿀 수가 없었다.

코르시카에서는 암살이 15세기 이탈리아 대륙에서보다 더 일상적이었지만, 그들은 다른 이탈리아인들만큼 독실한 기독교도였다. 그들 가운데 여러 신부는 묵주 기도를 드리는 동안에도 암살을 했다. 1735년 지도자들은 총회를 소집하여 코르시카를 성모 마리아에게 바쳤다. 성모께서는 이 왕관을 받아들이는 것 같지 않았다. 그들은 제노바 법을 불태우고, 제노바와의 협상을 주장하는 모든 사람에게 사형을 선고한다고 선언했다. 지아친토 파올리와 가포리가 장군으로 선포되었다.

코르시카인들이 성모의 명령을 따르는 공화국을 수립한 직후, 한 독일인 사기꾼이 코르시카와 상의도 하지 않고 그 섬의 왕이 되기 위해 도착했다. 그는 테오도르 폰 노이호프[943]라는 이름의 가난한 베스트팔렌 남작이었다. 남작은 프랑스 오를레앙 공작부인[944] 궁정에 정착한 귀부인[945]의 오빠였다. 그는 에스파냐를 여행하다가 튀니스 사신과 조금 친해졌다. 직접 아프리카로 건너간 그는 튀니스 왕[946]에게 자기가 코르시카를 정복할 수 있다고 설득했다. 왕이 자신에게 대포 10문이 있는 전함 1척, 총 4000정, 1000제키노[947] 그리고 약간의 식량을 준다면 말이다. 튀니스 정부는 너무나 순진하게도 그의 말을 믿고 물자를 제공했다. 그는 가짜 영국 깃발을 단 전함을 타고 리보르노[948]에 도착한 다음 배를 팔아버렸다. 그런 다음 코르시카 지도자들에게, 자신을 왕으로 선출한다면 유럽 강대국들의 도움을 얻어 제노바인들을 섬에서 쫓아내겠다고 약속하는 편지를 썼다. 자신이 유럽 강대국들의 지원을 확실하게 얻어낼 수 있다는 것이다.

누구나 머리가 돌 때가 있는 법이다. 그 제안이 받아들여졌다. 테오도르 남작은 1736년 3월 15일 튀르크식 복장에 머리에 터번을 두르고 알레리아[949] 항구에 도착했다. 그는 자신이 엄청난 보물을 가지고 왔다고 말하면서 그 증거로 약 50제키노를 동전으로 코르시카인들에게 나누어 주었다. 그가 배급한 총과 화약이 그의 힘을 증명했다. 그는 좋은 가죽 신발도 나누어 주었는데, 이것은 코르시카에서는 구경도 못 한 사치품이었다. 그가 배치한 파발꾼들이, 유럽과 아프리카 강대국들이 그에게 보냈다고 하는 봇짐들을 리보르노에서 나룻배로 실어왔다. 그는 이 세상 최고 군주 가운데 한 사람이라고 간주되었다. 그는 코르시카 왕으로 선출되었다. 그의 얼굴이 새겨진 동전도 주조했다. 그에게는 궁정과 국무비서들이 생겼다. 제노바 원로원이 그의 목에 현상금을 걸었기 때문에 그의 평판과 권력은 결정적으로 강화되었다. 그러나 8개월 후에 코르시카의 주요 인사들이 그의 정체를 알아내고 얼마 안 되는 돈이 떨어지자, 그는 막강한 지원을 구하러 간다면서 떠났다.

암스테르담으로 피신한 그를 한 채권자가 투옥시켰다. 이러한 불행에도 그는 전혀 낙담하지 않고 감옥 안에서도 새로운 봉들의 등을 쳤다. 이런 점에서 그는 콘벤티글리오(Conventiglio) 출신의 담미 후작[950]을 닮았다. 담미 후작은 같은 시기에 유럽의 모든 궁정을 돌아다니면서 돈이 필요한 군주와 영주들에게 돈을 구해주고 다니다가 모든 수도에서 투옥되었다.

그러는 동안 제노바인들은 1737년 프랑스의 중재를 요청했다. 제노바의 소요 사태를 진정시켜준 플뢰리 추기경은 제노바와 코르시카 사이의 평화도 중재하려고 했다. 그는 빌라르 원수의 조카인 부아슈 후작[951]을 파견했다. 후작은 약간의 병력을 인솔하고 평화조약안을 들고 갔다. 바로 그때 코르시카의 불만 세력이 앞에서 이야기한 청원서를 프랑스 왕에게 보냈다. 그들은 자신들의 섬에서 2년 동안 1700건의 암살이 저질러졌다고 불평했다. 이런 내용은 자기들의 주장을 옹호하는 데 도움이 되지 않았다. 하기야 그 청원서는 웅변술보다는 투박한 호소력이 돋보이는 글이었다. 또 궁정에서는 찾아보기 어려운 자유에 대한 의지도 돋보였다. 그들은 "전하의 지엄한 명령이 저희에게 제노바에 복종하라고 강요한다면, 프랑스 왕의 만수무강을 위해 이 고난의 잔을 마시고 죽어버립

시다"라고 말하곤 했다

베르사유에서는 황제와 왕의 이름으로 평화조약안을 작성하여 왕의 대신과 황제의 대사 리히텐슈타인 공이 서명했다. 그 조항들은 공정해 보였다. 특히 제노바 공화국 총독의 권한을 폐지했다. 총독이 자기 양심의 증언만으로 사형이나 중노동형을 선고하는 그 권한 말이다. 그러나 한 조항이 문제였다. 모든 코르시카 주민들의 무장을 해제한다는 조항이었다. 그들은 무장해제를 단호하게 거부하고, 프랑스 왕의 만수무강을 위해 건배하기보다는 죽기로 결심했다.

암스테르담 감옥의 테오도르 왕은 자신이 그들을 제노바의 속박과 프랑스의 중재에서 벗어나게 하러 곧 올 것이라고 계속 약속했다. 실제로 그는 암스테르담에 정착한 외국인 도매상들과 유대인들을 속이는 비결을 찾아냈다. 튀니스와 코르시카를 속인 것처럼 말이다. 그는 그들에게 자기 빚을 갚고 전함 한 척에 무기, 화약, 군수품, 식량 그리고 많은 상품을 싣기를 권했다. 자신이 그들에게 코르시카 무역의 독점권을 부여할 수 있으므로 그들은 엄청난 이윤을 남길 것이라는 논리였다. 그들은 이윤에 눈이 멀어 이성을 상실했다. 하지만 테오도르 역시 그들만큼 정신이 나갔다. 자기가 무기를 싣고 코르시카에 내려서 돈을 보여주면, 섬 전체가 즉시 자기 밑으로 들어와서 프랑스인들과 제노바인들에게 대항할 것이라고 상상한 것이다. 그는 코르시카에 배를 대지도 못한 채 리보르나로 달아났고 홀란트의 채권자들은 파산했다.

테오도르는 곧 영국으로 피신했다가 런던에서 빚 때문에 투옥되었다. 암스테르담에서처럼 말이다. 그는 1756년 초까지 런던 감옥에 있었다. 월폴[952] 씨가 너그럽게도 그를 위해 기부금을 모아서 이 돈으로 채권자들을 무마하고 그 자칭 군주를 석방해 주었다. 코르시카 왕은 같은 해 12월 2일 몹시 가난하게 죽었다. 그의 무덤에 "운명은 그에게 왕국을 주었지만 빵은 주지 않았다"라고 새겨 주었다.

이 테오도르가 코르시카에서 두 번째 군림하려고 시도했다가 섬에 내리지도 못하고 돌아가는 동안, 섬사람들은 그 없이도 자신들을 지킬 수 있다는 점을 확실히 보여주었다. 그들은 부아슈 후작에게 무기를 들고 오겠다고 약속했다. 실제로 그들은 1738년 12월 12일 무기를 들고 왔다. 그러나 프랑스군 400명이 지키는 기지를 습격하려고 온 것이었다. 프랑스군은 저항하지 못했고 부아슈가 그들을 도우러 달려왔지만 총격전 끝에 바스티아[953]로 쫓겨났다. 코르시카인들은 이 날을 '코르시카 만종 사건'이라고 부른다. 시칠리아 만종 사건[954]과는 비교가 안 될 정도로 소규모였지만 말이다.

얼마 후 플뢰리 추기경은 코르시카를 무력으로 평정하기 위해 새로운 대대들을 실은 함대를 파견했다. 함대는 끔찍한 폭풍우를 만나 분산되었다. 전함 두 척은 해안에서 부서졌다. 난파를 모면한 병사 400명과 그 장교들은 자기들이 제압하러 온 사람들에게 사로잡혀 모든 것을 빼앗기고 알몸 신세가 되었다. 이처럼 큰 불운에 크게 상심한 부아슈는 곧 사망했다. 그는 오래전부터 허약한 체질 때문에 골골했었다. 이보다 더 참담한 원정은 찾아보기 어려웠다.

마침내 마유부아 후작[955]을 파견했다. 후작은 평판이 아주 좋은 장교이고 곧 육군원수가 된다. 신속한 원정에 익숙한 그는 1739년 3주 만에 코르시카인들을 제압했다.

섬에서는 전례가 없던 치안을 확립하기 시작했을 때 그 치명적인 1741년 전쟁이 유럽의 절반을 도탄에 빠지게 했다. 자신은 반대한 전쟁을 시작한 플뢰리 추기경은 약소한 수단으로 큰일을 치를 수 있다고 믿는 특성이 있었다. 추기경은 이 중요한 전쟁에서 절약을 했다. 그는 코르시카에 있던 모든 부대를 빼냈다. 제노바는 섬을 굴복시키기는커녕 오스트리아군에 항복하고 노예와 다름없는 상태로 전락했다. 제노바는 코르시카보다 더 불행하게 되었다. 훨씬 더 높은 곳에서 떨어졌기 때문이다.

유럽이 오스트리아 왕가 소유의 국가들을 상속받기 위한 전쟁으로 또 이 주요 이해관계에 뒤얽힌 다양한 이해관계로 황폐해지고 있는 동안, 코르시카인들은 자유를 더욱더 사랑하고 이전 지배자들을 더욱더 증오하게 되었다. 제노바는 섬의 수도인 바스티아와 몇몇 요새를 여전히 차지하고 있었지만 나머지는 전부 코르시카인들이 장악했다. 가포리가 지휘하는 그들은 자유를 누리고 있었다. 방종을 누리고 있었다는 말이 더 맞을 것이다. 코르시카인들이 장군으로 선출한 가포리는 불굴의 용기만이 아니라 시민적 덕성으로도 유명했지만 1753년 암살되고 말았다. 제노바 원로원이 암살을 사주했다는 비난을 당연히 받게 되었다. 하지만 원로원은 아무런 관계가 없는지도 모른다.[956]

당시에 코르시카인들은 분열되어 있었다. 가문들 사이의 반목은 항상 암살로 끝났다. 그러나 그들은 제노바인들에게 대항하기 위해 단결했고, 개인적인 증오보다 전체적인 증오를 우선시했다. 코르시카인들에게는 자신들의 분노를 공익을 위해 사용하도록 이끌어줄 지도자가 그 어느 때보다도 절실했다.

예전에 코르시카인들을 지휘했고 당시에는 나폴리에 은퇴해 있던 늙은 지아친토 파올리가 1755년 아들 파스콸레 파올리[957]를 보냈다. 그는 도착하자마자 섬 전체의 총사령관으로 인정되었다. 겨우 29살인데도 말이다. 그는 테오도르처럼 왕의 칭호를 요구하지는 않았으나 여러 가지 면에서는 실질적인 왕이었다. 그는 민주정부의 수장이 되었다.

파스콸레 파올리에 대해 많은 이야기가 있지만, 이 지도자가 자질이 뛰어나다는 점을 부인할 수는 없다. 그는 정식 정부를 원하지 않는 코르시카인들을 설득하여 정식 정부를 세웠다. 분열되고 규율이 없는 사람들을 동일한 법 치하에서 단결시켰다. 정규군을 조직하는 동시에 대학 비슷한 기관[958]을 설립하여 풍습을 개선하려고 시도했다. 맹위를 떨치던 암살과 살인에 제동을 걸었다. 야만을 교화하고, 사람들이 복종하게 만들면서도 그들의 사랑을 받았다. 이 모든 일은 평범한 사람이 할 수 있는 것이 결코 아니다. 물론 그는 코르시카를 자유국으로 만들고 전권을 행사하며 군림할 수 있을 정도로 잘하지는 못했다. 하지만 그의 업적은 명예를 얻기에는 충분했다.

서로 아주 다른 두 강대국이 제노바와 코르시카의 분쟁에 끼어들었다. 하나는 로마 교황청이고 다른 하나는 프랑스 궁정이었다. 예전에 교황들은 섬의 통치권을 주장했었고 로마에서는 그 사실을 기억하고 있다. 코르시카 주교들은 제노바 원로원 편을 들었고 그 가운데 3명이 조국을 떠나자, 교황청은 시찰관을 파견했다. 제노바 원로원에 비상이 걸렸다. 몇몇 의원은 로마가 이 혼란을 이용하여, 제노바가 더 이상 보존할 수 없는 코르시카에 대해 권리가 있다는 옛날 주장을 다시 제기할까봐 걱정했다. 시찰관을 파견한 사람은 레초니코 교황이었다. 나중에 파르마 공작에게 너무나 무례하게 군 그 교황 말이다. 그는 왕국을 정복할 능력이 있는 사람은 아니었다. 제노바 원로원은 시찰관이 코르시카에 상륙하지 못하게 하라고 명령했다. 그래도 시찰관은 1760년 봄에 도착했다. 파올리 장군은 그에게 일장 연설을 하고 그의 보호자가 되었다. 장군은 원로원의 명령서를 교수대 밑에서 태워버리게 했다. 파올리가 여전히 대장인 것이다. 시찰관은 축복을 내리고 성직자 법규를 만드는 일밖에 할 수 없었다. 코르시카 성직자들의 법규는 이름뿐이었기 때문이다. 그들은 이따금 미사 후에 동료들을 암살하러 가곤 했었다. 제노바는 로마 내각보다 더 활동적이고 더 강력한 프랑스 내각에 한 번 더 지원과 중재를 요청했다. 마침내 프랑스 궁정은 1764년 코르시카에 7개 대대를 파병했다.

그러나 적대 행위를 하기 위한 것은 아니었다. 프랑스군은 제노바인들이 아직 보유하고 있는 요새들을 지키는 임무만 부여받았다. 프랑스군은 중재자로 온 것이다. 프랑스군은 4년 주둔하고 군수품 등 일부 비용은 원로원이 부담하기로 했다.

원로원은 프랑스가 제노바 요새들을 지켜주기로 했으므로, 제노바군이 섬의 나머지 부분을 다시 장악할 것이라고 기대했다. 착각이었다. 파올리는 병사들을 훈련하는 동시에 인민에게 자유에 대한 사랑을 더욱 고취했다. 그의 동생은 용맹으로 이름을 떨치며 제노바의 용병들을 여러 번 격파했다. 제노바 공화국은 4년 동안 계속 병력과 돈을 낭비했고, 파올리의 명성은 매일 높아지고 그 군대는 더욱 강해졌다. 유럽은 파올리를 조국의 원수를 갚고 법을 제정한 사람으로 인정했다.

프랑스군이 코르시카에 주둔한 4년이 지나서야 제노바 원로원은, 코르시카 점령은 밑 빠진 독에 물 붓기이고 코르시카인들을 굴복시키는 것은 불가능하다는 사실을 깨달았다.

그래서 제노바 원로원은 코르시카에 대한 모든 권리를 프랑스에 양도했다. 협정은 1768년 7월 콩피에뉴[959]에서 조인되었다.[960] 이 협정으로 코르시카 왕국을 프랑스 왕에게 완전히 넘겨준 것은 아니었다. 코르시카는 프랑스 왕의 소유로 간주되었지만, 제노바 공화국이 프랑스 왕에게 비용을 상환하면 통치권을 되찾을 수 있었다. 프랑스 왕이 공화국을 위해 쓴 막대한 비용 말이다. 따라서 실제로는 코르시카를 영원히 넘겨준 것이었다. 제노바인들이 그 비용을 치르고 코르시카 왕국을 다시 사들일 능력은 없는 것 같았기 때문이다. 설사 다시 샀더라도, 제노바인들의 속박 아래서 사느니 죽겠다고 맹세한 민족 전체와 싸워서 코르시카 왕국을 지배하는 것은 훨씬 더 불가능해 보였다.

부담만 되는 나라의 헛되고 치명적인 통치권을 넘겨준 것은 제노바로서는 잘한 거래였다. 프랑스 왕은 강력해서 코르시카를 복종하게 만들고 개화시키고 농업과 상업을 발전시켜 인구를 늘리고 부유하게 만들 수 있었기에 더 잘한 거래였다. 더구나 코르시카 소유가 이탈리아에서의 이해관계를 해결하는 데 커다란 장점이 될 날이 올지 모른다.

물론 인간들이 다른 인간들을 팔 권리가 있는지는 따져 보아야 한다. 그러나 그 어떤 협정도 이런 문제를 검토하지는 않을 것이다.

제일 먼저 파올리 장군과의 협상을 시작했다. 파올리는 프랑스 육군대신[961]과 상대를 해야 했다. 그는 이 대신이 출신보다 더 고결한 마음의 소유자이며 유럽에서 가장 너그러운 인물이라는 것을 알고 있었다. 또 대신이 자신의 모든 개인적 이해관계에서 기품 있게 영웅적으로 처신하고, 자기 주인인 왕의 이해관계에서도 똑같이 고귀한 정신으로 일하리라는 것도 알고 있었다. 파올리는 출세와 보상을 기대할 수 있었다. 하지만 그는 자기 조국의 자유를 떠맡고 있었다. 그의 눈앞에는 동족들의 심판이 기다리고 있었다. 그의 개인적인 의도가 무엇이었는지는 더 이상 중요하지 않았다. 그는 자기 민족을 팔아넘기려고 하지 않았다. 하기야 그가 그러려고 했더라도 그렇게 하지 못했을 것이다. 코르시카인들은 자유에 대해 과도하게 격렬한 열정에 사로잡혀 있었다. 또 파올리 자신이 그들에게 너무나 자연스러운 이 열정을 한층 더 고취했다. 이제 그 열정은 신성한 의무인 동시에 일종의 광기가 되었다. 파올리가 조금이라도 그 열정을 억누르려고 했더라면 그는 생명과 명예를 동시에 잃었을 것이다.

파올리는 싸워서 명예를 얻을 수 있다고 생각하지 않았다. 그는 전사라기보다는 법을 만드는 사람이었다. 그의 용기는 정신 안에 있었다. 그는 모든 군사작전을 지휘했다. 영광스럽게도 그는 프랑스 왕에게 거의 1년 동안 저항했다. 어떤 강대국도 파올리를 도와주지 않았다. 그가 수호한 자유를 사랑하는 몇몇 영국인만이 그에게 돈과 무기를 보내주었다. 하지만 파올리는 그가 지킨 자유의 희생자가 된다. 코르시카인들의 무기는 형편없었다. 그들에게는 총검이 없었다. 런던에서 그들에게 총검을 제공했지만 대부분의 코르시카인들은 사용할 줄 몰랐다. 그들은 일반적인 단총과 단검을 선호했다. 그들의 주 무기는 용기였다. 그 용기가 어느 정도로 대단했는지는, 골로[962]라는 이름의 강 근처에서 벌어진 전투에서 확인할 수 있다. 그들은 동료들의 시신으로 방벽을 구축하여 그 뒤에서 사격을 하다가 후퇴했다. 부상자들은 방벽을 보강하기 위해 전사자들 틈에 끼어들었다. 용기는 어디서나 찾아볼 수 있지만, 이런 행동은 자유민에게서만 가능한 법이다. 그들은 그처럼 용맹스럽게 싸웠지만 패배했다. 마르뵈프 후작[963]의 보좌를 받은 보 백작[964]이 마유부아 원수보다 더 빨리 섬을 굴복시켰다.[965]

이 모든 작전을 지휘한 슈아죌 공작은 자기 주인인 왕에게 주 하나를 바치는 공을 세웠다. 이 주는 잘 경작하면 20만을 먹여 살리고 용감한 병사를 제공하며 유익한 무역을 할 수 있을 것이다.

프랑스는 루이 14세 치하에서 알자스, 프랑슈콩테, 플랑드르 일부를 합병하여 커졌고 루이 15세 치하에서는 로렌과 코르시카를 얻어 더 커졌다.

이러한 영토 확장 못지않게 주목할 만한 업적이 있었다. 역시 슈아죌 공작의 배려 덕에, 아메리카의 프랑스 식민지가 새로운 확장만큼 가치가 있는 번영과 활력을 누리게 되었다. 이러한 성공은 에느리 후작[966]을 선정하여 우리의 모든 식민지를 차례로 관리하는 일을 맡긴 덕분이다. 그는 1762년 종전 시에 아주 젊은 장군이었고 당시만 하더라도 무훈으로만 알려졌다. 슈아죌 공작은 그에게서 정치인의 자질을 발견했다. 과연 에느리 후작은 6년간 식민지를 통치하면서. 권위를 소중하게 여기고 존중하게 만들 수 있는 모든 계몽지식과 미덕을 끊임없이 보여주었다. 마르티니크에서는 그에 대해 "모든 사람이 그를 두려워하지만 그는 아무에게도 나쁘게 하지 않았다"라고 썼다. 그는 어디서나 정의가 군림하게 만들고 명예에 대한 사랑을 고취시켰다. 또 어디서나 무역과 산업을 발전시켰다. 그는 모든 국가가 화합하게 만들었는데 이는 대단히 드문 일이다. 그는 노예들의 비참한 상황을 개선해 주었다. 그는 생트뤼시 섬[967]을 개간하게 만들어서 새로운 식민지를 건설했다. 그는 다른 식민지들에서는 운하를 파고 공기를 정화하며 땅을 비옥하게 만듦으로써 새로운 부를 창출시켰다. 동시에 그는 우리 식민지의 치안을 확립하고 아름답게 꾸몄다.

건강 악화로 프랑스로 소환된 얼마 후에 그는 다시 헌신적으로 봉사했다. 젊은 군주[968]의 명령이라기보다는 간청 때문이었다. 왕은 그에게 "생도맹그[969]에서 짐은 그대의 명성만으로도 많은 도움을 받을 것이오"라고 친필 편지를 보냈다.

에느리 후작은 왕에게 아주 중요한 봉사를 했기 때문에 그처럼 영광스러운 신뢰를 받을 만했다. 그것은 에스파냐인들과 함께 두 나라의 국경을 확정한 것이다.[970] 프랑스에 그토록 많은 영광을 안겨준 이 행정가는 그 뜨거운 기후의 치명적인 타격을 버텨내지 못했다.[971] 그의 사망은 우리의 모든 식민지에 공적인 재앙이었다. 모든 식민지가 앞을 다투어 기념비를 세우고, 누구나 그의 이름을 부르면서 눈물을 흘리고 찬탄해 마지 않는다.

영국인들은 에느리 후작을 높이 평가하고 그들과 우리 식민지 사이의 중재자로 인정했다. 그들은 에느리 후작에게 가장 정당하고 가장 듣기 좋은 찬사를 바쳤다. "이 사람은 결코 불의로 남을 고통받게 하지 않을 것이고 자신도 고통받지 않을 것이다."

1852년 프랑스에서 제작된 코르시카 지도

가장 유명한 코르시카인 나폴레옹이 제국의 상징인 독수리 위에 있고,

그 오른쪽은 코르시카 민족 지도자 파올리, 왼쪽은 나폴레옹의 모친 레티치아(Letizia)

슈아죌 공작이 그렇게 훌륭하고 그처럼 유익한 일들에 대해 받은 보상은, 세상사를 이해하지 못하는 사람에게는 정말 이상하게 여겨질 것이다. 한 부인[972]이 슈아죌 공작과 그 사촌 프라슬랭 공작을 추방하게 만들었다. 그들이 국가에 많은 봉사를 한 다음에 말이다. 또 슈아죌 공작이 루이 15세 손자인 왕세자와 마리아 테레지아 황후 딸의 혼인을 성사시킨 다음에 말이다.[973] 왕세자는 그 후 프랑스 왕(루이 16세)이 되었다.

벨릴 원수가 마리아 테레지아 황후를 폐위하려고 유럽 대부분을 전쟁으로 몰아넣었다가 결국 자신이 포로가 되고 만 것은 운명의 우여곡절을 단적으로 보여주는 사례였다. 몇 년 후에 슈아죌 공작이 바로 그 황후의 딸과 프랑스 왕세자의 결혼을 성사시킨 다음에 추방을 당한 것 역시 운명의 우여곡절이다. 그러나 세상사를 안다면 그렇게 놀랄 일은 아니다.

앞에서 본 것처럼 불행하게도 루이 15세는 신하들을 언제든지 자기 마음대로 부숴버릴 수 있는 도구로 간주하는 경우가 너무 많았다. 추방은 처벌이다. 그러나 법에 의해서만 처벌을 해야 한다. 군주가 드러난 잘못이 없고 봉사는 많이 한 사람들을 처벌하는 것은 바로 그 군주에게 정말 큰 불행이다. 그 사람들은 여론의 지지를 받지만 그 주인들은 그렇지 못하기 때문이다.

41

파리 고등법원 추방과 루이 15세의 사망

슈아죌 공작, 프라슬랭 공작, 베르니 추기경, 아르장송 백작, 국새상서 마쇼,[974] 모르파 백작,[975] 라로슈푸코 공작,[976] 샤티용 공작[977] 그리고 다른 많은 시민의 추방은 어떠한 법적 근거도 없었다. 그 반면 파리 고등법원과 수많은 법관의 추방은 최소한 한 가지 법적 근거가 있는 것 같다.

이 오래된 단체가 프랑스에서 예수회를 해산시킨 다음에, 곧바로 가차 없이 추방되었을 뿐만 아니라 마찬가지로 해산을 당하게 되리라고 누가 짐작이라도 했겠는가? 이는 인간들에게 중대한 교훈이다. 교훈이 소용이 있다면 말이다.

우리가 살펴본 것처럼,[978] 루이 14세 치하에서 고등법원은 프롱드난 이후에도 추방되지 않았다. 또 프롱드난이 매우 잘못된 재무행정에 대한 이 집단의 반발에 의해 시작되었다는 것을 살펴보았다. 이 반발은 처음에는 합법적인 원칙을 지켰으나 곧 공공연한 반란과 내전으로 바뀌었다. 루이 15세 치하에서는 내전도 반란도 없었다. 하지만 훨씬 더 잘못된 재무행정에 우스꽝스러운 우니제니투스 칙서 파동이 결합된 결과, 고등법원이 왕의 명령에 대해 집요하게 저항하게 되었다. 고등법원은

1771년 4월 13일 해체되었다. 그 후에 루이 16세는 이 중신 법정을 몇 가지 필수적인 변화와 함께 복원시켰다.

세상을 다스리는 것이 숙명이라는 사실은, 루이 15세의 사망에서도 거듭 단적으로 확인된다. 왕은 천연두 접종[979]을 받음으로써 이 치명적인 병을 예방한 사람들의 본보기를 따르지 않았다. 첫 번째 방계왕족 오를레앙 공작이 자식들에게 접종을 시키는 용기를 발휘했는데도 말이다. 프랑스에서는 이 방식에 대한 반대가 극심했다. 국민이 오래된 편견에 여전히 사로잡혀 있어서, 진실과 다른 나라들에서 시작된 유익한 관습[980]을 받아들이는 데는 거의 언제나 꼴찌이기 때문이다.

1774년 4월 말경 루이 15세는 사냥을 가다가 시신을 매장하러 가는 행렬과 마주쳤다. 왕은 음산한 것에 대한 호기심을 타고났기 때문에 그 관으로 다가갔다. 왕은 누구를 매장하러 가냐고 묻고, 천연두로 사망한 처녀라는 답을 들었다. 바로 그 순간 왕은 치명적으로 감염된 것이다. 알아차리지 못했지만 말이다.

이틀 후 왕의 치과의사는 왕의 잇몸을 검사하다가 중병을 예고하는 특징을 발견했다. 치과의사는 왕의 수행원에게 알려주었지만 그의 지적은 무시되었다. 극도로 치명적인 천연두였다. 왕을 돌보거나 그 침대에 가까이 간 여러 명의 관리가 같은 병에 걸려서 사망했다. 왕의 딸인 공주 3명이 애정과 용기로 부친 곁을 지키다가, 부친을 집어삼키는 맹독의 싹에 감염되어 곧 똑같은 고통과 똑같은 위험에 시달리게 되었다. 다행히도 공주들은 회복되었다.

루이 15세는 5월 10일 밤[981]에 사망했다. 그의 시신을 석회로 덮고 어떤 의식도 없이[982] 생드니 왕들의 지하 묘지로 운반했다.

루이 15세의 손자인 루이 16세 그리고 현왕의 동생인 프로방스 백작과 아르투아 백작은 모두 아주 젊었다.[983] 이 세 사람이 모두 접종을 받음

루이 16세(1754~1793)

으로써 죽음을 피하기 위해서는 위험을 무릅써야 한다는 것을 프랑스인들에게 알려주었다. 역사는 이 사실을 기록해야 한다. 국민은 감동과 교훈을 동시에 받았다. 그 후 루이 16세가 1774년 말까지 한 모든 일은, 그를 프랑스 전체가 더욱더 소중히 여기는 존재로 만들었다.

42

법

인간 정신은 루이 14세 시대와 그다음 시대에서, 이전의 모든 시대에 비해 훨씬 더 많이 계몽되었다. 우리는 예술과 문학이 얼마나 완벽해졌는지를 살펴본 바 있다. 국민이 법에 눈을 떴는데, 이는 이전에는 없었던 일이다. 루이 14세의 치적 가운데 하나는 프랑스에 부족한 법전을 제정한 것이다. 그러나 이 법전은 법의 토대보다는 소송 절차의 단일화를 위한 것이었다. 법의 토대는 모든 주(provinces)에 공통적이고 단일해야 하며 변하지 말아야 하고 조금이라도 자의적이어서는 안 된다. 형법에는 야만적인 옛날의 흔적이 아직도 남아있었다. 형법은 죄 없는 사람을 구하기보다는 죄인을 찾아내는 것이 주 목적이었다. 라무아뇽 법원장[984]이 왕령 제정 과정에서 가혹한 소송절차에 자주 반대한 것은 영원한 명예로 남을 것이다. 그러나 인간애에 기초한 그의 의견은 엄격한 처벌을 요구하는 퓌소르[985]와 다른 위원들의 의견에 밀리고 말았다.

최근 우리나라 최고 식자들은 풍습을 개선한 것처럼 우리의 법도 개선할 필요가 있다고 생각했다.[986] 루이 14세의 치세 이전에는 우리의 풍습은 야만적이었고 정신은 경박하고 무지했다는 것을 인정해야 한다.

이 한심한 사실은, 몇몇 사례만 살펴보아도 쉽게 확인할 수 있다. 프랑수아오귀스트 드 투[987]와 마리야크 원수[988] 처형, 앙크르 원수[989] 암살, 앙크르 원수 부인[990] 화형, 앙리 4세에 대한 20회가 넘는 시해 시도 그리고 이 훌륭한 왕의 시해. 그 이전의 시대는 훨씬 더 암울했다. 참혹했던 내전[991]과 성 바르톨로메오 축일의 학살[992]에서 프랑수아 1세 시대의 재앙들까지 그리고 다시 클로비스[993]까지 거슬러 올라가면 모든 것이 야만적이었다. 다른 민족들이 더 인간적인 것은 아니었다. 그러나 프랑스 국민처럼 암살과 큰 범죄에 의해 명예가 더럽혀진 국민은 거의 없었다. 오랫동안 이런 범죄에 대한 대가는 돈으로 치렀다. 더구나 법은 풍습만큼이나 잔학했다. 법이 가혹했던 것은 재판 절차가 거의 전적으로 성직자 재판에서 유래했기 때문이다. 성전기사단원들에 대한 형사재판[994]이 바로 그러했다. 그 재판에서 예심은 교황이 임명한 신부들이 전담했는데, 이는 조국의 수치이고 이성과 형평성에 위배되는 폭거였다.

이처럼 인간은 너무나 오랫동안 흉포한 짐승들의 지배를 받았던 것이다. 아마도 성왕 루이, 루이 12세, 앙리 4세의 치세만 예외였으리라. 인간정신이 개화되면서 이러한 야만성에 대해 치를 떨게 되었지만 그 잔재는 아직도 여전하다. 그리스와 로마의 어떤 시민도 고문을 당하지 않았다. 관대하고 상식이 있는 법학자들은 고문이 사형보다 더 가혹한 형벌이며, 샤텔과 라바야크 같은 범인들에게만 가해져야 한다고 보았다.[995] 왜냐하면 왕국 전체가 그들의 공범을 찾아내야 하기 때문이다. 고문은 영국과 독일의 일부 지역에서 이미 폐지되었다. 또 2천 리외에 달하는 러시아 제국에서 얼마 전에 금지되었다. 이런 나라들에서 우리나라보다 더 큰 범죄가 일어나지 않는다는 사실이야말로, 고문이 고문에 의해 예방할 수 있다고 믿는 범죄만큼이나 비난을 받아 마땅하다는 점을 입증하는 증거인 것이다. 하기야 고문은 범죄를 예방하지 못한다.

법학자들은 몰수에 대해서도 이의를 제기했다. 부친의 잘못으로 자식을 처벌하는 것은 옳지 않다고 본 것이다. 변호사들 사이에서 통용되는 규범이 있다. "신체 몰수는 재산 몰수이다." 이 규범은 관습이 법을 대신하는 나라에서 유효하다. 이런 나라들에서는 자기 의지로 삶을 마친 사람의 자식은 살인자 자식과 마찬가지로 굶어 죽게 만든다. 그래서 단 한 사람의 잘못 때문에 가족 전체가 벌을 받는 것이다.

가장이 자기 집에 개신교 목사를 숨겨주었거나 동굴 또는 외진 곳에서 그의 설교를 들었다는 이유로 자의적인 판결에 의해 종신 중노동형[996]에 처해지면, 그 부인과 자식들은 모두 구걸해서 살아가는 처지로 전락한다.

고아들의 양식을 강탈하고 한 사람의 재산을 남에게 주는 이런 법은 로마 공화국 시대에는 존재하지 않았다가, 술라[997]가 무자비한 숙청 과정에서 도입했다. 술라가 남들의 재산을 강탈하기 위해 만들어낸 법은 따라야 할 모범이 아닌 것은 분명하다. 잔인성과 탐욕의 산물에 불과한 이 법은 카이사르도 트라야누스 황제도 네르바안토니누스 왕조[998]의 황제들도 물려받지 않았다. 카이사르와 이 황제들은 지금도 여전히 존경과 사랑의 대상이다. 유스티니아누스 치하에서 몰수는 대역죄인에 대해서만 집행되었다.

무질서한 봉건제 시대의 군주와 영주들은 부유하지 못했으므로 백성을 처벌하여 재산을 늘리려고 시도했던 것 같다. 백성을 죄인으로 만들어서 자신의 수입을 올렸던 것이다. 그 시대의 법은 자의적이고 로마법은 알지 못했기 때문에 괴이하거나 잔인한 관습이 득세했다. 그러나 오늘날엔 군주의 권력이 거대하고 확실한 부에 근거하고 있어서, 군주가 불행한 가족의 미미한 재산을 탐낼 필요가 없다. 그래서 대개 그런 재산은 원하는 사람에게 넘겨준다. 하지만 다른 시민이 흘린 피에서 남은 재산으로 치부를 하는 것이 시민의 도리인가?

몰수는 로마법이 확립된 지역에서는 실시되지 않는데, 툴루즈 고등법원의 관할 구역만 예외이다. 부르보네,[999] 베리,[1000] 르멘,[1001] 푸아투,[1002] 브르타뉴와 같은 관습법 지역에서도 몰수를 실시하지 않는다. 이런 지역들에서는 최소한 부동산은 몰수의 대상이 아니다. 예전에 칼레에서는 몰수를 실시했지만, 영국인들이 지배하던 시기에 폐지해 버렸다. 야릇하게도 파리 주민들이 소도시들 주민들보다 더 가혹한 법 치하에서 살고 있다. 그처럼 우리나라에서 법은 되는 대로 규칙도 통일성도 없이 만들어진 것이다. 시골에서 초가집을 짓듯이 말이다.

프랑스 최전성기인 1673년에 오메르 탈롱[1003] 검사가 고등법원의 카니야크 양(demoiselle de Canillac) 재판에서 이렇게 말했다고 누가 믿겠는가?

"「신명기」 13장에서 하느님이 말씀하셨습니다. 네가 우상을 섬기는 도시와 장소에 가면 나이, 성, 조건을 따지지 말고 모든 사람을 칼로 죽여라. 광장에 도시의 모든 전리품을 모아놓고 모조리 불살라 버려라. 이 가증스러운 장소에서 한 무더기의 잿더미만 남도록 해라. 요컨대 모든 것을 주님에게 제물로 바쳐라. 그래서 그 저주받은 장소의 재물은 하나도 네 손 안에 남게 하지 마라.

이처럼 왕은 대역죄인의 재산을 차지하고 그 자식들은 모든 재산을 빼앗깁니다. 나봇[1004]이 기소되자 아합 왕[1005]이 그의 재산을 차지했습니다. 다윗은 므비보셋[1006]이 반란에 가담했다는 소식을 전한 시바에게 므비보셋의 모든 재산을 주었습니다."

카니야크 양의 재산을 누가 물려받을 것인가에 대한 재판이었다. 그 재산은 왕이 예전에 카니야크 양의 아버지에게서 몰수하여 왕실 금고지기(garde du trésor royal)에게 넘겨주었는데, 나중에 금고지기가 유언자[1007]에게 주었다. 이 오베르뉴의 여인 재판에서 탈롱 검사가 팔레스타인 왕

아합 이야기를 한 것이다. 아합은 나봇을 사법의 칼로 살해한 다음에 그 포도밭을 몰수했다. 이 가증스러운 행동은 사람들에게 추악한 횡령을 상기시키는 잠언이 되었다. 그러나 나봇의 포도밭이 카니야크 양의 유산과 아무런 관계가 없다는 것은 너무나 확실하다. 유대 왕 사울의 손자, 요나단의 아들, 다윗의 친구이며 보호자인 므비보셋의 재산 몰수 역시 카니야크 양의 유언과 별다른 관계가 없다.

법조계에서 유명한 사람들이 이렇게 현학적인 태도, 주제와는 무관한 터무니없는 인용, 인간 본성의 원칙에 대한 무지, 잘못된 편견으로 재판에 임했던 것이다. 그들의 논거가 얼마나 허황된 것인지는 독자들에게 지적할 필요도 없을 정도이다.

앞으로 프랑스에서 인간적인 법이 지나치게 가혹한 법을, 범죄를 조장하지 않고 완화시키는 날이 온다면 소송 절차에 관한 조항들 역시 개혁해야 할 것이다. 그 조항들을 작성한 사람들은 너무나 준엄한 열정에 빠졌던 것 같다. 형사소송법이 죄인에게 엄격한 동시에 죄가 없는 사람을 배려할 수는 없는 것일까? 영국에서는 잘못된 투옥을 명령한 대신은 그것에 대한 보상을 해주어야 한다. 그러나 프랑스에서는 죄가 없는데도 검사에게 기소되어 투옥을 당하고 고문을 받은 사람은 어떠한 위로도 바랄 수 없고 누구에게 어떠한 손해배상도 요구할 수가 없다. 단지 검사에게 기소되었다는 이유로 말이다. 그는 사회에서 영원히 낙인이 찍힌 채로 살아가야 한다. 죄가 없는 사람에게 낙인을 찍다니! 왜? 그의 뼈가 고문을 당해 부러져 억지 자백을 했기 때문이다. 그는 동정과 존경을 받아야 하는데도 말이다. 범죄를 밝혀내야 한다는 이유로 가혹한 행위가 정당화되고 있다. 인간의 정의가 악행에 대해 벌이는 전쟁이라는 것이다. 그러나 진짜 전쟁에서도 아량과 동정심이 발휘된다. 용감한 사람은 관대한 법이다. 법조인은 야만적이어야만 하는가? 여기서 로마인들과

특별고문.
당시에 고문은 자백을 받아내기 위해 실시했고
일반고문과 특별고문이 있었다.
일반고문은 도르래로 팔다리를 잡아당기는 것이고,
특별고문은 엄청난 양의 물을 마시게 하는 것이었다.

프랑스의 형사소송법을 간단하게 비교해보자.

로마에서 증인 심문은 피고 면전에서 공개적으로 이루어졌다. 그래서 피고는 증인에게 답변하고 직접 질문을 하며 변호사를 내세울 수 있었다. 고귀하고 정정당당한 이런 절차는 로마가 관대한 사회였다는 것을 잘 보여준다.

프랑스에서는 모든 것이 비밀리에 이루어진다. 단 한 명의 판사가 서기와 함께 증인들을 차례차례 심문한다. 프랑수아 1세에 의해 확립된 이런 관행[1008]을 1670년 루이 14세의 왕령을 작성한 위원들이 수용했는데, 이는 오로지 단순한 오류 때문이었다.

『증인(*De Testibus*)』 법전의 *testes intrate judicii secretum*이 증인을 비밀리에 심문한다는 의미라고 생각했던 것이다. 그러나 여기서 *secretum*은 판사의 사무실이라는 뜻이다. 따라서 "증인들은 판사 사무실로 들어간다"라는 뜻이다. *intrare secretum*을 '비밀리에 말하다'로 해석하는 것은 라틴어 어법에 전혀 맞지 않는다. 우리나라 법의 일부는 이런 라틴어 해석의 오류에 근거하여 만들어졌다. 몇몇 법학자는 범죄가 분명하게 입증되지 않은 경우에는 결석 피고에게 유죄를 선고해서는 안 된다고 주장했다. 그러나 학식이 부족한 다른 법학자들은 정반대 의견이었다. 이들은 피고의 도피가 범죄 증거이고, 피고가 출두를 거부함으로써 표현한 사법부에 대한 무시는 그의 죄가 입증된 것과 마찬가지로 처벌을 받아야 한다고 주장했다. 이처럼 판사가 어떤 법학자들 편을 드느냐에 따라 무고한 사람이 벌을 받기도 하고 풀려나기도 하는 것이다.

이뿐만이 아니다. 하급재판소에서 촌사람은 판사가 시키는 대로 말하는 경우가 자주 있다. 판사는 자기 관점에 따라 촌사람이 증언을 하게 만든다. 판사가 증인에게 답변을 불러주면서도 이것을 인식하지 못하는 것이다. 필자는 이런 경우를 여러 번 보았다. 대질심문에서 증인이 진술을 번복하면 처벌을 받는다. 그래서 증인은 위증으로 처벌을 받을까 두려워 중상모략을 하게 된다. 어리석고 소심한 증인이 처음에 제대로 진술을 못 하고 나중에 감히 진술을 철회하지 못한 탓으로 무고한 사람이 벌을 받는 경우가 종종 있다. 프랑스의 형사소송법은 피고를 계속 함정에 빠트린다. 퓌소르와 대상서 부슈라[1009]는 모든 인간을 적으로 간주했던 것 같다.

자격도 없으면서 법에 대한 의견을 늘어놓는 어중이떠중이 작가들의 때로는 잔인한 망상과 오류를 법으로 만든 것이 프랑스 법학의 중대한 과오이다.

사람의 목숨이 일시적 기분에 좌우되는 경우가 너무 많다. 판사 30명 가운데 10명이 사형에 반대하는 경우에 20명의 의견이 이겨야만 하는 것인가? 양식이 있는 사람들의 1/3이 사형에 반대한다면, 범죄가 입증되지 않았거나 아니면 사형에 처할만한 범죄가 아니라는 것이 분명하다. 몇 명이 더 찬성했다고 해서 한 시민을 잔인하게 죽여서는 안 된다. 사법의 칼로 프랑스인을 너무 자주 살해했다는 점을 인정해야 한다. 무고한 사람에 대한 사형 선고는 사법살인일 뿐만 아니라 가장 끔찍한 살인이다. 다른 국가들에서는 더 가벼운 처벌만 받는 죄에 대해 사형을 선고하는 사법은 잔인한 동시에 정치력을 발휘하지 못한다는 비난을 면할 길이 없다. 좋은 정부는 형벌을 유익하게 사용해야 한다. 현명한 정부라면 범죄자들이 공공의 선을 위해 일하도록 만들어야 한다. 그들을 사형으로 처벌하는 것은 사형 집행인에게만 좋은 일이다.

루이 14세 치하에서 왕국 전역을 대상으로 하는 왕령 2개가 제정되었다. 민사소송 절차에 관한 첫 번째 왕령[1010]은 판사가 원고의 청구가 입증되지 않은 경우에는 결석한 피고를 처벌하는 것을 금지했다. 그러나 형사소송에 관한 두 번째 왕령[1011]에는 증거가 부족한 경우에 피고를 풀어주라는 조항이 없다. 정말 괴이한 일이다! 돈을 지급하라는 요구를 받은 사람에 대한 결석 재판과 처벌은 그의 빚이 입증된 경우에만 가능하다. 그런데 사람의 목숨이 달린 형사재판에서는 피고의 죄가 입증되지 않았는데도 처벌에 대한 논쟁이 변호사와 검사 사이에서 벌어진다. 그리고 거의 언제나 판결이 내려진다. 피고의 결석 자체를 범죄로 간주하고 그의 재산을 몰수하고 그에게 죄인이라는 낙인을 찍는 것이다.

이처럼 법이 사람 목숨보다 돈을 더 중요하게 다루는 것 같다. 프랑스에서는 뇌물을 받은 관리나 사기를 친 파산자는 변호사 도움을 받을 수 있는 반면, 정직한 사람이 그런 도움을 받지 못하는 경우가 아주 많다.[1012] 죄 없는 사람이 변호사 도움으로 누명을 벗는 경우가 단 한 번이라도 있다면, 그런 도움 자체를 배제하는 법이 부당하다는 점은 너무나 분명하지 않은가?

라무아뇽 법원장은 이 법[1013]에 대해 말했다. "피고인이 변호사의 도움을 받을 수 있게 한 것은 왕령이나 법이 부여하는 특혜가 아니다. 그것은 인간 세상의 그 어떤 법보다도 더 오래된 자연법이 보장하는 자유이다. 자연은 모든 인간에게 처신에 필요한 지식이 충분하지 않으면 남의 지식에 의지하고, 자기방어에 충분한 힘이 없으면 도움을 청해야 한다고 가르친다. 우리나라 왕령들은 피고인에게 너무나 많은 권리를 박탈했으므로 남아 있는 권리, 특히 변호사 도움을 받을 권리는 지켜주는 것이 지당하다고 생각한다. 가장 핵심적인 권리이기 때문이다. 우리나라 소송절차를 로마인들이나 다른 국가의 소송절차와 비교해보면 프랑스의 소송절차가 가장 가혹하다는 점을 확인할 수 있다. 특히 1539년 왕령[1014]부터 그렇게 되었다."

형사소송절차는 1670년 왕령 이후에는 훨씬 더 가혹하게 되었다. 만약 다수의 위원들이 라무아뇽 법원장과 같은 의견이었더라면 우리나라 소송절차는 완화되었을 것이다.

과거에는 무지하고 불합리했기에 관용에 반대하고 야만적이었다. 앙크르 원수 부인을 화형에 처한 것은 정말 불합리한 판결이었는데 이런 경우가 100건은 된다. 성 바돌로매 축일의 학살 역시 불합리가 첫 번째 원인이었다. 불합리가 지배하는 시대의 인간은 필연적으로 동물이 되고 사회는 서로 잡아먹는 짐승들의 집단에 불과하다. 원숭이가 판사가 되어 늑대와 여우를 재판하는 꼴이다. 이 짐승들을 인간으로 바꾸길 원한다면 우선 그들이 합리적이 되어야만 한다.

무질서한 봉건 시대는 끝났지만 그 시대의 법들이 상당수 남아 있어서, 프랑스의 법체계가 용인할 수 없을 정도로 혼란스러운 것이다.

동일한 사건에 대한 재판이 지방과 수도에서 다르게 진행되는 일이 언제까지 계속될 것인가? 같은 사람이 브르타뉴에서는 죄가 없고 랑그도크에서는 죄가 있을 수 있단 말인가? 아니 그 정도가 아니다. 도시마다 판례가 다를 뿐만 아니라 동일한 고등법원 안에서도 한 재판부의 기준이 옆 재판부의 기준과 다르다.

성문법 지역에서는 로마법에 집착한다. 관습법을 따르는 지역에서 관습법이 판정을 내리지 않은 사안에 대해서는 로마법에 집착한다. 그러나 로마법은 4만 개나 되고 이 4만 개의 법에 관해 상충하는 해석이 1000개에 달한다.

언제나 아무렇게나 인용할 수 있는 이 4만 개의 법 외에도, 주요 재판소의 관할이 아닌 소도시들과 몇몇 부르까지 모두 계산하면 540개의 서로 다른 관습법이 우리나라에 존재한다. 그 결과 프랑스에서 역참을 이용하는 사람은 말(馬)을 바꾸는 것보다 더 자주 법이 바뀌게 된다. 또 한 도시에서 아주 유식한 변호사가 이웃 도시에 가면 아무것도 모르는 사람이 되어 버린다.

동일한 왕국의 법들이 서로 엄청나게 다르다. 파리에서는 이 도시에 1년 1일을 거주한 사람은 부르주아로 인정된다. 프랑슈콩테에서는 상속이 불가능한 집에서 1년 1일을 거주한 사람은 노예가 된다. 그의 친족들은 그가 다른 곳에서 취득한 것을 상속받을 수 없게 된다. 부친이 사망한 집에서 먼 곳에서 1년을 지낸 자식들은 아무것도 상속받지 못하여 빌어먹게 된다. 이 주의 이름[1015]은 자유롭다는 뜻이다. 참으로 기이한 자유이다!

더더욱 개탄스러운 점은 프랑슈콩테, 부르고뉴, 니베르네,[1016] 오베르뉴[1017]와 몇몇 다른 주에서 교구참사회원과 수사들이 재산을 상속할 수 없는 사람들, 즉 노예를 소유하고 있다는 것이다. 생루이 무공훈장을 받은 상처투성이 장교가 건방지고 무익하기 짝이 없는 수사의 농노로 죽으면서 재산을 상속하지 못하는 경우가 최소한 100번은 있었다. mainmortable이라는 단어는 옛날에 재산을 상속할 수 없는 농노가 영주가 착복할 수 있는 동산(動産)을 남기지 못하고 죽었을 때, 죽은 농노의 오른손을 영주에게 갖다 주던 악습에서 유래했다.[1018] 반인륜적인 이 관습을 폐지하는 칙령이 여러 번 내려졌다. 그러나 이런 특권이 부여된 토지를 소유하는 법관들이 오로지 공익을 위해 제정된 법을 교묘하게 피했다. 또 농노를 소유한 교회가 법관들보다 훨씬 더 강력하게 이 현명한 법에 반대했다. 1615년의 삼부회가 루이 13세에게 선왕들의 사문화된 칙령들을 부활시키고 집행하라고 간청했지만 헛일이었다. 라무아뇽 법원장은 이 악습을 철폐하고 영주들에게 보상을 해주는 계획을 세웠다. 하지만 그 계획은 무산되고 말았다.

오늘날 사르데냐 왕은 사보이아에서 이런 노예제도를 폐지했다. 프랑스에서 이 제도가 여전한 것은, 수도에서는 지방의 악습을 인식하지 못하기 때문이다. 인간은 눈에서 멀리 떨어져 있는 것에는 결코 큰 충격을 받지 않는 법이다.

민간의 권위와 교회 관습 사이의 경계를 정하려 할 때마다 끝없는 논쟁이 얼마나 많이 벌어졌던가! 그 경계는 어디에 있을까? 조세 행정과 법 사이의 영원한 모순을 누가 해결할 수 있을 것인가? 왜 형사재판에서는 판결의 이유를 절대로 밝히지 않는가? 판결의 이유를 설명하는 것이 부끄럽기라도 하단 말인가? 군주의 이름으로 재판하는 사람들이 사형을 집행하기 전에 왜 군주에게 사형 판결을 보고하지 않는가?

어느 쪽을 살펴보더라도 모순, 무자비, 불확실, 전횡이 판을 치고 있다. 마지막으로 법관직 매매는 프랑스의 치욕이라는 점을 지적해야 한다.

이 치욕은 전 세계를 통틀어 프랑스만 당하는 것이다. 물론 프랑스는 이 치욕에서 벗어나길 계속 원했다. 법 공부에 매진한 법률가가 능력이 있어야만 사법권을 행사할 수 있던 시대가 프랑수아 1세에 의해 끝났다는 사실[1019]은 정말 유감스러운 일이다. 그 시대의 법률가들은 밤샘 공부와 소신과 신망으로 사법권을 수호했다. 키케로, 호르텐시우스,[1020] 마르쿠스 안토니우스[1021]는 원로원 의원직을 매입하지 않았다. 부르제 수도원장[1022]이 오류로 가득 찬 『리슐리외 추기경의 정치적 유언』이라는 책에서 고위법관직 매매를 정당화하려고 한 것은 허황된 짓이었다. 시민이라기보다는 아첨꾼이고 조국애보다는 자신의 이익을 중시하는 다른 작가들이 부르제 수도원장을 추종한 것 역시 허황된 짓이었다. 법관직 매매가 적폐라는 증거는 국가 재정 탕진이라는 또 다른 적폐 때문에 시작되었다는 점이다. 법관직 매매는 교회 성직록 매매보다 훨씬 더 해로운 것이다. 성직자의 성직록 매입은 조국에 좋은 일도 나쁜 일도 아니다. 성직자는 재판권이 없고 누구에 대해서도 책임이 없기 때문이다. 그러나 법관의 손에는 사람들의 명예, 재산, 생명이 달려 있다. 우리는 이 세기에 모든 것을 완벽하게 만들려고 노력한다. 따라서 법을 완벽하게 만들려고 노력하자.

43

루이 15세 시대에 이루어진 인간 정신의 진보

세속 권력에 의해 폐지된 수도회, 세속 권력에 의해 개혁된 몇몇 다른 수도회의 규율, 법관 집단과 주교 집단 사이의 불화를 통해서 편견들이 얼마나 많이 해소되었는지, 통치에 관한 지식이 얼마나 늘었는지, 인간의 정신이 얼마나 계몽되었는지를 알 수 있다. 이처럼 유용한 계몽지식의 씨앗들이 뿌려진 것은 지난 세기였다. 이 세기에 그 씨앗들은 사방에서 싹을 틔웠다. 지방의 오지들에서도 말이다. 전에는 파리에서만 존재하던 진정한 웅변이 갑자기 여러 도시에서도 활짝 꽃을 피웠다. 몇몇 고등법원 검찰부 또는 재판부에서 개진된 변론들이 그 증거이다. 여러 가지 관점에서 이 변론들은 생각하고 표현하는 기술의 걸작들▪이다. 대상서 다게소 일가 시절만 하더라도, 본보기로 삼을 만한 것들은 파리에

▪ 몽클라르(Montclar), 라샬로테(La Chalotais), 카스티용(Castillon), 세르방(Servant), 그 외 여러 인물의 변론을 보라.
(옮긴이 주) Louis-René de Caradeuc de La Chalotais(1701~1785): 프랑스 법관으로 브르타뉴 고등법원 검찰총장(procureur général)을 역임하고 루이 15세 시대의 고등법원 반란을 주도한 인물 가운데 하나이다.

만 있었고 그나마도 매우 드물었다. 그러나 아주 최근에는 보다 우월한 이성의 목소리가 피레네 산맥 기슭에서부터 프랑스 북부 지역까지 울려 퍼지고 있다. 철학이 인간의 정신을 더욱 공정하게 만들고, 억지로 꾸미고 우스꽝스러운 치장을 몰아냄으로써 여러 지방을 수도의 경쟁자로 만들었다.

대체로 변호사들은 자연에 근거하는 이 보편적인 판례를 더 잘 알고 있었다. 보편적인 판례는 관습적이거나 단순히 권위적인 모든 법보다 우월하다. 관습적이거나 권위적인 법은 때로는 변덕 또는 금전적 필요에 의해 제정되기도 한다. 그것들은 유익한 법률이라기보다는 끊임없이 서로 상충하고, 법전을 이루기보다는 오히려 혼란을 조성하는 위험한 수단들이다.

아카데미들은 젊은이들에게 독서의 습관을 들이게 함으로써, 그리고 상을 통해 경쟁심으로 그들의 재능을 자극함으로써 적지 않게 기여했다. 건전한 자연학은 필요한 기술들을 가르쳐주었다. 그리고 이 기술들은 두 차례의 치명적인 전쟁으로 생긴 국가의 상처들을 아물게 만들기 시작했다. 한 저명한 기술자[1023]의 노력에 의해 직물이 더 싼 값으로 제조되었다. 전공을 잘 선택해서 더욱더 유익한 업적을 남긴 아카데미 회원 덕에 농업이 크게 개량되었다. 식견이 뛰어난 대신[1024]이 마침내 곡물 거래를 가능하게 만들었다. 필수적이지만 너무 오랫동안 금지되어 온 곡물거래는 통제되는 동시에 장려되어야 할 것이다.

한 아카데미 회원[1025]은 부족한 물을 파리의 모든 가옥에 공급할 수 있는 가장 비용이 적게 드는 방법을 찾아냈다. 그것은 빈곤이나 태만 혹은 탐욕 때문이 아니라면 결코 거부할 수 없는 계획이다.

의사 한 사람■은 오랫동안 찾으려 애쓰던 비법을 발견했다. 바닷물을 식수로 만드는 비법이다. 이 비법을 지나친 비용을 들이지 않고 항상 이용할 수 있도록 하기 위해서는 이러한 실험을 충분히 쉽게 만들기만 하면 된다.

해상 경도(經度)에 대해 우리가 가까이할 수 없었던 지식을 어떤 발명품이 보완해줄 수 있다면, 그것은 바로 영국과 겨루는 프랑스의 가장 유능한 시계공▪의 발명품일 것이다. 하지만 시대가 이러한 모든 발명품을 승인하기를 기다려야 한다. 유용하기도 하고 불편할 수도 있는 발명품, 반박의 여지가 있는 발견, 이의가 제기될 수 있는 과학적 견해는 시, 웅변, 음악, 건축, 조각, 회화의 위대한 금자탑들과는 다르다. 이런 작품들은 그 무엇으로도 가릴 수 없는 광채에 의해 어느 날 갑자기 모든 국가에서 호평을 얻을 뿐만 아니라 후대의 호평까지 확보하게 된다.

우리는 이미 인간지식의 위대한 보고에 대해 이야기한 바 있다. 그것은 『백과전서』라는 이름으로 간행되었다. 육전과 해전을 치른 장교들, 은퇴한 법관들, 인체에 정통한 의사들, 현학적이긴 하지만 진정한 학자들, 미적 감각에 의해 지식을 세련되게 다듬은 문인들, 수학자들, 자연학자들이 모두 힘든 만큼 유익한 이 작업에 협력했다는 것은 프랑스로서는 영원한 축복이다. 그들은 조금도 이득을 얻으려 하지 않았고, 명예를 추구하지도 않았다. 여러 필자는 이름을 숨기기도 했다. 특히 그들은 공모하지도 않았고 당파심에 사로잡히지도 않았다.

하지만 우리 조국의 입장에서 더욱더 명예로운 사실은, 이 엄청난 대작에서 선이 악을 눌렀다는 것이다. 그러한 일은 이제까지 없었던 일이다. 『백과전서』가 받은 박해는 프랑스로서는 그다지 명예로운 일은 아니다. 이 박해와 똑같이 비열하고 틀에 박힌 정신에 오만, 질투, 무지가

▪ 푸아소니에(Poissonier).

▪ Paul-Marie Leroy(1733~1795): 프랑스 기술자.

ENCYCLOPEDIE,

OU

DICTIONNAIRE RAISONNÉ DES SCIENCES, DES ARTS ET DES MÉTIERS,

PAR UNE SOCIÉTÉ DE GENS DE LETTRES.

Mis en ordre & publié par M. *DIDEROT*, de l'Académie Royale des Sciences & des Belles-Lettres de Prusse ; & quant à la PARTIE MATHÉMATIQUE, par M. *D'ALEMBERT*, de l'Académie Royale des Sciences de Paris, de celle de Prusse, & de la Société Royale de Londres.

Tantùm series juncturaque pollet,
Tantùm de medio sumptis accedit honoris ! HORAT.

TOME PREMIER.

A PARIS,

Chez
BRIASSON, *rue Saint Jacques, à la Science.*
DAVID l'aîné, *rue Saint Jacques, à la Plume d'or.*
LE BRETON, Imprimeur ordinaire du Roy, *rue de la Harpe.*
DURAND, *rue Saint Jacques, à Saint Landry, & au Griffon.*

M. DCC. LI.

AVEC APPROBATION ET PRIVILEGE DU ROY.

1751년 출간된『백과전서』1권 표지

합쳐진 탓에 루이 11세 시대에 인쇄술이 금지되었던 것이다. 위대한 앙리 4세 치하에서는 연극이, 루이 13세 치하에서는 건전한 철학의 기초들이 금지되었다. 마지막으로 구토제와 종두도 그런 정신 때문에 금지되었다. 깨우침을 주는 모든 것, 향상되는 모든 것의 적인 그 비열하고 틀에 박힌 정신은 이 기억할 만한 계획[1026]에 거의 치명적인 타격을 가했다. 그 정신은 이 계획을 원래보다 더 보잘것없게 만들어놓는 데 성공했다. 결코 이성에 가해서는 안 되는 족쇄를 그 계획에 채움으로써 말이다. 무모함은 비난 받아 마땅하지만 현명한 대담성을 비난해서는 안 된다. 현명한 대담성 없이는 인간 정신은 결코 진보할 수 없기 때문이다. 자연에 관한 지식, 우리가 역사라는 이름으로 떠받드는 옛날이야기에 대해 회의적인 정신, 학파의 어리석음을 벗어난 건전한 형이상학은 분명 우리 세기의 결실이다. 또 이성이 진보했다는 것도 확실하다.

사실 모든 시도가 만족스러운 것은 아니었다. 뉴턴이 서재에서 논증했던 진리를 확인하기 위한 세상 끝으로의 여행들은 측량의 정확성에 대해 의혹을 남겨놓았다. 철광석을 강철로 벼리거나 변환시키려는 시도, 이집트와 전혀 다른 기후 속에서 이집트 식으로 동물을 부화하려는 시도, 이와 유사한 수많은 다른 노력 때문에 소중한 시간이 허비되었고 심지어 몇몇 가정이 파산하기도 했다. 상당히 유용했을 연구들이, 너무나 무모하게 체계화하려고 했기 때문에 훼손되기도 했다. 그릇된 실험들에 의거하여, 배(胚) 없이도 동물들이 탄생할 수 있다는 해묵은 오류를 부활시키기도 했다. 그래서 그런 동물들보다도 더 비현실적인 상상들이 쏟아져 나오기도 했다. 어떤 사람들은 인력에 관한 뉴턴의 발견을 남용하여, 아이가 어머니 배 안에서 인력에 의해 만들어진다고 말하기까지 했다. 또 어떤 사람들은 유기화합물을 만들어내기도 했다. 누군가는 허황된 생각에 사로잡혀 산이 바다에 의해 만들어졌다고 주장하기까지 했다. 바다가

산에 의해 만들어졌다고 말하는 것만큼이나 진실이라는 것이다.

영혼을 자극함으로써 현재를 보듯이 미래를 볼 수 있다고 상상할 정도로 기상천외한 수학자들이 있었다면 누가 믿겠는가. 다른 곳에서 이미 말한 바대로, 여러 철학자가 데카르트의 예를 따라 자신이 신의 위치에 있는 것으로 가정하고, 신과 마찬가지로 말씀으로 세상을 창조하고자 했다. 하지만 철학의 이 모든 어리석은 짓은 곧 현자들에게 비난을 받았다. 그리고 이 터무니없는 건조물들은 이성에 의해 허물어졌지만, 그 잔재에는 이성을 위협하는 재료들이 남아있는 것이다.

이러한 부조리가 도덕을 타락시켰다. 사회를 개혁한다고 생각하면서 사회의 모든 기반을 전복시킬 정도로 맹목적인 사람들이 생겨났다. 무분별하게도 그들은 네 것과 내 것을 따지는 것은 죄악이며[1027] 자신의 일을 즐겨서는 안 된다고 주장했다. 모든 인간이 평등할 뿐만 아니라, 모여 삶으로써 자연의 질서를 왜곡했다는 주장까지 했다. 인간은 야생동물처럼 고독해지기 위해 태어났고, 비버와 꿀벌과 개미들은 사회를 이루고 살아감으로써 영구불변의 법칙을 교란시키고 있다는 것이 그들의 주장이었다.

광인수용소에서나 들어야 마땅할 이 헛소리들은 한동안 시장에서 춤추게 했던 원숭이들만큼 유행했다.

신학 역시 이러한 무절제에 오염되고 말았다. 본질적으로 교훈적이어야 할 저술들이 명예를 훼손하는 비방문이 되어 고등법원에 의해 엄격하게 처벌되기도 했으며,[1028] 또 모든 아카데미의 비난을 받아야 했다. 그만큼 그것들은 형편없는 글이었다.

여러 가지의 유사한 악습이 문학을 오염시켰다. 수많은 작가가 지나치게 멋을 부리고 격렬하며 난해한 문체 속에서 헤매거나 문법을 전적으로 무시했다. 그들은 타키투스를 우스꽝스러운 작가로 만들기까지 했다. 금

세기에는 글을 많이 썼다. 지난 세기에는 천재들이 있었다. 루이 14세 치하에서 언어는 모든 장르에서 완벽함의 최고 단계에 이르렀다. 불필요한 새로운 단어를 사용하지 않고, 사용되고 있는 모든 필요한 단어를 능숙하게 사용했던 것이다. 지난 세기의 대가들은 글을 쉽게 쓰는 모범을 후세에 남겨주었다. 하지만 오늘날엔 이러한 모범이 변질된 안이한 글쓰기 때문에, 이 아름다운 언어가 타락하지나 않을까 우려된다. 왜냐하면 본보기는 수많은 모방자를 낳는 법이고, 이 모방자들은 자신들에게 부족한 천재성을 말로 메꾸려고 애쓰는 법이기 때문이다. 그들은 언어를 더욱 아름답게 만들지 못하고 오히려 훼손시킨다. 프랑스는 영광스러운 루이 14세 시대에 단연 두각을 나타냈다. 연극을 진귀한 완벽의 단계에까지 끌어올리고, 그 이전까지 볼 수 없었던 우아함과 순수함의 단계에까지 언어의 매력을 끌어올린 라신 덕이었다. 하지만 라신 이후로는 구성도 우스꽝스럽고 어법도 부정확한 작품들이 갈채를 받고 있다.

바로 이러한 쇠퇴에 저항해서 아카데미 프랑세즈는 지속적으로 싸우고 있다. 아카데미 프랑세즈는 어느 정도 순정하게 쓰인 작품에만 상을 주고 문체가 잘못된 모든 작품을 비판함으로써 전반적인 파멸로부터 심미안을 지켰다. 문학은 자주 퇴폐에 빠지기도 한다. 그러나 문학은 잘 자란 젊은이들을 거의 모두 사로잡는다. 문학은 문학을 몰랐던 신분의 사람들에게도 전파된다. 우리가 상스러운 방탕을 멀리하고, 루이 14세와 그의 모후[1029]에 의해 프랑스에 도입된 예절을 보존한 것은 바로 문학 덕분이다. 모든 생활조건 속에서도 유익한 이 문학은, 인간의 불행에 대한 고찰로 너무나 괴로워할 수도 있는 정신을 유쾌한 대상에 집중시킴으로써 공적인 재앙 속에서도 우리를 위로해준다.

❙ 미주 ❙

1 볼테르의『루이 14세 시대』초판은 1751년 12월 베를린에서 간행되었다. 볼테르는 1750년 7월부터 1753년 3월까지 프로이센에 체류하였다. 볼테르는 초판 출간 직후부터 교정에 착수했고 2판은 1752년 11월 드레스덴에서 간행되었다.

2 루이 15세(1710~1774)는 1710년 2월 15일 베르사유에서 부르고뉴 공작 루이(duc de Bourgogne, Louis, 1682~1712)와 마리아델라이드 드 사부아(Marie-Adélaïde de Savoie, 1685~1714)의 3남으로 출생했다. 부르고뉴 공작은 루이 14세의 장남 왕세자(Monseigneur, Louis le Grand Dauphin, 1661~1711)의 장남이다. 왕세자는 1711년 4월 14일 천연두로 사망했고, 부친의 뒤를 이어 왕세자가 된 부르고뉴 공작은 부인과 함께 홍역으로 1712년 2월 사망했다. 부르고뉴 공작의 장남은 1704년 출생했다가 1705년 사망했기에 차남인 브르타뉴 공작이 왕세자가 되었지만 그 역시 홍역으로 1712년 3월 12일 사망했다. 그래서 앙주 공작인 3남이 왕세자가 되었다가 1715년 9월 1일 루이 14세의 사망 직후에 루이 15세로 즉위한다.

3 1610년 5월 앙리 4세(1553~1610)가 암살되자 왕비 마리 드 메디치(Marie de Médici, 1575~1642)가 8세에 불과한 루이 13세(1601~1643)의 섭정이 되었고, 1643년 5월 루이 13세가 병사하자 왕비 안 도트리슈(Anne d'Autriche, 1601~1666)가 5세에 불과한 루이 14세(1638~1715)의 섭정이 되었다.

4 루이 13세와 안 도트리슈는 아들 둘을 두었는데 장남이 루이 14세가 되고 차남은 오를레앙 공작 필리프(duc d'Orléans, Philippe. 1640~1701)가 되었다. 루이 14세에 의해 정치에서 배제된 후 방탕한 생활을 한 필리프가 두 번째 결혼에서 얻은 외아들 오를레앙 공작 필리프(duc d'Orléans, Philippe, 1674~1723)가 루이 15세의 섭정이 된다.

5 1643년 5월 14일 루이 13세의 사망 직후에 루이 14세의 섭정이 된 안 도트리슈는 5월 19일 파리 고등법원을 소집하여 섭정의 권한을 제한한 남편의 유언을 파기시켰다.

6 루이 14세는 자신의 사후에 조카 오를레앙 공작이 섭정이 될 것이 확실해지자 유서에서 섭정의 권한을 제한하는 몇 가지의 조치를 취했다. 오를레앙 공작은 파리 고등법원을 동원하여 루이 14세의 유언을 파기시켰다. 섭정은 고등법원을 자기편으로 끌어들이는 대가로, 루이 14세가 폐기한 간주권(諫諍權, droit de remontrance)을 부활시켜 주었는데 이것이 18세기 후반에 중대한 결과를 낳게 된다.

7 Monsieur: 왕의 남동생에 대한 경칭으로 여기서는 루이 14세의 동생 오를레앙 공작 필리프를 가리킨다.

8 1701년 시작되어 우여곡절 끝에, 1713년 4월의 위트레흐트 조약과 1714년 3월의 라슈타트 조약으로 끝난 에스파냐 왕위계승전쟁.

9 신성로마제국.

10 에스파냐 왕위계승전쟁을 종식시킨 1714년의 3월의 라슈타트 조약.

11 1683~1699년의 대 튀르크 전쟁(Great Turkish War)으로 베네치아가 펠로폰네소스 반도를 차지했으나 그 통치가 그리스인들에게 환영받지 못했다. 그 결과 1715년 오스만 제국이 침공하여 펠로폰네소스를 점령했고 베네치아는 1718년의 7월의 파사로비츠 조약에 의해 오스만의 점령을 인정한다.

12 Francesco Morosini(1619~1694): 대 튀르크 전쟁의 일환으로 1684년 시작된 모레아 전쟁(6차 오스만-베네치아 전쟁)에서 혁혁한 승리를 거두고 펠로폰네소스와 그리스를 획득한 공로로 1687년 '펠로폰네소스인'이라는 칭호를 얻고 베네치아의 108대 도제(Doge)가 되었다. 모레아(Morea)는 중세와 근대 초기에 펠로폰네소스 반도를 일컫던 명칭이다.

13 1699년 1월 26일 도나우 강변의 카를로비츠(Karlowitz)에서 체결된 평화조약으로 대 튀르크 전쟁을 종식시켰다.

14 1711년 10월 신성로마제국 황제 카를 6세로 선출된 합스부르크가의 카를(1685~1740).

15 Prince Eugène, François Eugène de Savoie-Carignan(1663~1736): 사보이아 공국의 귀족 출신으로 파리에서 성장했지만 루이 14세가 프랑스군 복무를 거부하자, 오스트리아로 넘어가서 합스부르크가의 장군이 되어 많은 무공을 세웠다. 그는 특히 1697년 9월 11일의 젠타(Zenta) 전투에서 오스만군을 대파함으로써 명성을 얻었다.

16 Ahmed III(1673~1736): 오스만 제국의 23대 술탄(재위 1703~1730).

17 Silahdar Damat Ali Pasha(1667~1716): 오스만 제국의 장군으로 1713년 총리대신(Grand Vizier)이 되었다가 1716년 8월 5일 외젠 공이 지휘하는 오스트리아군과의 페트로바라딘(Petrovaradin) 전투에서 전사한다.

18 대 튀르크 전쟁을 종식시킨 1699년 1월 26일의 카를로비츠 조약을 받아들이기 어려웠던 오스만 제국은 1710년부터 일련의 전쟁에 의해 복수에 나섰다. 오스만군은 1710~1711년의 러시아-튀르크 전쟁에서 표트르 1세의 러시아군을 격파했다. 또 총리대신 알리가 1714~1718년의 7차 오스만-베네치아 전쟁에서 베네치아인들로부터 모레아를 탈환했다. 이에 카를로비츠 조약의 보증을 섰던 오스트리아가 오스만 제국을 위협하자 1716년 오스만 제국은 오스트리아에 선전포고를 했다.

1716~1718년의 오스트리아-튀르크 전쟁은 1716년 8월 5일 외젠 공의 페트로바라딘 승전 등으로 오스트리아에 유리하게 진행되다가 1718년 7월 21일의 파사로비츠(Passarowitz) 조약에 의해 종식되었다. 이 조약에 의해 오스트리아는 오늘날 세르비아의 많은 지역을 차지하게 되어 세르비아 왕국(Kingdom of Serbia, 1718~1739)이 오스트리아의 속주가 되고, 베네치아는 펠로폰네소스 반도(당시에는 모레아라고 불림)를 오스만 제국에 넘긴다. 그러나 1737~1739년의 오스트리아-튀르크 전쟁을 종식시킨 1739년 9월 18일의 베오그라드 조약에 의해 오스만 제국이 세르비아 왕국의 영토를 차지하게 된다.

19 Comte de Bonneval, Claude Alexandre(1675~1747): 프랑스 귀족으로 여러 전투에서 무공을 세웠지만 루이 14세의 애첩 맹트농 부인(Mme de Maintenon, 1635~

1719, 루이 14세와 1683년 비밀결혼을 했다)을 모독한 죄로 사형선고를 받았다가 오스트리아로 탈주하여 외젠 공의 부하 장군이 되었다. 그는 페트로바라딘 승전에 기여했지만 외젠 공과의 불화로 오스만 제국으로 넘어가 무슬림으로 개종하고 파샤가 되어 오스트리아군과 싸웠다.

20 오스만 제국의 문무고관에게 주어진 명예로운 칭호.

21 기원전 52년 율리우스 카이사르는 반란을 일으킨 베르생제토릭스(Vercingétorix)의 군대를 알레지아에서 포위하여 항복을 받아냈다.

22 1717년 7월 16일 시작된 베오그라드 포위전은 8월 17일, 외젠 공이 지휘하는 오스트리아군의 승리로 끝났다.

23 Timişoara: 루마니아 서부 티미슈의 중심 도시.

24 이 책에서 아무런 수식이 없는 '황제'는 신성로마제국 황제를 가리킨다.

25 1714~1718년의 오스만-베네치아 전쟁 그리고 1716~1718년의 오스트리아-튀르크 전쟁을 종식시킨 조약으로 1718년 7월 21일 세르비아 동부의 파사로비츠에서 체결되었다. 오스만 제국은 베오그라드 등을 오스트리아에 넘겼고, 베네치아는 펠로폰네소스 반도를 오스만에 양보했다.

26 루이 14세의 왕세자 루이의 차남인 앙주 공작 필리프(duc d'Anjou, Philippe, 1683~1746)는 에스파냐 왕 카를로스 2세(Carlos II de España, 1661~1700)의 유언에 따라 1700년 11월 펠리페 5세로 등극했다. 이러한 승계 때문에 에스파냐 왕위계승전쟁(1701~1714)이 벌어지게 된다.

27 Giulio Alberoni(1664~1752): 이탈리아 출신 성직자로 프랑스를 거쳐 에스파냐로 왔다가, 1714년 상처한 펠리페 5세와 이사벨 데 파르네시오(Isabel de Farnesio, 1692~1766)의 결혼을 주선하고 1715년 펠리페 5세의 수석대신이 되었다.

28 오늘날 이탈리아 북부(피에몬테), 프랑스 동남부, 스위스 일부를 포함한 사보이아 공국(Ducato di Savoia, 1416~1713)을 통치하던 사보이아 공작은 1713년 시칠리아 왕이 되었다가 1720년 사르데냐 왕이 된다. 1860년 프랑스는 사보이아 공국의 일부를 합병하는데 그것이 사부아(Savoie) 지역이다.

29 알베로니는 1688년의 명예혁명으로 축출된 스튜어트 왕가를 복위시키려는 자코바이트의 음모를 지원하기 위해 1719년 에스파냐군을 파견하였으나 실패했다.

30 Piotr Alekseïevitch Romanov(1672~1725): 서구화 정책과 영토 확장으로 러시아 제국 건설에 성공한 표트르 1세.

31 Karl XII(1682~1718): 스웨덴 왕으로 강대국 스웨덴을 재건하려고 했으나 1709년 러시아 표트르 1세와의 전쟁에서 패배하고 1718년 11월 노르웨이를 공격하다가 전사했다.

32 명예혁명으로 축출된 영국 왕 제임스 2세(James II of England, 1633~1701)의 아들 제임스(James Francis Edward, Prince of Wales, 1688~1766). '늙은 왕위 요구자(The Old Pretender)'라고 불렸다.

33 조세 저항에서 비롯된 브르타뉴의 봉기 시도(1718~1720)는 퐁칼렉 후작(marquis de Pontcallec, Chrysogone-Clément de Guer)이 주도하게 되어 '퐁칼렉의 음모'라고 불린다. 이 음모는 섭정 오를레앙 공작의 축출을 도모한 에스파냐의 알베로니와 멘 공작(duc du Maine, Louis-Auguste de Bourbon, 1670~1736) 부부의 지원을

받게 되었다. 하지만 멘 공작 부부는 1718년 12월 체포되었고, 1719년 10월 알베로니가 브르타뉴로 파견한 아일랜드 함대도 실패하고 말았다. 퐁칼렉을 비롯한 주동자들은 재판을 받고 처형되었다(1720년 3월).

34 루이 14세와 몽테스팡 부인(Mme de Montespan, 1641~1707) 사이에서 태어난 멘 공작은 태양왕과 맹트농 부인의 총애를 받았다. 루이 14세는 사망 직전에 섭정 오를레앙 공작의 권한을 축소하고 멘 공작의 역할을 보장하는 유언을 남겼지만, 이 유언은 고등법원을 동원한 오를레앙 공작에 의해 파기되어 멘 공작은 모든 정치적 역할에서 배제되었다. 앙심을 품은 멘 공작부인(duchesse du Maine, Louise-Bénédicte de Bourbon, 1676~1753)은 1718년 에스파냐의 알베로니 추기경과 내통하여 오를레앙 공작을 납치하고 펠리페 5세를 섭정으로 추대하기 위한 음모를 꾸몄다. 이것을 당시 파리 주재 에스파냐 대사 안토니오 델 주디체(첼라마레 공, Principe de Cellamare, Antonio del Giudice, 1657~1733)의 이름을 따라서 '첼라마레의 음모'라고 부른다. 이 음모는 1718년 12월 첼라마레 공이 추방되고 가담자들이 체포됨으로써 마감되었다. 모든 가담자는 몇 달 후에 사면을 받았다.

35 Melchior de Polignac(1661~1741): 프랑스 귀족 출신으로 폴란드 대사를 역임하고 추기경이 되었다. '첼라마레의 음모'에 가담한 죄로 추방되었다가 나중에 로마 대사를 역임했다.

36 Guillaume Dubois(1656~1723): 시골 의사의 아들로 성직자의 길을 택하여 우수한 성적 덕에 루이 14세 조카(미래의 오를레앙 공작)의 가정교사(précepteur)가 되었다가 섭정기에 수석대신의 자리에까지 올랐다.

37 볼테르는 département이라는 단어를 사용했다.

38 1718년 7월의 파사로비츠 조약.

39 George I of Great Britain(1660~1727): 하노버 선제후 게오르크 1세(Georg I. Ludwig)가 1714년 영국 왕 조지 1세로 즉위하여 영국에서 하노버 왕조의 시대가 열렸다.

40 루이 14세의 왕세자는 아들 셋을 두었다. 왕세자의 장남 루이의 막내아들이 1715년 루이 15세가 된다. 왕세자의 차남 필리프는 1700년 펠리페 5세가 되었다. 따라서 펠리페 5세는 루이 15세의 삼촌이다.

41 백합 세 송이는 프랑스 왕의 문장이다.

42 Duke of Berwick, James FitzJames(1670~1734): 영국 왕 제임스 2세의 사생아로 부친이 명예혁명으로 축출되자 프랑스로 건너와서 군인이 되었고, 에스파냐 왕위계승전쟁에서의 무공으로 육군원수가 되었다.

43 Duke of Berwick, James Fitz-James Stuart(1696~1738): 부친과는 달리 에스파냐군에서 활약하여 육군원수가 되었다. 부친이 사망하기 전에는 리리아 공작(Duke of Liria)이었다.

44 이탈리아에서 옛날 영토를 회복하고 프랑스의 왕좌까지 차지하려는 펠리페 5세와 알베로니 추기경에 대항하여 프랑스, 영국, 오스트리아, 네덜란드 4국이 동맹하여 에스파냐를 상대로 벌인 4국 동맹 전쟁(1718~1720). 나중에 사보이아 공국이 동맹군에 가담했다. 이 전쟁은 1720년 2월 17일의 헤이그 조약으로 종료된다.

45 secrétaire d'Etat: 프랑스 구체제에서 본래 왕명을 전달하고 집행하던 비서직이었

으나 17세기에 실질적인 행정책임자가 된다.

46 Antoine Houdar de La Motte(1672~1731): 프랑스 작가.

47 산마리노 공화국의 독립은 1631년 교황에 의해 인정되었다. 우여곡절 끝에 교황 특사가 된 알베로니는 산마리노를 교황령으로 만들려다가 실패한다.

48 1720년 2월 체결된 헤이그 조약.

49 Vittorio Amedeo II di Savoia(1666~1732): 사보이아 공작(피에몬테 공 겸직)으로 1713년의 위트레흐트 조약에 의해 시칠리아 왕이 되었다가 1720년 카를 6세에게 시칠리아 왕국을 넘겨주고 그 대신 사르데냐 왕국을 넘겨받았다. 사르데냐 왕이 되어 단행한 일련의 개혁으로 왕국을 발전시켰다.

50 폴란드 왕위계승전쟁(1733~1738)을 종식시킨 빈 조약(1738년 11월 18일)에 의해 에스파냐가 시칠리아를 차지하게 된다.

51 Mademoiselle de Montpensier, Louise-Élisabeth d'Orléans(1709~1742): 섭정 오를레앙 공작의 5녀로 에스파냐 왕세자 루이스와 결혼.
대공녀(Mademoiselle): 대공의 딸에 대한 경칭.

52 Luis I de España(1707~1724): 펠리페 5세의 장남으로 1724년 루이스 1세로 즉위한 지 7개월 만에 천연두로 사망.

53 Mariana Victoria de Borbón(1718~1781): 펠리페 5세의 딸로 루이 15세와 약혼했으나 파혼하고(1725년), 1729년 포르투갈 왕세자 주제(José, 1714~1777)와 결혼했다. 주제는 1750년 주제 1세(José I de Portugal)로 즉위했다.

54 Guillaume Daubenton(1648~1723): 앙주 공작 필리프의 고해신부로 1700년 앙주 공작이 펠리페 5세로 즉위하자 그를 따라 에스파냐로 갔다.

55 Cambrai: 프랑스 북부 벨기에 국경 인근에 위치한 도시.

56 Grand Conseil. 프랑스 구체제는 왕정이었지만, 왕은 자의가 아니라 자문을 받은 후에 모든 결정을 내렸다. 이런 자문을 담당하는 기구가 바로 (국왕)참사회(Conseil du roi)였다. 가장 중요한 참사회는 국사 전반에 관해 논의하는 국무참사회(conseil d'Etat)였다. 여러 종류의 참사회가 만들어졌는데, 대참사회는 국왕참사회의 업무 중에서 소송 관련 청원을 담당하기 위해 15세기 말에 신설되었다.

57 prince du sang: 이론적으로는 위그 카페의 후손 가운데 합법적인 결혼에서 태어나 왕위계승권을 지닌 남자들 모두를 가리키지만, 절대왕정의 성장과 더불어 범위가 축소되어 왕의 3대손에서 출발하여 그 이후 5대까지를 방계왕족으로 인정해 주었다.

58 duc et pair: 방계왕족 다음으로 높은 서열의 귀족으로 중신과 공작의 지위가 세습되었다. 구체제에서 공작은 크게 세 부류로 구분되었다. 중신과 공작의 지위가 세습되는 공작-중신, 공작 지위만 세습되는 공작, 세습이 불가능한 칙허장 공작(duc à brevet).
중신(pair): 이 직위는 왕족과 공작에게 부여되며 세습되었다. 중신의 지위를 지닌 귀족은 시대에 따라 다양한 정치적, 신분적 특권을 누렸으며 특히 파리 고등법원 출석권을 보유했다. 1700년경 중신직을 지닌 왕족과 귀족은 모두 40명뿐이었다.

59 maréchal de France: 카페 왕조에서는 connétable de France(도원수)가 군의 최고 지휘자였다. 1614년 리슐리외가 이 직을 폐지한 후에는 maréchal de France가 프

랑스 육군의 최고위직이 되었다. 육군원수들 가운데 특출한 사람에게는 대원수(Maréchal général des camps et armées du roi)의 직위를 부여했다. 구체제 육군원수 가운데 대원수가 된 사람은 4명뿐이다. 1793년 원수직이 폐지될 때까지 모두 263명이 원수직에 올랐다. 1804년 제국원수(maréchal de l'Empire)직이 부활해 왕정복고와 함께 다시 육군원수가 된다. 육군원수는 계급이 아니라 고위 관직(dignité)이었다.

60 conseiller d'Eat: 방계왕족, 추기경, 공작-중신 다음으로 높은 서열의 귀족으로 왕이 특허장(lettres patentes)에 의해 임명했다. 정원이 30명(성직자 3명, 대검귀족 3명, 법복귀족 24명)이었고 법복귀족 국무참사의 9/10은 청원심사관 중에서 선발했으며 1/10은 최고법원 법관 중에서 지명했다.

61 maître des requêtes: 왕에게 보내진 고소장과 탄원서를 접수하고 이를 보고하는 임무를 맡은 법관직.

62 chancelier: 프랑스 구체제의 왕을 보좌하는 6개 관직 가운데 우두머리 역할을 하는 직책으로 사법기구의 총수이자 왕명을 기안하며 입법화하는 역할을 하고 종신직이었다.

63 Henri François, D'Aguesseau(1668~1751): 프랑스 고등법관 가문 출신으로 섭정기에 대상서를 역임.

64 Louis Antoine de Noailles(1651~1729): 프랑스 고위성직자로 추기경이 되었다.

65 돈 루이스(Luis I de España, 1707~1724)는 펠리페 5세가 첫 번째 결혼에서 얻은 장남으로 1724년 1월 15일 부친의 양위 덕에 루이스 1세가 되었지만 8월 31일 천연두로 사망했다.

66 오를레앙 공작의 딸 루이즈엘리자베트는 1722년 1월 에스파냐 왕세자 돈 루이스와 결혼했다.

67 Isabel de Farnesio: 파르마 공국의 오도아르도 파르네제(Odoardo II Farnese, 1666~1693)의 차녀(이탈리아어 이름은 Elisabetta Farnese)로 1714년 펠리페 5세와 결혼하고 에스파냐 왕비가 되어 커다란 영향력을 행사했다. 펠리페 5세와 왕비 이사벨은 3남 3녀를 두었고, 그 장남 돈 카를로스가 이복형 페르난도 6세 후임으로 1759년 카를로스 3세가 된다.

68 Carlos III de España(1716~1788): 1731년 파르마와 피아첸차 대공이 되었고 1759년 에스파냐 왕으로 등극했다. 펠리페 5세는 1701년 마리아 루이사 디 사보이아(Maria Luisa di Savoia, 1688~1714)와 결혼하여 아들 넷을 두었으나 두 명은 어려서 죽었다. 장남 루이스 1세는 1724년 에스파냐 왕위를 계승했지만 곧 사망하고 차남 페르난도(Fernando VI de España, 1713~1759)가 1746년 페르난도 6세가 되었다. 펠리페 5세가 이사벨 데 파르네시오와의 재혼에서 얻은 첫째 아들이 돈 카를로스이다.

69 프랑스 구체제에서 피스톨(pistole)은 에스파냐 금화(도블론, Doblón)를 가리키는 단어였다. 17세기 초의 유럽에서는 도블론이 통용되다가 프랑스(louis d'or, 루이 금화)를 비롯한 여러 나라에서 자국의 금화를 주조하기 시작했다. 1피스톨은 프랑스 은화 3에퀴 정도(10리브르)였다.

70 1725년 4월 30일 오스트리아와 에스파냐가 빈에서 체결한 동맹조약.

71 Menorca: 지중해 서단에 위치한 발레아레스 제도(Islas Baleares)의 섬.

72 Baron Ripperda, Johan Willem(1684~1737): 펠리페 5세에 의해 리페르다 공작이 되었다.

73 Palais de Justice: 18세기에 파리 법원청사에는 파리 고등법원, 회계법원(Chambre des comptes), 상서청(Chancellerie)이 자리 잡고 있었다.

74 프랑스 구체제의 화폐제도는 계정화폐(monnaie de compte)와 실제화폐(monnaie de règlement)의 구분 그리고 12진법이 특징이다. 계정화폐와 실제화폐의 구분은 샤를마뉴 시대 화폐 개혁의 산물이다. 재화의 가치를 나타내고 계산하는 데 사용되는 추상적인 계정화폐는 리브르(livre), 수(sou), 드니에(denier)였다. 1리브르는 20수, 1수는 12드니에다. 리브르는 리브르 투르누아(livre tournois)라고도 불렸는데 이것이 원래 투르(Tours, 프랑스 중부 루아르 강가의 도시)에서 주조되었기 때문이다. 1549~1602년 사이에 리브르 투르누아를 계정화폐, 에퀴를 실제화폐로 확정했다. 공식적으로 주조되어 교환에 사용되는 실제화폐는 루이(루이 금화, louis d'or), 에퀴(에퀴 은화, écu blanc), 리야르(liard)였다. 1루이는 5리브르였다. 1에퀴는 60수 또는 3리브르였다. 리야르는 1656년부터 주조된 동전으로 3드니에였다. 왕권은 계정화폐와 실제화폐라는 이원적인 제도의 허점을 이용하여 계정화폐(리브르)의 가치를 하락시킴으로써 국고를 채우는 방식을 즐겨 사용했다. 그래서 18세기 중반에는 1에퀴가 6리브르, 120수가 되었다. 구체제에서 프랑(franc)은 리브르와 같은 의미이고 통용되는 화폐가 아니었다. 1795년의 화폐 개혁에 의해 에퀴 은화(6리브르)를 5프랑 은화로 바꾼다.

75 Palais-Royal: 루이 14세가 1692년 자기 동생 대공 필리프에게 넘겨주어 그 아들인 섭정 오를레앙 공작의 거처가 되었다. 섭정기에 팔레루아얄은 베르사유를 대신하여 프랑스 정치와 예술의 중심이 되었다.

76 John Law(1671~1729): 스코틀랜드 은행가이자 경제학자로, 섭정 오를레앙 공작에 의해 프랑스의 금융 책임자로 임명되었다. 그는 은행을 설립하고 지폐를 발행했다. 그가 세운 미시시피 회사의 주식이 투기에 이용되어 결국 파국을 초래함으로써 로의 시스템은 붕괴된다.

77 Nicolas Desmarets(1648~1721): 프랑스 법관으로 1708년 재무총감이 되었다.

78 Saint-Malo: 프랑스 브르타뉴 북부 해안의 최대 항구도시.

79 Compagnie française des Indes orientales: 콜베르가 1664년 설립했고 18세기에 인도 동해안에서 세력을 확대했다.

80 ferme générale: 프랑스 구체제에서 국왕은 징세청부권을 경매에 붙였고 이것은 국고의 주요 수입원이었다.

81 rente: 국공채 이자, 금리, 연금, 지대, 임대료 등 노동의 대가가 아닌 정기(대개는 연) 수입. 이런 수입이 있는 사람을 가리키는 rentier는 '금리생활자'로 번역한다.

82 ministre d'Etat: 프랑스 구체제에서 엄격한 의미의 대신은 국무참사회에 참석해 왕과 함께 국사를 처리하는 고위관리를 가리킨다. 일반적으로 대신은 6명이었다. 사법 분야를 관장하는 대상서(chancelier), 재무 분야의 재무총감(contrôleur général des finances) 그리고 육군, 해군, 외무, 궁내부를 담당하는 4명의 국무비서.

83 Pontoise: 파리 북서쪽 근교에 위치한 도시.

84 Louis IV Henri de Bourbon-Condé(1692~1740): 루이 14세의 외손자. 루이 14세와 몽테스팡 부인의 딸 낭트 양(Mademoiselle de Nantes, Louise-Françoise, 1673~1743)과 콩데 공(Louis III de Bourbon-Condé, 1668~1710) 사이의 장남으로 부친이 사망한 1710년 7대 콩데 공이 되었지만 대개는 Monsieur le Duc이라는 칭호로 불렸다. 그냥 부르봉 공작이라고 불리기도 했다. 1723년 12월 섭정 오를레앙 공작의 사망 후 수석대신이 된다.

85 chaise de poste: 말 한 마리가 끄는 바퀴 2개의 1인용 마차로 가볍고 역마(cheval de poste)를 사용하여 신속한 이동이 가능했다.

86 Marquis de Lassay, Armand de Madaillan de Lesparre(1652~1738): 프랑스 귀족.

87 Antoine Pâris(1668~1733), Claude Pâris(1670~1744), Joseph Pâris(1684~1770), Jean Pâris(1690~1766): 빈한한 출신의 파리스 형제는 재정가로 성공하여 루이 15세 시대에 큰 영향력을 행사했다.

88 실제로는 뒤부아 신부의 부친은 의학박사였고, 삼촌이 약사였다.

89 La Fronde: 1648~1653년에 프랑스 고등법원과 귀족들이 왕권에 대항하여 일으킨 반란.

90 종부성사(extrême onction): 일곱 성사 가운데 하나인 병자성사. 병자나 죽을 위험에 있는 신자가 받는 성사.
일곱 성사(7성사): 세례성사, 견진성사, 성체성사, 고해성사, 혼인성사, 성품성사, 병자성사.
노자성체(viatique): 죽을 위험이 있는 신자가 마지막으로 모시는 성체.

91 앙리 4세의 부친 앙투안 드 부르봉(Antoine de Bourbon, 1518~1562)의 막냇동생인 루이 드 부르봉(Louis Ier de Bourbon-Condé, 1530~1569)에서 시작된 부르봉 왕가의 방계로 1709년까지 왕족의 대우를 받으며 장자(콩데 공, prince de Condé)에게는 Monsieur le Prince라는 칭호가 부여되었다. 1709년 콩데 가는 오를레앙 가에 Monsieur le Prince를 양보하고 Monsieur le Duc의 칭호를 받는다.

92 Henri II de Bourbon-Condé(1588~1646): 3대 콩데 공으로 앙리 4세의 왕비 마리 드 메디치의 섭정에 반대했다가 1616년 9월 리슐리외의 명으로 투옥되기도 했다.

93 Louis II de Bourbon-Condé(1621~1686): 4대 콩데 공으로 '대 콩데'라고 불린다. 그는 프롱드난을 주도했다가 1650년 1월 투옥되기도 했다. 그러나 나중에는 루이 14세를 위해 혁혁한 무공을 세웠다.

94 André Hercule de Fleury(1653~1743): 프랑스 추기경으로 1726~1743년 젊은 루이 15세의 수석대신 역할을 했다.

95 Georges d'Amboise(1460~1510): 프랑스 추기경으로 루이 12세(1462~1515, 재위 1498~1515)의 수석대신 역할을 담당했다.

96 Francisco Jiménez de Cisneros(1436~1517): 에스파냐 추기경이며 이사벨 1세(Isabel I de Castilla, 1451~1504)의 측근으로 활약했다.

97 Fréjus: 지중해에 면한 프랑스 남동부의 도시.

98 Angelo Maria Quirini(1680~1755): 이탈리아 추기경.

99 빌루아 원수-공작(Duc de Villeroy, François maréchal de, 1644~1730): 루이 14세의 사부였던 부친 빌루아 원수(maréchal de Villeroy, 1597~1685) 덕에 루이 14세

와 함께 성장했고 1693년 육군원수가 되었다. 에스파냐 왕위계승전쟁에서 연전연패하고 포로로 잡힘으로써 웃음거리가 되었으나, 루이 14세의 유언에 의해 1717~1722년 루이 15세의 사부직을 맡았다.

100 codicille: 현존하는 유언장의 내용을 변경, 설명 또는 재해석하는 등의 내용을 적은 문서.

101 시강학사(précepteur, 侍講學士): 왕자나 왕손의 학습을 담당하는 가정교사로 사부(gouverneur)의 천거를 통해 당대 최고의 학식을 지닌 성직자들이 임명되었다. 사부: 왕족의 학문적 지식과 도덕적 지식을 함양시키는 역할을 담당하는 사부는 대개는 궁정의 시랑감이나 대신 등 고위직을 겸직한 대귀족이었고, 그 밑에 직접 교육을 담당하는 시강학사 또는 부시강학사를 두었다.

102 Robert Walpole(1676~1745): 영국 정치인으로 총리를 역임했다.

103 4국동맹 전쟁(1718~1720).

104 태국의 옛날 이름.

105 표트르 1세가 이끄는 러시아는 1700~1721년의 대북방전쟁(Great Northern War)에서 스웨덴을 격파하고 발트 해의 지배자이자 유럽의 새로운 강대국으로 부상했다. 스웨덴은 이 패전 이후 쇠퇴하기 시작한다.

106 Drottning Kristina(1626~1689): 스웨덴 여왕(재위 1632~1654)이었다가 퇴위하고 로마에서 말년을 보냈다.

107 Jan II Kazimierz Waza(1609~1672): 폴란드 왕(재위 1648~1668)이었다가 외국과의 전쟁 등에 염증을 느껴 퇴위하고 프랑스에서 말년을 보냈다.

108 Carlo Emanuele III di Savoia(1701~1773): 1730년 부친 비토리오 아메데오 2세의 뒤를 이어 사르데냐 왕이 되었다가 1773년 아들 비토리오 아메데오 3세(Vittorio Amedeo III di Savoia, 1726~1796)에게 양위하고 사망했다.

109 August der Starke(1670~1733): 폴란드 왕과 작센 선제후를 겸했다.

110 스타니수아프 레슈친스키(Stanisław Leszczyński, 1677~1766): 폴란드 고위 귀족 가문 출신으로 폴란드 왕(스타니수아프 왕, 1704~1709)으로 재위하고 나중에 로렌 공작이 됨. 그의 차녀 마리아(Maria Leszczyńska, 1703~1768)가 1725년, 7년 연하인 루이 15세와 결혼하게 된다.

111 1697년 폴란드 의회는 작센 선제후 프리드리히 아우구스트를 폴란드 왕 아우구스트 2세로 선출했다. 같은 해 스웨덴에서 칼 12세가 15세의 나이로 왕으로 즉위했다. 1700년 러시아의 표트르 1세와 폴란드의 아우구스트 2세가 스웨덴에 선전포고함으로써 대북방전쟁이 시작된다. 전쟁 초기에는 칼 12세가 승승장구하여 러시아군을 격퇴하고 폴란드로 침입하여 1704년 7월 스타니수아프 레슈친스키를 스타니수아프 왕으로 선출시켰다. 아우구스트 2세는 1706년의 패전으로 퇴위하고 스타니수아프 왕을 인정하게 되었다. 그러나 스웨덴의 칼 12세가 1709년 7월 폴타바(Poltava) 전투에서 패배하는 바람에 스타니수아프 왕도 폴란드에서 쫓겨나게 된다.

112 오스트리아의 마리아 요제파(Maria Josepha von Österreich, 1699~1757): 신성로마제국 황제 요제프 1세(Joseph I, 1678~1711)의 장녀로 1713년의 국본조칙(國本詔勅)에 의해 합스부르크 왕가 영토에 대한 상속권을 박탈당했다. 요제프 1세의

동생이 카를 6세이므로 마리아 요제파는 카를 6세의 조카딸이다.
국본조칙(*Pragmatica Sanctio*): 신성로마제국 황제 카를 6세가 1713년 반포한 국본조칙은 오스트리아 대공국과 그 동군연합을 이루고 있는 영토를 상속받을 남자 상속인이 없을 경우, 통치자의 딸이 상속하며, 딸도 없을 경우에는 누이가, 누이도 없을 경우엔 고모가 상속하도록 규정한 법이다. 신성로마제국의 여러 공작, 후작, 선제후들이 반발하였으나 카를 6세의 무력에 의해서 국본조칙을 승인하게 되고, 카를 6세의 장녀인 마리아 테레지아(Maria Theresia, 1717~1780) 여대공이 추정상속인이 되었다. 이는 나중에 오스트리아 왕위계승전쟁의 원인이 된다.

113 August III(1696~1763): 아우구스트 2세의 아들로 1719년 오스트리아의 마리아 요제파와 결혼하고 폴란드 왕과 작센 선제후를 겸했다.

114 네덜란드와 영국 동인도회사의 성공에 자극을 받은 오스트리아 왕실은 1722년 오스텐더(Oostende, 북해에 면한 벨기에 항구도시로 당시에는 오스트리아 영토였다) 회사의 설립을 지원했다. 오스텐더 회사가 번창하자 영국과 네덜란드의 방해공작이 시작되었다. 결국 오스트리아가 해양강국이 되는 것을 우려한 영국과 네덜란드의 압력 때문에 카를 6세는, 영국이 1713년의 국본조칙을 받아들이는 조건으로, 1731년 오스텐더 회사의 활동을 공식적으로 종료시켰다. 볼테르는 이 사실을 비난한 것이다.

115 François-Louis de Bourbon-Conti(1664~1709): 4대 콩티 공으로 '대 콩티'라고 불릴 정도로 무훈이 뛰어나서 콩티 공 가운데 가장 유명했지만 루이 14세와는 사이가 좋지 않았다. 1697년 6월 루이 14세는 뇌물을 써서 콩티 공이 폴란드 왕으로 선출되게 만들었다. 폴란드 왕 자리에 마음이 없던 콩티 공은 마지못해 폴란드로 떠났지만, 작센 선제후 아우구스트 2세가 이미 폴란드 왕 자리를 차지해 버렸기 때문에 다시 프랑스로 돌아오지 않을 수 없었다.
콩티 가문(les Conti): 앙리 4세의 부친인 앙투안 드 부르봉(Antoine de Bourbon, 1518~1562)의 막냇동생 루이 드 부르봉(1대 콩데 공)은 첫 번째 결혼에서 8명의 자식을 낳았다. 이 가운데 장남인 앙리 드 부르봉(Henri Ier de Bourbon-Condé, 2대 콩데 공, 1552~1588)이 콩데 가문을 이어가고, 3남인 프랑수아 드 부르봉(François de Bourbon-Conti, 1558~1614)이 1대 콩티 공이 되었다. 그러나 프랑수아는 아들이 없었다. 그래서 3대 콩데 공인 앙리 드 콩데의 차남인 아르망(Armand de Bourbon-Conti, 1629~1666)이 2대 콩티 공이 되었다. 그의 장남인 루이아르망(Louis-Armand de Bourbon-Conti, 1661~1685)이 3대 콩티 공이 되었으나 후사가 없이 사망하는 바람에 동생인 프랑수아루이가 4대 콩티 공(대 콩티)이 되는 것이다. 아르망 드 부르봉을 1대 콩티 공으로 간주하여 대 콩티를 3대 콩티 공으로 보기도 한다.

116 독일어로는 단치히(Danzig)라고 불리는, 폴란드 발트 해 연안의 항구도시 그단스크(Gdańsk).

117 1789년 혁명 이전의 프랑스 육군의 기본 단위는 연대(régiment)였다. 연대는 대개 부유한 귀족 가문이 자체 경비로 조직하고 연대장(colonel 또는 mestre de camp)을 맡았다. 연대 조직과 운영에는 많은 돈이 들었지만 크나큰 명예였을 뿐 아니라, 연대장직은 장성으로 승진하는 지름길이었고, 장성이 연대장을 맡는 경우도 적지 않았다. 피카르디, 나바르, 샹파뉴, 피에몽, 노르망디, 해군 이 6개 선임 연대(Six

Grands Vieux)가 다른 연대들보다 선봉에 서는 명예와 우위를 인정받았다. 프랑스 구체제의 육군 장성은 brigadier, maréchal de camp, lieutenant-général des armées가 있었다. maréchal de camp, lieutenant-général des armées(du roi)은 혁명 이후에 우여곡절 끝에 1848년 général de brigade(여단장), général de division(사단장)으로 대체된다. 그러나 구체제에서는 연대를 지휘하는 연대장직은 있었지만, 여단과 사단을 지휘하는 직은 따로 없었다. 또 영국, 오스트리아(신성로마제국), 프로이센의 장성 직과 일치시켜야 할 필요도 있다. 이런 관점에서 brigadier, maréchal de camp, lieutenant général을 준장, 소장, 중장으로 번역한다. 프랑스 구체제 육군에서는 중장이 최고 계급이었고, 육군원수(maréchal de France)는 계급이 아니라 고위 관직이었다. 해군의 경우는 chef d'escadre는 준장, contre-amiral은 소장, vice-amiral(lieutenant-général des armées navales)은 중장으로 번역한다. 해군원수(amiral de France) 역시 계급이 아니라 고위 관직이었다.

118 escadre(영어 squadron): 함대(flotte, 영어 fleet)의 일부로 대개 3~10척의 전함으로 구성된다. 그러나 소함대의 규모는 나라와 시대에 따라 상당한 차이가 있었다.

119 Comte de Plélo, Louis de Bréhan(1699~1734): 프랑스 귀족으로 연대장이 된 후에 외교관으로 진출하여 덴마크 주재 대사가 되었다.

120 Burkhard Christoph von Münnich(1683~1767): 독일인이지만 덴마크, 프랑스 등지에서 복무하다가 러시아로 가서 혁혁한 무훈을 세워 러시아군 원수가 되어 군대를 개혁하고 그 공으로 백작이 되었다. 수석대신의 자리까지 올라간 후에 시베리아로 유배되었다가 다시 차르의 부름을 받아 복귀한다.

121 Anna Ivanovna(1693~1740): 이반 5세(1666~1696)의 2녀로 1730년 안나 여제로 즉위하여 1740년까지 재위했다.

122 1733년 10월 10일 루이 15세는 지리적으로 머나먼 러시아 대신 그 동맹인 카를 6세에게 선전포고를 했다. 이렇게 시작된 폴란드 왕위계승전쟁은 1738년 11월 18일의 빈 조약에 의해 종결된다.

123 파르마 공국(정확하게는 파르마와 피아첸차 공국)은 1545년 교황 바오로 3세(1468~1549, 재위 1534~1549)가 추기경 시절에 낳은 아들(사생아) 피에르 루이지 파르네제(Pier Luigi Farnese, 1503~1547)에게 주기 위해 만들었다.

124 독일어 명은 로트링겐(Lothringen).

125 사르데냐 왕국은 피에몬테-사르데냐 또는 그냥 피에몬테라고 불렸다. 그 실질적인 수도가 피에몬테 토리노(Torino)였기 때문이다.

126 Duc de Villars, Claude-Louis-Hector(1653~1734): 프랑스 귀족으로 1733년 대원수가 되었다.

127 Duc de Coigny, François de Franquetot(1670~1759): 프랑스 귀족으로 1734년 육군원수가 되었다.

128 José Carrillo de Albornoz, duque de Montemar(1671~1747): 에스파냐 귀족으로 비톤토 전투에서의 승리로 몬테마르 백작에서 공작으로 승격되었다.

129 Bitonto: 이탈리아 동남부 풀리아(Puglia)에 위치한 도시.

130 Regno delle Due Sicilie(양시칠리아 왕국): 시칠리아 왕국(섬 시칠리아)과 나폴리 왕국(반도 시칠리아)은 통합과 분리를 거듭하다가 1501년 아라곤 왕 페르난도 2

세(Fernando II de Aragón, 1452~1516)가 통합시켜 에스파냐 왕실에 귀속시켰다.

131 Franz Stephan von Lothringen(1708~1765): 로트링겐 공작 레오폴트(Leopold Joseph von Lothringen, 1679~1729)와 엘리자베트샤를로트(Élisabeth-Charlotte d'Orléans, 1676~1744, 루이 14세의 동생 필리프의 딸, 프랑스의 대공녀)의 4남으로 부친 사후에 로트링겐 공작(프란츠 3세)이 되었다. 1736년 카를 6세의 장녀 마리아 테레지아와 결혼하고 1745년 신성로마제국 황제 프란츠 1세가 된다.

132 토스카나 대공국.

133 잔 가스토네 데 메디치(Gian Gastone de Medici, 1671~1737): 토스카나 대공 코시모 3세(Cosimo III de Medici, 1642~1723)의 차남으로 1723년 대공이 되었으나 후사 없이 사망했다.

134 안토니오 파르네제(Antonio Farnese, 1679~1731): 6대 파르마 공작 라누치오 2세(Ranuccio II Farnese, 1630~1694)의 막내아들로 1727년 8대 공작이 되었다가 후사 없이 사망했다.

135 폴란드 왕위계승전쟁을 종식시킨 1738년 11월 18일의 빈 조약.

136 6대 파르마 공작 라누치오 2세의 장남 오도아르도(Odoardo II Farnese, 1666~1693)가 부친보다 먼저 사망하는 바람에 이복동생들이 공작직에 오르게 되었다. 그런데 오도아르도의 차녀가 펠리페 5세의 부인 이사벨 데 파르네시오(처녀 시절 이름은 엘리자베타 파르네제)였으므로 그녀의 자식들은 파르마 공국에 대한 권리가 있는 것이다.

137 Novara: 이탈리아 북서부 피에몬테에 위치한 도시.

138 Tortona: 이탈리아 북서부 피에몬테에 위치한 도시.

139 Langhe: 이탈리아 북서부 피에몬테에 위치한 지역.

140 Felipe II de España(1527~1598): 합스부르크 왕가 출신으로 에스파냐 최전성기의 통치자였다.

141 오스트리아의 카탈리나 미카엘라(Catalina Micaela de Austria, 1567~1597): 펠리페 2세의 둘째 딸로 1585년 사보이아 공작 카를로 에마누엘레 1세(Carlo Emanuele I di Savoia, 1562~1630)와 결혼했다. 그들의 아들이 비토리오 아메데오 2세이다.

142 Louis XII(1462~1515): 프랑스 왕(재위 1498~1515)으로 오를레앙 공작 루이(Louis Ier d'Orléans, 1372~1407)의 손자이다. 루이 12세의 부인이 1대 밀라노 공작 비스콘티(Gian Galeazzo Visconti, 1351~1402)의 딸 발렌티나 비스콘티(Valentina Visconti, 1394~1465)였으므로 프랑스 왕가는 밀라노에 대한 상속권을 주장할 수 있었다.

143 비스콘티 가문은 1395~1447년, 스포르차 가문은 1450~1535년 밀라노 공국을 통치했다. 1535년 이후에는 신성로마제국의 카를 5세(Karl V, 1500~1558)와 프랑스의 프랑수아 1세(François I, 1494~1547)가 밀라노 공국을 두고 다투다가 1559년 4월의 카토캉브레시스(Cateau-Cambrésis) 조약에 의해 카를 5세의 장남인 에스파냐 왕 펠리페 2세의 소유가 공인되었다.

144 Bar: 프랑스와 독일의 국경에 위치한 로렌 지역에 있는 곳으로 공작령이 되었으나 로렌 공국의 일부로 간주되었다.

[145] Garde des sceaux: 국새상서는 대상서와는 달리 종신직이 아니다. 국새를 관리하는 대상서가 유고가 생겼을 경우에 대비하기 위해 앙리 2세(Henri II, 1519~1559)가 1551년 국새상서직을 신설했지만 그 전에도 국새상서가 있었다.

[146] Germain-Louis Chauvelin(1685~1762): 프랑스 정치인으로 루이 15세 밑에서 국새상서와 국무비서를 역임했다.

[147] Marcus Ulpius Trajanus(53~117): 로마제국의 13대 황제(재위 98~117)로 제국의 영토를 최대로 넓혔다. 트라야누스는 영토를 확대하면서 휘하 장군들에게 통치권을 위임하고 이것을 메달에 새겼다.

[148] 1737~1739년의 오스트리아-튀르크 전쟁.

[149] 1739년 9월의 베오그라드 조약.

[150] 합스부르크 왕가의 카를 6세는 1708년 8월 브라운슈바이크-볼펜뷔텔의 엘리자베트 크리스티네(Elisabeth Christine von Braunschweig-Wolfenbüttel, 1691~1750)와 결혼하여 1남3녀를 얻었으나 외아들 레오폴트가 출생년도에 사망하는 바람에 장녀 마리아 테레지아를 상속녀로 지명하게 된다. 그러나 여자는 신성로마제국 황제가 될 수 없었기 때문에 카를 6세가 합스부르크 왕가의 마지막 황제가 되었다.

[151] 마리아 테레지아는 카를 6세의 장녀로 출생 직후 1713년의 국본조칙에 의해 합스부르크 왕가의 상속녀로 공표되었다. 마리아 테레지아는 1736년 2월 로트링겐의 프란츠 슈테판과 결혼했다.

[152] Karl Albrecht von Bayern(1697~1745): 1726년 부친의 뒤를 이어 바이에른 선제후가 되었고, 부인인 오스트리아의 마리아 아말리아(Maria Amalia von Österreich, 1701~1756)가 신성로마제국 황제 요제프 1세의 딸이라는 점을 내세우며 황제 자리를 노렸다. 1742년 프랑스의 지원에 힘입어 황제가 되었으나 오스트리아 왕위계승전쟁에서 패하고 사망한다.

[153] Ferdinand I(1503~1564): 카를 5세의 동생으로 형의 뒤를 이어 신성로마제국 21대 황제(1556~1564)가 되었다.

[154] August III(1696~1763): 1733년 부친 아우구스트 2세의 뒤를 이어 폴란드 왕과 작센 선제후가 되었다. 그가 1719년 결혼한 오스트리아의 마리아 요제파(Maria Josepha von Österreich, 1699~1757)는 요제프 1세의 장녀이다.

[155] 신성로마제국 27대 황제 레오폴트 1세(Leopold I, 1640~1705)가 세 번째 결혼에서 얻은 장남이 요제프 1세(28대 황제), 3남이 카를 6세(29대 황제)이다.

[156] Anna von Österreich(1549~1580): 신성로마제국 22대 황제 막시밀리안 2세(1527~1576)의 장녀로 1570년 펠리페 2세의 네 번째 부인이 되었다. 펠리페 2세는 카를 5세의 장남이고 막시밀리안 2세는 카를 5세의 동생 페르디난트 1세의 장남이기 때문에 오스트리아의 아나는 펠리페 2세의 당질녀이다.

[157] Marie-Thérèse d'Autriche(1638~1683): 합스부르크 왕가 펠리페 4세(1605~1665)의 딸로 1660년 루이 14세(1638~1715)와 결혼했다. 에스파냐 왕 펠리페 2세와 오스트리아의 아나의 아들이 펠리페 3세(Felipe III de España, 1578~1621)이고 펠리페 3세의 아들이 펠리페 4세이므로 마리테레즈는 아나의 증손녀이다. 펠리페 5세는 루이 14세와 마리테레즈의 장남 왕세자 루이(Louis de France, 1661~1711)의 차남이다.

[158] Anne d'Autriche(1601~1666): 펠리페 3세의 장녀로 1615년 루이 13세(1601~1643)와 결혼하여 1638년 루이 14세를 낳았다.

[159] Friedrich I(1657~1713): 부친의 뒤를 이어 브란덴부르크 선제후에 올랐다가 에스파냐 왕위계승전쟁에서 레오폴트 1세를 지지한 대가로 프로이센 왕(프리드리히 1세)으로 임명되었다.

[160] Friedrich Wilhelm I(1688~1740): 난폭하고 교양이 없었지만 프로이센을 강국으로 만드는 데 성공하여 '군인왕(Soldatenkönig)'이라고 불린다. 이 책에서 볼테르는 프리드리히 빌헬름 2세라고 표기했다.

[161] Friedrich II(1712~1786): 프로이센을 유럽 최강대국의 하나로 성장시키고 문화예술에도 조예가 깊어 계몽전제군주의 전형이라고 인정된다. 볼테르는 이 책에서 프리드리히 2세를 프리드리히 3세라고 표기했다.

[162] Schlesien(영어 Silesia): 오늘날 폴란드 서남부와 체코 동북부(프로이센 시대의 독일 동부 일부 포함)에 걸친 지역의 역사적 명칭. 1335년 슐레지엔 공작령이 신성로마제국 보헤미아 왕국의 통치를 받게 되면서 여러 개의 공작령으로 나뉘었다. 1526년 신성로마제국 황제 페르디난트 1세가 보헤미아 왕으로 선출됨으로써 오스트리아 합스부르크 왕가가 슐레지엔을 통치하게 되었다. 그러나 1537년 브란덴부르크 선제후가 일부 지역에 대한 상속권을 물려받기로 했기 때문에, 프리드리히 2세가 슐레지엔 전쟁을 시작하는 것이다.

[163] András II(1176~1235): 주변의 많은 지역을 정복하고 왕권을 확립하기 위해 노력한 헝가리 왕(재위 1205~1235).

[164] Pozsony: 오늘날 슬로바키아 수도 브라티슬라바(Bratislava)의 헝가리 이름.

[165] Maria Elisabeth von Österreich(1680~1741): 레오폴트 1세의 딸로 요제프 1세의 누이동생이고 카를 6세의 누나로, 1725년 카를 6세에 의해 오스트리아령 네덜란드(Österreichische Niederlande, 현재의 벨기에) 총독으로 임명되었다.

[166] 신과 조국을 위해.

[167] Wilhelm Reinhard von Neipperg(1684~1774): 오스트리아 장군으로 1741년 4월 10일의 몰비츠 전투에서 프리드리히 2세에게 패했다.

[168] Lausitzer Neiße: 중부유럽을 지나는 강으로 오늘날 오데르 강(Oder)과 함께 폴란드와 독일의 국경을 따라 흐른다.

[169] Molwitz: 현재의 폴란드 마우요비츠(Małujowice).

[170] 1740년 오스트리아 왕위계승전쟁과 함께 시작된 슐레지엔 전쟁은 3번(1740~1742, 1744~1745, 1756~1763)에 걸쳐 전개되어 1763년 2월 15일의 후베르투스부르크(Hubertusburg) 조약에 의해 종결되었다. 프로이센이 슐레지엔을 차지하고 작센을 오스트리아에 양도한다.

[171] 막시밀리안 2세 에마누엘(Maximilian II. Emanuel, 1662~1726): 바이에른 선제후로 1685년 레오폴트 1세의 딸 오스트리아의 마리아 안토니아(Maria Antonia von Österreich, 1669~1692)와 결혼했다. 그 아들 바이에른 공작 요제프 페르디난트(Joseph Ferdinand von Bayern, 1692~1699)는 1696년 에스파냐 왕 카를로스 2세(Carlos II de España, 1661~1700)의 추정 상속인으로 지명되었으나 요절하고 말았다. 아들이 오스트리아 왕실에 의해 독살되었다고 믿은 막시밀리안 2세 에마누

엘은 에스파냐 왕위계승전쟁에서 프랑스 편을 들었으나 1704년 8월 13일의 블렌하임 전투에서 패했다.

172 bataille de Höchstädt: 대개는 블렌하임(Battle of Blenheim) 전투라고 한다. 에스파냐 왕위계승전쟁의 승패를 좌우한 전투로 1704년 8월 13일 독일 바이에른 회흐슈테트 근처 블린트하임(Blindheim, 영어 명 Blenheim)에서 벌어졌고 오스트리아-영국 동맹군의 승리로 끝났다.

173 카를 알브레히트는 막시밀리안 2세 에마누엘이 1695년의 두 번째 결혼에서 얻은 아들이다. 에스파냐 왕위계승전쟁 당시 카를 알브레히트는 모친 테레사 쿠네군다 소비에스카(Teresa Kunegunda Sobieska, 1673~1730)와 함께 오스트리아에 억류되어 있었다.

174 마리아 테레지아의 남편 프란츠는 원래 로트링겐(로렌) 공작이었다.

175 Marquis de Beauvau, Louis-Charles-Antoine(1715~1744): 프랑스 군인으로 1744년 7월 23일 29세의 나이로 이퍼르에서 전사했다.

176 Duc de Belle-Isle, Charles-Louis-Auguste Fouquet(1684~1761): 프랑스 군인, 외교관으로 니콜라 푸케의 손자이다. 1740년 육군원수가 되었다.

177 Louis Charles Armand Fouquet de Belle-Isle(1693~1747): 벨릴 백작의 동생으로 벨릴 기사(chevalier de Belle-Isle)라고 불렸으며 1747년 이탈리아의 아시에타 전투에서 전사한다.

178 Nicolas Fouquet(1615~1680): 루이 14세의 재무총관(Surintendant des finances)으로 엄청난 부를 쌓았지만 루이 14세와 콜베르의 견제를 받아 종신형을 선고받고 감옥에서 죽었다.

179 벨릴 백작은 1740년 육군원수로 임명되었다.

180 lettres patentes: 프랑스 구체제에서 왕이 특정인의 권리, 신분, 지위, 특권을 공포하는 문서.

181 프랑스 구체제에서 국왕이 지방(주, province)에 파견하는 최고위직은 총독(gouverneur de province)이었다. 국왕총대관(lieutenant-général de province/du roi)은 주에서 국왕을 대리하는 직책으로 대개 고위 귀족이 임명되었다. 원래 국왕총대관은 주 총독을 대행하는 직책이었지만 17~18세기에는 명예직이 되었다. 여기서 루이 15세가 신성로마제국 황제 후보 카를 알브레히트를 자신의 국왕총대관으로 임명한 것은, 신성로마제국에 대한 프랑스의 우위를 과시하기 위한 것이었다고 볼 수 있다.

왕국총대관(lieutenant-général du royaume)은 국왕이 위기 상황에서 자신의 이름으로 왕권을 행사하도록 임명하는 주요 인물을 가리킨다. 예컨대 장 2세(Jean II, 1319~1364)가 영국군의 포로가 된 기간(1356~1358)에 그 아들 샤를(Charles V, 1338~1380)이 왕국총대관으로 임명되었다. 국왕이 미성년일 경우에도 왕국총대관이 임명되었다. 1560년 샤를 9세(Charles IX, 1550~1574)가 10세에 즉위했을 때 나바라 왕 앙투안 드 부르봉(Antoine de Bourbon, 1518~1562, 앙리 4세의 부친)이 왕국총대관으로 임명되었다.

182 Passau: 독일 남부 바이에른에 위치한 도시.

183 Lintz: 오늘날 오스트리아 북부 오버외스터라이히에 위치한 도시.

[184] 프랑스 구체제의 모든 도량형과 화폐단위는 프랑스어 발음을 그대로 표기한다. 리외(lieue): 약 4킬로미터(10리).

[185] Ludwig Andreas Graf Khevenhüller(1683~1744): 오스트리아 군인으로 1737년 육군원수(Feldmarschall)가 되었다.

[186] états généraux: 네덜란드는 명확하게 구분된 주들로 나뉘어 있고, 주마다 신분의회가 있다. 전반적으로 각 주의 자치성이 강해서 주 신분의회가 지방 일을 처리한다. 하지만 국가 전체에 관한 사항은 각 주 대표들이 수도에 모여 논의를 하는데 이것을 전국신분의회라고 부른다. 전국신분의회는 고위성직자, 귀족, 시의원들로 구성되었다.

[187] Marquis de Maillebois, Jean-Baptiste François Desmarets(1682~1762): 프랑스 군인으로 1741년 육군원수로 임명되었다.

[188] 조지 2세(George II, 1683~1760): 독일 하노버 출신으로 1727년 부친 조지 1세의 뒤를 이어 영국 왕과 하노버 선제후가 되었다. 즉위 후 10여 년 동안은 의회가 실권을 행사하는 영국보다는 하노버에 주로 머물렀다.

[189] 루이 14세의 동생인 대공 오를레앙 공작 필리프의 딸로 로트링겐(로렌) 공작 레오폴트와 결혼한 엘리자베트샤를로트(Elisabeth-Charlotte d'Orléans). 그들의 4남 프란츠 슈테판이 마리아 테레지아와 결혼했다.

[190] 사라 처칠(Sarah Churchill, Duchess of Marlborough, 1660~1744): 블렌하임 전투를 승리로 이끌어 영국의 국민 영웅이 된 말버러 공작 존 처칠(John Churchill, 1st Duke of Marlborough, 1650~1722)의 부인.

[191] Comte de Saxe, Maurice(1696~1750): 폴란드 왕 아우구스트 2세의 사생아로 프랑스군에 투신하여 1743년 육군원수, 1747년 대원수의 자리까지 오를 정도로 많은 무공을 세웠다.

[192] Duchy of Courland and Semigallia: 발트 해 연안 지역에 있던 공국으로 현재는 라트비아에 속한다.

[193] Ogilvy는 스코틀랜드의 씨족 가문이다.

[194] régiment de Beauce: 1673년 창설된 보병연대.

[195] François de Chevert(1695~1769): 프랑스 군인으로 프라하에서의 무공으로 유명하고 1743년 9월 준장, 1744년 8월 소장, 1748년 12월 중장으로 승진했다.

[196] Duc de Broglie, François-Marie(1671~1745): 프랑스 귀족으로 1734년 육군원수가 되었다.

[197] Duc de Broglie, Victor-François(1718~1804): 프랑스 군인으로 1759년 육군원수, 1789년 대원수가 되었다.

[198] 1741년 11월 26일.

[199] 로트링겐 공 카를 알렉산더(Karl Alexander von Lothringen, 1712~1780): 마리아 테레지아와 결혼한 형을 따라 오스트리아 편에 서서 1740년 오스트리아 육군원수가 되었다.

[200] 신성로마제국 황제 선출은 855년부터 프랑크푸르트에서 이루어졌다. 선출된 황제는 대개는 아헨에서 대관식을 거행했다.

[201] 필립 카를(Philipp Karl von Eltz-Kempenich, 1665~1743): 1732~1743년 마인츠 선

제후와 대주교를 역임하고 1742년 1월의 신성로마제국 황제 선거에서 바이에른 선제후 카를 알브레히트가 토스카나 대공 프란츠를 물리치고 만장일치로 카를 7세로 선출되는 데 기여했다.

202 Gustav II Adolf(1594~1632): 스웨덴 왕(재위 1611~1632)으로 획기적인 전술과 정예군으로 유명해 '북방의 사자' 또는 '설왕(雪王)'이라고 불렸다. 30년 전쟁(1618~1648)에 개신교 편으로 참전한 그는 소수 병력으로 독일에 진입했으나 군대를 보강해가면서 연전연승했다.

203 pandour: 독일어 사전에는 pandur(오스트리아 군대 내의 헝가리 출신 보병)라고 나와 있지만, 마리아 테레지아를 지원하기 위해 조직된 민병대로 주로 슬라보니아 지역 출신들로 구성되었다. 슬라보니아(Slavonija): 크로아티아 동부의 옛 지명.

204 볼테르는 tolpache라고 표기했는데 온라인 『라루스 프랑스어 사전』에는 talpache(18~19세기 헝가리 경보병 부대의 병사)라고 나온다.

205 드라바(Drava) 강과 사바(Sava) 강은 도나우(다뉴브) 강의 지류이다.

206 Huszár: 15세기부터 20세기까지 존속한 기병 병과 중 하나이자 대표적인 경기병이다. 헝가리에서 유래되어 유럽 전역으로 퍼져나갔다.

207 플뢰리 추기경은 1653년생이므로 1742년 당시 89세였다.

208 프라하 탈출은 1742년 12월 16~17일 밤에 이루어졌다.

209 Cheb: 체코의 도시. 독일명은 에거(Eger).

210 Issy: 파리 남서쪽에 위치한 마을.

211 1701~1714년의 에스파냐 왕위계승전쟁.

212 piastre(d'argent): 원래는 16세기 베네치아 공화국의 화폐를 가리켰지만 나중에는 에스파냐 은화(Real de a 8, 8레알 은화)를 지칭하게 된 프랑스어. 에스파냐 제국이 1598년부터 주조하기 시작한 이 은화는 17세기 말에 유럽, 아메리카, 극동의 기축통화가 되었다. 미국인들은 '에스파냐 달러(spanish dollar)라고 불렀고 이것에 근거하여 미국 달러가 태어난다.

213 South Sea Company: 아프리카 흑인을 에스파냐령 서인도 제도에 노예로 팔아서 돈을 버는 것을 주목적으로 1711년 영국에서 설립된 회사.

214 Portobelo: 현재의 파나마에 위치한 항구도시로 식민지 무역의 중심지였다.

215 Robert Jenkins: 영국의 상선 선장으로 '젱킨스의 귀 전쟁'의 발단이 되었다.

216 John Carteret(1690~1763): 영국 정치인.

217 Philip Stanhope, 4th Earl of Chesterfield(1694~1773): 영국 정치인.

218 William Pulteney, 1st Earl of Bath(1684~1764): 영국 정치인.

219 젱킨스의 귀 전쟁(War of Jenkins' Ear): 에스파냐령 아메리카에서 벌어진 영국과 에스파냐의 전쟁(1739~1748)으로, 이런 명칭은 에스파냐 당국에 나포된 후 귀가 잘렸다는 영국 상선 선장 로버트 젱킨스의 이름에서 유래한다. 얼마 후 유럽 대륙에서 일어난 오스트리아 왕위계승전쟁으로 확대되어 유럽 전역에 걸친 큰 전쟁으로 발전했다. 이 전쟁은 1748년의 엑스라샤펠(아헨) 조약으로 종식되었으나 1756년의 7년 전쟁으로 다시 이어진다.

220 Edward Vernon(1684~1757): 영국 해군 장교로 많은 무공을 세우고 1745년 대장으로 승진했다. 영국 해군 장성은 admiral(대장), vice admiral(중장), rear admiral

(소장) 순이었는데 모두 제독으로 불렸다. 영국 해군의 최고위직은 해군원수 (admiral of the fleet)이다.

221 Cartagena de Indias: 1533년 에스파냐인들이 카리브 해 연안에 건설한 도시.

222 펠리페 5세의 왕비 이사벨 데 파르네시오(엘리자베타 파르네제)는 6대 파르마 공작 라누체 2세(Ranuccio II Farnese, 1630~1694)의 아들 오도아르도 파르네제의 딸이다. 오도아르도는 부친보다 먼저 사망하고 이복동생 프란체스코 파르네제(Francesco Farnese, 1768~1727)가 7대 공작이 되었다가 후사가 없이 죽고 그 동생 안토니오(Antonio Farnese, 1679~1731)가 8대 공작이 되었다. 안토니오 역시 후사가 없이 사망하는 바람에 에스파냐 왕비 이사벨의 아들 돈 카를로스가 1731년 파르마 공이 되는 것이다. 1738년의 빈 조약에 의해 돈 카를로스는 시칠리아 왕국 왕이 되는 대신, 파르마 공국을 오스트리아 왕실에 양보했다. 그러나 오스트리아 왕위계승전쟁을 끝낸 1748년의 엑스라샤펠(아헨) 조약에 의해 돈 카를로스의 동생 돈 펠리페가 파르마의 필리포 1세(Felipe I de Parma, 1720~1765)가 되어 부르봉파르마 가문의 통치가 시작된다.

223 폴란드 왕위계승전쟁을 종식시킨 1738년의 빈 조약에 의해 사르데냐의 카를로 에마누엘레 3세는 토르토나와 노바라 등 밀라노 공국의 일부를 확보했다.

224 1738년의 빈 조약에 의해 에스파냐의 돈 카를로스는 양시칠리아 왕국을 얻는 대신, 토스카나 공국을 로트링겐 공작 슈테판에게 넘겼다.

225 Francesco III d'Este(1698~1780): 에스테 가문의 모데나 공작 프란체스코는 1720년 프랑스 섭정 오를레앙 공작의 딸 샤를로트아글라에(Charlotte-Aglaé d'Orléans, 1700~1761)와 결혼했다.

226 돈 펠리페의 형인 돈 카를로스.

227 vaisseau(de ligne): 전열함이 정식 명칭이나 대개 전함이라고 한다. 갤리선에는 함포를 다량 탑재할 수 없어 유럽에서는 17세기 중반부터 전함이 해군의 주력이 되었다.

228 전함에 비해 가벼워서 정찰, 경계, 호위 등에 종사하는 군함.

229 galiote à bombes: bombarde(영어 bomb vessel). 목조 군함의 한 종류로, 구포를 뱃머리에 앙각이 크게 배치하여 그 투사체가 탄도곡선을 그리며 떨어지게 발사했다. 투폭함은 육지에 고정되어 있는 표적에 포탄을 퍼붓는 데 특화된 군함이었다. 구포(mortier, 영어 mortar): 곡사포의 일종으로 포신에 비해 구경이 매우 크고, 두툼한 포신이 절구(臼)처럼 생겨서 구포라 한다.

230 Dauphiné: 프랑스 남동부에 위치한 지역으로 옛날 사보이아 공국과 인접해 있었다.

231 볼테르는 조금 위에서는 flotte, 여기서는 escadre라고 표기했다. 양자를 엄격하게 구분하지 않고 혼용한 것 같다. 역자는 가능하면 양자(전함 10척 이상은 함대)를 구분해서 번역한다.

232 Claude-Élisée de Court de La Bruyère(1666~1752): 프랑스 해군 장교로 1750년 대서양 함대(flotte du Ponant) 중장이 되었다. 구체제의 프랑스 해군은 지중해 함대(flotte du Levant)와 대서양 함대로 양분되어 있었다.

233 bataille de Málaga: 에스파냐 왕위계승전쟁 중 스페인 말라가의 남쪽에서 1704년

8월 24일 프랑스 해군과 영국-네덜란드 연합군 사이에 벌어진 해전.

234 파세로 곶 해전(Bataille du cap Passero): 4국동맹 전쟁(1718~1720년)의 해전으로 1718년 8월 11일 시칠리아 메시나 해협의 파세로 곶에서 벌어졌다. 영국 함대가 에스파냐 함대를 완파했다. 영국의 동맹국인 오스트리아는 이 승전 덕에 시칠리아를 다시 점령했다.

235 Thomas Mathews(1676~1751): 영국 해군 장교로 영국이 오스트리아 왕위계승전쟁에 참전한 1741년 중장으로 승진하여 지중해 함대(Mediterranean Fleet) 사령관으로 임명되었으나 툴롱 해전에서 승리하지 못했다는 이유로 면직되었다.

236 시시에 곶 해전(bataille du cap Sicié)이라고도 불리며 1744년 2월 22일 벌어졌다.

237 bataille de la Hougue: 9년 전쟁(1688~1697, 팔츠계승전쟁 또는 아우크스부르크 동맹전쟁) 중인 1692년 5월 29일 프랑스 노르망디 코탕탱(Cotentin) 반도 앞 바다에서 영국과 네덜란드 연합함대가 프랑스 함대에 결정적인 승리를 거둔 해전.

238 António Caetano Luís de Sousa: 4대 라스 미나스 후작.

239 Louis-François de Bourbon-Conti(1717~1776): 6대 콩티 공으로 폴란드 왕위계승전쟁(1733~1738)에 참전하여 1734년 소장, 1735년 중장으로 임명되었다.

240 le Var: 이탈리아어로는 바로 강(Varo). 프랑스와 사르데냐 왕국(1720~1861)의 국경 역할을 했다. 사르데냐 왕국은 에스파냐 왕위계승전쟁(1701~1714)까지는 에스파냐에 종속되어 있었다가 종전 시에 빈의 합스부르크 왕가 소유가 되었다. 1718년 합스부르크 왕가와 사보이아 공작은 사르데냐와 시칠리아를 맞바꾸었다. 사보이아 공작은 1720년 8월 18일부터 1861년 3월 17일(이탈리아 왕국 수립)까지 '사르데냐 왕'이라고 불렸다.

241 comté de Nice: 1388년 사보이아 가문에 귀속된 니스는 1526년 니스 백작령이 되었다. 1860년 나폴레옹 3세가 사르데냐 왕국의 일부이던 사보이아 공국과 니스 백작령을 프랑스에 합병한다.

242 Villafranca(프랑스어 Ville-Franche): 지중해 연안 프랑스와 이탈리아 국경 지대에 위치한 항구로 사보이아 공국의 주요 항구로 사용되었다. 1860년 프랑스에 합병되어 빌프랑슈쉬르메르(Villefranche-sur-Mer)가 되었다.

243 toise: 구체제의 길이 단위(약 2미터).

244 Casteldelfino: 이탈리아 피에몬테 쿠네오의 마을로 프랑스어로는 샤토도팽(Châteaudauphin).

245 Comte de Gages, Jean Bonaventure Dumont(1682~1753): 벨기에 에노(Hainaut) 출신 귀족(가주 백작)으로 에스파냐군에서 복무하여 오스트리아 왕위계승전쟁 시에 에스파냐의 이탈리아 원정군 총사령관이 되었다.

246 오스트리아 왕위계승전쟁의 일환으로 1743년 2월 8일 이탈리아 캄포산토(Camposanto, 볼로냐 북쪽)에서 가주 백작 휘하의 에스파냐-나폴리 왕국 연합군과 트라운 원수(Otto Ferdinand von Abensperg und Traun, 1677~1748) 휘하의 오스트리아-사르데냐 연합군 사이에 벌어진 전투.

247 폴란드 왕위계승전쟁(1733~1738)의 일환으로 1734년 5월 25일 이탈리아 남동부 비톤토에서 에스파냐군과 오스트리아군 사이에 벌어진 전투.

248 Alexandre-Thomas du Bois de Fiennes(1674~1744): 프랑스 귀족으로 지브리 기사

(chevalier de Givry. 부친이 Louis du Bois-Olivier de Givry, 1620~1699)를 거쳐 지브리 바이이(bailli de Givry)가 되었다. 1710년 준장, 1719년 소장, 1734년 중장으로 승진하고 카스텔피노 전투에서 혁혁한 무공을 세우고 부상 후유증으로 1744년 8월 사망했다.
지브리(Givry): 프랑스 중동부 부르고뉴프랑슈콩테(Bourgogne-Franche-Comté)에 위치한 소도시.
바이이(bailli): 12세기 왕권강화 과정에서 탄생한 프랑스 북부 지방의 재판관으로 16세기 이후 권한이 축소되었다. 남부의 세네샬(sénéchal)과 동일한 역할을 했다. 바이이와 세네샬은 행정 및 사법 권한 외에 군사적 권한도 있었다.

249 슈베르는 프라하 전투에서의 무공으로 준장으로 승진했다.

250 régiment de Poitou: 1616년 보병연대 오스텔 연대(régiment de d'Hostel)로 창설되어 1682년 푸아투 연대로 개칭되었다.

251 볼테르는 살리스 대령이라고 했는데 실제로는 살리스-소글리오(Salis-Soglio) 중령이다.

252 Marquis de La Carte, Jacques François Marie de Thibault. 바루아 연대(régiment de Barrois) 연대장으로 1744년 5월 2일 준장으로 승진했고 7월 18일 전사했다. régiment de Barrois: 1692년 창설된 보병연대.

253 Duc d'Aiguillon, Emmanuel-Armand de Vignerot du Plessis-Richelieu(1720~1788): 프랑스의 명문 귀족으로 리슐리외 추기경의 후손이다. 아제누아 공작(duc d'Agénois)이었다가 에귀용 공작(duc d'Aiguillon)이 된다. 17세에 군대에 투신하여 많은 전투에 참전하고 1753년 4월 브르타뉴 총사령관으로 임명되었다. 1758년 9월 11일 생카스트에 상륙한 영국군을 격퇴했다(35장 참조).

254 콩티 공 휘하의 프랑스군과 카를로 에마누엘레 3세 휘하의 사르데냐군 사이의 카스텔델피노 전투는 1744년 7월 18일에 벌어져서 프랑스군의 승리로 끝났다.

255 스투라 디 데몬테 강(Stura di Demonte): 이탈리아 포 강의 지류로 피에몬테 쿠네오 지역을 통과한다.

256 Augsburg: 독일 남부 바이에른에 위치한 도시.

257 기원전 27년 1월 로마 원로원은 옥타비아누스에게 아우구스투스(지존)라는 칭호를 부여함으로써 로마 황제의 시대가 시작된다.

258 John Dalrymple, 2nd Earl of Stair(1673~1747): 스코틀랜드 귀족으로 많은 무공을 세우고 1742년 영국 육군원수(field marshal)가 되었다.

259 Prince William, Duke of Cumberland(1721~1765): 조지 2세의 3남. 컴벌랜드 공작은 영국 왕가의 차남에게 부여되는 작위이다.

260 Duc de Noailles, Adrien Maurice(1678~1766): 3대 노아유 공작으로 노아유 추기경의 조카이며 1734년 프랑스 육군원수가 되었다.

261 에스파냐 왕위계승전쟁(1701~1714).

262 노아유 공작은 1715~1718년 재정참사회(Conseil des finances) 의장 자격으로 재무총감직을 수행했고 1743년 국무대신으로 임명되었다.

263 Main: 라인 강 지류로 프랑크푸르트(Frankfurt am Main) 등을 통과한다.

264 당시 마인츠 대주교, 선제후는 요한 프리드리히 카를 폰 오스타인(Johann

Friedrich Karl von Ostein, 1689~1763)이었다. 그의 재위 기간은 1743~1763년이다.

265 1743년 6월 27일의 데팅겐 전투에서 영국-하노버-오스트리아 동맹군이 프랑스군을 격파했다.

266 프랑스 구체제에서 국왕 보필을 주 업무로 하는 궁내부(Maison du roi)는 민간 부서, 군사 부서, 교회 부서로 나뉘어 있었다. 루이 14세 시대에 궁내부 군대(Maison militaire du roi de France)는 근위기병대(Garde du corps du roi), 스위스 근위병(Cent-Suisses), 근위보병연대(Régiment des Gardes françaises), 근위경기병(Chevau-léger de la Garde), 근위기마경찰대(Gendarme de la Garde), 스위스 근위보병연대(Gardes suisses), 총사대(Mousquetaire), 프랑스 기마경찰대(Gendarmerie de France), 기마척탄병(grenadiers à cheval)으로 구성되어 있었다.

267 dragons: 프랑스에서 16세기에 출현한 부대의 명칭으로 힘과 용맹의 상징인 용을 그린 군기를 사용했기 때문에 이런 명칭이 만들어졌다고 보는 것이 일반적이다. 기병은 승마전투만 했지만, 용기병은 이동 시에는 말을 타고 전투는 보병으로 했다.

268 régiment des Gardes françaises: 근위보병연대는 모든 보병 부대의 선두에 선다. 그 다음에는 6개 선임 연대가 자리했다.

269 Jean-Florent de Vallière(1667~1759): 프랑스 포병 장교로 1710년 준장, 1719년 소장, 1734년 중장이 되었다.

270 Duc de Grammont, Louis(1689~1745): 그라몽 원수(Antoine V de Gramont, 1671~1725)와 마리 크리스틴 드 노아유(Marie Christine de Noailles, 1672~1748, 노아유 원수의 누나)의 아들로 데팅겐 전투에서 결정적인 실수를 범했다. 그는 1719년 준장, 1734년 소장, 1738년 중장이 되었다가 1745년 5월 11일의 퐁트누아 전투에서 전사했다.

271 carabinier: 카빈(carabine)으로 무장한 기병.

272 Duc de Chartres, Louis-Philippe d'Orléans(1725~1785): 섭정의 장남 오를레앙 공작 루이(Louis d'Orléans, 1703~1752)의 장남으로 부친이 사망한 1752년 오를레앙 공작이 되었다.

273 Comte-abbé de Clermont, Louis de Bourbon-Condé(1709~1771): 6대 콩데 공작(Louis III de Bourbon-Condé, 1668~1710)의 막내아들이자 부르봉(콩데) 공작(7대 콩데 공)의 동생으로 성직에 투신했다가 장군이 되었으나 패전을 거듭했다.

274 Comte d'Eu, Louis-Auguste de Bourbon(1700~1755): 루이 14세와 몽테스팡 부인의 장남 멘 공작의 장남.

275 Duc de Penthièvre, Louis-Jean-Marie de Bourbon(1725~1793): 루이 14세와 몽테스팡 부인 사이의 차남 툴루즈 백작(Louis-Alexandre de Bourbon, 1678~1737)의 외아들로 데팅겐 전투 당시 18세였다.

276 Duc d'Ayen, Louis de Noailles(1713~1793): 노아유 원수의 아들로 1737년 아이앵 공작이 되었다가 부친 사후에 노아유 공작이 된다. 볼테르는 '노아유 원수의 동생'이라고 했으나 이것은 오류이다.

277 Marquis de Puységur, Jacques-François de Chastenet(1656~1743): 프랑스 군인으

로 1734년 육군원수가 되었다.

278 Marquis de Puységur, François-Jacques de Chastenet(1716~1782): 프랑스 군인.

279 Duc de Biron, Louis Antoine de Gontaut(1701~1788): 프랑스 군인으로 1757년 육군원수가 되었다.

280 Duc de Piney-Luxembourg, Charles François de Montmorency(1702~1764): 프랑스 군인으로 1757년 육군원수가 되었다.

281 Duc de Richelieu, Louis-François-Armand de Vignerot du Plessis(1696~1788): 프랑스 군인으로 1748년 육군원수가 되었다.

282 Duc de Chevreuse, Marie-Charles-Louis d'Albert de Luynes(1717~1771): 프랑스 군인으로 오스트리아 왕위계승전쟁의 거의 모든 전투에 참전했다.

283 mousquetaire: 머스킷(mousquet)으로 무장한 보병. 머시킷은 화승총 아쿼버스(arquebuse)의 개량형으로 총신이 길다.

284 Comte d'Harcourt, Louis Marie Léopold de Lorraine(1720~1747): 프랑스 군인.

285 Duc de Boufflers, Joseph Marie de Boufflers(1706~1747): 프랑스 군인으로 부플레르 원수의 아들이다.
부플레르 원수(Duc de Boufflers, Louis François de Boufflers, 1644~1711): 프랑스 군인으로 1693년 육군원수가 되었다.

286 Marquis de La Mothe-Houdancourt, Louis Charles(1687~1755): 프랑스 군인으로 1743년 루이 15세의 왕비 마리 레슈친스카의 명예기사가 되었고 1747년 육군원수가 되었다.

287 premier gentilhomme de la chambre(寢殿侍郎): 시랑감(grand chambelan)의 부재시 왕의 침실시중을 드는 직책을 맡은 귀족.

288 Duc de Mortemart, Charles-Auguste de Rochechouart(1714~1743): 6대 모르트마르 공작으로 데팅겐 전투에서 전사했다. 로슈슈아르 가문의 분가인 모르트마르의 로슈슈아르 가문 출신이다.

289 Vincent-Dominique Régis de Boufflers(1730~1743): 근위보병연대 수습장교로 복무하다가 전사했다. 볼테르는 열 살 6개월이라고 했지만 13세였다.
수습장교(gentilhomne à drapeau): 근위보병연대 산하의 각 중대에서 장교복을 입고 근무하던 귀족 청년으로 결원이 생기면 정식 장교가 되었다.

290 Leopold Philipp von Arenberg(1690~1754): 벨기에 군인으로 오스트리아군을 지휘했다.

291 양측은 전투 전에 부상자가 적군의 포로가 되면 돌봐주기로 합의를 했다. 동맹군이 퇴각하면서 부상자 대부분을 남기고 가자 이 전투에서 패배한 프랑스군이 합의를 준수함으로써 제네바 조약(1864년, 1929년, 1949년 체결)의 효시가 된다.

292 동맹군 사상자는 2000~3000명, 프랑스군 사상자는 4000~4500명 정도라고 추산된다.

293 1346년 8월 26일의 크레시(Crécy) 전투, 1356년 9월 19일의 푸아티에(Poitiers), 1415년 10월 25일의 아쟁쿠르(Azincourt) 전투는 영국과 프랑스 사이의 백년전쟁 중에 영국군이 프랑스군을 완파한 3번의 전투이다.

294 Oberpfalz: 독일 바이에른 동부에 위치한 지역.

[295] Breisach am Rhein: 독일 바덴뷔르템베르크(Baden-Württemberg) 지역 라인 강가에 위치한 도시.

[296] Sarre(독일어 Saar): 프랑스 북동부와 독일 서부를 흐르는 강.

[297] Trois-Evêchés: 로렌(로트링겐) 지역 내의 메스(Metz), 베르덩(Verdun), 툴(Toul)이 3개 교구로 이루어진 주교후국(主教侯國, Fürstbistümer)을 가리키며 1648년의 베스트팔렌 조약에 의해 공식적으로 프랑스 영토가 되어 한 주(province)를 이루었다.

주교후국: 신성로마제국에서 주교가 군주(Fürstbischof, prince-evêque)로서 통치하던 소국.

[298] Attila(395~453년경): 훈족의 왕으로 5세기 전반에 지금의 루마니아인 트란실바니아를 본거로 하여 주변의 게르만 부족과 동고트족을 굴복시켜, 동쪽은 카스피 해에서 서쪽은 라인 강에 이르는 지역을 지배하는 대제국을 건설했으며 당시 유럽인들에게 공포의 대상이었다.

[299] Charles Edward Stuart(1720~1788): '늙은 왕위 요구자'라고 불린 제임스의 장남으로 '젊은 왕위 요구자(the Young Pretender)'라고 불렸다.

[300] Comte d'Argenson, Marc-Pierre de Voyer de Paulmy(1696~1764): 프랑스 귀족으로 여러 요직을 거쳐서 1743~1757년 육군 담당 국무비서(Secrétaire d'État de la Guerre)를 역임했다. 친형인 아르장송 후작과 함께 볼테르의 친구였다.

[301] 1744년 5월.

[302] Kortrijk: 지금의 벨기에 북부 플라망 지역에 위치한 도시로 당시에는 오스트리아 합스부르크 왕가의 영토(오스트리아령 네덜란드)였다.

[303] Menen: 코르트레이크 서쪽에 위치한 도시.

[304] Ieper: 메넌 서쪽에 위치한 도시.

[305] 클레르몽 백작은 성직에 투신하여 1737년 생제르맹데프레(Saint-Germain-des-Prés) 수도원장이 되었다.

[306] Louis de Nogaret de la Valette d'Épernon(1593~1639): 프랑스 성직자로 군 고위직에 올라서 30년 전쟁 등에 참전했다.

[307] Henri d'Escoubleau de Sourdis(1593~1645): 프랑스 성직자로 보르도 대주교를 역임하면서 30년 전쟁 등에 참전했다. 볼테르는 앙리가 추기경이라고 했으나 앙리는 친형 수르디 추기경(François d'Escoubleau de Sourdis, 1574~1628)의 뒤를 이어 보르도 대주교가 되었지만 추기경은 아니었다.

[308] Lorenzo Corsini(1652~1740): 이탈리아 피렌체 명문가(코르시니) 출신으로 1730~1740년 교황으로 재위했다.

[309] 대 콩데는 4대 콩데 공이고 클레르몽 백작은 6대 콩데 공의 막내아들이다.

[310] régiment de Bourbonnais: 1597년 창설된 보병연대 느레스탕(Nerestang) 연대가 1673년 부르보네 연대로 이름이 바뀌었다.

[311] régiment Royal-Comtois: 1674년 창설된 보병연대로 1685년 루아얄콩투아 연대가 되었다.

[312] 부플레르 공작은 데팅겐 전투에 참전한 후에, 1744년 4월 루이 15세가 친히 지휘하는 플랑드르 원정군의 일원이 되었다.

313 Fort Knokke: 18세기 오스트리아령 네덜란드의 베스트플란드른(West-Vlanderen, West-Flandre)에 위치한 요새로 전략적 요지였다.

314 Veurne: 이퍼르 북서쪽에 위치한 도시.

315 Douai: 벨기에와의 국경 지역에 위치한 프랑스 도시.

316 Speyer: 독일 서부 라인란트팔츠(Rheinland-Pfalz) 지역의 라인 강 서쪽 연안에 위치한 도시.

317 Friedrich Heinrich von Seckendorff(1673~1763): 독일 군인으로 합스부르크 왕가를 위해 복무하다가 카를 7세에 의해 육군원수로 임명되어 바이에른군을 지휘했다. 카를 7세 사후에는 합스부르크 왕가와 화해했다.

318 Pfalz: 독일 서남부의 옛 지명.

319 Hessen: 독일 중서부에 위치한 지역으로 프랑크푸르트가 최대 도시다.

320 Lauterbourg: 프랑스 알자스 동북단에 위치한 마을.

321 Wissembourg: 알자스 로테르부르 서쪽에 위치한 도시.

322 폴란드 왕위계승전쟁(1733~1738)에 참전한 쿠아니 백작은 이탈리아 전선에서 큰 무공을 세우고 1734년 육군원수로 승진하고, 이후 오스트리아 왕위계승전쟁에서의 무공으로 1747년 공작으로 임명된다.

323 신성로마제국 영토이던 메츠(Metz)는 베르덩, 툴과 함께 1552년 프랑스의 앙리 2세(Henri II, 1519~1559)에게 점령당했고 1648년의 베스트팔렌 조약이 이 점령을 공인하게 된다. 프랑스 영토 트루아제베쉐의 일부가 된 이후에는 '메스'라고 읽어야 한다.

324 Marquis de Montal, Louis Charles de Monsaulnin(1681~1758): 프랑스 군인으로 1710년 준장, 1719년 소장, 1734년 중장이 되어 여러 전선에서 활약했다.

325 프랑스군은 1744년 7월 5일 비상부르를 일시 탈환했다.

326 Haguenau: 알자스 비상부르 남쪽에 위치한 마을.

327 Lunéville: 프랑스 로렌 지방에 위치한 마을로 '로렌의 베르사유'라고 불리는 뤼네빌 성으로 유명하다. 로렌 공작 스타니수아프 레슈친스키가 이곳을 궁정으로 삼았다.

328 Dunkerque: 북해에 면한 프랑스 항구도시로 벨기에 국경에 가깝다.

329 Duc d'Harcourt, Anne Pierre(1701~1783): 프랑스 군인으로 1750년 아르쿠르 공작이 되고 1775년 육군원수가 되었다.

330 Phalsbourg: 프랑스 로렌 지방에 위치한 마을.

331 Saint-Quentin: 프랑스 북부 벨기에와의 국경 지대 남쪽에 위치한 마을.

332 1742년 6월 11일 브로츠와프(Wrocław, 독일명 브레슬라우)에서 오스트리아와 프로이센 사이에 체결된 평화조약으로, 오스트리아가 슐레지엔의 대부분 지역을 프로이센에 양보함으로써 1차 슐레지엔 전쟁(1740~1742년)을 종식시켰다.

333 오스트리아 왕위계승전쟁 중인 1743년 9월 13일 독일 보름스에서 오스트리아, 영국 등이 체결한 동맹조약.

334 당시 팔츠 선제후 카를 테오도르(Karl Theodor, Pfalz und Bayern, 1724~1799)는 1744년 선제후가 되었다.

335 Karl Christoph von Schmettau(1698~1775): 독일 귀족으로 프로이센 육군원수가

되었다.

336 Maria Anna von Österreich(1718~1744): 신성로마제국 카를 6세의 차녀로 마리아 테레지아의 여동생이다. 형부의 친동생인 로트링겐 공 카를 알렉산더와 1744년 1월 결혼했다. 에스파냐 왕위계승전쟁을 종식시킨 1713년 3~4월의 위트레흐트 조약에 의해 에스파냐령 네덜란드(1518~1714년)에서 오스트리아령 네덜란드(1714~1797년)가 된 지역의 총독(1744년 1월 남편과 공동 총독)으로 있다가 12월 출산 후유증으로 사망했다.

337 현재 벨기에와 네덜란드 일대의 지역(Law Countries)으로 1183년경 신성로마제국의 브라반트 공국(Herzogtum Brabant, Duché de Brabant)이 된 지역의 주민들을 가리킨다. 나중에 에스파냐령 네덜란드 그리고 오스트리아령 네덜란드가 된 지역과 거의 일치한다. 1대 브라반트 공작은 앙리 1세(Henri Ier de Brabant, 1165~1235년경)이었고 18세기에는 신성로마제국 황제들이 브라반트 공작을 겸했다. 신성로마제국의 마지막 황제 프란츠 2세(Franz II, 1768~1835)가 마지막(51대) 브라반트 공작이다.

338 프랑스, 영국, 네덜란드 연합군이 에스파냐군에 승리를 거둔 1658년 6월 14일의 모래언덕(덩케르크 인근, bataille des Dunes) 전투 직후인 6월 29일 루이 14세는 전장에서 고열과 극심한 두통(장티푸스 발병)을 느껴 칼레(Calais)로 이송되었지만 사경을 헤매다가 극적으로 회복되었다. 이때 파리에서는 루이 14세의 동생 오를레앙 공작 필리프를 둘러싼 여러 가지 시나리오가 난무했다.

339 Freiburg im Breisgau: 독일 남서부 바덴뷔르템베르크(Baden-Württemberg)에 위치한 도시.

340 Cuneo: 이탈리아 북서부 피에몬테에 위치한 도시.

341 1744년 9월 30일의 마돈나 델로모(Madonna dell'Olmo, 쿠네오 외곽 지역) 전투 또는 쿠네오 전투는 프랑스-에스파냐 연합군의 승리로 끝났지만, 쿠네오는 함락되지 않았다.

342 Marquis de Saint-Nectaire, Jean Charles(1684~1771): 프랑스 군인으로 1734년 중장, 1757년 육군원수가 되었다. Saint-Nectaire를 예전에는 Sénecterre 또는 Senneterre로 표기했다.

343 Marquis de Chauvelin/Groisbois, François-Claude(1716~1773): 프랑스 군인으로 1744년 준장, 1745년 소장, 1749년 중장이 되었고 나중에 외교관으로도 활동했다.

344 Jean Antoine Adrien de Courten(1725~1803): 프랑스 왕국의 스위스 보병연대인 쿠르탕 연대(1690년 창설) 소속으로 1784년 소장으로 진급하여 1792년까지 복무했다.

345 Duc de Praslin, César Gabriel de Choiseul-Chevigny(1712~1785): 프랑스 명문 슈아죌 가문(maison de Choiseul) 출신 귀족으로 기병대 중장까지 진급했다가 건강 때문에 사직하고 외교관으로 활동했다. 슈아죌 후작이었다가 프라슬랭 공작이 된다. 1761년 사촌 슈아죌 공작(Étienne-François de Choiseul) 후임으로 외무대신이 되어 1763년 2월 10일의 파리 조약을 체결했다.

346 Vicomte du Chayla, Nicholas Joseph Balthazar de Langlade(1686~1754): 프랑스 군인으로 1719년 준장, 1734년 소장, 1738년 중장이 되었다.

[347] Marquis de Beaupréau, Jacques-Bertrand De Scépeaux(1704년생): 프랑스 군인으로 1743년 준장, 1745년 소장, 1748년 중장이 되었다.

[348] 1744년 10월 22일.

[349] Prince de Soubise, Charles de Rohan, duc de Rohan-Rohan(1715~1787): 프랑스 군인으로 1758년 육군원수가 되고 국무대신으로도 활동했다.

[350] Wolfgang Siegmund Freiherr von Damnitz(1755년 사망): 1754년 신성로마제국 육군원수가 되었다.

[351] Breisgau: 독일 남서부 바덴뷔르템베르크(Baden-Württemberg)의 옛 지명.

[352] 돈 카를로스, 미래의 에스파냐 왕 카를로스 3세.

[353] Johann Georg Christian von Lobkowitz(1686~1755): 보헤미아 귀족 가문 출신으로 1741년 신성로마제국 육군원수가 되었다.

[354] guinea: 영국이 1663~1814년에 주조한 금화로 처음에는 1파운드(20실링)이었지만 금값 상승으로 인해 1717~1816년에는 21실링으로 정해졌다.

[355] Johann Friedrich Karl von Ostein(1689~1763): 1743~1763년 마인츠 대주교 겸 선제후였다.

[356] Clemens August von Bayern(1700~1761): 바이에른 선제후 막시밀리안 2세 에마누엘의 아들로 카를 7세의 친동생이다. 1723년 쾰른의 대주교 겸 선제후로 지명되었다.

[357] Flandre française: 예전의 플랑드르 백작령의 일부이고 대략 오늘날 프랑스 북부의 노르도(département du Nord)에 해당하는 지역으로 주요 도시로는 릴, 두에, 카셀(Cassel), 덩케르크가 있다.

[358] Velletri: 로마 동남쪽에 위치한 고대도시로 현재는 로마 광역시 안에 포함되어 있다.

[359] Volsci: 이탈리아 라치오(Lazio) 지역에 정착한 옛날 이탈리아 민족.

[360] Cremona: 이탈리아 북부 롬바르디아 밀라노 인근의 도시로, 에스파냐 왕위계승전쟁이 진행되던 1702년 2월 1일 빌루아 원수의 프랑스군과 외젠 공의 오스트리아군 사이의 전투가 벌어진 곳이다. 외젠 공의 오스트리아군이 야간에 크레모나를 기습하여 빌루아 원수를 사로잡는 등 크나큰 전과를 올렸으나 방심한 탓으로 프랑스군의 강력한 저항에 직면하여 도시를 점령하지 못하고 퇴각했다. 프랑스군의 빌루아 원수는 나중에 포로교환 덕에 프랑스로 귀환했지만 다시 연전연패하여 베르사유 궁정과 파리의 웃음거리가 된다.

[361] 벨레트리 전투는 1744년 8월 10~11일에 벌어졌다.

[362] Guardia valona(프랑스어 gardes wallonnes): 1537년 카를 5세가 에스파냐령 네덜란드의 왈로니(Wallonie, 벨기에 남부의 옛 지명) 지역 출신들을 주로 선발하여 창설한 왈로니 보병연대가 에스파냐 왕위계승전쟁 기간인 1702년 왈로니 국왕근위연대로 재편되어 에스파냐군의 정예부대로 활약했다.

[363] Kassel: 독일 중부 헤센에 위치한 도시.

[364] 신성로마제국의 제후국들인 영방국가(Territorialstaat, territorial state)의 군주.

[365] 신성로마제국 황제 레오폴트 1세가 1692년 브라운슈바이크-뤼네부르크(Braunschweig-Lüneburg) 공작 에른스트 아우구스트(Ernst August von Braunschweig-Calenberg,

1629~1698)를 선제후로 승격시킴으로써 그 후계자들이 1705년부터 하노버 선제후가 되었다. 에른스트 아우구스트의 장남 게오르크 루트비히(Georg Ludwig)가 1714년 영국 왕 조지 1세(George I of Great Britain, 1660~1727)로 즉위함으로써 영국에서 하노버 왕조의 시대(1714~1901)가 열리는 것이다. 1746년 당시 하노버 선제후는 영국 왕 조지 2세(1683~1760)였다.

366 1744년 11월 13일.

367 Jus in Bello: 전쟁 상태에 적용되는 법. 프랑스어 droit de la guerre, 영어 Law of war.

368 벨릴 원수의 동생 벨릴 기사는 1742년 중장으로 승진했다.

369 프랑스어 prisonnier d'état, 영어 prisoner of state.

370 1745년 1월 20일.

371 카를 5세는 에스파냐 카스티야(Castilla) 왕 펠리페 1세(Felipe I, 1478~1506)와 후아나(Juana I de Castilla, 1479~1555)의 장남이다.

372 Maximilian III. Joseph(1727~1777): 부친의 사망과 함께 바이에른 선제후가 되었다.

373 루이 14세의 네덜란드 전쟁(Guerre de Hollande, Franco-Dutch War 1672~1678)의 주 무대가 플랑드르였다.

374 Louis Ferdinand de France(1729~1765): 루이 15세의 아들 왕세자는 1745년 2월 23일 펠리페 5세와 이사벨 데 파르네시오의 딸 마리아 테레사 라파엘라(María Teresa Rafaela de Borbón, Marie-Thérèse d'Espagne 1726~1746)와 결혼했으나 부인이 출산 후유증으로 사망했고, 1747년 작센 공녀 마리아 요제파(Maria Josepha Karolina Eleonore Franziska Xaveria, Marie Josèphe Caroline Éléonore Françoise Xavière de Saxe. 1731~1767)와 재혼했다. 왕세자는 1765년 결핵으로 사망하고 그 아들(Louis Auguste)이 1774년 루이 16세(1754~1793)가 된다.

375 1729년 9월 4일생.

376 프랑스 구체제 군대는 조직이 일정하지 않았고 시대에 따라 상당한 차이가 있었다. 군사조직은 루이 14세 시대에 르텔리에 부자가 육군대신으로 재직하던 시기(르텔리에는 1643~1677, 루부아는 1662~1691, 루부아는 1677년 정식으로 육군 담당 국무비서가 되었지만 이미 1662년부터 아버지 대신 권한을 행사했다)에 확립되었다. 그러나 부대 규모는 그 이후에도 조금씩 차이가 있었다. 보병은 대대(bataillon)가 기본 조직으로 루이 14세 시대에 600~800명, 연대는 1~4개 대대로 구성되었다. 1762년 12월 10일 자 왕령은 1개 보병대대를 8개 소총수 중대(장교 4명과 사병 65명)와 1개 척탄병 중대(장교 3명과 사병 52명)로 구성했다. 1776년 생제르맹 백작의 개혁에 의해, 1개 보병연대는 2개 대대, 1개 대대는 4개 소총수 중대와 1개 척탄병 중대로 조직되었다.

루이 14세 시대 말기에 기병대대(escadron de cavalerie)는 3개 중대(30~35기병)로 구성되었다. 따라서 4개 기병대대로 구성된 연대는 이론적으로는 기병 350~420명이었다. 오스트리아 왕위계승전쟁 기간에는 기병대대가 3~4개 중대였다가 1748년 10월 30일 자 왕령에 의해 모든 기병연대는 3개 대대, 1개 대대는 4개 중대(기병 30명)로 조직되었다. 7년 전쟁 초기에는 기병대대는 4개 중대(기병 35

명), 연대는 2~3개 대대로 구성되었다. 1762년 12월부터는 1개 기병대대를 2개 중대(기병 54명)로 구성하고 1개 연대는 4개 대대로 구성했다. 따라서 1개 기병연대는 기병 432명이었다.

전체적으로 구체체에서 보병대대는 600명이 넘고 기병대대는 100명이 조금 넘었다.

르텔리에(Michel Le Tellier, marquis de Barbezieux, 1603~1685): 루이 14세의 육군대신(육군 담당 국무비서)으로 활약하며 프랑스 육군의 증강에 공헌했다. 1677년 대상서가 되면서 자신의 자리를 아들 루부아에게 물려주었다.

생제르맹 백작(comte de Saint-Germain, Claude-Louis, 1707~1778): 프랑스 군인으로 소장까지 승진한 다음 육군 담당 국무비서를 역임했다.

377 루이 14세는 귀속전쟁(Guerre de Dévolution, 1667~1668)을 종식시킨 1668년 5월 2일의 엑스라샤펠(아헨) 조약에 의해 에스파냐령 네덜란드의 남부 일대를 차지하게 되었다. 그러나 네덜란드 공화국은 에스파냐 왕위계승전쟁을 끝낸 1713년의 위트레흐트 조약에 의해, 프랑스에 대한 방벽 역할을 하는 요새 8개를 얻어냈다. 그래서 프랑스가 네덜란드에 퓌르너, 이퍼르, 메넌, 투르네, 몽스, 샤를루아, 나뮈르, 겐트를 반환한 것이다.

378 Tournai: 오늘날 벨기에 도시로 프랑스 국경 근처에 위치하며 에스코(스헬더) 강이 관통한다.

379 Marquis de Vauban, Sébastien Le Prestre(1633~1707): 프랑스 군인, 기술자로 요새 건축술 그리고 공격과 방어 기술에 통달했다. 1703년 루이 14세가 육군원수로 임명했다.

380 네덜란드의 일부가 에스파냐의 통치에서 해방된 1581년부터 1795년까지 존속한 네덜란드 공화국(Republiek der Zeven Verenigde Nederlanden, 영어 Dutch Republic, 프랑스어 Provinces-Unies)은 7개 주로 구성되어 있었다. 홀란트(Holland), 제일란트(Zeeland), 오버레이설(Overijssel), 프리슬란트(Friesland), 흐로닝언(Groningen), 헬데를란트(Gelderland), 위트레흐트(Utrecht).

381 Karel August van Waldeck-Pyrmont(1704~1763): 독일 서부 발데크피르몬트(Waldeck-Pyrmont) 공으로 오스트리아 왕위계승전쟁에서 네덜란드군을 지휘했다.

382 Joseph Lothar von Königsegg-Rothenfels(1673~1751): 독일 귀족으로 1723년 신성로마제국 육군원수로 임명되었다.

383 Escaut: 네덜란드어로는 스헬더 강(Schelde).

384 삭스 백작은 1743년 루이 15세에 의해 육군원수로 임명되었다.

385 프랑스 왕 장 2세(Jean II, 1319~1364)는 왕세자 샤를(샤를 5세, 1338~1380)과 함께 1356년 9월 19일의 푸아티에 전투에 몸소 참전했다가 패하고 영국군의 포로가 되었다. 왕세자 샤를은 장 2세가 패전에 대비하여 피신시켰다.

386 1745년 5월 11일.

387 Antoing: 투르네 남동쪽 인근에 위치한 작은 도시. 18세기에는 Anthoin이라고 표기했다.

388 1678년생인 노아유는 1734년 육군원수직에 올랐고 1696년생인 삭스는 1743년 육군원수직에 올랐다.

389 Simon-Calude Grassin de Glatigny가 1744년 1월 '그라생 화승총수 연대(Arquebusiers de Grassin)'를 창설했다. 이 부대는 오스트리아 왕위계승전쟁에서 프랑스군을 몹시 괴롭힌 헝가리의 비정규 경무장 부대(후사르 경기병과 판두르)에 대응하기 위해 창설되었고 1749년 해산될 때까지 많은 전과를 올렸다. 삭스 원수는 이 유격부대의 전술적 역할을 이론화했다. 시몽클로드 그라생은 프랑스 귀족으로 1745년 준장, 1748년 소장으로 승진했다.

390 régiment de Courten: 스위스 보병연대로 1690년 2월 6일 창설.

391 régiment d'Aubeterre: 1647년 2월 1일 창설된 가시옹(Gassion) 보병연대가 여러 번 명칭이 바뀌어 1743년 오브테르 연대가 되었다.

392 régiment du Roi: 보병연대로 1663년 1월 2일 창설.

393 James Campbell(1680~1745): 스코틀랜드 귀족으로 영국 군인이 되어 1742년 중장으로 승진했다. 퐁트누아 전투에서 다리를 잃고 부상 후유증으로 사망했다.

394 Willem Anne van Keppel, 2nd Earl of Albemarle(1702~1754): 영국 귀족.

395 George Churchill(1753년 사망): 나중에 스코틀랜드 사령관이 되었다.

396 Lord Charles Hay(1700~1760): 영국 귀족으로 군인이 되어 1757년 소장으로 승진했다.

397 Joseph-Charles-Alexandre d'Anterroches(1710~1785).

398 Lutteaux(Estienne le Menestrel de Hauguel): 프랑스 군인으로 1738년 중장으로 승진했고 퐁트누아 전투에서 치명상을 입고 1745년 5월 31일 사망했다.

399 Chevalier d'Aubeterre, Jean-Baptiste Charles Hubert d'Esparbès de Lussan(1718~1746).

400 Duc d'Estrées, Louis Charles César Le Tellier(1695~1771): 루이 14세의 육군대신 루부아(Marquis de Louvois, François Michel Le Tellier, 1639~1691)의 손자로 에스트레 백작을 거쳐 1763년 에스트레 공작이 되었다. 1757년 육군원수로 임명되고 1758년 국무대신이 되었다.

401 태피터(taffeta): 광택이 있는 얇은 평직 견직물.
피케(piqué): 가로로 고랑이 지거나 무늬가 두드러지게 짠 직물.

402 Vicomte de Vaudreuil, Jean de Rigaud de Vaudreuil(1695~1763).

403 Comte de Guerchy, Claude Louis François de Régnier(1715~1767): 프랑스 군인으로 1743년 준장, 1745년 소장, 1748년 중장이 되었다.

404 régiment Royal des Vaisseaux: 1638년 창설된 보병연대.

405 régiment de Hainault: 1684년 창설된 보병연대.

406 Prince de Craon, Marc de Beauvau, marquis de Beauvau(1679~1754): 로렌(로트링겐) 귀족으로 1712년 루이 14세가 크라옹 후작 작위를 주었지만, 로트링겐 공작 레오폴트와의 인연으로 그 아들 프란츠를 섬기게 된다. 신성로마제국 황제 카를 6세에 의해 1722년 크라옹 공으로 봉해지고 1736년 토스카나 대공 프란츠와 마리아 테레지아의 결혼 실무를 담당했다. 프란츠는 1745년 신성로마제국 32대 황제 프란츠 1세로 즉위한다.

407 Comte de Beauvau-Craon, Alexandre(1725~1745): 크라옹 공의 막내아들로 퐁트누아 전투에서 전사했다.

408 크라옹 공의 아들 샤를쥐스트(Charles-Juste de Beauvau, 1720~1793)는 프랑스군에 복무하여 1783년 육군원수가 되었고 그 동생 페르디낭제롬(Ferdinand-Jérôme, 1679~1754)은 소장까지 승진했다.

409 régiment de Normandie: 1616년 창설된 보병연대.

410 1689년 명예혁명으로 폐위당한 영국 왕 제임스 2세(James II, 1633~1701)를 지지하는 재커바이트(Jacobite) 딜런(Theobald Dillon, 7th Viscount Dillon of Costello-Gallin, 1691년 사망)이 1688년 아일랜드에서 창설한 딜런 연대(Dillon's Regiment)가 1690년 프랑스의 디용 보병연대(régiment de Dillon)로 개편되었다.

411 James Dillon.

412 Comte de la Marck, Louis Engelbert(1701~1773): 신성로마제국 백작령(Grafschaft Mark) 출신 귀족으로 프랑스군에 복무하여 1745년 중장으로 임명되었다.

413 régiment de Piémont: 1569년 브리삭 연대(régiment de Brissac)라는 명칭으로 창설되어 1585년 명칭이 바뀐 보병연대.

414 Duc de Lorges, Guy Louis de Durfort(1714~1775): 프랑스 군인.

415 Duc de Chaulnes, Michel Ferdinand d'Albert d'Ailly(1714~1769): 프랑스 군인으로 나중에는 천문학자와 물리학자로 활동했다.

416 Charles de Montesson(1689~1758): 프랑스 군인으로 플랑드르 원정에서 삭스 원수 휘하에서 궁내부 부대(Maison militaire du roi de France)를 지휘했다.

417 Gaspard-Joachim de Grille-Robiac: 프랑스 군인으로 1758년 중장으로 임명되었다.

418 Marquis de Jumilhac, Pierre-Joseph de Chapelle(1692~1783): 프랑스 군인으로 1745년 중장으로 임명되었다.

419 Marquis de Croissy, Jean-Baptiste-Joachim Colbert de Torcy(1703~1777): 프랑스 군인으로 1744년 중장으로 임명되었다.

420 Comte de Lowendal, Ulrich Frédéric Woldemar(1700~1755): 독일 함부르크에서 태어나 유럽의 여러 군대에서 복무하다가 오스트리아 왕위계승전쟁 중인 1744년 프랑스군에 가담하여 중장으로 임명되었다. 1747년의 베르헌옵좀 공성전을 승리로 이끈 공로로 육군원수로 승진했다.

421 régiment de Chabrillan cavalerie: 1672년 가(Gas) 기병연대로 창설되어 1738년 샤브리앙 기병연대로 개명했다.

422 régiment de Brancas cavalerie: 1671년 그리냥(Grignan) 기병연대로 창설되어 1739년 브랑카 기병연대로 개명했다.

423 régiment de Brionne cavalerie: 1652년 몽클라르(Montclar) 기병연대로 창설되어 1743년 브리온 기병연대로 개명했다.

424 régiment de Normandie: 1615년 창설된 보병연대.

425 Henry Ponsonby(1685~1745): 아일랜드 군인으로 영국군 소장으로 참전했다가 퐁트누아 전투에서 전사했다.

426 aide-major: 구체제 프랑스군에서 행정관(major)은 연대장 부관으로 연대의 행정을 담당했다. 부행정관은 행정관을 보좌했다.

427 Austrian Netherlands: 1714년의 라슈타트 조약에 의해 합스부르크 왕가의 오스트리아가 장악하고 있던 시절(1714~1794년)의 남부 네덜란드를 가리킨다. 프랑스어

로는 Flandre autrichienne라고 한다.

428 아우크스부르크 동맹전쟁(1689~1697).

429 Aalst: 알스트는 브뤼셀과 겐트 사이에 위치한다.

430 régiment de Crillon: 1576년 창설되어 1745년 크리용 연대라고 불린 보병연대.

431 régiment de Laval: 1676년 비본(Vivonne) 연대로 창설되어 1743년 라발 연대로 개명한 보병연대.

432 Melle: 겐트 인근 스헬더(에스코) 강가의 마을. 프랑스어권에서는 에스코 강, 네덜란드어권에서는 스헬더 강으로 표기한다.

433 멜러 전투는 1745년 7월 9일 벌어졌다.

434 Marquis de Crillon, Louis de Balb de Bertons: 멜러 전투 당시 크리용 연대 연대장이며 준장이었다. 1758년 중장으로 승진했다.

435 Duc de Laval, Guy-André-Pierre de Montmorency-Laval(1723~1798): 프랑스 군인으로 초기에는 라발 후작으로 알려졌고 멜러 전투 당시 22세로 라발 연대 연대장이었다. 1783년 육군원수로 승진했다.

436 Comte de Périgord, Gabriel-Marie de Talleyrand(1726~1795): 프랑스 군인으로 멜러 전투 당시 19세로 노르망디 연대 연대장이었고 1780년 중장으로 임명되었다.

437 Marquis de Talleyrand, Daniel-Marie Anne de Talleyrand-Périgord(1706~1745): 프랑스 군인으로 준장까지 승진했고 두 번째 결혼에서 낳은 장남(Charles Daniel, 1734~1788)의 둘째 아들이 혁명기, 나폴레옹 시대, 복고왕정기의 유명한 정치인 탈레랑(Charles-Maurice de Talleyrand-Périgord, 1754~1838)이다.

438 Marquis de Souvré et de Louvois, François-Louis Le Tellier(1704~1767): 루이 14세의 육군대신 루부아의 손자로 1748년 중장으로 임명되었다.

439 Comte de Graville, Louis Robert Malet de Valsemé(1698년생): 처음에는 발스메 후작이라고 불린 프랑스 군인으로 1748년 중장으로 임명되었다.

440 régiment du Roi cavalerie: 1635년 추기경 용기병연대(régiment des dragons du Cardinal)로 창설되어 1646년 일반 기병연대로 재편되었다.

441 Ambrosio Spínola(1569~1630): 이탈리아 제노바 출신의 군인으로 네덜란드 독립전쟁(1568~1648)에서 합스부르크 왕가의 에스파냐군을 지휘하여 오스텐더를 함락시키는 등 많은 무공을 세웠다. 네덜란드 독립전쟁은 네덜란드 17주가 에스파냐에 대항하여 벌인 독립전쟁으로 80년 전쟁 또는 네덜란드 반란으로 불리기도 한다. 오스텐더 공성전(1601년 7월~1604년 9월)은 네덜란드 독립전쟁에서 가장 참혹한 전투였으며 역사적으로 최장기 공성전의 하나이다.

442 Marquis d'Hérouville, Antoine Ricouart(1713~1782): 프랑스 군인, 과학자로 1748년 중장으로 임명되었다.

443 Comté de Flandre: 플랑드르 백작령은 862년부터 프랑스 왕국의 주요 공국 가운데 하나였다. 15세기까지 에스코(스헬더) 강의 서쪽은 프랑스 왕의 주권이 인정되어 '왕의 플랑드르', 동쪽은 신성로마제국 봉토로 간주되어 '황제의 플랑드르'라고 불렸다. 플랑드르 백작령은 1348년 부르고뉴령 네덜란드(Pays-Bas bourguignons, 1384~1482)의 일부가 되었다가 1526년의 마드리드 조약에 의해 프랑스 왕국에서 분리되어 에스파냐령 네덜란드(Spanish Netherlands, Pay-Bas

espagnols, 1556~1714)의 일부가 된다. 에스파냐 왕위계승전쟁을 종식시킨 1714년의 라슈타트 조약에 의해 에스파냐령 네덜란드가 합스부르크 왕가의 오스트리아령 네덜란드가 되는 것이다.

444 브란덴부르크 선제후는 1701년 프로이센 왕이 되었다. 브란덴부르크 선제후 프리드리히 3세가 1701년 초대 프로이센 왕 프리드리히 1세로 즉위했기 때문이다.

445 *Bulla Aurea*: 1356년 신성로마제국 황제 카를 4세(Karl IV, 1316~1378, 재위 1347~1378)가 뉘른베르크 및 메츠의 제국의회에서 반포한 제국법으로 황제 선거의 절차와 선제후의 권리를 확정하려는 의도에서 제정되었다. 라틴어로 쓰였으며 황금국새를 사용해서 황금문서 또는 금인헌장(金印憲章)이라고도 한다. 신성로마제국 도시 메츠(Metz)는 12세기에 메츠 공화국으로 승격되었다가 1552년 프랑스 왕의 소유가 되어 '메스'라고 불리게 된다.

446 토스카나 대공 프란츠는 프란츠 1세로 즉위했다.

447 독일어로는 굴덴(Gulden). 신성로마제국에서는 피렌체 금화(플로린)를 굴덴이라고 불렀다.

448 옐리자베타 페트로브나(Elizabeth Petrovna, 1709~1762): 표트르 1세의 딸로 1741~1761년 재위한 러시아 차르.

449 당시 술탄은 마흐무트 1세(1696~1754, 재위 1730~1754)였다.

450 1735~1739년의 오스트리아-튀르크 전쟁은 루이 15세가 중재한 1739년 9월의 베오그라드 조약에 의해 종결되었다.

451 Leopold I. Fürst von Anhalt-Dessau(1676~1747): 독일 아스카니에(Askanier) 왕조 출신으로 안할트-데사우(Anhalt-Dessau) 제후국 군주였고 1712년 프로이센 왕 프리드리히 1세에 의해 육군원수로 임명되었다. 1745년 12월 15일 드레스덴 근처의 케셀스도르프(Kesselsdorf) 전투에서 오스트리아와 작센 연합군을 격파함으로써 2차 슐레지엔 전쟁(1744~1745)을 끝낸 것으로 유명하다. 프로이센 왕국 보병을 근대화한 장본인으로 인정받는다.

452 에스파냐 왕위계승전쟁의 한 전투인 토리노 공성전(1706년 5~9월)에서 외젠 공이 지휘하는 오스트리아, 사보이아, 프로이센 연합군이 토리노를 포위한 프랑스군을 격퇴했다.

453 1745년 12월 15일.

454 아우구스트 3세는 작센 선제후를 겸했다.

455 1745년 12월 25일의 드레스덴 조약에 의해 프리드리히 2세는 신성로마제국 황제 프란츠 1세를 인정하는 대가로 슐레지엔을 차지하게 되었다.

456 1차 슐레지엔 전쟁(1740~1742년)을 종식시킨 1742년 6월 11일의 브로츠와프(독일명 브레슬라우) 조약에 의해 오스트리아는 슐레지엔의 대부분 지역을 프로이센에 양보했었다.

457 프랑스의 1루이 금화(louis d'or)가 6독일 에퀴에 해당했다.

458 오스트리아령 네덜란드(Oostenrijkse Nederlanden, Austrian Netherlands, Pays-Bas autrichiens)는 1714~1797년 존속했다.

459 Comte de Clermont, Louis Georges de Clermont-Gallerande(1758년 사망).

460 황제 프란츠 1세의 동생.

461 Wenzel Anton Graf Kaunitz-Rietberg(1711~1794): 보헤미아 귀족 출신으로 오스트리아 왕가의 정치인으로 활약했다. 프로이센을 경계한 그는 1756년의 프랑스-오스트리아 동맹을 준비했다. 마리아 테레지아에 의해 수석대신으로 임명된 그는 거의 40년(1753~1792년) 동안 재직했다. 그는 군대 개혁은 다운 백작(Leopold Joseph Graf von Daun)에게 일임했다(32장 참조).

462 Comte de Lannoy, Charles François II de Lannoy(1758년 사망): 벨기에 귀족.

463 Francisco Marqués de Los Rios(1775년 사망): 신성로마제국 육군원수.

464 Prince de Ligne, Antoine Joseph Ghislain(1682~1750). Claude Lamoral II de Ligne(Claude Lamoral II van Ligne, 1685~1766): 벨기에 귀족 리뉴 가문 출신으로 신성로마제국에 봉사했다. 1751년 육군원수로 임명되었다.

465 régiment Royal des Vaisseaux: 1638년 창설된 보병연대.

466 Chevalier d'Aubeterre, Jean-Baptiste Charles Hubert d'Esparbès de Lussan.

467 안트베르펜은 5월 31일이 되어서야 항복했고 루이 15세는 6월 4일 안트베르펜에 입성했다.

468 comté de Hainaut(네덜란드어 Henegouwen, 독일어 Hennegau): 프랑스와 벨기에 국경에 있던 옛날 신성로마제국 백작령. 이 지역은 1556년 에스파냐령 네덜란드의 일부가 되었다가 17세기 후반에 둘로 나누어졌다. 남부는 루이 14세에게 넘겨져서 프랑스령 에노가 되고, 몽스를 중심으로 하는 북부는 합스부르크 왕가 소유가 되어 1713년부터 오스트리아령 네덜란드의 일부가 된다.

469 Marquis de Monclar, Philippe-Charles de La Fare(1687~1752): 보통 라파르 백작이라 불린 프랑스 군인으로 1746년 10월 육군원수로 임명되었다.

470 Prince de Gavre, Charles-Emmanuel-Joseph(1695~1773): 벨기에 귀족으로 오스트리아 왕실에 봉사했다.

471 Duc de Piney-Luxembourg, François-Henri de Montmorency-Bouteville(1628~1695): 프랑스 군인으로 1675년 육군원수로 임명되었다. 9년 전쟁(아우크스부르크 동맹전쟁, 1688~1697)의 나무르 공성전(1692년 5월 25일~6월 30일)을 승리로 이끌고 나무르를 점령했다.

472 부플레르 원수는 9년 전쟁의 나무르 공성전(1695년 7월 2일~9월 5일)에서 아우크스부르크 동맹군에 항복하고 나무르를 내주었지만 용맹스러운 항전으로 유명하다.

473 William III(1650~1702): 영국 왕(재위 1689~1702) 겸 네덜란드 총독(1672~1702)으로 9년 전쟁에서 프랑스 루이 14세의 네덜란드 침략을 저지했다.

474 Siège de Namur: 나무르 공성전은 1746년 9월 6일 시작되어 30일 종료되었다.

475 régiment de Champagne: 1558년 창설된 보병연대.

476 Chevalier de Fautras, André de Fautras d'Andreuil(1728~1814): 프랑스 귀족으로 육군 포병 장교로 근무하다가 해군 장교가 되었다.

477 볼테르가 이런 지적을 한 것은 삭스 원수의 전술이 혁신적이었기 때문이다. 원수는 10열 종대의 종대마다 강력한 포병 중대를 배치하여 함께 전진시켰다.

478 로쿠르 전투: 리에주 북쪽 외곽 지역 로쿠르(Rocourt)에서 1746년 10월 11일 벌어진 전투이다. 이 전투는 프랑스에서는 로쿠(Rocoux, 왈롱어) 전투라고 불린다.

[479] Marquis de Fénelon, Gabriel-Jacques de Salignac(1688~1746): 프랑스 군인으로 1738년 중장으로 임명되었고 1746년 10월 11일 전사했다.

[480] François de Salignac de La Mothe-Fénelon(1651~1715): 페늘롱이라고 불리는 프랑스 고위성직자로 20년(1695~1715) 동안 캉브레 대주교를 역임했다.

[481] Comte de Ségur, Henri François(1689~1751): 프랑스 군인으로 1738년 육군원수로 임명되었다.

[482] Marquis de Ségur, Philippe Henri(1724~1801): 프랑스 군인으로 1783년 육군원수로 임명되었다.

[483] Marquis de Lugeac, Charles-Antoine de Guerin.

[484] Honoré III de Monaco(1720~1795): 제노바 출신의 그리말디(Grimaldi) 가문으로 1733~1795년 모나코 공국 군주였다.

[485] Comte de Balleroy, Charles Auguste de La Cour(1721~1794): 프랑스 군인으로 1762년 중장으로 임명되었다.

[486] Cercles impérials(Circuli imperii): 신성로마제국이 공동 방어와 제국 세금 징수를 주 목적으로 만든 행정 조직으로 14세기 말에는 4개였으나 1512년 막시밀리안 1세 치하에서 10개로 확정되었다. 바이에른 관구, 슈바벤 관구, 라인 강 상류 관구, 라인 강 하류-베스트발렌 관구, 프랑켄 관구, 니더작센 관구, 부르군트(부르고뉴) 관구, 오스트리아 관구, 오베르작센 관구, 쿠르라인 관구.

[487] train d'artillerie: 대포와 관련 장비를 수송하는 부대.

[488] 캄포산토 백작.

[489] Trento: 독일어 Trient(트리엔트).

[490] '젊은 왕위 요구자'.

[491] 1742년 6월 11일.

[492] 1745년 12월 25일.

[493] 1745년 12월의 드레스덴 평화조약.

[494] 피아첸차 전투(Battaglia di Piacenza): 1746년 6월 16일 벌어진 이 전투는 오스트리아군의 결정적인 승리로 끝났다. 산라자로(San Lazarro) 전투라고도 불린다.

[495] Josef Wenzel von Liechtenstein(1696~1772): 리히텐슈타인 공국 군주(1~2대 리히텐슈타인 공)으로 오스트리아 왕실에 봉사하여 1738~1741년 파리 주재 대사를 역임하고(39장 참조) 1745년 이탈리아에서 대원수(Generalissimo)로 임명되었다. 대원수는 원수(Fieldmarshal, Feldmarschall)보다 높은 계급으로 최고위 장군이다.

[496] 돈 펠리페가 에스파냐-프랑스 연합군 총사령관이었으므로 마유부아 원수는 그에게 복종하지 않을 수 없었다.

[497] 펠리페 5세는 1746년 7월 9일 사망했다.

[498] 1509년 5월 에스파냐군이 오랑(알제리)을 탈취하여 1708년까지 점령했다가 에스파냐 왕위계승전쟁을 틈탄 오스만튀르크 제국에 빼앗겼다. 1732년 에스파냐군이 오랑을 탈환하여 1792년까지 점령하게 된다.

[499] 이사벨 데 파르네시오.

[500] 루이스 1세.

[501] Fernando VI de España(1713~1759): 펠리페 5세가 첫 번째 결혼에서 얻은 막내아

들로 루이스 1세의 친동생이다. 1746~1759년 페르난도 6세로 재위했고 그 사후에는 이복동생 돈 카를로스가 카를로스 3세(재위 1759~1788)로 즉위한다.

502 돈 카를로스.

503 이들은 6월 27일 피아첸차에서 철수했다.

504 이 세 강은 모두 포 강의 지류이다.

505 Marquis de Maillebois, Yves Marie Desmarets(1715~1791): 프랑스 군인으로 1748년 중장으로 임명되었다. 백작이었다가 부친 사후에(1762년) 후작이 되었다.

506 로토프레도 전투(Battaglia di Rottofreddo)는 1746년 8월 12일 벌어져서 프랑스군의 승리로 끝났다.

507 프랑스군은 1706년 5월 14일부터 토리노를 포위했지만 1706년 9월 7일의 토리노 전투에서 외젠 공의 오스트리아군과 비토리오 아메데오 2세의 사보이아군에 완패하고 퇴각했다.

508 프랑스 왕 샤를 8세(Charles VIII, 1470~1498), 루이 12세(Louis XII, 1462~1515), 프랑수아 1세(1494~1547)의 이탈리아 전쟁(1494~1497, 1508~1513, 1515~1516, 1521~1526)은 모두 실패했다.

509 보케타 고갯길(Passo della Bocchetta): 제노바 북쪽 아펜니노 산맥을 넘는 고갯길.

510 Maximilian Ulysses Reichsgraf Browne, Baron de Camus und Mountany(1705~1757): 아일랜드 출신으로 마리아 테레지아를 위해 많은 무공을 세우고 1753년 육군원수로 임명되었다.

511 Antoniotto Botta Adorno(1680~1774): 밀라노 공국의 파비아 출신인 보타아도르노 후작은 외교관, 군인, 정치가로 합스부르크 왕가에 봉사했다.

512 제노바는 1746년 9월 6일 항복했다.

513 genevino.

514 doge: 제노바 공화국(11세기 초~1797)의 국가원수인 도제는 선출직이었다.

515 1683년 도제로 선출된 레르카리(Francesco Maria Imperiale Lercari, 1629~1712)는 바르바리 해안의 해적들에게 탄약을 판매함으로써 루이 14세를 격분하게 만들었다. 루이 14세는 1684년 5월 함대를 보내 제노바를 포격했다. 1685년 5월 15일 레르카리는 원로원 의원들과 함께 베르사유로 와서 루이 14세 앞에 무릎을 꿇고 용서를 빌었다.

바르바리 해안(Barbary Coast): 바르바리는 16~19세기에 유럽에서 베르베르인들이 살던 지역을 가리키는 단어이다. 북아프리카 중서부 해안인 이 지역은 대표적인 해적 소굴이었다.

516 1746년 당시 제노바 도제는 브리뇰레살레(Giovanni Francesco Brignole Sale, 1695~1760)였다.

517 intendant: 구체제 프랑스는 34개 주(province)로 나뉘어 있었다고 보는 것이 일반적이다. 국왕은 주에 지사를 파견해 왕권을 대리하게 했다.

518 1407년 설립된 산조르지오 은행(Banco di San Giorgio)은 세계 최초 중앙은행의 하나라고 인정된다.

519 제노바 공화국은 1453년부터 산조르지오 은행을 통해 코르시카를 식민 통치했고 코르시카인들은 계속 저항하다가 1729년 독립전쟁을 일으켰다. 오스트리아 왕위

계승전쟁 중인 1745년 영국-오스트리아-사르데냐 동맹군이 코르시카를 점령하기도 했다.

520 Epeiros: 알바니아 로가라 산맥(케라우니아 산맥) 끝에서 그리스의 암브라키코스 만까지 아우르는 지역이다.

521 Matthias Johann von der Schulenburg(1661~1747): 독일 귀족으로 1702년 작센군에 합류하여 대북방전쟁(Great Northern War 1700~1721)에서 스웨덴의 칼 12세에 대항했고 1716년 오스만튀르크군의 공격에 맞서 코르푸 섬(Corfù, 그리스어로는 케르키라 섬)을 지켰다.

522 Henry Medley(1687~1747): 영국 해군 장교로 1747년 중장으로 승진했다.

523 1747년 5월 1일.

524 absolution: 죄를 용서해주는 것.

525 아시에타 전투(Battaglia dell'Assietta): 1747년 7월 19일 이탈리아 피에몬테 지방 수사 계곡(Val di Susa) 아시에타 고개(Pianoro dell'Assietta)에서 프랑스군과 사르데냐(피에몬테)군 사이에 벌어진 전투로 프랑스군이 참패했다. 에그질(Exilles)은 수사 계곡에 위치한 이탈리아 마을로, 예전에 프랑스 왕국과 사보이아 공작령의 국경지대였다.

526 이탈리아(리구리아) 리비에라(Riviera ligure)의 한 가운데는 제노바이며, 여기서 두 지역으로 구분한다. 제노바에서 프랑스 국경까지를 리비에라 디 포넨테(Riviera di Ponente, '해가 지는 해안'), 제노바에서 카포코르보(Capo Corvo)까지를 리비에라 디 레반테(Riviera di Levante, '해가 떠오르는 해안')라고 한다.

527 Comte de Gohas, Louis de Biran(1747년 사망): 프랑스 군인으로 1747년 6월 준장으로 승진했다.

528 régiment de Soissonnais: 1684년 창설된 보병연대.

529 Comte de Donges, Guy Louis de Lopriac(1747년 사망).

530 régiment d'Artois: 1610년 창설된 보몽(Beaumont) 연대가 1675년 이름이 바뀌었다.

531 Marquis de Brienne(1747년 사망).

532 lieutenant de roi: 프랑스 구체제의 지방(항구나 요새가 있는 주요 도시)에서 왕을 대리하는 관리로 총독과 국왕총대관의 지휘를 받았다.

533 Breda: Conférences de Bréda, Congress of Breda: 오스트리아 왕위계승전쟁을 종식시키기 위해 1746~1748년 네덜란드 브레다에서 열린 국제회의.

534 Marquis de Puisieux(Puysieulx), Louis Philogène Brûlart(1702~1770): 프랑스 귀족으로 외무 담당 국무비서(1747~1751)를 역임했다.

535 John Wilmot, 2nd Earl of Rochester(1647~1680): 영국 귀족으로 유명한 시인이었다.

536 John Montagu, 4th Earl of Sandwich(1718~1792): 영국 귀족으로 많은 요직을 역임했다.

537 바로 이 점에 근거하여 영국 전권대사는 아무런 결론도 내리지 말자고 주장했다.

538 루이 14세의 네덜란드 전쟁(Guerre de Hollande)은 1672년 시작되어 1678년까지 지속되었다.

539 Willem IV van Oranje-Nassau(Willem Karel Hendrik Friso, 1711~1751): 네덜란드

오라녜나사우 왕가(House of Oranje-Nassau) 출신으로 1747년 5월 4일 네덜란드 공화국의 제1대 세습 총독으로 지명되었다.

540 Principauté d'Orange: 1181년 프랑스 남부에서 성립된 공국으로 16세기 중반부터 오라녜나사우 가문이 통치하게 되었다.

541 Willem III van Oranje(Willem Hendrik, 1650~1702): 오라녜나사우 가문 출신으로 루이 14세의 네덜란드 전쟁이 시작된 1672년 네덜란드 공화국 총독이 되었다가 1689년 영국 왕 윌리엄 3세로 즉위했다.

542 James II of England(1633~1701): 영국 왕 제임스 2세. 찰스 1세의 아들이다

543 Charles I of England(1600~1649): 영국 왕 찰스 1세.

544 메리 1세(Mary, Queen of Scots, 1542~1587): 스코틀랜드 왕 제임스 5세(James V of Scotland, 1512~1542)의 딸로 부친 사후에 스코틀랜드 여왕으로 즉위(재위 1562~1567)했으나 나중에 잉글랜드에서 유폐 생활을 하다가 반역죄로 재판을 받고 처형된다. 메리 1세의 아들이 1567년 스코틀랜드 왕 제임스 6세로 즉위했다가 1603년 영국 왕 제임스 1세(James I, 1566~1625)가 된다. 제임스 1세의 아들이 찰스 1세이다.

545 왕자는 1742년이 아니라 1744년 1월 프랑스로 왔다. 영국 상륙 작전이 실패하자 왕자는 더글러스 기사라는 이름으로 프랑스 북단 덩케르크 인근의 그라블린(Gravelines)에 은거하고 있었다.

546 Pierre-Paul Guérin de Tencin(1680~1758): 프랑스 고위성직자로 1739년 추기경이 되었다.

547 Antoine Walsh(1703~1763).

548 프랑스 사략선 뒤테이예(Du Teillay) 호.

549 그레이트브리튼 왕국(Kingdom of Great Britain)은 1706년의 합방조약(Treaty of Union)에 의해 1707년 잉글랜드 왕국과 스코틀랜드 왕국이 합쳐져서 성립된 왕국이다. 그레이트브리튼 섬 전체를 지배하는 왕국이 탄생한 것이다. 1603년 스코틀랜드 왕 제임스 1세가 잉글랜드와 스코틀랜드의 왕을 겸하는 동군연합((同君聯合, Personal union. 서로 독립된 2개 이상의 국가가 동일한 군주를 모시는 정치 형태)이 되었지만, 1707년 정식으로 양국이 하나의 국가가 되고 이에 따라 양국의 의회도 통합되었다. 그러나 그레이트브리튼 왕국은 그냥 영국 왕국이라고 번역한다.

550 볼테르는 「풍속론」 19장에서 이런 이야기를 했다.

551 Anne, Queen of Great Britain(1665~1714): 1702년 잉글랜드, 스코틀랜드, 아일랜드 여왕으로 즉위했다가 1707년 잉글랜드 왕국과 스코틀랜드 왕국의 통합에 의해 영국과 아일랜드 여왕이 되었다.

552 William Murray, Marquess of Tullibardine(1689~1746): 스코틀랜드 귀족으로 찰스 에드워드 왕자의 재커바이트 반란(1745년 8월~1746년 4월)에 가담했다가 체포되어 처형당했다.

553 James Drummond, 3rd Duke of Perth(1713~1746): 스코틀랜드 귀족으로 찰스 에드워드 왕자의 재커바이트 반란에 가담해 1746년 4월 16일의 컬로든(Culloden) 전투 후에 사망했다.

554 Lord George Murray(1694~1760): 스코틀랜드 귀족으로 찰스 에드워드 왕자의 재

커바이트 반란에 가담했다.

555 제임스 2세가 첫 번째 결혼에서 얻은 둘째 딸 앤이 1702년 영국 왕으로 즉위했다. 제임스 2세가 두 번째 결혼에서 얻은 아들이 '늙은 왕위 요구자' 제임스 프랜시스 에드워드 스튜어트이므로 앤이 제임스의 이복 누나이다. 앤 여왕이 제임스에게 사형 선고를 내린 것은 1702년 3월 2일이었다.

556 조지 2세.

557 John Cope(1690~1760): 영국 군인으로 1745년 스코틀랜드 총사령관(Commander-in-Chief)이 되었다.

558 프레스턴팬스 전투는 율리우스력으로 1745년 9월 21일(그레고리력 1745년 10월 2일)에 벌어졌다. 영국은 1752년 그레고리력을 채택했다. 볼테르는 그레고리력으로 표기했다.

559 pied: 영어 foot에서 유래한 길이 단위로 30.48센티.

560 네덜란드 총독이었다가 영국 왕으로 즉위한 윌리엄 3세는 1689~1702년 재위했다.

561 Louisbourg: 캐나다 노바스코샤(Nova Scotia, 새로운 스코틀랜드)에 위치한 지역으로 1713년 프랑스인들이 건립했지만(루이부르), 1745년 영국인들이 탈취하여 루이스버그가 되었다.

562 Habeas Corpus Act 1679: 1660년 왕정복고에 의해 옹립된 찰스 2세(Charles II 1630~1685)의 반동적이고 자의적인 조치들에 맞서기 위해서 영국 의회가 1679년 5월 27일 제정한 법.

563 Lord Keeper of the Privy Seal(Lord Privy Seal, Lord du sceau privé): 왕의 개인적인 도장(왕새)을 관리하는 대신.

564 Prince of Wales: 영국 왕세자를 가리키는 호칭. 1745년 당시에는 조지 2세의 장남 프레더릭(Frederick Louis, 1707~1751)이었다. 프레더릭이 1751년 병사하는 바람에 그의 장남이 1760년 조지 3세(George III, 1738~1810)로 즉위한다.

565 City of Carlisle(시티오브칼라일).

566 1만에 달하는 프랑스군이 상륙했다는 이야기도 돌았다. 조지 2세는 왕실 보물을 대피시키고 네덜란드로 피신할 준비를 했다.

567 Comte de Lally, Thomas Arthur, baron de Tollendal(1702~1766): 랄리톨렌달(Lally-Tollendal)이라고 불린 아일랜드 출신의 프랑스 군인으로 총사령관으로 인도에 파견되었으나 참패하고 재판에 회부되어 처형당했다.

568 John Drummond, 4th Duke of Perth(1714~1747): 스코틀랜드 귀족으로 재커바이트 반란에 참여했고 1747년 9월 베르헌옵좀 공성전에서 전사했다.

569 régiment Royal-Écossais: 1743년 창설된 프랑스 왕국의 보병연대.

570 폴커크(Falkirk Muir) 전투는 율리우스력으로는 1월 17일 벌어졌고, 재커바이트군이 거둔 마지막 승리였다.

571 régiment de Fitz-James cavalerie: 1698년 창설된 프랑스 왕국의 기병연대.

572 그러나 프랑스 군인들은 황량한 지역을 보고 겁에 질린 나머지 일부는 돌아가버렸다.

573 율리우스력으로는 4월 12일.

574 율리우스력으로는 4월 16일. 컬로든 전투(battle of Culloden)는 1745년 재커바이

트 반란의 마지막 전투로 영국군의 완승으로 끝났다.

575 볼테르는 영국군이 포로와 부상자들을 학살한 것에 대해서는 침묵을 지켰다.

576 Charles II(1630~1685): 청교도 혁명으로 처형된 찰스 1세의 장남으로 1651년 9월 3일(그레고리력으로는 9월 13일)의 워스터 전투에서 올리버 크롬웰(Oliver Cromwell, 1599~1658)에게 패하고 프랑스로 망명했다가 1660년 왕정복고 덕에 귀국하여 즉위했다. 찰스 2세가 후사 없이 1685년 사망하고 그 동생이 즉위하여 제임스 2세(1633~1701년)가 되었다. 제임스 2세는 1688년의 명예혁명 후에 프랑스로 망명하고 그 아들 제임스 프랜시스 에드워드 스튜어트가 '늙은 왕위 요구자'라고 불리게 된다. 제임스 프랜시스의 장남 찰스 에드워드 스튜어트는 '젊은 왕위 요구자'인 것이다.

577 4월 20일. 그레고리력으로는 5월 1일.

578 Flora MacDonald(1722~1790): 재커바이트의 영웅으로 찰스 에드워드 왕자를 탈출시킨 후에 체포되었다가 1747년 사면법(Act of Indemnity)에 의해 석방되었다.

579 사권박탈법(Bill of Attainder)은 의회가 제정한 개인의 권리를 박탈하는 법을 말한다. 사권박탈은 의회가 어떤 집단이나 개인이 범죄자임을 선언하고 재판 없이 처벌하는 것을 말한다. 사권박탈법은 중세 영국 왕이 재판 없이 처벌을 하는 데 사용되어 왔다.

580 Marquis d'Argenson, René Louis de Voyer de Paulmy(1694~1757): 프랑스의 정치인으로 1744~1747년 외무 담당 국무비서를 역임했고 특히 작가로 유명하다. 아르장송 백작의 친형이다.

581 Thomas Pelham-Holles, 1st Duke of Newcastle(1693~1768): 영국 귀족으로 국무비서(Secretary of State)를 30년 역임하면서 영국의 외교정책을 주도했다.

582 볼테르는 제임스 1세(재위 1603~1625)라고 썼는데, 찰스 1세(재위 1625~1649)가 맞다.

583 Louis XIII(1601~1643, 재위 1610~1643): 앙리 4세의 아들이고 루이 14세의 부친.

584 프랑스 라로셸의 개신교도들이 루이 13세에 맞서자 루이 13세는 리슐리외 추기경이 주도한 라로셸 공성전(1627년 9월~1628년 10월)에 의해 무조건 항복을 받아냈다. 이때 영국 왕 찰스 1세는 라로셸 지원을 위해 3차례에 걸쳐 함대를 파견했으나 실패했다.

585 Walter Montagu(1603~1677): 영국 귀족으로 라로셸 개신교도 반란을 사주하는 등의 비밀 첩자 활동을 했다.

586 영국 귀족 서열(ranks of the peerage): 공작(duke), 후작(marquess), 백작(earl), 자작(viscount), 남작(baron).

587 Lord High Steward: 영국 왕이 임명하는 대신들 가운데 최고위직으로 명목상으로는 대상서(Lord Chancellor: Lord High Chancellor of Great Britain)보다 상위 직이지만 국왕 대관식이나 귀족 재판의 경우에만 임명된다.

588 집사장(major domus)이라는 의미의 궁재(maire du palais, mayor of palace)에서 비롯된 그랑 세네샬은 10~12세기 프랑스에서 궁내부(maison du roi) 수장이었으나 곧 군주 다음으로 가장 강력한 인물이 되었다. 특히 그는 왕의 군대를 통제했다. 이처럼 막강한 권한 때문에 존엄왕 필리프 2세(Philippe II, 1165~1223, 재위

1180~1223)가 1191년 이 직을 폐지해버렸다.

589 영어 king of arms, 프랑스어 roi d'armes.

590 Arthur Elphinstone, 6th Lord Balmerino(1688~1746): 스코틀랜드 귀족으로 컬로든 전투에서 포로가 되어 대역죄로 재판을 받고 처형되었다.

591 William Boyd, 4th Earl of Kilmarnock(1704~1746): 스코틀랜드 귀족으로 컬로든 전투에서 포로가 되어 대역죄로 재판을 받고 처형되었다.

592 George Mackenzie, 3rd Earl of Cromartie(1703~1766): 스코틀랜드 귀족으로 1745년의 재커바이트 반란에 가담했다.

593 Philip Yorke, 1st Earl of Hardwicke(1690~1764): 영국 법률가로 대상서(Lord Chancellor)를 역임했다. 영국에서 대상서는 대법원장 겸 상원 의장이었다.

594 율리우스력으로 1746년 8월 18일.

595 Sir John Murray of Broughton(1718~1777): 재커바이트 반란에 가담하여 찰스 에드워드 왕자의 비서로 활동했으나 영국군에 체포된 후에는 재커바이트 반란 가담자들의 명단을 넘기고 사면을 받았다. '재커바이트의 유다'라고 불린다.

596 Charles Radclyffe, 5th Earl of Derwentwater(1693~1746): 잉글랜드 귀족으로 1715년의 재커바이트 반란에 가담했다가 친형과 함께 포로가 되었으나 처형 직전에 탈옥했고 다시 1745년의 재커바이트 반란에서 체포되어 1746년 12월 8일 처형당했다.

Jacobite rising of 1715: 늙은 왕위 요구자 제임스 프랜시스 에드워드 스튜어트가 주도한 반란으로 1715년 8월부터 1716년 2월까지 스코틀랜드를 중심으로 일어났으나 실패하고 말았다.

597 James Radclyffe, 3rd Earl of Derwentwater(1689~1716): 잉글랜드 귀족으로 1715년의 재커바이트 반란에 가담했다가 패하고 1716년 2월 24일 처형당했다.

598 Simon Fraser, 11th Lord Lovat(1667~1747): 스코틀랜드 귀족으로 1745년의 재커바이트 반란에 가담했다가 처형당했다.

599 퀸투스 호라티우스 플라쿠스(Quintus Horatius Flaccus, 기원전 65~8): 고대 로마 공화정 말기의 시인.

600 오스트리아 왕위계승전쟁을 종결한 1748년의 엑스라샤펠(아헨) 조약에는 프랑스가 하노버 왕가의 영국 왕위계승권을 인정하고 찰스 에드워드 스튜어트 왕자를 비롯한 재커바이트들을 프랑스에서 추방한다는 조항이 있다.

601 그 후 찰스 에드워드 스튜어트 왕자는 유럽 대륙을 전전하다가 1788년 1월 로마에서 사망했다.

602 스코틀랜드의 로버트 2세(Robert II of Scotland, 1316~1390)를 시조로 하는 스튜어트 왕조의 불행은 제임스 2세(James II of Scotland, 1430~1460)가 잉글랜드를 침공했다가 전사한 1460년부터 시작되었다고 보는 것이 일반적이다.

603 Livonia: 오늘날 라트비아의 동북부에서 에스토니아 남부에 걸친 지역의 명칭.

604 Count Karl Josef Batthyány of Németújvár(1689~1772): 헝가리 귀족으로 신성로마제국 군인이 되어 육군원수직에 올랐다.

605 라우펠트 전투는 1747년 7월 2일 벌어졌다. 라우펠트(Lauffeld, 현 벨기에 리엠스트Riemst)는 마스트리흐트 서쪽에 있다.

606 Emmanuel-François-Joseph de Bavière(1695~1747): 바이에른 선제후 막시밀리안 2세 에마누엘이 프랑스 여인과의 사이에서 얻은 사생아로 프랑스군 장교가 되었다.

607 Marquis de Bonnac, Jean-Louis d'Usson(1672~1738): 프랑스 외교관으로 에스파냐, 오스만 제국 등 여러 나라에서 대사직을 수행했다.

608 Marquis de Bonnac, François Armand d'Usson(1716~1778)).

609 세귀르 후작은 1746년 10월 11일의 로쿠르 전투에서 부상을 당했다.

610 John Ligonier(1680~1770): 프랑스 남부 카스트르(Castres)의 위그노 귀족 집안에서 태어나 17세기 말 영국으로 망명해 육군원수가 되었다.
위그노(huguenots): 프랑스의 개신교도들을 가리키는 이름.

611 Menno van Coehoorn(1641~1704): 네덜란드 군인으로 프랑스의 보방만큼 뛰어난 요새 전문가로 이름을 떨쳐서 '네덜란드의 보방'이라고 불렸다. 베르헌옵좀을 비롯한 여러 곳에 요새를 설계했다.

612 볼테르는 로벤달 백작이 덴마크 태생이라고 했지만, 사실은 함부르크에서 태어났다. 로벤달은 1716년 덴마크와 스웨덴 사이의 전쟁에서 덴마크군으로 참전한 적이 있다. 그의 부친 로벤달 남작(Woldemar Ulrich, baron von Lowendal, 1660~1740)이 덴마크군 총사령관이었기 때문이다.

613 예니체리(yeniçeri)는 오스만 제국의 유명한 보병 군단의 이름이다. 술탄의 직속 경호대, 친위대 역할을 하는 정예 상비군단으로 전투에 임하면 용맹성으로 유명했다. 14세기에 처음 조직되어 1826년 오스만 제국의 마무드 2세(1785~1839)가 해산시킬 때까지 존속했다. 예니체리는 튀르크어 '예니센'에서 유래한 말로 '새로운 병사'라는 뜻이다.

614 함부르크에서 태어나 폴란드 궁정에서 성장한 로벤달은 어린 시절부터 삭스 백작(폴란드 왕 아우구스트 2세의 서자)과 어울렸다.

615 베르헌옵좀 공성전은 1747년 7월 14일 시작되었고 로벤달 장군은 9월 18일 기습을 감행했다.

616 프랑스어 brèche, 영어 breach.

617 Isaac Cronström(1661~1751): 네덜란드 군인.

618 Karl I. von Hessen-Philippsthal(1682~1770): 독일 헤센 가문 출신으로 여러 군대에서 복무하다가 1721년 프랑스군 중장이 되었고 그 후에는 신성로마제국 육군원수가 되었다.

619 마스트리흐트는 1748년 5월 7일 함락되었다.

620 Franken: 오늘날의 바이에른 북부와 그 인접 지역.

621 George Anson, 1st Baron Anson(1697~1762): 영국 해군 군인으로 1740~1744년의 세계일주와 무훈으로 중장으로 승진하고, 1747년의 제1차 피니스테레 곶 해전에서 프랑스 해군을 격파한 공로로 귀족이 되었다. 7년 전쟁의 승리에 기여한 공로로 1761년 최고위직인 해군원수가 되었다.
이 장은 1768년 출판되었는데 1765년 이후에 집필된 것이 분명하다.

622 중국과 인도를 가리킨다.

623 1513년 9월 25일 에스파냐의 콩키스타도르 발보아(Vasco Núñez de Balboa, 1475~1519)가 유럽인으로서는 최초로 태평양을 보고 9월 29일 그 바닷가에 도착

해서 그곳을 산미구엘(San Miguel) 만이라고 부르고 바다는 남해(Mar del Sur)라고 명명했다. 그 이후 프랑스 구체제 어휘에서 '남해(mer du Sud, South Sea)'는 에스파냐 제국의 태평양 연안을 지칭했다. 특히 해적, 사략선, 약탈선이 이런 의미로 사용했다. 그곳에는 페루와 포토시의 부유한 광산도시들이 있었다. 태평양이라는 명칭은 1520년 마젤란이 붙인 것이다.

624 commodore: 영국 해군에서 함장(대령)과 소장 사이의 직위로 프랑스 해군의 chef d'escadre에 해당한다.

625 9월 말은 항해에 부적합한 계절이 시작되는 시점이다.

626 영어 Cape Horn, 프랑스어 Cap Horn.

627 앤슨은 소함대를 재정비하기 위해 어쩔 수 없이 무인도에서 석 달 머물렀다.

628 Alexander Selkirk(1676~1721): 스코틀랜드 출신으로 태평양을 무대로 노략질을 하는 사략선에 승선했다가 선장과의 불화로 남태평양 무인도에 남아 4년 이상을 혼자 지낸 후에 구조되었다. 그의 모험담이 대니얼 디포(Daniel Defoe, 1659~1731)에게 영감을 주어 『로빈슨 크루소』(1719년)가 태어났다고 본다.

629 Edmond Halley(1656~1742): 영국의 천문학자, 기상학자, 물리학자, 수학자로 1456~1682년에 나타난 혜성이 모두 같은 혜성이라고 주장하고 1758년 다시 출현할 것이라고 예측했다. 이것이 핼리 혜성이라고 불리게 된다.

630 Acapulco: 태평양 연안의 멕시코 항구도시로 에스파냐 식민지 기간에 마닐라 행 갤리언 선 무역의 중심지였다.

631 José Alfonso Pizarro(1689~1762): 에스파냐 해군 장교로 1740년 남미 서쪽 해안의 에스파냐 식민지를 공격하려는 조지 앤슨의 함대를 저지하기 위해 파견되었으나 실패했다.

632 16세기 후반에 들어서면서 유럽의 전함은 차츰 갤리언(galleon)이라 불리는 범선(돛대가 3~4개)으로 교체되는 추세였다. 갤리언은 선체가 좁고 길어 민첩하고, 긴 선체의 측면에 많은 대포를 장착할 수 있었다. 영국은 에스파냐와의 전쟁 직전에 최신식으로 설계된 갤리언 25척을 보유했는데 이는 에스파냐 함대에 버금가는 규모였다.

633 마닐라의 갤리언 선 무역: 1565년부터 1815년까지 에스파냐령 마닐라와 멕시코 아카풀코를 왕래하던 갤리언 선에 의해서 이루어진 무역으로 세계무역에 크게 기여했다.

634 1542년 스페인 탐험가 루이 로페스 데 비야로보스(Ruy López de Villalobos, 1500~1544)가 6척의 갤리언 선을 이끌고 멕시코 바라 데 나비다드(Barra de Navidad)에서 출발하여 그 다음해 루손 섬(Luzon)에 도착했다. 그는 이 섬들을 펠리페 2세에게 경의를 표하기 위해 '펠리페의 섬(Islas Philipinas)'으로 명명했다

635 Centurion: 고대 로마의 백부장(百夫長)을 가리키는 이름.

636 태평양 북서부에 위치한 제도로 괌 섬 등이 있다.

637 Formosa: 대만.

638 앤슨의 전함은 1742년 11월 11일 마카오에 도착했다.

639 명나라 가정제(嘉靖帝, 1507~1567)가 포르투갈인들의 마카오 상주를 승인한 것은 1557년이었다. 1583년 마카오 자치정부인 민정총서(Leal Senado)가 수립되고

1623년 포르투갈 총독이 부임하게 되었다.

640 지금의 자카르타인 바타비아(Batavia)는 1619~1799년 동남아시아에 소재한 네덜란드 동인도회사의 본사 이름이었다. 바타비아는 1799~1949년 네덜란드령 동인도의 수도였다.

641 선인장에 기생하는 연지벌레에서 추출하는 적색계의 염료로 멕시코의 특산품이었다. 19세기 중반 합성염료가 발견되기 전에는 아주 비싸서 투기꾼과 사략선이 노리는 보물이었다.

642 Lesser Sunda Islands: 말레이 제도 남쪽 부분의 섬들로 인도네시아어로는 누사틍가로 열도(Nusa Tenggara)로 불린다.

643 1743년 12월 7일 광저우를 출발한 앤슨은 마카오에 들러 갤리언 선을 헐값에 처분하고 12월 15일 떠났다. 앤슨은 소순다 열도에 1744년 1월 8일 기항하여 물과 물자를 공급받은 다음 3월 11일 케이프타운에 도착했다.

644 Martinique: 카리브 해에 위치한 섬으로 프랑스의 해외 영토이다.

645 왕의 섬(île Royale)은 1713~1763년 북아메리카의 프랑스 식민지였다. 이 섬은 왕의 섬과 생장(Saint-Jean) 섬, 두 개로 이루어져 있었다. 오늘날의 케이프브레턴(Cape Breton) 섬, 프린스에드워드(Prince Edward) 섬이다. 루이부르는 프랑스인들이 왕의 섬(케이프브레턴 섬)에 건립한 항구였다.

646 Peter Warren(1703~1752): 아일랜드 출신의 영국 해군 장교로 루이부르를 탈취한 공으로 소장으로 승진하고 기사 작위를 받았다.

647 당시 해군대신은 모르파(Maurepas) 백작이었다.
Comte de Maurepas, Jean-Frédéric Phélypeaux(1707~1781): 프랑스 귀족으로 부친인 퐁샤르트랭 백작(Comte de Pontchartrain, Jérôme Phélypeaux, 1674~1747)과 마찬가지로 해군 담당 국무비서를 역임(1723~1749)했다.

648 루이부르 공성전은 1745년 5월 11일 시작되어 6월 28일 종료되었다.

649 Nouvelle-France: 누벨프랑스는 1534~1763년 프랑스의 북아메리카 식민지였다. 그 영토는 아카디(Acadie), 캐나다, 루이지안(la Louisiane)으로 이루어져 있었다. 아카디는 세인트로렌스(생로랑) 강 하구의 지역들을 가리켰다. 7년 전쟁을 종식시킨 1763년의 파리 조약에 의해 프랑스는 루이지안을 제외한 북아메리카 식민지 대부분을 영국에 양도했다. 루이지안은 나폴레옹이 1803년 미국에 매각하여 루이지애나가 된다.

650 Spithead: 영국 남부의 군항도시 포츠머스(Portsmouth) 근교의 정박지.

651 Antigua: 카리브 해 동북단에 위치한 섬.

652 Duc d'Anville, Jean-Baptiste de La Rochefoucauld de Roye(1707~1746): 프랑스 귀족으로 해군에 투신하여 1745년 해군 중장이 되어 루이부르 탈환전에 나섰다가 1746년 9월 28일 배 위에서 뇌졸중으로 사망했다.
앙빌 공작은 1732년부터 프랑스의 대귀족 가문인 라로슈푸코(La Rochefoucauld) 가문의 일원에게 부여된 작위이다.

653 Chibouctou: 캐나다 노바스코샤(Nova Scotia)의 핼리팩스(Halifax).

654 Comte du Bois de La Motte, Emmanuel-Auguste de Cahideuc(1683~1764): 프랑스 군인으로 일찍 해군에 투신하여 많은 무공을 세우고 1762년 중장으로 승진했다.

보통 뒤부아 드 라모트라고 불렸다.

655 Saint-Domingue: 1627~1804년 히스파니올라(Hispaniola) 섬 서부에 위치한 프랑스 식민지로 1804년 아이티란 이름으로 독립했다.

656 오스트리아 왕위계승전쟁 기간에 프랑스와 영국 사이의 해전은 3회 벌어졌다. 1744년 2월 22~23일의 툴롱 해전 또는 시시에 곶(Cap Sicié) 해전, 1747년 5월 14일의 제1차 피니스테레 곶(cap Finisterre, 에스파냐 북서부 비스케이 만) 해전, 1747년 10월 25일의 제2차 피니스테레 곶 해전. 시시에 곶 전투에서는 에스파냐 해군이 영국 해군을 패퇴시키고 프랑스 함대는 영국 함대가 퇴각하던 전투 종반부에야 도착했다. 제1차 피니스테레 곶 해전에서는 앤슨 제독의 영국 함대가 라종키에르 후작의 프랑스 수송선단을 격파했다. 제2차 피니스테레 곶 해전에서는 에드워드 호크 제독의 영국 함대가 레탕뒤에르 후작의 수송선단을 완파했다. 이후 오스트리아 왕위계승전쟁이 종료될 때까지 프랑스 해군은 활동이 거의 없었다.

657 볼테르는 앤슨이 중장이고 워렌이 대장이라고 했으나, 워렌은 소장으로 대장 앤슨을 보좌했다.

658 Marquis de la Jonquière, Jacques-Pierre de Taffanel(1685~1752): 프랑스 귀족으로 해군 중장이 되었고 1749~1752년 누벨프랑스 총독을 역임했다.

659 Marquis de l'Estenduère, Henri-François des Herbiers(1682~1750): 프랑스 귀족으로 해군에 투신하여 제2차 피니스테레 곶 해전에서 패배했지만 영웅적인 항전으로 수송선단을 구하고 자신도 영국 해군의 포위를 뚫고 귀환했다. 해군 준장으로 군복무를 마쳤다.

660 Edward Hawke(1705~1781): 영국 해군 장교로 1747년 소장이 되고 제2차 피니스테레 곶 전투 승리 후인 1748년 중장으로 승진했다. 7년 전쟁의 승리에 기여한 공로로 1768년 해군원수가 되었다.

661 Madras: 1996년 첸나이(Chennai)로 이름을 바꾼 인도 대도시.

662 Bertrand François Mahé, de La Bourdonnais(1699~1753): 프랑스 해군 장교로 동인도회사를 위해 많은 공로를 세우고 마스카렌 제도 총독이 되었다. 1746년 7월 6일 나가파티남(Nagapattinam) 해전에서 영국 해군을 격파하고 그 여세로 마드라스를 점령했다. 그러나 뒤플렉스와의 갈등으로 체포되어 오랜 수감 후에 석방되었으나 병을 얻어 사망했다.
마스카렌 제도 총독(Gouverneur général des Mascareignes): 인도양 남서부의 라레위니옹, 모리셔스 등의 섬들을 가리키는 마스카렌 제도는 당시 프랑스의 인도양 진출을 위한 전초기지였고 총독이 통치했다.

663 établissements: 프랑스의 인도 식민지는 établissements français de l'Inde라고 불렸다.

664 Veda: 고대 인도의 종교지식과 제례규정을 담고 있는 문헌. 브라만교의 성전(聖典)을 총칭하는 말로도 쓰인다.

665 알렉산더 돈(Alexander Don)은 1779년 말 인도에서 사망했다.

666 인도의 카스트는 브라만(성직자), 크샤트리아(귀족, 무사), 바이샤(상인, 농민, 지주), 수드라(소작농, 청소부, 하인)로 나뉜다.

667 Nawab: 무굴 제국 황제가 지역을 다스리는 회교도 태수나 토후에게 수여한 직책.

668 아우랑제브(Aurangzeb, 1618~1707) 황제는 89세까지 살았다.

669 Nâdir Châh(1688~1747): 페르시아 아프샤르 왕조의 창시자로 정복전들로 유명하여 나중에 '이란의 나폴레옹'이라고 불리기도 했다. 1739년 2월 무하마드 샤의 무굴 군대를 격파하고 약탈과 살육을 자행했다가 엄청난 보물을 배상으로 받고 철군했다.

670 Muhammad Shâh(1702~1748): 1702~1748년 무굴 제국 황제였다.

671 Maratha: 마라타족은 힌두교도 전사 집단으로 회교도 무굴 제국에 반대하고 마라타 왕국(1674~1818)을 건설하기도 했다.

672 1995년 봄베이(Bombay)가 뭄바이(Mumbai)로 이름을 바꾸었다.

673 Malabar Coast: 인도 반도의 남서부 해안.

674 에스파냐의 펠리페 2세는 1580년 포르투갈을 무력으로 정복하고 펠리페 1세로 즉위(1580~1598년 재위)했다. 그러나 포르투갈과 그 식민지는 에스파냐 속령이 될 수 없다는 조건이 부과되었다.

675 Pondicherry: 인도 동남부 해안의 도시로 프랑스 동인도회사의 중심지였다.

676 ferme du tabac: 담배세는 간접세이므로 국왕이 그 징세청부권을 경매에 붙였는데, 동인도회사에는 돈을 받지 않고 넘겨주었다. 동인도회사는 이 담배세 징세청부권을 다른 업자들에게 돈을 받고 양도하여 수익을 올린 것이다.

677 Joseph-François Dupleix(1697~1763): 부친의 권유로 동인도회사에 취직한 다음 발군의 성과를 거두어서 1742년 퐁디셰리 총독 겸 프랑스 인도 식민지 사령관이 되었다.

678 Abraham Duquesne(1610~1688): 프랑스 해군 장교로 많은 무공을 세워 1667년 중장으로 승진하고 1682년 뒤켄 후작으로 봉해졌다. 그의 후손에는 뛰어난 해군 장교가 여럿 있었다.

679 Jean Bart(1650~1702): 프랑스 사략선 선주 출신으로 루이 14세가 벌인 전쟁들에서 혁혁한 무공을 세우고 1697년 해군 준장으로 승진했다. 그의 아들 프랑수아코르닐 바르(François-Cornil Bart, 1677~1755)도 해군에 복무하여 중장까지 승진했다.

680 René Trouin, sieur du Gué, dit Duguay-Trouin(1673~1736): 프랑스 사략선 선주 출신으로 해군에 투신하여 해군사에 길이 남을 무공을 세우고 중장까지 승진했다.

681 인도양의 마스카렌 제도(Mascareignes, Mascarene Islands)는 라레위니옹(부르봉 섬), 모리셔스 섬, 로드리게스 섬을 비롯한 섬들로 이루어져 있다.

682 Curtis Barnett(1746년 사망): 영국 해군 장교로 1746년 준장으로 승진하여 동인도로 파견되었다가 5월 2일 선상에서 병사했다. 바네트의 사망으로 소함대는 에드워드 페이톤(Edward Peyton, 1749년 사망)이 지휘하게 되었다. 라부르도네와 페이톤의 나가파티남 해전은 무승부로 끝났으나, 페이톤이 선박 수리를 위해 소함대를 이끌고 퇴각하는 바람에 라부르도네가 마드라스를 공략하러 갈 수 있었다.

683 1746년 9월 21일.

684 pagode: 인도의 프랑스 식민지에서 통용되던 금화.

685 1748년 3월 3일.

686 라부르도네는 1751년 2월 3일 석방되었지만 수감 중에 얻은 병으로 1753년 11월 10일 사망했다.

687 Edward Boscawen(1711~1761): 영국 해군 장교로 많은 해전에서 무공을 세우고 대장으로 승진했고 나중에는 정치가로 활동했다.

688 Marquis de Castelnau, Charles Joseph Patissier de Bussy(1720~1785): 프랑스 귀족으로 군인이 되어 주로 인도에서 활약했다. 프랑스령 인도의 총사령관 후보였으나 파리에서 랄리 백작을 파견하는 바람에, 인도 사정에 무지한 총사령관과 많은 갈등을 빚었다. 1760년 전투 중 낙마해 포로가 되어 영국으로 호송되었다가 석방되어 프랑스로 귀국했다. 인도 패전 관련 재판에서 무죄를 선고 받고 나중에 미국 독립전쟁 기간에 아시아 지역 총사령관으로 임명되어 영국군과 싸우다 1783년 종전과 함께 인도의 프랑스 식민지 총독으로 임명되었고 1785년 인도에서 사망했다.

689 영국군은 56일간의 전투 끝에 1300명을 잃고 퐁디셰리 포위를 풀었다.

690 생루이 무공훈장(Ordre royal et militaire de Saint-Louis): 루이 14세는 군인들의 사기 진작을 위해 1693년 4월 5일 자 칙령에 의해 생루이(聖王 루이 9세) 무공훈장을 제정했다. 이 훈장은 1등(Grand-croix, 대십자가장), 2등(Commandeur, 사령관장), 3등(Chevalier, 기사장)으로 구분되었다. 루이 14세가 이 훈장 제도 덕에 에스파냐 왕위계승전쟁에서 유럽 연합군에 대항할 수 있었다고 평가한 나폴레옹은 1802년 5월 19일 레지옹 도뇌르 훈장(Ordre national de la Légion d'honneur)을 제정한다.

691 마스트리흐트는 1748년 5월 7일 항복했다.

692 루이 15세의 장녀 엘리자베트(Marie-Louise-Elisabeth de France, 1727~1759)는 1739년 8월 26일 펠리페 5세의 아들 돈 펠리페(파르마 공작 필리포 1세)와 결혼했다.

693 오스트리아 왕위계승전쟁을 종식시킨 이 평화조약을 위한 협상은 1748년 4월 24일 엑스라샤펠에서 시작되었고, 조약은 1748년 10월 18일 체결되었다.

694 Cádiz: 스페인 남서부의 항구도시로 콜럼버스의 아메리카 발견 이후 신세계의 보물이 들어오는 창구로 크게 번창했다.

695 리스본 지진은 1755년 11월 1일 발생하여 6~9만 주민이 사망하고 도시의 85%가 파괴되었다. 볼테르는 「리스본의 재앙」이라는 시도 썼다.

696 Adolf Fredrik(1710~1771): 독일 뤼베크의 영주-주교인 크리스티안 아우구스트 폰 슐레스빅-홀슈타인-고토르프(Christian August von Schleswig-Holstein-Gottorf, 1673~1726)의 아들로 1743년 러시아의 압력에 의해 스웨덴 왕위 상속자로 선출되었다. 1744년 프로이센 프리드리히 2세의 여동생 루이제 울리케(Luise Ulrike von Preußen, 1720~1782)와 결혼했다. 1751년 11월 스웨덴 왕으로 즉위했으나 모든 권력은 의회가 장악하고 있었다.

697 영국인들은 프랑스인들이 해군을 재건할 시간을 주지 않으려고 협상을 깨버렸다. 프랑스는 아헨 평화조약 직후에 10년 동안 전함 111척, 프리깃함 54척, 그리고 이런 배들에 상응하는 수의 작은 선박들을 건립하는 계획을 채택했다.

698 9월 1일 캐나다 뉴브런즈윅의 조지 호수 부근.

699 fermier général: 국왕에게서 징세청부권을 매입하는 사람들을 징세청부업자라고 불렀는데, 이들은 대개 금융가나 재정가들이었다.

700 4월 말이 아니라 4월 10일이다.

701 Comte de La Galissonière, Rolland-Michel Barrin(1693~1756): 프랑스 귀족으로 해군 장교와 식민지 행정관으로 일했다. 1755년 해군 중장으로 승진하고 1756년의 메노르카 섬 원정에 참여하여 5월 20일의 메노르카 해전에서 영국 함대를 격퇴했으나 곧(10월 26일) 병사했다. 볼테르는 후작이라고 했지만, 라갈리소니에르는 백작이었다.

702 카탈루냐어 Maó, 스페인어 Mahón, 프랑스어 Port Mahon. 마오는 메노르카 섬의 동쪽에 위치한 도시로 영국군이 세인트 필립(St. Philip) 요새를 건설해 놓았다.

703 1756년 4월에 시작된 세인트 필립 요새 포위전은 6월 29일 종료되었다.

704 John Byng(1704~1757): 영국 해군 장교로 13세에 해군에 투신하여 많은 무공을 세우고 1747년 중장으로 승진했으나 1757년 메노르카 섬 함락 때문에 군법회의에 회부되어 3월 14일 처형되었다.

705 George Byng, 1st Viscount Torrington(1663~1733): 영국 해군 장교로 혁혁한 무공을 세우고 해군원수가 되었고 자작 작위를 수여받았다.

706 7년 전쟁(1756~1763).

707 브란덴부르크 선제후 프리드리히 3세(Friedrich III, 1657~1713)는 에스파냐 왕위계승전쟁에서 프랑스에 맞선 신성로마제국의 레오폴트 1세를 지원하는 대가로 1701년 프로이센의 1대 왕, 프리드리히 1세(Friedrich I)로 등극했다. 그의 아들 프리드리히 빌헬름 1세(Friedrich Wilhelm I, 1688~1740)는 재정과 군사제도를 개혁하는 등 프로이센을 강대국으로 만들기 위해 노력했기 때문에 군인왕(Soldatenkönig)으로 불리게 된다. 프로이센 2대 왕은 프리드리히 빌헬름 1세를 가리킨다.

708 아버지와 아들은 프리드리히 빌헬름 1세와 프리드리히 2세이다.

709 폴란드 소유였던 슐레지엔은 1335년 보헤미아 왕국에 합병되었다. 오스트리아는 1526년부터 보헤미아를 지배함으로써 슐레지엔도 차지하게 되었다.

710 오스트리아와 프로이센 사이의 슐레지엔 전쟁은 3차례에 걸쳐 벌어졌다. 1차 전쟁(1740~1742)은 슐레지엔의 대부분을 프로이센에 넘겨준 브레슬라우 조약에 의해 종식되었다. 2차 전쟁(1744~1745)은 드레스덴 조약에 의해 마감되고 프로이센의 슐레지엔 점령을 인정하는 대신, 프리드리히 2세는 로트링겐 공 프란츠 슈테판(프란츠 1세)을 신성로마제국 황제로 지지하기로 했다. 3차 전쟁은 슐레지엔을 탈환하려는 오스트리아에 대해 프로이센이 1756년 8월 선전포고 없이 선제공격을 함으로써 시작되어 7년 전쟁으로 확대되었다. 7년 전쟁은 유럽의 거의 모든 열강이 참여하게 되어 유럽뿐 아니라 그들의 식민지가 있던 아메리카와 인도에까지 퍼진 대규모 세계전쟁이었다.

711 몽고인들의 침략을 가리킨다. 몽고군의 유럽 원정은 1236~1242년에 진행되었다. 연전연승하며 아드리아 해까지 진출한 몽고군이 1241년 12월 오고타이 칸이 사망하자 회군한 덕에 유럽이 대재앙을 면하게 된다.

712 오스트리아 왕위계승전쟁(1740~1748년).

713 베르니 추기경과 퐁파두르 부인.
퐁파두르 부인(Madame de Pompadour, 1721~1764): 파리의 부르주아 집안 출신

으로 뛰어난 미모 덕에 루이 15세의 정부가 되어 약 15년간 권세를 누렸다. 유럽 궁정과 사교계의 유행과 패션을 주도했다.

714 프랑스와 오스트리아가 1756년 5월 1일 체결한 1차 베르사유 조약은 방위적인 성격이었다. 1756년 8월 프리드리히 2세가 오스트리아의 동맹인 작센을 침략하자 프랑스와 오스트리아는 군사동맹을 결성하는 2차 베르사유 조약을 체결했다.

715 François-Joachim de Pierre, cardinal de Bernis(1715~1794): 프랑스 귀족으로 성직에 투신했다. 퐁파두르 부인의 총애를 얻어 고속 출세를 거듭하여 프랑스와 오스트리아의 베르사유 조약을 주선하고 1757년 국무대신, 이어 외무 담당 국무비서가 되고 1758년 추기경으로 임명되었다. 그러나 1758년 실각하고 말았다.

716 1756년 8월 20일.

717 1700~1721년의 대북방(大北方) 전쟁은 러시아와 스웨덴이 발트 해의 주도권을 둘러싸고 벌인 전쟁이다. 다양한 세력이 다양한 전장에서 격돌한 전쟁은 1721년 스웨덴의 패배로 끝나고 러시아가 발트 해의 지배자이자 유럽의 주요 강대국으로 등장하게 된다. 이 전쟁에서 스웨덴의 칼 12세는 1702년 7월의 클리소우(Kliszów) 전투에서 아우구스트 2세의 폴란드-작센군을 대파했다. 칼 12세는 1704년 아우구스트 2세를 폐위하고 스타니수아프 레슈친스키를 폴란드 왕으로 앉혔다.

718 드레스덴은 작센 선제후국의 수도였다.

719 오스트리아의 마리아 요제파(Maria Josepha von Österreich, 1699~1757): 신성로마제국 황제 요제프 1세의 딸로 1719년 작센 선제후 프리드리히-아우구스트와 결혼했다. 프리드리히-아우구스트는 폴란드 왕위계승전쟁(1733~1738년)에서 승리하고 아우구스트 3세로 즉위했다.

720 Schlacht bei Lobositz: 1756년 10월 1일 벌어진 전투로 육상에서 7년 전쟁의 개막을 알린 첫 번째 전투이다. 프리드리히가 지휘하는 약 29000명의 프로이센군이, 오스트리아의 막시밀리안 율리시즈 폰 브라운(Maximilian Ulysses von Browne, 1705~1757) 원수가 지휘하는 약 34,500명의 오스트리아군이 포위당한 작센군을 구하러 오는 것을 저지했다. 이로 인해 작센은 2주 후(10월 14일)에 항복했다.

721 1756년 10월 20일.

722 1757년 11월 17일.

723 1757년 5월 6일의 프라하 전투에서 프리드리히 2세의 프로이센군이 오스트리아군을 패퇴시켰지만 프라하를 점령하지는 못했다. 이 전투에서 치명상을 입은 브라운 원수는 6월 26일 프라하에서 사망했다.

724 30년 전쟁에서 스웨덴의 구스타프 2세 아돌프는 가톨릭 제후연맹(Katholische Liga, Ligue catholique)의 군대를 계속 대파했다.

725 Leopold Joseph Graf von Daun(1705~1766): 오스트리아 귀족으로 군에 투신하여 많은 무공을 세우고 1754년 육군원수직에 올라 군대 개혁에 주력했다.

726 1757년 6월 18일 벌어진 콜린(Kolín, 프라하 동쪽 50킬로 떨어진 곳에 위치) 전투에서 다운 백작이 지휘하는 44,000명의 오스트리아군이 프리드리히 2세가 지휘하는 32,000명의 프로이센군을 격파했다. 프로이센군은 약 14,000명의 병력을 잃었고 오스트리아군은 약 9,000명의 병력을 잃었다.

727 에스트레 백작은 퐁트누아 전투에서 두각을 나타내고 7년 전쟁에서 베스트팔렌군

총사령관으로 임명되었다. 1757년 2월 육군원수직에 오르고 7월 26일 컴벌랜드 공작의 군대를 하스텐베크(Hastenbeck) 전투에서 격파했으나 갑자기 교체되었다.

728 Louis V Joseph de Bourbon-Condé(1736~1818); 8대 콩데 공으로 7년 전쟁에 참전하여 무공을 세웠다.

729 Louis-François-Joseph de Bourbon-Conti(1734~1814): 6대 콩티 공의 아들로 소장으로 하스텐베크 전투에 참전했다. 라마르슈 백작이었다가 1776년 7대 콩티 공이 된다.

730 Bouchard Patissier de Bussy(1725~1757): 인도에서 활약한 뷔시 장군의 동생.

731 Aelianus Tacticus: 2세기 그리스의 군사작가.

732 Duc du Châtelet, Louis Marie Florent de Lomont d'Haraucourt(1727~1793): 로렌 가문의 분가인 샤틀레 가문 출신으로 1754년 나바르 연대 연대장, 1754년 국왕 연대 준장, 1767년 중장이 되었다. 로몽(Lomont) 백작 또는 뒤샤틀레로몽(Du Châtelet-Lomont)이었다가 1770년 공작이 된다.

733 Marquise du Châtelet, Gabrielle Émilie Le Tonnelier de Breteuil(1706~1749): 에밀리 뒤샤틀레라고 불리는 이 여성은 최초의 여성과학자로 인정된다. 에밀리는 라틴어로 쓰여진 뉴턴의 『프린키피아』를 프랑스어로 번역하고 상세한 주석을 단 것으로 유명하다. 또 문법과 성서에도 관심을 갖고 연구를 했으며, 라틴어와 그리스어 고전들을 번역했다. 28세 때 볼테르를 처음 알게 된 후 15년간 볼테르와 연인 관계였고 서로 많은 도움을 주고받았다.

734 프랑스와 에스파냐의 패배로 끝난 에스파냐 왕위계승전쟁(1701~1714)을 가리킨다.

735 로앙 가문 출신인 수비즈 공은 퐁파두르 부인의 후원을 받아서 슐레지엔 전쟁에 참전했다가 1757년 11월 5일의 로스바흐 전투에서 대패하는 바람에 퐁파두르 부인이 맹렬한 비난을 받게 만들었다. 1758년에는 승전을 거듭하여 명예를 회복하고 육군원수직에 올랐다.

로앙 가문(La maison de Rohan): 프랑스 역사에 커다란 족적을 남긴 브르타뉴 공작령의 명문 가문이다. 로앙은 브르타뉴 도시이다. 1667년 수비즈 시 주위의 영지가 로앙 가문의 공국으로 인정되어 이 가문은 로앙수비즈 가문으로 알려지게 된다. 1대 수비즈 공은 몽바종 공작(Duc de Montbazon, Hercule de Rohan, 1568~1654)의 아들인 프랑수아 드 로앙(François de Rohan, 1630~1712)이었다.

736 Friedrich Wilhelm Eugen von Sachsen-Hildburghausen(1730~1795): 작센-힐트부르크하우젠 공작 에른스트 프리드리히(Ernst Friedrich II, 1707~1745)의 막내아들.

737 Marquis de Castries, Charles Eugène Gabriel de la Croix(1727~1801): 프랑스 귀족으로 7년 전쟁에서 많은 무공을 세우고 1758년 중장으로 승진했다. 1780년 해군 담당 국무비서, 1783년 육군원수가 되었다.

738 1757년 11월 5일의 로스바흐 전투는 프로이센군의 완승으로 끝났다.

739 régiment de Diesbach: 1690년 스위스인 보병들로 구성되어 창설된 프랑스군 연대.

740 수비즈 공의 후원자인 퐁파두르 부인에 대한 비난을 말한다.

741 Świdnica. 오늘날 폴란드 남서부의 도시. 독일어 Schweidnitz.

742 1757년 12월 5일의 로이텐 전투(Schlacht bei Leuthen)는 프로이센군의 승리로 끝

났다.

743 율리우스력으로는 1761년 12월 25일. 당시 러시아는 율리우스력을 사용하고 있었다.

744 Pyotr III Fyodorovich(1728~1762): 홀슈타인 공작 카를 프리드리히(Karl friedrich von Schleswig-Holstein-Gottorf, 1700~1739)와 표트르 1세의 딸인 안나 페트로브나(Anna Petrovna Romanova, 1708~1728)의 아들로 러시아 이름은 표트르 표도로비치 로마노프, 독일 이름은 카를 페터 울리히(Karl Peter Ulrich de Holstein-Gottorp)이다. 로마노프 왕조의 7번째 황제로 6개월 재위한 다음, 아내 예카테리나에 의해 폐위되고 살해당했다. 그는 정신적으로 미숙하고 지나치게 친 프로이센적인 정책 때문에 평판이 좋지 못한 지도자였다.

745 regiment Préobrajensky: 러시아 황제 근위대에서 가장 오래된 연대로 가장 명성이 높은 연대의 하나이다. 이 연대는 러시아 제국의 역사(17세기 말에서 19세기까지)에 긴밀하게 연결되어 있어서 매우 상징적인 연대이다. 18~19세기에는 정부와 차르에 대해 충성심이 확실한 젊은 귀족들만 입대할 수 있었다.

746 Yekaterina Alexeyevna(1729~1796): 프로이센 귀족 안할트-제르브스트 공(Christian August, Fürst von Anhalt-Zerbst, 1690~1747)의 딸(Sophie Friederike Auguste von Anhalt-Zerbst-Dornburg)로 태어나 1745년 러시아 정교회 신도 예카테리나로 개종하고 대공 표트르와 결혼했다.

747 Askanier(영어 House of Ascania): 독일의 가장 유서 깊은 가문의 하나로 안할트(Anhalt) 가문의 시조가 되었다. 이 가문 출신으로 가장 유명한 인물이 예카테리나 여제이다.

748 예카테리나 1세(Catherine I of Russia, 1684~1727, 재위 1725~1727): 표트르 1세의 두 번째 부인으로 남편이 사망한 1725년 제위에 올랐다.

안나 이바노브나(Anna Ioannovna, 1693~1740, 재위 1730~1740): 허약하고 정신장애가 있던 차르 이반 5세(Ivan V of Russia, 1666~1696, 표트르 1세의 이복형)의 딸로 1730년 제위에 올랐다.

이반 6세(Ivan VI of Russia, 1740~1764, 재위 1740~1741): 안나 여제는 이질녀 안나 레오폴도브나의 아들 이반(1740년 8월생으로 10월에 이반 6세로 선포됨, 재위 1740~1741)을 후계자로 지명했다. 그래서 모친이 섭정을 맡게 되었다.

안나 레오폴도브나(Anna Leopoldovna, 1718~1746): 안나 여제의 언니 예카테리나의 딸로 1739년 브라운슈바이크 공작(Anton Ulrich von Braunschweig-Wolfenbüttel, 1714~1774)과 결혼하여 1740년 장남 이반을 출산했다. 아들의 차르 재위 기간 1년여 동안 섭정을 담당하다가, 표트르 1세의 딸 옐리자베타 페트로브나의 쿠데타로 실각하고 추방되었다.

옐리자베타(Elizabeth Petrovna, 1709~1762, 재위 1741~1762): 표트르 1세와 예카테리나 1세의 딸로 1741년 쿠데타로 집권했다.

예카테리나 2세(Catherine II, 1726~1792): 1762년 7월 남편 표트르 3세를 폐위시키고 여제로 즉위하여 1792년까지 집권했다.

볼테르는 5명의 여인이 연속하여 제위를 계승했다고 말했지만, 사실은 예카테리나 1세 다음에는 표트르 2세(Peter II Alexeyevich, 1715~1730, 재위 1727~1730)가 승계했다. 표트르 2세는 표트르 1세의 장남 알렉세이 페트로비치(Alexei Petrovich

Romanov, 1690~1718)의 아들이다. 또 옐리자베타 여제 다음에는 표트르 3세가 제위에 올랐다(6개월 재위).

749 Bataille de Minden: 민덴 전투에서 브라운슈바이크 공 페르디난트(Ferdinand von Braunschweig-Wolfenbüttel, 1721~1792)가 지휘하는 프로이센-하노버-영국 연합군은 1759년 8월 1일 콩타드 후작(Marquis de Contades, Louis Georges Érasme, 1704~1795)이 지휘하는 프랑스군을 대파했다.

750 Bataille de Krefeld: 1758년 6월 23일 프로이센-하노버 연합군과 프랑스군 사이에 벌어진 전투였다. 브라운슈바이크 공 페르디난트가 지휘하는 연합군이 클레르몽 백작(Comte de Clermont, Louis de Bourbon-Condé, 1709~1771)의 프랑스군을 라인 강 너머로 패퇴시켰다.

751 Comte de Gisors, Louis-Marie Fouquet de Belle-Isle(1732~1758).

752 브라운슈바이크 공작 카를 빌헬름 페르디난트(Karl Wilhelm Ferdinand von Braunschweig-Wolfenbüttel, 1735~1806): 브라운슈바이크-볼펜뷔텔 공작 카를 1세(Karl I. von Braunschweig-Wolfenbüttel, 1713~1780)와 프리드리히 2세의 여동생(Philippine Charlotte von Preußen, 1716~1801) 사이의 장남으로 '영주 계승자'라고 불렸다. 7년 전쟁에서의 무공으로 외숙부 프리드리히 2세의 총애를 받았다. 어린 시절부터 폭넓은 교육을 받고 프랑스를 비롯한 유럽 각지를 여행했고 7년 전쟁 후에도 유럽 각지를 여행하며 환대를 받았다. 이때 스위스에서 볼테르를 만났다.

753 15세의 나이로 이탈리아 전투에서 기병대 중대장으로 참전했던 브로이 공작은 7년 전쟁에서는 콩타드 후작 휘하에서 1759년 4월 13일의 베르겐 전투를 승리로 이끌었다. 1759년 8월 1일의 민덴 전투에서 콩타드 후작이 패하자, 루이 15세는 브로이 공작을 사령관으로 임명하고 12월 16일 육군원수로 임명했다.

754 Bataille de Bergen: 브로이 공작 휘하의 프랑스군이 브라운슈바이크 공 페르디난트 휘하의 영국, 하노버, 헤센, 브라운슈바이크 연합군의 공격을 프랑크푸르트 근교 베르겐에서 막아냈다.

755 브로이 공작의 조부 브로이 백작(Comte de Broglie, Victor-Maurice, 1647~1727)은 1724년 육군원수직에 올랐다. 브로이 공작의 부친 1대 브로이 공작(Duc de Broglie, François-Marie)은 1734년 육군원수로 임명되었다.

756 Bataille de Warburg: 1760년 7월 31일 벌어진 이 전투는 프랑스군의 패배로 끝났다.

757 Louis V Joseph de Bourbon-Condé(1740~1818): 8대 콩디 공으로 7년 전쟁에 참전하여 장인 수비즈 공(1753년 그 딸 Charlotte de Rohan와 결혼) 휘하에서 무공을 세웠다.

758 Wetterau: 독일의 옛 지방 이름으로 헤센, 베스트팔렌, 프랑켄 사이의 저라인-베스트팔렌 제국관구(Reichskreis, cercle impérial) 안에 위치했다.

759 Bataille de Nauheim(Battle of the Johannisberg): 1762년 8월 30일 프랑크푸르트 부근의 나우하임에서 콩데 공이 지휘하는 프랑스군이 브라운슈바이크 공 페르디난트가 지휘하는 하노버-영국 연합군을 격퇴했다.

760 Subahdar(Subah): 무굴 제국의 주를 가리키는 수바(Subah)의 총독.

761 세포이(cipaye, sepoy)는 병사를 뜻하는 페르시아어이다. 영국과 프랑스 동인도회

사는 이슬람교도와 힌두교도 중에서 용병을 뽑아 배치했는데 이들을 세포이라고 부른다.

762 Côte de Coromandel, Coromandel Coast: 인도 남동부 동고프 산맥과 인도양 벵골만 사이의 해안.

763 Lorient: 프랑스 브르타뉴 남부의 항구도시로 1690년 국왕해군 본부가 들어서고 동인도회사 출범으로 번창하다가 18세기 초에는 쇠퇴했다. 그러나 1719년 동인도 상설회사(Compagnie perpétuelle des Indes) 설립과 함께 노예무역의 중심지가 되어 크게 번창했다.

764 첫 번째로 깨달은 것은 로의 시스템(Système de Law)이 파산한 다음(1720년)이었다.

765 Robert Clive(1725~1774): 18세에 동인도회사의 사원으로 인도에 가서 프랑스를 인도에서 몰아내고 영국 동인도회사의 전성기를 주도한 공로로 작위(클라이브 남작)를 부여받고 벵골 총독이 되었다.

766 Georges Duval de Leyrit: 1754~1758년 퐁디셰리 총독을 역임.

767 1720년 존 로의 시스템으로 인한 파산을 가리킨다.

768 roupie(영어 rupee): 인도의 화폐.

769 régiment de Lorraine: 1684년 창설된 보병연대로 1759년의 마드라스 전투와 1760년의 퐁디셰리 방어전에 참전했다.

770 régiment de Lally: 1744년 창설된 아일랜드 보병연대로 아일랜드 여단 소속이었다. 랄리 백작은 1744년 연대 창설과 함께 연대장으로 임명되었다. 그는 1745년 11월 준장, 1749년 1월 소장, 1756년 11월 중장으로 승진했다.
아일랜드 여단(brigade irlandaise): 1690년 5월 루이 14세가 아일랜드의 재커바이트 5개 연대로 구성한 여단.

771 반다바시(Vandavasi) 또는 완디와시(Wandiwash) 전투는 1760년 1월 22일 벌어졌다. 여기서 뷔시는 낙마해서 포로가 되었다.

772 Cafre, Kaffir: 남아프리카 카프라리아의 흑인을 가리키는 단어.

773 1760년 9월 4일 시작된 퐁디셰리 포위전은 1761년 1월 15일 프랑스군의 항복으로 끝났다.

774 Eyre Coote(1726~1783): 영국 군인으로 인도 주둔 영국군에서 많은 무공을 세웠다. 특히 1760년 1월의 완디와시 전투를 승리로 이끎으로써 인도에서 영국군이 프랑스군을 격파하는 데 결정적인 기여를 했다.

775 commissaire des guerres: 구체제, 혁명기, 제1제정에서 문관은 군대의 행정, 회계, 경리, 병참을 담당하는 군인과 관리를 가리켰다. 선량왕 장(Jean le Bon, 1319~1364)이 1351년 4월 30일 이 직무를 신설했다.

776 Châtelet: 파리 샤틀레 재판소는 민사, 경찰, 형사를 총괄하는 재판소이고 항소심은 최고법원인 고등법원이 담당했다.

777 place de Grève: 현재의 파리 시청사 앞에 위치한 그레브 광장(현재 이름은 시청광장)은 구체제에서 사형이 집행되는 장소였다.

778 Timur(1336~1405): 중앙아시아의 몽골-튀르크계 군사지도자로 티무르 제국의 창건자이다.

779 리브르 투르누아(livre tournois): 1720년 로의 시스템 파산 후에 리브르 투르누아의 공식 명칭이 '리브르'가 되었다.

780 Gorée: 세네갈 다카르 만에 있는 섬으로 15~19세기 아프리카 해안에서 가장 규모가 큰 노예무역의 중심지였다.

781 Marquis de Montcalm, Louis Joseph de Montcalm-Gozon(1712~1759): 프랑스 귀족으로 유럽의 여러 전쟁에서 활약한 후에 1756년 북아메리카 프랑스군 사령관으로 퀘벡에 파견되었다. 영국군의 퀘벡 포위 공격을 3개월 동안 버텨내다 1759년 9월 13일의 아브라함 평원 전투(Bataille des plaines d'Abraham)에서 치명상을 입고 14일 사망했다. 그 4일 후에 영국군은 캐나다 전체를 장악하게 되었다.

782 Guadeloupe: 카리브 해에 위치한 프랑스의 해외 영토.

783 La Vilaine: 프랑스 브르타뉴에 있는 강으로 대서양으로 흘러 들어간다.

784 Belle-Île-en-Mer: 프랑스 브르타뉴 반도 바로 아래에 위치한 섬.

785 생카스트 전투는 1758년 9월 11일 벌어졌다.

786 Ligue catholique: 16세기 후반 프랑스의 종교전쟁에서 위그노 세력에 맞선 가톨릭 세력.

787 Bayonne: 프랑스 서남부 스페인 국경 인근의 항구도시.

788 1066년 노르망디 공작 기욤(윌리엄)의 영국 정복.

789 슈아죌 공작(Duc de Choiseul, Etienne-François de Choiseul, 1719~1785): 슈아죌 가문 출신으로 잠깐 군에 복무했다가 외교관으로 활약한 다음 1758~1770년 루이 15세의 실질적인 수석대신 역할을 담당했다.

790 가족 협정(pacte de famille): 유럽사에서 동일 왕가의 여러 분파들이 상호 이익을 위해 체결한 협정. 프랑스와 에스파냐의 부르봉 왕가는 3번에 걸쳐 가족 협정을 맺었다. 폴란드 왕위계승전쟁 중인 1733년 11월 7월의 1차 협정, 오스트리아 왕위계승전쟁 중인 1743년 10월 25일의 2차 협정. 7년 전쟁 중인 1761년 8월 15일의 3차 협정.

791 Wilhelm Friedrich Ernst zu Schaumburg-Lippe(1724~1777): 독일 귀족으로 런던에서 태어나 오스트리아 왕위계승전쟁에 참전하여 무공을 세우고 1761년 프랑스-에스파냐 연합군의 포르투갈 침공 시에 포르투갈-영국 연합군 사령관으로 임명되어 포르투갈을 지켜냈다.

792 George Keppel, 3rd Earl of Albemarle(1724~1772): 영국 귀족으로 군인으로 활약했고 특히 1762년 5~8월의 아바나 함락으로 유명하다.

793 George Pocock(1706~1792): 영국 해군 장교로 1755년 제독으로 승진했다(1755년 소장, 1756년 중장). 1759년 인도 코르만델 해안을 장악한 공로로 1761년 대장이 되었다. 1762년 영국 함대를 지휘하여 아바나 탈취에 결정적으로 기여했다.

794 1739년 시작된 젱킨스의 귀 전쟁.

795 필리핀은 약 30만 km^{2}이고 영국 섬은 20만 9천 km^2, 아일랜드 섬은 8만 4천 km^{2}이다.

796 Santa Pudenziana: 2세기 로마에서 순교했다고 전해지는 성녀. 콩키스타도르 미겔 로페스 데 레가스피(Miguel López de Legazpi, 1503~1572)가 필리핀 제도를 정복하는 과정에서, 1571년 5월 19일 마닐라를 점령하고 바로 이날이 축일인 성녀

푸덴시아나를 필리핀의 수호성녀로 선포했다.

797 Miquelon: 캐나다 뉴펀들랜드 섬 남쪽에 위치한 프랑스의 해외 영토 생피에르에미클롱(Saint-Pierre-et-Miquelon) 군도의 한 섬.

798 북해에 면한 덩케르크는 보방이 건설한 요새들 때문에 영국에는 크나큰 위협이었다.

799 Comte d'Arnouville, Jean-Baptiste de Machault d'Arnouville(1701~1794): 1745~1754년 재무총감을 역임한 마쇼 다르누빌을 말한다. 그는 프랑스 귀족으로 파리 고등법원 판사와 청원심사관을 역임하고 1745년 재무총감으로 임명되었다. 루이 14세가 벌인 수많은 전쟁 때문에 파산 위기에 몰린 프랑스는 1710년 10분의 1세를 한시적으로 부과했다. 10분의 1세는 오스트리아 왕위계승전쟁 기간 동안 징수되었는데 루이 15세는 종전이 되면 10분의 1세를 폐지하겠다고 약속했다. 재정이 더욱 악화되자, 마쇼 다르누빌은 폐지하기로 예정된 10분의 1세 대신, 1749년 5월 새로운 세금인 20분의 1세(le vingtième)를 신설했다. 이 세금은 모든 수입에 5% 세율을 적용해 누구나 예외 없이 납부하도록 했다. 이 대담한 조세 개혁을 볼테르는 적극 지지했으나 성직자들을 비롯한 특권층의 강력한 반발에 직면해 실패하고 말았다. 루이 15세는 1751년 12월 가톨릭교회의 토지에 대해서 20분의 1세 징수를 유보시켰다. 1756년 7년 전쟁 발발과 함께 두 번째 20분의 1세가 도입된다.

800 당시 거의 80세였던 벨정스(Belzunce) 주교.

801 Unigenitus: 정식 명칭은 Unigenitus Dei Filius. 얀센주의자 파스키에 크넬(Pasquier Quesnel)의 『프랑스어 신약성경과 도덕에 관한 사색(*Nouveau Testament en français aves des réflexions marales*)』(1693)에 담겨 있는 101가지 신학적 진술들을 단죄한 칙서(bulle)이다. 얀센주의를 억압하려던 루이 14세의 요청에 따라 1713년 9월 8일 교황 클레멘스 11세가 발행했다.

802 appelant: 우니제니투스 칙서 문제를 토론하기 위해 공의회 소집을 요구한 일부 얀센주의자들을 가리키는데 얀센주의자들과 같은 의미로 사용되었다.
얀센주의자(janséniste): 네덜란드 신학자 코르넬리우스 얀세니우스(Cornelius Jansenius, Cornelis Otto Jansen, 1585~1638)의 신학 이론에 기원을 둔 얀센주의 추종자들을 일컫는다. 얀센주의는 예수회와 격렬한 논쟁을 벌이다가 루이 14세에게 탄압을 받고 크게 위축되었다.

803 molinisme: 에스파냐 예수회원 루이스 데 몰리나(Luis de Molina, 1535~1600)가 주장한 신학 이론(몰리니즘)을 말한다. 몰리나는 "신은 은총을 믿는 모든 사람에게 지복에 이르는 힘을 베푼다"고 설파했다.

804 루이 15세는 1744년 8월 메스에서 열병에 걸려 사망할 뻔했다.

805 conseil privé: 16세기와 17세기, 특히 루이 14세 치하에서 국왕참사회(Conseil du roi)는 통치, 사법, 행정 분야의 여러 참사회로 나누어졌다. 1557년부터 사법 관련 문제는 계쟁참사회(Conseil des parties, 당사자들 사이의 분쟁을 재판)가 담당했다. 이것은 추밀참사회(왕의 사적인 판결을 내리는)라고도 불렸다.

806 hôpital des filles: 살페트리에르(Hôpital Pitié-Salpêtrière, 또는 Hôpital de la Salpêtrière)를 가리킨다. 빈자들을 감금하기 위해 1656년 4월 27일 설립된 파리 구빈원(Hôpital général de Paris) 산하의 공공수용소들에는 거지, 부랑자, 매춘부,

죄수들이 수용되어 있었다. 대표적인 강제수용소인 살페트리에르는 여자들을, 비세트르(Bicêtre)는 남자들을 수용했다. 환자들은 오텔디외 병원(Hôtel-Dieu de Paris)으로 보냈다. 파리 구빈원은 파리 고등법원 법관들이 운영을 전적으로 담당했고 기관장들은 대개 얀센주의자 중에서 선발했으며 직원은 전원 민간인이었다.

807 파리 고등법원이 장악하고 있는 구빈원 운영에 루이 15세는 파리 대주교를 참여시키려고 시도했다. 1749년 보몽 대주교가 살페트리에르 소장으로 무아장 부인(Madame de Moysan)을 임명함으로써 시작된 '파리 구빈원 사건'은 성사 거부 사건과 맞물려 우여곡절을 거듭하다가 1754년 8월 루이 15세가 보몽 대주교를 추방함으로써 고등법원의 승리로 끝난다.

808 보몽 대주교(Christophe de Beaumont du Repaire, 1703~1781): 프랑스 명문 귀족으로 성직에 투신하여 1746년 43세 나이로 파리 대주교가 되었다. 얀센주의자들에 대한 가차 없는 탄압 그리고 파리 고등법원과의 불화로 유명하다.

809 lettres de cachet: 프랑스 구체제에서 개인의 신상에 관한 왕의 명령을 담은 서한으로 왕과 국무비서가 서명하고 봉인하여 보냈다. 봉인장에 의해 재판 없이 투옥, 추방, 감금을 시킬 수 있었다.

810 프랑스 구체제에서 성직자들에 대한 재판권은 주교들이 보유하고 있었다. 따라서 성직자는 세속 재판의 대상이 아니었다. 하지만 교회의 재판권이 월권을 하거나 세속 재판권을 침해하고 프랑스 교회의 자유를 침해했을 때는 고등법원과 국왕참사회에 고발할 수 있었다.

811 Jean-François Boyer(1675~1755): 프랑스 미르푸아(Mirepoix) 주교로 얀센주의자와 철학자들을 불구대천의 적으로 간주했다. 얀센주의자들을 공격하려고 고해증명서를 만들어냈으며 볼테르의 아카데미 회원 피선을 저지시켰다. 그러나 『백과전서』 출판을 막으려던 계획은 실패했다. 볼테르는 "이렇게 편협한 인간이 페늘롱과 보쉬에의 뒤를 이었다는 것은 정말 슬프고 부끄러운 일이다"라고 질타했다.

812 4세기 후반부터 브르타뉴의 고행자 펠라기우스(Pelagius, 350~420) 등에 의해 설파된 기독교 교리로 인간의 자유의지를 강조했다가 로마 가톨릭에 의해 이단으로 규정되었다.

813 église de Saint-Jean-en-Grève: 오늘날 파리 시청 부근에 위치했던 옛날 성당.

814 Agathe de Catane(Agathe de Sicile): 카타니아의 아가타(230~251). 시칠리아 카타니아 출신의 기독교인으로 로마제국 시대에 순교했다. 루치아, 아네스, 체칠리아와 더불어 교회의 네 동정녀 순교자이다.

815 고등법원의 중심인 대법정(Grand' Chambre)에는 판사들만이 아니라 방계왕족과 공작-중신들이 참석했다.

816 lettre de jussion: 프랑스 구체제에서 고등법원에 왕령이나 칙령을 등기하라고 명령하는 특허장(lettres patentes). 고등법원이 이 명령서에 복종하지 않고 '반복적인 간주권(remontrances itératives)'을 행사하면 왕은 친림법정(lit de justice) 개최를 강요할 수 있었다.

817 파리 고등법원은 대법정(Grand' Chambre), 심리법정(chambres des enquêtes), 청원법정(chambre des requêtes), 형사법정(Tourelle ou chambre criminelle), 생선관리법정(chambre de la marée, 생선 공급 관련 문제를 다루는), 검찰부(parquet)로

구성되어 있었고 필요에 따라 임시법정을 조직할 수 있었다.

818 Evreux: 노르망디에 위치한 도시.

819 프랑스 구체제에서 고등법원은 국왕의 위임을 받아 재판권을 행사하는 최고법원이었다. 국무참사회만이 고등법원의 판결을 파기할 수 있었다.

820 présidial: 앙리 2세가 1552년 신설한 법원으로 바이아주와 고등법원 사이에 위치했다.
바이아주와 세네쇼세(bailliage et sénéchaussée): 프랑스 구체제에서 각각 바이이(bailli)와 세네샬(sénéchal)이라는 관리가 행정권과 사법권을 집행하던 구역을 말한다. 대체로 프랑스 북부는 바이이, 남부는 세네샬이 있었으나 예외도 많았다. 중세에는 절대적인 권력을 행사했으나 근대에 들어서는 실질적인 권력을 상실했다. 바이아주와 세네쇼세의 경계는 대단히 불명확하다.

821 communion: 미사에 참례하여 성체를 모실 수 없는 병자나 노인들에게 사제 등이 방문하여 성체를 모시게 하는 것.

822 lieutenant criminel (au Châtelet): 파리 샤틀레 재판소에서 형사사건을 총괄하던 법관. 샤틀레 재판소는 형사재판관과 민사재판관(lieutenant civil)이 소장(prévôt de Paris)을 대신하여 모든 일을 처리했다. 민사재판관은 경찰 업무를 담당했는데 1667년 3월의 칙령에 의해 치안총감(lieutenant général de police)직을 신설한 후에는 치안총감이 대부분의 일을 처리하는 시스템이 자리 잡게 되었다. 형사재판관은 파리 고등법원의 지휘를 받으며 현행범 체포, 감옥 관리, 고등법원의 명령 집행을 담당했다.

823 1754년 8월의 일이었다.

824 cathédrale: 주교좌성당은 교구에 하나씩 있다. 파리 교구의 주교좌성당은 노트르담 성당이다.

825 로마 시대에 전차 경기는 폭발적인 인기를 끌었다. 비잔틴 제국 시대에는 4개 팀으로 나누어 경기를 벌였는데 각 팀은 적색, 청색, 녹색, 백색 유니폼을 입어 서로를 구별했다. 이들을 응원하는 응원단도 적색당, 청색당, 녹색당, 백색당이라고 불렀다. 유스티니아누스 황제 시대에는 녹색당과 청색당만 남게 되었다. 이들은 단순한 응원단이 아니라 마치 현대의 정당처럼 거대한 파벌을 형성하고 심지어 사병들까지 거느리고 있었다. 청색당과 녹색당이 연합하여 황제에 반대하는 폭동을 일으키기도 했다.

826 Chambre des comptes: 회계법원은 국왕의 재정에 관한 최종 판결 권한을 보유하고 있었다.

827 Ecole militaire: 1748년 오스트리아 왕위계승전쟁이 종료된 후에 삭스 원수가 루이 15세에게 군사학교 설립을 제안했다. 500명의 재산이 없는 귀족 청년들을 교육하기 위한 기관이었다. 군사학교는 1756년 개교했다.

828 1756년 7년 전쟁과 함께 두 번째 20분의 1세가 부과되었고, 전쟁이 계속되자 1760년 세 번째 20분의 1세가 추가되었다.

829 lit de justice: 왕이 주재하는 고등법원 회의로 이 법정에서 법관들은 간주를 제기하지 못한 채, 왕이 명령하는 왕령이나 칙령을 등기해야만 했다.

830 조세 납부를 평화조약 체결 이후 10년 연장하는 내용의 칙령이었다.

[831] Meaux: 파리 인근의 도시.
[832] Pope Benedict XIV(1675~1758): 이탈리아 볼로냐의 귀족 가문 출신으로 성직에 투신하여 1746년 교황이 되었다.
[833] bref(pontifical): 교회의 행정문서로 칙서보다 중요성이 떨어진다.
[834] Domenico Silvio Passionei(1682~1761): 이탈리아 귀족으로 성직에 투신하여 1738년 교황 클레멘스 12세에 의해 추기경으로 임명되었다. 1706년 파리에 교황 특사로 파견되어 2년간 체류하면서 계몽주의 철학자들을 비롯한 당대 지식인들과 교류했다. 예수회에 공개적으로 반대하고 얀센주의 사상을 공유했다.
[835] 1250년경 설립된 파리 고등법원을 필두로 1789년 혁명 전까지 전국에 걸쳐 모두 14개 고등법원이 설립되었다. 고등법원 제도의 핵심인 파리 고등법원은 이름과는 달리 프랑스 왕국의 3분의 1을 관할하는 전국적인 사법기구였다.
[836] Michel de l'Hospital(1506~1573): 프랑스 법관으로 파리 고등법원 판사, 청원심사관, 재무총관을 역임하고 1560년 대상서가 되었다.
[837] 징세청부업자들을 가리킨다.
[838] 심리법정의 재판부 2개와 60개가 넘는 판사직을 폐지했다.
[839] Robert-François Damiens(1715~1757): 다미앵 사건은 1757년 1월 5일 오후 6시경에 일어났다.
[840] 볼테르는 "육체는 언제나 정신을 지배한다"고 말하기도 했다.
[841] 38장 참조.
[842] pouce(영어 inch): 중세의 길이 단위로 지역과 시대마다 조금씩 차이가 있었다. 프랑스 푸스는 약 2.7cm였다.
[843] Trianon(Grand Trianon): 베르사유 궁 정원 내의 작은 궁전으로 루이 14세가 1687년 만들게 했다. 프티 트리아농은 1769년 지어졌다.
[844] Cent-Suisses.
[845] grand prévôt de l'hôtel: 왕궁 내의 모든 살림을 총괄하며 사법권을 행사했다. 궁정 내 민사 및 형사 사건을 처리하고 궁정에 소비품을 납품하는 독점 상인들을 통제하며 그들에게 물품세를 징수하는 역할도 맡았다.
[846] 1589년 8월 1일 종교전쟁의 와중에 앙리 3세는 가톨릭 동맹이 장악한 파리를 공격하기 위해 생클루(Saint-Cloud)에 머물러 있다가 암살을 당했다.
[847] Marquis de Boulainvilliers, Anne Gabriel Henri Bernard(1724~1798): 국왕 참사, 고등법원 재판장, 궁내부 집사장 등을 역임하고 1766년 샤틀레 재판소 소장이 되었다. 다미앵 사건 당시 궁내부 집사장이었다.
[848] 에스파냐 예수회원 몰리나가 확립한 몰리니즘의 추종자들을 가리키는데 대개는 예수회원과 같은 의미이다.
[849] François Ravaillac(1577~1610): 라바야크는 개신교도들에게 지나치게 우호적인 국왕을 살해하라는 소명을 부여받았다고 확신하고 1610년 5월 14일 앙리 4세를 암살하고 능지처참형을 당했다.
[850] Jean Châtel(1575~1594): 예수회가 운영하는 콜레주 출신으로 1594년 12월 27일 단도로 앙리 4세에게 부상을 입히고 능지처참형을 당했다.
[851] Jean de Poltrot(1537~1563): 프랑스 귀족이며 열성 개신교도로 종교전쟁기에 가

톨릭파의 수장 기즈 공작(François de Guise, 1520~1563)을 1563년 2월 18일 암살하고 3월 18일 능지처참형을 당했다.

[852] Jacques Clément(1567~1589): 도미니코 수도회 수사로 가톨릭 동맹에 참여했고 앙리 3세가 가톨릭 세력에 대해 적대적이라는 이유로 1589년 8월 1일 살해하고 능지처참형을 당했다.

[853] Kybele: 아나톨리아에서 숭배한 대지모신(Mother goddess)으로 그 숭배는 기원전 6세기경 그리스에 도입되었다.

[854] 고대 로마의 여신으로 그리스 신화의 헤라와 동격.

[855] Casa de Bragança(영어 House of Braganza): 포르투갈의 공작 가문이었다가 1640년 8대 브라간사 공작이 주앙 2세(João IV de Portugal, 1604~1656)로 등극함으로써 포르투갈 왕가(1640~1853)가 되었다.

[856] José I de Portugal(1714~1777): 포르투갈 왕(1750~1777년 재위)으로 별칭은 개혁왕(o Reformador)이다.

[857] Teresa de Tavora e Lorena(1723년생): 2대 알보르 백작(Bernardo António Filipe Neri de Tavora, 2º conde de Alvor, 1681~1744)의 딸이며 4대 타보라 후작 루이스 베르나르도와 결혼했으나 주제 1세의 정부가 되었다.

[858] José Mascarenhas da Silva e Lancastre, 8º duque de Aveiro(1708~1759): 브라간자 가문에 버금가는 포르투갈의 명문 아베이로 가문의 8대 공작으로 주제 1세 암살 음모를 주도했다는 죄목으로 산 채로 화형을 당했다. ‘타보라 사건(Távora affair)’으로 불리는 이 음모와 그에 따른 처형으로 아베이로 공작직이 폐지되었다. 아베이로 공작의 부인(Leonor Tomásia de Tavora e Lorena, 1719~1761)은 테레사 로레나의 친언니다.

[859] 테레사 로레나의 오빠 3대 알보르 백작(Francisco de Assis de Távora, Conde de Alvor, 1703~1759)이 3대 타보라 후작부인(Leonor Tomásia de Távora, Marquesa de Távora, 1700~1759)과 결혼했고 그 장남이 4대 타보라 후작 루이스 베르나르도이다. 따라서 알보르 백작은 테레사 로레나의 오빠인 동시에 시아버지였다.

[860] Luis Bernardo de Távora(1723~1759): 4대 타보라 후작.

[861] casuiste: 어떤 행위가 옳은지 아닌지를 결정하는 것을 목표로 삼는 연구를 하는 신학자들을 가리키는데, 예수회 반대파는 예수회원들을 결의론자라고 규정했다.

[862] Gabriel Malagrida(1689~1761): 이탈리아인으로 예수회원이 되어 브라질에서의 선교로 유명해졌다. 포르투갈 궁정에서 활동하다가 타보라 사건(말라그리다는 타보라 후작부인의 고해신부였다)에 연루되었다는 혐의를 받은 후에 종교재판에 회부되어 처형되었다.

[863] péché véniel.

[864] péché mortel.

[865] 주제 1세는 테레사 로레나와의 밀회를 마치고 귀환하는 길이었다.

[866] la roue: 죄인을 교수대 바로 옆에 설치된 바퀴 위에 눕혀 놓고 사형집행인이 몽둥이로 발과 다리 등을 부러뜨린 다음 목 졸라 죽이는 형벌.

[867] 타보라 사건: 주제 1세가 포르투갈의 명문가인 타보라 가문의 며느리 테레사 로레나(역시 명문가인 알보르 백작 가문 출신)를 정부로 삼은 것을 복수하기 위해,

타보라 가문이 주제 1세를 암살하고 아베이로 공작(주제 1세의 브라간자 가문에 버금가는 아베이로 가문의 수장이고 테레사 로레나의 형부)을 왕으로 추대하려 했다는 혐의로 재판을 받은 다음 극형에 처해진 사건. 명백한 증거가 드러나지 않은 타보라 사건의 실체에 대해서는 두 가지 주장이 있다. 타보라 후작 가문이, 모욕을 당한 가문의 명예를 만회하기 위해 실제로 국왕 암살 음모를 주도했다는 주장이 있다. 하지만 왕권 강화의 선봉장이던 수석대신 세바스티앙 주제가 왕권을 위협하는 대표적인 귀족 가문인 아베이로 공작 가문과 타보라 후작 가문을 제거하기 위해 조작했다는 주장도 있다.

퐁발 후작, 세바스티앙 주제 디 카르발류 이 멜루(Sebastião José de Carvalho e Melo, Marquês de Pombal, 1699~1782): 포르투갈 정치인으로 주제 1세 재위 기간(1750~1777)에 수석대신을 역임하며 실질적인 국정 책임자 역할을 담당했다. 그 공로로 1770년 퐁발 후작이 되었다. 강력한 예수회 반대자로 타보라 사건을 계기로 1759년 예수회를 포르투갈에서 추방했다.

868 말라그리다 신부는 1761년 9월 21일 광장에서 교살된 후 화형에 처해졌다.

869 Antoine Lavalette(1708~1767): 프랑스 예수회원으로 마르티니크에서 선교를 했다. 1762년 예수회에서 탈퇴했지만, 그의 파산 사건은 예수회에 대한 비난을 증폭시키는 발단이 되었다. 그 결과 예수회는 1763년 프랑스에서 추방되었다.

870 예수회는 정관에 의거하여 선출되는 종신직 총장(*Praepositus Generalis*, 프랑스어로는 Supérieur général이지만 보통은 그냥 Général이라고 한다)이 일사분란하게 지휘하는 조직이다. 총장은 지역장(Provincial)들을 임명하고 예수회원들은 주교가 아니라 자기 지역장에 복종한다.

871 Constitutions de la Compagnie de Jésus: 예수회의 조직과 사명을 규정한 문서로 성 이냐시오 데 로욜라(라틴어로는 Sanctus Ignatius de Loyola, 1491~1556))를 비롯한 설립자들이 16세기에 작성했다. 예수회는 이냐시오와 그의 동료들이 1534년 8월 15일 파리에서 창립했다(교황 인가는 1540년 9월 27일).

872 루이 15세가 제시한 개혁의 핵심은 예수회 총장에게서 독립된 프랑스인 부총장직(vicaire-général)을 신설하는 것이었다.

873 예수회가 운영하는 콜레주들을 1761~1762년에 폐쇄하고 1762년 8월 6일 예수회를 프랑스에서 추방했다.

콜레주(collège): 프랑스 구체제의 중등교육기관으로 예수회를 비롯한 수도회들이 운영했다.

874 볼테르가 '끔찍한'이라는 형용사를 사용한 대표적인 준칙이 "교회에 불충한 군주는 폐위할 수 있다"라는 준칙이다.

875 templier: 프랑스 기사 위그 드 팽(Huguew de Payns, 1070~1136)이 1119년 성지순례자들을 보호하기 위해 설립한 성전기사단(ordre des chevaliers du Temple)의 기사들. 프랑스 왕 필리프 4세의 압력으로 1312년 교황 클레멘스 4세가 성전기사단을 해산시켰다.

876 Tomás Sánchez(1550~1610): 스페인 출신의 예수회 신학자.

877 Leonardus Lessius(1554~1623): 플랑드르 출신의 예수회 신학자.

878 Antonio de Escobar y Mendoza(1589~1669): 스페인 출신의 예수회원.

879 Michel Le Tellier(1643~1719): 시골 출신이지만 예수회 신학교에서 두각을 나타내서 루이 14세의 고해신부가 된 인물로 얀센주의 탄압을 주도했다. 그가 예수회 신학자 루이 두생(Louis Doucin, 1652~1726)과 함께 우니제니투스 칙서를 작성하여 로마 교황에게 보낸 것으로 알려져 있다.

880 얀센주의자들을 위험한 집단이라고 간주한 루이 14세는 자신의 고해신부가 된 르텔리에의 조언을 적극 수용해 1709년 포르루아얄데샹 수도원(Abbaye de Port-Royal des Champs)에서 수사와 수녀들을 쫓아내고 1710년 1월 국무참사회의 결정에 의해 수도원 건물과 부지를 철저하게 파괴해버렸다. 그 결과 수도원 묘지에 매장된 유명 인물들의 시신은 인근 공동묘지에 내팽겨졌다. 이 참혹한 사건이 르텔리에를 비롯한 예수회원들의 사주에서 비롯된 것이라고 믿은 여론이 1760년대 예수회 추방에 결정적으로 작용하게 된다.
포르루아얄데샹 수도원: 1204년 시토회 수녀원으로 창설되었다가 17세기 얀센주의의 본산이 되어 가톨릭 개혁만이 아니라 절대왕권에 대한 저항세력의 상징으로 자리 잡게 되었다.

881 얀센주의자들을 가리킨다.

882 이 장은 1761년에 추가되었다.

883 Ferdinando I di Parma(1751~1802, 재위 1765~1802): 에스파냐 펠리페 5세의 아들 돈 펠리페는 오스트리아 왕위계승전쟁을 종식시킨 엑스라샤펠 조약에 의해 1748년 파르마 공국(피아첸차와 과스탈라 포함)의 필리포 1세로 즉위했다. 돈 펠리페가 1739년 루이 15세의 장녀 엘리자베트와 결혼하여 나은 아들이 페르디난도 1세이다. 따라서 페르디난도 1세는 루이 15세의 당질(루이 15세는 펠리페 5세의 조카이므로 필리포 1세와 4촌이다)인 동시에 외손자였다. 페르디난도 1세는 1769년 7월 오스트리아의 마리아 아말리아(Maria Amalia von Österreich, 1746~1804)와 결혼했으므로 1768년에는 인판테(infante: 혼인하기 전의 에스파냐 왕손을 가리키는 공식 호칭)였다. 그래서 볼테르가 'infant duc de Parme'라는 표현을 사용한 것이다. 또 볼테르는 'don Ferdinand de Bourbon'이라고 썼다. 에스파냐어권 인물에게 존경을 표하는 단어 don을 추가한 것이다.

884 부르봉 왕가.

885 Guillaume Du Tillot(1711~1774): 프랑스 정치인으로 1759년 페르디난도 1세가 파르마 공국 수석대신으로 임명하고 펠리노(Felino) 후작으로 봉했다.

886 토스카나의 마틸데(Mathilde de Toscane, 이탈리아에서는 Matilde di Canossa, 1046~1115): 중세 이탈리아 북부의 실력자로서 하인리히 4세와 그레고리오 7세 사이의 서임권 분쟁에서 교황을 강력하게 지원했다. 그녀의 영지인 카노사에서 '카노사의 굴욕'(1077년 1월 28일)이 일어났다. 엄청난 상속 영지와 빼어난 군사적 업적 덕에 교황령 이북의 거의 모든 영토를 지배했다. 중세사를 장식한 여걸 가운데 한 명이다.
볼테르는 "마틸데 백작부인이 신성로마제국 황제 하인리히 3세의 누이동생이며, 교황들이 매우 불행하게 만든 하인리히 4세의 고모"라고 말했으나 이는 오류이다. 마틸데는 보니파시오 3세(Bonifacio di Canossa, 카노사 후작 보니파시오 3세 겸 토스카나 후작 보니파시오 4세)의 딸이다.

하인리히 3세(Heinrich III, 1016~1056): 신성로마제국 황제로 콘라트 2세의 아들이다.
콘라트 2세(Conrad II, 990~1039): 신성로마제국 황제로 그 딸 프랑켄의 마틸데(Mathilde von Franken, 1027~1034)는 7살에 죽었다. 프랑켄의 마틸데가 하인리히 4세의 고모이다.
하인리히 4세(Heinrich IV, 1050~1106): 신성로마제국 황제로서 교황 그레고리오 7세와 서임권을 두고 다투다가 '카노사의 굴욕'을 당하기도 했다. 하인리히 3세의 아들이다.
그레고리오 7세(1015~1085, 재위 1073~1085): 서임권 분쟁으로 유명한 교황으로 마틸데 백작부인의 강력한 지원을 받았다.
서임권 분쟁(Querelle des Investitures, Investiture Controversy): 1075~1122년 교황과 황제가 성직자 임명권, 서임권을 두고 벌인 분쟁.

887 피에르 루이지 파르네제(Pier Luigi Farnese, 1503~1547).

888 congrès de Cambrai: 1724년 1월 26일 프랑스 캉브레에서 영국, 신성로마제국 황제, 에스파냐 사이의 분쟁을 해결하기 위해 열린 국제회의.

889 congrès de Soissons(1728~1731): 유럽 강대국들이 분쟁을 해결하기 위해 프랑스 수아송에서 개최한 국제회의.

890 클레멘스 13세의 속명은 카를로 델라 토레 레초니코(Carlo della Torre Rezzonico)이다.

891 Basilica di Santa Maria Maggiore: 로마의 성 베드로(Basilica di San Pietro in Vaticano), 산 조반니 인 라테라노(Basilica di San Giovanni in Laterano), 산 파올로 푸오리 레 무라(Basilica di San Paolo fuori le mura)와 함께 4대 대성전(basilica maior)의 하나.

892 Anneau du pêcheur: 어부 반지(Anulus piscatoris)는 반지 형태를 띤 교황의 공식 도장으로 국새에 해당하며, 베드로를 의미하는 가톨릭 상징물 가운데 하나다. 교황의 반지가 어부 반지라 불리는 이유는 역대 교황들이 어부 출신인 베드로의 후계자로 여겨지기 때문이다. 이탈리아어로는 페스카토리오(Pescatorio)라고 부른다

893 산 조반니 인 라테라노(Basilica di San Giovanni in Laterano)는 로마 교구의 주교좌성당(Cathédrale, *Ecclesia cathedralis*)이다.

894 파르마 공작 페르디난도 1세는 필리포 1세(에스파냐 왕 펠리페 5세의 아들 돈 펠리페)의 아들이므로 카를로스 3세(돈 펠리페의 형)의 조카이다.
페르디난도 1세(Ferdinando I delle Due Sicilie, 1751~1825): 펠리페 5세의 아들 돈 카를로스는 나폴리 왕(카를로 7세)과 시칠리아 왕(카를로 5세)으로 재위하다가 1759년 8월 이복형 페르난도 6세가 사망하자 에스파냐 왕 카를로스 3세로 즉위했다. 카를로스 3세의 장남은 에스파냐 왕 카를로스 4세(Carlos IV de España, 1748~1819)가 되고, 차남이 양시칠아 왕국의 페르디난도 1세가 된다. 따라서 파르마 공작과 양시칠리아 왕은 사촌간이다.
양시칠리아 왕국(Regno delle Due Sicilie, 1816~1861): 나폴리 왕국과 시칠리아 왕국은 1816년 공식적으로 통합되었다. 그러나 그 이전에도 나폴리 왕과 시칠리

아 왕을 겸하는 경우가 많아서 양시칠리아 왕국이라는 단어가 통용되었다. 양시칠리아 왕국의 기원은, 루지에로 2세의 시칠리아 왕국 건국(1130년) 그리고 시칠리아 섬과 이탈리아 남부의 통합에 있다고 본다.
루지에로 2세(Ruggero II di Sicilia, 1095~1154): 프랑스 노르망디의 빈한한 귀족 출신으로 이탈리아로 건너와 시칠리아 노르만 왕조의 시대를 열었다.

895 당시 교황은 우르바노 8세(1568~1644, 재위 1623~1644)였다.

896 카페 왕조의 한 분파인 부르봉 가문(maison capétienne de Bourbon)은 클레르몽 백작 로베르 드 프랑스(Robert de France, 1256~1317)에서 시작되었다. 앙리 4세(Henri de Bourbon)에서 부르봉 왕조가 시작되어 프랑스와 에스파냐 등지의 왕가를 형성한다.

897 식스토 5세(1521~1590, 재위 1585~1590).

898 앙리 드 부르봉은 1572년 모친 나바라 여왕 후아나 3세(Juana III de Navarra, Jeanne III d'Albret, 1528~1572)의 뒤를 이어 나바라 왕(roi de Navarre) 앙리(엔리케) 3세가 되었다가 1589년 8월 프랑스 왕 앙리 4세로 즉위했다.
나바라 왕국(Reino de Navarra, Royaume de Navarre): 824년 피레네 산맥 바스크족 지역에 설립된 중세 왕국으로, 남부는 1512년 에스파냐의 아라곤 왕국에 정복당하고 북부는 독립 왕국으로 남아 있다가 1589년 앙리 4세의 즉위와 함께 프랑스에 합병되었다. 이때부터 프랑스 왕의 정식 칭호는 프랑스와 나바라 왕(roi de France et de Navarre)이 된다.

899 Marca Anconitana: 오늘날 이탈리아 안코나(Ancona)에 해당하는 지역.

900 본명이 펠리체 페레티(Felice Peretti)인 식스토 5세는 가난한 소작농 집안 출신이었다.

901 arpent: 프랑스 구체제의 면적 단위로 3400~5200제곱미터.

902 Comtat Venaissin: 오늘날 프랑스 남동부 보클뤼즈(Vaucluse) 도의 일부에 해당하는 지역으로 아비뇽에 인접해 있으며 교황령으로 간주되었다. 아비뇽은 1348년 교황 클레멘스 6세(1291~1352)가 매입하여 교황령 도시국가가 되었다.

903 알렉산데르 7세(1599~1667, 재위 1655~1667).

904 인노첸시오 11세(1611~1689, 재위 1676~1689).

905 Comte de Rochechouart, François-Charles(1703~1784): 프랑스 군인으로 1748년 중장으로 승진했다.

906 교황령이 된 아비뇽은 1433년부터 아비뇽 교황특사(Légats pontificaux à Avignon)가 다스렸는데 1542년부터 부특사(vice-légat)의 보좌를 받았다. 부특사의 권한이 점점 확대되자 1691년 특사직을 폐지했다. 아비뇽이 1791년 프랑스에 합병될 때까지 부특사가 최고 책임자였다.

907 Benevento: 나폴리 인근 북동쪽에 위치한 도시. Pontecorvo: 베네벤토 인근 북서쪽에 위치한 도시. 이 두 도시는 교황령이 아니라 양시칠리아 왕국 안에 있지만, 교황령으로 간주되었다.

908 Bernardo Tanucci(1698~1783): 이탈리아 토스카나 출신으로 나폴리 왕국 수석대신으로 활동했다.

909 bulle pontificale In Cœna Domini: 모든 이단과 교황청 성좌(Saint-Siège)의 적들에

대해 파문을 선포한 교황칙서. 매년 최후의 만찬 날(성 목요일)에 로마에서 공개적으로 낭독되었기 때문에 이런 명칭이 붙었다. 우르바노 5세(1310~1370, 재위 1362~1370)가 1363년 최초로 공포했다. 클레멘스 14세가 1770년 공포를 중단시켰다.
성(聖) 목요일(Jeudi saint): 예수가 제자들과 최후의 만찬을 가진 날로, 그다음 날 금요일(성 금요일)에 예수는 수난을 당한다.

910 추기경단은 주교급 추기경(cardinaux-évêques), 사제급 추기경(cardinaux-prêtres), 부제급 추기경(cardinaux-diacres) 이 세 품급으로 구분된다.

911 대파문(excommunication majeure): 교회와 가톨릭 공동체에서 추방하는 파문. 소파문(excommunication mineure): 일시적으로 성사(聖事, sacrements)를 박탈하는 파문.

912 율리우스 2세(1443~1513, 재위 1503~1513): '무서운 교황' 또는 '전사 교황'이라는 별명이 있다.

913 로마 약탈: 1527년 5월 6일 카를 5세의 신성로마제국군 일부가 통제에서 벗어나 로마를 무차별적으로 약탈한 사건. 카를 5세의 지시에 의한 약탈은 아니었고, 당시 교황 클레멘스 7세(1478~1534, 재위 1523~1534)는 성 베드로 대성전과 연결된 산탄젤로 성(Castel Sant'Angelo)으로 피신하는 데 성공했다.

914 레초니코는 클레멘스 13세의 속명이다.

915 1758~1770년 루이 15세의 수석대신 역할을 담당한 슈아죌 공작은 1766~1770년에는 외무대신이었다.

916 클레멘스 14세(1705~1774, 재위 1769~1774)는 1769년 5월 교황으로 선출되었다.

917 Lucius Cornelius Scipio(기원전 3세기): 스키피오 가문 출신으로 기원전 259년 집정관으로 선출되어 제1차 포에니 전쟁(기원전 264~기원전 241)에서 코르시카를 점령했다. 제2차 포에니 전쟁(기원전 218~기원전 201)에서 한니발을 격파한 스키피오 아프리카누스(Scipio Africanus)의 조상이다.

918 볼테르는 고트족이라고 했지만, 반달족이 455년 코르시카를 점령했다. 534년 비잔티움 제국의 명장 벨리사리우스가 반달족을 몰아냄으로써 코르시카는 비잔티움 영토가 되었다. 사라센인들은 704년부터 코르시카를 침략하기 시작하여 8세기 중반부터는 섬의 남부 지역을 장악하게 되었다.
벨리사리우스(Flavius Belisarius, 505~565); 비잔티움 제국 장군으로 유스티니아누스 치하에서 무수한 무공을 세워 황제에게 박해를 받기도 했다.

919 파스칼 2세(1050~1118): 이탈리아 출신으로 비교적 오래(1099~1118) 교황으로 재위했다. 속명은 라이네리우스(Ranierius)이다.

920 스테파노 2세(714~757, 재위 752~757): 스테파노 2세는 프랑스 방문 중에 피핀 3세와 협정을 체결하여 카롤링거 왕조를 승인해주는 대가로 라벤나(Ravenna) 관구를 기증 받는다(피핀의 기증, 756년). 이것이 교황령의 출발점이다.

921 Childerich III(717~755): 메로빙거 왕조의 마지막 왕. 피핀이 751년 힐데리히 3세를 폐하고 프랑크족 왕으로 등극함으로써 카롤링거 왕조를 열었다. 당시 교황 자카리아(679~752, 재위 741~752)가 힐데리히 3세의 폐위를 허락했다.

922 Pépin le Bref(714~768): 카롤링거 왕조를 연 왕으로 샤를마뉴의 부친이다.

923 Einhard(770~840): 카롤링거 시대 성직자로 샤를마뉴 측근으로 활약하고 샤를마뉴의 첫 번째 전기를 썼다.
924 우르바노 2세(1042~1099, 재위 1088~1099): 1095년 프랑스 클레르몽에서 십자군 운동을 주창하여 1096년 1차 십자군 전쟁(1096~1099)이 시작되었다.
925 알폰소 4세(lfonso IV de Aragón, 1299~1336): 아라곤 왕국(1035~1706) 왕(재위 1327~1336)으로 사르데냐와 코르시카 왕을 겸했다.
926 Liguria: 이탈리아 북서부 해안 지방으로 제노바가 중심 도시다.
927 Hérules: 스칸디나비아 출신의 게르만족 일파로 해적질로 유명하다.
928 Charles VI(1368~1422, 재위 1380~1422).
929 Teodoro II del Monferrato(1364~1418): 이탈리아 북부 피에몬테에 위치한 몬페라토 귀족 출신으로 제노바를 점령하고 제노바 공화국 대장(capitano generale)이 되어 1413년까지 통치했다.
930 필리포 마리아 비스콘티(Filippo Maria Visconti, 1392~1447): 3대 밀라노 공작(재위, 1412~1447).
931 Charles VII(1403~1461): 프랑스 왕(재위 1422~1461).
932 Charles VIII(1470~1498): 프랑스 왕(재위 1483~1498).
933 Louis XII(1462~1515): 프랑스 왕(재위 1498~1515)으로 제노바를 정복함으로써 제노바는 1499~1522년 프랑스의 통치를 받게 되었다.
934 Andrea Doria(1466~1560): 제노바의 명문 도리아 가문 출신으로 지중해 최고의 해군 제독이라는 평가를 받았다. 프랑수아 1세와 카를 5세 사이의 이탈리아 전쟁에서 처음에는 프랑수아 1세 편을 들었으나 프랑스 왕이 약속을 어기자, 1528년 신성로마제국 함대의 도움을 얻어 프랑스군을 제노바에서 몰아냈다.
935 Famille d'Ornano: 코르시카 출신으로 프랑스로 이주하여 많은 인물을 배출했다.
936 당시 프랑스는 오스만 제국과 연대하여 카를 5세의 대제국(신성로마제국, 에스파냐, 양시칠리아)을 견제하려고 시도했다. 특히 지중해의 전략적 요충지인 코르시카를 제노바에서 빼는 것이 급선무였다. 그래서 앙리 2세는 1553년 오르나노 가문의 사위 삼피에로 코르소(Sampiero Corso, 1498~1567)가 지휘하는 코르시카 원정을 지원했다.
937 Henri II(1519~1559: 프랑스 왕(재위 1547~1559)으로 국내외에서 강력한 정책을 추진하다가 1559년 불의의 사고를 당했다.
938 Sublime Porte: 이스탄불에 있는 오스만 제국 총리대신 관저의 화려한 대형 출입문을 가리키는 프랑스어로 오스만 제국을 총칭한다.
939 Westfalen: 독일 북서부에 있는 옛 프로이센의 주.
940 Eberhard Ludwig(Württemberg, 1676~1733): 4대 뷔르템베르크 공작으로 1732년 4월 코르시카에 도착했다.
941 Ghjuvan Petru Gaffori(1704~1753): 코르시카 의사로 코르시카군 장군이 되어 활약하다가 1753년 암살당했다.
942 Giacinto Paoli(1681~1763): 코르시카 민족 지도자의 한 사람으로 파스콸레 파올리의 부친이다. 프랑스어로는 Hyacinthe Paoli이다.
943 Theodor von Neuhoff(1694~1756): 베스트팔렌 귀족 출신으로 유럽 최대 사기꾼의

하나였다.

944 Élisabeth-Charlotte d'Orléans(1676~1744): 루이 14세의 남동생 오를레앙 공작(대공)의 딸(대공녀)로 1698년 로트링겐 공작 레오폴트 1세와 결혼했다. 이 부부의 아들 프란츠가 마리아 테레지아와 결혼하고 신성로마제국 황제 프란츠 1세가 된다.

945 Marie Anne Élisabeth Charlotte de Neuhoff(1696년생)

946 bey는 오스만튀르크 제국이 먼 지방에 파견한 총독을 가리켰으나 18세기에 튀니스 총독(Bey de Tunis) 후세인 벤 알리(Hussein ben Ali, 1675~1740)가 술탄으로부터 자치권을 획득하여 후사이니드(Husainid) 왕조를 열게 된다. 그가 1705년 후세인 1세(재위 1705~1735)로 등극하여 튀니스 왕국이 건립되었다고 본다.

947 Zecchino: 이탈리아와 레반트에서 사용되던 금화.

948 Livornon: 이탈리아 리구리아 해안에 위치한 항구도시.

949 Aleria: 코르시카 섬 동쪽 해안의 항구도시.

950 Mathieu Dammi: 파리에서 큰 소란을 일으킨 사기꾼으로 1725년경 오스트리아로 피신하여 회고록을 남겼다.

951 Marquis de Boissieux, Louis de Frétat(1678~1739): 프랑스 귀족으로 1738년 코르시카에 파견되어 중장으로 임명되었다. 그의 어머니(Thérèse de Villars)가 빌라르 원수(1653~1734)의 여동생이다.

952 Horace Walpole, 4th Earl of Orford(1717~1797): 4대 옥스퍼드 백작으로 영국 휘그당 지도자였다.

953 Bastia: 코르시카 섬 북동부에 위치한 도시.

954 Vêpres siciliennes: 1282년 부활절(3월 30일)에 시칠리아 왕국에서 프랑스 앙주가의 왕 카를로 1세에게 대항하여 일어난 반란이다. 6주에 걸쳐 이어진 반란에서 3천여 명의 프랑스인들이 살해당했고, 카를로 1세는 왕국에서 쫓겨났다.

카를로 1세(Charles Ier d'Anjou, 1227~1285): 프랑스 왕 루이 8세(Louis VIII le Lion, 1187~1226)의 막내아들로 1266년 시칠리아 왕과 나폴리 왕이 되었다가 시칠리아 만종 사건으로 시칠리아에서 쫓겨나 나폴리 일대만 지배하게 된다. 보통은 프랑스 이름인 샤를 당주(Charles d'Anjou)라고 불린다.

955 1739년 코르시카로 파견된 마유부아 후작은 중장이었고 1741년 육군원수로 임명된다.

956 가포리는 제노바 원로원의 사주로 암살당했다.

957 Pasquale Paoli(1725~1807): 코르시카 정치가로 코르시카 공화국을 수립했다. 파올리 정부(1755~1769)는 1755년 코르시카 헌법을 제정했는데, 이 헌법은 근대사 최초의 민주주의 헌법이라고 인정된다.

958 1765년 1월 3일 파올리는 코르시카 섬 북쪽에 위치한 코르테(Corte) 시에 코르시카 대학(Università della Corsica)을 설립했다.

959 Compiègne: 프랑스 파리 북동쪽에 위치한 도시.

960 콩피에뉴 협정은 1768년 5월 15일의 베르사유 협정을 추인한 것이다.

961 슈아죌 공작은 1761~1770년 육군대신을 역임했다.

962 Golo: 코르시카에서 제일 큰 강.

963 Comte de Marbeuf, Louis Charles René(1712~1786): 프랑스 귀족으로 코르시카

평정에 참여하여 보 백작을 보좌하고 1768년 중장으로 승진하고 1779년 보 백작 후임으로 코르시카 사령관으로 임명되었다.

964 Comte de Vaux, Noël Jourda(1705~1788); 프랑스 귀족으로 1759년 12월 중장으로 승진하고 1769년 2월 코르시카 사령관으로 임명되었다. 1783년 육군원수로 임명되었다.

965 폰테노보 전투(Bataille de Ponte-Novo): 1769년 5월 8~9일 코르시카 폰테노보에서 파올리의 코르시카군과 프랑스군 사이에 벌어진 전투로 프랑스군의 승리로 끝남으로써 코르시카 전쟁을 종식시켰다.

1769년 6월 13일 파올리는 동생 그리고 약 300명을 거느리고 영국으로 피신했다. 그는 1790년에야 코르시카로 돌아올 수 있었다. 국민공회가 그를 공화국에 대한 반역죄를 적용하여 무법자(법의 보호를 받을 수 없는 사람)로 선포하자 그는 영국인들에게 섬을 넘기고 다시 런던으로 망명했다. 1769년 8월 15일 나폴레옹 보나파르트가 코르시카 아작시오(Ajaccio)에서 출생했다.

국민공회(Convention nationale): 프랑스 혁명기의 세 번째 의회(1792년 9월~1795년 10월).

966 Marquis d'Ennery, Victor-Thérèse Charpentier(1732~1776): 프랑스 귀족으로 식민지 행정가로 명성을 떨쳤다. 볼테르는 에느리 백작이라고 했지만 에느리 후작이다.

967 카리브 해 소앤틸리스 제도(Lesser Antilles)에 있는 섬으로 프랑스 식민지였다가 1814년 영국 식민지(Saint Lucia, 세인트루시아)가 되었다. 1979년 독립국이 되었다.

968 루이 16세(Louis XVI, 1754~1793)는 1774년 5월 10일 즉위했다.

969 Saint-Domingue: 카리브 해 히스파니올라 섬의 서쪽 1/3을 차지했던 프랑스 식민지(1627~1804)로 1804년 아이티로 독립했다.

970 히스파니올라 섬의 서쪽은 프랑스 식민지, 동쪽은 에스파냐 식민지였는데 이 두 식민지 사이의 국경을 확정한 것이다.

971 에느리 후작은 1776년 12월 생도맹그 포르토프랭스(Port-au-Prince)에서 사망했다.

972 뒤바리 부인(Comtesse Du Barry, Marie Jeanne Bécu, 1743~1793): 루이 15세의 애첩으로 퐁파두르 부인 사후(1764년)에 막강한 영향력을 행사했다.

973 왕세자와 마리앙투아네트(Marie-Antoinette d'Autriche, 1755~1793)의 결혼식은 1770년 5월 16일 거행되었고, 슈아죌 공작은 12월 24일 해임되고 지방으로 추방되었다.

974 마쇼 다르누빌은 국새상서 직을 수행(1750~1757)하다가 퐁파두르 부인 눈 밖에 나서 해임되었다.

975 Comte de Maurepas, Jean-Frédéric Phélypeaux(1701~1781): 프랑스 귀족으로 30년 동안 해군대신으로 일하다가 해임되어 추방당했다. 그러나 루이 16세가 다시 국무대신(1774~1781)으로 임명한다.

976 Duc de La Rochefoucauld, Louis-Alexandre(1690~1762): 프랑스 대귀족 가문 출신으로 1744년에 추방당했다.

977 Duc de Châtillon, Charles Paul Sigismond de Montmorency-Luxembourg(1697~

1769): 프랑스 귀족으로 많은 전투에 참전하고 1744년 중장으로 승진했다.

978 볼테르의 『루이 14세 시대』 5장 참조.

979 프랑스에서 예방 접종은 18세기 중반에야 비로소 보급되기 시작했다. 과학자이며 백과전서파인 라콩다민(Charles Marie de La Condamine, 1701~1774)이 접종 도입을 위해 많은 노력을 했다.

980 1대 킹스턴어펀헐(Kingston-upon-Hull) 공작 이블린 피에르폰트(Evelyn Pierrepont)의 장녀로 태어난 메리는 1712년 에드워드 워틀리 몬태규와 결혼하여 메리 워틀리 몬태규 부인(Lady Mary Wortley Montagu, 1689~1762)이 되었다. 1715년 런던에서 천연두에 걸렸다가 살아난 몬태규 부인은 1716년 오스만 제국 대사로 임명된 남편을 따라 이스탄불로 들어갔다. 몬태규 부인은 당시 오스만 제국에서 시행되던 천연두 접종에 감명을 받고 1718년 자기 아들에게 접종을 시켰다. 부인은 귀국 후에 천연두 접종을 역설했으나 오리엔트의 민간요법에 불과하다는 반대에 봉착했다. 그러나 1721년 런던에 천연두가 창궐하자 부인은 자기 딸에게 천연두 접종을 시키고 이것을 홍보했다. 바로 이 시점부터 천연두 접종이 영국 그리고 유럽에서 서서히 보급되기 시작했다. 몬태규 부인은 작가와 시인으로 활동하고 오스만 제국에서의 생활을 편지 형식으로 이야기한 작품으로 크게 유명해졌다. 천연두 접종: 천연두 환자의 고름을 피부에 주입하여 천연두를 살짝 앓게 하면서 면역력을 생성하는 방식(人痘法)으로 인도와 중국 그리고 오스만 제국 등지에서 사용되다가 유럽으로 전파되었다. 에드워드 제너(Edward Jenner, 1749~1823)가 우두법(牛痘法)을 개발한 것은 1796년이다.

981 볼테르는 밤이라고 했지만, 루이 15세는 1774년 5월 10일 15시 30분에 베르사유 궁에서 사망했다.

982 원래 왕의 시신은 방부 처리를 하지만 루이 15세는 천연두로 사망했기 때문에 방부 처리를 하지 않았다.

983 루이 15세의 장남 왕세자(Louis Ferdinand de France)는 1765년 12월 사망하면서 아들 세 명을 남겼다. 장남 베리 공작(Louis-Auguste de France, 1754~1793)이 루이 16세로 즉위하고, 2남 프로방스 백작(Louis Stanislas Xavier de France, 1755~1824)은 나중에 루이 18세(재위 1814~1824), 3남 아르투아 백작(Charles Philippe de France, 1757~1836)은 샤를 10세(재위 1824~1830)가 된다.

984 기욤 드 라무아뇽(Guillaume de Lamoignon, 1617~1677): 법관 집안 출신으로 1658년 10월 파리 고등법원장으로 임명되었고 루이 14세가 만든 입법위원회(1667~1670)에 참여했다. 대상서 세기에(Pierre Séguier, 1588~1672)가 주재한 이 입법위원회는 민사소송, 형사소송, 제조업, 상업 등 다양한 분야의 왕령을 제정했다.

985 앙리 퓌소르(Henri Pussort, 1615~1697): 콜베르의 외숙으로 국무참사를 역임하고 루이 14세의 입법위원회에서 민사소송과 형사소송 관련 왕령 제정을 주도했다. 콜베르의 정적인 푸케 재판에서 사형을 주장했다.

986 1751~1772년 간행된 『백과전서』를 가리킨다.

987 François-Auguste de Thou(1607~1642): 저명한 법관 집안 출신으로 자크오귀스트 드 투(Jacques-Auguste de Thou, 1553~1617, 고위 법관이며 저명한 역사가)의 아들

이다. 파리 고등법원 판사와 국무참사를 역임했다. 그러나 리슐리외를 제거하려는 '생마르 후작의 음모'에 가담하고 비밀을 털어놓지 않았다는 이유로 참수되었다. 생마르 후작(marquis de Cinq-Mars, Henri Coëffier de Ruzé d'Effiat, 1620~1642): 프랑스 귀족으로 루이 13세와 리슐리외의 총애를 받았으나 결혼 문제로 그들에게 앙심을 품게 되었다. 에스파냐군의 도움을 받아서 리슐리외를 제거하려는 음모를 꾸몄다가 적발되어 참수되었다.

988 Louis Marillac(1572~1632): 프랑스 군인으로 라로셸 공성전(1627년 9월~1628년 10월)에서의 무공으로 루이 13세에 의해 1629년 육군원수로 임명되었다. 하지만 리슐리외 추기경을 축출하기 위한 음모에 가담했다가 체포되고 재판에 회부되어 공금 횡령죄로 사형 선고를 받고 1632년 5월 10일 그레브 광장에서 참수되었다. 이 사형 판결은 많은 논란을 불러일으켰다.

989 콘치노 콘치니(Concino Concini, 1575~1617): 피렌체 출신으로 앙리 4세의 왕비 마리 드 메디치(Marie de Médicis, 1575~1642, 앙리 4세 사후에 어린 아들 루이 13세의 섭정)의 총신이 되어 1613년 육군원수(maréchal d'Ancre)직에 오르고 리슐리외를 대신으로 임명하게 만드는 등 막강한 영향력을 행사하다가 젊은 루이 13세의 반감을 사서 1617년 4월 24일 암살당했다.

990 레오노라 도리(Leonora Dori, 1571~1617): 피렌체 출신으로 마리 드 메디치의 측근이 되어 남편과 함께 막강한 영향력을 행사하다가 남편 암살 직후에 마녀 혐의로 재판으로 받고 1617년 7월 8일 그레브 광장에서 참수를 당한 후에 그 시신은 화형에 처해졌다. 갈리가이(Galigaï)라고 불렸다.

991 프랑스에서 1662~1598년에 벌어진 가톨릭교도와 위그노 사이의 종교전쟁. 이 내전은 1598년 4월 30일 앙리 4세가 서명한 낭트 칙령에 의해 종결되었다고 본다.

992 성 바르톨로메오의 축일인 1572년 8월 24일 파리에서 가톨릭교도들이 위그노를 집단 학살한 사건.

993 Clovis(466~511): 메로빙거 왕조의 프랑크족 왕(재위 481~511)으로 496년경 로마 가톨릭으로 개종했다.

994 성전기사단(ordre du Temple)에 대한 재판은 1307년 10월에 시작되어 1312년 5월에 종료되었다.
성전기사단: 1139년 교황(인노첸시오 2세)의 인가를 받고 1312년 3월 교황(클레멘스 5세)에 의해 해산된 기사수도회(ordre militaire).

995 프랑스 구체제에서는 형사소송법에 따라, 판사의 요청에 의거하여 신문 과정에서 피의자에게 예비고문(question préparatoire)을 실시했다. 고문은 자백을 받아내기 위해 실시했고, 일반고문(question ordinaire)과 특별고문(question extraordinaire)이 있었다. 일반고문은 도르래로 팔다리를 잡아당기는 것이고, 특별고문은 엄청난 양의 물을 마시게 하는 것이다. 루이 16세가 왕령(1780년 8월 24일 자 국왕포고령, 1788년 5월 1일 자 칙령)을 통해 고문을 폐지했다.

996 peine des galères: 프랑스 구체제에서 갤리선을 젓는 형벌로, 낭트 칙령 철회(루이 14세의 퐁텐블로 칙령, 1685년 10월) 후에 수백 명의 개신교도 그리고 전쟁 포로 등에게 가해졌다. 당시 유럽에서 이런 형벌은 프랑스에만 존재했다.

997 루키우스 코르넬리우스 술라 펠릭스(Lucius Cornelius Sulla Felix, ~138~78): 로마

정치가로 무자비한 숙청과 공포정치로 유명하다.

[998] Nerva-Antonine dynasty(96~180): 네르바(Nerva)부터 마르쿠스 아우렐리우스까지의 오현제로 이루어진 왕조를 가리킨다. 이 기간에 로마 제국은 최전성기를 구가했다. 원래 이 왕조에는 콤모두스(Commondus, 161~192)가 포함되지만 그의 학정으로 인해 제외하는 것이 일반적이다.

[999] le Bourbonnais: 프랑스 구체제 주(province)로 중심도시는 물랭(Moulins)이었다.

[1000] le Berry: 프랑스 구체제 주로 중심도시는 부르주(Bourges)였다.

[1001] le Maine: 프랑스 구체제 주로 중심도시는 르망(le Mans)이었다.

[1002] le Poitou: 프랑스 구체제 주로 중심도시는 푸아티에(Poitiers)였다.

[1003] Omer Talon(1595~1652): 프랑스 구체제 법조인으로 파리 고등법원 검사(avocat général)를 역임했다.

[1004] Naboth: 아합 왕 시대에 왕궁 근처 포도밭의 주인.

[1005] Ahab: 북이스라엘의 제7대 왕(기원전 874~853년).

[1006] Mephibosheth: 사울 왕의 손자로 하인 시바의 모함 때문에 다윗 왕에게 오해를 받아 재산을 몰수당할 뻔했다.

[1007] 카니야크 양.

[1008] 프랑스 구체제의 형사소송절차는 프랑수아 1세의 1539년 8월 25일 자 왕령(빌레르코트레 왕령)에 의해 확립되었다.

[1009] Louis Boucherat(1616~1699): 프랑스 법관으로 1685년 르텔리에 후임으로 대상서가 되었지만 대신(ministre d'Etat) 직을 얻지 못해서 큰 영향력을 행사하지는 못했다. 일반적으로 대상서, 재무총감, 4명의 국무비서에게는 대신 직이 부여되었다.

[1010] 1669년 8월 제정.

[1011] 1670년 8월 제정.

[1012] 프랑스 구체제 형사소송법에 따르면, 변호사는 형사재판 과정에 간여할 수 없고 따로 피의자나 피고인에게 조언만 할 수 있었다.

[1013] 1670년 8월의 형사소송 관련 왕령.

[1014] 프랑수아 1세의 빌레르코트레 왕령(1539년 8월).

[1015] Franche-Comté는 자유로운 백작령이란 뜻이다.

[1016] le Nivernais: 프랑스 중부에 있던 옛 주.

[1017] l'Auvergne: 프랑스 중부 산악지대(Massif central)에 있던 옛 주.

[1018] 프랑스어 mainmortable의 어원은 main(손)과 mort(죽은)이다. 당시 농노 재판의 증언에 따르면, 농노가 죽었을 때 남긴 재산이 별로 없으면 그의 시신에서 오른손을 잘라서 땅 주인인 수사에게 바쳤다고 한다. 이것은 땅 주인이 착복하지 못한 돈에 대한 배상인 동시에, 죽은 농노의 자식들에게 부친의 재산에 손을 대면 안 된다는 경고였다.

[1019] 관직 매매(vénalité des offices)는 14세기 후반부터 나타나기 시작했지만, 법관직 매매는 프랑수아 1세 치하에서 제도화되었다. 그는 1521년 이탈리아 원정으로 인해 왕국 재정이 악화되자 고등법원에 새로운 재판장과 판사직을 신설하여 돈을 받고 나누어주었다. 법관직 매매는 무엇보다 학식과 청렴이 요구되는 자리를 대상으로 이루어졌기 때문에, 프랑스 구체제의 대표적인 악습 가운데 하나였다.

[1020] 퀸투스 호르텐시우스 호르탈루스(Quintus Hortensius Hortalus, 기원전 114~50년), 로마 공화국 정치가이며 웅변가로서 키케로의 친구이다.

[1021] Marcus Antonius(기원전 143~87): 로마 공화국 정치가로 웅변으로 유명했고 율리우스 카이사르의 부하장군 마르쿠스 안토니우스(기원전 83~30)의 조부이다.

[1022] Amable de Bourzeis(1606~1672): 프랑스 성직자로 1634년 리슐리외 추기경이 아카데미 프랑세즈를 설립했을 때 최초 회원의 한 사람으로 임명되었다.

[1023] 자크 보캉송(Jacques Vaucanson, 1709~1782): 프랑스 기술자로 많은 자동장치를 발명했다.

[1024] 중농주의의 영향을 받은 튀르고(Anne Robert Jacques Turgot, baron de l'Aune, 1727~1781)는 1774년 8월 재무총감으로 임명되자 1774년 9월 13일 자 명령에 의해 곡물거래를 자유화함으로써 볼테르를 비롯한 계몽주의 철학자들의 지지를 받았다. 그러나 1775년 봄의 '밀가루 전쟁(Guerre des farines)'을 비롯한 사회불안과 반대파의 공세에 밀려 개혁은 실패하고 튀르고는 1776년 5월 해임되었다.

[1025] 앙투안 드파르시외(Antoine Deparcieux, 1703~1768): 프랑스 수학자로 많은 업적을 남겼다. 만성적인 물 부족에 시달리던 파리 시는 그에게 해결책을 의뢰했다. 그는 파리 남쪽을 흐르는 이베트 강(l'Yvette)의 물을 파리로 끌어오는 방안을 제시했다. 그러나 왕의 재정 상태와 의지 부족으로 드파르시외의 계획은 실현되지 못했다. 볼테르는 그를 적극 지지하고 격려했다. 드파르시외의 계획은 19세기 중반에나 실현된다.

[1026] 『백과전서』를 말한다.

[1027] 장자크 루소의 『인간 불평등 기원론』에 대한 비판이다.

[1028] 1756년 9월 24일 파리 고등법원이 파리 대주교 보몽의 교서를 인쇄하거나 출판하는 것을 금지한 판결을 가리킨다.

[1029] 루이 13세의 왕비이며 루이 14세의 모친인 안 도트리슈.

프랑스 구체제(Ancien Régime)는 통상 혁명 이전의 3세기, 즉 루이 11세(Louis XI, 재위 1461~1483년)나 프랑수아 1세(François I, 재위 1515~1547년)의 재위 기간으로부터 혁명 직전까지의 기간을 가리킨다.[1] 구체제는 중세 프랑스와 현대 프랑스를 매개하는 주요한 전환기를 이룬다. 그러나 국내에서 프랑스 역사학이 자리를 잡은 이래, 구체제 연구는 활발하다는 평가를 받기 어려운 것이 사실이다. 특히 주요 원전의 번역 작업이 크게 부족한 실정이다. 동양학과 서양학 공히 원전 번역이 최우선 과제인데도 말이다. 한국연구재단이 볼테르의 『루이 15세 시대 개요(*Précis du siècle de Louis XV*)』를 번역 과제로 제시한 것은 분명 이러한 결함을 인식했기 때문이라고 믿어진다.

프랑스 구체제 역사에서 가장 중요한 인물이 루이 14세이고, 볼테르의 역사저술 가운데 『루이 14세 시대(*Le siècle de Louis XIV*)』가 제일 중요하다는 점을 부인할 수는 없다. 따라서 『루이 14세 시대』를 『루이 15세 시대 개요』보다 먼저 번역하는 것이 순리이다. 그런데 한국연구재단의 지원을 받아 출판된 번역서들을 살펴보면, 생시몽의 『루이 14세와 베르사유 궁정(*Louis XIV et sa cour*)』(2009년)[2]과 메르시에의 『파리의 풍경(*Tableau de*

---

[1] 최갑수, 「구체제의 제도사」, 최갑수 외, 『프랑스 구체제의 권력구조와 사회』, 13쪽, 한성대학교 출판부, 2009.

[2] 생시몽 지음, 이영림 옮김, 『루이 14세와 베르사유 궁정』, 나남, 2009.

Paris)』(2014년)[3]이 있다. 루이 14세 재위 기간(1643~1715년)과 1770~1780년대는 이미 다루어지고 대략 루이 15세 재위 기간(1715~1774년)이 공백으로 남아 있다. 바로 이런 이유 때문에 『루이 14세 시대』 대신 『루이 15세 시대 개요』가 번역 과제로 나온 것 같다. 집필자와 심사자만 읽어본다는 농담이 나오는 논문에 대한 지원에 비해 너무나 턱없이 미미한 원전 번역 지원의 현실을 한 번 더 개탄하지 않을 수 없다.

볼테르의 역사저술

1711년 루이르그랑(Louis-le-Grand) 콜레주를 수료한 볼테르의 꿈은 문학, 다시 말해서 연극에서의 성공이었다. 당시 희곡은 모두 운문으로 썼으므로 볼테르는 코르네유나 라신처럼 위대한 시인이 되고 싶었던 것이다. 시인 또는 희곡작가 볼테르가 『루이 14세 시대』로 대표되는 역사저술 집필에 착수하게 되는 과정을 간단하게 살펴보기로 한다. 1723년 볼테르의 서사시 『가톨릭 동맹 또는 앙리 대왕(*La Ligue ou Henry le Grand*)』[4] 초판이 발행되었는데, 그 각주들은 산문으로 작성되었다. 볼테르는 이 각주들에서 역사에 대한 관심을 처음으로 표명하고 종교전쟁과 권력의 역할에 대한 질문을 제기했다. 볼테르가 낭트 칙령에 의해 관용을 실천한 앙리 4세를 찬양하는 문학작품을 통해 역사에 접근했다는 점은 주목할 필요가 있다.

---

[3] 루이세바스티앵 메르시에 지음, 이영림 외 옮김, 『파리의 풍경』, 서울대출판문화원, 2014.

[4] 이것은 나중에 『라 앙리아드(*La Henriade*)』로 제목이 바뀐다. 볼테르는 수정 작업을 거쳐 『라 앙리아드』 초판을 1728년 영국 런던에서 출판했다. 이 서사시는 낭트 칙령에 의해 개신교도들에게 종교의 자유를 부여한 앙리 4세와 관용에 대해 경의를 표하는 내용이다.

볼테르의 첫 번째 역사저술은 런던에서 시작되었다. 그는 1727년 런던에서 스웨덴 왕 칼 12세[5]의 측근과 대화를 한 후 『칼 12세의 역사(*Histoire de Charles XII*)』 집필에 착수했다. 『철학편지(*Lettres philosophiques*)』 역시 이 시기에 집필이 시작되었다. 『철학편지』는 역사저술은 아니지만, 볼테르의 역사저술에 상당한 영향을 주었다고 생각된다. 영국을 소개하면서 프랑스 사회를 비판하는 형식을 취한 『철학편지』는 계몽주의를 설파하고 관용을 강조했다는 점에서 볼테르 역사저술의 근간을 예고한다고 볼 수 있다. 그뿐만이 아니다. '루이 14세의 시대(le siècle de Louis XIV)'라는 표현을 볼테르가 처음으로 사용한 저술이 바로 『철학편지』이다.[6] 또 볼테르는 「편지 12」에서 자크오귀스트 드 투[7]의 역사저술에 대한 존경심을 여과 없이 드러냈다.

> 『헨리 7세의 역사』는 그(베이컨)의 대표작으로 여겨지고 있지만, 그 책이 우리 프랑스의 유명한 투의 작품과 비교될 수 있으리라고 생각한다면 큰 오산일 것이다.[8]

투의 『세계사』는 가톨릭 성직자를 준엄하게 비판하고 개신교도들을 관대하게 다룸으로써 가톨릭교회의 금서로 지정될 정도였다. 역자는 투의 『세계사』를 읽어보지 못했지만, 볼테르의 역사저술이 투의 『세계

---

[5] Karl XII(1682~1718): 스웨덴 왕으로 강대국 스웨덴을 재건하려고 노력했으나 1718년 11월 전사했다.

[6] 『철학편지』, 이병애 옮김, 동문선, 2014. 편지 21, 편지 24.

[7] Jacques-Auguste de Thou(1553~1617): 프랑스의 저명한 법관 가문 출신으로 고위 법관을 역임하고 앙리 4세의 측근으로 활약했다. 라틴어로 저술된 *Historiae sui temporis*로 큰 명성을 얻었다. 이 저서는 1734년 『1543~1607년의 세계사』라는 제목으로 프랑스어로 번역, 출판되었다.

[8] 『철학편지』, 「편지 12」, 64쪽.

사』에서 받은 영향[9]은 앞으로 연구되어야 할 필요가 있다고 본다.

1728년 말 귀국한 볼테르는 1731년 1월 『칼 12세의 역사』 초판을 출간했다. 하지만 이 책은 당시 폴란드 왕 아우구스트 2세[10]의 패전을 상기시키는 구절들 때문에 경찰에 의해 압수되었다.

볼테르가 『루이 14세 시대』 집필에 착수한 시점은 1732년 5월이다. 이 역사저술의 집필 동기는 나중에 볼테르 자신이 밝힌다. 그런데 볼테르는 8월에 발표한 비극 『자이르(*Zaïre*)』 서문에서 루이 14세를 찬양함으로써 그 후계자인 루이 15세를 불쾌하게 만들었다.[11] "루이 14세와 리슐리외는 프랑스인들을 야만에서 끌어냈는데, 이제 다시 모든 것이 그들을 야만으로 돌아가게 만드는 것 같다."

"한 여인의 존재는 그녀가 인생을 함께한 남자에 좌우되고 이 역도 마찬가지다. 그녀가 없었더라면 볼테르는 전혀 다른 볼테르가 되었을 것이다"라는 평가를 받는 에밀리 뒤샤틀레[12]와 1733년 6월 교제하기 시작한 볼테르는 『루이 14세 시대』 관련 자료를 열심히 수집했다. 1734년 『철학편지』 출판으로 인한 파문[13] 때문에 뒤샤틀레 부인의 시레 성으로

---

[9] 1766년 투의 저서를 공격하는 역사서가 나오자 볼테르는 즉각 반박하기도 했다. 『로마 제국 쇠망사』의 에드워드 기번은 자신의 스승으로 데이비드 흄(1711~1776)과 투를 내세웠다.

[10] August II(1670~1733): 1694년 작센 선제후가 되었고 1697년 폴란드 왕으로 선출되었다.

[11] 볼테르에 대한 루이 15세의 반감 때문에 볼테르의 파리 귀환은 루이 15세(1710~1774) 사후인 1778년에야 이루어진다.

[12] Marquise du Châtelet, Émilie Le tonnemier de Breteuil(1706~1749): 프랑스의 수학자, 문인, 물리학자. 뒤샤틀레 후작과 결혼했으나 자유분방하여 여러 명의 정부가 있었다. 특히 볼테르와는 15년 동안 같이 지내면서 서로 결정적인 영향을 주고받았다.

[13] '계몽주의 선언문'이라는 평가를 받는 이 작품은 국왕 윤허를 받지 않고 비밀출판되었다. 영국의 자유와 관용에 대한 찬양은 프랑스 정부와 종교에 대한 공격으로 인식되었다. 고등법원의 금서 선고를 받은 이 책은 화형을 당하고 볼테르에게는

피신한 볼테르는, 검열을 걱정하는 부인의 만류에도 불구하고『루이 14세 시대』집필을 계속한다. 1736년 8월 8일부터 볼테르와 서신 교환을 시작한 프로이센 왕세자 프리드리히는 "선생, 세상을 계몽하는 일을 계속하세요. 진리의 횃불을 맡길 더 이상의 적임자는 없습니다"라는 편지로 볼테르의 집필을 성원했고, 볼테르는 왕세자에게 원고의 일부를 보내주기도 했다.

1739년 1월부터 볼테르는『루이 14세 시대』원고를 유통시키기 시작하여 서문과 1장이 포함된 책이 국왕 윤허 없이 출판되었다. 11월에 파리 경찰이 이 책을 압수하고 12월에 파리 고등법원이 금서 선고를 하고 불태우자 볼테르는 브뤼셀로 피신했다. 볼테르는『루이 14세 시대』집필을 일시적으로 중단했으나 포기하지는 않았다. 프랑스가 오스트리아 왕위계승전쟁에 뛰어든 1741년 6월 볼테르는 프리드리히 2세[14]에게 "루이 14세 시대의 경계를 넘어서는 역사를 쓰겠다"고 예고했다.

프리드리히 2세는 볼테르를 베를린으로 초대했지만, 볼테르는 에밀리의 조언대로 루이 15세의 호감을 사기 위해 노력하기로 결심했다. 그래서『루이 14세 시대』집필을 중단하고 1741년 6월부터『세계사 시론(*Essai sur l'histoire générale*)』을 쓰기 시작한 것이다. 중세와 먼 외국의 역사는 말썽을 일으켜서 베르사유의 루이 15세와 파리 고등법원의 눈 밖에 날 소지가 별로 없기 때문이다. 볼테르 전문가인 르네 포모(René Pomeau)에 따르면, 1739~1741년에 볼테르는 시인적 기질을 탈피하고 진정한 역사

국왕의 봉인장이 발부되었다. 그렇지만 이 책은 유럽 전역에서 무려 2만 부 이상 출판되었다.
국왕 윤허(privilège du Roi): 프랑스 구체제에서는 검열관이 원고를 읽어본 후에 국왕 윤허를 부여한 서적만 출판하는 것이 원칙이었다. 그러나 비밀출판과 해적출판이 성행했다.

[14] 프리드리히 왕세자는 1740년 5월 왕위에 올랐다.

가로 태어났다고 한다. 세계사라는 큰 안목이 역사가에게 필수적이라는 진실을 거듭 확인할 수 있다.

동시에 볼테르는 인맥을 동원하여 베르사유 궁정에 본격적으로 줄을 대기 시작했다. 볼테르는 구체제 최고의 교육기관이며 '왕정의 고위 간부' 양성을 목표로 하는 콜레주 중에서도 명문인 루이르그랑 출신이다. 고위귀족 동창생이 많은 것은 너무나 당연하고, 그 대표적 인물이 아르장송 후작 형제와 리슐리외 공작이다. 뿐만 아니라 볼테르는 일부 권력층의 돈줄이었다. 그는 투기에 크게 성공하여 모은 백만 리브르[15]가 넘는 재산 덕에 30대에 이미 상당한 재력가였고 1730년에는 부친의 재산까지 상속받았다. 그는 이 재산을 바탕으로 고위층을 상대로 적극적인 대금업에 나섰다. 왕족과 귀족들에게 돈을 빌려주면 떼일 위험이 없지 않지만 이자 수입 외에도 여러 이점이 있기 때문이다.

유럽의 정세도 볼테르에게 유리하게 작용했다. 오스트리아 왕위계승 전쟁에 뛰어든 프랑스로서는 프로이센을 같은 편으로 만드는 것이 최우선 과제였다. 볼테르가 프리드리히 2세와 친하다는 사실은 유럽의 모든 궁정이 알고 있었다. 프랑스 정부는 볼테르를 프로이센으로 파견하여 프리드리히 2세의 참전을 설득하기도 했다.

드디어 1745년 4월 볼테르는 프랑스 역사편찬관[16]으로 임명되었다. 또 침전시랑[17]이라는 직책도 받았다. 볼테르는 베르사유 궁정의 신하가 되고 성직자들과 화해하려고 시도했다. 그는 교황의 축복까지 얻어내서

---

[15] 볼테르 시대 1리브르는 오늘날의 20유로 정도라고 본다. 1유로는 대략 1400원이다.

[16] 프랑스 역사편찬관(historiographe de France)과 국왕 역사편찬관(historiographe du roi)은 원래는 다른 직책이었지만 차츰 그 구분이 사라졌다.

[17] gentilhomme de la chambre du roi: 왕의 침실시중을 드는 직책이었으나 실질적인 역할은 주로 시종이나 시동이 도맡아 했기 때문에 상징적인 직책이 되었다.

1746년 4월 25일 아카데미 프랑세즈 회원으로 입성했다. 제도권 또는 관변 인사로 성공한 것이다. 바로 이때 프랑스군이 퐁트누아에서 영국군에 대승을 거두었다(1745년 5월 11일). 멀리는 블렌하임 전투 가까이는 데팅겐 전투의 패전을 만회하는 쾌거였다. 볼테르는 "기뻐서 미칠 지경이다"라면서 「퐁트누아의 시」를 썼다. 그리고 8월 17일 외무대신 아르장송 후작에게 『1741년 전쟁사(*Histoire de la guerre de 1741*)』[18]를 쓰겠다고 제안한다. 9월 볼테르는 육군성 전보들에 의거하여 『1741년 전쟁사』를 집필하기 시작했다. 그는 참전 군인들을 직접 만나 질문을 했고 여러 관련 기관에 자료를 요청했다. 1746년 3월 18일 볼테르는 루이 15세에게 『1741년 전쟁사』 원고를 제출했다. 하지만 루이 15세가 별다른 관심을 보이지 않자 볼테르는 기분이 상한다. 그는 『루이 14세 시대』 집필을 재개하고 원고를 프리드리히 2세에게 보낸다. 프로이센 왕은 볼테르에게 『루이 14세 시대』에 전념하라고 격려한다. 1748년 2월부터 뤼네빌의 스타니수아프 궁정에서 머물던 볼테르는 12월 『1741년 전쟁사』를 거의 끝냈지만 출판은 하지 않겠다고 말했다. 1749년 2월 프리드리히 2세는 『루이 14세 시대』를 완성하라고 질책한다.

1749년 9월 에밀리 뒤샤틀레가 사망하자 볼테르는 크게 상심한 나머지 1750년 6월 30일 베를린의 프리드리히 2세 궁정으로 떠난다. 8월 말 베르사유 궁정은 볼테르에게 역사편찬관 직을 박탈한다고 통보한다. 볼테르는 베를린에서 『루이 14세 시대』 집필에 전념하여 출판을 목전에 두게 된다. 1751년 4월 볼테르의 비서가 파리에서 『세계사 시론』, 『루이 14세 시대』, 『1741년 전쟁사』 원고를 훔쳐가는 사건이 발생했다. 원고는 반환되었지만 필사된 것이 분명하다. 나중에 해적판이 출판되기 때문

[18] 1741년 전쟁은 오스트리아 왕위계승전쟁을 가리킨다.

이다.[19] 볼테르는 『루이 14세 시대』를 국왕 윤허를 얻어 프랑스에서 출판할 생각도 없지 않았으나 결국 베를린에서 출판하기로 결심하고 리슐리외 공작에게 그 이유를 설명한다. 드디어 1751년 12월 베를린의 왕립 출판사에서 『루이 14세 시대』가 발간된다. 또 볼테르는 1752년 10월 『1741년 전쟁사』를 탈고하고 『세계사 시론』도 집필을 계속하여 1756년 3월 『샤를마뉴에서 오늘날까지의 세계사, 풍속, 국민정신에 대한 시론』을 출판한다. 이 책은 모두 215장으로 구성되었는데 1~164장이 '세계사 시론', 165~215장이 '루이 14세 시대'였다. 206~215장이 1756년까지의 18세기를 다루었는데, 볼테르는 이 부분에서는 『1741년 전쟁사』를 활용했다.

이처럼 볼테르의 주요 역사저술은 샤를마뉴에서 루이 14세 이전까지의 기간, 루이 14세 시대, 루이 14세 이후부터 볼테르 당시까지를 다루었고 그 중심은 『루이 14세 시대』였다.[20]

『루이 14세 시대』

볼테르는 뒤보 수도원장(abbé Dubos)에게 보낸 1738년 10월 30일 자 편지에서 『루이 14세 시대』 집필 동기를 공개했다.

저는 루이 14세 시대 역사를 쓰기 위해 오래전부터 자료를 수집했습

---

[19] 해적판 『1741년 전쟁사』는 1755년 출판되었다. 볼테르 자신은 『1741년 전쟁사』를 출판하지 않았다.

[20] 볼테르가 러시아 궁정의 의뢰로 집필한 『표트르 대제 치하의 러시아 제국사(*Histoire de l'empire de Russie sous Pierre le Grand*)』는 1권(1759)과 2권(1763)으로 출판되었다.

> 니다. 단순히 이 군주의 삶이나 그 통치의 연대기를 쓰려는 것이 아닙니다. 제가 쓰는 것은, 인간 정신의 역사입니다. 인간 정신의 관점에서 가장 영광스러운 시대의 역사 말입니다.

이미 1735년 볼테르는 지인에게 보낸 편지에서 "나는 루이 14세가 대왕이라는 호칭을 받을 자격이 있는지는 모르겠네. 그러나 루이 14세 시대는 그럴 자격이 있네. 나는 루이 14세라는 인물보다는 그 예술과 문학의 전성기에 대한 이야기를 하려고 하네"라고 밝힌 바 있다. 실제로 『루이 14세 시대』는 이렇게 시작된다.

> 필자가 쓰려고 하는 것은 루이 14세의 생애만이 아니다. 필자에게는 더 큰 목표가 있다. 한 인간의 활동이 아니라, 역사상 가장 계몽된 시대의 인간 정신을 그려서 후대에 보여주려고 한다.

이어서 볼테르는 세계사에는 위대한 시대가 4개밖에 없다고 주장한다.

> 이 4개의 행복한 시대는 예술이 완성된 기간이고, 위대함과 인간 정신의 관점에서 후세를 위한 본보기이다.

볼테르에 따르면, 그 4개 시대는 고대 그리스(기원전 5세기에서 알렉산드로스 대왕까지), 로마(카이사르와 아우구스투스 시대), 15~16세기의 이탈리아 그리고 루이 14세 시대이다. 그리고 이 4개 시대 가운데 바로 루이 14세 시대가 가장 완벽에 근접했다는 것이다. 왜냐하면 "전반적인 인간의 이성이 완벽해졌기" 때문이다. 그래서 예술, 정신, 풍습, 정부에서 전체적인 변혁이 일어나 프랑스가 진정한 영광을 누렸으며 이 영향이 영국을 비롯한 유럽 전역으로 퍼져나갔다고 볼테르는 강조한다.

그러나 볼테르가 밝힌 집필 동기를 액면 그대로 받아들여서는 안 된다고 생각한다. 볼테르가 영국 망명 기간에 역사저술에 착수하고 『루이 14세 시대』를 구상했다는 점에 주목해야 한다. 당시 영국은 거의 모든 바다를 제패한 최강대국이고 정치와 사회의 관점에서도 최고 선진국이었다. 영국에서 많은 것을 배우고 역사에 눈을 뜬 볼테르에게 프랑스가 최고였던 시절의 역사를 써야겠다는 생각이 든 것은 너무나 당연하다고 볼 수 있다. 또 볼테르는 동시대 프랑스인들과는 달리 루이 14세에 매료되어 있었다. 여기서 18세기 전반기의 프랑스에서는 루이 14세가 극도로 부정적인 평가를 받고 있었다는 점을 지적해야 한다. 루이 14세를 냉혹하게 비판한 생시몽(Louis de Rouvroy de Saint-Simon, 1675~1755)의 『회고록(*Mémoires*)』이 정식 출판되기 전부터 인기를 끌고 있었다. 또 1730년대에 루이 14세 통치의 역사를 쓰려고 계획한 몽테스키외는 "왕이 허황된 전쟁에 필요한 재원을 강제로 마련하느라 백성의 인심을 잃었고 왕의 모든 권력과 정책은 과시와 허세를 위한 것에 불과하다"고 단언했고 특히 "태양왕은 본바탕이 심미안이 없었기 때문에 예술을 알지 못하면서 꽃피우게 만든 것일 뿐"이라고 일갈하기도 했다.

그렇기 때문에 볼테르의 『루이 14세 시대』는 프랑스의 전성기를 주도한 루이 14세를 '복권'시킴으로써 프랑스인들의 자긍심을 회복시키고 애국심을 고취하려는 의도에서 집필되었다고 본다. 과연 『루이 14세 시대』는 대성공을 거두어 볼테르 생전에만도 무려 50판이 넘게 간행되었을 뿐만 아니라, 루이 14세에 대한 긍정적인 평가의 토대로 작용하게 된다.[21]

---

21 이영림, 「1715년 9월 1일, 루이 14세의 죽음」, 『프랑스사 연구』, 37호, 한국프랑스사학회, 2017, 204~205쪽.

『루이 14세 시대』는 다음과 같이 구성되어 있다.

1장. 머리말
2장. 루이 14세 이전의 유럽 국가들
3장. 루이 14세의 미성년 기간. 앙갱 공작 대 콩데가 이끈 프랑스인들의 승전
4장. 내전
5장. 내전 속편. 1654년의 프롱드난 종식까지
6장. 1661년 마자랭 사망까지 프랑스의 상태
7장. 루이 14세의 직접 통치. 왕은 오스트리아 왕가의 에스파냐 분가가 어디서나 상석을 자기에게 양보하도록 만든다. 왕은 로마 교황청이 자신의 요구를 수용하게 만든다. 왕은 덩케르크를 매입한다. 왕은 신성로마제국 황제, 포르투갈, 네덜란드 전국신분회의를 지원한다. 왕은 자기 왕국을 번영하게 하고 다른 나라들이 두려워하게 만든다.
8장. 플랑드르 정복.
9장. 프랑슈콩테 정복과 엑스라샤펠 평화조약
10장. 루이 14세의 업적과 화려함. 포르투갈에서의 야릇한 모험. 프랑스에 온 폴란드 왕 얀 2세. 칸디아 지원. 홀란트 정복
11장. 홀란트 철수. 두 번째 프랑슈콩테 정복
12장. 튀렌 원수의 승전과 사망. 대 콩데의 마지막 전투인 스네프 전투
13장. 튀렌 사망 이후 1678년의 네이메헌 조약까지
14장. 스트라스부르 점령. 알제 포격. 제노바의 굴종. 시암 사절단. 로마에서 도전을 받은 교황. 쾰른 선제후 자리를 둘러싼 분쟁
15장. 사위 빌럼 3세에 의해 폐위를 당한 제임스 2세를 보호한 루이 14세
16장. 빌럼 3세가 잉글랜드, 스코틀랜드, 아일랜드를 침략하는 동안 대륙에서 1687년까지 일어난 일. 팔츠 선제후국의 전운. 카티나 원수와 뤽상부르 원수의 승전 등
17장. 사보이아와의 협정. 부르고뉴 공작의 혼인. 라이스바이크 평화조약. 프랑스와 유럽의 상태. 에스파냐 왕 카를로스 2세의 사망과 유언
18장. 에스파냐 왕위계승전쟁. 1703년까지 대신과 장군들의 처신.

19장. 블렌하임 또는 회흐슈테트 전투의 패배와 그 결과
20장. 에스파냐에서의 패배. 라미예 전투와 토리노 전투의 패전과 그 결과
21장. 프랑스와 에스파냐의 불운 속편. 루이 14세는 수석대신을 보내 평화를 요청하다. 말플라크 전투의 패전
22장. 루이 14세는 계속 평화를 요청하면서 방어를 한다. 방돔 공작이 에스파냐 왕의 왕권을 굳건하게 만든다
23장. 빌라르 원수의 드냉 승전. 전세 만회. 전체 평화
24장. 위트레흐트 조약 이후 루이 14세 사망까지 유럽의 풍경
25장. 루이 14세 통치의 특징과 일화들
26장. 특징과 일화들 속편
27장. 특징과 일화들 속편
28장. 일화들 속편
29장. 내정. 사법. 상업. 치안. 법. 군대 규율. 해군 등
30장. 재정과 해결책들
31장. 학문
32장. 예술
33장. 예술 속편
34장. 루이 14세 시대 유럽의 예술
35장. 성직자 문제. 기억할만한 분쟁들
36장. 루이 14세 시대의 칼뱅주의
37장. 얀센주의
38장. 정적(靜寂)주의
39장. 중국의 제사를 둘러싼 분란. 이 분란이 어떻게 중국에서 기독교를 금지하게 만드는 데 기여했는가[22]

[22] 39장 다음에는 루이 14세 자식들 명단, 루이 14세 시대의 방계왕족, 동시대 군주들(교황, 오스만 술탄, 독일 황제, 에스파냐 왕, 포르투갈 왕, 영국 왕, 덴마크 왕, 스웨덴 왕, 폴란드 왕, 프로이센 왕, 러시아 차르, 플랑드르 총독, 프랑스 육군원수, 프랑스 해군원수, 국무대신, 대상서, 재무총관, 국무비서와 재무총감), 프랑스 작가 명단이 첨부되어 있다.

『루이 15세 시대 개요』

『루이 15세 시대 개요』는 『루이 14세 시대』를 보완하고 『1741년 전쟁사』를 집필하는 과정에서 태어난 복합적인 저술이다. 오스트리아 왕위계승전쟁(1740~1748년)을 다룬 『1741년 전쟁사』 집필은 1745년 9월 시작되어 우여곡절 끝에 1752년 10월 끝났지만 볼테르는 출판을 망설였다. 1751년 12월 베를린에서 출판된 『루이 14세 시대』에는 18세기를 다룬 장(위트레흐트 평화조약에서 1750년까지의 유럽 풍경)이 포함되어 있었다.

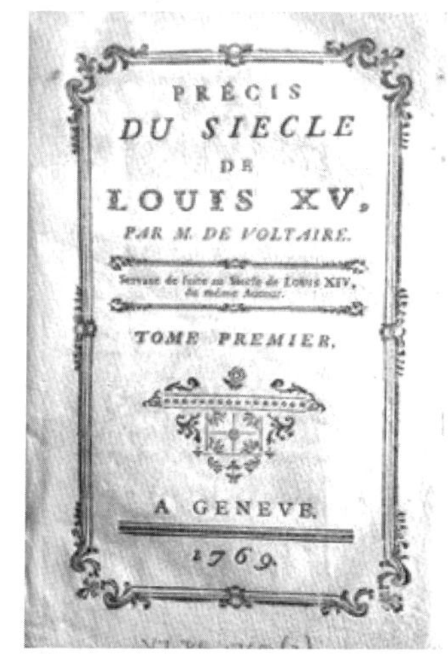
PRÉCIS
DU SIECLE
DE
LOUIS XV,
PAR M. DE VOLTAIRE.
Servant de suite au Siecle de LOUIS XIV, du même Auteur.
TOME PREMIER.
A GENEVE.
1769.

『루이 15세 시대 개요』 속표지

1756년의 『샤를마뉴에서 오늘날까지의 세계사, 풍속, 국민정신에 대한 시론』에서는 마지막 10개 장이 18세기를 1756년까지 다루었다. 여기서 볼테르가 『1741년 전쟁사』의 일부를 활용했음은 물론이다. 1763년판 『샤를마뉴에서 오늘날까지의 세계사, 풍속, 국민정신에 대한 시론』에서는 18개 장이 18세기를 1762년까지 다루었다. 그리고 1769년 10월 제네바에서 처음으로 『루이 14세 시대』와 『루이 15세 시대 개요』가 따로 출판된다.[23] 1769년판 『루이 15세 시대 개요』는 39개 장으로 구성되어 있었다. 볼테르는 다른 역사저술과 마찬가지로 이 저술에 대한 수정과

---

23 『샤를마뉴에서 오늘날까지의 세계사, 풍속, 국민정신에 대한 시론』에서 『루이 14세 시대』와 『루이 15세 시대 개요』가 떨어져 나간 다음 그 앞부분이 샤를마뉴에서 루이 13세까지 풍속, 국민정신, 주요 역사사건에 대한 시론』이라는 제목으로 1769년판 『전집』에 수록되고 이것이 오늘날 『풍속론(*Essai sur les moeurs et l'esprit des nations*)』으로 불린다.

보완 작업을 계속하여 1775년판『전집』에서는 4개 장을 추가했다. 이렇게 43개 장으로 구성된 1775년판에 근거한 1792년판[24]을 필자는 번역 대본으로 삼았다. 그리고 1769년판[25]과 1878년 출판된『볼테르 전집』에 수록된『루이 15세 시대 개요』[26]를 참조했다.

이처럼『루이 15세 시대 개요』는 상당히 복잡한 과정을 통해 완성되었다. 그뿐만이 아니다. 이 책의 집필 동기 역시 매우 복합적이다. 아니 혼돈스럽다고 말해야 한다.『루이 15세 시대 개요』의 토대는『1741년 전쟁사』이다.『1741년 전쟁사』는 볼테르가 루이 15세를 비롯한 권력층에 아부하려고 쓰기 시작한 역사저술이다. 필화를 여러 번 겪은 그는 뒤샤틀레 부인의 충고대로 인맥을 동원하여 역사편찬관 또 침전시랑의 자리까지 받았다. 역사편찬관이 권력층의 눈치를 보는 것은 너무나 당연하다. 1752년 10월 볼테르는 완성된『1741년 전쟁사』원고를 당대의 최고 권력층인 퐁파두르 부인, 리슐리외 원수, 아르장송 백작(육군대신)에게 보내주었지만 출판은 망설였다. 두 가지 이유 때문이었다. 아첨꾼이라는 비난 그리고 루이 15세의 반감이 두려웠던 것이다. 특히 루이

---

[24] https://books.google.fr/books?id=PBI-AAAAYAAJ&pg=PA113&lpg=PA113&dq=voltaire+precis+du+siecle+de+louis+xv&source=bl&ots=rwY8-CxcR4&sig=ZZJ5Ze5uaM7THOijtr8_EC9I3RQ&hl=ko&sa=X&ved=0ahUKEwjPmNDG6ajRAhUINpQKHe-GAUQ4ChDoAQghMAE#v=onepage&q=voltaire%20precis%20du%20siecle%20de%20louis%20xv&f=false, pp. 111~528.

[25] 1769년판은 2권으로 간행되었다.
1권: https://books.google.fr/books?id=Zjch59zipY8C&pg=PA3&lpg=PA3&dq=voltaire+precis+du+siecle+de+louis+xv&source=bl&ots=-IzwNPvww6&sig=10ZMmLiZI5ahwyRxrFbYqylfgus&hl=ko&sa=X&ved=0ahUKEwjQ85Ge6KjRAhXFJpQKHUz6Dww4ChDoAQgmMAI#v=onepage&q=voltaire%20precis%20du%20siecle%20de%20louis%20xv&f=false.
2권: https://books.google.co.kr/books?id=SzQHAAAAQAAJ&printsec=frontcover&hl=ko&source=gbs_ge_summary_r&cad=0#v=onepage&q&f=false.

[26] https://fr.wikisource.org/wiki/Pr%C3%A9cis_du_si%C3%A8cle_de_Louis_XV.

15세는 볼테르를 극도로 싫어한 나머지, 볼테르는 루이 15세가 사망한 다음에야 파리로 귀환할 수 있었다.[27]

모순적이 아닌 인간은 없지만, 볼테르는 말 그대로 모순투성이였다. 그는 섭정 오를레앙 공작과 수석대신 뒤부아에게 계속 아부를 하고 비밀 요원직을 자원하기도 했다. 또 자신의 저서가 나올 때마다 고위 인사들은 물론이고 외국 궁정에도 부지런히 증정을 했다. 타고난 아첨꾼이라고 말할 수 있다. 1773년에는 파리로 귀환하기 위해 루이 15세의 새로운 애첩 뒤바리 부인(Madame du Barry, 1743~1793)에게까지 줄을 댔다. 79세의 노인이 말이다. 그냥 노인이 아니라 부호, 투르네와 페르네 영주, 프리드리히 2세의 친구, 유럽의 거물이 말이다.

그러나 볼테르는 비판 정신도 타고 났다. 그는 체질적으로 불의를 보면 참지 못했다. 이 기질 때문에 여러 번 필화를 당하여 바스티유에 투옥되고 영국으로 망명하고 시레 성으로 피신하고 페르네 영주가 되고 1778년까지 파리로 귀환하지 못했던 것이다. 그래서 볼테르는 칼라스 사건 등을 통해 '정의를 위해 지칠 줄 모르는 수호자'라는 평가를 받게 된다. 또 1759년부터는 '종교의 추악한 형태(Infâme)'를 박살내자고 주창한다.

볼테르는 재산과 대금업 때문에 인색하고 탐욕스럽다는 비난을 숱하게 받았다. 볼테르는 투기의 귀재였고 고리대금업자였다. 그의 재산에서 발생하는 소득, 즉 랑트(rente)는 최고위 귀족 수준이었다. 그러나 볼테르는 재산 덕에 돈벌이가 안 되는 문학에 전념할 수 있었고,[28] 거물들에게 대출을 해줌으로써 그들에게 무시당하지 않았고, 페르네에서 다양한 자

---

[27] 루이 15세 주변의 독신파(篤信派, parti dévot)는 볼테르가 무신론자라고 공격했고 루이 15세도 여기에 동조했던 것 같다.

[28] 볼테르는 "가난해서 멸시당하는 문인을 너무 많이 본 나머지 그런 문인의 수를 늘리지 않으려고 결심했다"고 말하곤 했다.

선사업을 펼칠 수 있었다. 그는 투기와 대금업으로 축적한 재산 덕에 철학자들의 적을 공격하고 '불행한 사람들의 돈키호테'라고 자처할 수 있었다.

이렇게 모순적인 삶에서 볼테르는 죽기 바로 직전까지 글을 썼다. 80 나이에 하루에 15시간 글을 썼다고 한다. 책을 통한 정신의 혁명이 가능하다고 믿은 그는 "행동하기 위해 글을 쓴다"는 지식인의 전범을 에밀 졸라보다 100년 먼저 확립한 것이다. 볼테르는 계몽주의 철학자와 작가로 잘 알려져 있지만, 가장 중요한 면모는 행동하는 지식인에 있다고 본다. 프랑스어 intellectuel은 에밀 졸라의 「나는 고발한다」(1898년)를 계기로 본격적으로 사용되기 시작했다. 하지만 볼테르는 이미 18세기 중반부터 행동하는 지식인의 전범을 보여주었고 이것이 졸라, 말로, 사르트르, 푸코로 이어짐으로써 프랑스 지식인의 전통이 확립된다. 볼테르는 인간 정신의 진보를 확신하는 낙관적 계몽주의자였고 구체제 사회의 부조리를 비판하고 추악한 종교의 형태를 분쇄하기 위해 글을 쓴 지식인이었다.

『루이 15세 시대 개요』는 『루이 14세 시대』의 아류에 불과하다고 말할 수 있다. 하기야 볼테르는 정통 역사학자가 아니다. 또 지식인 볼테르의 모순적인 면모들이 단적으로 드러난다. 그럼에도 불구하고 이 책은 루이 14세 사후부터 루이 15세 사망까지의 프랑스만이 아니라 유럽 전체의 역사를 생생하게 기록했다는 점에서 볼테르의 주요한 역사저술로 남아 있다. 루이 14세 사후의 유럽 정세, 오스트리아 왕위계승전쟁(1740~1747년), 7년 전쟁(1756~1763년)을 중점적으로 다루었을 뿐만 아니라 프랑스의 국내 상황(오를레앙 공작의 섭정, 플뢰리 추기경의 내각, 루이 15세에 대한 암살 기도, 예수회 추방, 가톨릭교회와 고등법원의 갈등, 루이 15세 사망, 코르시카 합병, 부조리한 형사소송법 등)도 볼테르 특유의 생동감 넘치는 문체로 기술하고 있다.

특히 퐁트누아 전투를 비롯한 몇몇 전투에 대한 박진감 넘치는 묘사는 『루이 14세 시대』에서는 찾아볼 수 없는 소중한 대목들이다. 프랑스 구체제에서 귀족의 최우선 사명은 출전(出戰)이었다. 삼신분의 두 번째 신분인 귀족은 '싸우는 자'로 규정되었기 때문이다. 전장에서 목숨을 초개처럼 버릴 수 있어야만 귀족인 것이다. 볼테르의 전투 묘사는, 목숨을 아까워하지 않는 진정한 귀족 정신이 '노블레스 오블리주'의 핵심이라는 점을 감동적으로 보여주고 있다. 바로 그렇기 때문에 프랑스 인구의 1% 미만이던 귀족이 구체제 사회에서 그토록 많은 특권을 누릴 수 있었던 것이다. 재산을 기준으로 하는 신분제가 뿌리를 내린 오늘날의 대한민국에서 '노블레스 오블리주'의 진정한 의미를 인식하는 계기가 되길 바란다.

최선을 다해 번역하고 각주를 달았으므로 독자 여러분에게 일독을 권한다.

역자 후기

이 책은 한국연구재단의 명저번역 지원을 받아서 출판된 것이다. 한국연구재단에 감사드린다. 그러나 명저번역 지원이 과도하게 미약하다는 점을 지적하지 않을 수 없다. 인문학에서는 동양학과 서양학 공히 원전 번역을 최우선적으로 지원해야 한다고 믿는다. 한국연구재단의 지원을 받아서 산출된 인문학 논문들의 수준에 대한 정직한 평가가 이루어져야 한다. 국민 혈세 수천만 원에서 수억 원을 지원받으면서 끼리끼리 심사하고 인용하는 논문 몇 편을 연구결과물로 제출하는 방식은 반드시 철폐되어야 한다. 말 그대로 각종 사기가 횡행하고 있다. 동시에 인문학에서는 전임교수들의 논문 관련 지원을 대폭 줄이고, 그 대신 비전임 연구인력에 대한 지원 그리고 명저번역 지원이 획기적으로 확대되어야 한다고 본다. 너무나 당연한 개혁이 여전히 이루어지지 않고 적폐가 청산되지 않는 것이 너무나 개탄스럽다.

번역 과정에서 많은 분들의 도움을 받았다. 후배 장진영 박사의 도움이 없었더라면 번역을 시작하지도 못했을 것이다. 장진영 박사는 공동번역자 역할을 맡아 주었다. 이영림 수원대 교수는 전문용어 문제에서 크나큰 도움을 주었다. 이영림 교수가 번역한 『루이 14세와 베르사유 궁정』의 용어해설은 이 교수의 허락을 받아 거의 그대로 사용했다. 최갑수, 홍용진, 양희영, 윤은주 교수를 비롯한 한국프랑스사학회 선후배 동료들에게서도 도움을 받았다. 또 불문과 동기 정영란 교수와 김애련 박사도 도움을 주었다. 한국문화사에도 감사드린다. 특히 이지은 팀장의 헌신적인 노력에 깊은 감사를 드린다. 이 모든 분들께 거듭 감사드린다. 물론 모든 오류는 전적으로 역자의 책임이다.

대한민국의 척박한 출판 환경에서는 학술서적이 팔리지 않는 것이 냉엄한 현실이다. 복지국가 건설에 매진하는 (주)화이트코리아 양계호 사장이 이런 현실을 고려하여 귀중한 도움을 주었다. 정말 고맙고 자랑스러운 일이다. 진정한 메세나를 향한 출발점이 될 것으로 확신한다.

2017년 12월 송기형

인명 색인

ㄹ

ㅇ

ㅌ

ㅍ

ㅎ

연표

1715년 9월 1일: 루이 14세 사망과 루이 15세 즉위. 섭정 오를레앙 공작
1715년 9월 12일: 오를레앙 공작이 뒤부아를 수석대신으로 임명
1716년 1월~1718년 7월 21일: 오스트리아-튀르크 전쟁과 파사로비츠 조약
1716년 8월 5일: 페트로바라딘 전투
1718년 12월~1720년 2월 17일: 4국동맹 전쟁과 헤이그 조약
1724년 1월 15일: 에스파냐 왕 펠리페 5세의 양위와 루이스 1세 즉위
1724년 8월 31일: 에스파냐 왕 루이스 1세 사망과 펠리페 5세 복위
1725년 4월 30일: 오스트리아와 에스파냐의 빈 동맹조약
1720년 12월: 로의 시스템 파산
1723년 8월 10일: 뒤부아 사망
1723년 12월 2일: 프랑스 섭정 오를레앙 공작 사망
1726년 6월 11일: 루이 15세가 플뢰리 신부를 수석대신으로 임명
1733년 2월 1일: 폴란드 왕 겸 작센 선제후 아우구스트 2세 사망
1733년 10월~1738년 11월 18일: 폴란드 왕위계승전쟁과 빈 조약
1737년 7월~1739년 9월 18일: 오스트리아-튀르크 전쟁과 베오그라드 조약
1739년 10월 22일: 젱킨스의 귀 전쟁 발발
1740년 5월 31일: 프로이센 왕 프리드리히 2세 즉위
1740년 9월~1744년 6월: 영국 앤슨 제독의 세계일주
1740년 10월 20일: 신성로마제국 황제 카를 6세 사망
1740년 10월 20일: 헝가리 여왕 마리아 테레지아 즉위
1740년 12월 16일~1742년 6월11일: 1차 슐레지엔 전쟁과 보르츠와프 조약
1740년 12월 16일: 오스트리아 왕위계승전쟁 발발
1741년 1월 24일: 바이에른 선제후 카를 알브레히트가 신성로마제국 황제 카를 7세로 선출됨
1743년 1월 29일: 플뢰리 추기경 사망
1743년 6월 27일: 데팅겐 전투
1744년 8월: 루이 15세의 발병과 회복
1744년 8월 15일~1745년 12월 25일: 2차 슐레지엔 전쟁과 드레스덴 조약
1745년 1월 20일: 카를 7세 사망

1745년 5월 11일: 퐁트누아 전투
1745년 5월 11일~6월 28일: 캐나다 루이부르(루이스버그) 공성전
1745년 8월 27일~1746년 4월 27일: 찰스 에드워드 스튜어트 왕자가 주도한 재커바이트 반란
1745년 9월 13일: 토스카나 대공 프란츠가 신성로마제국 황제 프란츠 1세로 선출됨
1746년 7월 9일: 펠리페 5세 사망과 페르난도 6세 즉위
1746년 9월 16일~21일: 인도 마드라스 전투
1746년 12월: 제노바의 봉기
1746년: 파리 대주교 보몽이 주도한 고해증명서 사건으로 고등법원과 교회의 대립 시작
1747년 7월 19일: 아시에타(에그질) 전투
1747년 5월 4일: 오라녜 공 빌럼 4세가 네덜란드 공화국 총독으로 즉위
1748년 10월 18일: 오스트리아 왕위계승전쟁 종전과 엑스라샤펠 조약
1749년: 파리 구빈원 사건으로 파리 고등법원의 반발
1754년 5월 28일: 아메리카 주먼빌 글렌 전투(Battle of Jumonville Glen)와 프렌치 인디언 전쟁(French and Indian War)에 의해 아메리카에서 7년전쟁 발발
1755년 11월 1일: 리스본 지진
1756년 5월 1일: 프랑스와 오스트리아의 베르사유 조약
1756년 8월 29일: 프로이센의 작센 침략으로 7년전쟁 발발
1757년 1월 5일: 다미앵의 루이 15세 습격
1758년 9월: 포르투갈의 타보라 사건과 예수회 추방
1759년: 에스파냐 왕 페르난도 6세 사망과 카를로스 3세 즉위
1760년 9월 4일~1761년 1월 15일: 인도 퐁디셰리 포위전
1763년 2월 10일: 7년전쟁 종식과 파리 조약
1764년 11월: 예수회가 프랑스에서 추방됨
1751~1772년: 디드로와 달랑베르가 주도한『백과전서』출간
1774년 5월 10일: 루이 15세 사망과 루이 16세 즉위

볼테르 연보

1694년 11월 24일: 파리에서 출생. 본명은 프랑수아마리 아루에(François-Marie Arouet). 부친은 공증인(公證人)이었다가 나중에 국무참사직을 사들인다. 부친의 직업은 볼테르가 전형적인 부르주아 출신임을 말해준다.

1701년: 모친 사망.

1702년 5월: 에스파냐 왕위계승전쟁 발발

1704년: 볼테르는 예수회가 운영하는 콜레주 루이르그랑(collège de Louis-le-Grand) 입학.

1704년 8월 13일: 독일 회흐슈테트(블렌하임)에서 프랑스군이 패함으로써 에스파냐 왕위계승전쟁의 전세가 바뀐다.

1711년: 볼테르는 콜레주 루이르그랑을 마치고 법률 공부를 시작. 아버지는 그를 후계자로 삼을 작정이었으나 그는 문학에 더 큰 흥미를 느낀다.

1712년 7월 24일: 프랑스군의 드냉 전투 승리가 에스파냐 왕위계승전쟁의 종식을 향한 결정적인 단계가 된다.

1713년: 볼테르는 「시대의 불행에 대한 오드」를 쓴다.

4월 11일: 에스파냐 왕위계승전쟁을 종식시킨 위트레흐트 평화조약 체결.

9~12월: 볼테르는 비서로 주 헤이그 프랑스 대사를 수행한다.

1714년: 사교계 르 탕플(le Temple)에 출입하여 자유사상가들과 교류.

1715년 9월 1일: 루이 14세 사망. 볼테르는 비극 『오이디푸스』와 서사시 『라 앙리아드』[1]를 쓰기 시작함.

1717년: 볼테르는 파리와 베르사유를 방문한 차르 표트르 1세를 멀리서 본다.

5월: 볼테르는 섭정 오를레앙 공작을 야유한 풍자시를 쓴 죄목으로 11개월 동안 바스티유 감옥에 투옥됨. 옥중에서 『오이디푸스』를 완성.

1718년 11월: 『오이디푸스』를 공연해 성공을 거둠. 아루에라는 평민적인 성을 버리고 볼테르라는 필명을 선택. 볼테르는 『오이디푸스』의 성공으로 얻은 수익을 사업에도 투자한다.

---

[1] La Henriade: 낭트 칙령에 의해 개신교도들에게 종교의 자유를 부여한 앙리 4세와 관용에 대해 경의를 표하는 내용.

외교계 브로커 괴르츠가 볼테르에게 대사관 비서 자리를 제안했지만 볼테르는 신중하게 거절한다. 그러나 볼테르는 외교관 직에 계속 관심이 있었다.

1722년: 부친 사망.

1723년: 『라 앙리아드』 초판(『가톨릭동맹』이라는 제목) 출판.

1726년 4~5월: 로앙 기사[2]와의 분쟁. 이 고위 귀족은 부르주아 출신인 볼테르가 거둔 문학적 성공과 그의 당돌함에 반감을 느껴 하인들을 시켜 그를 몽둥이로 때려주었다. 이에 분개한 볼테르는 로앙 기사에게 결투를 신청했고, 그 오만불손한 행동으로 인해 다시 바스티유 감옥에 투옥되었다. 약 보름 후에 볼테르는 영국으로 망명한다는 조건으로 감옥에서 풀려났다. 이 일을 통해 그는 당시 사회의 불평등과 특권계급의 횡포를 자각하게 되었다.

1727년: 영국 런던 체류. 볼테르는 자신의 표현에 따르면 '자유의 나라'인 영국에 머문 2년 7개월 동안 종교와 사상의 자유, 인간 생활의 개선, 정신의 사회적 가치 등에 눈을 뜨게 되었다. 또한 그는 셰익스피어의 연극을 관람하고, 영국 작가들(볼링브로크 자작, 포프, 스위프트 등)과 교류했으며, 뒤에 집필하게 될 역사서와 철학서를 위한 방대한 독서와 자료수집에 몰두했다. 볼테르는 휘그당 정치가들, 말버러 공작의 미망인 등과 교류한다.

볼테르는 스웨덴의 칼 12세 측근이었던 파브리스와 대화하고 『칼 12세의 역사』 집필을 시작한다.

1728년: 『라 앙리아드』 출판. 이 서사시는 영국 여왕에게 헌정된다. 연말에 프랑스로 귀국.

1729년: 볼테르는 『철학편지』를 준비한다.

1731년: 『칼 12세의 역사』 초판이 발행되었으나 경찰이 압수한다.

1732년 5월: 볼테르는 『루이 14세 시대』 집필을 시작한다.

8월: 볼테르는 비극 『자이르』를 발표한다. 그는 서문에서 루이 14세를 찬양함으로써 그 후계자를 불쾌하게 만든다. "루이 14세와 리슐리외는 프랑스인들을 야만에서 끌어냈는데, 이제 다시 모든 것이 그들을 야만으로 돌아가게 만드는 것 같다."

---

[2] chevalier de Rohan-Chabot, Guy-Auguste(1683~1760): 프랑스 구체제의 유명 권세가인 로앙 가문의 일원.

1733년 6월: 볼테르는 뒤샤틀레 부인과 교제하기 시작한다. 그는 『루이 14세 시대』를 위한 자료를 수집한다.

1734년 5월: 영국 견문기라는 명목 아래 프랑스 사회를 신랄하게 비판한 『철학편지』가 출판된다. 프랑스 문학사가 귀스타브 랑송에 의하면, 이 책은 구체제에 던져진 최초의 폭탄과 같은 것이었다. 모든 기성 제도를 공격하는 이 책의 진의를 간파한 당국은 즉각 분서(焚書) 처분 명령을 내리고, 출판인을 바스티유 감옥에 투옥했으며, 볼테르에게는 체포영장을 발부했다. 신변의 위험을 느낀 볼테르는 애인 뒤샤틀레 부인과 함께 부인의 성이 있는 샹파뉴 지방의 시레(Cirey sur Blaise)로 도피해 10년 동안 머물게 된다.

러시아의 추정 상속인 홀슈타인 공작[3]이 볼테르를 고용하겠다고 제안한다.

1735년: 뒤샤틀레 부인이 검열을 걱정하는데도 불구하고 볼테르는 『루이 14세 시대』 집필을 계속한다.

1735년 12월 17일: 볼테르는 "회흐슈테트 전투를 집필 중이다."

1736년 8월 8일: 볼테르는 프로이센 왕국 왕세자 프리드리히와 교신하기 시작한다.

1737년 6월: 볼테르는 프리드리히에게 '모스크바 비망록'을 요청한다.

11월: 왕세자는 주 페테르스부르크 프로이센 대사의 비망록을 보내준다.

1738년 1~4월: 볼테르는 표트르 대제를 비난하는 프리드리히에게 "그는 인간들을 창조한 야만인이다"라고 반박한다.

12월: 시레를 방문한 그라피니 부인에게 『루이 14세 시대』의 일부를 읽게 해준다. 뒤샤틀레 부인은 원고를 열쇠로 잠가 보관하고 그 출판에 반대한다. 볼테르는 『칼 12세의 역사』를 개정한다.

1739년 11월 24일: 『루이 14세 시대』의 앞 부분 등을 수록한 출판물이 압수된다. 볼테르는 『루이 14세 시대』 집필을 일시적으로 중단한다.

1740년 1~3월: 볼테르는 새로운 자료들을 입수하여 『칼 12세의 역사』를 수정한다.

---

[3] 홀슈타인-고트로프 공작 카를 프리드리히(Karl Friedrich, Schleswig-Holstein-Gottorf, 1700~1739): 스웨덴 귀족으로 1718년 외삼촌 칼 12세 사후에 왕위를 원했으나 실패하고 러시아로 이주해서 1724년 11월 표트르 1세의 딸 안나 페트로브나와 결혼했다. 안나는 1728년 2월 아들(미래의 차르 표트르 3세)을 출산한 며칠 후 사망했다.

5월 31일: 프리드리히 왕세자가 프로이센 왕국 프리드리히 2세로 즉위한다.

9월 11일: 프로이센 클레베(Kleve) 부근에서 볼테르와 프리드리히 2세가 처음으로 만나다.

11월: 볼테르가 베를린에 도착하다.

12월: 프리드리히 2세는 슐레지엔을 침공한다.

1741년: 프랑스는 오스트리아 왕위계승전쟁에 참전한다.

6월: 볼테르는 『세계사 시론』(『풍속론』이란 제목으로 알려진) 집필을 시작한다.

1742년 9월: 볼테르는 오스트리아 왕위계승전쟁에서 프리드리히 2세를 프랑스 편으로 끌어들이는 비공식적 임무를 맡고 엑스라샤펠(아헨)로 간다.

1743년 1월: 볼테르의 동창생인 아르장송 백작이 육군대신이 된다.

2월: 볼테르는 러시아 궁정에 자신의 저서 40부를 제공한다.

6~8월: 외무대신의 비밀 임무를 부여받고 네덜란드로 간 볼테르는 전국신분회의의 전쟁 준비에 대해 암호로 적은 보고서를 보낸다.

9~10월: 볼테르는 프리드리히 2세에게 다시 참전하라고 설득하기 위해 프로이센으로 간다.

1744년 11월 28일: 볼테르의 친구인 아르장송 후작이 외무대신이 된다.

1745년 4월 1일: 볼테르는 역사편찬관으로 임명된다.

5월 10일: 러시아 옐리자베타 여제가 오스트리아 왕위계승전쟁의 종식을 위한 평화협상을 중재하겠다고 루이 15세에게 제안한다. 이 제안에 대한 루이 15세의 답신을 볼테르가 작성한다.

5월 11일: 프랑스군의 퐁트누아 승전. “기뻐서 미칠 지경이다”라고 말한 볼테르는 「퐁트누아의 시」에서 승전을 찬양한다.

6월 16일: 볼테르는 주 러시아 프랑스 대사에게 편지를 보낸다. 그는 자신의 저서 여러 권을 옐리자베타 여제에게 증정하면서 페테르스부르크 아카데미 회원을 시켜달라고 요청하고 표트르 대제의 역사를 쓸 예정이라고 알린다.

8월 17일: 그는 외무대신 아르장송 후작에게 『1741년 전쟁사』(오스트리아 왕위계승전쟁)를 쓰겠다고 제안한다.

9월 28일: 네덜란드 공화국의 투르네 항복조약 위반에 대한 프랑스 정부의 항의서한을 볼테르가 작성한다. 그는 육군성 공문서들에 의거하여 『1741년 전쟁사』를 집필하기 시작한다.

볼테르는 『르 메르퀴르 드 프랑스(Le Mercure de France)』(1745년 4월~1746년 6월)에 『풍속론』 처음 부분을 「인간 정신 역사의 새로운

구상」이라는 제목으로 발표한다

1746년 3월 18일: 볼테르는 루이 15세에게 『1741년 전쟁사』 원고를 제출한다.

4월 25일: 볼테르는 프랑스 아카데미 회원으로 선출된다. 그러나 일부 지위 높은 사람들이 그의 빠른 출세를 시기하며 반감을 보이자 분개한다.

6월 28일: 볼테르는 페테르스부르크 아카데미 회원으로 선출되자 라틴어로 감사 편지를 작성해서 보낸다

1747년: 볼테르는 『1741년 전쟁』 집필을 계속한다.

1748년 2월: 볼테르는 뤼네빌로 가서 로렌 공작 스타니수아프의 궁정에서 체류한다.

12월: 볼테르는 스타니수아프 공작 앞에서 찰스 에드워드 스튜어트 왕자의 이야기를 낭독한다. 볼테르는 스튜어트 왕자가 체포되었다는 소식에 흥분한다.

1749년 1월: 볼테르는 『1741년 전쟁사』 집필을 계속한다. 프리드리히 2세는 『루이 14세 시대』 완성을 요구한다.

1749년 9월 10일: 뒤샤틀레 부인 사망.

1750년 6월: 볼테르는 프리드리히 2세의 초청으로 베를린으로 출발한다. 그는 가는 길에 퐁트누아, 로쿠, 라우펠트 전장을 방문한다.

1751년 1월: 『루이 14세의 세기』 집필이 마무리 단계에 접어든다.

4~5월: 볼테르의 비서 롱샹이 파리에서 『세계사』, 『루이 14세 시대』, 『1741년 전쟁사』 원고를 훔쳐간다. 이 원고는 나중에 반환된다.

12월: 『루이 14세 시대』가 베를린에서 출판된다.

1752년 10월: 볼테르는 『1741년 전쟁사』를 탈고한다. 퐁파두르 부인, 리슐리외 원수, 아르장송 백작이 『1741년 전쟁사』 원고를 받는다. 볼테르는 이 저서가 자기 생전에 출판되지 않기를 바란다.

1753년 3월 27일: 볼테르는 프리드리히 2세와의 불화로 베를린을 떠난다.

6월: 볼테르는 프로이센을 떠나려고 시도하다가 프랑크푸르트에서 프리드리히 2세의 요원에게 체포되어 폭행을 당한다.

1754년 12월: 프랑스 당국과의 마찰로 파리에 돌아갈 수 없었던 볼테르는 프랑스의 압력에 대비해 제네바 근처에 주거를 정한다. 그는 독립자존 생활을 위해 스위스에 두 채의 집을 샀는데, 하나가 제네바 근처에 있는 레 델리스(les Délices)였으며, 다른 하나는 로잔 근처에 있었다.

1755년 7~8월: 도난당한 원고에 의존한 『1741년 전쟁사』의 두 가지 판본이

출판된다. 볼테르는 서적상 조합 이사들과 아카데미 프랑세즈에 항의한다.

1756년 12월: 볼테르는 『백과전서』 집필에 참여한다. 디드로와 달랑베르가 주도한 『백과전서』에 볼테르는 처음부터 큰 관심을 갖고 '역사'를 중심으로 많은 항목을 집필한다.

1756년 3월: 『샤를마뉴에서 현대까지의 세계사』가 출판된다. 이 저서의 마지막 부분이 『루이 14세 시대』이다.

8월 29일: 7년 전쟁이 시작된다.

『풍속론』(*Essais sur les moeurs*) 출판.

1757년 2월: 옐리자베타 여제의 총신 이반 슈발로프가 페도르 파블로비치 베세로브스키를 통해 볼테르에게 표트르 대제의 역사를 써달라고 제안하자 볼테르는 수락한다.

6월: 볼테르는 이반 슈발로프가 보내준 러시아 지도들을 받고 인구, 상업, 해군에 대한 기록을 요청한다.

8~9월: 7년 전쟁에서 수세에 몰린 프리드리히 2세가 프랑스에 화평을 청하려고 시도한다. 볼테르는 중개자 역할을 한다. 그는 프리드리히 2세에게 패하더라도 자살하지 말라고 권고한다.

11월 5일: 프리드리히 2세는 로스바흐 전투에서 프랑스군을 궤멸시킨다.

1758년 7~8월: 볼테르는 러시아 기록들을 전달받고 슈발로프에게 질문서를 보낸다.

10월: 볼테르는 연극작품의 상연을 둘러싸고 제네바 당국과 알력이 발생하자, 제네바에 대한 방어책으로 스위스 국경에 가까운 지역 투르네(Tournay)와 페르네(Ferney)의 두 토지를 사들인다. 그의 말에 따르면 "앞발은 로잔과 제네바에 걸치고, 뒷발은 페르네와 투르네에 걸친" 상태가 되어, 스위스에서 문제가 생기면 프랑스로, 프랑스에서 문제가 생기면 스위스로 달아날 준비를 갖춘다. 그는 "철학자들은 뒤쫓아 오는 개들을 피하기 위해 땅 속에 두세 개의 굴을 갖고 있어야 한다"고 말한다.

12월 4일: 볼테르의 친구인 슈아죌 공작이 외무대신이 된다.

1759년 1월: 『캉디드』(Candide)가 출판된다.

2월: 파리 고등법원이 『백과전서』 출판을 중지시킨다.

10월: 볼테르는 '기독교의 불관용'에 대해 선전포고를 한다. 『러시아사』 1부가 완성되어 인쇄되지만, 페테르스부르크의 승인이 난 후인 1760년에야 출판된다.

1760년: 볼테르는 페르네에 정착하고 축제와 연극을 즐긴다. 그는 페르네에서 농촌을 개혁하고 빈민구제를 위한 시계공장도 만든다.

1761년 9월: 파리 고등법원이 예수회에 대한 재판에 착수하여 결국 예수회가 프랑스에서 추방된다.

1762년 1월 5일: 러시아의 옐리자베타 여제가 사망한다.

3월 10일: 툴루즈에서 장 칼라스가 가톨릭으로 개종한 아들을 살해한 죄로 처형된다.

4월 4일: 볼테르는 칼라스 사건을 접하고 이 사건의 진상을 규명하기 위해 독자적인 조사를 벌임. 또한 그는 칼라스 사건 이외에도 시르방 사건[4]과 라바르 기사 사건[5]에 뛰어들어 이들의 복권을 위해 노력했으며, 아울러 이 사건들이 드러내는 구체제 사회의 부조리와 폐습을 공격했다.

7월 9일: 러시아에서 예카테리나 2세가 권력을 장악한다.

12월: 볼테르는 『풍속론』의 새로운 판을 완성한다. 『러시아사』 2권이 인쇄된다.

1763년 2월 10일: 파리 조약이 체결되어 7년 전쟁이 종식된다.

7월: 『러시아사』 2권이 출판된다.

8월: 영국 역사가 기번[6]이 페르네로 볼테르를 방문한다.

1762년 툴루즈에서 장 칼라스가 처형됨.

1763년 프랑스 국무참사회에서 칼라스 사건의 재심을 결정한다. 12월 『관용론』이 출판된다.

1764년 2월: 볼테르는 위그노 갤리선 죄수들을 위해 개입한다.

3월: 볼테르는 남미 기아나에 프랑스 개신교도(위그노) 식민지를 구축하

---

4 1760년 프랑스 남부의 카스트르에 거주하는 개신교도 시르방(Sirven) 부부가 지적 장애가 있는 딸의 개종을 막기 위해 죽였다는 모함을 받고 스위스 로잔으로 도피했다. 그들에게는 결석 재판에 의해 사형이 선고되었다. 그러나 로잔에서 그들을 만난 볼테르의 개입 덕에 1771년 복권되고 보상까지 받게 된다.

5 François-Jean Lefebvre de La Barre(1745~1766): 프랑스 북부 피카르디 지방의 아베빌에 거주하던 귀족으로 십자가 등을 훼손한 독신(瀆神)죄 판결을 받고 1766년 21살의 나이에 화형에 처해졌다. 볼테르는 칼라스 사건으로 인한 탈진과 병환에도 불구하고 개입하여 많은 노력을 했으나 구체제에서는 라바르의 복권이 이루어지지 않았다. 1793년 혁명기의 국민공회가 라바르를 복권시켰다.

6 Edward Gibbon(1737~1794): 『로마 제국 쇠망사』로 유명한 영국의 역사가.

자고 제안한다.

6월: 『철학사전』 초판이 출판된다.

1765년 3월 9일: 장 칼라스의 복권이 이루어진다.

5월: 『역사철학』이 출판되어 『풍속론 서언』이 된다.

1768년 10월: 『루이 15세 시대 개요』가 첨부된 『루이 14세 시대』의 개정판이 출판된다.

1769년 5월: 『파리 고등법원의 역사』가 출판된다.

10월: 『루이 14세 시대』와 『루이 15세 시대 개요』가 4절판으로 출판된다.

1771년 1월: 볼테르는 모푸[7]의 고등법원 개혁을 지지한다.

1773년: 볼테르는 파리로 돌아가려고 루이 15세의 새로운 애첩인 뒤바리 부인을 동원하는 등 다양한 시도를 하지만 루이 15세의 반대 때문에 실패한다. 이 해에 볼테르는 중병을 앓은 후 기력이 많이 쇠약해진다.

1774년 5월 10일: 루이 15세가 사망하자 볼테르는 파리 귀환을 결심하게 된다.

1775년 5월: 튀르고의 개혁에 저항하는 투기꾼들이 사주한 '밀가루 전쟁'이 일어난다. 볼테르는 튀르고를 열렬하게 지지한다.

9월: 볼테르가 생전에 교정을 본 마지막 판 『전집』이 출판된다. 이 판이 볼테르 사후인 1784년 보마르셰와 콩도르세 등의 수고에 힘입어 출판된 켈(Kehl) 판의 토대가 된다.

1778년 2월 10일: 볼테르는 시민들의 열광적인 환영을 받으며 파리로 귀환하고 다음날 300건의 방문을 받는다. 그는 생시몽[8]의 회고록을 미간행 상태로 받아보고 반박할 생각을 한다.

3월 30일: 볼테르는 최고의 영예를 누린다. 그러나 볼테르는 긴 여행의 피로와 연일 이어지는 대환영으로 인한 극도의 흥분 때문에 탈진하여 5월 30일 파리에서 숨을 거둔다.

---

7 René-Nicolas de Maupeou(1714~1792): 프랑스 법관으로 대상서를 역임했다.

8 Louis de Rouvroy, duc de Saint-Simon(1675~1755)

지은이 볼테르(Voltaire)

볼테르는 대표적인 계몽주의 철학자, 작가인 동시에 “행동하기 위해 글을 쓴다”는 지식인의 전범을 확립함으로써 에밀 졸라, 장폴 사르트르, 미셸 푸코로 이어지는 프랑스 지식인의 계보를 연 장본인이다. 뿐만 아니라 『루이 14세 시대』와 『루이 15세 시대 개요』로 대표되는 많은 역사저술을 남겼다. 인간 정신의 진보를 확신한 볼테르는 사회의 부조리를 비판하고 추악한 종교의 형태를 분쇄하기 위해 80세가 넘어서도 하루에 15시간 글을 썼다.

옮긴이 송기형

서울대학교 인문대학 및 대학원 불문과 졸업(문학박사)
건국대학교 문과대학 불문과 교수 역임
(현) 건국대학교 예술대학 영상영화과 교수
저서: 『현대 프랑스의 언어정책』
역서(공역): 『관용론』, 『파리의 풍경』